英国教育史研究丛书
易红郡　主编

从冲突到融合

20世纪英国中等教育政策研究

易红郡　著

FROM CONFLICT TO INTEGRATION

A Study of Policy
on the Secondary Education of England
in the Twentieth Century

河北大学出版社
·保定·

出 版 人：朱文富
选题策划：何　东
责任编辑：李　达
助理编辑：陈浩苏
装帧设计：赵　谦
责任校对：李　易
责任印制：常　凯

图书在版编目（CIP）数据

从冲突到融合 ：20 世纪英国中等教育政策研究 / 易红郡著．-- 保定 ：河北大学出版社，2022.3
（英国教育史研究丛书 / 易红郡主编）
ISBN 978-7-5666-1968-6

Ⅰ．①从… Ⅱ．①易… Ⅲ．①中等教育－教育政策－研究－英国－ 20 世纪 Ⅳ．① G639.561.0

中国版本图书馆 CIP 数据核字（2021）第 259637 号

CONG CHONGTU DAO RONGHE
20 SHIJI YINGGUO ZHONGDENG JIAOYU ZHENGCE YANJIU

出版发行：河北大学出版社
地址：河北省保定市七一东路2666号　邮编：071000
电话：0312-5073003　0312-5073029
网址：www.hbdxcbs.com
邮箱：hbdxcbs818@163.com
印　　刷：保定市正大印刷有限公司
幅面尺寸：170 mm × 240 mm
字　　数：580 千字
印　　张：43
版　　次：2022年3月第1版
印　　次：2022年3月第1次印刷
书　　号：ISBN 978-7-5666-1968-6
定　　价：149.00 元

总　　序

2000—2003年我在北京师范大学攻读博士学位期间，就选择了英国教育史作为自己的研究领域，后来陆续出版了四部关于英国教育史方面的著作。我从2013年开始招收博士生，由于一直是在教育原理方向招生，因此刚开始有几位博士生选题时没有关注英国教育史。后来，根据张斌贤教授、刘铁芳教授的建议，我开始有意识地要求学生选择英国教育史专题作为博士学位论文的选题，以便形成较为稳定的团队研究方向。在迄今毕业的8位学术型博士生中，已有5位从事英国教育史研究，他们根据自己的专业兴趣选题，并已通过博士学位论文的答辩。这套丛书就是他们研究成果的汇集，研究领域涉及现代英语教育的变迁、英国幼儿学校的发展、英国大学开放教育、英国职前教师教育、英国学校音乐教育等。此外，我的博士学位论文也纳入了这套《英国教育史研究丛书》。虽然2005年1月我的博士学位论文已由湖南教育出版社正式出版，但当时的发行量相当少，面世的仅有二百余册；2013年12月至2014年12月我在伦敦大学教育学院访学时，又找到了不少新的英文文献。因此，该书纳入这套丛书重新出版时进行了比较大的修改，篇幅也有所增加。

目前国内教育史学界关于美国教育史的研究居多，研究成果也较为丰富，并且形成了以北京师范大学和河北大学为主的美国教育史研究基地。英国是位于西欧一隅的小岛国，它在人类文明史上具有重要地位。英国最早实现了工业化，成为近代大工业的先行者；英国最早实行政治变革，为西方民主制度树立了榜样。英国的教育同样引人注目，英国既是当今世界教育强国之一，也是全球范围内最具吸引力的留学目的地之一。据统计，过去 20 年我国赴英留学生的数量大幅增加，我国赴英留学生已成为非欧盟学生中的主力军。英国大学的悠久历史和优良传统，以及英国高等教育质量的良好声誉，是中国学生选择赴英留学的重要动机。当今英国教育的发展，与其教育传统及变革密不可分，研究英国教育的历史和传统，有助于我们更深刻地认识英国教育的特质，以及英国教育走向现代化的机制。然而，目前国内关于英国教育史的研究略显单薄，相关成果并不多见，类似的研究丛书似乎没有。《英国教育史研究丛书》的出版，不仅弥补了这方面的不足，为外国教育史学科建设贡献微薄之力，而且能为我国教育改革和发展提供一些历史参照。由此可见，无论从出版价值、社会效益还是理论意义而言，《英国教育史研究丛书》的出版都是一种有益的探索。

这套丛书首次出版包括以下五册。

易红郡著的《从冲突到融合：20 世纪英国中等教育政策研究》。该书将教育史研究和政策分析相结合，将 20 世纪英国中等教育政策的发展划分为三个不同的时期，从教育政策的角度详尽、系统地研究了不同时期英国中等教育的历史变迁，并从政治学、社会学、经济学、历史学、文化学等方面，着重分析了 20 世纪以来不同时期英国中等教育政策的变动与得失，总结了英国中等教育政策发展的经验，探讨了影响英国中等教育政策形成的内外因素及其内在机制。

粮建中著的《从民族性到全球化：英国“现代英语”教育的变迁研究》。该书主要从英格兰民族国家的建立、民族文学的发展和民族语言的形成等方面分析英国“现代英语”教育变迁的背景，重点探讨 16 世纪之后英国“现代英语”教育的民族特性，以及 17 世纪之后英国“现代英语”教育的文化殖民特性；进而分析 18 世纪末和 19 世纪英国“现代英语”教育的全球化视野及其影响因素；最后从语言文化教育、民族身份教育和国家发展战略等维度，反思英国“现代英语”教育的价值及局限性。

唐超著的《从个人实验到国家主导：19世纪英国幼儿学校的发展研究》。该书将19世纪英国幼儿学校的发展历程分为四个阶段，分别是新拉纳克幼儿学校的实验（1800—1823）、民间幼儿学校运动的兴起（1824—1838）、民办公助下幼儿学校的推进（1839—1869）及国家主导下幼儿学校的普及（1870—1900），主要考察了不同阶段幼儿学校的教育实践及其发展特点。研究表明，19世纪英国幼儿学校的性质是从民间慈善转变为国家福利，教育场所则经历了从家庭、教会到社会的转移，同时教育的内容也逐渐走向世俗化。

李慧迎著的《战后英国大学开放教育资源研究：基于质量文化的视角》。该书将战后英国大学开放教育资源的发展置于特定的历史背景之下，并以质量文化为分析视角，考察五种不同形式的开放教育及开放教育资源，即海外办学中的开放教育资源、开放大学的开放教育资源、产业大学的开放教育资源、开放学习项目中的开放教育资源、慕课中的开放教育资源；进而分析其内部质量保障机制和内外部的质量评估过程；最后总结战后英国大学开放教育资源的特点及动因，从中得出对我国开放教育资源发展的启示。

周亦斌著的《传承与嬗变：英国都铎时期学校音乐教育的演进研究》。该书以英国都铎王朝时期（1485—1603）的主要学校为研究对象，首先考察了西方学校音乐教育的缘起（古希腊时期）、英国学校音乐教育的肇始（中世纪早期），以及英国学校音乐教育的变迁（中世纪晚期）；其次将英国都铎时期学校音乐教育的演进划分为恢复（1485—1547）、重构（1547—1558）及渐变（1558—1603）三个阶段，阐述了每一阶段学校音乐教育的形态及其成因；最后分析了英国都铎时期学校音乐教育演进的趋势，并总结其演进的特征。

《英国教育史研究丛书》只是一个剪影，我们力图从不同的视角勾勒英国教育发展的历史轨迹；出版《英国教育史研究丛书》也是我们的一种尝试，后续有关英国教育史的研究成果也会纳入其中。我们希望能继续深化和推进这一领域的研究，期待得到外国教育史学界同人的指导，同时形成自己团队的研究特色。但由于我们的研究水平和能力有限，尤其是语言表达风格各异，丛书中还存在不少瑕疵，敬请各位学者和读者批评指正！

最后，感谢吴式颖先生、史静寰教授、张斌贤教授、杨汉麟教授、贺国庆教授、朱文富教授、肖朗教授、刘宝存教授、刘铁芳教授等在上述5位作者博士论文答辩过程中给予的悉心指导。感谢朱文富教授在这套《英国教育史研究丛书》出版过程中给予的大力支持。感谢河北大学出版社马力老师、何东老师的精心策划！

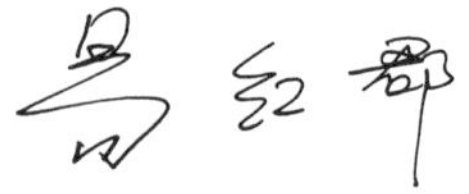

2021年10月3日

序

《从冲突到融合：20 世纪英国中等教育政策研究》一书是易红郡在他博士论文的基础上修改而成的。该书以教育政策为切入点，深入考察了英国中等教育的历史变迁，总结了英国中等教育建设的经验教训，分析了其得失。虽然近年来教育政策研究已成为我国教育理论界的一个热点，但将教育史研究与政策分析相结合，在本学科中尚不多见。本书的研究既丰富了外国教育史的学科领域，又拓展了教育政策分析的研究视野，同时对我国制定中等教育发展的政策和中等教育改革也具有一定的参考价值。

英国中等教育历史悠久，最早可以追溯到 7 世纪创办的坎特伯雷主教学校。后来由于拉丁语成为当时基督教世界的通用语言，以传授拉丁文知识为主的文法学校纷纷建立起来。到十二三世纪时，文法学校已成为英国中等教育的主要机构。14 世纪时，英国还出现了由私人捐助或公众团体集资创办的公学，免费招收贫寒学生。这种学校后来发展为只有贵族和上层阶级子弟才能进入的教育机构。

英国是一个崇尚自由的国家，自由主义在英国社会中是一种占支配地位的文化价值观，英国人把国家干预个人事情看作是对个人自由的侵犯，因此在很长一段时期内英国没有真正由国家控制和管理的国民教育制度。英国最初的中等教育政策主要以宗教法令的形式出现，民族国家形成后才产生了真正意义上的教育政策。进入 19 世纪后，工业革命的发展推动了英国社会政治、经济、科学、文化事业的进步，为顺应这一时代潮流，英国政府开始在教育改革中扮演重要角色。例如，通过拨款间接干预教育的发展方向；设立国家教育行政机构负责管理教育事宜；组织专门的调查委员会对教育现状进行全面调查，提出改革建议等。1870年和1902年，英国先后颁布了两部划时代的教育法案，这标志着英国由国家管理的国民教育制度正式形成。

20世纪以后，在整个英国教育的发展历程中，中等教育领域的改革异常激烈，保守党、自由党和工党都根据自身的政治主张制定了相应的中等教育政策。但由于各政党的价值观念不同，它们所制定的教育政策也往往有别，尤其是活跃于20世纪英国政坛的工党和保守党在中等教育政策上一直冲突不断。二战后，由于各政党“共识政治”的形成，英国工党和保守党的政策开始趋向融合。在政治上，工党以实现福利国家为目标，而不再追求长远的“社会主义”目标；保守党接受了工党的福利制度和有限的国有化政策，但要求实行某种程度的“计划经济”。在战后教育重建中，两党都倾向于按三轨制而不是综合制发展中等教育。到了20世纪60年代，由于三轨制中学无法适应英国技术变革和经济发展的要求，并逐渐暴露其体制上的僵化问题与功能上的不足，综合制改组运动随之兴起。在关于综合制改组政策上，工党和保守党又进行了长期反复的较量。直到20世纪80年代，综合中学才成为英国中等教育的主流形式。

自20世纪80年代以来，英国新保守党和新工党在中等教育政策上具有一定的延续性。新保守党政府把自由竞争的市场机制引入教育领域，强调质量、多样化、家长择校、学校自治和高度的责任感，这几个方面成为保守党政府教育改革的五大主题。新工党政府则沿袭了原保守党政府推行的国家课程、国家考试和教育市场化，同样追求教育中的优异、质量和多样性。但新工党反对保守党的精英主义教育，坚持教育机会均等，并把推动教育民主化作为其教育改革的一项重要举措，倡导让更多的人通过教育和培训发挥潜力，从而实现社会的平等与公正。

教育政策及其变迁不仅涉及教育自身的变化，而且与一国社会、政治、经济、文化等领域存在着多重复杂的关系，这就要求研究者既能够立足于教育和教育政策，又能超越教育。这不仅需要研究者具有深厚的知识素养，而且能善于把握教育与社会、教育政策与社会变迁、教育政策与公共政策变迁之间存在的复杂关系。在这方面本书作者进行了非常有益的探索，这种探索对于开阔教育史研究视野、更新教育史研究方法都具有重要意义。本书主题所涉及的范围广泛、内容复杂、难度较大，作者为本书的写作付出了艰辛劳动和大量心血。作为易红郡博士阶段学习的指导教师，我为这一研究成果的问世感到由衷的高兴，期待他能在学术研究的长途跋涉中不断取得新的成果。

史静寰

目　录

绪　　论

一、研究目的与意义

20 世纪是一个社会发生剧变的世纪。“工业的发展、科学技术的进步和与日俱增的都市化，都带来了社会组织和文化习惯方面的重大变革。在这样的社会里，物质享受提高了，为确保全体公民福利的种种措施也大大加强了。在这种变革中，教育起着核心的作用，它被要求对 20 世纪的新生力量和在其中成长的青年的影响，予以说明。它担负着为理解、支持和扩大革命寻找与提供理智的和社会的知识及技能的任务。同时，它成功地唤起了人们渴求受到更多的教育和渴望得到与其相适应的更好的社会经济条件的愿望。”①

英国的情况也不例外。从科技水平、生产能力和物质财富等方面来看，英国均取得了不少进步。随着 20 世纪的发展，19 世纪许多明显的不公平问题如劳工、妇女等问题在 20 世纪有了相当程度的改进。甚至在处理更为棘手的民族问题、种族问题等方面，英国也取得了不少成就。20 世纪英国中等教育的改革同样引人注目。它不仅建立了全国

---

① W. F. 康内尔：《二十世纪世界教育史》，张法琨等译，人民教育出版社，1990，第 2 页。

统一的教育体制，改组了中等教育结构，延长了义务教育的年限，在一定程度上实现了教育公平；而且在教育中引入市场机制，强调学校竞争和家长自由择校，从而大大提高了教育质量。

英国的中等学校最早可追溯到7世纪创办的坎特伯雷（canterbury）主教学校，后来出现了开始系统地提供中等教育的文法学校。最初的文法学校主要依靠私人和民间团体的捐赠来维持，以培养英才学生为主。但这种学校数量较少，而且大多为贵族和中上阶层所垄断，与初等教育也缺乏有机联系。这种状况一直持续到20世纪初才有所改观。《1902年教育法》的颁布，为20世纪英国中等教育的发展奠定了基础，同时也标志着英国公立中等教育制度的形成。

英国学者A. D. C. 彼得森（A. D. C. Peterson）指出："在过去的100年里，有许多重要议题影响了英国中等教育发展，如课程改革、消除阶级差异和为所有人提供中等教育等。"① 在20世纪英国教育的发展历程中，中等教育改革始终是政党争论的焦点，各政党均从自己的政治主张和价值观出发来制定教育政策。例如，倡导自由主义传统和富有民主意识的工党强烈要求改革国民教育制度，反对阶级特权和偏见，主张教育机会平等，提出"人人受中等教育"的口号；而崇尚传统和反对激进变革的保守党则强调教育中的传统、秩序、权威、等级制度，反对建立统一的中等教育制度，主张按学生的能力和性向来决定其所受的中等教育。政治主张的不同，使得工党和保守党的教育政策往往背道而驰。在整个20世纪，由于两党政权更替频繁，这种教育政策上的冲突从未终止过。那么，这种冲突说明了什么？冲突的焦点问题是什么？两党政府是如何对待冲突的？各自的教育政策特别是在冲突较为明显的中等教育政策层面做了哪些调整？调整的结果如何？所有这

---

① A. D. C. Peterson, *A Hundred Years of Education* (London: Gerald Duckworth & Co. Ltd., 1952), p. 122.

些问题将是本研究要探讨并试图加以解释的。

20 世纪的英国仍然存在明显的阶级划分，不同阶级的人所受的教育与就业的途径各不相同。中等教育是体现阶级和社会地位差别的重要方面，贵族和社会上层人士的子女大多数进入教学质量优良的公学或文法中学，而普通工人阶级和贫苦家庭的子女只能进入教学质量不高的现代中学或技术中学。学生接受哪种性质的教育与其家庭背景及本人未来的社会和经济地位有着千丝万缕的关系。英国同时也是一个多种族和多民族混居的国家，英国有英格兰人、威尔士人、苏格兰人和北爱尔兰人等。白人占全国总人口的 96%（其中英格兰人占 80%以上），其余 4%是从西印度群岛、南亚次大陆、非洲英联邦国家迁来的黑人和亚洲人。这种社会结构的多元化给英国中等教育政策的影响是不容忽视的。

20 世纪 80 年代以来，世界范围内掀起了声势浩大的教育重建运动。这场运动以市场经济原理为指导，在教育领域展开了全方位的改革。以玛格丽特·撒切尔夫人（Margaret Thatcher，1925—2013）为首的英国新保守党政府在加强中央控制（如制定国家课程和采用国家考试的方法）的同时，把市场竞争机制引入中等教育，强调家长自由择校与学校自治，鼓励学校教育的多样化和专门化。继任首相约翰·梅杰（John Major）仍然推行撒切尔政府的教育政策。20 世纪 90 年代末，以安东尼·布莱尔（Anthony Blair）为首的新工党执政后，在政治上推行“第三条道路”，既强调市场功能又重视政府的作用。那么，市场导向的教育改革对学校管理、教师、课程、家长和地方教育当局有何影响？它能解决教育中的社会公平问题吗？“第三条道路”对英国教育政策产生了什么影响？对以上问题的分析，无疑会使我们加深对整个 20 世纪英国中等教育政策的理解。

总之，20 世纪英国中等教育经历了一个艰难而曲折的发展过程。英国社会的政治、经济、文化传统和科技进步为中等教育的发展奠定了基础。同时政党之争、阶级冲突、种族矛盾、性别歧视等也制约着中等教育的变革。英国政府为解决中等教育发展所暴露出来的各种问题，制定了一系列相关的教育政策，如通过颁布各种教育法案与发表各种报告来试图实现教育机会的均等，提供教育福利服务，设立国家课程标准，实行国家统一考试制度，鼓励家长自由择校，改善薄弱学校的办学条件等。这些教育政策在一定程度上不仅缓解了各种社会矛盾，而且促进了英国中等教育的改革与发展。

目前，我国中等教育的改革同样面临着诸多问题。一方面，我国虽然不像英国社会那样存在鲜明的阶级结构，但贫富分布不均、城乡差别、性别歧视等问题仍然比较突出。这些因素将直接影响到我国基础教育的质量和中等教育的发展。另一方面，我国各类中等学校的发展并不平衡。例如，示范性中学和民办中学在师资力量、教学设备、基础设施等方面都比普通中学和职业中学条件优越，但其严格的入学要求和高昂的学费令许多学生望而却步。同时，城市与乡村之间、发达地区与欠发达地区之间的教育发展也相差悬殊。如何处理好各种各样的矛盾，使中学既能为高等教育输送合格的人才，又能为社会培养熟练的劳动者，这是我国教育界一直在探讨的问题。本研究试图以 20 世纪英国中等教育政策为切入点来考察中等教育的发展，分析教育政策的得失，总结其经验教训，以期为我国当前的中等教育改革及相关政策的制定提供一些参考与借鉴。

二、概念界定

（一）中等教育

国内外有关中等教育的定义说法不一。《中国大百科全书·教育》认为，中等教育是指在初等教育基础上继续实施的中等普通教育和专业教育。这种教育在整个学校教育体系中起着承前启后的重要作用。

实施中等教育的学校包括各类中等学校，其中普通中学是主要部分，它担负着为高一级的学校输送合格新生，以及为国家建设培养劳动后备力量的双重任务；中等专业学校包括中等技术学校、中等师范学校，它担负着为国民经济部门培养中等专业技术人才的任务。[①] 美国的《教育辞典》把中等教育定义为“为12—17岁青少年所特别设计的教育阶段”[②]。英国的《国际教育词典》把它界定为“在中等学校（secondary schools）所提供的教育”[③]。法国学者加斯东·米亚拉雷（Gaston Mialaret）和让·维亚尔（Jean Vial）主编的《世界教育史（1945年至今）》一书则指出：“初等教育以6岁至11岁的儿童为对象，高等教育招收的学生其年龄自18岁起，介于这两者之间的中等教育招收11岁至15岁的少年和16岁至18岁的青年。”[④] 同时，他们认为普通中等教育（技术教育是中等教育的另一分支）的目标在于使少年（中等教育第一阶段）和青年（中等教育第二阶段）掌握文化和科学知识，从而使他们认识和理解当代世界，并在这个世界中发挥作用。英国学者德·朗特里（Derek Rowntree）编的《西方教育词典》对中等教育的解释是“在中等学校中提供的全日制教育，学生年龄通常在11岁或12岁至18岁之间”[⑤]。

1904年，英国教育委员会颁布的第一个《中等学校管理条例》规

---

① 参见中国大百科全书出版社编辑部编《中国大百科全书·教育》，中国大百科全书出版社，1985，第526页。

② C. V. Good(ed.), *Dictionary of Education* (New York: McGraw-Hill Book Company, 1959), p. 491.

③ G. Terry Page, J. B. Thomas(eds.), *International Dictionary of Education* (London: Kogan Page Ltd., 1978), p. 305.

④ 加斯东·米亚拉雷、让·维亚尔主编《世界教育史（1945年至今）》，张人杰等译，上海译文出版社，1991，第400页。

⑤ 德·朗特里编《西方教育词典》，陈建平等译，上海译文出版社，1988，第299页。

定，中等学校是一种全日制学校或寄宿学校，为未满或超过16岁的学生提供比初等学校范围更广、程度更深的普通教育。其课程包括英语、外国语、历史、地理、数学、自然科学、绘画、唱歌、手工劳动、体育和家政等。英国比较教育家埃德蒙·J. 金（Edmund J. King）认为，在大多数情况下中学的学生年龄仍然是11—18岁或11—19岁。

综合以上各种观点，本研究所指的英国中等教育包括各种类型的中等学校，如公学、文法学校、现代中学、技术中学、综合中学、民办学校、独立学校、中间学校、第三级学院、第六学级学院、城市技术学院等所提供的教育，接受教育的为11—18岁的青少年。

（二）政策与教育政策

政策是指国家或政府颁布实施的行动准则，也就是通常所说的公共政策。关于公共政策的含义，研究政治学、公共行政学及公共政策的学者们从不同角度对此做出不同的回答。

公共行政学的首创者之一，美国学者伍德罗·威尔逊（Woodrow Wilson）认为，公共政策是由政治家即具有立法权者制定，并由行政人员执行的法律和法规。这个定义是从两个阶段即政策制定与政策执行的角度来界定的。加拿大学者大卫·伊斯顿（David Easton）指出："公共政策是对全社会的价值作有权威的分配。"[①] 这个定义主要侧重公共政策的价值分配功能。政策科学的主要倡导者和创立者之一，美国学者哈罗德·拉斯韦尔（Harold Lasswell）与亚伯拉罕·卡普兰（Abraham Kaplan）认为，公共政策是"一种含有目标、价值与策略的大型计划"。这个定义强调，政策是一种以特定目标为取向的行动计划。詹姆斯·安德森（James Anderson）认为，"政策是一个有目的的活动过程，而这些活动是由一个或一批行为者，为处理某一问题或有

① 张金马主编《政策科学导论》，中国人民大学出版社，1992，第17页。

关事务而采取的”；“公共政策是由政府机关或政府官员制定的政策”[①]。这个定义强调政策是一个过程，而政策的主体不仅仅是政府或政府官员。卡尔·J. 弗里德里奇（Carl J. Friedrich）认为，政策是“在某一特定的环境下，个人、团体或政府有计划的活动过程，提出政策的用意就是利用时机、克服障碍，以实现某个既定的目标，或达到某一既定的目的”[②]。英国学者马丁·罗格斯（Martin Rogers）指出：“政党政策的形成通常是把意识形态的约束、民意测验及政党决策机构的控制与影响整合在一起的结果。”[③] 丹·E. 英博（Dan E. Inbar）和瓦迪·D. 哈达德（Wadi D. Haddad）则从政策所起的作用方面把它界定为：“一种明确的或者含蓄的单个或者一组决定，它可以制定一些方针（directives）以指导将来的决定，发动或阻止某种行动，或者引导先前决定的实施。”[④]

根据以上定义，我们可以看出，西方学者对政策的理解主要体现在以下几个方面：（1）政策是由政府或其他权威人士制定的；（2）政策是一个过程；（3）政策具有鲜明的目的、目标或方向；（4）政策应能调整全社会的利益关系；（5）政策申明了政府有所为和有所不为；（6）政策的主体既可以是政府，也可以是政党或社会团体，甚至是个人。“政策这一术语应用如此广泛，这表明人们对政策这一观念有着广泛的诉求，并导致人们在一系列社会背景中动用这一术语。”[⑤]

我国学者林水波、张世贤先生认为，公共政策是指政府选择作为或不作为的行为。这个定义侧重政府表现出的行为或无为。学者陈振

---

① 李成智编著《公共政策》，团结出版社，2000，第 2 页。

② 李成智编著《公共政策》，团结出版社，2000，第 2 页。

③ Martin Rogers, *Opting Out: Choice and the Future of Schools* (London: Lawrence and Wishart Ltd., 1992), p. 50.

④ 英博等：《教育政策基础》，史明洁等译，教育科学出版社，2003，第 96 页。

⑤ H. K. 科尔巴奇：《政策》，张毅、韩志明译，吉林人民出版社，2005，第 10 页。

明等人认为，政策是国家机关、政党及其他政策团体在特定时期为实现或服务于一定社会政治、经济、文化目标所采取的政治行为或规定的行为准则，它是一系列谋略、法令、措施、办法、方法、条例等的总称。

综合以上各种关于公共政策的定义，我们可以将公共政策定义为：特定执政党和政府用以规范、引导有关机构团体和个人行动的准则或指南。其表现形式包括法律规章，行政命令，政府首脑的书面或口头声明、指示、行动计划与策略等。

教育政策属于公共政策的一个重要分支，它是特定执政党和国家在一定历史时期内为发展教育事业而制定的行动准则。教育政策具有鲜明的阶级性，它反映了某一政党或国家在特定条件下对于某一教育问题的价值取向，以及处理教育问题的基本原则、态度和措施。本研究中的教育政策既包括政府颁发的各种法律、法规、报告、通告、白皮书、绿皮书等，也包括政府首脑如首相、教育部长或国务大臣的演讲与指示等。

（三）教育政策分析与教育政策研究

政策分析没有一个统一的定义，学者们对此见仁见智。有人认为，政策分析是对政策可能选择的方案进行有系统的调查研究，并对每个方案正反两方面的意见做出整合性分析的过程；也有学者认为，政策分析是一种实际的活动，必须植根于对政策过程广泛的了解。因此，他们关注宏观与微观两方面：在宏观上关注政策与社会的关系；在微观上关注政策是如何形成的，以及政策转变成行动的方法。如何整合这两方面将是政策分析关注的重点。[①] 美国学者麦考尔（McCall）和韦伯（Weber）认为，政策分析主要包括对政策内容与政策过程的研究。

---

① 参见孙绵涛《关于教育政策分析若干理论问题的探讨》，《教育研究与实验》2002年第2期。

政策分析中常见的形式是规范性分析与描述性分析，规范性分析集中在政策内容，描述性分析集中在政策过程。查尔斯·沃尔夫（Charles Wolf）提出的公共政策分析模式主要是针对政策过程，它包括以下几个阶段：（1）认真搜集和分析所研究政策领域中的各种数据资料，特别要使用那些定量化数据；（2）建立分析模型，详细说明因变量与自变量之间的关系；（3）提出多种可供选择的项目和政策，其中包括现有的项目和政策，由他人计划或建立的选择方案，以及政策分析者所设计的选择方案；（4）政策评价，即通过检验所选择的方案模型，以及对所描述的目标完成结果的比较，实事求是地对这些政策进行评价，并按一定的标准，如效益成本比最大化等选出最优或较优政策。美国学者威廉·N. 邓恩（William N. Dunn）则把政策分析过程划分为五个步骤，即构建政策问题、预测政策未来、建议政策行动、政策执行情况监测、政策绩效评估。①

教育政策分析是公共政策分析的一个重要分支。从广义上说，教育政策分析是指在一项教育政策制定过程中的具体步骤、各步骤的因果关系，以及对具体内容、策略、手段、保障措施的应用研究。从狭义上说，它是指对不同教育政策方案的评价、选择和取舍。教育政策分析者的主要任务在于解释、描述政策方案的前因后果，如政府为何要制定该教育政策？教育政策的内容是什么？如果照此执行会产生何种后果？等等。英博和哈达德介绍了一个分析教育政策的框架，它涵盖了决策前后与决策过程本身的一切活动。该框架包括政策规划的七个步骤：一是对现状的分析，二是政策选项的产生，三是对政策选项的评估，四是做出决策，五是对政策实施的规划，六是政策效果的评价，七是随后的一个政策周期。② 加拿大学者本杰明·莱文（Benjamin

---

① 参见威廉·N. 邓恩《公共政策分析导论》，谢明等译，中国人民大学出版社，2002，第 34 页。

② 参见英博等《教育政策基础》，史明洁等译，教育科学出版社，2003，第 101 页。

Levin）则将教育政策分析的理论框架划分为启动、采纳、实施和成果四个阶段。[①] 这一理论框架既提供了一种区别动力源泉不同要素的方法，又没有忽视不同要素相互之间具有重叠和交叉的一面。由上可知，教育政策分析有三大特征：（1）注重经验性、实证性研究；（2）研究不仅关注政策过程，也注重政策内容和政策结果；（3）不仅注意政策形成、政策决定的阶段，而且瞄准政策实施、政策评价的阶段。[②]

教育政策研究大致分为四类：（1）研究怎样才能制定出一项较为理想的教育政策。具体内容包括怎样科学地发现、界定和陈述教育问题；怎样确定科学完整、切实可行的决策目标或目标体系；怎样有效地控制和利用影响教育决策过程的各种内外因素，如社会政治、经济、文化等宏观因素，教育的传统与现状、教育理念和价值取向、教育政策倾向等中观因素，教育决策者与教育决策组织结构形式等微观因素，等等。（2）研究一项教育政策是怎样制定出来的。它往往涉及政策出台的背景、教育政策制定者、决策机构的组成部分等。（3）具体研究某一项教育政策。它侧重对教育政策本身内容的分析及其实施后社会效果的评价。（4）对左右教育政策走向、统摄教育决策过程，并体现在教育政策内容中的科学与社会理论的研究，即人们通常所说的指导思想或理论基础。

在西方，有的学者如彼得·戈登（Peter Gordon）等人将教育政策分析与教育政策研究等同；齐布卡（Cibulka）则认为，政策研究具有更多的学术性，而政策分析更具应用性。我国学者孙绵涛认为，教育政策分析从本质上说是一种教育政策的研究活动和评价活动，它是一种科学的、规范的、具有学理性的研究，它不同于一般意义上的简单分析。教育政策分析可以归纳为三类：一是对决策的分析，二是对政

---

① 参见莱文《教育改革——从启动到成果》，项贤明、洪成文译，教育科学出版社，2004，第20—21页。

② 参见袁振国主编《中国教育政策评论》，教育科学出版社，2001，第255—257页。

策执行的分析，三是对政策价值的分析。① 但与教育政策研究相比，教育政策分析有其自身的特殊性：第一，教育政策分析的范围有一定限制，它一般只是对现实的、实际的教育政策进行分析；而教育政策研究可以是历史的、现实的、比较的，也可能是理论的或实际的。第二，在研究方法上，教育政策分析有其自身特殊的理论模式、方法和标准。

本研究主要是对 20 世纪英国中等教育政策的历史变迁进行分析，分析的基本框架包括政策制定的理论基础或指导思想；政策制定的背景，如政治、经济、人口、文化传统和社会环境等；政策产生的过程；政策的具体内容；政策实施的规划；政策实施后的效果评价；新的政策周期的出现。以上几方面使这项研究的整个分析过程有了一个基本的理论框架。

三、研究现状

从文献检索的情况来看，我国目前尚无专门研究英国中等教育政策的著作，相关研究也散见于其他教育著作和各种教材之中。例如，王承绪、徐辉主编的《战后英国教育研究》一书将英国中等教育的发展分为五个历史时期加以考察，即战前中等教育的历史背景。1945—1951 年：战后重建与三类学校制的确立；1952—1962 年：三类学校制的动摇和综合学校的扎根与发展；20 世纪 60 年代和 70 年代：中等教育大变革时期；20 世纪 80 年代：反思与改革。作者在结论部分认为，战后英国中等教育发展的历程证明，教育问题往往不是、实际上也不可能是仅仅从教育的角度来解决。教育对一个社会的政治经济发展的重要性，使之与这个社会执政党的命运紧密联系在一起，从而带有一

① 参见孙绵涛等《教育政策分析——理论与实务》，重庆大学出版社，2011，第 15 页。

定的政治色彩；而处于初等教育和高等教育之间、直接与高等学校和社会两方面发生关系的中等教育尤其如此。在中等教育领域，改革最为明显，所涉及的问题最具敏感性，引起的政党争论也最多。[①] 徐辉、郑继伟编著的《英国教育史》和顾明远、梁忠义总编、王承绪主编的《世界教育大系——英国教育》也从不同历史阶段比较全面地考察了英国中等教育的改革与发展历程。李家永在《当今英国教育概览》一书中从历史沿革、学校类型、第六学级、考试制度四个方面论述了英国中等教育的概况。江山野主编的《英国学校课程》介绍了英国实施的国家课程与《1988 年教育改革法》。祝怀新著的《英国基础教育》比较系统地探讨了英国基础教育的改革与发展。学者周愚文著的《英国教育史：近代篇（1780—1944）》，也对英国近现代中等教育的发展过程进行了梳理和综合分析。

此外，滕大春主编的《外国教育通史》（第 1—6 卷）与《外国近代教育史》、赵祥麟主编的《外国现代教育史》、吴式颖主编的《外国现代教育史》与《外国教育史教程》等也对英国中等教育的发展状况进行了一些探讨。

从译著来看，英国学者哈罗德·C. 邓特（Harold C. Dent）在《英国教育》一书中探讨了中等教育、缺陷儿童教育、教育福利设施、独立学校，以及家长与学校之间独特的伙伴关系。另一位英国学者理查德·奥尔德里奇（Richard Aldrich）在《简明英国教育史》一书中也分阶段考察了英国中等教育的发展。作者在结论部分指出："在最近的二十年里，很多以前广泛地为人们所相信的关于中等教育的看法倒转过来了。以能力为根据分别将儿童送入不同类型学校的中学入学选拔已名誉扫地，为人们所不信了。现存的一些地位高、资格老（有的学校

① 参见王承绪、徐辉主编《战后英国教育研究》，江西教育出版社，1992，第 165 页。

已有几个世纪的历史）的名牌学校已被废除，免费公立学校的新思想兴起来了。”①

其他相关译著有余家菊译的《英国教育要览》，英国学者诺伍德著、李鼎声译的《英国教育制度》，英国学者邓特著、王承绪译的《英国教育》，英国学者斯密斯著、夏邦俊译的《英国的教育》，苏联学者拉普钦斯卡娅著、朱立人等译的《现代英国普通中学》等。

从英文论著来看，国外学者关于英国中等教育的研究较多。这些研究主要是围绕教育与社会、教育与阶级、教育中的种族与性别问题、教育与市场之间的关系，以及私立教育等方面进行的。

杰拉尔德·伯恩鲍姆（Gerald Bernbaum）在《1918—1944 年的社会变革和学校》（*Social Change and the Schools 1918-1944*）一书中考察了 1918—1944 年英国学校制度所发生的变革。该书重点探讨影响学校发展的各种社会因素，进而研究由社会力量所引起的冲突和争论。作者注意到工业化对学校变革的影响，并根据工业化与社会结构及经济体制的关系，探讨了英国教育制度的发展、20 世纪 30 年代的教育重建，以及该时期教育实践的变化。罗伊·洛（Roy Lowe）则在《战后的英国教育：社会史》（*Education in the Post-War Years*：*A Social History*）一书中阐述了二战后英国社会的迅猛变化与教育之间的关系，特别是战后 20 余年里由于人口的增多，文化和社会经济的发展对教育提出的新要求。该书不仅提供了普通教育发展的一些信息，而且论述了城市郊区的扩展及中产阶级的兴起，并对评价当代教育的发展趋势提供了新的历史框架。作者在结论部分认为，权力、声望和财富仍然分布不均，尽管消除了贫困，但战后的不平等反而加深了；经济结构的变化标志着新兴中产阶级的上升，这些财富的垄断者集中在迅速扩

① 奥尔德里奇：《简明英国教育史》，诸惠芳等译，人民教育出版社，1987，第 134 页。

展的郊区，到20世纪80年代这个群体已经独占了文法学校。作者还指出，战后形成的教育制度加速了这一社会阶层的产生，它的出现将使英国成为一个只给予妇女、少数民族和工人阶级有限地位的社会。

彼得·戈登等在《20世纪英格兰的教育和政策》（*Education and Policy in England in the Twentieth Century*）一书中对20世纪英格兰的教育及其政策进行了梳理。作者运用大量事实研究了20世纪英国教育发展中的两个重要领域，即教育和阶级结构、妇女和女童教育问题。作者认为，等级性是20世纪英国社会和教育制度的主要特征之一，来自社会底层的男孩和来自整个社会群体的女孩很难进入像伊顿、哈罗这样一些声望高的公学，同样也不能进入牛津、剑桥等名牌大学。因此，等级制的存在导致了英国社会和个人智力资源的极大浪费。里克·罗杰斯（Rick Rogers）在《教育与社会阶级》（*Education and Social Class*）一书中主要讨论了关于教育和社会阶级的关系问题，包括课程、考试、私有化与学校社会学、种族与语言、职业、性别等六个方面。作者认为，英国的社会阶级划分仍然对年轻人的生活方式和就业机会影响很大，即使是综合学校的建立也很难消除社会分工的差别，综合课程的设立使机会平等和价值平等的学校重组运动基本上失败了。

在教育政策和实践中，种族和种族主义意味着什么？教育实践中的反种族主义是指什么？为了探讨这些问题，大卫·吉尔伯恩（David Gillborn）在《学校中的种族主义与反种族主义：理论、政策和实践》（“Racism and Antiracism in Real Schools：Theory，Policy and Practice”）一文中不仅关注教育政策、研究、理论和实践中的种族主义，而且着重探讨了学校管理和教学实践层面的反种族主义。作者还对当前有关种族、人种和身份的争议提出了严格的批评。另一位学者马德林·阿诺特（Madeleine Arnot）在《种族与性别：教育中的机会均等政策》（*Race and Gender：Equal Opportunities Policies in Education*）一书中考察了种族和性别不平等的类型，以及中央、地方政府、教育机构处理不平等的方法。该书关于种族和教育政策部分探讨了在教育结构和实践中反歧视法规的作用、教育和科学部关于种族劣势的态度、多元文化主义和反种族思想的发展、为黑人学生提供有种族偏见的学校教育等问题。作者认为，对种族和性别这两个敏感的政策领域所进行的任何分析，将使我们发现围绕这两者的争论始终是利用机会平等进行的，而这为战后英国谋求政治见解和教育发展的协调奠定了基础。在作者看来，直到20世纪70年代，“教育机会均等”的概念在分析教育中的社会阶级差别时仍然占主导地位。同时，令人欣喜的是这一概念已扩展到包括妇女、黑人、同性恋者及残疾人在内的弱势群体。

什么是选择？家长怎样选择？选择对学校与地方教育当局的影响如何？杰弗里·沃尔福德（Geoffrey Walford）在《教育中的选择与公平》（*Choice and Equity in Education*）一书中回顾了教育选择的历史，特别指出直接拨款学校和城市技术学院鼓励扩大父母在学校中的选择权。作者在探讨《1988年教育改革法》时考察了选择的氛围，并且认为社会阶级划分仍然对选择的标准产生影响。为了能与英国的教育制度进行比较，作者还考察了美国波士顿地区的磁性学校计划和试验，因为在那里所有父母都必须为其子女选择学校。菲利普·A. 伍兹（Philip A. Woods）等在《学校选择与竞争：符合公众利益的市场？》（*School Choice and Competition: Markets in the Public Interest?*）一书中则考察了近年来英国学校体制的改革及其影响，并探讨了父母和学校是如何适应这些变化的。作者提出了这样一些关键性问题：父母的中等教育价值观是什么？他们是否有真正的选择权？竞争是否鼓励只关心学校形象而非教育质量？学校管理者怎样对待父母关于学校的一些看法？然而，许多父母倾向于把学校成就与个人和社会因素置于同等重要的地位，他们给中学施加的压力使学校管理者也特别看重可量化的学术成就而非广泛的教育目的。同时，作者重点考察了市场压力的正面和负面影响，以及由于选择、多样性、适合公众利益的市场因素的影响和为了确保教育机会的人人平等，教育政策是如何变化的。该书还特别提到英国1997年大选中的政策备忘录。在这份备忘录中，提出了一些新的教育观点，并保留了保守党教育改革的某些做法，但认为“自由市场”是解决任何问题的观点不再占优势。作者认为用“公共市场”的观念反映新时代的变化可能更合适。

在英国私立教育中，公学颇有特色。埃德蒙·金在《别国的学校和我们的学校——今日比较教育》一书中指出，要想了解英国的各种教育问题，最重要的是应对公学所主张的、长期以来被认为是神圣不可侵犯的那些东西做出正确评价。他认为，这种典型的寄宿学校是英国对教育思想和学校组织所做出的最有特色的贡献之一。[①] 公学的特点是极其注重学生的品德训练和自我约束力的培养，因而被人们认为是贵族学校的典范。杰弗里·沃尔福德在《英国公学：政策和实践》(*British Public Schools: Policy and Practice*)一书中论述了公学的许多重要领域，包括对父母、学生、教师、入学资格的强调，以及不同类型学校的收支特征，主要政党的政策和学额资助方案等问题。在该书中，作者运用了大量的访谈调查和民族志的个案研究，包括正式和非正式的观察、问卷调查、对统计数据的分析、口述史、深度访谈，以及对官方统计数字、公开出版物和未公开档案材料的分析等。

其他有关英国中等教育的著作有基思·伊文斯(Keith Evans)的《英国学校制度结构及发展》(*The Development and Structure of the English School System*)，布莱恩·西蒙(Brian Simon)的《1870—1920年的教育与劳工运动》(*Education and the Labour Movement 1870-1920*)、《1920—1940年的教育改革政策》(*The Politics of Educational*

① 参见埃德蒙·金《别国的学校和我们的学校——今日比较教育》，王承绪等译，人民教育出版社，2001，第242页。

Reform 1920-1940），迈克尔·桑德森（Michael Sanderson）的《英格兰的教育机会与社会变化》（*Educational Opportunity and Social Change in England*），丹尼斯·劳顿（Denis Lawton）的《1990 年代的教育与政治：冲突还是融合?》（*Education and Politics in the 1990s : Conflicts or Consensus ?* ），伊恩·迈克尼（Ian McNay）和杰尼·阿兹加（Jenny Ozga）的《教育政策制定：和解的破裂》（*Policy-Making in Education : The Breakdown of Consensus*），罗伯特·莫瑞（Robert Moore）和杰尼·阿兹加的《课程政策》（*Curriculum Policy*），罗伊·托德（Roy Todd）的《多元文化社会中的教育》（*Education in a Multicultural Society*），克里弗·格里格斯（Clive Griggs）的《英国的私立教育》（*Private Education in Britain*），还有罗恩·布鲁克斯（Ron Brooks）的《当代教育辩论：一种历史观》（*Contemporary Debates in Education*：*A Historical Perspective*）等。

涉及英国中等教育的论文主要有 N. R. 格利弗（N. R. Gullifer）的《对 1902 年教育法的抗议》（"Opposition to the 1902 Education Act"），R. G. 华莱士（R. G. Wallace）的《1944 年教育法的起源及作者》（"The Origins and Authorship of the 1944 Education Act"），布莱恩·西蒙的《托利政府和教育 1951—1960：背景与进展》（"The Tory Government and Education, 1951-60：Background to Breakout"）、《综合制改组政策：一种反思性分析》（"The Politics of Comprehensive Reorganization：A Retrospective Analysis"）和《1944 年教育法：一种保守的措施?》（"The 1944 Education Act：A Conservative Measure?"），林恩·库克（Lynn Cook）的《1944 年教育法和户外教育：从政策到实践》（"The 1944 Education Act and Outdoor Education：From Policy to Practice"），D. 卡拉汉（D. Callaghan）的《"信徒"：1988 年教育改革法制定中的政治与个性》（"'The Believers'：Politics and Personalities in the Making of the 1988 Education Act"），杰弗里·沃尔福德的《学

校教育中的多样化和选择：一种选择观》（“Diversity and Choice in School Education：An Alternative View”），克里斯·皮尔森（Chris Pierson）的《新的教育管理：保守党和教育 1988—1997》（“The New Governance of Education：The Conservatives and Education 1988-1997”），托尼·爱德华兹（Tony Edwards）和杰夫·惠迪（Geoff Whitty）的《中等教育的专门化与选择》（“Specialization and Selection in Secondary Education”），还有詹尼弗·弗马格（Jennifer Firmager）的《亨利·哈多爵士领导下的咨询委员会：青少年教育》（“The Consultative Committee under the Chairmanship of Sir Henry Hadow：The Education of the Adolescent”）等。

我国学者也发表了一些相关的论文，如石伟平的《劳顿论教育中的“市场选择”》、汪利兵的《当代英国教育的市场化改革研究》、马忠虎的《撒切尔主义对当代英国教育改革的影响》，还有李玢的《英国的文化价值观念与教育》等。

综上所述，我们可以看出已有的成果对英国中等教育研究内容广泛，不仅包括教育中的阶级结构、种族与性别、教育公平、私立教育、国家课程、教育市场化等，而且研究方法比较独特，如在研究中运用了统计分析、问卷调查、访谈、口述史等方法。这些研究成果无疑为我们进一步理解英国中等教育政策奠定了基础，但是就这一研究课题的理论与实践意义而言，以上成果似乎还不足以充分体现其价值。至今我国学术界尚无一部以英国中等教育及其政策为主题的专著，现有成果只是分别涉及这一课题的某些方面，缺乏研究的完整性和系统性。另外，有些成果所涉及的部分史实尚待厘清和考证，有些成果的某些观点也值得商榷。很显然，这些成果有待研究的进一步深入。

在现有研究成果的基础上深入挖掘中外史料，运用全新的视角和多学科的观点，把英国中等教育政策置于一个宏观的政治、经济、社会、文化及历史背景之下进行全面系统的考察，从而将研究课题提高到一个新的水平，这是很有学术价值和现实意义的。正如英国历史学家、伦敦大学教育学院第三任院长弗雷德·克拉克（Fred Clarke）所言，要在广阔的英国社会、文化和经济变革背景下呈现历史的贡献，因为还没有哪个国家的教育史作品直接呈现了教育改革、教育体制、教育目标、教育观和教育方法在塑造社会中的持续作用，这样的研究非常重要。它从历史学的视角理性、客观地看清了事实，从社会学的视角看待教育争论可能是相当理想化的倡议。①

四、研究思路

本研究除绪论之外共分为五个部分。

第一部分回顾了20世纪以前英国中等教育的发展及政策。英国中等教育产生于中世纪早期，文法学校是提供中等教育的主要机构，早期教育政策是通过一些宗教法令体现出来的。在文艺复兴、宗教改革、资产阶级革命和工业革命时期，文法学校均得到了一定的发展，以上时期的教育政策来源于君主意志，它主要为政治服务。19世纪时英国政府逐渐加强了对中等教育的干预，成立了三个专门委员会调查中等教育的状况，并提出了一些重要的改革建议。由国家控制和管理的中等教育制度直到20世纪初才形成。除文法学校外，20世纪以前英国还出现了其他类型的中学，如重视自然科学的私立学园、面向中产阶级的私立学校及为贵族阶层所垄断的公学等。

第二部分考察了二战前英国保守党、自由党和工党的中等教育政策。保守主义与新自由主义思想是二战前各政党制定教育政策的理论基础。《1902年教育法》的颁布，为英国公立中等教育制度的形成奠定

① 参见加里·麦卡洛克《教育史学——教育史研究的斗争历程》，武翠红译，华中科技大学出版社，2019，第41页。

了基础。从此以后，由地方教育当局创办的公立中学得到迅速发展。自由党在20世纪英国政坛上虽然昙花一现，但其颁布的《中等学校管理条例》和《费舍法案》等极大地推动了英国公立中等教育的发展。自由党衰落后，取代它的是宣称代表“劳工阶级”利益的工党。1924年，工党政府上台后提出了“人人受中等教育”的口号，并把它视为工党教育政策的基础。为实现“人人受中等教育”的目标，英国政府先后发表了《哈多报告》（“The Hadow Report”）、《斯宾斯报告》（“The Spens Report”）、《诺伍德报告》（“The Norwood Report”），以及旨在促进公学改革的《弗莱明报告》（“The Fleming Report”），1944年还通过了在英国教育史上影响深远的《巴特勒法案》（*The Bulter Act*）。然而，二战前英国距离“人人受中等教育”的目标仍很遥远。

第三部分探讨了二战后到20世纪70年代末英国工党与保守党的中等教育政策。二战后，工党政府接受了凯恩斯主义的国家干预理论，在英国建立了世界上第一个福利国家。在教育政策上，战后初期英国政府倾向于按三轨制重建中等教育，使文法中学、现代中学和技术中学得到了不同程度的发展。20世纪60年代后，三轨制中学逐渐暴露其不足之处。随着心理学、社会学和经济学研究成果的增多，三轨制受到的冲击越来越大。1964年工党重新执政后，为促进中等教育的民主化，开始把综合教育作为一项重要的教育政策。然而，围绕中等教育的综合改组问题，工党与保守党之间进行了长期的较量，中等教育政策实际上成了政党斗争的一个重要方面。尽管综合制改组遇到的阻力很大，但到20世纪80年代时综合中学仍然成了英国中等教育的主要机构。这一时期独立学校的改革和“公学革命”无疑促进了英国私立教育的发展。同时，针对种族问题和特殊学生的教育需要，英国政府也制定了一些相关政策。

第四部分论述了20世纪80年代以来英国新保守党与新工党的中等

教育政策。1979 年，以撒切尔夫人为首的新保守党（也称新右派）执政后，奉行哈耶克新自由主义学说，强调自由竞争和发挥市场机制的作用。政府在教育中引入市场经济原则，鼓励公立学校脱离地方教育当局的控制而成为中央直接拨款学校；鼓励开办由工商业赞助的“城市技术学院”和技术学院；增加中等教育的多样性；扩大家长选择学校的权利等。为便于家长和学生更好地选择学校，英国政府还制定了国家课程标准并实行全国统一考试制度，这样能使家长了解更多的信息，促进各学校之间的竞争，从而提高办学质量。为落实以上各项政策，1988 年英国政府颁布了二战后在英国教育史上最具影响力的另一项教育立法，即《1988 年教育改革法》。1997 年，以布莱尔为首的新工党上台后，试图在新右派的撒切尔主义与老工党的民主社会主义之间寻找一条“中间偏左”的治国方略，即“第三条道路”。“追求卓越的学校教育”成为新工党政府制定教育政策的主要目标。

结语部分剖析了 20 世纪影响英国中等教育政策形成与发展的若干重要因素，如政党之争、经费分担、阶层划分和文化传统等。作者认为“渐进式变革”和“从冲突到融合”的方式是 20 世纪英国执政党教育政策发展的两大特色。

第一章　20世纪以前英国中等教育的发展及政策

英国的教育活动从史前时期就开始了，在罗马占领时期（43—410），英国仿效罗马样式建立了世俗教育，后来由于盎格鲁-撒克逊人（Anglo-Saxon）和朱特人的野蛮入侵使得罗马文明及罗马式教育荡然无存。英国的学校教育是教会的产物，它几乎与基督教的传入同时兴起。英国的中等学校始于7世纪时创办的坎特伯雷主教学校，文法学校出现后才开始系统地提供中等教育。中世纪后期，文法学校有数个不同的起源，包括大教堂和歌祷堂，以及后来的工商业行会、城市同业公会（City Livery Company）和医院等。但中世纪文法学校是“小康人家有才干的孩子的出路，这些小康人家包括小乡绅、自耕农、商人、手艺人，偶尔也包括一些佃农或农奴。从学校毕业后将有可能谋取教会和政府部门的职业，或者研究学问，或者当办事员”①。1662年的宗教法规确立了英国国教对教育的垄断地位后，中等教育便成为教会的领地之一。其中一些富有特色的文法学校和“大公学”也逐渐为贵族和中上阶层所占有。由国家管理的真正意义上的公立中等教育制度直到《1902年教育法》通过后才形成。

---

① 邓特：《英国教育》，杭州大学教育系外国教育研究室译，浙江教育出版社，1987，第4页。

第一节　5 世纪至 14 世纪英国的中等学校与教育政策

一、英国中等学校产生的背景

410 年，罗马占领军被哥特人打败，自此之后罗马君主不再统治不列颠。罗马占领军从不列颠撤走后，原来的居民凯尔特人仍以部落组织形式在当地生活。不久，北方的皮克特人、苏格兰人从海路入侵，给不列颠带来一场浩劫。“他们就像收割成熟的庄稼一样，横冲直撞，砍杀和践踏眼前的一切。”① 443 年，不列颠人请求罗马帝国派兵来保卫他们，但遭到拒绝，于是他们转而邀请欧洲大陆的盎格鲁-撒克逊人前来相助。449 年，第一批盎格鲁-撒克逊人分乘 3 只小船在亨吉斯特（Hengest）和霍萨（Horsa）兄弟的率领下，从不列颠岛的东南部登陆。这些盎格鲁-撒克逊人起初是作为客人，应邀为不列颠人保卫疆土。后来，他们发现不列颠土地丰腴、五谷丰登、牧草肥嫩，特别是岛上居民温和柔弱、不善征战。因此，一批批不速之客乘坐狭长的独木舟，手执利器，携家带口接踵而至。这些欠开化的野蛮人来到不列颠的目的是掠夺土地，寻求更好的栖息之处。登陆后，他们便以部落为组织渗透到不列颠岛腹地，抢夺他们理想中的土地。这就是英国历史上的盎格鲁-撒克逊征服时期，英国的王权也是从这次征服起开始形成。

以军事首领制为特点的王权形成过程，在英国持续了 150 多年，这一期间岛上原有的罗马文明被摧毁了，整个不列颠重新陷入一种野蛮混乱状态。那是一个群雄乱世的时代，从欧洲大陆迁居英国的各部落，既和当地居民并肩作战，也互相攻伐。战胜的部落定居并发展壮大，

① 比德：《英吉利教会史》，陈维振、周清民译，商务印书馆，1996，第 43 页。

战败的部落则被吞并，当地的不列颠人或被降服或西逃至威尔士。经过无数次的征讨与兼并，盎格鲁-撒克逊人在战斗中逐渐形成自己的国家。到6世纪末，不列颠岛上出现了7个王国：3个盎格鲁王国（麦西亚、诺森伯里亚和东盎格里亚），3个撒克逊王国（苏塞克斯、埃塞克斯和威塞克斯）和1个肯特王国。

英国的中等教育源于盎格鲁-撒克逊人入侵之后基督教的传播。565年，爱尔兰学者和宗教领袖圣·科拉姆巴（St. Columba）到达苏格兰西南部，在那里建立了艾奥纳（Iona）寺院，开始对皮克特人进行教化。597年，圣·奥古斯丁（St. Augustin）在教皇格列高利一世（Gregory Ⅰ，约540—604）的派遣下，率领40人的布道团从肯特登陆，开始启迪居住在英国东南部的盎格鲁-撒克逊人和朱特人信奉基督教。随后，爱尔兰僧侣开始在英国北部传教。635年，林第斯法恩（Lindisfarne）大寺院建立，不久便成为英国北部宗教和古典教育的中心。肯特的埃塞尔伯特（Ethelbert）是第一个皈依基督教的国王，随后诺森伯里亚国王埃德温（Edwin）也归顺基督教。到7世纪中期，英格兰全境都已皈依基督教。不过，这时的基督教是属于凯尔特式的，与传统的罗马式基督教有所不同。在圣·奥古斯丁以前，凯尔特式基督教在英格兰统治了300年。664年，凯尔特式与传统的罗马式基督教主教在惠特比（Whitby）召开了一次重要的宗教会议，决定接受新的罗马式天主教。这两种教派统一给英格兰的宗教和学术注入了新的活力，从而增强了思想上的凝聚力，并且有助于统一国家的形成。

皈依教会的国王为了赢得教会支持和增强其政权的合法性，主动将大批地产赐予教会。历史学家比德（Bede）在《英吉利教会史》中记载了修道院获取地产的情况：国王奥斯维（Oswy）在战胜彭达（Penda）以后，献给修道院12块小册封地，有佃户120家；圣彼得修道院修建之初，从埃格弗里德（Egfrid）国王处获得70海得（Hide，英国土地丈量单位）土地；圣保罗修道院切奥尔弗里德（Ceolfrid）院长在任时，共获得 30 海得土地；等等。①

希腊人西奥多（Theodore）在不列颠岛传播基督教方面发挥了重要作用。他于 660—690 年任坎特伯雷大主教，足迹遍布英格兰。672 年，他在赫伯特（Herbert）主持召开了全英格兰宗教会议，制定了教会管理章程，声明神职人员的职责和生活道德规范。西奥多还根据不列颠的政治状况，重新把英格兰划分为 10 多个主教区，并由专职神父负责。

随后数十年，英格兰北方连遭战乱和异族侵犯，诺森伯里亚王国衰落后一些主教区渐渐消亡。735 年，约克大主教区得以确立，但它只管辖 3 个主教区；而坎特伯雷大主教区下辖 12 个主教区，因此，坎特伯雷大主教以绝对优势成为英格兰的首席大主教。经过一个多世纪的变迁，英国基本上形成了包括两个大主教区、若干主教区和许多基层教区的宗教管理体系。与大主教区、主教区和基层教区并存的是一些大小不等的修道院。它是负责神职人员和世俗教徒修道、学习宗教经典及教产管理的宗教团体。温斯顿·丘吉尔（Winston Churchill）对英格兰人的教会组织曾给予高度评价："它不受语言和习俗纷杂甚至国度不同的限制。不管诸王国之间进行如何激烈的斗争，教会是统一而不可分割的：它在各地举行同样的宗教仪式，它的教士被奉若神明。肯特王国失去早年的强盛，诺森伯里亚王国被麦西亚王国取而代之，而坎特伯雷和约克的地位却永不衰落。"②

---

① 参见比德《英吉利教会史》，陈维振、周清民译，商务印书馆，1996，"中译本序言"第 6 页。

② 温斯顿·丘吉尔：《英语国家史略》（上），薛力敏、林林译，新华出版社，1985，第 7 页。

二、坎特伯雷和约克主教学校

自传教士进入英格兰后，教育活动逐渐成为英国寺院的一部分。当时的教令规定，大寺院住持和修道院院长应当关心经文的阅读，但由于这些经文是用拉丁文写的，因此，培养人们阅读拉丁文的能力便成为寺院的一个根本任务。

7 世纪，寺院的教育活动十分活跃，各阶层的英国青年纷纷来到寺院学习拉丁文。670 年，被比德称为“能用希腊文和拉丁文进行世俗与神学教育”① 的西奥多和艾伯特（Abbot）从意大利抵达英国，开始用希腊文和拉丁文进行教育工作，他们都曾在坎特伯雷大教堂工作过。674 年和 682 年，威尔茅斯（Wearmouth）修道院和亚罗（Yarrow）修道院分别建立。这两所修道院接受罗马和维埃纳（Vienne）（位于法国的中西部）馈赠的书本，不久便成为名闻遐迩的学术中心。比德在他的《英吉利教会史》中为我们描述了当时这两所修道院的教育情景：西奥多“在哈德良（尼雷达卢姆修道院住持）陪伴和协助下，他在各处播下生活的正确规则、复活节公众集会的规范仪式。他是第一个使整个英国教会同意效忠的大主教。如我们所说，由于他们两人都熟知宗教和世俗经典，因此拯救灵魂的知识像溪流一样日日从他们那里源源流出，浇灌着汇集在一起的学生的心灵，从而与宗教课本的书卷一道，传授给听众韵律技巧知识、天文学知识和宗教算术知识。……自从英吉利人到不列颠后，不曾有过比这更幸福的时候”②。

该时期，在爱尔兰的一些寺院里也出现了学术复兴的景象。学术

---

① E. P. Cubberley, *The History of Education* (Boston: Houghton Mifflin Company, 1920), p. 139.

② E. P. 克伯雷选编《外国教育史料》，华中师范大学教育系等译，华中师范大学出版社，1991，第 96 页。

复兴使爱尔兰成为当时欧洲教育最兴旺的地区。约4世纪，英格兰和高卢（古代西欧地区）的传教士已在爱尔兰传播基督教并进行文化教育。在随后的两个世纪，日耳曼人在欧洲大陆和英格兰的征战中摧毁了罗马文明，但在爱尔兰的寺院中仍保存着古代文化。7世纪，在图阿姆-德里坎（Tuam-Drecain）一个地方就设有三种学校：拉丁文学和基督教文学学校、爱尔兰法律学校、爱尔兰文学学校。除此之外，这个地方还有规模较大的寺院学校，不但爱尔兰人，而且来自不列颠和欧洲大陆的学生都上这种学校。爱尔兰的寺院学校除了培养未来的神职人员外，也招收世俗阶层的子弟。比德在《英吉利教会史》中写道："这时，有许多英格兰种族的人——既有贵族，也有微低阶层——离开本土来到爱尔兰学习神学，或过着俭朴的生活。其中一些人不久便束缚于寺院的清规戒律，而那些宁愿自由自在地迁居和选择教师的人，却以学习为乐。爱尔兰人热情地接待了他们，免费提供膳食和书籍，并对他们进行免费教学。"① 在爱尔兰的寺院学校，宗教文化和世俗文化、希腊罗马文学和本民族文学一直处于兼容并包、协调发展的局面。在爱尔兰学术繁荣时期，许多传教士横过海峡到欧洲大陆传教办学，影响所及，远至今天的波兰和保加利亚一带。

7世纪以后，僧侣的布道活动不再仅限于寺院和修道院，教区牧师在传教中也发挥了重要作用。主教及教区牧师必须向那些不会拉丁文而又希望进入教堂供职的人们传授拉丁文，同时还向那些希望在教堂礼拜活动中担任角色的人们传授音乐知识，于是基督教教育活动开始走出寺院或修道院而面向社会。在这种情况下，教区牧师们建立了由主教或其代理人管理的专门培养牧师的学校——主教学校（Bishop's School），这就是英格兰最早的真正意义上的学校。

---

① 博伊德、金：《西方教育史》，任宝祥、吴元训主译，人民教育出版社，1986，第107页。

当时，在英格兰出现了一些较为著名的主教学校，如由圣·奥古斯丁和他的传教士在坎特伯雷创办的主教学校，是一所以训练当地皈依基督教的人成为教士的学校。比德在其《历史学》一书中写道："那时（631 年），东英吉利（East Anglia）的国王是西格伯特（Sigebert），他是一个有教养的人，也是一个教徒，原来在流放高卢时曾接受洗礼。回国后，一恢复王位，他就仿效高卢人创办了一所学校，其间可以教孩子们文法。在这个事业中他得到了费利克斯（Felix）主教的帮助。费利克斯主教从肯特（Kent）来到他那里，并模仿坎特伯雷人，给他带来了助理教员和教师。"① 这段文字不仅谈到了主教所在地邓威奇（Dunwich）创办的东英吉利学校，还涉及了一所坎特伯雷的古老学校，它能为东英吉利学校提供教师。那么这所学校是何时创办的呢？前面提到的费利克斯主教就足以说明问题。费利克斯是勃艮第（Burgundy，今法国的一个大区）人，他被圣·奥古斯丁的同事奉为主教，而圣·奥古斯丁作为传教士是格列高利派往苏格兰的。因此，坎特伯雷主教学校必定是作为圣·奥古斯丁传教事业的一部分而创办的，时间大约是在 7 世纪。

坎特伯雷主教学校在西奥多主教和哈德良（Hadrian）住持负责期间，成为英格兰最著名的主教学校。坎特伯雷主教学校中最著名的学者是奥尔德赫姆（Aldhelm），他是第一个成功地传授古典学识的英国人。比德指出："……他各方面的学问都很渊博：他有优美的写作风格，他对世俗文学和神学方面的卓识令人赞叹不已。"② 坎特伯雷主教学校的课程包括文法、几何、算术、韵律、天文学和罗马法等。"学校开设的学科可能几乎没超出卡西安学校的教学内容，但其方法更认真更有成效。我们可以想象，一群孩子端坐在铺有草垫的地板上，手中

① 博伊德、金：《西方教育史》，任宝祥、吴元训主译，人民教育出版社，1986，第 110 页。

② 比德：《英吉利教会史》，陈维振、周清民译，商务印书馆，1996，第 347 页。

拿有蜡板，将教师照手抄书读的句子记下来。当时学生很少有书，因此边读边忘。学生把教师读的句子记在书板上，交教师修正后，再把字句转抄成小型的羊皮纸文稿。这种羊皮纸文稿是许多人的知识宝库，这些知识几乎都是他们没法在生活中获取的。”①

为了加强基督教会对教育事业的统治地位，教会组织开始制定一些教育政策。这些教育政策主要是通过教会法令体现出来的。680 年，在君士坦丁堡举行的基督教会议颁布了两个宗教法规。第一个关于设在大教堂或寺院中的学校的法规规定，任何教士都可以自由地把儿子或其他男亲属送去读书。第二个法规要求乡村和城镇的牧师开办学校，信徒们都可以送孩子入学学习文法；法规还要求不许强收学费或接受报酬。从第二个法规可以推断，当这些法规成文的时候，在小城镇中已有一些牧师为世俗儿童设立文法学校，而且各地都希望开办类似的学校。第一个法规也似乎表明，尽管大教堂学校主要是为教士开办的，但它们所设科目之广泛足以使那些不想充当圣职的人获益匪浅。后来，这些宗教法规由奥尔良主教西奥达夫（Theodulph）用专门的术语进行了重述。

约克主教学校也是英国历史上最悠久的学校之一。它最初由大主教艾伯特负责教育工作。艾伯特向他的学生传授修辞学、韵律、天文学、几何学等。英国中世纪早期教育家和神学家阿尔琴（Alcuin）曾受教于艾伯特，他在一首诗中曾描述过艾伯特的教学情景。艾伯特“用多种教学的溪流和各种学问的甘露滋润着干枯的心，赋予它们语法学的学艺，灌注修辞的江河。他在法的磨石上把一些人擦亮，他教一些人齐唱艾奥尼娅赞美诗，而另一些人在旁吹奏卡斯塔利长笛，循着抒情诗人的足迹越过帕拉萨斯山麓。……他举出复活节庄严周期的必然，

① E. P. 克伯雷选编《外国教育史料》，华中师范大学教育系等译，华中师范大学出版社，1991，第 116 页。

首先开启圣文的奥秘，揭示古老而简陋法典的莫测。见到任何思维出类拔萃的青年，他都凑拢过去，教育他们，供养他们，热爱他们。因此，这位教师在圣卷中有许多学科和各种学艺处于领先水平”①。

约克主教学校最引人注目的是藏书丰富的图书馆，它拥有圣·哲罗姆（St. Jerome）、圣·奥古斯丁、格列高利、奥尔德赫姆、比德、波伊提乌斯（Boethius）、亚里士多德（Aristotle）、马尔库斯·西塞罗（Marcus Cicero）、维吉尔（Virgil）等当时许多著名思想家的作品。约克大主教艾伯特逝世后，这所学校由阿尔琴负责。阿尔琴在一首诗中描绘了该校图书馆的一些重要书目。“你在那里找到的文献，尽是古代祖先遗留的所有书卷。拉丁语作者在这里安家，……这里照耀着热若麦、安布罗西、奚拉里的思维，还有阿撒尼西和奥古斯丁著作的光辉。奥诺西乌斯、利奥、格列高利大主教紧接巴西尔和弗络金特乌的光照。格雷夫·卡西奥多鲁和约翰·克里索斯托、比德大师和奥尔德赫姆学者相继来到；……读者啊，你将找到更多的各具风格的著名旧学大师，他们许多书册自会引人注目，无须冗长的诗句烦琐复述。”②

阿尔琴接管约克学校后，教育工作十分出色，这使他声名鹊起。782年，阿尔琴接受查理曼大帝（Charlemagne，742—841）的邀请，离开约克前往法兰克（Frankland）宫廷学校任教。阿尔琴在那里执教了14年，除了指导皇亲国戚之外，还协助查理曼大帝颁布振兴文化教育的敕令。787年，查理曼大帝给所有的主教和寺院院长发布了第一个公告。在指出寺院书信中普遍存在的错误后，查理曼强烈要求教士们为正确理解基督教《圣经》而致力于学习。他说：“我们规劝你们，不仅不要忽视学习文法，而且要谦卑而不停地运用文法。这样，你们就

---

① E. P. 克伯雷选编《外国教育史料》，华中师范大学教育系等译，华中师范大学出版社，1991，第97页。

② E. P. 克伯雷选编《外国教育史料》，华中师范大学教育系等译，华中师范大学出版社，1991，第98—99页。

能更易更快地深入《圣经》的奥秘。学了这些修辞手法以后，无疑地，读者就会更好地理解到所学的《圣经》的根本意义。为此，让既能而又愿意学习同时又希望教其他人的人们都学文法。”①

两年后，查理曼又分别向僧侣和牧师颁布敕令，要求每个寺院或修道院必须设立自己的学校，并教儿童音乐、文法和算术。同时，他也规定必须保证教士获得某种最低程度的教育。查理曼大帝的许多教育政策都是根据阿尔琴的建议制定的。在阿尔琴的协助下，查理曼帝国境内的修道院、大教堂都附设了学校，其中以都尔、福尔达、哥比、北克、鄂连士、希尔索等学校尤为著名。这些学校的教学科目，除了读写算和宗教之外，还有文法、修辞、辩证法、算术、几何、天文、音乐等。

查理曼大帝的教育改革对英国中等教育影响较大。9 世纪初，麦西亚国王奥法（Offa）写信给阿尔琴，请求他为自己的臣民派遣一位教师。阿尔琴同意了这个请求，并赞美奥法的办学热情。他说，学习的光亮虽然在许多地方熄灭了，但国王的热情却使它在麦西亚王国闪耀着光芒。9 世纪末，查理曼的榜样作用对阿尔弗雷德（Alfred，849—899）影响更大。871 年，当阿尔弗雷德即位时，由于丹麦人入侵英格兰，文化学术差不多在英格兰逐渐消失了，只有麦西亚是例外。阿尔弗雷德说：“在英格兰，学术普遍衰微，以至在亨伯（Humber）这个地方只有极少数人能听懂礼拜时的英语讲道或能把拉丁文信译成英文。我认为，在亨伯这个地方以外，这种人并不多。”② 与查理曼一样，阿尔弗雷德通过教会鼓励教育，并在当时颁布了一项明确的教育政策。阿尔弗雷德在格列高利的《牧师的职责》译序中，要求威尔弗斯主教

---

① 博伊德、金：《西方教育史》，任宝祥、吴元训主译，人民教育出版社，1986，第 119 页。

② 博伊德、金：《西方教育史》，任宝祥、吴元训主译，人民教育出版社，1986，第 121 页。

注意青年的教育问题。他说："凡是具有自由身份的英格兰青年，如若他们有足够的能力从事学习，则应令其入学，在他们的学业尚未臻于适合各种职务的程度时，不能中止学习，直至能较顺利地阅读英文著作为止；对于那些愿意进一步深造的青年，则要教以拉丁文，促使他们达到较高的水平。"① 《阿尔弗雷德传》的作者阿瑟（Asser）写道，阿尔弗雷德用其收入的八分之一维持一所宫廷学校，这所宫廷学校招收贵族子弟，甚至也招收下层阶级的子弟，其课程包括拉丁文、撒克逊文及"七艺"中的某些科目。

阿尔弗雷德热心从事文化普及工作，他亲自参加翻译拉丁文著作，如波伊提乌斯的《哲学的慰藉》、奥罗修斯（Orosius）的《世界通史》、比德的《英吉利教会史》和格列高利的《牧师的职责》等。除了翻译工作外，他还对拉丁文著作进行注释、评析和解说，并用本族语编纂了《盎格鲁-撒克逊编年史》。阿尔弗雷德在招引人才方面也较为积极，他既从不列颠的其他地方如麦西亚、伍斯特（Worcester）、威尔士等地聘请学者，也从欧洲大陆延揽学者，以协助其创办学校和改良教育。

由上可知，坎特伯雷和约克主教学校实际上是一种中等教育机构。因为它们的课程除了基本的读写算和宗教之外，还有"七艺"中的某些科目，其性质已接近中等教育。与此同时，由于拉丁文是教会的通用语言，要参加教会的礼拜、学习赞美诗和理解基督教教义等，拉丁文知识是必不可少的。因此，当时出现了一种约定俗成的做法，即教区牧师必须负责一所文法学校，为那些希望学习拉丁文的人提供教育场所。这种做法后来成为教会法律的一部分。

---

① Frederich Eby and C. F. Arrowood, *The History and Philosophy of Education, Ancient and Medieval* (New York: Prentice-Hall, 1940), p. 707.

三、文法学校的发展

从圣·奥古斯丁及其传教士的到来，一直到宗教改革的1000多年时间里，教育成了教会必不可少的工作。当时的教令规定，教会的职责之一是提供两种形式的教育，即文法教育和歌咏教育。文法教育是一种普通知识教育，面向所有的男孩（当时女孩被认为是不需要这种教育的）；歌咏教育是一种职业教育，旨在培养教会的唱诗班歌手和牧师举行仪式时的助手。“文法”是指拉丁语和古典文学，它不仅居于“七艺”之首，还是“其余各艺的基础、入门和源泉，不懂文法就无法懂得或使用其余各艺”[①]。由于拉丁语是整个基督教世界宗教、法律和政府的通用语言，学者、神职人员或国家公务人员必须掌握，因此，文法教育比歌咏教育享有更高的地位，其教师待遇也比较优厚。

最早的文法学校是由教会设立的，因为学校的宗教教学要受教会督导，而且文法学校的教师必须获得主教的许可。随着基督教的日益传播，英国的一些大教堂和寺院纷纷建立起以传授拉丁文知识为主的文法学校，因此最早的文法学校大多与修道院或大教堂有关。一般认为，第一所文法学校是坎特伯雷学校，它是由大教堂学校（或称主教学校）发展而来。[②] 最初，这些学校既无专门的校舍，也无专职教师。所谓“学校”实际上是一些附设在大教堂内的某一个班级，它由一名牧师或一名年轻的教士负责教育男童。进入文法学校的人大多数是来自富裕家庭（如律师、神父、小土地拥有者和商人等）的子弟，他们都想通过学习拉丁文以谋求一个宗教职位或世俗职业。由于英格兰人

---

① See H. C. Dent, *Education in England and Wales* (London: Hodder and Stoughton Ltd., 1982), p. 2.

② 参见周愚文《英国教育史：近代篇（1780—1944）》，台北学富文化事业有限公司，2008，第117页。

完全不懂拉丁语，而宗教仪式又是用拉丁语进行的，因此，当时“传教士们不得不一只手拿着拉丁语祈祷书，另一只手拿着拉丁语文法而来。他们不仅必须向本地的教士教以进行宗教仪式所用的这种语言，而且他们的皈依者，至少是上层社会的皈依者，在他们能够掌握宗教原理之前，也必须学习文法基础。因此，在理论上（事实也如此），文法学校成了人们进入教会必要的接待室和前厅”①。

为推动文法教育的发展，从9世纪起，罗马教皇在一系列宗教法令中明确规定，教会对于各地初等学校和文法学校负有扶持和指导责任。826年，在教皇尤金尼乌斯二世（Eugenius Ⅱ，824—827年在位）主持的全体宗教会议上，他规定：“在主教教区及其他有必要的地方，应对教授文法和人文学科的教师给予尽可能的关心，因为他们身上明显地体现着上帝的意志。”② 853年的宗教法令规定，主教必须在每个教区建立一所学校，以教授宗教基础知识。另外，还要在每个大教堂设立一所文法学校，以教授文科知识。随后的宗教会议重申了这些指令，并支持、督促学校进行普通教育和训练牧师等。1189年，第三届拉特兰理事会颁布了一项教堂法，规定每一个大教堂都应当有一名负责教育工作的牧师，以担负本教堂教士的教学任务和履行向贫困学生提供免费教育的职责。“因为上帝的教会像慈母一样，有义务为贫困的人既提供与保养身体有关的必需品，也提供有益于灵魂的必需品，使不能得到父母财产帮助的穷人，不会被剥夺读书和深造的机会，每个大教堂都将把充足的俸禄给予教师，他将免费教同一个教会的职员和贫穷

---

① 博伊德、金：《西方教育史》，任宝祥、吴元训主译，人民教育出版社，1986，第111页。

② E. P. Cubberley, *The History of Education* (Boston: Houghton Mifflin Company, 1920), p. 153.

的学生，这样既解决了教师的困难，也为学习者打开了学习的道路。”[①] 1200 年召开的威斯敏斯特宗教会议，要求各教区的牧师在自己的教区内无偿地教育男孩。1215 年，第四届拉特兰理事会进一步指出，每一个大教堂和其他有足够财产的教堂，都应分别任命一位拉丁文教师和神学教师，这些教师将从大教堂的资金中获取报酬。

12—13 世纪时，文法学校的数量增多。因为 12 世纪中期以后大量的书面记录如地方采邑法院的卷宗，以及全国各地的账册、租册、契约等大多是用拉丁文保存的，这说明有不少经过拉丁文训练的人在政府部门工作，而没有学校教育的大力发展是不可想象的。到 13 世纪末，英国的主要牧师会大教堂和教区教堂都办起了类似的学校。例如，在林肯主教区就出现了六所文法学校，包括巴顿、帕特尼格林姆斯比、合恩卡斯尔、波士顿和格兰萨姆等。这些学校只是教会工作的一个组成部分，而不是独立进行学校教育工作的。文法学校的学生人数因校不同，规模小的学校只有几个人，规模大的学校多至 100 余人。在 14 世纪后期，英格兰约克郡的圣彼得文法学校的人数估计最多时达 150 人。

在中世纪大学兴起之前，英国的文法学校除教授文法外，还开设了修辞学和辩证法。8 世纪时，在阿尔琴文法学校的引领下，文法学校逐步发展为既是中学又是大学和神学院，几乎教授中世纪的所有学科。英国教育史家亚瑟·李奇（Arthur Leach）认为，在宗教改革以前，唱歌和音乐教学只看成是学校的任务，而文法教学和文法学校却起着中等学校的作用。在中世纪大学产生以前，文法学校还实施大学教育或高等教育。[②] 12—13 世纪，随着牛津大学和剑桥大学的创办，文法学校

---

① 博伊德、金：《西方教育史》，任宝祥、吴元训主译，人民教育出版社，1986，第 154 页。

② 参见 E. P. 克伯雷选编《外国教育史料》，华中师范大学教育系等译，华中师范大学出版社，1991，第 115 页。

的课程日益狭窄，只限于教授文法，其主要职责在于为学生升大学做准备。

1387年，“文法学校”（Grammar School）一词首次出现在英国。当时，约翰·特雷维萨（John Trevisa）在翻译拉尔夫·希格顿（Raiph Higden）的拉丁文作品时提到了这一术语。14世纪中叶，罗马修辞学家多纳特（Donat）撰写的《论文法》是当时文法学校广泛使用的基础教科书；而6世纪古罗马文法学家普里西安（Priscian）的《文法原理》则被视为最系统、最具权威的拉丁文文法教材。

为了使会员子弟受到必要的文化教育，该时期的行会对于创办学校也颇为热心。当时在英国33种行会中，已有28种设立了学校。商人行会是中世纪特有的组织，是某一特定城市保护商人经济利益的团体。它监督市面交易和度量衡，鉴定商品质量，制定关于商务的规章；它一向保护（同时也限制）当地的商业。最早持特许状建立的商人行会，设在今天牛津郡境内的贝德福德（Bedford）。当地领主之所以发放特许状，是因为考虑到牛津的市民均属于同一商人行会。

商人行会不同于市政当局，因为有些市民不一定是商人行会的会员，有些商人行会会员也可能不是当地市民，但并不是每一座城市都设有商人行会，伦敦和诺里奇（Norwich）就没有建立商人行会。受商人行会控制的商业，既有小批量的交易，也有大宗贸易，而大宗贸易必定受到严格的限制。例如，南安普敦（Southampton）规定，任何人不准携带货物进入南安普敦叫卖，除非他是本地商人行会成员，或是本地市民。什鲁斯伯里（Shrewsbury）则禁止任何人为获得比其同行更优越的销售条件而设立摊位或其他设施。商人行会也常常开办学校，其中有些后来成了著名的文法学校。

在中世纪，英国中等教育一直受中上阶层垄断，教学大多用拉丁语，其目的在于培养国家和教会的领导，很显然普通人不需要这种训练。只有当学校用英语进行教学，并开始转变到民族主义教育时，人们才逐渐认识到教育的意义，从而致使教育向贫民阶层开放。1391 年，当中产阶级要求国王理查德二世（Richard Ⅱ，1367—1400）禁止贫苦儿童入学时被他拒绝了，这就为各阶层敞开了教育大门。1406 年的法律规定，允许父母有权送他们的子女进任何学校，只要他们能付得起学费。1410 年颁布的葛鲁斯特（Gloucester）文法学校法案，进一步打破了所有教会在英国教育上的垄断。法院裁决，教会不得垄断教育，任何取得资格的个人都有权建立学校，家长有权为子女自由选择学校。此后，英国的世俗学校逐渐增多，课程内容也日趋丰富，包括古典作品、英语和自然科学等。英国的这种世俗学校后来传播到美洲，成为美国教育的基础。

综上所述，英国中等教育历史悠久，最早可追溯到 7 世纪时设立的坎特伯雷主教学校。在中世纪时，文法学校是主要的中等教育机构。它招收中上阶层子弟，以培养教会神职人员和世俗官员为主，教学内容主要是拉丁语、文法、修辞等“七艺”科目。中世纪并无国家概念，一切事务均由教会掌握，教育也不例外。该时期的教育政策主要通过一些宗教法令体现出来，而真正意义上的教育政策直到民族国家形成后才产生。

第二节　文艺复兴至资产阶级革命时期的中等学校

在欧洲，从 14 世纪下半叶到 16 世纪末所经历的时代，通常称为文艺复兴时期。这个时期，由于生产力的迅速发展，在封建社会内部出现了资本主义生产的萌芽，新兴资产阶级从城市市民中分化出来。卡尔・马克思（Karl Marx，1818—1883）、弗里德里希・恩格斯（Friedrich Engels）对这一时期的社会阶级关系，以及由于工商业发展所带来的阶级对抗进行了简要概括。“从中世纪的农奴中产生了初期城市的城市市民；从这个市民等级中发展出最初的资产阶级分子”；“美洲的发现、绕过非洲的航行，给新兴的资产阶级开辟了新的活动场所。东印度和中国的市场、美洲的殖民地、对殖民地的贸易、交换手段和一般商品的增加，使商业、航海业和工业的发展空前高涨，因而使正在崩溃的封建社会内部的革命因素迅速发展”①。

生产力的发展推动了自然科学的进步。航海业的突飞猛进及地理上的大发现，极大地丰富了人们的天文、地理、动植物等方面的知识。同时，航海和天文学的发展又推动了数学和力学的进步。从这时起，各门自然科学如天文、地理、力学、数学，以及后来的物理学、动物学、植物学、化学等逐渐从哲学中分化出来。文艺复兴时期，为人类做出划时代贡献的是尼古拉·哥白尼（Nicolaus Copernics），他提出的日心说是天文学上的革命，从此自然科学便开始从神学中解放出来。

在教育领域，新兴资产阶级要求冲破教会和经院哲学的藩篱，把教育解放出来以适应社会进步和生产力发展的需要。人文主义思想家和教育家们提出了与封建主义教育相对立的新的教育理论。他们强调教育的目的不仅仅是培养神职人员，还是培养懂得世俗学问、有德行、有奉献精神的人。有的教育家甚至把培养具有资产阶级事业家的品质，即有礼貌、仪态端庄、身心健康、有开拓进取精神的资产阶级绅士作为培养目标。总之，所有的人文主义者都一致批判旧的、由教会控制的学校，反对培养神职人员的教育目标，非难不合时宜的教育内容、原则和方法，主张培养资产阶级所需要的新人。

一、文艺复兴时期的文法学校

文艺复兴最早产生于意大利，英国接受文艺复兴思潮的影响较晚，

① 中共中央马克思恩格斯列宁斯大林著作编译局编《马克思恩格斯选集》（第一卷），人民出版社，1972，第 252 页。

直到15世纪末，文艺复兴才在英国扎根生长。如果说意大利文艺复兴的成就表现为人文主义，那么英国文艺复兴的成就则既表现为人文主义，也表现为宗教改革。在文艺复兴运动兴起之前，英国整个文化的取向是前人文主义的。在宗教方面，尽管人们对天主教会不满，但他们仍然虔信天主教会，经院哲学在大学里占据统治地位，教皇仍然是英国的精神领袖；在文化方面，宗教文化和骑士文化是主流，出版的书籍中大部分是宗教著作和骑士文学作品；在教育方面，英国的文法学校发展迅猛。到15世纪末，过去由修道院所承担的学术研究和教育职能已基本上由文法学校和大学取而代之。然而，大学仍然被经院哲学所主宰，文法学校仍然体罚盛行，而且大部分学校水平低劣。英国的学术和教育仍然遵循中世纪的模式。

在英国早期文艺复兴中，对人文主义教育做出积极贡献的主要是托马斯·林纳克（Thomas Linacre）、约翰·科利特（John Colet）和托马斯·莫尔（Thomas More）。他们都去过意大利，并深受意大利人文主义的影响。他们组成了一个强有力的人文主义团体，甚至伊拉斯谟（Erasmus）也受到这个团体的影响。在他们的推动下，到15世纪末16世纪初，人文主义在英国已形成一个蓬勃发展的文化运动。

在教育方面，受人文主义思想影响较深的是英国中等学校与大学。如果说13世纪是大学的时代，那么16世纪可以当之无愧地被称为是文法学校的时代。文法学校体现了人们对教育的希望已经从灌输人文主义转向适应宗教斗争的需要。文法学校的目标可以用伊拉斯谟的话表述为：雄辩加虔诚。更确切地说，文法学校有三个主要目标：教授古典拉丁文、教授修辞技巧、激励宗教热忱。①

---

① 参见R. B. 沃纳姆编《新编剑桥世界近代史》（第3卷），中国社会科学院世界历史研究所组译，中国社会科学出版社，1999，第572页。

（一）圣保罗文法学校

16世纪时伦敦创办了三所规模较大的文法学校，即圣保罗文法学校（St Paul Grammar School）、威斯敏斯特文法学校（Westerminster Grammar School）和默钱特·泰勒文法学校（Merchant Taylor's Grammar School），这三所学校后来都成为英国著名的公学。其中科利特所创办的圣保罗文法学校堪称英国文艺复兴时期的一个典范。科利特曾就读于牛津大学，后留学意大利。回国后，他在牛津大学讲授《保罗书信》，积极从事人文主义的宣传活动。《保罗书信》是《新约圣经》中《使徒书信》的主要部分，它论述了信仰、神学、伦理等问题，并用希腊文写成。科利特反对经院哲学对《新约圣经》的歪曲，认为神学家们把基督教学说变成了一大堆充满阴谋诡计和毫无生气的僵死的东西。1505年，科利特任伦敦圣保罗大教堂副主教，立志改革神学教育，用人文主义精神来教育年轻一代。1510年，科利特利用其父的一大笔遗产，在圣保罗大教堂内创办了一所能容纳153名学生的文法学校。学校分为四个年级：一年级招收新入校并能读写的儿童，教以宗教原理；二年级为文化程度较低的儿童设立；三年级为文化程度较高的儿童而设；四年级招收经过挑选且天赋高的学生。这种安排体现了科利特制订教学计划和进行分班授课的设想。

1518年，圣保罗文法学校章程规定了宗教教育、入学条件和教学内容等。关于教学内容，科利特说："我希望他们自始至终学习拉丁文和希腊文的优秀作品，学习那些把各种罗马人的雄辩才能和智慧结合起来的优秀作家的作品，特别是那些用高雅而简洁的拉丁散文或诗歌写下了他们的名言懿训的基督徒作家的作品，因为我的意图是，通过这所学校，专门使孩子们知识增加，增进他们对上帝对我主耶稣基督和优良的基督徒生活和礼仪的尊敬。”[①] 科利特主张教师在教学过程中要尽量向学生说拉丁文，而不是宣讲方法和规则；在学习过程中，学生应注意那些拉丁文作家是如何写和说的，并以他们的作品为范例。事实上，拉丁文在这些规则之前，而不是规则在拉丁文之前。因此，用口笔尽力模仿是学习拉丁文的一种较好方式。

从1512至1522年，威廉·利里（William Lily）担任了圣保罗文法学校的校长。利里毕业于牛津大学，也曾留学意大利，才华出众，堪称当时精通拉丁文学和希腊文学的巨擘。他和科利特合著的《利里文法》（*Lily's Grammer*）不仅被用作圣保罗学校的教材，而且成为英国其他文法学校的模范教科书，流行达300年之久。《利里文法》原系科利特所写，后经利里改写和增补，又经伊拉斯谟校正，遂成名著。在为这本书所写的导言中，科利特表达了对该书的由衷喜爱。他说：“我写这本小册子并不是说我能讲出比过去人们所讲的更好的东西，而只是为了表示我非常高兴地来表达我对于圣保罗学校的良好的愿望。在这一个小小的著作中，如有什么东西是属于我的，那只是我对于文法增添了一些更为清楚的规则，以及对于年轻的天才来讲我使他们对于文法的学习更加容易一些。在这里，我要求所有的儿童、小孩子们愉快地学这篇小小的论文，并勤奋地把它记住，我相信，从这里开始，你就能继续前进，直到掌握完善的文学知识，最后成为真正的教士。”[②] 1540年，亨利八世（Henry Ⅷ，1491—1547）发布《皇家宣言》（*Royal Proclamation*），要求把《利里文法》的修订本作为文法学校的必备教材。

圣保罗文法学校在当时引起了很大反响，它不仅成为英国其他文法学校的典范，而且影响了其他北欧国家。美国教育史家E. P. 克伯雷

---

① E. P. 克伯雷选编《外国教育史料》，华中师范大学教育系等译，华中师范大学出版社，1991，第236页。

② E. P. 克伯雷选编《外国教育史料》，华中师范大学教育系等译，华中师范大学出版社，1991，第238页。

（E. P. Cubberley）认为，人文主义学科引进到英国的中等学校，在很大程度上归功于科利特 1510 年在伦敦创建的圣保罗学校。这所学校虽然最初遭到教会的强烈反对，但很快就成了以后英国所建立或重建的一切文法学校的样板。人文主义教育家伊拉斯谟一直关心这所学校的发展，他在给科利特的信中曾高度评价圣保罗学校在反对愚昧无知中所起的作用。他说："你的学校激起了仇恨的风暴是不足为奇的，因为它像那匹为摧毁野蛮的特洛伊城而隐藏着武装的希腊人的木马一样厉害。所以，从你的学校里可以培养出一些将愚昧无知连根铲除的人才。"① 伊拉斯谟还专门为圣保罗学校编写了新教材，以促进新的教学方法的运用。关于学习方法，伊拉斯谟指出："一个有天赋的学生应当掌握在阅读中碰到的每一个事实或观点的意思，否则文献中表示性质特征的形容词、隐喻或明喻对他来说是晦涩和混淆的。"② 这种观点得到了科利特的赞赏。

1542 年，亨利八世重建坎特伯雷主教学校。该校的课程设置受文艺复兴和圣保罗学校的影响较大。学校分为六个年级：一年级学生要准确地背诵英语入门知识，学习词的分类，能将简短的英语译成拉丁语，而且要逐渐学习一些简单的造句法；二年级学生要了解拉丁语动名词的词形变化，要涉猎马尔库斯・加图（Marcus Cato）的散文、《伊索寓言》及一些日常对话；三年级学生要正确掌握动名词的变化规则，熟悉特仁斯（Terrence）的喜剧、曼都安努的田园诗及其他类似的作品；四年级学生要学会拉丁语句法，开始学习诗人传记、书札等；五年级学生要记住拉丁雄辩术的代表人物和散文写作的规律，同时要练习写作优美论说文，然后能熟练地翻译简朴的诗歌和优秀历史学家的

---

① И. Н. 奥西诺夫斯基：《托马斯・莫尔传》，杨家荣、李兴汉译，商务印书馆，1984，第 15 页。

② Joan Simon, *Education and Society in Tudor England* (Cambridge: Cambridge University Press, 1966), pp. 76-77.

著作；六年级学生要学习伊拉斯谟的《词语和事物大全》，学习各种语气词的变化，以便尽可能掌握用拉丁语表达的能力。此外，他们要欣赏贺拉斯（Horatius）、西塞罗和其他同类作家的作品，还要进行演讲比赛，使他们在毕业前学会辩论。①

在圣保罗文法学校的榜样作用下，默钱特·泰勒文法学校于1560年创办。它也是按照人文主义精神创建的，由默钱特·泰勒公司资助建立，并由该公司管理。默钱特·泰勒学校可供250名学生学习，并允许其中的100名学生免费入学。同年，威斯敏斯特文法学校由伊丽莎白一世（Elizabeth Ⅰ，1553—1603）女王重建。人文主义者想通过兴办学校、复兴古典教育来改良社会。他们认为，学校是社会管理的一种必备工具，也是英国统治阶级和那些接受古典教育的牧师与文法学校校长的一种特权，因为通过受教育他们能从社会的底层进入一个新的社会阶层。②

（二）其他文法学校

文艺复兴时期，英国教会、市政当局和一些富裕人士也纷纷捐资设立文法学校。英国教会长期以来形成了一个习惯，即一个有钱人设立一种基金为他死后超度灵魂支付弥撒钱，这些基金是供祭祀为施主做弥撒用的捐献。按规定，教会指定一个教士为捐助人做弥撒，但这并不需要占用教士的全部时间，因此这些教士可以利用其他剩余时间免费教育儿童，结果建立了捐献基金学校，有的称为歌祷堂学校(Chantry Schools)。1503年，一所歌祷堂文法学校的遗赠基金中写道："……我希望，上述全部地产和房产的收益的保管人继承人，要找到并供养一位德行良好的牧师、精于文法的毕业生。这位牧师要每天在上

---

① 参见E. P. 克伯雷选编《外国教育史料》，华中师范大学教育系等译，华中师范大学出版社，1991，第295—297页。

② See Rosemary O' Day, *Education and Society 1500-1800: The Social Foundations of Education in Early Modern Britain* (New York: Longman Group Ltd., 1982), p. 25.

述马克斯费尔德的教区教堂唱圣歌，做礼拜，为我的灵魂，为我的妻子托马逊夫人的灵魂，为恩人我的父母的灵魂，为出于善良而崇高的意图帮助我完成了这篇遗嘱的理查德·苏顿先生的灵魂，以及所有基督徒的灵魂而祈祷。我希望上述的牧师要主持马克斯费尔德城的免费文法学校并继续下去。教授绅士们的儿童以及这个城市及其邻近所有基督徒的孩子，使他们为了得到全能的上帝的称赞和赞扬，为了他们自己的幸福和利益，他们将成长为有德行的人。”① 到 16 世纪中叶，英格兰已有 2000 多所歌祷堂学校。根据爱德华六世（Edward Ⅵ，1537—1553）颁发的歌祷堂证书可知，那些有组织的歌祷堂学校大多为文法学校。

在一些市镇里，由市政当局资助建立了一批简易的文法学校。1579 年，由桑德维奇（Sandwich）市政当局资助的城市文法学校宣告成立。“这是由市长提议的一个神圣的举动，又是值得纪念的一件事，这就是在城市中建立一所免费的学校，其目的是对儿童进行教育，给予知识并使他们敬畏上帝，这样这个城市就更加得到上帝的祝福；因此需要该城的所有居民都要很好地考虑这个正确的举动，并理解每一个人为此所应做的事；在他和他的兄弟对这件神圣的事业进行了解和评价以后，他们就自愿地为此举动尽自己最大的努力，贡献自己的一分力量；使这所学校能建立起来，这个提议得到所有人的欢迎。经过一致同意的意见，每一个人将为此事业，根据自己的能力，做出如下贡献：下面是签署人名单和每一个市参事会员、市政会委员以及其他的人认捐的数字，总数达 286 镑 7 先令 2 便士。这在当时是一个可观的数目。”② 据估计，1558—1685 年英国至少创办了 358 所新的文法学校，

---

① E. P. 克伯雷选编《外国教育史料》，华中师范大学教育系等译，华中师范大学出版社，1991，第 241 页。

② E. P. 克伯雷选编《外国教育史料》，华中师范大学教育系等译，华中师范大学出版社，1991，第 243 页。

它们分别是：伊丽莎白（1558—1603）时期136所，詹姆斯一世（James Ⅰ，1566—1625）时期83所，查理一世（Charles Ⅰ，1600—1649）时期59所，查理二世（Charles Ⅱ，1630—1685）时期80所。[①]

另外，当时的主教、商会和富裕人士也竞相捐资创办文法学校，为学生升入大学做准备，以便将来为国家和教会服务。到16世纪末，英格兰已拥有数量众多的中等学校，其中很多中学资金充裕并为贫苦子弟设有免费学额。这些私立中学在英国宗教改革时大部分被关闭，也有很多在18世纪高等教育发展缓慢时无声无息地消失了，而大多数幸存的学校仍然迷恋于不合时宜的古典课程。

二、宗教改革时期的文法学校

（一）宗教改革对文法学校的影响

英国王权一般来自两个方面的威胁，即封建贵族和罗马教廷。1455—1485年，在英国的“玫瑰战争”（Wars of the Roses）中封建贵族自相残杀，使得贵族权力对王权的限制得以消除。然而，以罗马教廷为首的天主教会仍然对英国的王权统一构成威胁。当时以教皇为首的罗马教廷乃是一个组织严密、权势显赫的超国界宗教组织。长期以来，教皇被奉为上帝派驻人间的最高代表，国王仅是上帝的卑躬仆从。罗马教廷有权向天主教世界的各国君主发号施令，摊派勒索。各国君主须向教皇称臣纳贡，若有违抗将被剥夺教籍，甚至被重兵征讨，夺去王冠。因此，许多君主国并不是真正意义上的主权国家，各国王权也难以获得至高无上的地位。

英国教会作为罗马天主教会的组成部分，也是束缚王权的重要因

---

① 参见奥尔德里奇《简明英国教育史》，诸惠芳等译，人民教育出版社，1987，第105页。

素。在经济上，教会占有全国大约三分之一的土地，并有权向全国民众征收什一税和其他各种捐献，其总体收入远远超过英国王室。在政治上，一些中高级教士担任了政府许多重要官职。例如，在政务会和议会上院高级教士占一半以上；在司法领域，教会可以自设法庭并按照教会法审理案件，而教士犯罪时可以拒绝接受世俗法庭的审判。多年来，英国分设为两大教区，下设 19 个主教区和数以千计的小教区，教堂和修道院比比皆是。倘若触犯教规，轻则罚款监禁，开除教籍；重则处以极刑。总的说来，在都铎王朝（1485—1603）统治前期，教会贵族是除世俗贵族之外能与王权抗衡的重要力量。亨利八世若要牢固地确立自己在世间的绝对权威，就必须摧毁罗马天主教会的统治。

英国的宗教改革始于亨利八世与罗马教廷的决裂。1529 年，英国议会自发地产生了反对教会贪得无厌的掠夺行为和整个宗教司法制度的抗议活动。1534 年，英国通过《至尊法案》，郑重宣告亨利八世及其继承人是英国唯一的最高首脑，拥有决定一切宗教事务的权力和权威，可以派随员巡视并纠正各种弊端。至此，罗马在不列颠的教权已被彻底粉碎，英国与罗马教廷已彻底决裂，亨利八世牢牢地占据了国教的最高统治地位。亨利八世强迫全国臣民接受《至尊法案》，一些反对人士包括人文主义者托马斯·莫尔因否认国王对教会的至上权威而被处决。随后，亨利八世任命财政大臣托马斯·克伦威尔（Thomas Cromwell）调查教会资产，并于 1536 年通过解散修道院的议案，规定解散年收入在 200 英镑以下的小修道院。1539 年，英国通过了另一个解散修道院的议案，并将所有大修道院的财产归于国王。1545—1548 年，英国又陆续颁布《歌祷堂法》（*The Chantry Acts*）。这些法案赋予国家法定权力，以解散教堂、歌祷堂、行会及其附设的文法学校。以上机构及其收入都归国王所有，被没收的财产大多数用于战争，也有一部分用于重建被关闭的文法学校。

宗教改革中修道院的解散引起了一场重大的经济变革，它不仅直接影响到英国王室与政府，而且影响到国内各派社会力量的对比。解散修道院的行动是分两个步骤完成的：首先，在1536年将374个年收入不足200英镑的小型修道院解散；然后，在1538—1540年将186个大型修道院解散。修道院的解散极大地增加了王室来自修道院土地的收入，这些地产可以在很长一段时期内弥补王室收入的不足。但国王并未保留他所获得的地产，一部分地产赠送给为国王服役的骑士，而大部分地产用于出租或者以不低于年地租额20倍的市价出售。结果每3名贵族中就有2名或者通过赠予或者通过购买获得修道院地产。到亨利八世统治末年，在这些新获得的地产中，有三分之二的地产以前所未有的规模和速度在买卖市场易主。其中绝大部分进入市场交易的地产并未落入暴发户或投机商手中，而是落入各地现存的土地所有者——贵族和乡绅手中。例如，约克郡超过四分之一的乡绅家庭在1642年时拥有的地产，在1540年以前是归修道院所有。①

亨利八世并非唯一大规模出售修道院地产的君主。伊丽莎白一世在位时王室财政短缺，她效法父王出售地产，得款813万英镑。1609年，詹姆斯一世即位不过数年就因出售王室土地获利40万英镑。同样，王室出售的教会土地绝大部分转入社会中间阶层，特别是乡绅阶级手中。许多长期在修道院任管事的乡绅，当时借机把他们多年管理的土地买了下来。大量的统计资料证明，乡绅阶级的经济实力得到了迅速膨胀。例如，1545年在诺福克郡的1527个庄园中，由乡绅所占有的庄园达1094个；1565年增加到1181个，占庄园总数的70%。② 爱德华六世在位期间，又对礼拜堂、歌祷堂、各种社团、医院、慈善组织和同业行会实行解散，最终完成了地产转移的过程。

亨利八世和爱德华六世解散修道院、没收歌祷堂的财产，给文法

---

① 参见阿萨·勃里格斯《英国社会史》，陈叔平等译，中国人民大学出版社，1991，第139—140页。

② 参见阎照祥《英国贵族史》，人民出版社，2000，第150—151页。

学校的发展带来一定的负面影响。然而，从长远来看，这又是件好事，因为它促使大批赞助人重建或重新资助即将消亡的文法学校，并创办了许多新的文法学校。这些赞助者包括大商人、乡绅、贵族、牧师、市政当局和行会等。由于这一重大运动，数百所文法学校得以成立或重建，并几乎都为贫寒学生设有免费名额。据 W. K. 约旦（W. K. Jordan）教授估计，到 1660 年，每 4400 人就有一所文法学校，这是英国 20 世纪以前人口与学校的最高比例。①

该时期，人口增长也是促使文法学校发展的一个重要因素。英国的人口从 16 世纪初开始不断增长，并一直持续到 17 世纪前半期。1600 年，英格兰人口总数可能接近 410 万人（苏格兰、爱尔兰和威尔士大约是 190 万人）。到 17 世纪中叶，英格兰人口达到顶峰，将近 530 万人，而整个不列颠人口大约从 600 万人增加到 770 万人。②

然而，大多数文法学校仍然由一名教师（或加一名助手）进行教学。据不完全统计，在 1584—1642 年的某个时期，主教区内至少有 200 个教区中的文法学校只有一名教师。斯达福德（Stafford）和德比（Derby）主教区的文献记录了这 200 个教区的衰退情况：斯达福德 104 个教区中有 70 个教区的文法学校只有一名教师，德比 110 个教区中有 47 个教区的文法学校只有一名教师，考文垂（Coventry）109 个教区中有 38 个教区的文法学校只有一名教师，萨洛普（Salop）65 个教区中有 45 个教区的文法学校只有一名教师。③ 这说明尽管文法学校得到了迅猛发展，但教师短缺现象仍然十分突出。

---

① See H. C. Dent, *Education in England and Wales* (London: Hodder and Stoughton Ltd., 1982), p. 5.

② 参见肯尼思·O. 摩根主编《牛津英国通史》，王觉非等译，商务印书馆，1993，第 307 页。

③ See Rosemary O' Day, *Education and Society 1500-1800: The Social Foundations of Education in Early Modern Britain* (New York: Longman Group Ltd., 1982), pp. 28-29.

（二）文法学校的教师管理

英国教会脱离罗马教廷并根据《至尊法案》建立国教会后，特别是在伊丽莎白一世即位以后，国教会当局开始对教师的行动和宗教信仰进行严密监控。亨利八世要求所有校长及公立、私立学校教师必须对英王最高权威宣誓。1559年，伊丽莎白一世颁布《皇家禁令》（*Royal Injunctions*），要求文法学校的每位校长及教师必须教授由亨利八世和爱德华六世所确定的文法。同时，她又规定每位教士必须捐出所得的三分之一，用于大学及文法学校学生的奖学金。

1580年，伊丽莎白一世颁布了对于不遵守国教的教师的惩罚令："凡雇用经常不去教堂做礼拜的教师的社团罚款10英镑；对于教师则解除职务，关进监狱。"① 法令规定，假如未经大主教或牧师的允许，教师擅自进行违反本法令的教学，要依法剥夺其教育青年的资格，并判处徒刑一年而不得保释。同年6月，英国王室枢密院在给坎特伯雷大主教埃德蒙·格陵道尔（Edmund Grindal）的信中写道："……你要对所有管理学生的教师，或将被教区主教任命的教师在其宗教方面进行审查，如果发现他们是腐败和卑劣的，就要将其开除并且像对其他的不服从国教者一样，对他们进行控告，并且让那些道德高尚的、称职的人来代替他们。"② 据统计，当时大约有1760名牧师和150名教师被作为异教徒而遭到驱逐。为打击其他教派和私人办学，1665年颁布的《五英里法》进一步规定，任何不信奉国教的牧师不得进入法人城镇内的五英里，否则均属非法而要被处以罚款；不信奉国教者不得在公立和私立学校任教。不少被驱逐的不信奉国教者后来转向工商业，逐渐成为在城镇中从事商业贸易的中产阶级。

---

① E. P. 克伯雷选编《外国教育史料》，华中师范大学教育系等译，华中师范大学出版社，1991，第285页。

② E. P. 克伯雷选编《外国教育史料》，华中师范大学教育系等译，华中师范大学出版社，1991，第284页。

文法学校的教师还必须取得教师许可证。1599年7月20日，坎特伯雷大主教约翰·惠特吉夫特（John Whitgift）给伦敦的威廉·瑞特纳姆（William Ratnam）颁发特许状，准许他在伦敦的任何一个教区或坎特伯雷各个教堂给孩子们教授阅读入门、词法、书法和计算，并责成他每星期必须讲授现任伦敦圣保罗大教堂主教亚历山大·诺威尔（Alexander Nowell）编写的《教义问答》；在每个星期天和宗教节日，他必须和学生们一起去教堂做礼拜和聆听讲道，只要表现良好，特许状就继续生效。1603年新的法令规定，所有在王国范围内的教师必须取得主教的特许状才能从事教育工作。①

1660年斯图亚特王朝复辟后，为了把所有的清教徒清除出去，于1662年5月颁布了《国教统一法》（*Act of Uniformity*）。它规定，每一个创办任何公立或私立学校的教师，以及每一个在任何机构或私人家庭作为教师教育任何青年的人，都应该签署一项声明，表明他将遵从法律所确认的英国国教的礼拜仪式，并且从他的大主教、主教和教区取得教师许可证。没有许可证而进行教学的教师，要被拘捕和处以罚款。②

从理论上说，实行教师许可证制度对于主教在其管辖区内控制教育无疑是一个好办法，而实际上它也有不少弊端。一方面，主教管辖区范围很大，主教和副主教不可能对其进行有效管理，因此教师很容易逃避地方教会当局的监控而无证上课，尤其是在一些十分偏僻的教区更是如此。另一方面，虽然主教有权每三年对所有的教区视察一次，然而没有教师许可证的现象还是不可避免，因为决定把一个没有许可证的教师送到地方教会当局的权利取决于教区中的居民，他们可能并

---

① 参见E.P.克伯雷选编《外国教育史料》，华中师范大学教育系等译，华中师范大学出版社，1991，第289页。

② See Irene Parker, *Dissenting Academies in England* (Cambridge: Cambridge University Press, 1914), pp. 46-47.

不希望失去自己的教师。

由于害怕没有许可证的教师传播那些被认为是十分危险的清教教义，教会还要求文法学校的每个教师都要做出效忠宣誓。下面这个誓约就是克尔比·司梯芬学校的建校章程所规定的，在当时颇具代表性。“我确切宣誓，我将不强求交钱，免费地勤勤恳恳地按照建校章程的规定为本教区的孩子和所有求助于我的孩子们，教授文法和其他仁慈的教诲——我不给孩子们阅读任何腐败或堕落的书，以及任何时候违抗整个教会决定的作品，否则在他们幼年时期就会被腐败的教义或异端邪说所腐蚀，或者在生活方式上变得粗野无礼……”①

（三）文法学校的教学

文法学校的教育是从学习阅读开始的。有些儿童在家里或私塾学习过阅读，但也有不少儿童没有受过初等教育，因此文法学校校长要为他们开设一个特别班。他们使用角帖书作为入门读物，这种书包括一个字母表和一个音节表，再加上主祷文或者选材广泛的阅读材料如使徒信条和圣诫等。当儿童学会识字以后，就进入文法学校低年级学习。在大多数情况下，这种低年级的学年数不到学制总年数的一半（如在伊顿的7年制中只占3年）。在低年级，儿童们要学习拉丁文法，并掌握足够的词汇去写简单的作文和阅读浅显的拉丁文作品。

低年级作文采用简单造句的形式，或者翻译本国语，或者将教师给出的句子加以改写。在初级阶段，学完语法之后最重要的任务是阅读。像《教义问答》一样，中世纪推崇的8位作家的著作曾风行一时，特别是加图的著作曾多次再版。《教义问答》是学校教育的一项主要内容，但每个教派为了指导本教派的神学家而编撰的《教义问答》，对于课堂教学来说都过于复杂，因此又出现了一些简写本。例如，诺威尔

---

① E. P. 克伯雷选编《外国教育史料》，华中师范大学教育系等译，华中师范大学出版社，1991，第288页。

编写的《教义问答》共有 7 个不同的版本，在当时似乎每所学校都要读其中的 4 个版本，有的试图读完 7 个版本。

高年级学生要熟悉众多的拉丁文作者，如西塞罗、萨卢斯特（Sallustius）、查士丁尼（Justinus）、库尔提乌斯（Curtius）、提图斯·李维（Titus Livius）、马尔库斯·昆体良（Marcus Quintilianus）等。这些作家在课程中出现的次数比别的古典诗人或人文主义者要多得多。然而，一位作家被提到并不证明他的作品都被认真地学习过。温彻斯特（Winchester）文法学校在校长克里斯托弗·约翰逊（Christopher Johnson）的领导下，确实是把《田园诗》作为该校四年级一个学年的课程来学习。但伊顿公学在 1560 年时两个教师要负责 7 个年级的教学，教师所能支配的授课时间使他们不可能在每个年级的指定教材中讲授超过 30 页的内容。至于教材中所剩部分必须靠学生自己去阅读。一位毕业于乡村文法学校的学生，描述了 1635 年他所受教育的情况："……他（这里指老师）接受我作为他的学生指导我学习考德流斯（Cordrius）的散文，《伊索寓言》，西塞罗的《论道德责任》，书信和演说，以及用阿夫桑尼（Aphthonius）的作品学习拉丁散文；在希腊语的文法方面，先是学坎顿（Camden）的，然后学克里那德的。再加上教义问答手册，最后是希腊文新约全书……我的练习则是一段拉丁文（老师自己用英文口述），这是除了星期三和星期六外，每天都要做的作业；在我的能力提高了以后，几乎每星期，先是模仿考德流斯的'对话'或者是普埃里利斯的《简易对话集》，然后是模仿西塞罗写一篇书信体的诗。"①

当时，文法学校还出现了各种各样的教学手册，如《教师》《我的见解》《文法学校》《古代教学艺术的新发现》等。这些手册都提出了

① E. P. 克伯雷选编《外国教育史料》，华中师范大学教育系等译，华中师范大学出版社，1991，第 245—246 页。

关于教学法的建议，要求男孩从学习拉丁文法规则和造拉丁语句子开始，经常做拉丁文和英文的互译练习。在获得这些技能之后便动手写作文，先模仿他们所熟悉的古典文学家的作品，然后按自己的风格写拉丁作文。约翰·洛克（John Locke，1632—1704）对当时的拉丁文法教学提出了很好的改革建议。他说："绝对不要用文法去麻烦儿童，要像说英文一样，向他说拉丁文，不必受到规则的烦扰。因为假如你肯想想，你就可以知道，儿童初到世上来的时候，在他看来，拉丁文并不比英文更生疏；但是他学英文既不要先生，不要规则，也不要文法；可见只要时时有人向他说拉丁文，他是能够照着杜理（Tully）的样子，学好拉丁文的。"①

这一时期，实行君主专制的英国政府在推进教育改革方面发挥了积极的作用。在脱离罗马教廷以后，英国国教会成了国王的附庸，因此教育改革必须仰仗国家的支持。英国当时虽然没有采取全国性的立法措施，但它的国家职能和16世纪欧洲大陆国家并没有显著差别。都铎王朝重新组织并调整了现有学校，把地方学校的管理权下放给世俗管理机构，并鼓励兴师重教。17世纪，英国政府也曾积极地参与教育，特别是在共和政治时期（1649—1658）。当时的文法学校被纳入全国性教育体系，一些教育评论家受到弗兰西斯·培根（Francis Bacon，1561—1626）科学教育思想的鼓舞，开始规划教育改革的蓝图。然而，1660年以后英国教育的发展和欧洲大陆国家发生了明显的变化。复辟王朝和教会破坏了英国革命时期教育改革的成果，教会重新夺取了对于学校教育的控制权，非国教徒的教育权力被剥夺，英国从此陷入了长时期的教育发展低谷。

---

① 约翰·洛克：《教育漫话》，傅任敢译，人民教育出版社，1979，第143—144页。

三、资产阶级革命时期的中等学校

英国资产阶级革命始于 1640 年，结束于 1688 年的“光荣革命”，中间经历了复辟与反复辟的较量。革命使资产阶级和新贵族掌握了政权，并在英国确立了资本主义政治、经济制度，使英国的资本主义迅速地向前发展，走在世界各国的前列。新的政治经济条件为思想的解放、科学的发展提供了土壤，成为促进新教育形式出现的动因。

资产阶级革命后，原有的中等教育已无法适应资本主义经济发展的需要，文法学校和公学只重视古典语言和宗教课程的教学而忽视自然科学的做法，引起了当时许多有识之士的批评。1640 年，英国新教育家塞缪尔·哈特利布（Samuel Hartlib）曾建议“创办一所规模不大的学园，以教育本国的绅士子弟，并促进虔信、学识、道德和勤劳的训练，这些训练在现时普通学校里通常是没有的”①。英国文学家约翰·弥尔顿（John Milton，1608—1674）认为，旧教育的最大弊端在于忽视自然科学知识，让学生花费 7—8 年的时间去学习拉丁文和希腊文，这实在是浪费学生宝贵的青春年华。弥尔顿建议创办一种重视自然科学兼具实科性质的“学园”。这所学园能容纳 150 人，其中 20 人左右是服务员，另有 20 人左右的教职工。学园设园长 1 名，条件是必须具备教育的新思想和新方法，并具有革新能力。在学园里，学生首先学习外国语和英语，继而学习算术、几何、天文、地理、物理、数学、建筑学、航海、工程、农业、生理学、医学、动物学、植物学、解剖学，以及古代和现代的各种语言文字等课程。在他看来，语言本身是无足轻重的，学习的最初目标应该是事物而不是语言。学生学习拉丁

---

① John William Adsmson, *Pioneers of Modern Education (1600-1700)* (Cambridge: Cambridge University Press, 1905), p. 182.

文和希腊文不是为了语言本身，而是为了获取古典作家提供的有关战争、农业、科学及其他一切知识。弥尔顿所建议的学园与哈特利布学园的不同之处在于：第一，从建校目的来看，弥尔顿更注重培养实用人才，尤其强调军事训练；第二，从学园性质来看，哈特利布建议开办的学园只是中等学校性质，而弥尔顿建议的学园包括中等学校和大学；第三，从学园数量来看，弥尔顿设想的学园不是一所，而是在全国所有城市普遍建立，这样使得中等教育和大学带有普及性质，便于为国家培养更多新型的实用人才。然而，弥尔顿的设想在当时并未实现。

洛克则从绅士教育的角度，对当时文法学校脱离实际的学风进行了批判。他指出："现在欧洲一般学校时兴的学问和教育上的照例文章，对一个绅士来说，大部分都是不必要的，不要它，对于他自己固然没有任何重大的贬损，对于他的事业也没有妨碍。"[①] 在他看来，英国绅士应该学习"在世上最需用、最常用的事物"，因为绅士需要的是事业家的知识。为了使绅士掌握各种文化知识和技艺，洛克提出了一个包含广泛学科的教学计划。在这个计划中，他要求绅士学习的科目包括书写、阅读、图画、速记、法文、拉丁文、希腊文、地理、写作、算术、天文、几何、历史、年代学、伦理学、民法、法律、逻辑学、神学、修辞学、自然哲学、舞蹈、音乐、击剑、骑马、园艺、细木工等。洛克提出的课程设置体现了古典主义与现实主义的结合，是弥尔顿思想的进一步发展。

在以上进步思想家的影响下，许多非国教派教士自己创立了一种规模较小且收费低廉的新型中等学校。他们接受了弥尔顿和洛克的思想，重视自然科学和现代外语，并用英语教学。1675年，他们在伦敦创办了纽因顿·格林学园。1719年，英国皇家学会会员和工程师马

---

① 约翰·洛克：《教育漫话》，傅任敢译，人民教育出版社，1979，第78页。

丁·克莱尔（Martin Clare）也在伦敦创办了一所学校。这所学校设有实验室和图书馆，既注重实证又联系生活实际。教学科目除希腊文、拉丁文等古典课程外，更重视代数、三角学、天文学、地理学、航海学、物理学、建筑学等。1740年，由约瑟夫·兰德尔（Joseph Randall）建立的希思豪学园，专门为中上层阶级提供所需要的课程，当时8—18岁的学生达170人，图书馆拥有藏书1400册，科学仪器包括太阳系仪等。后来，兰德尔在约克开办了另一所学园，宣称不采用文法学校僵化、专制、以书本为中心的教学方法，而采用更灵活和实用的方法。18世纪末，J. B. 弗罗兰（J. B. Florian）在巴斯（Bath）创办了一所学园。该校的课程分为三类：第一类阐述人与自然的关系，包括数学、物理学、化学、天文学、博物学和应用科学；第二类阐述人与人类自身的关系，包括拉丁文、法文、意大利文、文法、逻辑、修辞学、诗歌、绘画、音乐和体育；第三类阐述人与人之间的关系，包括古代和近代史、政治学、经济学和名人传。学园招收年满7岁的儿童，修业10年，17岁毕业。同时，弗罗兰的妻子也为女子建立了一所实科型的中等学校，其办学精神和男校基本一致。由于这种学校注重实科教学，适应了当时资本主义发展的潮流，深受社会特别是中产阶级的欢迎。

直到18世纪末以前，这种新型学校在英国久盛不衰，并与公学一起对英国中等教育发展做出了重要贡献。1751年，美国教育家本杰明·富兰克林（Benjamin Franklin，1706—1790）仿照英国学园的模式，在美国费城创办了学园，即费城文实学校，教给学生最具实用性和装饰性的知识。他说："人人都要学会写一手好字，学会基本的绘画；要学习算术、会计、几何和天文；……要学会写散文和书信；要学习修辞、历史、地理和伦理学；要学习自然史和园艺；要学习商业史和机械原理。”① 这种学校在19世纪成为美国中等学校的主要形式。到19世纪中期，美国各州和各地区的文实学校已有6000多所，共招收学生26.3万人。许多教育史家认为文实学校是美国中学的引路人。②

四、女子中等教育的发展

早在中世纪时，女孩和男孩一样被送往城堡和采邑接受家庭式的教育。由于当时的女子在丈夫出征时必须掌管家业，因此如何料理家务成了女子的必修内容。在城堡，她们还要伺候女主人更衣，学习用法语与女主人交谈，并学习下棋、唱歌和演奏乐器。中世纪后期，一些女修道院开始为其新修女或富家女子提供教育。例如，14世纪初英格兰威尔特郡（Wiltshire）艾姆斯伯里的修女院就为贵族女子提供膳宿，其中包括爱德华一世（Edward Ⅰ，1239—1307）的女儿和兰开斯特伯爵亨利（Henry）的女儿，学习科目有宗教、妇女职责、社交技能和英文阅读等。1371年，一位名叫图尔·兰德里（Tour Landry）的骑士在教育自己的女儿时编写了一本《图尔·兰德里骑士手册》，这本手册后来成为女子教育的通用教材。该手册里有大量内容丰富的故事、道德格言和智慧传说，并附有《圣经》故事及英格兰、法国和希腊编年史等。图尔·兰德里极力主张培养女子具有虔诚、礼貌、博爱、顺从、节制、谦逊和贞洁等品质，并列举了有关这些美德的轶事。自从这本手册问世到文艺复兴时期，其被法国、英国和德国等地的贵族女子广泛采用。

修道院解散后，一些私立教育机构为上层社会女子提供了更多的

① L.迪安·韦布：《美国教育史：一场伟大的美国实验》，陈露茜、李朝阳译，安徽教育出版社，2010，第103页。

② 参见L.迪安·韦布《美国教育史：一场伟大的美国实验》，陈露茜、李朝阳译，安徽教育出版社，2010，第138页。

学习机会。女孩子除了由父母、亲戚或家庭女教师提供教育外，也可以在私立日间学校或私立寄宿学校接受教育。但无论是文艺复兴、宗教改革、人文主义运动，还是两位都铎女王都未能打破男子在宗教界、专业界、政治界和商业界等社会领域的垄断地位。因此，提倡女子教育的作家们主张女子教育的基本目的在于减少“懒惰、不诚实和淫荡的女人”，“用教义和上帝的营养物培育未婚少女和年轻妇女”[①]。女子教育的内容包括德行和才艺，特别注重法语、音乐、舞蹈、绘画和缝纫，这些科目构成了女子教育的基础课程。

17 世纪后半期，在早期女性主义运动的影响下，一些中产阶级女性呼吁获得受教育权。1675 年，曾经担任过学校女教师和家庭教师的汉娜·伍利（Hannah Woolley）指出：“虚荣的男人容易认为女人生来只是为人类繁殖，并负养育人类的重任，但如果他们愿意让女性和男性受相同的教育，就会发现女性的头脑和女性的身体一样肥沃……”[②] 1706 年，玛丽·阿斯特尔（Mary Astell）指出：“……男人要是反对国家内的专制统治，却主张、实践家庭内的专制统治，那他们不是自私到极点吗？……如果所有男人生来自由，何以所有女人生来是奴隶？”[③] 她认为女性受较好教育对丈夫有好处，并希望通过教育使女性适合当男性的伴侣。洛克是 17 世纪末为女性争取受教育权的少数男性之一，但他的目的不是促进婚姻幸福，而是提高女性教育子女的能力。洛克希望女性能流利地阅读英文书籍，对拉丁文、数学、年代学和历史有所了解。英国作家丹尼·笛福（Daniel Defoe）却从女性受教育中看到了家庭幸福的美景。他说：“一位好教养的女性，有知识、人品的女

---

① 奥尔德里奇：《简明英国教育史》，诸惠芳等译，人民教育出版社，1987，第 104 页。

② 劳伦斯·斯通：《英国的家庭、性与婚姻 1500—1800》，刁筱华译，商务印书馆，2011，第 235 页。

③ 劳伦斯·斯通：《英国的家庭、性与婚姻 1500—1800》，刁筱华译，商务印书馆，2011，第 164 页。

性，是无与伦比的人……她是那样温柔、甜美、温和、机智、喜悦而充满爱心。她在每一方面都能符合最高期望，有这样的女性为伴的男人真是幸福无边。”①

到 17 世纪时，女子寄宿学校已相当普遍，年轻淑女被教以读、写、音乐、舞蹈、法语及各种技艺。从 17 世纪末到 18 世纪初，女子寄宿学校课程表上占据相当分量的技艺包括刺绣、缝纫、剪纸、蜡染、涂漆、玻璃彩绘、贝壳工艺、羽毛工艺等。这是技艺教育，而非知识教育，它关注的是“所有优雅、时髦的事”，目的在于让没事干的女性消磨时间。对女性受教育权的呼吁在 18 世纪初见成效，到 1770 年女性阅读市场已初具规模，并出现了第一本成功的女性刊物《仕女杂志》，与此同时浪漫小说也日益盛行。1759 年，在伦敦附近的每个村庄都可以看到两三所刻有“年轻淑女住宿、受教”字样的女子学校。但这些小学校并不提供知识教育，而是传授社交礼仪及刺绣、缝纫之类技艺。18 世纪末，巴斯创办了一所规模较大的女子学校，有 52 名寄宿生、20 多名走读生、5 名教职员及若干专职教师。其教学科目既包括传统女性教育，如音乐、舞蹈、绘画和缝纫；也提供知识性教育，如写作、文法、算术、几何和法语。②

到 18 世纪末，中上层阶级形成了关于理想女性的共识。他们认为，理想女性不是轻浮、爱玩、不负责任乃至淫荡成性的贵族妻子，也不是以古典文学功底傲人的中产阶级女学者。理想女性是一位见闻广、上进心强的女性，她受过知识教育，并愿意取悦丈夫、管理家务和教养子女。1790 年，《仕女月刊》（*The Ladies Monthly Magazine*）宣称：“许多女性业已接受的教育比莎士比亚当时所受的教育好得多。”

---

① 劳伦斯·斯通：《英国的家庭、性与婚姻 1500—1800》，刁筱华译，商务印书馆，2011，第 235—236 页。

② 参见劳伦斯·斯通《英国的家庭、性与婚姻 1500—1800》，刁筱华译，商务印书馆，2011，第 238 页。

同样，1791年《绅士杂志》（*The Gentleman's Magazine*）指出："目前……女性已确立其地位，并挑战男女天生智力不平等的说法。"[①] 由此可见，男性对女性智力的传统看法在18世纪末已经发生根本变化。

但总的说来，工业革命前的女子教育发展水平较低。1580—1640年，诺福克（Norfolk）和萨福克（Suffolk）地区有95%的妇女不能签写自己的名字，这个比例在1660—1700年也只是下降到82%。大卫·克勒西（David Cressy）认为，东部国教徒妇女总的说来没有受过教育，她们和建筑工人、乡村劳动者一样不需要受教育。然而，在城市和乡村之间，特别是伦敦和其他省份之间，妇女接受教育的比例差别较大。1692年伦敦的妇女文盲数量为妇女总数的52%，而其他省份的妇女文盲率高达80%。1700年伦敦的妇女文盲率只是1670年的一半。[②]

由于妇女无法跻身政治界，上流社会认为她们不必像男子一样学习系统和高深的文化知识。英国教育家理查德·马尔卡斯特（Richard Mulcaster）于1581年指出，不在文法学校或大学教育女子，"是因为男子天生就更有价值，在政治上更有用处"[③]。英国文学家乔纳森·斯威夫特（Jonathan Swift）曾讽刺说，在公共场合，高贵典雅的贵妇们很少能与男人们进行理性的交谈。但实际上贵族女子教育的水平还是在不断提高，特别是在伦敦、巴斯和其他旅游胜地出现了贵妇沙龙，一些有闲淑女时常聚集在一起，欣赏音乐绘画，评论戏剧诗文。另有一些天资聪颖、视野开阔的乡绅仕女，由于多年坚持读写和注重研究，逐步进入学者和作家行列。例如，作家简·奥斯汀（Jane Austen，

---

① 劳伦斯·斯通：《英国的家庭、性与婚姻1500—1800》，刁筱华译，商务印书馆，2011，第239页。

② See Rosemary O' Day, *Education and Society 1500-1800: The Social Foundations of Education in Early Modern Britain* (New York: Longman Group Ltd., 1982), p. 190.

③ 奥尔德里奇：《简明英国教育史》，诸惠芳等译，人民教育出版社，1987，第104页。

1775—1817）出身于英国南部一个乡绅牧师家庭，完成了《傲慢与偏见》《曼斯菲尔德庄园》《爱玛》等六部小说。

由上可知，该时期英国的教育政策主要为政治服务。在专制王权时期，教育政策来源于专制君主的意志，强调教育的政治功能，企图以教育为手段加强政治统治。解散修道院、没收教会财产，并拿出一部分财产兴办文法学校都是为政治服务。亨利八世在宗教改革后的主要政策是要求教师服从国教会，承认他为英国教会的最高首脑。在资产阶级革命时期，英国中等教育领域开始出现了一种新型的以培养实用性人才为主的中等学校，但这些学校往往是昙花一现。这一时期英国教育发展的最突出特点是，英国缺乏其他欧洲大陆国家教育发展中非常重要的国家主动性。“英国的政治传统强烈反对国家进行更多的扩张和干预，国家权力中反对发展教育的力量极为强大，使得国家公共教育形式更不可能获得发展。”[①] 国家对教育的干预只不过是巩固了教会的特权，除此之外并未发挥任何积极作用。

第三节 英国工业革命时期的中等教育

“工业革命”有三层含义：首先，它是指工具改良和非生物动力在生产中的应用；其次，它是指劳动组织、工业结构及整个经济活动方式的演变；最后，它是指由此产生的社会变化，即社会整体变革的过程。因此，工业革命是指一个历史时期，这个时期导致了工业化社会的诞生。

工业革命作为人类社会经济发展史的一个重要阶段，18世纪70年代首先开始于英国，然后向西欧和北美扩展。到19世纪30年代，英国

---

① 安迪·格林：《教育与国家形成：英、法、美教育体系起源之比较》，王春华等译，教育科学出版社，2004，第120页。

的工业革命基本完成。“工业革命对英国的意义，就好像哲学革命对德国，政治革命对法国一样。”[①] 工业革命使英国从农业社会转变为工业社会，它为资本主义发展奠定了雄厚的物质基础，使英国一跃成为世界上最大的工业强国、殖民帝国和世界金融中心。正如意大利经济学家卡洛·M.奇波拉（Carlo M. Cipolla）所说：“从1780年到1850年，在不到三代人的时间里，一场史无前例的、意义深远的革命改变了英格兰面貌。从那时起，世界不再是以前的世界了。”[②] 工业革命后，英国的工业产品出口总值迅速增长，如纺织品出口总值1780年为35.5万英镑，1785年增至110万英镑，到1800年又增至540万英镑。与此同时，工业产品的成本也大大降低，1779年每磅棉纱的生产成本为38先令，1784年降低到19先令，1799年更降低到只有7先令2便士。[③] 生产成本降低使英国商品在国际市场上的竞争力加强，并迅速将其他国家排挤到次要的地位。例如，1780年英国和法国的对外贸易额相差不多，但到了1820年英国的对外贸易额已超法国1倍多。

工业革命不仅是社会生产力的一次空前飞跃，也促成了社会的全面变革，使社会政治、阶级结构、国家职能、生活方式及科学技术等各个领域发生了深刻变化。同样，该时期英国教育发展也是工业革命的产物，它产生于工业技术的需求，并通过提供这些技术需求来促进经济的发展。英国学者H.G.班托克（H.G.Bantock）认为，大众教育是工业化的副产品，以及刺激教育发展的基本因素之一，它无疑是随着工业化的到来而产生的，它要求工人掌握与操作机器有关的读写算技能。E.G.威斯特（E.G.West）在《教育与工业革命》一书中则宣

---

① 中共中央马克思恩格斯列宁斯大林著作编译局编《马克思恩格斯选集》（第二卷），人民出版社，1972，第281页。

② 卡洛·M.奇波拉主编《欧洲经济史》（第三卷），吴良健等译，商务印书馆，1980，第2页。

③ 参见蒋孟引主编《英国史》，中国社会科学出版社，1988，第429页。

称："在工业革命期间教育取得了显著的进展，……工业革命同时也是一场教育革命，它们是互相促进的。"①

英国工业革命引起的最重要的社会后果是阶级的产生。

一、工业革命与阶级的产生

英国的工业革命发轫于18世纪中期棉纺织业中工作机器的改良。1765年，詹姆斯·哈格里夫斯（James Hargreaves）发明一种手摇纺纱机，它可以使一个工人同时纺出16—18支纱，从而大大提高了生产力。1769年，理查德·阿克莱特（Richard Arkwright）发明水力纺纱机，利用河水作为动力，不仅提高了劳动效率，而且改进了棉纱质量。1799年，塞缪尔·克朗普顿（Samuel Crompton）发明精纺机，它可以带动三四百个纱锭，再次使生产力发生飞跃。1785年，埃德蒙·卡特莱特（Edmund Cartwright）发明水力织布机，首次把非生物动力运用到织布上。当时炼铁技术也不断改进。1784年，亨利·科特（Henry Cort）发明搅拌炼铁法，这是冶铁史上的大革命，它不仅提高了生铁质量，而且使产量增加14倍。同年，詹姆斯·瓦特（James Watt）成功地制造出双向联动蒸汽机，这标志着蒸汽时代的到来。随后，蒸汽迅速占领一个又一个生产部门，最后扩展到所有领域。蒸汽不仅意味着增加财富，还意味着人类首次用自己的智慧释放出一种自然界潜藏的力，它是人类自己创造的力，是"被释放的普罗米修斯"。正因为有了第一次成功，人类才受到鼓励而不断探索，继而释放出电能、核能、化学能等。亨利·布思（Henry Booth）曾以生动的语言描述了工业化的力量。他说："从西至东，从北至南，机械装置遍及四方。世界获得

---

① Andy Green, *Education and State Formation: The Rise of Education Systems in England, France and the USA* (London: Macmillan Press Ltd., 1990), p. 40.

了一种新的动力，一个时代的风气如新世界的大河汹涌奔腾，不可阻挡。"①

钱乘旦等学者指出："无疑，18 世纪下半叶对英国人来说是一个令人激动的时刻，一切条件都成熟了，社会生活的每一个角落都可以感受到一种巨大的变化正在来临。技术发明层出不穷，新的行业与日俱增，一种朦胧的、新的社会前景正展现在人们面前。不少精明强干的冒险者（或者所谓'富有进取精神'的人）抓住这一千载难逢的好时机乘风而上，以发财致富为动机对生产的每一个部门进行全面的技术改造，从而使生产力得到成百上千倍的提高。"②

工业革命最深刻的影响是产生了新的阶级社会。在工业革命产生之前，英国是一个典型的"等级"社会，其形状像一个金字塔，每一级就是一个阶层，越往上人数越少。家庭出身是决定社会地位高低的主要因素。人们对社会地位的认同高于对经济地位的认同，职业的利益常常掩盖阶级的冲突，家长式关系是这个社会的主要特征。上层既要求下层服从，又对下层提供某种"保护"，以保证他们能够生存。上下之间存在一种"权利"与"义务"的默契关系。尽管不同等级在经济利益上极不相同，而且有时相互冲突，但只要权利和义务这根纽带不断裂，双方都保持默契，那么它们之间就会保持相当大的一致性。在领主和农奴、农场主和农业工人、手工业师傅和帮工之间都存在这种依附关系。这种权利与义务的关系一旦被解除，利益的冲突就明显了，社会地位的认同让位于经济地位的认同，取得收入的手段成为划分社会集团的标准。社会的这种巨大变化是以工业革命出现后工厂制的产生为标志。从此以后，纵向的等级结构让位于横向的阶级结构，

---

① L. C. B. Seaman, *Victorian England*, *Aspects of English and Imperial History 1837-1901*(London and New York: Routledge, 1973), p. 25.

② 钱乘旦、陈晓律：《在传统与变革之间——英国文化模式溯源》，浙江人民出版社，1999，第 102 页。

阶级对立局面逐渐形成。

第一个在理论上反映阶级存在的是 18 世纪英国古典经济学家亚当·斯密（Adam Smith，1723—1790）。他生活在工业化的准备阶段，当时社会三大阶级已初具雏形。亚当·斯密在《国民财富的性质和原因的研究》（即《国富论》）中提出工资、地租和利润三种收入方式，准确地反映了工人、地主和资本家这三个阶级。后来，大卫·李嘉图（David Ricardo，1772—1823）集古典政治经济学之大成，把三个阶级的关系阐述得更为清楚。他说："劳动、机械和资本在土地上面联合使用，所生产的一切土地生产物分归社会上的三个阶级：地主、资本家和劳动者。地主有土地、资本家有耕作土地的资本、劳动者则以劳力耕作土地。"[①] 按照大卫·李嘉图的分析，这三个阶级在利益分配上是决然对立的。

那么阶级是如何形成的？英国当代马克思主义史学家爱德华·汤普森（Edward Thompson）认为，阶级的出现是某些人共同经验的结果，当一些人感觉到并清醒地认识到他们之间利益一致，并反对另一部分与自己利益不同的人的时候，阶级便形成了。1963 年，汤普森出版了被誉为二战以来社会史方面最重要的著作《英国工人阶级的形成》。在这部书中，汤普森通过对 18 世纪 90 年代至 19 世纪 30 年代英国工人阶级广阔的生活背景（尤其是文化方面）的研究，探讨了英国工人阶级的形成问题。他通过对阶级斗争的分析，说明英国工人阶级的统一意识是继承了以往英国文化传统中许多积极因素才形成的，进而说明英国工人阶级不仅是大工业生产的产物，其形成也有意识形态在发挥着重要作用。

汤普森首先给"阶级"下了定义。他说："阶级据我理解，是一种既存在于经验的原始材料中又存在于意识中的历史现象，它把一批大

---

① 钱乘旦：《第一个工业化社会》，四川人民出版社，1988，第 244 页。

不相同并且看起来各不相干的事件结合起来。我强调阶级是历史现象，我不认为它是一个‘结构’，甚至也不是‘范畴’，我认为阶级是某种在人类关系中发生的事（而且是可以被证明已经发生的事）。”① 汤普森反对把阶级看成是静止的事物，而强调它是一种关系，是一个运动的、历史的过程。他反对把阶级意识理解为独立于阶级之外的单独存在，强调没有阶级的自我意识就没有阶级本身。

“阶级意识”的产生始于对经济地位的认同，而阶级意识一旦发生，阶级对立就成为自觉的行动。在英国，最早产生阶级意识的是中产阶级。促使他们形成阶级意识的，是他们的利益与地主阶级相冲突，地主的利益每增长一点，他们的利益就受到损害。同时，中产阶级的利益与工人阶级也不同，因此在这种“中间利益”的基础上，他们取得了阶级认同。随着工业化的进展，英国逐渐形成了以工商业主为代表的中产阶级。他们创造了生机勃勃的英国工业精神，形成了与传统贵族精神不同的价值观念与标准。他们相信自我奋斗，富有创造力、竞争意识和进取精神，并对自己的使命十分自信。他们宣称，在任何阳光普照之下的国度，没有哪一个阶层的人比英国社会的中产阶级更有价值，更值得尊重，更值得赞扬。他们认为自己的价值观念是全民族的精华，这充分反映了英国中产阶级处于上升时期的心理状态。

英国中产阶级的先驱是激进革命分子，包括激进的工业家和科学家，他们往往聚集在 18 世纪 70 年代出现的新月协会（Lunar Society）和其他一些文学或哲学社团。他们中有许多社会名流，如工程师詹姆斯·瓦特、化学家约瑟夫·普里斯特利（Joseph Priestley，1733—1804）、政治学家威廉·葛德文（William Godwin，1756—1836）等，他们基本上是法国大革命和美国独立战争的支持者。他们的教育观深

---

① E. P. 汤普森：《英国工人阶级的形成·前言》，钱乘旦等译，译林出版社，2001，第 1 页。

受让-雅克·卢梭（Jean-Jacques Rousseau，1712—1778）及其他启蒙思想家的影响，坚信教育的力量，主张教育目的在于开启民智，从而为国家培养出开化和有用的公民，以迎接来自新世界的挑战。他们认为现存教育机构都已经过时了，根本无法满足上述要求，只有非国教派创办的学园才符合中产阶级的要求，而且他们中有许多人也是在那里接受教育的。尽管对革命抱有同情，但中产阶级激进派仍然保持着自由主义的传统，反对雅各宾派通过强权国家进行彻底改革。法国大革命后，英国出现了激进派的全面衰退，非国教派的许多学园被关闭了，普里斯特利也流亡美国。然而，从那时起，这个新生的阶级带着更强的自我意识和历史责任感又重新出现在历史舞台。中产阶级越来越把自己当作不断成长的领导阶级和普世价值观的代言人。1826年，《威斯敏斯特评论》曾以颂扬的语气对他们进行了评说。“关于这个阶级的政治和道德意义，只有一种观点，即它是社会的力量，它包括了我们国家绝大多数的智慧、工业和财富，在此意义上，它是无与伦比的。在它内部，有能发明的头脑，能行动的肢体，能提出项目计划的企业和使这些计划付诸实施的资金……至少在这个国家，是这个阶级塑造了这个民族的个性。”①

从18世纪中期起，关于中产阶级重要性的论述很多。许多报刊书籍中都有这一类文章，为中产阶级大唱赞歌；中产阶级的世界观也在各种新学说（如古典政治经济学、功利主义等）中表现出来。辉格党大法官亨利·布鲁厄姆（Henry Brougham，1778—1868）勋爵的话最能体现中产阶级的阶级意识。他说：“中产阶级是社会上人数最多、迄今为止又最富有的阶级，贵族们即使把城堡、采邑、鸟兽饲养权和狩猎权加上所有广阔的田地统统以五十年期限出卖，也比不上中产阶级

① 安迪·格林：《教育与国家形成：英、法、美教育体系起源之比较》，王春华等译，教育科学出版社，2004，第266页。

庞大而坚固的财富；中产阶级还是坚定、有正确判断力的人，特别是不会人云亦云等。”[①] 在工业革命中，中产阶级表现出很高的政治觉悟，他们参加和发动了许多政治经济运动，如议会改革、自由贸易、反谷物法等。无论政治运动还是经济运动，中产阶级都把矛头指向地主，反对地主对土地的垄断，要求国家维护他们自己的利益。

这一时期的中产阶级可分为两部分：一部分是大商人、大工业主、银行家和大农场主。他们大多居住在伦敦、利物浦、格拉斯哥、布里斯托等大城市，从事海外和国内贸易，开设银行；有的还控制着企业和工业甚至城市政权；有的则通过购买土地或与贵族联姻而跻身于贵族阶级和统治集团之列。另一部分是政府官员、军官、教士和律师等专门职业者。这部分中产阶级数量较多，如果依据收入来划分又可分为三个层次：年收入在1000英镑以上的属于上层，包括外交人员、公务员、资历较深的公共服务员、银行高级职员和大公司的管理人员等；年收入在200—1000英镑的属于中层，包括高级职员、没落贵族、部分商人等；年收入在60—200英镑的属于下层，包括一般职业工作者、小学教师、政府中的低级公务人员等。除了收入之外，衡量中产阶级的标准还包括家庭背景、受教育程度和所从事的职业等。在一份女文职官员的报告中，我们可以看出英国人是如何评估自己的阶级。“我肯定地认为我自己是中产阶级。很难说为什么。我受过典型的中产阶级教育。我有一个中产阶级的职业，住在中产阶级的住宅区。但不是这些事物本身使我成为中产阶级。……收入水平与阶级是有关的；但是现在，收入水平本身不是一个决定性因素，因为工人阶级中许多人的工资比下层中产阶级还高，而上流社会的‘新穷人’却收入较少。”[②] 可见一个人将自己归于中产阶级的理由是多方面的。

---

① 钱乘旦：《第一个工业化社会》，四川人民出版社，1988，第245—246页。

② 吴浩：《自由与传统：二十世纪英国文化》，东方出版社，1999，第229—230页。

这个时期随着工业生产的发展，在英国也出现了工人阶级。但工人阶级的阶级意识形成稍晚，这与他们的文化水平、劳动时间有关。工人受工作条件和生活条件的限制，文化水平不高，相当一部分人还是文盲，这些因素无疑推迟了他们阶级意识的形成。英国历史学家艾瑞克·霍布斯鲍姆（Eric Hobsbawm）在《1870—1914 年工人阶级的形成》一文中通过对经济、生活方式和政治等多方面的考察，认为英国工人阶级形成的时间是在 20 世纪初。“工人阶级”这个词是早期工业化的产物，在那时候“大量的操作工人被抛在一起，他们通过经常的交往而使自己的技能得到改进和提高”[①]。1870 年后，出现了一种新的工人阶级文化及其特殊的生活方式，这主要是隔离的产物。工人参与政治的情况并不普遍，虽然长期以来就存在一种工人阶级的政治经济学，然而它的基准不是竞争而是合作，不是分离而是团结，不是依靠“失业后备军”而是要“消灭贫困”。1836—1848 年的宪章运动是世界上第一个独立的工人阶级运动，是一种不断扩展的社会抗议运动，卷入这场运动的人们虽然彼此互不相容，但能够在一个共同的政治纲领基础上团结起来。

工人阶级和中产阶级一样对教育价值充满信心，甚至比中产阶级更加乐观。工人阶级运动从政治活动家托马斯·潘恩（Thomas Paine，1737—1809）的《理性年代》和《人权》中获得精神力量，把教育看作是他们“天赋的权利”，并且歌颂理性的力量以推进他们世俗的平等主义目标。工人阶级渴求并掌握知识对于实现他们的目标十分重要。这既是为了个人的自我实现和自我完善，也是为了增进对阶级状况的理解，知识是提升工人阶级政治地位的必要条件。工人阶级对教育的态度至少有两方面看法：一方面，他们希望得到尽可能多的实用教育，

---

① 阿萨·勃里格斯：《英国社会史》，陈叔平等译，中国人民大学出版社，1991，第 242 页。

以便在日常生活中提供有益的帮助；另一方面，他们还存在一种更长远的看法，即希望通过教育和书籍获得对世界更广泛的了解。

英国各阶级具有各自的特征。体力劳动是工人阶级的本质特点，而最能表现其阶级属性的外部标志是穿着和语言。一般说来，工人阶级靠劳动为生，受教育不多，说话带有很浓的乡土口音。对于中产阶级而言，工资、职位、家庭摆设、文化趣味等都是社会地位的表现，而接受良好的教育是其中一个重要特征。上等阶级又分为三层："首先是公认的贵族，之所以如此，是因为他们占有土地、财富、头衔和地位；其次是较小的地主，即'乡绅'，他们有时与贵族联姻；最后是上等阶级的下层，其组成者……由适当的教育、对国家的服务或婚姻而升进了上等阶级的行列。"① 上等阶级的一个普遍特点是，大多数毕业于私立学校，尤其是伊顿、哈罗、拉格比等著名公学。有人在1867年概括了贵族和绅士阶层的统一意识："共同的血统，共同的条件，共同的追求，共同的思想，共同的方言，共同的宗教，以及……共同的特权。对于这种特权，虽然时而听到不平之鸣，但大体上还是被接受甚至被认为非享有不可，而且总的说来它是这个国家所暗地喜欢的东西。"②

然而，英国阶级结构的复杂性早在宪章运动时期就已表现出来，那种把阶级划分为上等阶级、中产阶级和工人阶级的方法并不适用。事实上，无论在中产阶级（占人口六分之一）内部还是工人阶级内部，财产的悬殊和观点的差异都是很大的。在工人阶级内部，熟练工人和非熟练工人之间的鸿沟是很大的，以致有一位敏锐的观察家把他们看成是两个不同的种族；甚至在工人阶级"下层"的"临时"工和跨行

---

① 阿瑟·马威克：《一九四五年以来的英国社会》，马传禧等译，商务印书馆，1992，第209页。

② 阿萨·勃里格斯：《英国社会史》，陈叔平等译，中国人民大学出版社，1991，第243—244页。

业的工人中，他们的财产和观点也有很大差别。在富裕商人和小店主之间，鸿沟之大也是如此。与此同时，专业人员（包括医生、教士、教师及工程师等）的数量也在不断增加，他们中一些人靠各种收入生活，一些人靠工资生活，那些易受贸易周期运动影响的实业家所依赖的则是利润。可见，无论是利益还是观点，差异和可变的因素实在太多，都必然会影响阶级的划分。

二、中产阶级的私立学校

18世纪也是英国人的思想发生深刻变化的时期。历史学家亨利·托马斯·巴克尔（Henry Thomas Buckle）在《英国文明史》中写道："在此期间，一个巨大的变化已经开始，它不仅仅发生在理论家中，而且发生在普通人民中。怀疑主义的增长激发了他们的好奇心；而教育的普及则提供了满足这种好奇心的手段。因此，我们看到18世纪的一个重要特征，就是那些迄今为止被排斥于知识之外的阶层表现出了对探求知识的渴望。这个特征，使得18世纪与先前所有的世纪有着显著的不同。"① 18世纪末诞生的新兴中产阶级，要求教育为他们的子弟提供相关的知识和有用的技能，以便为他们将来从事的职业做好准备。他们的价值观受到非国教教义、经济个人主义、政治自由主义及实用主义社会哲学的影响，他们拒不接受文法学校和大学那些枯燥无味、脱离社会实际的课程。许多人由于不信奉国教而进不了大学，于是他们开始赞助私立学校，为自己的子女提供比较现代化和有效的教育。私立学校提供与文法学校完全不同的课程和训练。"这些学院开设的课程既有挑战性又很实用。"② 它们既与公学相抗衡，又与普通教育相融

① E. P. 克伯雷选编《外国教育史料》，华中师范大学教育系等译，华中师范大学出版社，1991，第445页。

② 阿萨·布里格斯：《英国社会史》，陈叔平等译，商务印书馆，2015，第229页。

合。其办学规模、质量、课程设置和经费，因家长的社会地位不同而差别较大。

随着城市人口的增加和人们生活水平的提高，越来越多的中产阶级把他们的孩子送进私立学校学习。许多学园和私立学校也开始刊登招生广告。有的私立学校在招生广告上公然指出学习古典语言是浪费时间，并宣扬实科知识的价值。1770年后，这种面向商业阶层的私立学校数量增长迅速，1783—1787年在伊普斯维奇（Ipswich）一个地方就发现91则招生广告。同样，柴郡（Cheshire）地区的私立学校招生广告从18世纪五六十年代的6则猛增到18世纪八九十年代的41则，这种增长势头一直持续到19世纪初。[①] 到19世纪前期，当少数人将子弟送入公学，而许多文法学校又处于不佳状况时，私立学校却处于全盛期。根据1879年的统计，958所男私立学校分布于英格兰37个郡和伦敦地区，其中学校数量最多的是伦敦，有172所，兰开夏郡有72所，肯特郡有67所。[②]

英国学者约翰·罗奇（John Roach）把中产阶级的私立学校分为四类：第一类是完全由私人创办的营利性质的私立学校。这类学校在课程设置和社会阶层的满意度方面差别很大，有些提供一种合理的教育，但很多学校并非如此。设在城里的私立学校有时男女兼收，但不少学校是为年纪稍大的男孩提供教育的单性别机构。第二类是由一些财团如合资企业设立的男子学校。这类学校提供的课程更广泛，其中不少是由于当地缺乏一种有效的文法学校而建立起来的。有些男子学校创办不久就消失了，也有些寄宿学校后来发展为面向富裕阶层的公学。这种学校可能还包括一些女子学院，如女王学院（Queen's College）和

① See Michael Sanderson, *Education, Economic Change and Society in England 1780-1870* (London: Macmillan Press Ltd., 1985), p. 33.

② 参见周愚文《英国教育史：近代篇（1780—1944）》，台北学富文化事业有限公司，2008，第135页。

伦敦切尔滕汉姆学院（Cheltenham College）比一般女子学校提供更多的学术课程。尽管只有小部分中产阶级的女孩能入学，但她们有能力成为家庭女教师和私立学校教师。第三类是由一些宗教团体如国教徒、非国教徒和罗马天主教等创办的只为男孩提供教育的合法机构。这种学校的课程设置包括古典语言和现代学科，其中很多学校后来实际上成了公学。第四类是由英国国教徒建立起来的为中产阶级服务的寄宿学校，但它主要面向农场主的儿子。有些学校如弗莱姆林赫姆（FramLingham）和西部巴克兰德（West Buckland）实际上也成了公学。另外一些为下层阶级服务的学校（包括由国教徒组织创办的学校、教会创办的教师培训学院和机械部门建立的中等学校）像其他许多私立学校一样，只提供一种最基本的商业教育。[①]

一般说来，文法学校只招收男孩，中上阶层的女孩主要是在家庭接受教育，而且对这种教育的期望并不高。从17世纪后期起，英国出现了专门为女孩设立的私立寄宿学校。这种私立学校面向所有中产阶级的女孩，其中土地拥有者、商人和专业人员家庭的女孩居多。有些女子私立学校提供一种课程广泛的文雅教育（如现代语、文学、文法、历史、地理、算术和自然科学等），大多数女子学校则倾向于装饰性的"才艺"（decorative accomplishments）课程而非学术训练。[②] 18世纪以来，巴斯、海斯（Hythe）等地的女子寄宿学校教授针织、女红、歌舞、艺术、语言、文学、地理等课程。英国中等教育尤其强调女子治家能力的培养。为此，亚当·斯密指出："向她们所讲授的都是她们的父母或监护人认为她们所必须学习或所要用的东西。除此之外不再讲授别的什么东西。她们的教育的每一部分都有一个明确的目的，或者

① See W. B. Stephens, *Education in Britain* , *1750-1914* (London: Macmillan Press Ltd. , 1998), pp. 45-46.

② See W. B. Stephens, *Education in Britain* , *1750-1914* (London: Macmillan Press Ltd. , 1998), p. 45.

增进她们身体的天然魅力，或者培养她们的含蓄、谦逊、高雅和节俭；使她们能成为一个好的主妇，当她们成为家庭女主人时能够行为举止得体。”① 余家菊先生在《英国教育要览》一书中也归纳了培养女子治家能力的三条理由：第一，因工商业的发达，家庭生活时间减少，女子在家庭内接受家事训练的机会甚少，故学校不得不供给之；第二，女子入大学者甚少，就大多数不能入大学的女生而言，教育目的确有着重治家能力之必要；第三，就女性生理功能而言，主持家计与教养子女终为女子的神圣事业。② 正因如此，英国的女子学校课程中都设有家政各科，如针织、烹饪、家庭经济与家庭卫生等。18世纪也是女子教育文献较为丰富的时代，这些文献包括有关改善家庭教育和寄宿学校教育质量的论文，关于道德启蒙教育的文学作品，以及有关优雅知识方面的书籍等。

三、文法学校

从整体上看，工业革命时期的文法学校远不如17世纪那样繁荣。它们的课程对于正在成长中的工商业阶层失去了吸引力，特别是那些与大学学院有联系的文法学校，仍然固执地致力于古典学科的教学，很少传授其他社会需要的知识和技能。文法学校毕业生进入大学以后，虽然在古典知识方面基础深厚，但对常用数学却一无所知。

面对教授现代学科的私立学校和学园的激烈竞争，传统的文法学校也开始满足中产阶级的要求进行教育改革。第一，改革课程设置，用商业科目取代古典学科或与之并行设立。原先文法学校的主要教育内容是古典学科，但19世纪后开始发生变化，非古典学科进入文法学

---

① 亚当·斯密：《国富论》，谢祖钧译，新世界出版社，2007，第593页。

② 参见吴式颖、阎国华《中外教育比较史纲（近代卷）》，山东教育出版社，1997，第811页。

校，以致影响了整个文法学校的走向。在抽样调查的 334 所文法学校中，R. S. 汤普逊（R. S. Tompson）发现 1700—1750 年除了 41 所文法学校外，其余文法学校的课程设置基本上没有什么变化。但在 18 世纪最后几十年却发生了很大变化，由于文法学校与私立学校的竞争，18 世纪 70 年代有 21 所学校，80 年代有 28 所学校，90 年代有 29 所学校进行了课程改革。1770 年，伍得彻尔文法学校在招生广告上承诺：除了教授古典语（希腊语、拉丁语）外，还讲授算术、簿记、代数、几何学、测定法、量计、三角学、力学、测量术、水准测量、航海术、地理学、自然哲学、天文学及地球仪的使用法。[①] 在这些变化中，比较明显的是将英语教学纳入课程。据统计，在 448 所文法学校中已有 23 所增设了英语，占 5.13%；另有 72 所文法学校在 19 世纪初放弃了拉丁语教学。[②] 第二，允许新课程收费。1750 年前，在汤普逊抽样调查的 334 所学校中只有 36 所收费，而到 1837 年时已有 223 所学校实行收费制。[③] 18 世纪至 19 世纪初，文法学校逐渐走向收费教学，于是它越来越倾向于将免费与付费教育相结合，文法学校的慈善性质随之发生转变。"原本许多文法学校是具有慈善、免费、招收贫穷子弟等性质，但是十九世纪以后这些性质有了大变化。十七及十八世纪末出现通货膨胀，以致原本采取免费措施的文法学校难以维持，于是出现慈善与收费的混合制度。"[④] 第三，学校改为寄宿制。汤普逊的调查表明，在 1800—1837 年，共有 138 所文法学校采用了寄宿制，每年收费为四十

---

① 参见奥尔德里奇《简明英国教育史》，诸惠芳等译，人民教育出版社，1987，第 109 页。

② 参见周愚文《英国教育史：近代篇（1780—1944）》，台北学富文化事业有限公司，2008，第 126 页。

③ See Michael Sanderson, *Education, Economic Change and Society in England 1780-1870* (London: Macmillan Press Ltd., 1985), p. 34.

④ 周愚文：《英国教育史：近代篇（1780—1944）》，台北学富文化事业有限公司，2008，第 130 页。

几尼（近代英国的一种货币）。第四，出现了一批锐意改革的校长。他们主张培养学生高尚的品德和坚韧的个性，从而提高文法学校的声誉。

总的来说，18世纪时文法学校的发展陷入低潮。到18世纪末，许多文法学校相继关闭，大部分只有少得可怜的几个学生。例如，1718年贝德福德学校有20个男孩，1739年只剩下3个，1769年为10个。文法学校的学生人数平均为20—30人。大多数文法学校（包括最大的文法学校）仍然由一名教师或一名教师加一名助手进行教学，仅占一间房子。约克郡的圣彼得学校甚至把废弃的教堂圣坛作为教室，把教堂中殿作为马厩。有人认为，衰退的原因在于文法学校竭力维护古典教育的章程，而拒绝接受中产阶级所追求的现代课程。中产阶级的嗜好在文法学校的变化中固然重要，然而这种解释难免会使文法学校的发展过程简单化。[①] 也有人认为，由于新教徒的权利受到1662年《国教统一法》的限制，所以转向慈善学校运动，导致投入文法学校的捐款减少；而在宗教改革以前，慈善团体及个人对教育的捐款大多集中于文法学校。[②] 另外，整个教育慈善基金很难减少通货膨胀导致的经济压力，于是经济因素与反对古典课程的压力给文法学校带来极大的挑战。许多原本提供给校长的合理津贴没有了，导致有些文法学校关闭，有些文法学校改为小学。19世纪初，在475所文法学校中有57所改为小学，24—25所文法学校已不存在，72所文法学校无资料可查。[③]

18世纪时文法学校的招生对象有了明显的变化。它由原来的贵族、教士子弟扩展到工商业主、乡绅阶层子弟，还有少数贫寒子弟。文法

① See W. B. Stephens, *Education in Britain, 1750-1914* (London: Macmillan Press Ltd., 1998), p. 42.

② 参见周愚文《英国教育史：近代篇（1780—1944）》，台北学富文化事业有限公司，2008，第125页。

③ 参见周愚文《英国教育史：近代篇（1780—1944）》，台北学富文化事业有限公司，2008，第129页。

学校及其所拥有的大学奖学金，仍然是贫苦子弟跻身上流社会的主要途径。从文法学校毕业的学生一般进入牛津大学或剑桥大学，或者成为一般的官吏、医师、法官和教师等。例如，曼彻斯特文法学校在1749—1784年有183人（其中153人是寄宿生）办理了上大学的手续。[①]

当文法学校日趋没落时，这一时期的公学开始成为名副其实的“名牌学校”。它们招收特权阶层和富人子弟，具有良好的教学设备、优秀的教师和较高的教育质量，并以升学为目的。

总之，在整个18世纪英国政府并不介入教育，也从未试图建立自己的学校系统，以便按国家描绘的理想去塑造公民。这一时期的学者也认为没有必要建立国家教育体系。普里斯特利和安德鲁·甘布尔（Andrew Gamble）都宣称，他们反对教育成为国家的一种职能，认为那样会导致国家把统一的思想强加于民众。英国的传统要求是人们有选择学校与教师的自由，当时的社会思想宁要自由也不肯接受官方的控制。这种自由主义国家的理念不仅是绅士阶层独享的哲学，在民众中也广受欢迎。正如甘布尔所说：“它意味着人们普遍对政府权力持怀疑态度，并持久地要求对政府进行限制。英国人争取反对暴君的权力，争取不被随意地拘捕和搜查等人身自由，争取在法律面前人人平等的原则和陪审团制度。如果在此之外再加上某种程度的出版、言论和捍卫良知的自由，以及更广泛的旅行和经商自由的话，我们就可以勾勒出这样一种权力体制，尽管它经常被侵犯、滥用，但它提供了一个明晰的法律范畴，即资产阶级秩序的基础。”[②] 宗教领袖们也坚信，教育与宗教是不可分离的，国家的控制必将导致教育的世俗化，即使政府的统治者是教会的首脑，也不能把宗教教学托付给国家。以上这些因

---

① 参见奥尔德里奇《简明英国教育史》，诸惠芳等译，人民教育出版社，1987，第109页。

② 安迪·格林：《教育与国家形成：英、法、美教育体系起源之比较》，王春华等译，教育科学出版社，2004，第262页。

素使得英国的国家教育体系一直未能形成。

第四节　贵族时代与公学教育

在英国，贵族是一个特殊的社会群体。具体说来，贵族是指一个统治阶级，一个社会等级，一批统治者或领导者。至少在 20 世纪之前，这批人包括上院的所有成员，以及无封号的贵族家庭成员和其他某些人。这个阶层中也有明显的等级差异，但总的说来他们构成了一个无形而有力的、能够持久地延续下去的社会集团。1846 年，德比伯爵爱德华·斯坦利（Edward Stanley）在上院声称，所谓贵族，是指这个国家中一个伟大的土地拥有者集团，他们中的许多人并未得到封号，许多人也不因为令人注目的财富而区别于其他社会等级，然而其整个家族世世代代居住在自己的土地范围内，并在该地区经营商业，影响其邻居的意见和舆论，行使着堂堂正正的家主职权，并且考虑世代租用其土地的农户的愿望和情感。在英国，贵族不仅被认为有高贵的血统和门第，而且具备高贵的品质和杰出的领导才能，因而他们理所当然成为社会的统治者，所以英国贵族一直活跃在历史舞台。特别是英国资产阶级革命后的 100 多年时间，由于贵族成为社会政治生活的中坚力量，因而人们把这一时期称为“贵族的世纪”。

贵族所接受的教育也是一种特殊的贵族式教育，这种贵族式教育具有四个特点：（1）教育的目标是将他们培养成为能承担社会领导职责和胜任政府工作的人。（2）越来越精细的标准化教育使他们易于形成共同的人生态度和目标。古典式教育渗透了他们的心灵，他们用拉丁语交换对报纸的看法；他们用古罗马、希腊式的艺术品装点房间；他们修建罗马式的回廊，并在花园里修建喷泉、花亭；他们的心里充满着古典的形象与榜样；他们羡慕古典时期的秩序、平衡、和谐、对称和节制等美德。（3）他们在学校住宿期间建立了广泛的同学关系，并由此加强了贵族之间的联系。（4）贵族阶级对高等教育的垄断巩固了他们的统治地位。

一、贵族时代

英国贵族体制最早可追溯到1000多年前的盎格鲁-撒克逊时代。那时的贵族体制由三部分组成，即军事贵族、封建贵族和教会贵族。随着时代的发展，贵族的含义也发生了变化。14世纪初，大约3000个年收入达到和超过20英镑的地主，即所谓“上层精英”都被视为贵族（nobility），其中伯爵因级别突出而在贵族中居于优势地位。其他级别的贵族包括男爵、骑士和从骑士，他们也可称为lord（“大人”或“爵爷”）。[①] 自都铎王朝以来，英国贵族经过200多年的演变，到了复辟时代（1660—1688）又形成了新型的等级相对固定的特权阶层。在广义的贵族（aristocracy）里，除了国王和个别王室要员居于社会等级金字塔的顶端之外，还包括两大类：一类是不过百余人的世俗大贵族（peerage），分为公爵、侯爵、伯爵、子爵、男爵5个等级；另一类人数较多，包括从男爵和骑士，甚至还有从骑士和乡绅（gentry）。

1600年，托马斯·威尔逊（Thomas Wilson）把英国人分为贵族、公民、自耕农、手工工人、农业工人。他着重分析了贵族，并把议会贵族与一般贵族分开。一般贵族是指较低级的贵族，如骑士、乡绅、绅士等。另外，他把律师、政府官员和教士等放到了乡绅阶层。根据威尔逊的记载，在1600年英国共有61个世俗贵族，其中包括1个侯爵、19个伯爵、2个子爵、39个男爵，他们平均收入为3607镑；有500个骑士，年均收入为1000—2000镑；还有1.6万个绅士，年均收

① 参见阎照祥《英国贵族史》，人民出版社，2015，第174—175页。

入为500—1000镑。[①] 1640年，英国大约有120个贵族和20 000个乡绅，占成年男子的5%。[②] 在英国，贵族和乡绅是不受统治的人，他们可以不劳而获。他们的收入能使自己不受别人控制或依赖他人，这样他们就有时间和闲暇去从事关于统治艺术的研究。

17世纪初，由于资本主义深入农村，旧贵族不断分化，英国出现了一批追求商业利润的资产阶级化的新贵族。这些新贵族有的兼营工商业，有的经营牧场或农场，有的成为获得土地的富商或金融家。他们虽然都是土地贵族，但不再依靠封建方式进行剥削，而是用资本主义方式经营牧场或农场，从中获取利润。经过15世纪的"玫瑰战争"之后，英国农村的社会结构已发生了巨大变化，大规模的租赁已比高额的土地收入更加重要，都铎王朝有关维护财产所有权的禁令及解除封建武装的措施，使得对金钱的支配变得比对人的支配更为重要。这种变化开启了从中世纪的土地价值观念（即把土地视为政治功能和职权的基础）向现代的土地价值观念（即把土地视为产生利润的资本）转变的过程。简而言之，土地经营开始逐渐商品化。[③]

1688年"光荣革命"是英国历史上的一个重要转折点。这场政变是由7位拥有爵号的土地贵族发动的，其中有4位辉格党贵族，分别是什鲁斯伯里伯爵（Earl of Shrewsbury）、德文郡伯爵（Earl of Devonshire）、爱德华·罗素（Edward Russell）和亨利·西德尼（Henry Sidney），他们代表资产阶级的利益。其他3人中，一位是托利党的创始人丹比伯爵（Earl of Danby），一位是顽固守旧的鲁姆苏男爵，一位是伦敦主教亨利·康普顿（Henry Compton），他们代表具有封建

---

① 参见王觉非主编《近代英国史》，南京大学出版社，1997，第19页。

② 参见肯尼思·O.摩根主编《牛津英国通史》，王觉非等译，商务印书馆，1993，第317页。

③ 参见钱乘旦、陈晓律《在传统与变革之间——英国文化模式溯源》，浙江人民出版社，1999，第84—85页。

主义倾向的土地贵族的利益。“光荣革命”后，英国的社会面貌发生了很大变化。在政治上，随着资本主义君主立宪制的建立，上层建筑进行了较大的调整和改造，表现为君权的削弱、资产阶级议会制的确立、内阁制的形成、政党活动的合法化和政党寡头统治的交替。在经济上，英国资本和技术积累趋于成熟，率先进行了工业革命。然而，在政变中扮演重要角色的资产阶级并未获得内阁职位和议会席位，国家政权长期由土地贵族控制。

17世纪后期，托利党宣传家作为乡绅地主阶级的代言人，十分注意维护土地所有者的政治权益。他们宣称，只有家境殷实的乡绅地主才有资格进入议会或担任地方官，因为他们有闲暇时间，受过教育，有独立性和责任感。绝大多数民众缺少这些条件，那些商人和金融家也要把主要精力用于经营，而没有足够的时间献身公职。土地所有者的利益与国家的利益息息相关，为了保护自己的利益，他们必须保卫祖国。相反，商人和金融家的财产都是动产。一旦发生动乱，土地所有者必须留下来保护他们的利益，商人和金融家却可以携款逃走。所以，社会上理想的统治者应当是土地所有者，特别是大地产者。[①] 久居英国的恩格斯也指出：“在英国，资产阶级从未独掌全权。甚至1832年的胜利，也还是让土地贵族几乎独占了政府的所有要职。”[②] 因此，各国学者不仅把从1688年“光荣革命”到19世纪前期或中叶的英国政体称为贵族寡头体制，还把这段颇具特色的历史称为“贵族时代”或“贵族世纪”。

在“光荣革命”后的近200年里，英国大地产制的发展格外引人注目，贵族地主所拥有的土地在全国可耕地中的份额居高不下。17世纪末，以贵族为核心的英格兰和威尔士大地主占有全国15%—20%的地

---

① 参见阎照祥《英国政党政治史》，中国社会科学出版社，1993，第63页。

② 中共中央马克思恩格斯列宁斯大林著作编译局编《马克思恩格斯选集》（第三卷），人民出版社，1972，第714页。

产，其中160家世俗贵族的总收入约占全国经济总收入的1%，每户贵族的年平均收入约2800英镑。到了1790年，400家土地贵族（其中大多是上院权贵）的地产份额在全国地产中升至20%—25%，每家平均收入达1万英镑；而10万个中小农户的年度总收入只占全国农业收入的15%—20%，每户平均收入为150英镑。[①] 1872—1873年，德比勋爵根据官方资料调查王国的土地占有量和年度收入情况，发表了被称为《新末日调查书》的报告。该报告指出，不列颠土地所有者超过100万人，但其中以上院贵族为核心的400家大地产者依然占据了全国24%的地产。报告还显示，1873年地产达1万英亩的363名大地主中，有上院贵族186人、从男爵58人[②]，而且各级贵族所占有地产的大小基本上与爵位相符，等级越高拥有的地产越多。以上表明，英国世袭贵族统治的经济基础是大地产制。

英国贵族既是土地的主要占有者，也是政治权力的垄断者。宗教改革后，议会上院成了世俗大贵族和少数主教的世袭领地。在政务会、枢密院和早期内阁中，大约一半以上的成员是贵族；军队高级指挥官大多由贵族和贵族子弟担任；其他的外交使节、地方官和殖民地总督等职位，也是在大贵族和乡绅中间分配。例如，在查理一世宫廷的33名高级官员中，有29名是上院伯爵和他们的男性继承人，其余4人中有2名子爵、1名男爵和1名主教。[③]

英国贵族不仅在政治上显赫无比，在经济上也是时代的骄子。据记载，直到1790年，英国400家贵族大地主的年收入仍在0.5万—5万英镑，平均收入约为1万英镑。他们的年收入总额在英国十几万地产者中占20%以上。19世纪初，英国年度总收入增加到2.1亿英镑，其中287名上院贵族的总收入约为230万英镑，在国民年收入中的份额基

① 参见阎照祥《英国贵族史》，人民出版社，2015，第220—221页。

② 参见阎照祥《20世纪英国世袭贵族的衰落》，《世界历史》2001年第3期。

③ 参见阎照祥《英国贵族史》，人民出版社，2000，第181页。

本未变，平均每户收入达 8000 英镑。[①] 可见，贵族地主的财力远远超过其他土地所有者，他们中不少人还兼营工商业和金融业。充足的财力使他们有条件控制政府和议会，操纵地方上的议会选举。这正是英国“光荣革命”后在政治上长期实行贵族寡头统治的秘密。

贵族及其子弟在教育方面享有特权。在中世纪时，英国贵族为他们的子弟提供一种专门的家庭教育，或在自己家里，或在其他的贵族家里，其目的是使其子弟掌握武艺和骑士的礼仪。17 世纪时，洛克就曾做过贵族子弟的家庭教师。他建议绅士们请家庭教师教育孩子，而不要把他们送到文法学校去受肉体、道德和精神上的折磨。他说：“我相信，凡是家里请得起导师的人，则导师较之学校里的任何人必定更能使他的儿子举止优雅，思想刚毅，同时又能知道什么是有价值的，什么是合适的，而且学习也更容易，成熟也更迅速。”[②] 家庭教育结束后，一些特权阶层把自己的子弟送进为数不多但收费高昂的寄宿学校，即所谓的“公学”。

总之，英国在这一时期（1688 年至 19 世纪中叶）社会发展的突出特点是，贵族地主阶级长期把持经济和政治特权，他们既是不列颠最富有的群体，占有可观的土地；又是社会政治地位最高的阶级，掌握了最多的国家权力。为此，英国学者约翰·汉普顿（John Hampdon）在 1846 年做了恰如其分的说明。他说：“实际上，强大富有的贵族是整个英国的所有。他们拥有君权，君权是他们所有财富和荣誉的宝杖和看护符。他们通过儿子、金钱和权势占有下院。他们拥有教会、政府、陆军和海军。他们占有国内外所有官职。他们拥有国内地产和海角天涯的殖民地。而且，他们还拥有财富和私利，只要他们在下院投票时

① 参见阎照祥《英国贵族史》，人民出版社，2015，第 223 页。

② 约翰·洛克：《教育漫话》，傅任敢译，人民教育出版社，1979，第 51 页。

伸出他们的壮臂，他们就可以拿走他们想要的一切。”①

二、公学教育

在英国教育史上，最早使用“公学”（Public School）这一名称的文献，是 1180 年由桑姆逊主教（Abbot Samson）编撰的《圣爱德蒙寺档案》。在该档案中，桑姆逊记录了圣爱德蒙寺主教康缪德在其教区内用公款兴建学校，以教育出身良好与天资聪颖的男孩，以及具有自由身份的贫民子弟。这种不是为僧侣设立的学校，当时被称为“公学”。②

真正意义上的公学产生于 14 世纪末期。1348—1349 年，一种传染病从东方横扫欧洲，造成了历史上最严重的人口死亡事件。这种传染病因其患者身上出现紫黑色的斑点而被称为“黑死病”。教皇克莱门特六世（Pope Clement Ⅵ，1342—1352 年在位）的医生居伊·德·肖利阿克（Guy de. Chauliac）在回忆录中写道：“在阿维尼翁（法国的一个地名），黑死病的传染如此严重，以至于不仅与病人待在一起，即使看他们一眼似乎也会被感染。死亡的人如此之多，以至于死者无人料理，埋葬时找不到祭司在他们的坟前祷告。父子之间不相往来。博爱之情消逝了。死亡率如此之高，幸存者几乎不到 1/4。甚至医生也惧怕感染而不敢对患者进行治疗。至于我，为了不背上恶名，不敢不到场，但仍然始终处于恐惧之中。”③ 黑死病于 1348 年 8 月传入英国后同样造成了人口的锐减，当时的死亡人数之多超过了历史上任何流行病或战乱。据统计，1348—1350 年当黑死病第一次流行时，英格兰的人口减少了

---

① 阎照祥：《英国贵族史》，人民出版社，2000，第 198 页。

② 参见钱穆等《教育学术论文集》（上），台北三民书局印行，1990，第 673—674 页。

③ 詹姆斯·W. 汤普逊：《中世纪晚期欧洲经济社会史》，徐家玲等译，商务印书馆，1996，第 517 页。

约 20%。牧师的死亡率也很高，如约克、林肯主教区 44%的神职人员染上了黑死病，温彻斯特、诺里奇等主教区的教士大约死亡 50%。[①] 牧师和教师的严重不足导致了一些新型文法学校的建立，其中包括英国最重要的学校——公学。

1382 年，温彻斯特大主教威廉·威克姆（William Wykeham，1324—1404）以大学中的学院为样板创立了“温彻斯特学校”（Winchester School），为牛津的新学院培养学生。这所学校与以往学校有一个重要区别，以前所有的学校都附属于各种机构，如大教堂、教会、寺院、歌祷堂，或者是医院、大学学院的一部分。然而，温彻斯特学校则与此相反，它既是一所自由的、提供膳宿的、为男孩提供教育的拉丁文法学校，也是一所捐赠给贫苦的优秀男孩学习的拉丁文法学校。英国教育史家李奇指出：“第一所具有全权和独立的学校宣告成立，它为自己的目的而存在，它以自己为中心，并自己管理自己。”[②] 也有一些历史学家把温彻斯特学校的创办看作是英国“公学”的起源。因为这所学校具有以下特点：必须接收来自英格兰各地的学生（尽管有些郡享有优先权）；必须是一所寄宿学校；除了招收 70 名享有免费教育权利的贫寒学生以外，必须招收 10 名左右交纳学费和膳宿费的贵族或有权势家庭的子弟。[③]

1440 年 11 月，英王亨利六世（Henry Ⅵ，1421—1471）在剑桥大学创办国王学院（King's College），同时在伊顿教区设立了一所附属学校，以收容一些贫民子弟。这些贫民子弟是从文法学校中挑选出来的聪颖学生，主要学习文法、唱圣诗和宗教知识，目的是学会为国王的

---

① 参见阎照祥《英国史》，人民出版社，2004，第 105—106 页。

② H. C. Dent, *Education in England and Wales* (London: Hodder and Stoughton Ltd., 1982), pp. 2-3.

③ See H. C. Dent, *Education in England and Wales* (London: Hodder and Stoughton Ltd., 1982), p. 3.

祖先及笃信国教的死者祈祷。伊顿学校由教士负责教导与管理，学生人数很少。1446年，国王下令把该校改为公开的普通文法学校，这就是著名的伊顿公学（Eton College）。其校规仿照温彻斯特公学，模式也是寄宿学校。1447年，又有一批教师联名请求增设像伊顿一样的公学，获得国王批准。到17世纪，英国已有9所著名公学，依建校先后顺序分别为温彻斯特公学（1382）、伊顿公学（1440）、圣保罗公学（1512）、什鲁斯伯里公学（1552）、威斯敏斯特公学（1559）、默钱特·泰勒公学（1560）、拉格比（Rugby）公学（1567）、哈罗（Harrow）公学（1571）、查特豪斯（Charterhouse）公学（1611）。

公学最初是由私人捐助或公众团体集资创办，免费招收贫寒学生，教育目的在于培养一般神职人员。当时之所以称为“公学”，一方面是指这类学校的招生不受地域限制，全国各地的学生均可入学，而不像大多数捐助文法学校那样只招收本地学生；另一方面是相对于当时许多贵族聘用家庭教师的私人教育而言。从14世纪到17世纪，公学确实为来自不同社会阶层的学生提供了比较良好的教育，是名副其实的公学。在工业革命以前的几个世纪，许多贫民子弟通过公学而平步登云。也就是说，公学曾经是贫寒而杰出青年的晋升和参政之阶。由于这类学校师资水平和教育质量较高，特别是它以培养神职人员为主，教学内容是拉丁文和希腊文等古典学科，毕业生大多数获得社会地位较高的宗教神职，因而公学本身的社会地位也不断攀升。但公学毕竟是少数，它不可能像创办初期那样面向所有人开放，为此到17世纪末和18世纪初大部分公学已实行收费制。从18世纪开始，随着贵族学生的增加和学费的高昂，公学中贫穷学生的数量逐渐减少。到19世纪上半叶，穷人子弟被完全排斥在公学之外，公学已发展成为只有中上阶层子弟才能进入的教育机构。

在工业革命前，绅士的标识是贵族兼国教徒；工业革命后，企业家、银行家以财富积累和大学毕业为绅士标识，他们的子弟纷纷由公学进入大学，公学的富贵性日益浓厚。在公学里，上院贵族、乡绅和专门职业者（包括牧师、教师、医生、律师等）子弟占据了主导地位，而社会下层子弟微乎其微。例如，1637—1645 年考彻斯特（Colchester）学校共有男生 165 名，他们的社会背景分别是：贵族子弟占 31%，牧师占 20%，商人占 37%，小地主占 12%，而农民和手工业者子弟被排斥在校门外。① 1745 年，伊顿公学的名册也表明，在高年级中最多的是贵族子弟，其次是从男爵，最少的是平民。同样，在 1850 年之前，绅士和贵族子弟占据几所主要公学学生数的 50%以上，另有 16%以上的学生来自神职人员和政府官员家庭，每 20 个学生中只有 1 个来自从事专门职业的家庭。相比之下，19 世纪 60 年代，法国国立中学 65%的学生来自商业、专业或公共服务人员的家庭；在德国文科学校，具有相同社会背景的学生占 69%。② 为此，F. K. 利吉尔（F. K. Ringer）指出："在早期工业化时代，英国的公学是出了名的在欧洲乃至世界最贵族化的中等教育机构。"③

一般说来，成绩在普通水平以上而规模较大的公学常常接受公款或私人资助，这些学校往往被称为捐助学校（Endowed School）。1558 年伊丽莎白女王即位时，捐助学校共 51 所；1603 年女王退位时，捐助学校有 280 所；17 世纪中叶增至 305 所；1700 年左右增至 400 所。在捐助学校中又以 9 所著名公学最受重视。在 18 世纪末，47 名政府大臣中至少有 34 人资助伊顿公学或威斯敏斯特公学，甚至同时资助这两所

---

① See Rosemary O' Day, *Education and Society 1500-1800: The Social Foundations of Education in Early Modern Britain* (New York: Longman Group Ltd., 1982), p. 37.

② 参见安迪·格林《教育与国家形成：英、法、美教育体系起源之比较》，王春华等译，教育科学出版社，2004，第 308 页。

③ 安迪·格林：《教育与国家形成：英、法、美教育体系起源之比较》，王春华等译，教育科学出版社，2004，第 308 页。

学校。[①]

与普通学校相比，公学师资水平高，学费高昂，学生们的开销大。爱德华·考克公爵（Sir Edward Coke）的两个儿子在伊顿公学 3 年的各项开销累计达 900 余英镑。面对如此高昂的费用，一般家庭的子弟难以问津。在 19 世纪中期以前，到公学读书的孩子大多来自地主和神职人员家庭，因而公学里的风气反映了上层乡绅阶级的文化。这些孩子无心学习“有用的知识”，而把谈论世界大事和工业发展作为社会等级和荣誉的标志。他们最看重的是那种培养人过绅士般安逸生活的教育，所称道的是那些带有荣誉和公共领袖色彩的职位，如军队、政界和殖民地统治机构，以及后来的专业部门和公共服务机关。在这种思想前提下，对个人才智的追求，特别是对科学知识的追求往往受到轻视，要么认为它们毫无价值，要么认为这些知识过于危险，而对于古典学科的学习则被视为社会等级的标志。在公学，英国人最重视的是古典文化课程，它们往往占据学校 80%左右的课时。公学最引以为豪的是其对学生人格的培养。托马斯·阿诺德（Thomas Arnold，1795—1842）在 1827 年的一次演说中指出：“在这儿我们所看重的，第一是宗教和道德的原则，第二是绅士作风，第三是智力水平。”[②] 这种排序折射出人格比学问更重要，这也正是公学的准则。

在公学，学生大约 13 岁入学，18 岁毕业，学习 5—6 年。公学毕业后，不少学生升入牛津、剑桥等名牌大学。据统计，1680 年出生的上院贵族进入两所名牌大学深造者超过 36%，而 1741 年以后出生的上院贵族的同项比例上升到 57%。[③] 公学的办学目的在于培养未来的、具

---

① 参见奥尔德里奇《简明英国教育史》，诸惠芳等译，人民教育出版社，1987，第 108 页。

② 安迪·格林：《教育与国家形成：英、法、美教育体系起源之比较》，王春华等译，教育科学出版社，2004，第 309 页。

③ 参见阎照祥《英国贵族史》，人民出版社，2000，第 267 页。

有特权的官吏和统治阶层人物，英国的高级统治者大多数出身于公学。据统计，1680 年出生的上院贵族进入上述 9 所著名公学读书的仅占 16%，而 1681—1710 年出生的上院贵族进入名牌公学就读者增加到 35%，1711—1740 年出生的上院贵族进入名牌公学就读者占 59%，再往后出生的上院贵族进入名牌公学就读者占 72%。1775—1800 年政府大臣进入名牌公学的比例则高达 87%。[①]

贵族子弟结束公学生活后常到欧洲游学。游学年限通常需要 3—5 年，也有长达 7—8 年，甚至更久。游学途中要有导师、仆人和车马相随，每年平均花费在 1000 英镑以上。例如，金斯顿公爵（Duke of Kingston）前后游学 10 年，陪伴人员包括 1 名导师（年薪 500 英镑）、1 名管事（年薪 100 英镑）、1 名贴身男仆（年薪 23 英镑）、2 名随从（年薪各 10 英镑），他每年开支数千英镑，10 年游学总开支超过 4 万英镑。[②] 游学的目的有三个方面：一是学习各国礼仪，改善行为方式、言谈举止，研习舞蹈剑术；二是学习流利标准的外语，特别是要精通在各国上流社会所通用的法语；三是增长见闻，提高对不同民族文化的欣赏和鉴别能力。贵族子弟通过游学不仅能提高自身的文化水平和实践能力，还会受到国外进步思潮的影响，为其以后在政府、军队和外交领域担任要职创造了条件。

洛克也主张通过游学来结束贵族教育。他认为游学的好处有两个方面："第一是语文；第二是看多了人，交接惯了各种各色的人，知道了他们的性情、习俗和生活方式各不相同，尤其是和自己所在的教区和邻近的人迥不相同，他便可以在智慧与持重上面获得长进。"[③] 当时，贵族子弟的游学年龄通常在 16—21 岁，洛克认为那时正是人生中最难获得长进的时候。他主张游学年龄最好定在 7—14 岁或 7—16 岁，但需

---

① 参见阎照祥《英国贵族史》，人民出版社，2000，第 266 页。

② 参见阎照祥《英国贵族史》，人民出版社，2000，第 269 页。

③ 约翰·洛克：《教育漫话》，傅任敢译，人民教育出版社，1979，第 188 页。

要导师陪同前往。“他们在十五六岁以前，年龄不大，不会执拗；同时别人的引诱或榜样也都不会使他们脱离导师的领导。可是一过十五六岁之后，他便乐于和成人来往了，他以为自己也是一个成人了；他对于许多邪恶的事情也喜爱了，也以此自傲了，觉得再受别人管束与领导是一种耻辱。”① 洛克认为，游学的时间最好是在年纪较轻，易受导师管束的时候；或者年岁较长，无须导师的时候，那时贵族子弟能管束自己了。

由上可知，在“贵族时代”，英国的教育政策也是为上层社会服务，以培养未来的高级统治者。公学即是贵族化的寄宿学校。英国教育史学家奥尔德里奇指出：“十九世纪和二十世纪那些只招收男生的公学，录取新生以往要受到基于财产及保护人身份的招生制度的限制。富者的子弟为接受三重的古典教育而首次离开父母进入寄宿学校。他们在那里用以磨炼身心的，一方面是鞭笞、为高年级学生效劳以及热衷游戏运动等惯例的训练，另一方面则是古典语文教育。终于他们获得了那一望而知是公学出身的言谈风貌、精髓的知识和校友系戴的领带，步入成人的世界。”②

第五节　19世纪英国中等教育的改革及政策

18世纪末开始的工业革命，不仅促进了英国政治、经济、科学文化的发展，而且推动了教育事业的改革。在19世纪前期，英国改革的指导原则是自由放任，国家对除了宪政以外的社会改革很少干预。至19世纪60年代，情况发生了明显的变化，国家开始在改革中担任较为重要的角色，并且在诸多领域进行了改革。在教育方面，英国不仅对

---

① 约翰·洛克：《教育漫话》，傅任敢译，人民教育出版社，1979，第188—189页。

② 奥尔德里奇：《简明英国教育史》，诸惠芳等译，人民教育出版社，1987，第8页。

初等教育进行改革，于1870年颁布了《初等教育法》，建立起由国家统一管理的初等教育制度；而且对中等教育开展了一系列的调查研究，并提出了一些重要的改革建议。“19世纪下半叶，英国中等教育呈现高度多样化和差异化。但是，在公学的精英教育形式与国家赞助的大众初等教育的新形式之间，中等教育依旧维持着自己的社会地位。大量地方筹建的文法学校是英国中产阶级教育的核心。尽管地方文法学校能够传播好的传统和理念，但是，它的组织和资源在逐渐缺乏。一些人支持国家干预中等教育的理念，但也有很多人反对这一理念。”①

一、社会背景和理论基础

18世纪70年代开始的工业革命，到19世纪三四十年代结束。工业化的实现大大推动了英国的经济发展和社会变革。经过工业革命，繁荣的工业区和新兴的城镇出现了，工业发展把大批农村人口吸引到城市，使得城市人口迅速增长。1750年，英国只有伦敦和爱丁堡的城市居民数量在5万人以上；1801年已有8座城市的居民数量在5万人以上；1851年则有29座城市的居民数量在5万人以上，其中有9座城市的居民数量超过了10万人。② 根据人口普查的结果可知，1801年英国已有15个城镇的人口超过2万人；到1851年已有63个城镇的人口超过2万人；而到1891年已有185个城镇的人口超过2万人。1801—1851年，牛津的人口翻了一番，从1.2万人增加到2.8万人；约克的

---

① 加里·麦卡洛克：《西里尔·诺伍德与中等教育理念》，武翠红、赵丹译，华中科技大学出版社，2019，第14页。

② See Eric Hopkins, *A Social History of the English Working Class 1815-1945* (London: Edward Arnold Ltd., 1984), p. 18.

人口则从1.7万人增加到3.6万人。[①] 城市化过程是与人口的激增同步进行的，在1811—1821年英国人口增加了17%，其增长率高于当时欧洲的任何国家。

19世纪前期，英国的纺织业发展最快，1841年纺织业雇用了29%的工业劳动力，1851年英国10%以上的收入来自纺织业。[②] 英国的支柱产业部门除纺织业外，还有采矿业和钢铁工业。1848年，英国生产了占世界产量一半的生铁，在以后的30年中又使产量增加了两倍。随着冶金和采矿业的迅速发展，英国的铁路建设和海运业也达到顶峰。1834年，英国通车的铁路已有1900英里，1825—1835年议会共通过54项铁路条例。1850年，世界近60%吨位的船舶在英国注册。同时，英国的出口总值从1830年的6900万英镑增至1850年的1.97亿英镑，对外贸易量超过当时法国、德国和意大利的总和。至1860年，占世界人口2%和欧洲人口10%的英国几乎生产了世界工业产品的40%—50%，欧洲工业产品的55%—60%。[③] 19世纪中期，英国的经济发展已居于世界领先地位，直至1880年它仍然是世界上最富裕的国家，享有"世界工厂"的盛誉，并影响到国内政治、文化乃至社会的各方面。

工业革命结束后的一段时间，是英国近代资产阶级政治发展的重要时期。在这个时期，英国的政党制度、资产阶级意识形态、政府机构及其职能等都有显著的发展并趋于成熟。

英国辉格党和托利党产生于17世纪的复辟王朝（1660—1688）时期。当时的两党既没有政治纲领，也没有固定的组织，只能说是议会中的两个派别，而不是近代意义上的政党。"辉格"（Whig）一词最早见于17世纪40年代，原指苏格兰西南部的一帮清教徒，后来政府派用

---

① 参见阿萨·布里格斯《英国社会史》，陈叔平等译，商务印书馆，2015，第246页。

② 参见王觉非主编《近代英国史》，南京大学出版社，1997，第554页。

③ 参见王觉非主编《近代英国史》，南京大学出版社，1997，第541页。

它称呼安东尼·沙夫茨伯里（Anthony Shaftesbury，1621—1683）伯爵为首的一派。该派成分比较复杂，既有通过圈地发迹的新贵族，也有精于谋财治业的商人、金融家和自由职业者。他们承认保存君主政权的必要性，但又坚持限制王权，增强议会权力。在宗教方面，该派主要由较为激进的非国教徒组成，主张实行宗教宽容政策，但对天主教满怀仇视。“托利”（Tory）一词最早见于复辟王朝初期，原指爱尔兰的一些天主教流民，后来沙夫茨伯里一派用它贬称以丹比伯爵托马斯·奥斯本（Thomas Osborne，1632—1712）为首的政府派。该派代表没落封建地主阶级的利益，其命运与王室密切相关。他们极力主张扩大王权，限制议会作用。在宗教方面，他们属于英国国教会派，主张对清教徒和天主教徒实行镇压。1680年以来，“辉格党”和“托利党”的称号开始在议会中被两派所采用。

进入19世纪后，辉格党和托利党都形成了较为严密的组织系统，而且两党的阶级利益和政治主张日趋接近。这正如马克思所揭示的：“辉格党人和托利党人一样，也是大不列颠的大土地所有者。不仅如此，辉格党的核心正是由英国最古老、最富有和最傲慢的土地所有者构成的。”[①] 到1832年时，辉格党的主要成分仍然是地主阶级，在辉格党议员中土地贵族的代表所占比例高达59%。但工业革命后其中包含的资产阶级成分逐渐增加，1832年在辉格党议员中铁路、矿山和工厂主的代表仅有39人，1837年为43人，1847年为70人，1852年为79人，到1868年增至199人。[②] 同一时期，托利党的构成也在缓慢地发生变化。在这个政党中，土地贵族的代表人数虽然没有明显减少，但金融家和工矿企业主的代表人数增长较快。商业、金融、铁路和工矿业的代表由1832年的22人增加到1865年的122人。然而，在1852年托利

① 中共中央马克思恩格斯列宁斯大林著作编译局编《马克思恩格斯选集》（第八卷），人民出版社，1972，第384页。

② 参见王觉非主编《近代英国史》，南京大学出版社，1997，第528页。

党议员中地主阶级成分仍占63%。可见，在19世纪中叶以前，两党在社会阶级的构成上差别并不明显，土地所有者的成分占有相当的比重。

随着两党阶级构成的变化，其名称与政治信条也开始发生转变。人们逐渐用“保守党”一词称呼托利党。“保守党”（The Conservative Party）一词最初用来称呼以威灵顿公爵（Duke of Wellington）为首的托利党人，因为他们既反对议会改革，又继承了老托利党人的“保守主义”传统。1820年3月，保守党政治家乔治·坎宁（George Canning，1770—1827）勋爵在利物浦的一次演讲中使用过这个词。1830年1月，一位名叫J. B. 克洛克（J. B. Crocker）的作者在保守党政治刊物《每季评论》（*Quarterly Review*）上撰文指出：“我们一直诚心诚意地热爱着人们所称的托利党，人们若把该党称为保守党也许更确切。”① 1833年，托利党在经历了一次分裂后正式更名为“保守党”。

从成分上看，托利党代表土地贵族中最保守、最反动的一翼；而保守党不仅代表土地贵族的利益，而且开始代表资产阶级的利益。因此，这种转变实质上是由一个地主阶级的政党转化为一个具有地主和资产阶级混合成分的资产阶级政党。1841年，以罗伯特·皮尔（Robert Peel，1788—1850）为首的保守党政府上台执政。皮尔虽系托利党人，但出身于纺织业主家庭，信奉自由贸易学说。面对当时英国商业和农业的萧条，以及财政赤字的增加，皮尔政府降低和取消了若干种进出口关税，并于1844年通过《银行法案》，控制货币总额，限制私人银行的货币发行权。1846年，皮尔又提出废除《谷物法》② 议案，得到保守党和辉格党内自由贸易派与激进派的支持。《谷物法》的废除标志着英国政府全面放弃保护关税政策，实行自由贸易政策。

---

① 刘军宁：《保守主义》，中国社会科学出版社，1998，第6页。

② 1815年，为防止农产品价格下跌，保证地主阶级的高额利润，英国议会制定了《谷物法》。它规定当国内谷物价格低于每夸脱80先令时，禁止国外廉价谷物进口。《谷物法》严重损害了新兴资产阶级的利益。

“自由党”（The Liberal Party）源于西班牙语。1808—1814 年，西班牙爆发了资产阶级革命，其中行动最坚决的被称为“自由党人”。后来“自由党”一词传入英国社会。1816 年，英国托利党人首次以贬抑的口吻使用“自由主义”这一术语。19 世纪 30 年代辉格党执政，并首次获得“自由派”或“自由主义者”的称号。1839 年，约翰·罗素（John Russell，1792—1878）勋爵在写给英国女王的信中把辉格党称为“自由党”，随后“辉格党”正式更名为“自由党”。在自由党执政期间，英国在政治、经济和教育等领域系统地进行了以自由主义原则为导向的改革。

自由主义是一种近代意识形态。英国政治学家约翰·格雷（John Gray）在其《自由主义》小册子中写道：“尽管历史学家从古代世界，尤其是从古希腊与罗马中，找出自由观念的成分，然则，这些成分仅仅构成自由主义史前的内容，而不是现代自由主义运动的组成部分。作为一种政治思潮与知识传统，作为一种可以辨认的思想要素，自由主义的出现是十七世纪以后的事。”① 学术界一般以 17 世纪英国资产阶级革命作为自由主义的起点，并把洛克视为第一个真正具备自由主义特征的思想家。

自由主义包括四个方面的内涵：政治自由主义（political liberalism）、经济自由主义（economic liberalism）、社会自由主义（social liberalism）和哲学自由主义（philosophical liberalism）。在英国，最早提出经济自由主义政策的是亚当·斯密。斯密认为，市场是一个极其复杂的制度，也是一种最自然的制度。实现个人利益与公共利益和谐的“看不见的手”就是市场。在市场制度下，每个人为了追求自己的私利，必须尽最大可能提高自己产品的质量与数量，增进自己对他人的服务与对社会的贡献，这样国民财富就会以最快的速度增长。基于这种理解，斯

---

① 李强：《自由主义》，中国社会科学出版社，1998，第 15 页。

密认为一个国家最好的经济政策是经济自由主义，即对私人的经济活动不加干预，采取自由放任态度。国家过多的干涉是有意侵犯个人追求自我利益的自由，因而损害了国民的财富和福利。国家的职责在于维护秩序和安全，而不是干扰个人在寻求自己既定目标时所具有的主动性。但斯密并不认为市场是万能的，相反，他十分强调政府提供某些公共服务的职能。他认为，政府应该履行三方面的职能："第一，保护社会，使不受其他独立社会的侵犯。第二，尽可能保护社会上各个人，使不受社会上其他人的侵害或压迫，这就是说，要设立严正的司法机关。第三，建设并维持某些公共事业及某些公共设施，这种事业与设施，在由大社会经营时，其利润常能补偿所费而有余，但若由个人或少数人经营，就决不能补偿所费。"① 英国政治哲学家、经济学家弗里德利希·奥古斯特·冯·哈耶克（Friedrich August von Hayek，1899—1992）指出，亚当·斯密的论点既阐明了国家的恰当功能，又说明了国家行动的限度。

19世纪，英国功利主义的代表人物杰里米·边沁（Jeremy Bentham，1748—1832）及其学派把亚当·斯密的经济个人主义原则扩展到了政治和社会思想领域。他认为，社会是由个人组成的，而社会利益则是由社会各个成员的利益总和组成的，不了解个人利益是什么而侈谈社会利益是无益的。个人利益应得到尊重与维护，牺牲个人利益以换取社会利益的做法是不当的。功利主义的特点正是以利益为标准做出判断。但在人们追求幸福的过程中会发生错误的行为，也会发生不同利益之间的相互抵触。那么，如何判断行为的对错和协调不同利益间的冲突呢？为解决这个难题，边沁提出了一个著名的论断，即"最大多数人的最大幸福"。根据这一标准，凡符合最大多数人的最大

---

① 亚当·斯密：《国民财富的性质和原因的研究》（上卷），郭大力、王亚南译，商务印书馆，1997，第252—253页。

幸福，就符合功利主义的原则；凡不符合最大多数人的最大幸福，就违背了功利主义的主旨。这一标准不仅用来判断个人的行为，也用来判断政府的行为。政府必须为最大多数人的最大利益恪尽职守，只有做到这一点才算是好政府。因此，边沁为一个合格的政府规定了六方面的职责：第一，它必须有助于创造社会财富；第二，它必须减少不平等；第三，它应该保障公民的人身、荣誉和物质生活条件方面的权利；第四，它能够确保公民的生存；第五，它制定法律为社会提供必要的服务；第六，它在公民中传播同情和仁慈。① 为捍卫自由，边沁主张排除政府对经济生活的干预，实行自由经济、自由贸易和自由竞争的放任主义经济政策。英国学者 J. S. 麦克兰德（J. S. McClelland）对边沁功利主义学说的评价比较中肯。他说："边沁是彻头彻尾、货真价实的激进主义者。"②

功利主义者约翰·斯图亚特·密尔（John Stuart Mill，1806—1873）继承了边沁的自由主义理论，并进行了某些修改和补充。他认为，国家的活动应严格控制在国防、治安、筹集公共经费等领域，国家对社会干预过多会破坏英国的自由传统，走向专制复辟；国家对教育也不应干预，即使干预也要尽可能少干预。密尔指出："政府只要决心要求每个儿童都受到良好教育，并不必自己操心去备办这个教育。做父母的欢喜让子女在哪里得到怎样的教育，这可以随他们的便，国家只需帮助家境比较困难的儿童付学费，对完全无人负担的儿童代付全部入学费用，这样就足够了。要知道，由国家强制教育是一回事，由国家亲自指导那个教育是完全不同的另一回事；人们所举的反对国家教育的一切理由，对于前者并不适用，对于后者则是适用的。"③ 密

① 参见钱乘旦、陈晓律《在传统与变革之间——英国文化模式溯源》，浙江人民出版社，1999，第 225 页。

② 李强：《自由主义》，中国社会科学出版社，1998，第 92—93 页。

③ 约翰·密尔：《论自由》，许宝骙译，商务印书馆，2005，第 126 页。

尔认为，国家办理的教育乃是一种工具，它将人人铸成同一个模样，这种铸造是受政府权力支配的；这种教育愈有效和愈成功，就愈成为控制人心的专制主义。这种由国家控制的教育，如果还有存在的必要，也只能作为一种竞赛性的实验。“……一般说来，如果国内不乏有资格能在政府维护之下举办教育事业的人士，只要法律既规定实行强迫教育，国家又支付贫寒子弟助学金，以保证办学不致得不到报酬，那么，他们就能够也会情愿根据自愿原则办出一种同样良好的教育的。”① 密尔对功利主义的贡献在于，他把功利与自由主义原则成功地融为一体，从而使功利主义与自由主义有了相当牢固的亲缘关系。

总之，1870年以前英国政治生活的主要理论支柱是自由主义。这种自由主义理论的基本原则，正如1848年密尔在其《政治经济学原理》一书中所指出：“简言之，自由放任主义将成为最普遍的原则，除非为了某些特殊的利益，否则，凡是背离这一原则的都是有害的。”② 这一原则的主要特点是，国家不要或者尽量少地干预社会经济生活。“一切政府的活动，只要不是妨碍而是帮助和鼓舞个人的努力与发展，那是不厌其多的。可是，政府一到不去发挥个人和团体的活动与力量却以它自己的活动去代替他们的活动的时候；一到不是对他们进行指教、劝导并有时指摘而是叫他们在束缚之下工作，或是叫他们退立一旁而自己去代替他们工作的时候，害处就开始发生了。”③ 然而，自由放任并不意味着政府薄弱。正如匈牙利政治经济学家卡尔·波兰尼（Karl Polanyi，1886—1964）曾经论证过的，自由市场秩序在贸易、土地和雇佣关系方面的成就，需要很强的、反向的国家行为，需要国家为它立法，然后对其进行强化和管理。自由放任也并非一成不变地拒绝正

---

① 约翰·密尔：《论自由》，许宝骙译，商务印书馆，2005，第127页。

② K. O. Mogan, *The Oxford Illustrated History of Britain* (Oxford: Oxford University Press, 1984), p. 466.

③ 约翰·密尔：《论自由》，许宝骙译，商务印书馆，2005，第136—137页。

面的国家干涉，有些公共事务就非要国家干涉不可。

随着工业革命的完成和资本主义关系的确立，以及社会矛盾的激化，加强国家干预职能使之适应社会发展的需要，这一迫切任务已提上议事日程。要想真正完全地按照自由主义的原则行事是不可能的，而国家干预的例子在自由主义盛行的 19 世纪也屡见不鲜，1846 年《谷物法》的废除就是英国政府实施国家干预的典型例证。从 19 世纪起，英国议会和政府还在贫民救济、公共健康、铁路和工厂制度、教育等方面成立了 16 个委员会，以协助政府调查了解各方面的社会问题。根据这些委员会的调查报告①，政府加强了对社会各方面的管理，并逐步建立了相应的中央机构。例如，对于贫民救济问题，1834 年修正了旧的《济贫法》②，实行在济贫院内救济贫民的原则；对于公共卫生事业，1834 年成立的皇家委员会奉命调查工业区的卫生健康情况，并提出了详尽的报告。1845 年，亚历山德丽娜・维多利亚女王（Alexandrina Victoria，1819—1901）在议会宣布应当采取立法措施，以改进工人居住区的卫生条件。1848 年通过《公共卫生法》，1854 年成立了卫生部。在铁路方面，1844 年贸易部长威廉・E. 格拉斯顿（William E. Glastone，1809—1898）提出一项议案，授权贸易部在任何一条铁路获准经营 15 年并取得 3 年利润后加以收购，或对其经营严加控制。这项议案后经修改成为立法。

关于教育及国家在教育中的作用，一些学者们发表了自己不同的看法。亚当・斯密认为教育具有特别的公众意义，因此应该由国家来

---

①　调查报告是指皇家委员会为了调查一个问题而成立调查小组，并从相关证人那里取证，记录整个调查过程，然后做出详细的分析报告。皇家委员会经常提出议案，围绕一些重大问题搜集相关证据，并提出相应的改革建议。

②　旧的《济贫法》是指 1601 年颁布的《伊丽莎白济贫法》，它规定由官方设定一条贫困救济线，对老年人、患病者和孤儿进行收容，对穷人家的孩子进行就业培训，为失业者提供工作，并对不值得救济的人进行惩罚。《伊丽莎白济贫法》的颁布标志着英国社会政策的诞生。

鼓励教育。他说："也许在一个文明和商业社会里，对普通百姓的教育比对某些富有阶层的人的教育更需要国家的关注。"① 但亚当·斯密反对国家办学，他认为在某些场合国家应当关注教育，而在其他场合则不必关注教育。"在有些场合，无须政府的关注，社会的状态必然会把绝大多数的人置于这样一种境地，那就是使他们自然而然地养成具有该社会所需要或者所允许的所有的能力和品德。在有些场合，社会状态没有把绝大多数的人置于这样一种境地；这时，为了防止大多数的人民完全腐化和退化，政府就必须给以某些关注。"② 苏格兰经济学家约翰·拉姆齐·麦克洛奇（John Ramsay McCulloch）则赞同国家办学，并且认为政府的干预非常有益。詹姆斯·密尔（James Mill，1773—1836）也赞同政府对教育进行有限的干预，但他对这种干预的效果表示相当的谨慎。他的儿子约翰·斯图亚特·密尔对国家作用的看法则更为肯定，他认为教育是政府应该向人们提供的服务之一，政府对教育的参与不应受到不干涉原则的限制。"因为这件事和市场经济中一切取决于顾客利益和评判的情况不一样……没有受过教育的人不可能对教育做出很好的判断。"③ 约翰·斯图亚特·密尔主张通过公立和私立学校的结合来避免国家对教育的垄断，国家应通过强制的公共考试来协调这个教育系统。"实行这项法律规定的工具只能是公开考试，施及所有儿童，并从早岁开始。可以规定一个年龄，叫每一儿童开始受试，以断定他（或她）是否已能阅读。……每过一年应举行一次新的考试，逐渐扩展考试科目的范围，这样就在实际上强制了所有儿童普遍获得特别是普遍保有一定的最小限度的普通知识。"④ 然而，

---

① 亚当·斯密：《国富论》，谢祖钧译，新世界出版社，2007，第595页。

② 亚当·斯密：《国富论》，谢祖钧译，新世界出版社，2007，第593页。

③ 安迪·格林：《教育与国家形成：英、法、美教育体系起源之比较》，王春华等译，教育科学出版社，2004，第275页。

④ 约翰·密尔：《论自由》，许宝骙译，商务印书馆，2005，第127页。

大卫·李嘉图则反对这种观点，他在写给辉格党政治家、大法官兼上院议长亨利·布鲁厄姆勋爵的信中说，如果使国家担负起教育穷人的责任，“那么要我表示赞同，我就是在说谎”①。

与社会政策的其他方面一样，英国政府对教育的干预是按其特有的“渐进式”道路缓慢发展的。1807年，英国议员塞缪尔·惠特布雷德（Samuel Whitbread）提出一项《教区学校》议案，建议政府在每个教区设立由国家管理的学校。该议案在下院获得通过，但在上院因贵族反对而被否决。英国首相威廉·本廷克（William Bentinck，1738—1809）也因它可能给自愿捐助学校带来损害而表示反对。对《惠特布雷德议案》的反对折射出当时统治阶级极端的偏执。1820年，上院议长布鲁厄姆提交的议案遭受了同样的命运，这一议案首次提出了普及的、义务的、国家资助的教育思想。虽然它赋予国教会相当大的教育控制权，但它显然超出了边沁学派的思想，因而激起了国教会的反对，因为国教会中有人担心国家办学意味着教育的世俗化。同时，天主教和非国教派也反对这个议案，因为他们对赋予国教会如此大的权力表示愤慨；产业界代表也因害怕失去童工而反对这一议案。

1833年，阿瑟·罗布克（Arthur Roebuck）的议案提出，应建立一个由国家资助的、普及的、强制的初等教育体系，并由选举出来的地方委员会管理。这个体系由幼儿学校、工业学校和师范学校构成，并由国务大臣进行监督。这一议案遭到了阿尔索普（Althorpe）勋爵的反对，他担心该议案会对自愿捐助学校带来不公正的影响，并希望大众教育不受“政府的干涉”。同时，该议案也遭到奥康纳（O’Connell）的反对，他认为，没有比模仿法国的国民教育体系更具破坏力的了。罗伯特·皮尔首相最终以煽动自由主义情绪为由否决了这一议案。他

① 安迪·格林：《教育与国家形成：英、法、美教育体系起源之比较》，王春华等译，教育科学出版社，2004，第275页。

认为，英国人引以骄傲的是它的自由，教育本来就应该远离国家的控制。可见，在一种反对国家的自由主义气候里，国民教育的倡导者很难获得成功。

1833年，英国议会同意每年从国库中拿出2万英镑的教育拨款用于资助贫困儿童，这是英国政府通过拨款间接干预教育的开始。“1833年，罗布克议案描绘了一个雄心勃勃的国家教育体系，虽然议会无法接受，但它反映了日益增长的公共利益。”① 1839年，英国政府成立枢密院教育委员会（The Committee of Privy Council Education），该委员会专门负责教育拨款的分配和使用，并有权视察所有接受公款补助的学校。1856年，枢密院教育委员会改组为教育署（The Education Department），以管理有关初等教育的事宜，这是英国政府第一个教育管理机构。1897年，英国议会通过一项临时法案，由政府从国库拨出特别款，以补助民办学校（voluntary school）。补助的方法依学生人数而定，每个学生不超过5先令，并准许民办学校不缴纳地方税。

此外，英国皇家委员会还先后成立了克拉伦敦委员会（1861）、汤顿委员会（1864）和布莱斯委员会（1894），从而对中等教育的现状进行全面调查，并提出了许多积极的建议，这为1902年国民中等教育制度的建立奠定了基础。

二、对公学和文法学校的批评

19世纪的英国中等教育在结构上基本沿袭18世纪的传统，中等教育机构主要是捐助文法学校（The Endowed Grammar School）和公学。19世纪初，英国约有600所捐助文法学校，它们仍是英国教育中的宠

① J. Stuart Maclure, *Educational Documents: England and Wales 1816-1963* (London: Chapman & Hall, 1965), p. 28.

儿，为贵族和资产阶级子女所垄断，以培养绅士为主要目标，古典学科占绝对优势，新兴学科的推广受到阻碍。即使有些文法学校除古典学科外还开设英语课程，有的甚至开设了数学、法语、历史和地理等现代科目，但三分之二以上的文法学校实际上并未对课程进行任何改革。1805年，利兹文法学校申请增设数学、书法和现代外语时竟被认为是非法的。1840年，英国议会通过的法案规定，受助学校只能传授古典语文，教师也只能在假日或课外传授数学之类的学科。文法学校的校长由于自身职位有保障，能够依靠捐献所支付的薪水和学费享受相当优越的生活，因而他们也没有兴趣进行任何改革。

公学和文法学校的教师虽然持有由国教会颁发的教师许可证，但大多数教师思想保守，教学方法机械呆板、枯涩乏味。不少学校还采用高压手段，剥夺学生的自由。由于缺乏教师，一些学校上完课就把学生赶进宿舍，把他们锁在里面，不到起床和吃饭时间不开门。另外，学生管理十分混乱，高年级学生斗殴、嫖娼、赌博、醉酒之事司空见惯。“19世纪早期，公学在某种程度上被描述为‘邪恶的场所和苗圃’。恐吓、体罚、性侵似乎十分常见，教职工也很少试图去控制这种虐待行为。”[①] 例如，1797年拉格比公学的学生曾用火药炸掉校长书房的门，校方不得不请军队宣读《暴动法》(*The Riot Act*)。伊顿公学的宿舍很潮湿，管教也非常严酷，其校长约翰·基特(John Keate)博士以鞭打学生著称。1818年，5名学生用大锤砸碎了基特的书桌，迫使他搬到校外居住。

在18世纪末19世纪初，温彻斯特公学曾发生数次学生反抗事件，校方甚至动用军队镇压。查特豪斯公学、默钱特·泰勒公学、什鲁斯伯里公学等也发生过类似事件。造成学校混乱的主要原因是鞭打及管

① P. W. Musgrave, *Society and Education in England since 1800* (London: Methuen and Co. Ltd., 1968), p. 13.

教手段残忍，还有法国大革命的影响和学校的专制独裁。英国学者马温（Marvin）在其《希望的世纪》一书中写道：“有人估计，‘公学和其他高等学校在1750年到1840年的情况，比阿尔弗雷德英王（849—901）以后的任何时期都坏’。”① 邓特在《英国百年教育发展》一书中指出：“不可否认，19世纪60年代英国是西方受教育程度最差的国家之一。”②

以上公学和文法学校的状况遭到了各方面的指责。1809年，《爱丁堡评论》（*Edinburgh Review*）率先对公学发起攻击。批评者认为，当时学校最大的弱点是过分拘泥于拉丁文和希腊文而排斥现代学科。他们认为，教育唯一合适的标准是对未来生活是否有用，因此现代历史、实用哲学、地理、年代学、数学应该在学校中占有适当的位置。查尔斯·罗伯特·达尔文（Charles Robert Darwin，1809—1882）曾在什鲁斯伯里公学上学。他在《自传》中写道：“对我的心智发展来说，没有什么比巴特勒博士的学校更坏的了。这是一所严格的古典派学校，除了少量古代地理和历史的知识以外，再没有学到什么别的东西。作为教育的工具，这个学校对我简直是一个空白。”③ 同样，公学的教学方法也很单调。达尔文指出：“很大的注意力放在死记硬背前一天的功课；这一点我非常容易做到，在早上做礼拜仪式时，学习四五十行维吉尔或荷马的诗。”④ 与达尔文生活于同一时代的赫伯特·斯宾塞（Herbert Spencer，1820—1903）则指出：“如果除我们公学所进行的教育以外别无教育，英国现在就会同在封建时代一样。那些日益增长

① 滕大春主编《外国近代教育史》，人民教育出版社，1989，第265页。

② H. C. Dent, *1870-1970 Century of Growth in English Education* (London: Longman Group Ltd., 1970), p. 3.

③ 赫·斯宾塞：《斯宾塞教育论著选》，胡毅、王承绪译，人民教育出版社，1997，第43页。

④ 赫·斯宾塞：《斯宾塞教育论著选》，胡毅、王承绪译，人民教育出版社，1997，第43页。

的对现象规律的知识，若干年来使我们能征服自然，使它顺从我们的需要，使现在一个普通工人得到几百年前帝王所得不到的享受，却几乎一点儿都不靠我们教育青年的那些现成办法。最重要的知识，那个使我们国家成长和作为我们整个生存的基础的知识，是一种从街头巷尾得到的知识；而一些钦定的教育机构念念叨叨的却几乎全是一些陈腐公式。”① 斯宾塞认为，教育的任务是教导人们为了能够很好地生活而获得所需要的一切科学知识。学生在学校里的学习时间有限，因此必须很好地安排课程内容，讲究教学方法，以使他们能够最有效地学习最有价值的科学知识。

英国科学家和教育家托马斯·亨利·赫胥黎（Thomas Henry Huxley，1825—1895）从提倡科学教育的角度，对文法学校和公学中的古典教育进行了有力地批判。他说：“在人数众多的中产阶级孩子读书的那些中等学校里，只是教比初等学校的教学内容略多一些的阅读和书写，除此之外，就是在‘古典学科’标题下所包括的科目，例如，古代希腊罗马的语言、文学、历史和地理等。如果一个人想了解机械学的普通原理，他就会被认为是每天干着苦活的手工劳动者。至于在一些著名的公学里，当一个学生带着最高的荣誉毕业时，他可能还从来没有听到过近代地理、近代历史和近代文学等科目。虽然有的公学开始承认科学教育是学校课程的一个组成部分，但拉丁文和希腊文的教学占据了统治地位，学生必须死记硬背在他一生中十之八九用不上的拉丁文和希腊文。他们‘可能从来没有听说过地球围绕着太阳旋转’。……因此，当学生进入大学时，除了在古典文学和数学方面接受过一些错误的训练之外，对于其他方面的知识则一无所知。”② 那么，

① 赫·斯宾塞：《斯宾塞教育论著选》，胡毅、王承绪译，人民教育出版社，1997，第70—71页。

② 托·亨·赫胥黎：《科学与教育》，单中惠、平波译，人民教育出版社，1990，第10页。

古典学科教育在它最糟糕时的情况是怎么样的呢？或者说，那些普通中产阶级学校的古典学科教育情况是怎么样的？赫胥黎指出："那就是，学生要用心去钻研那些没完没了的形式和规则。那就是，学生要把拉丁语和希腊语译成英语，仅仅是为了会翻译，而根本不考虑有没有阅读的价值。那就是，学生要学习无数蹩脚的和刻板的寓言，它们曾具有的寓意早已枯竭成十足的废话；在一个学生的脑海里所留下的唯一印象是，相信这种事情的人肯定是世界上未曾见过的最名副其实的白痴。最后，在把 12 年时间花费在这种古典知识学习上之后，那个受害者还不能很好地解释他没有读过的某位作家的一段文章；他将对阅读希腊语或拉丁语书籍感到厌恶；他再也不会打开或者想起一本古典著作……"① 鉴于以上情况，赫胥黎认为，中等教育应使学生掌握一种真实的、明确的、完整的和实际的基础知识，而不是大量空泛而又不精确的皮毛知识。

贵族和绅士阶层也对当时的文法学校与公学表示强烈不满。他们指出："学校往往使未来的战士对作为纯科学的数学茫然无知；对数学在工程、筑城等方面的应用也经常是无知的；法学、政治学以及当作应用于当时当地的生活与政府中的一门实际科学的一般管理国家事务的本领，在学校与大学里从法定的学科范围中却得不到明确的训练。那些在 17 世纪中期作为才艺受到整个欧洲社会高度器重的某些艺术如素描、油画、音乐、雕刻和其他形式的手工艺术，学校没有为获取这些技能提供便利条件。"② 为了把自己的儿子培养成为绅士，一些贵族家庭纷纷雇用家庭教师教育孩子，他们认为家庭教育在德行培养方面比公学更有效。据推测，当时由家庭教师进行教育的男孩大约占同龄

① 托·亨·赫胥黎：《科学与教育》，单中惠、平波译，人民教育出版社，1990，第 71 页。

② E. P. 克伯雷选编《外国教育史料》，华中师范大学教育系等译，华中师范大学出版社，1991，第 375—376 页。

组的25%，其中绅士阶层约占33%，职员阶层占25%，其他职业占20%。“一般说来，1851年伦敦博览会后第一个10年是引起公众忧虑和讨论的一个时期。关于教育内容的讨论总是围绕着两个基本问题而展开：什么内容最适合教育孩子？或者每个受过教育的人必须具备什么样的知识体系？”① 根据这两个问题可知，“现代”课程必须与人的实际生活有关。

三、阿诺德与拉格比公学改革

上述情况表明，公学和文法学校的改革势在必行。公学改革在很大程度上要归功于一批具有革新意识的校长。

1798—1836年，塞缪尔·巴特勒（Samuel Butler，1774—1839）出任什鲁斯伯里公学校长，他率先对公学的教学工作进行了改革。巴特勒取消拉丁语教学，改授历史、地理等实用知识；提倡学生自由阅读，不拘泥于课堂听讲；创立记分制，鼓励学生竞争；实行定期考试制，按成绩优劣决定升留级；设立班长制，培养学生自治精神。巴特勒的改革取得了令人惊讶的成功。在短短的几年内，什鲁斯伯里公学的学生由最初不足20名男孩增加到295名；他的学生升入剑桥大学后，赢得了16枚布朗勋章、9枚校长勋章、19人次大学奖学金和11项其他奖。② 继任校长本杰明·肯尼迪（Benjamin Kennedy）是19世纪最杰出的古典学家，他的学生比巴特勒的学生赢得了更多的奖章。肯尼迪编写的《简明拉丁语入门》（Shorter Latin Primer）为数百万学生所熟知，至今仍被一些校长所采用。他还把法文和数学列入学校课程，并

---

① A. D. C. Peterson, *A Hundred Years of Education* (London: Gerald Duckworth & Co. Ltd., 1952), p. 125.

② See James McConell, *English Public Schools* (London: W. W. Norton & Company, Inc., 1985), p. 43.

经常组织学生参加体育竞技和歌咏比赛。经过改革后的什鲁斯伯里公学充满了生机，校风和学风焕然一新。

到19世纪中叶，公学改革之风日盛。1834—1852年霍特里（Hawtrey）在伊顿，1836—1866年肯尼迪在什鲁斯伯里，1845—1859年沃恩（Vaughan）在哈罗，1851—1858年科顿（Cotton）在马尔伯勒（Marlborough College）都先后进行了改革。[①] “结果，相当多的资源被投入这些学校，也注入那些为男孩进入公学做准备的学校。这就是今天公学预备学校的诞生。”[②] 与此同时，一些原先校风不好、教学质量较低的文法学校，通过校长们的努力也逐渐成为学术中心。这些学校包括布里斯托（Bristol）的卡尔底科特文法学校（1860）、诺里奇的爵士普学校（1859）、伊普斯维奇的瑞高德学校（1851）和霍顿学校（1858）、坎特伯雷的密彻森学校（1859）及曼彻斯特的沃克学校（1859）。[③]

在公学和文法学校改革中，托马斯·阿诺德在拉格比公学的改革影响最为深远。1828—1842年，阿诺德出任拉格比公学校长。当他受聘拉格比公学校长时，牛津大学奥利尔学院（Oriel College）教务长霍金（Hawkin）在推荐信中写道，如果阿诺德就任校长，将会改变英国公学的命运，继而改变整个英国教育的面貌。拉格比公学虽然各方面条件优越，但校长和教师习惯于把学生当作被征服者，采用统治殖民地式的管理方法。校长拥有最高权威，滥用体罚方法；教师则视学生为仇敌，不许其自由活动；学生中恃强凌弱现象普遍。阿诺德注重从

---

① See Keith Evans, *The Development and Structure of the English School System* (London: Hodder and Stoughton, 1985), p. 60.

② P. W. Musgrave, *Society and Education in England since 1800* (London: Methuen and Co. Ltd., 1968), p. 14.

③ See Michael Sanderson, *Education, Economic Change and Society in England 1780-1870* (London: Macmillan Press Ltd., 1985), pp. 34-35.

根本上扭转校风，他竭力以德感人，改善师生关系。在他看来，拉格比公学需要一个健康的道德和宗教环境。阿诺德认为校风和教师的影响同等重要，要树立好的校风就要尽可能地让一些高年级学生参加学校管理。这样他们就可以每天和校长接触，当他们正确使用自己的权威时能得到校长的支持，如果滥用职权也要受到严厉的批评。阿诺德曾说："如果最高年级不拥护我，我必须辞职。"①

阿诺德主张教育应把儿童的本能引导到真理上去。要达到这一目的，就要避免"所有不必要的粗暴。在我们的言行中要尽量和蔼可亲，因为我们特别希望唤醒的动力是爱而不是恐惧。因此，要避免惩罚，提倡鼓励和慈祥，我们要从我们与之打交道的人身上吸引出善良和高贵的感情"②。阿诺德是一个虔信宗教的人，他把基督教义看作一切教育的基础。他说："一所学校究竟收容三百名学生或五十名学生，无关紧要，培养笃信基督教的士绅才是第一义的。"③ 阿诺德确信公学的职能在于培养"信仰基督教的绅士"，使他成为国家宗教、政治和社会生活的领袖。如果没有健全的宗教原则和绅士作用，那么理智上的成就毫无价值。

阿诺德不排斥古典文学，而主张通过古典文学来刺激学生智力的发展。古典课程在拉格比公学占据主导地位，而自然科学是被排除在外的。1834年，阿诺德在《教育期刊》（*Journal of Education*）上撰文指出："把希腊文和拉丁文排斥出校门，你就会把现在这一代人的思想观念限制在这一代人和上一两代人身上，这样你就会砍去漫长的世界经验，而使我们觉得似乎人类是从1500年才开始存在，那么亚里士多德、柏拉图（Plato）、修昔底德（Thucydides）及西塞罗和台斯特等

---

① 邓特：《英国教育》，王承绪译，商务印书馆，1949，第35页。

② 伊丽莎白·劳伦斯：《现代教育的起源和发展》，纪晓林译，北京语言学院出版社，1992，第249页。

③ 滕大春：《外国教育史和外国教育》，河北大学出版社，1998，第287页。

人被称为古代作家就是非常不真实的了。他们是我们的同胞、同时代的人。因为，他们的观察力被广泛地运用在超出一般人能力的范围，借助这种观察力，我们在某种程度上看到了我们自己所不能看见的东西。因为他们的结论甚至对我们的命运都有所影响。”① 同时，阿诺德把法语和数学列为正规课程，并用灵活多样的方法教授历史，这样就使学校课程现代化且得以扩充。

阿诺德对学校内部组织也进行了重大改革，尤其重视对学生进行有效的管理。由于他改变了师生比例，建立了级长制，缩小了学生宿舍规模，因此学校的管理状况得到明显改观，师生之间建立了一种相互尊重、相互信任的关系。阿诺德还摒弃教派偏见，大胆地招收非国教徒的优秀子弟来校学习。总之，“在拉格比期间，阿诺德进行了全方位的改革，并使拉格比成为19世纪后期英国公学的典范，它深刻地影响了整个英国教育制度的发展。阿诺德的目的是培养基督徒和绅士，如果可能的话，他们也是学者”②。

阿诺德的改革使拉格比公学的面貌发生了很大变化，各地公学和文法学校争相效仿，许多公学和文法学校的校长认可了他的理念。“阿诺德的思想一直影响着拉格比。他最大的贡献是结束了公学普遍存在的野蛮状况，他让公学变得受人尊敬，并成为家长放心送儿子上学的地方。”③ 在一个世纪的时间里，古老的理念被重新确立。它以宗教为基础，强调游戏，发展智力，努力实现教育的社会服务功能。“骑士精神激活了源自中世纪时期的骑士身份，为社会服务而进行培训的理念，

---

① 博伊德、金：《西方教育史》，任宝祥、吴元训主译，人民教育出版社，1986，第370—371页。

② P. W. Musgrave, *Society and Education in England since 1800* (London: Methuen and Co. Ltd., 1968), p. 14.

③ James McConell, *English Public Schools* (London: W. W. Norton & Company, Inc., 1985), p. 51.

激励了那些为自己的时代和子孙后代创办学校的最伟大的人，他们已经融入了英国教育的传统，这一传统延续至今。”①

阿诺德的学生托马斯·休斯（Thomas Hughes）1857 年出版了《汤姆·布朗的学校生活》（*Tom Brown's School Days*）、阿诺德的儿子马修·阿诺德（Matthew Arnold）写了一首名为《拉格比教堂》（“Rugby Chapel”）的诗，他们大力宣扬阿诺德的改革，以及英国公学的理念和阿诺德精神，以致出现所谓的“阿诺德神话”（Arnold Myth）。有学者认为这虽然夸大了阿诺德的影响，但阿诺德挽救了英国的公学制度；尽管外界对于公学的批评不断，但阿诺德给予了公学在国内受尊重的一席之地。② 也有学者指出：“阿诺德在公学里进行的改革活动的结果，在这些学校中形成了一种非常明确而独特的道德教育制度。这一制度适应这些学校培养领导人这一基本任务。这一制度后来在相当程度上被用于文法学校和部分地被用于其他类型的学校。而在公学里，这一制度直到今天还以传统的形式存在。”③ 阿诺德的改革甚至影响到大学，牛津大学的一位毕业生后来回忆说：“他的学生显示出一种与众不同的性格……善于思考，具有男士风度，富有责任感和义务感。”④

阿诺德·惠特里奇（Arnold Whitridge）则把阿诺德与意大利人文主义教育家维多里诺（Vittorino，1378—1446）进行对比：“维多里诺与阿诺德博士之间有何等奇妙的相似之处啊！他们两人都是要发展性格而不只是造就学究；两人都重视道德思想，并都博得了他们学生的

---

① 加里·麦卡洛克：《西里尔·诺伍德与中等教育理念》，武翠红、赵丹译，华中科技大学出版社，2019，第 133 页。

② 参见周愚文《英国教育史：近代篇（1780—1944）》，台北学富文化事业有限公司，2008，第 180 页。

③ 弗·斯·阿兰斯基、费·普·拉普钦斯卡娅：《英国的国民教育制度》，人民教育出版社，1965，第 166 页。

④ 徐辉、郑继伟：《英国教育史》，吉林人民出版社，1993，第 155 页。

热爱。阿诺德博士是一位地道的英国人，但是，与他本国和同时代的教师们相比，他却与这位意大利文艺复兴时期的伟大的人道主义者有着更多的相同之处。对于人道主义的损害，把它从旨在调动人的一切智力和思想能力的训练，变成一种在纯学问名义之下令人厌恶地卖弄学问，这就是英国中等教育颓废的原因。”① 惠特里奇指出，阿诺德博士在拉格比公学宣传人道主义思想，从而使人们恢复了对这类学校的信心。

在拉格比公学的影响下，19 世纪 30 年代不少富裕家庭和具有远见卓识的中产阶级纷纷解囊资助私立学校的发展，因为这些学校宗教课程较少，并提供一种广泛的、可供选择的现代学科，而且形成了一种良好的校园风气。许多私立学校效仿阿诺德的拉格比公学，不久它们也获得了“公学”的称号，虽然它们没有取得像伊顿公学或温彻斯特公学那样的地位。铁路出现后，为了满足工商业阶层的需要，一些合资企业也开始创建私立寄宿学校，如切尔滕汉姆学校（Cheltenham College，1841）、马尔伯勒学校（Marlborough College，1843）、罗索奥学校（Rossall School，1844）、威灵顿学校（Wellington College，1853）、伊普索姆学校（Epsom College，1855）、克里弗顿学校（Clifton College，1860）、马尔温学校（Malvern College，1862）、黑雷伯里学校（Haileybury School，1864）和巴斯学校（Bath School，1867）等。② 这些新学校除了在很多方面效仿阿诺德的拉格比公学外，课程设置更为进步。例如，1863 年切尔滕汉姆学校的一半课程是数学、科学和现代语言，只有少量的拉丁语而没有希腊语。在罗索奥学校，除了古典学科外，还为军队、海军、公民服务、工程和商业五个不同

---

① 伊丽莎白·劳伦斯：《现代教育的起源和发展》，纪晓林译，北京语言学院出版社，1992，第 252 页。

② See Keith Evans, *The Development and Structure of the English School System* (London: Hodder and Stoughton, 1985), pp. 62-63.

领域提供专门的教育。① 在其他许多学校，虽然保留了拉丁文，但希腊文却被取消了。

随着越来越多的商人子弟进入公学，不少从公学毕业的男孩选择工商业作为自己的职业。在温彻斯特公学，这一比例从19世纪40年代的7.2%上升到19世纪70年代的17.6%。这种趋势在其他学校同样明显。在马尔伯勒公学，进入商业领域的男孩从1846年的6%上升到1866年的17%；在默钱特·泰勒公学，这一比例从1851年的6%上升到1871年的13%；在伊顿和哈罗公学，进入商业、科学和工程部门的男孩比例，从1840年的5.9%上升到1870年的10.6%。②

四、《克拉伦敦报告》与公学的复兴

19世纪60年代，公学的学生人数大幅下降。温彻斯特的学生数量从1825年的300人下降到120人，查特豪斯的学生数量从480人下降到140人。同时，公学校舍不足和课程陈旧的现象仍然十分突出。在圣保罗学校，153名男孩（其中专门职业者子弟100人、伦敦牧师子弟50人、商人子弟3人）挤在同一间教室听课，他们的主要课程是1512年创办者科利特所建议的古典学科；默钱特·泰勒学校为250名男孩提供的教育同样是1560年规定的。③

1860年，中产阶级首先对伊顿公学发起攻击，责难它教育无效和财政崩溃。1861年，《爱丁堡评论》发表文章要求皇家委员会为公学建

---

① See Brian Simon, *The Two Nations & the Educational Structure 1780-1870* (London: Lawrence and Wishart, 1960), p. 303.

② See Michael Sanderson, *Education, Economic Change and Society in England 1780-1870* (London: Macmillan Press Ltd., 1985), p. 39.

③ See Brian Simon, *The Two Nations & the Educational Structure 1780-1870* (London: Lawrence and Wishart, 1960), p. 301.

立新的管理机构。它写道：早在1810年西尼·史密斯（Sidney Smith）批评公学时就说过“我们很可能认为它们几乎是最糟糕的”①。同样的指责来自《威斯敏斯特评论》，这些批评基本上是中产阶级提出来的。可以说，1860年代英国政府饱受诟病，并且不得不进行官方调查。1861—1864年成立的公学委员会（The Public School Commission or Clarendon Commission）和1864—1868年成立的学校调查委员会（The Schools Enquiry Commission or Taunton Commission），其调查范围覆盖了整个中等教育领域。

针对一些社会人士对公学的批评，1861年7月英国皇家委员会成立克拉伦敦学校调查委员会，对伊顿、温彻斯特、威斯敏斯特、查特豪斯、圣保罗、默钱特·泰勒、哈罗、拉格比和什鲁斯伯里九大公学的捐款、经费、行政管理、学制、课程设置、教学方法等方面进行调查，并于1864年发表《克拉伦敦报告》（“The Clarendon Report”）。“这是一次非常重要的调查，它揭示了一种更严重的教育问题。作为一种以传统方式教育少数贵族的专门机构，九大公学在当时是相当有效的。处于第二层次的公学和文法学校，则呈现了一幅更加多样化但同时更加令人沮丧的画面。”②

《克拉伦敦报告》首先肯定了公学对当时英国上层社会青年所进行的思想品质、能力和性格方面教育的功绩。它评论说：“衡量英国人受恩于这些公学的程度是不容易的。英国人最自负的是这些公学使他们获得了这样一些品质：管理别人和控制自己的能力，把自由和秩序结合起来的才能，热心公益的精神，充满活力和男子气概的性格，坚定而不盲从舆论的精神，爱好健康的娱乐和身体锻炼的精神，等等。公

① Brian Simon, *The Two Nations & the Educational Structure 1780-1870* (London: Lawrence and Wishart, 1960), p. 304.

② A. D. C. Peterson, *A Hundred Years of Education* (London: Gerald Duckworth & Co. Ltd., 1952), pp. 126-127.

学在形成英国绅士性格方面承担了最主要的责任。"[①] 但该报告同时指出，公学还存在四个亟须解决的问题：第一，学校董事会的地位和权利问题；第二，校长与助理之间、津贴生与其他学生之间的关系问题；第三，课程偏狭问题；第四，由于管理不善而导致大量有懒惰习惯、精神空虚和性情粗野的人的问题。

调查委员会认为，在过去公学虽然发生了一些变化，课程有所增加，但数学、现代外语、历史、地理等学科仍然处于次要的地位，这些学科的教师地位也低于古典学科的教师，而且学校缺乏合格的新学科教师。该委员会主席克拉伦敦伯爵（Earl of Clarendon）乔治·弗雷德里克（George Frederick）曾对伊顿公学的校长说："我们发现当代语言、地理、历史、年代学以及一个受过优良教育的英国绅士应该懂得的其他学问都被荒废了，以致所有的时间都花在古典学问上。同时，我们还得知，升入牛津的孩子们对古典学也不仅是不熟悉，甚至完全是处于一种可悲的无知状态。"[②] 当时伦敦舆论界的批评也很中肯："拉丁文和希腊文并不使青年成为愚人，然而只学古典语文而不学习其他知识，倒使他们变成真正的呆子。"[③] 为此，委员会建议公学仿照德国文科中学进行改革，扩充学习科目；在宗教和古典语言之外，增设数学、现代外语、自然科学、绘画和音乐等科目。

《克拉伦敦报告》指出："希腊和罗马的语言文学是英国人可以得到的用于这类研究的最好材料。这些语言结构规则，表达准确合乎逻辑，其词源易于追溯并归纳为若干一般规律，其风格韵味有着严格的规则，以及它们是'死去的语言'，是从其最高成就时期直接留传给我们的，受不可避免的退化、衰败的影响相对较小。因此，它们毫无疑

---

① J. Stuart Maclure, *Educational Documents: England and Wales 1816 to the Present Day* (London: Methuen and Co. Ltd., 1986), pp. 87-88.

② 钱乘旦：《第一个工业化社会》，四川人民出版社，1988，第232页。

③ 滕大春：《外国教育史和外国教育》，河北大学出版社，1998，第289页。

问是我们学习语言的最佳、最适用的典范。作为文学，它们提供了最优美、最崇高的诗歌，最优雅的修辞，最深邃的哲理，最睿智的历史作品。这些作品是如此卓越绝伦，青年人尽管还不能充分欣赏它，但也应热切地学习领会这一切，并且在自己的头脑中留下永久的印象，而实际情况也正是这样。”① 除了古希腊罗马文学外，《克拉伦敦报告》还要求授以数学、科学、历史、地理、德文或法文、音乐、绘画等科目。它指出：“在公学中，将自然科学的教学排除在外，在我们看来是一个明显的缺陷和弊端。它限制了对青年人的智力培养，使他们的知识、兴趣和成年后的追求过于狭窄，而这是有害的。在对文学没有什么才能和兴趣的人中，有许多人具有学习科学的才能，特别是学习那些研究外在的、可感觉到的物体，而不是抽象概念的科学。”② 委员们认为，自然科学可以直接培养人的观察能力、准确而迅速的概括能力和有条理的思维习惯；它使青年们习惯于查找事物的因果关系，熟悉一种使之感兴趣并且马上就能理解的推理方法。因此，将自然科学的原理引入正规课程是适宜的。

公学的课程革新各校先后有别。默钱特·泰勒公学自1828年起就已在古典科目之外增设数学；1846年它把法文作为正式科目，并增加了历史学科；1856年还增加绘画，并鼓励学生学习希伯来文。1875年后，该校设立古典科、现代科和特别科三个班级。其中特别科传授数学和自然科学，并为物理、化学和生物教学增添了各种设备。伊顿公学于1851年增设数学，1869年增设自然科学；而且重视法语，使法语教师和古典语教师的地位相同。该校后来还增设军事科目，在滑铁卢战役中击败拿破仑的英军名将威灵顿，即是该校毕业生。温彻斯特公

---

① J. Stuart Maclure, *Educational Documents*: *England and Wales 1816 to the Present Day*(London: Methuen and Co. Ltd., 1986), pp. 84-85.

② J. Stuart Maclure, *Educational Documents*: *England and Wales 1816 to the Present Day*(London: Methuen and Co. Ltd., 1986), p. 86.

学也设置了军事科目，以教授军事知识和培养青年军官。到20世纪初，英国学者G. 芬德莱（G. Findlay）指出："谈到课程方面，英国公学是和其他欧美国家同样迈步向前的。古老的公学是保守的，但它们对于现代学科也予以适当地位，并支付经费建成实验室、博物馆。它们将拉丁文和希腊文视为值得骄傲的学科，但还赶不上德国文科中学那样过火。所不同的是德国文科中学把不同学科分别由不同学校进行教授，英国则在同一学校分设古典科、工程科和现代科罢了。"① 第一次世界大战后建立起来的公学，也都将以往公学的可贵传统和当时注重科学教育的优良成果结合起来。伴随着新学科纳入课程表，公学的教学方法开始呈现新气象。阿诺德认为，古典学科不能生硬灌输和呆读死记，而应该联系当时的政治、社会、哲学等借古喻今，引导学生深入理解和分析判断。同时还要把学习知识和培养品德结合起来，通过掌握知识以促进品格形成。

在学校管理上，委员会建议重建学校管理组织，明确校长权力，成立包括所有教师或教师代表参加的学校董事会（The School Boards）②，并增强它对教育工作的责任感。此外，《克拉伦敦报告》还促进了公学捐献基金法规方面的改革，取消了一些不合时宜的限制。1868年，英国议会根据《克拉伦敦报告》通过了《公学法》（*The Public Schools Act*）。该法案肯定了公学在英国教育体制中的地位和作用；要求改革公学的管理机构，使之更有代表性，其成员应包括牛津大学、剑桥大学、伦敦大学及其他学术团体的代表；扩大学校董事会的办学权限，使董事会有权规定学费、课程、宗教教学及任免校长。《公学法》为后来公学的进一步发展奠定了法律基础。

到19世纪末，这场改革运动无论是在数量还是质量方面都大大促

① 滕大春：《外国教育史和外国教育》，河北大学出版社，1998，第290页。

② 学校董事会是由地方纳税人选出的教育机构，负责建立和管理初等教育，1900年以后由教育委员会兼管。

进了公学的发展，对于公学各种缺陷（如课程狭隘、管教严厉和生活条件差等）的批评也明显减少。19世纪以来究竟有多少公学难以统计。有的学者认为，真正获得认可的公学约有50所，包括伊顿、哈罗、拉格比和温彻斯特等九大公学，其学生是牛津大学、剑桥大学的主要生源。1850—1899年，这两所大学80%的学生来自公学，其比例之高空前绝后，只有约7%的学生来自地方性的文法学校。[①] 这些学生在帝国的边疆、金融城及包括教会在内的各个行业找到了自身发展的机会。无论他们走向何方，是“好”是“坏”，他们代表了高于一切的“英国的生活方式”[②]。另外，还有50所公学的地位并没有得到普遍认可。也有学者认为，如果加上预备学校（preparatory schools），公学的数量多达400所。

由于受到《克拉伦敦报告》的影响，一些捐助文法学校也得到了扩充，它们逐渐脱离了与地方当局的关系，而成为享有全国声誉的寄宿学校。文法学校与公学有共同的起源，教职员的社会背景也相同，当它们一旦获得“校长会议”（Headmasters' Conference）[③] 的成员资格，这些捐助文法学校就成了公学的一部分。据统计，1899年参加“校长会议”的校长达101人。[④]“到1903年，有102所学校（约3万名学生）是‘校长会议’的成员。它们渴望达成两个目标：一是不受外部的控制，二是不同意政府把自己和文法学校归为一类。”[⑤]

从《克拉伦敦报告》发表到第一次世界大战期间是公学发展的黄

---

① 参见周愚文《英国教育史：近代篇（1780—1944）》，台北学富文化事业有限公司，2008，第185页。

② 阿萨·布里格斯：《英国社会史》，陈叔平等译，商务印书馆，2015，第322页。

③ 校长会议也称“校长联合会”，成立于1869年，其目的是反对国家干预中等教育。

④ 参见周愚文《英国教育史：近代篇（1780—1944）》，台北学富文化事业有限公司，2008，第185页。

⑤ P. W. Musgrave, *Society and Education in England since 1800* (London: Methuen and Co. Ltd., 1968), p. 50.

金时期，人们似乎已习惯于这种为上层阶级培养精英的教育机构。从公学校友的职业分布，可以了解其对英国社会的影响与贡献。据 1900 年统计，在维多利亚时代 3068 名杰出人士中，各部门曾在公学受教的比例分别是：政府 71%、教育 52%、教会 29%、法律 27%、军队 16%、医学 15%。① 随着公学的复兴，英国还出现了许多附属预备学校，它们逐渐成为 8—13 岁学生进入公学的预备机构。1850 年从预备学校进入公学的学生由 20 人上升到 1900 年的 400 人，其中哈罗公学仅 1890 年就招收了 134 人。1892 年，这些学校的校长成立了“预备学校联合协会”（Association of Preparatory Schools）。

公学的复兴与以下几个因素有关：第一，1830—1850 年家庭教育的衰落。该时期越来越多中产阶级的孩子幸存下来，他们不便于在家里受教育，只能被送到外面去上学。第二，交通条件的改善使得建立全国性的教育体系成为可能。无论是新建立的学校还是旧城市的文法学校，都能吸引整个地区乃至全国各地的学生前往求学，这些学校可以为他们提供寄宿服务。第三，为了在军队、殖民地谋职或者到海外经商，很多家庭移居国外生活。但由于文化和气候方面的因素，他们更愿意把自己的孩子留在英国本土接受教育。第四，公学被一些富裕的社会阶层看作是确认其地位的象征，他们认为只有接受精英教育才能融入上流社会。第五，阿诺德在拉格比公学的改革及其同事们的广泛宣传，使公学的声望大大提高，吸引了那些关心孩子成长及曾经有恐于公学中暴力泛滥和忽视校风的家长。②

到 19 世纪末，公学在长期发展过程中逐渐形成了一套自己的传统，其要素包括专注于团体游戏、强调骑士精神与武士生活、为帝国服务

① 参见周愚文《英国教育史：近代篇（1780—1944）》，台北学富文化事业有限公司，2008，第 192 页。

② See Michael Sanderson, *Education*, *Economic Change and Society in England 1780-1870*(London: Macmillan Press Ltd., 1985), p. 36.

的理想等。英国教育史学家邓特认为，公学教育的传统可以归纳为如下几个方面：（1）深信教育的目的是品格训练，一切教育必须以宗教为基础；（2）深信公学的职能是培养国民生活的领导者，即强调社会服务的重要性；（3）深信在寄宿制学校的共同生活中最能培养学生的品格；（4）与古老大学联系紧密，维持学业的标准，并倾向于人文学科；（5）深信这些目标如果学校不受国家统治最能达成。① 这些传统无疑产生了良好的社会效果，公学中优秀的毕业生人数很多，因为他们在校时所接受的训练要求他们终身严格遵守公平、责任和正义的原则。但公学教育的最大缺点是排他性。独立的寄宿制公学费用高昂，除非获得奖学金，否则只有 5%的家庭能负担得起；而且大多数公学必须经过“统一考试”（Common Entrance Examination）才能入学。这种入学考试的标准又迫使考生进入费用更为高昂的“预备学校”学习若干年，因此进入公学的只能是富裕阶层的子弟。

五、《汤顿报告》与文法学校的改革

克拉伦敦委员会的报告引起了英国社会对整个中等教育的关注。1864 年 12 月，维多利亚女王成立了“学校调查委员会”（The Schools Inquiry Commission），任命汤顿（英格兰西南部萨默塞特郡的一座城市）男爵亨利·拉布切尔（Henry Labouchere）为主席，故称学校调查委员会为汤顿委员会（The Taunton Commission）。“学校调查委员会在系统评估 19 世纪 60 年代英格兰和威尔士中产阶级教育状况，以及为其未来的长远发展提出建议方面发挥了重要作用。”②

① 参见邓特《英国教育》，王承绪译，商务印书馆，1949，第 35—36 页。

② Gary McCulloch, “Sensing the Realities of English Middle-Class Education: James Bryce and the Schools Inquiry Commission, 1865-1868,” *History of Education* 40, no. 5 (2011): 599.

汤顿委员会与牛津大学有着特别密切的联系，委员会的助理詹姆斯·布莱斯（James Bryce）毕业于三一学院，是牛津大学著名的民法教授；委员会的秘书 H. J. 罗比（H. J. Roby）是三一学院的教师；另外两名牛津大学的教师托马斯·希尔·格林（Thomas Hill Green）和 R. H. 怀特（R. H. Wright）也是该委员会的成员。“这些委员会成员是模范的公职人员，他们有能力而且做事认真，并带有维多利亚中期牛津大学那种自由主义的风格。”① 成立汤顿委员会的目的，在于调查维多利亚时期中产阶级的教育需要。它负责对中下层阶级和熟练技工子弟接受中等教育的状况进行全面调查，涵盖了范围非常广泛的教育机构，既包括培养精英阶层的公学，也包括面向工人阶级子弟的学校。汤顿委员会的调查范围包括纽卡斯尔委员会（The Newcastle Commission）②和克拉伦敦委员会没有调查过的学校的教育情况。“最近，纽卡斯尔和克拉伦敦报告分别探讨了大众和精英教育的供给情况，现在汤顿委员会试图继续完成这一工作。”③ 到 1880 年，已有将近 800 所捐助文法学校和 100 多所私立学校被调查。调查采取收集书面和口头证词，散发调查表及指派助理委员现场考察等方式进行。“布莱斯以大量的精力和惊人的毅力扮演了这一角色，他为委员会的工作和最终报告做出了巨大

---

① Gary McCulloch, "Sensing the Realities of English Middle-Class Education: James Bryce and the Schools Inquiry Commission, 1865-1868," *History of Education* 40, no. 5 (2011): 604.

② 纽卡斯尔委员会成立于 1858 年，它首次对英国初等教育的情况进行全面调查并于 1861 年提出报告，拒绝实行免费义务教育的建议，主张政府按学务局举行的考试成绩给学校支付补助金（payment by results）。

③ Gary McCulloch, "Sensing the Realities of English Middle-Class Education: James Bryce and the Schools Inquiry Commission, 1865-1868," *History of Education* 40, no. 5 (2011): 604.

的贡献。”[①] 汤顿委员会的调查内容包括经费来源、男女生状况、父母对子女的教育愿望等。它最后编纂了 21 卷调查材料，为后人研究 19 世纪中期英国中等教育提供了大量证据。

汤顿委员会把所有学校分为三类：捐助学校、私人团体学校（Proprietary School）和私立学校。捐助学校包括 2000 多所从事基础教育的学校和 700 多所文法学校，私立学校估计有 1 万多所。其中文法学校共有 27 795 名走读生和 9279 名寄宿生；私人团体学校共有 7400 名走读生和 4600 名寄宿生。[②] 这三类学校又分为三个等级。

第一级学校的招生对象是上层中产阶级子女，如教士、医生、律师、商人、乡绅等人的子女。他们不愿取消在英国教育中举足轻重的古典文学课程，但强烈希望学校增设其他科目，如数学、现代语言、自然科学等；也有人希望降低教育费用而不是拓宽教育内容，认为当前教育中的最大弊端是费用高昂。第一级学校的学生毕业后大多数进入牛津大学和剑桥大学，他们在学校学习到 18 岁为止。不少私人团体学校和文法学校属于这一等级。

第二级学校是为满足中产阶级的需要而设立，其目的是为那些进入实业界、商业界、军队、医学和法律等专业领域的男孩做准备。这类学校由商人资助开办，并把拉丁语看作教育的重要内容。其原因包括四个方面：一是拉丁语在某些情况下对这些职业有真正的用处，二是拉丁语具有社会价值，三是人们公认学习拉丁语有利于掌握现代语

---

① Gary McCulloch, “Sensing the Realities of English Middle-Class Education: James Bryce and the Schools Inquiry Commission, 1865-1868,” *History of Education* 40, no. 5 (2011): 605.

② 参见奥尔德里奇《简明英国教育史》，诸惠芳等译，人民教育出版社，1987，第 113 页。

言，四是几乎所有的教师都认可拉丁语在智力训练方面的优势。[①] 除了拉丁文外，学校还设立英国文学、政治经济学、现代语言、数学和自然科学等课程。学生在校学习到16岁。

第三级学校是为下层中产阶级开设的，这部分人包括小佃户、小商人及高级工匠。其课程设置除了拉丁语外，还包括英语、历史、初等数学、地理和自然科学。有人曾把这个阶层的需求简述为“能读、会写、善于算术”；伦敦大学教育学院的安迪·格林（Andy Green）教授则把这些人的愿望描述为所谓的职业教育，即精通算术和能写字句通顺的信。学生在校学习到14岁。

这个等级分明的教育体系将通过市场调控得以实现，通过调整奖学金、学费、课程及法定毕业年龄进行限制，从而使不同社会阶层的子弟进入不同类型的学校。[②] 这种分为三个等级的中等教育结构的构想，既反映了中产阶级内部的阶级划分，又能为不同阶层的不同需求提供有效的教育。

经过三年的调查，1867年12月汤顿委员会提出了调查报告，全称为《皇家学校调查委员会报告》（“Report of the Royal Commission Known as the Schools Inquiry Commission”），俗称《汤顿报告》（“The Taunton Report”）。它得出结论：捐助学校未能为中产阶级下层部分和有名望的工匠提供良好的教育；私人团体学校和私立学校都不能弥补这一缺陷，因为私人团体学校是阶级学校，它只致力于某个团体的利益，而不鼓励社会各阶层有才能的人。委员们抱憾说：“我们不得不考虑，无论在哪个生活等级中发现的真正有才能的男孩，都应当得到一切援助和给予适当奖励，使他们能上升到适合其才能的位置。

---

① See J. Stuart Maclure, *Educational Documents: England and Wales 1816 to the Present Day* (London: Methuen and Co. Ltd., 1986), p. 94.

② 参见安迪·格林《教育与国家形成：英、法、美教育体系起源之比较》，王春华等译，教育科学出版社，2004，第315页。

这是有关国家利益的重大问题。"[①] 因此，他们认为没有什么比建立中等国民教育制度更重要的事情了。

汤顿委员会在调查报告中提出了许多积极的、卓有远见的建议：（1）国民中等教育制度的建立必须以一定的行政组织为基础，它包括中央机构和地方当局两部分；在这个协调组织中，私立学校有权保留自己的理事会，并负责任命校长、管理经费和决定课程设置。（2）根据中产阶级的社会经济状况将各种学校分为三种类型，不同学校的学费、离校年龄和课程各不相同；特别是为中下等阶级和熟练技工服务的第三级学校需求量最大。（3）合理使用教育捐赠基金，尤其是要改善和扩充女子教育设备。（4）为合格的中学教师建立"教师注册"（scholastic register）制度，并为中学生设立全国统一考试。[②] 汤顿委员会还提议将全国划分为若干行政区，由地方当局负责调节中等教育，并拟订计划后呈请中央当局审核。"到19世纪的最后25年，'中等教育'（secondary education）这一术语被普遍使用。尽管高年级学校、有组织的科学学校仍然没有被列入国家议程，然而正是由于汤顿委员会的报告，慈善委员会被授权重新分配捐赠，以便按照最初捐助人的意愿更有效地使用这些资源。"[③]

中产阶级女子受教育的需要备受汤顿委员会的关注。委员们指出："女子教育同男子教育一样也是与国民利益相关的问题。可以适当地把一些慈善基金用于女子教育，即使在基金文件中没有提到女孩。"[④] 因此，在重新分配捐献基金时，他们授权和鼓励捐助学校董事会和慈善

---

① 奥尔德里奇：《简明英国教育史》，诸惠芳等译，人民教育出版社，1987，第114页。

② See Keith Evans, *The Development and Structure of the English School System* (London: Hodder and Stoughton, 1985), p. 64.

③ P. W. Musgrave, *Society and Education in England since 1800* (London: Methuen and Co. Ltd., 1968), p. 49.

④ 奥尔德里奇：《简明英国教育史》，诸惠芳等译，人民教育出版社，1987，第119页。

委员会，可以使用任何形式的剩余基金为女子建立新的捐助文法学校。贝德福德女子文法学校和利兹女子高等学校是两所最先创办的女子教育机构。1872年，格雷夫人受汤顿委员会报告的鼓舞建立了一所女子公立日间学校（Girls' Public Day School），这所学校是以合资为基础创建的。随后，伦敦和一些郡也建立了近40所声望较高的女子中学。1883年后，教会学校公司（Church Schools Company）为改善女子受中等教育的状况，也付出了同样的努力。与此同时，以往强调的女子才艺教育开始被汤顿委员会建议的"健全的教育"（solid instruction）所取代。尽管女子学校的课程是以男子文法学校为样板，但它明显反映了女子学校的现代化进程。然而，女子学校的格调仍然是"精致、优雅、礼貌、举止文雅、气质端庄"，而不是所谓"当代女孩"那种顽皮的粗野行为。[①] 到19世纪末，女子学校已率先采用了新的教学方法，并认识到职业训练作为学术知识组成部分的重要性。

《汤顿报告》提出后正逢英国大选，以格拉斯顿为首的自由党主政，并于1869年通过了《捐助学校法》（*The Endowed Schools Act*）。但新政府对于《汤顿报告》的建议多数未采纳，委员会本想建立一套国家的中等教育制度，但政府却拒绝承担责任；委员会提出用地方税维持中等教育的建议也被搁置。《汤顿报告》遭到许多人的反对，包括害怕捐款世俗化的教会人士、保守党，以及反对政府干预自己学校的校长、董事、地方官和家长等。汤顿委员会的智囊、比较教育家马修·阿诺德曾多次警告说，由于整个英国教育行政十分混乱，尤其是在1890年代更是令人无法忍受，组织中等教育是不合时宜的。[②] 马修·阿诺德认识到，一个国家教育制度的建立及其效果永远受一系列

---

① 参见安迪·格林《教育与国家形成：英、法、美教育体系起源之比较》，王春华等译，教育科学出版社，2004，第316页。

② See Keith Evans, *The Development and Structure of the English School System* (London: Hodder and Stoughton, 1985), p. 66.

因素的影响。在这些因素中，除了地理、经济和社会诸方面的环境外，他还特别强调历史传统和民族特性的作用。他说："在欧洲每一个国家，通过一系列的变化，中等教育的传统可以追溯至文明社会建立之初；从文明社会有任何组织时起，某种学校和学校教育就已经存在了。那时的学校教育和今天社会上层阶级子女所接受的教育，两者之间存在一种不可分割的联系。"① 马修·阿诺德认为这种历史联系在法国更为明显，因为法国建立了国家中等教育体系。相反，英国中等教育缺少组织性，整个体系是随意或完全空缺的，国家的作用毫无体现，中等教育机构完全独立，因此权力的泛滥充斥于整个体系，导致中等教育改革的失败。在他看来，中等教育体系是一个浪费资源和产生贫穷的体系，以致它在发展中走向没落。②

《捐助学校法》通过后成立了捐助学校董事会（The Endowed Schools Commission），其工作目标是让管理机构有更广泛的基础，确保校长的独立性及引入现代课程等。董事会的工作重点是起草各捐助学校的重整计划，至 1874 年已完成 235 个计划，涉及捐助金额 93 635 英镑及教育署补助 85 000 英镑。③ 依据这些计划，捐助学校建立了受欢迎的管理机构，引入了科学与外国语课程，并为女子提供了教育机会。但捐助学校的校长们对此表示愤怒，他们认为新法案是干预而非促进，政府介入学校事务将妨碍其自由与独立，使其无法按照自己的路线发展。1869 年，阿平汉姆（Uppingham）文法学校校长爱德华·斯林（Edward Thring）率先组织了对《捐助学校法》的抗议。其理由是：

---

① 加里·麦卡洛克：《西里尔·诺伍德与中等教育理念》，武翠红、赵丹译，华中科技大学出版社，2019，第 24 页。

② 参见加里·麦卡洛克《西里尔·诺伍德与中等教育理念》，武翠红、赵丹译，华中科技大学出版社，2019，第 25 页。

③ 参见周愚文《英国教育史：近代篇（1780—1944）》，台北学富文化事业有限公司，2008，第 145 页。

第一，它将那些没有教育背景的集团置于裁判者的地位；第二，它将那些不熟练的教员置于没有教育背景的官僚的权力之下；第三，实验与改良经常为官方的法令所阻碍；第四，新式学校不能由那些具有新思想的人创办；第五，它影响了普通民众对于教育的热情，因为人们对于那些不需为他们支付金钱的事业是毫不在意的；第六，它是非教会的，这种教育在事实上是不能含有宗教意义的。① 斯林倡议组织联合阵线，以对抗政府对学校独立性的威胁，最后校长们决定成立"中学校长会议"，通过定期召开会议，为校长们提供表达意见和集会的平台。与此同时，那些热衷于使公学和捐助文法学校免受公共管理的人们，也强烈抵制来自国家的任何方式的干预。

然而，从长远来看，《汤顿报告》仍然引起了一系列的重要变革。第一，1869年通过的《捐助学校法》导致了捐助学校董事会和慈善委员会的改革、教育捐献基金的重新分配，以及捐助文法学校管理体制的重建，并巩固了学校的财政基础，这对于拓宽课程内容和提高教学效率产生了一定的影响；第二，重新起草的《托管契约》（*Trust Deeds*）打破了现有的教育管理模式，使基础教育的捐献基金转入地方文法学校；第三，19世纪末《汤顿报告》特别强调建立第三级的中学，并为它们提供某种方式的公共财政援助；第四，由于《汤顿报告》的影响，女子接受中等教育的状况大为改善。F. M. 巴斯（F. M. Buss）小姐1850年创办的北伦敦学院（North London Collegiate）和D. 比奥（D. Beale）小姐1853年建立的切尔滕汉姆女子学院（Cheltenham Ladies' College）成了当时女子教育的典范。

《捐助学校法》颁布后的十年里，许多文法学校改进了它们的管理和教学，提高了学生的入学率，扩充了课程内容。"这项法案使英国开始走上一条漫长的道路，并最终实现了全民中等教育；可以肯定的是，

① 参见诺伍德《英国教育制度》，李鼎声译，商务印书馆，1934，第29页。

它开启了对女子进行大规模中等教育的先河……”① 然而，文法学校的改革过程并非一帆风顺，其中捐助学校董事会、校长、管理者、家长及社区之间的利益冲突十分明显。甚至当委员们把修改好的捐助基金方案提交教育署时，还必须送往枢密院和议会两院审查，这无疑推迟了教育改革的进程，有的议案甚至耽搁好几年。1874年，由于政治分歧较大，导致捐助学校董事会废止，其工作权限由慈善委员会取代。

此外，文法学校所提供的中等教育仍然存在教育、社会和地理上的不足之处，尤其是中产阶级下层的教育需要没有得到满足。上层阶级和富裕的中产阶级从日益发展中的公学受益，并不富裕的中产阶级从私人团体学校和已改革的文法学校受益，工人阶级从国家资助的初等学校受益，而剩下的中产阶级下层只能进适合其需要的没有补助的学校。他们是1869年法案关于废除免费学额后最主要的受害者，因为汤顿委员会过高估计了他们的经济实力，而且新设立的竞争激烈的奖学金主要面向公立初等学校。1883年发表的《伏兹报告》（“Fortescul Report”）提供了来自166所学校（其中第一级学校20所、第二级学校70所、第三级学校76所）的证据。在这些学校中，原属初等学校的学生各按9%、39%、56%计算其奖学金名额。有一份关于600所学校的调查报告表明，至1907年规定25%的免费学额之前，这些学校免费学额的比例在28%左右浮动，其中约24%的学生以前上过公立小学(public elementary schools)。② 另从19世纪80年代起，一些大城市的寄宿学校逐渐被中产阶级子弟所垄断，但很多有名望的家长担心把孩子送到地方寄宿学校孩子会与贫穷、粗野、无知的孩子同流合污。

到1900年时，公学和捐助文法学校的条件有所改善，特别是女子

---

① H. C. Dent, *1870-1970 Century of Growth in English Education* (London: Longman Group Ltd., 1970), p. 4.

② 参见奥尔德里奇《简明英国教育史》，诸惠芳等译，人民教育出版社，1987，第114—115页。

中等教育发生了显著的变化。到 19 世纪末，慈善委员会建立了 80 多所女子中学。当然这不是一个很大的数字，因为同一时期已有 900 个新建或重修的男子学校计划。① 然而，由于汤顿委员会的建议没有得到全面实施，英国还是没有建立起以合理的行政机构为基础的国民中等教育制度。同时，在一个竞争日趋激烈的社会里，英国也没有为社会经济的发展提供所需要的教育。

为了解决技术教育在数量和质量上都不能满足工商业的需求问题，1875 年皇家委员会发表了《关于科学教育和科学进步的报告》（“Report on Scientific Instruction and the Advancement of Science”）。该委员会的主席是德文郡公爵威廉·卡文迪什（William Cavendish），故这个报告也称为《德文郡报告》（“The Devonshire Report”）。这份报告详细调查了大学和其他与高等教育相关机构的科学教育，包括大英博物馆、地质调查和采矿记录办公室等。它还调查了公学、捐助文法学校、初等学校和培训学院（training colleges）的科学教育。报告要求初等学校年龄较大的孩子应该接受更多的科学教育，培训学院的课程计划应该进行调整以便让教师做好这方面的准备。报告要求科学与艺术部、教育部的工作尽可能地协调，并且就如何培养和认可合格的科学人员，以及为某些机构设立奖学金等方面提出了各种建议。报告指出：“我们很遗憾地发现，在许多较大的学校科学人员严重不足。委员们坚持认为每 200 名男孩至少需要 1 名科学教师……”②

1881 年，英国政府成立了以伯恩哈德·萨缪尔森（Bernhard Samuelson）为主席的皇家技术教育委员会（The Samuelson Commission on Technical Instruction），负责考察国外的技术教育，并与英国进行比

① See H. C. Dent, *1870-1970 Century of Growth in English Education* (London: Longman Group Ltd., 1970), p. 29.

② J. Stuart Maclure, *Educational Documents: England and Wales 1816-1963* (London: Chapman & Hall, 1965), p. 107.

较。经过调查，1882—1884 年该委员会发表了一系列报告，内容涉及英国和欧洲的技术教育、美国的技术教育、爱尔兰的技术教育等，统称为《萨缪尔森报告》（“The Samuelson Report”）。该报告认为现有的学校既不完善也不合时宜，为了发展英国的科学技术教育，应尽快建立良好的中等学校，并在地方中等学校开设大量科学技术教育的课程。报告指出：“在工匠阶层中，那些有才智的青年应该通过获得大量的奖学金而轻易地进入中等学校和技术学校。”①

1889 年，英国议会颁布了《技术教育法》（*The Technical Instruction Act*），规定郡和郡议会（The County and County Borough Councils）有权向居民征收用于技术教育需要的特别款。另外，所开设的技术课程必须得到科学与艺术部（The Department of Science and Art）的批准。《技术教育法》是英国关于技术教育的第一个立法，从此以后国家开始干预技术教育并确保它的实施。“相比以往而言，1889 年法案从更广泛的意义上界定了技术教育。它被视为‘把科学和艺术原理应用于工业，以及把科学和艺术的特定分支应用于具体行业与职业的指南’。”② 1890 年后用于技术教育的经费大幅增加，1892—1893 年地方当局从威士忌酒的税收中划拨 472 560 英镑用于技术教育，1900—1901 年这笔经费增加到 863 847 英镑。③ 根据《技术教育法》的规定，各地还设立了主管技术教育和中等教育的“技术教育委员会”（Technical Education Boards）。19 世纪末，英国的技术教育得到了迅速发展，1890 年在伦敦技术学院注册班级 483 个，共有学生 12 022 人；1899 年增至 1764 个班

① J. Stuart Maclure, *Educational Documents: England and Wales 1816-1963* (London: Chapman & Hall, 1965), p. 125.

② P. W. Musgrave, *Society and Education in England since 1800* (London: Methuen and Co. Ltd., 1968), p. 68.

③ See P. W. Musgrave, *Society and Education in England since 1800* (London: Methuen and Co. Ltd., 1968), p. 69.

级，学生达 34 176 人。[①]

六、《布莱斯报告》与教育管理体制的初步建立

在英国，长期以来政出多头的教育行政管理体制导致了教育机构的严重混乱。虽然建立了各种教育机构（如科学与艺术部、慈善委员会、教育署、地方教育局等），但它们各自为政，每个机构独立运作而不与其他机构发生任何联系；而且它们处理教育问题的角度不同、时间不一致、目的更不一致。这种情况导致不同机构间的完全不必要的竞争，工作的重复，以及时间、资金和劳动的巨大浪费。

为了解决英国教育中存在的种种问题，特别是教育行政机构的不连贯、不协调状况，1894 年 3 月维多利亚女王根据自由党成员罗斯伯里勋爵（Lord Rosebery）的建议，成立了以历史学家、外交官詹姆斯·布莱斯为主席的皇家中等教育委员会（Royal Commission on Secondary Education），负责对中等教育的组织进行调查。该委员会有 16 名成员，其中 3 名是女性，这是首次任命女性委员。

皇家中等教育委员会又称布莱斯委员会（Bryce Commission），其对中等教育的作用进行了全面考察。它指出："不仅是为了国家的物质繁荣和智力活动，而且正是为了国家的幸福和道义力量，中等教育的推广和改革，才似乎成了社会法制所必须处理的首要问题。"[②] 布莱斯委员会认为，当时教育最显著的缺点是各中等教育的主管机构缺少联络。慈善委员会（The Charity Commission）、科学与艺术部（The Science and Art Department）和教育署（The Education Department）

---

① 参见王承绪、徐辉主编《战后英国教育研究》，江西教育出版社，1992，第 185 页。

② W. F. 康内尔：《二十世纪世界教育史》，张法琨等译，人民教育出版社，1990，第 78 页。

三者界限极严，它们在某些领域内本来可以合作，却偏偏彼此独立而互不相干。地方机构的情形也是如此，民办学校管理委员会（Boards of Manager of Voluntary Schools）、捐助学校管理机构（Governing Bodies of Endowed Schools）和私立学校委员会（Committee of Proprietary School）之间也彼此没有联系。

布莱斯委员会指出："在我们国家的大多数市镇和几乎所有地区，为那些没有进入大学而在16岁就离校的男孩和女孩所提供的教育机会，还远远不能满足我们时代的需要。"① 委员们发现，在中学就读的学生占该年龄组人口的比例不超过2.5‰，在兰开夏郡（Lancashire）实际上只有1.1‰。1897年，当教育委员会调查中学人数时发现，158 502名男生和133 402名女生就读的6209所学校，约66.6%以上是由私营企业开办的，25%以上为捐赠学校，政府当局拥有和控制的学校实际上不到2%。② 在一些市镇，文法学校的学生主要是店主的儿子，但也包括工匠、专业人士、商人和富裕制造商的儿子。一般说来，文法学校往往会吸引"市镇中那些比较优秀的人"。"几乎所有地方的文法学校教师都受到尊重，文法学校的男孩也以他们的方帽为荣，并在今后的生活中与母校保持着联系。"③

1895年8月发表的《布莱斯报告》（"The Bryce Report"），提出了中等教育未来发展的建议，明确了中等教育的特征，并在《汤顿报告》基础上完善了有关中等教育的理念。它的主要建议包括以下几个方面：（1）设立由教育大臣领导的中央权力机构（the central authority），

---

① Grald Bernbaum, *Social Change and the Schools 1918-1944* (London: Routledge and Kegan Paul, 1971), p. 11.

② 参见瞿葆奎主编，金含芬选编《教育学文集·英国教育改革》，人民教育出版社，1993，第25—26页。

③ Gary McCulloch, "Education and the Middle Classes: The Case of the English Grammar Schools, 1868-1944," *History of Education* 35, no. 6 (2006): 699.

负责管理由教育署、科学与艺术部和慈善委员会等部门负责的有关教育事宜。这样既可以使教学的性质从单纯传授知识转变为真正培养智力，还可以使中等教育的范围扩大到商业和技术教育。教育大臣向议会负责，并拥有内阁席位。（2）设立由国王、各大学及教师共同选派的代表所组成的教育委员会，以协助教育大臣工作，并负责教师的注册工作。其成员三分之一由国王任命，三分之一由牛津、剑桥、伦敦、维多利亚大学任命，三分之一由教师推选。（3）在所有的郡和郡自治市建立新的地方教育当局，负责所有类型的中等教育事宜。由市政府担任地方教育主管部门，建立由专家组成的咨询委员会。它们拥有广泛的权力，包括视察和扶持一切没有地方税收资助的学校。其成员由郡议会选出。（4）中等教育并非向每个人提供免费教育，但接受公款补助的学校应该提供若干免费名额，使小学和高等小学的男女毕业生能享受高级中学教育的机会。（5）中等教育的课程应予以扩充，包括古典学科、现代语言、自然科学、技术和手工教育，同时要使文学、自然科学和技术这三部分内容保持平衡。（6）为了扩充与改进中等教育，应该为学生建立合理的考试制度，并通过大学所开设的专业训练课程来培养中学教师，而中央主管部门应该对合格教师进行注册。教师要获得许可证必须拥有大学学位或证书，并具有教学的实际经验和相关理论。布莱斯委员会还建议，所有的中等学校（包括不接受公共财政资助的中学），应该得到地方教育当局的认可和接受中央的领导。报告指出："一般认为，中等教育有很多种类，每一种都被特殊的方法和设施所区分，但在方法和目的上是一致的，也就是通过实践来进行能力的培养。"① 依据这一报告，中等教育本身在概念上是十分宽泛的，它包含了"教育是为更好地生活"的目标。

① 加里·麦卡洛克：《西里尔·诺伍德与中等教育理念》，武翠红、赵丹译，华中科技大学出版社，2019，第 23 页。

《布莱斯报告》指出："我们希望引进的'制度'是连贯的，它是不同管理机构和不同类型学校之间的有机联系，它将使每个部门的工作能与其他部门的工作协调，从而避免浪费精力和金钱。"①《布莱斯报告》的发表，既为英国中等教育的发展指明了方向，也为《1902年教育法》的颁布奠定了基础。英国《教育时报》曾指出，这份划时代的报告被广泛地加以讨论，并对以后许多年的教育思想和教育行政产生了影响。这份报告关于教育行政的大部分建议在随后10年的教育法令中被加以采用，它关于课程的想法不断激发了人们的讨论兴趣。在这份报告的影响下，1899年英国议会通过了一项《教育法令》（*The Act of Education*），决定设立新的中央主管部门——教育委员会（The Board of Education）和一个由关心教育的人士组成的咨询委员会（The Consultative Committee）。教育委员会的成立，在英国教育史上首次统一了对初等和中等教育的管理。

教育委员会取代了原来的教育署、科学与艺术部和慈善委员会，它拥有对初等、中等和技术教育进行监督与视导的权力，并且对高等教育也有一些影响。教育委员会和学校之间的重要联系人是督学（The Inspectorate）。到1910年，共有92名高级督学，其中81人毕业于牛津大学或剑桥大学，并且有50人获得古典文学学位。② 咨询委员会成员由议长任命，任期6年，他们可以就教育委员会有关教育事务提供咨询，并起草有关教师资格的规定。咨询委员会成员至少有三分之二是代表大学和其他团体的意见，它后来成为国内外教育的主要咨询团体，为英国教育改革提供了许多重要的咨询报告。"第一次世界大战后，咨询委员会在第一任主席威廉·亨利·哈多（William Henry Hadow）爵

---

① J. Stuart Maclure, *Educational Documents: England and Wales 1816-1963* (London: Chapman & Hall, 1965), p. 147.

② See P. W. Musgrave, *Society and Education in England since 1800* (London: Methuen and Co. Ltd., 1968), p. 78.

士（直到1934年）和继任主席威尔·斯宾斯（Will Spens）的领导下，继续开展咨询工作，并发表了七份推动地方当局采取行动的战时报告。这七份报告的主题包括中学课程的性别差异（1922）、教育能力的心理测试（1924）、关于青少年的教育（1926）、公立小学的书籍（1928）、小学（1932）、幼儿学校（1933）和中等教育（文法学校与技术高中）（1938）。”①

虽然布莱斯委员会报告了过去13年英国中等教育的变化情况，特别是在捐助学校和文法学校的管理方面进行了改革，并为女子教育增加了一些设施，但仍然存在着许多尚未解决的问题。例如，尽管高年级学校和导生制中心学校容纳了一部分学生，但中等教育分布极不平衡的状态仍然存在；尽管科学与艺术部拨给学校补助金，但理科教学仍未引起重视。据德文郡学校调查委员会（Devonshire Commission）统计，在128所捐助学校中只有63所进行一点理科教学，同时配备实验室的学校仅有13所。②

与欧洲大陆一些国家建立国民中等教育制度不同的是，英国政府认为自己没有义务提供中等教育。英国长期以来形成了这样一种传统观点，即中等教育不应该是职业的，也不是初等教育的延续，它只面向中产阶级，因此不必由国家管理或公共财政资助。在19世纪的主要国家中，英国是最后一个建立全国性教育体系的国家。英国的主流教育传统仍然是自愿捐助制，即一种基于个人的自愿捐助并且拥有独立控制权的学校组织形式。这种国家形式的缓慢和教育的不均衡发展表现在许多方面，如有关学生入学及对学校和教师进行认证的法律迟迟没有出台，全国性的教师培训和考试体系也没有建立起来；在很长一

---

① W. H. G. Armytage, *Four Hundred Years of English Education* (Cambridge: Cambridge University Press, 1964), p. 205.

② 参见奥尔德里奇《简明英国教育史》，诸惠芳等译，人民教育出版社，1987，第116页。

段时期内，公众对教育的资助和控制都处于较低水平，导致教学督导和课程管理软弱无力；教育集中管理制度的建立经历了一个非常漫长的过程。这种缺乏统一指导和支持的状况，导致英国小学教育的低入学率，教育标准参差不齐，技术教育发展滞后，中等教育改革缓慢。总之，教育机构的多样性和各教育部门之间长期缺乏整合，构成了 19 世纪英国教育体系的主要特征。直到 1870 年英国才建立起全国性的教育体系，1899 年才建立起单一的教育管理机构，1902 年才建立起由政府组织或提供财政资助的国民中等教育制度，这比法国和普鲁士整整晚了 100 年。因此，在一种反对国家的自由主义气候里，国民教育的倡导者很难获得成功。

英国作为宗教改革时期欧洲文化程度最高的国家，何以在维多利亚时期成了西欧文化程度最低和教育最不发达的国家呢？在 18 世纪英国是最开放、最自由的国家，同时又是工业革命的发祥地。直到 1860 年的维多利亚时期，英国依然拥有不可动摇的经济优势，如制造业占据全世界的二分之一，棉花、钢铁和煤炭生产占据全世界的三分之一。对于一个以其工业实力和自由价值观而自豪的社会，教育状况为何如此落后？这显然是非常矛盾的。大卫·兰兹（David Landes）通过对 19 世纪英国和德国教育机构的对比后指出："这是现代历史的一个最奇特的悖论：一方面，一个 18 世纪在平等和社会阶层的流动性上领先于其他国家的自由社会（英国），竟然恰恰在其追求进步的政治民主化时期丢失了某些自由平等的传统；而另一方面，一个在前工业化时期以等级制度森严为特征的专制社会（德国），却在没有进行相应政治变革的情况下建立了一套颇为开放的教育机制。"①

有些学者从所谓的"宗教难题"角度对英国公共教育体系发展缓

① 安迪·格林：《教育与国家形成：英、法、美教育体系起源之比较》，王春华等译，教育科学出版社，2004，第 225—226 页。

慢的原因进行了阐释，即英国国教徒不愿把教育控制权拱手让人，认为教育是英国国教的世袭特权。他们担心国家对教育的控制会导致宗教教育世俗化，或者会增强反对派的影响力。同样，反对派在很大程度上也对政府干预教育抱有疑虑，因为他们知道国教徒在政府机构中的优势地位，并认为这将导致政府向国教教育的倾斜。国教徒与反对派的思想分歧，使得许多旨在加强国家干预的议案，最终因其支持者无法在反对派的犹豫和国教徒的顽固之间找到平衡点而搁浅。正如阿什莱（Ashley）爵士所言："反对派和国教徒们各自设下底线，画地为牢，没有谁能迫使、说服或哄骗他们去跨越雷池半步。"① 与阿什莱同时代的许多人也都确信教育中的宗教界线是无法逾越的。德里克·弗雷泽（Derek Fraser）指出："国教与反对派之间的纷争阻止了国家教育体系的发展。"② 也有学者从阶级冲突方面解释了英国国民教育发展停滞不前的原因。英国历史学家哈罗德·西尔弗（Harold Silver）强调19世纪最初几十年地主阶级反对教育革新的消极影响，以及贵族对于让人们接受"比他们地位高的"教育的偏见。英国社会学家玛格丽特·阿切尔（Margart Archer）认为，正是由于中产阶级的妥协性及他们缺乏对国家机器的控制，决定了他们将选择"替代"而不是借助国家行为来进行教育改革。③

当然，以上解释还不足以说明问题，因为宗教纷争和阶级冲突在其他国家（如美国、德国）同样存在，但它们并没有阻止国民教育的发展。爱德华·巴恩斯（Edward Baines）是极力反对国家办教育的活

---

① 安迪·格林：《教育与国家形成：英、法、美教育体系起源之比较》，王春华等译，教育科学出版社，2004，第227页。

② 安迪·格林：《教育与国家形成：英、法、美教育体系起源之比较》，王春华等译，教育科学出版社，2004，第227页。

③ 参见安迪·格林《教育与国家形成：英、法、美教育体系起源之比较》，王春华等译，教育科学出版社，2004，第78—86页。

动家之一，他反对纯粹的宗教动机，声称要为英国的传统代言，并断言反对派、国教派和天主教派都支持他反对国家办教育。巴恩斯认为政府的责任是保护私有财产和个人安全，维护社会和平与秩序，保卫疆土。在这些必需的保护和防御之外，干涉其他自由活动并非政府的职责。政府没有义务为人们提供衣食，干涉人们的家庭，培植人们的思想，左右人们的观点或者给人们提供宗教教师、医生、校长、书籍和报纸。[①] 一旦政府忽略了这些原则，它只能越俎代庖，因而国家办教育是与英国人民的自由和思想独立完全对立的。巴恩斯指出："我相信任何国家办教育的措施都会遭到大多数教会、绝大多数反对派……以及苏格兰和威尔士的全力反对，除非这些措施进行得非常缓慢且不易察觉，没有被大众注意到。"[②] 巴恩斯的观点从一开始就是以经典的自由主义原则为基础。因此，我们认为不同国家特殊的民族性是解释各国教育体系不同性质的根本因素。

尽管如此，19世纪末由于经济发展的刺激及手工业者和下层阶级对扩展教育的需要，英国中等教育也发生了一些变革。首先，从1870年起，一些学校董事会为初等学校中年龄较大的学生设立了高年级学校，以便为那些已完成小学课程且有能力的男生提供更高层次的教育，家长也有能力让他们继续学习一两年。到19世纪90年代中期，英国这类高年级学校约有60所，其中规模较大、办得较好的学校位于北方工业城市如贝德福德、谢菲尔德和曼彻斯特等地。高年级学校的课程以科学（包括物理、化学、力学、机械制图、数学等）、文学和商业为主，学校接受公共经费的资助，实际上是中等学校。1898年，共有2568个学校董事会创办了高年级学校及小学高级班（the higher tops of

① 参见安迪·格林《教育与国家形成：英、法、美教育体系起源之比较》，王春华等译，教育科学出版社，2004，第298页。

② 安迪·格林：《教育与国家形成：英、法、美教育体系起源之比较》，王春华等译，教育科学出版社，2004，第299页。

elementary schools)。① 其次，科学与艺术部除了创办有组织的科学学校外，还将为高年级学校、文法学校和其他机构中的科学技术教学提供资助。最后，从1889年起，郡和郡自治市技术指导委员会将从地方税收中获得足够的资金，以资助开设科学技术课程和设立奖学金，并鼓励创办新的技术学校和学院。"到19世纪90年代，有组织的科学学校、高年级学校均已成为最受欢迎和最好的学校。特别是在伦敦，这些学校能吸引科研人员加入它们的团队。……到1897年，它们从初等学校招收的学生人数是文法学校的两倍，招收劳工阶级子弟的人数是文法学校的五倍。这些学校对于已经建立起来的中学类型之一——文法学校构成了一种威胁。"②

由上可知，19世纪前期，英国工业化时期的经济政策对中等教育政策产生了深刻影响，英国政府对中等教育不加干预与其自由放任的经济政策密切相关。19世纪后期，随着国家干涉职能的加强，英国政府也加强了对中等教育的干预，1861年克拉伦敦委员会的成立标志着国家干预中等教育的开始。该时期，英国政府干预中等教育的主要方式包括三个方面：（1）成立一些教育调查委员会对中等教育的现状进行调查，由委员会提出教育改革建议，为政府制定教育政策和教育立法服务；（2）建立中央和地方教育行政机构，负责有关中等教育事宜；（3）通过相关法案，合理分配教育捐献基金等。

---

① 参见周愚文《英国教育史：近代篇（1780—1944）》，台北学富文化事业有限公司，2008，第151页。

② P. W. Musgrave, *Society and Education in England since 1800* (London: Methuen and Co. Ltd., 1968), p. 49.

第二章　二战前英国保守党、自由党与工党的中等教育政策

第二次世界大战前，英国的中等教育无论是办学思想还是组织形式都发生了十分明显的变化。《1902 年教育法》的颁布开创了英国中等教育发展的新时代，1922 年工党领袖理查德·托尼（Richard Tawney，1880—1962）发表的《人人受中等教育》一文奠定了 20 世纪英国工党教育政策的基础，而《1944 年教育法》的通过则为战后英国中等教育改革与发展铺平了道路。英国政府制定的教育政策与英国政党的政治立场分不开。一般说来，代表保守主义立场的政党是保守党，代表新自由主义立场的政党是自由党和工党。

第一节　保守主义与新自由主义

在西方国家，保守主义与自由主义是两种对立的政治意识形态，它们经常发生冲突，互相指责、互相攻讦的事情屡见不鲜，以致在局外人看来它们之间水火不容。保守主义与自由主义表面上的摩擦往往掩盖了它们之间的内部联系。保守主义在相当大的程度上是传统主义加上古典自由主义，其实质是自由主义与传统主义的结合。自由主义与保守主义也有许多相似之处，但与保守主义分歧较大的是具有强烈

建构主义倾向的新自由主义[①]。20 世纪新自由主义所表现的集体主义和理性主义性格，迫使一部分传统自由主义者加入保守主义行列，以共同捍卫古典自由主义的原则。保守与自由之间有着内在的逻辑联系，正如法国思想家雷蒙·阿隆（Raymond Aron）在其回忆录中指出，在英国、法国这类自由民主国家中，只有自由派才是真正的保守派。他们只想着保守自由的状态，保守代议制度，保守传统的价值准则，保守欧洲文明的原则。真正的自由派不仅要保守公民的政治自由，而且要保守其经济自由。可见，保守与自由是埃德蒙·柏克（Edmund Burke，1729—1797）以来保守主义的一体两面。[②]

一、保守主义

在日常用语中，“保守”（Conservative）一词有许多含义，但它通常是指极其谨慎地对待任何变革的心理倾向、气质、行为模式和生活方式。保守的对象几乎可以是任何既有的或已经失去的东西，如财产、地位、权力、生活方式、过去的美好时光等。因此，保守派往往是那些拥有权力、地位、财产和势力的守旧派。

保守主义是当今学界最难界定和理解的思潮之一，它的变种很多，并随着不同的历史和地理环境而有不同的含义。一般认为，保守主义始终倾向于维护已经形成的、代表历史连续性和稳定性的事物，而不管其形成的方式如何（如革命、改良、政变或王位继承等），维护既定的传统就够了。在西方社会，保守主义可以追溯到古希腊的柏拉图、

---

① 关于“新自由主义”这一术语，学者们的理解差别很大。有的将 19 世纪后半期的英国自由主义称为新自由主义，以安迪·格林、伦纳德·霍布豪斯（Leonard Hobhouse）等为代表；有的则将哈耶克和约翰·罗尔斯（John Rawls）一并看作新自由主义的代表；但比较普遍的观点是将新自由主义看作是近几十年以来自由主义新的发展阶段。

② 参见刘军宁《保守主义》，中国社会科学出版社，1998，第 28 页。

中世纪的托马斯·阿奎那（Thomas Aquinas）、文艺复兴时期的尼可罗·马基雅维利（Niccolo Machiavelli）和近代的托马斯·霍布斯（Thomas Hobbes）等思想家，他们都有着程度不等的保守色彩。在埃德蒙·柏克之前，对保守主义思想贡献最大的是大卫·休谟（David Hume）。他的经验论和怀疑论，以及对天赋人权学说与社会契约思想的批判，奠定了保守主义的世界观和方法论。大卫·休谟特别强调人的理性能力的局限性，认为人类的文明制度并非理性的产物，而是自发演变和自然成长的产物，人的理性本身也是在文明过程中逐步发展起来的。

然而，作为一种明确的政治态度和政治哲学，保守主义却是在法国大革命时期形成的。英国政治家埃德蒙·柏克是保守主义的创始人和理论上的集大成者，他于1790年出版了《法国大革命反思录》（有的译为《法国革命感想录》），这本书被认为是近代保守主义思想的第一次理论阐述。在该书中，柏克把英国保守主义的原则发挥得淋漓尽致，为保守派提供了经典性的思想宝库。

柏克强烈反对法国革命者采用的激进的自由手段。他认为，法国大革命是一个可怕的错误。自由主义者过分相信人类的理性，实际上人们只是在一定程度上是理性的，人们有广泛的非理性的激情。为了控制这些非理性的激情，人类社会在长期的岁月里发展了传统、制度、道德标准及君主制、教会等。柏克说，如果把这一切全部扫除，那么人类非理性的冲动就会引起骚乱，最后导致比革命者所推翻的制度还要坏的暴政。“当古老的观念和生活规则被废止时，其损失是难以估量的。从那一刻起，我们就失去了指引我们的罗盘，也不能清楚地知道我们将要驶入的港口。”① 柏克预言，法国将为军事独裁者所统治。结

---

① 埃德蒙·柏克：《法国大革命反思录》，冯丽译，江西人民出版社，2019年，第122页。

果不出所料，1799 年拿破仑统治法国，不久后就建立了新的君主专制制度。

柏克认为，专制权力会导致已有文明传统的丧失和暴力的滥用，是对自由的最大威胁。他主张国家应由那些拥有雄厚资产、充足的闲暇、传统的禀赋、接受过良好教育并具有公共责任感的贵族来统治，因为他们具有多方面的优越性，如社会的、经济的和政治的等，会给英国社会生活带来一种连续性和稳定性。这里柏克所指的贵族不是封建贵族，而是开始工业化的土地贵族，其财产包括土地、工业和商业等。

柏克竭力弘扬个人自由，认为自由应得到维护，自利也应予以鼓励，而不应加以阻碍。他所理解的自由是使个人潜能得到充分发展的机会，而且对自由的追求决不能以牺牲秩序为代价。自由权作为人的权利不是后天争来的，它是人先天本性的重要组成部分，也是人类实践和经验的产物。柏克的自由思想带有强烈的保守色彩。他说："我所指的自由是与秩序联系起来的自由，自由不仅与秩序和美德并存，而且没有后两者就没有自由。"① 假如社会中没有作为个人与国家之间的中介机构，个人自由是没有保障的。同时，人的知识和智慧是有限的，故必将会限制人所享有的自由度。因此，柏克的自由概念是有限的自由，没有限制的自由必然导致无秩序和放纵。柏克毕生所关心的是自由与正义，即法律之下的自由。

柏克认为，现存的制度和传统不可能全是坏的，因为它们是人类千百年以来试错的产物。人们已经习惯于这些制度和传统，最好的选择应该是保持它们。如果它们有不完善的地方，也不必介意，只要它们运转顺利就行。当然，它们应该变革，但只能渐渐地变革，给人们以足够的调适时间。他说："一个国家，如果没有进行改变的方式，就等于没有自我保全的方法。没有这样的方式，它甚至可能面临丧失它

① 刘军宁：《保守主义》，中国社会科学出版社，1998，第 13 页。

最希望保留的部分的风险。”[①] 在政治主张上，柏克与古典自由主义者是相同的；但与激进民主主义者相比，他依然是保守的。柏克看重人类的自由，但认为人类的自由并不能通过激烈的革命来实现，人类的自由根植于千百年来积累的传统智慧和制度之中，应该通过保守的办法来实现自由。他说：“为了保证公民的自由，政府必须明确地享有一定程度的权力。……凡是有任何一部分权力的人都应当深刻而严肃地感觉到：他们是受委托而行事的，他们要向伟大的社会主人、缔造者和奠基人汇报他们在所受委托的事务方面的行为。”[②]

柏克在《法国大革命反思录》一书中阐述了六个主要论题，这六个主要论题成为以后保守党长期执政的思想基础。第一，柏克强调宗教的重要性及宗教被国家承认的意义。他说：“我们知道，并且我们感到自豪地知道，人根据他的素质来说是笃信宗教的动物；无神论不仅违反我们的理性，而且也违反我们的本能；它是长不了的。”[③] 柏克又说：“……我们的国教自始至终存在于我们的心中。这是因为，依靠我们现有的宗教制度，我们继续按照人类早先获得的、始终不变地保持下来的意识办事。那种意识不仅像一个精明的建筑师那样已经建立起各个国家雄伟的建筑，而且像一个深谋远虑的业主那样，为了把那建筑作为神圣的庙堂保存下来，不受亵渎，不致荒废，并力求避免为欺诈、暴虐、非正义和专制等一切肮脏的东西所沾污，已经永远庄严地把国家以及所有在政府任职的人奉为神圣。”[④] 第二，柏克憎恨和谴责政治改革或社会改革过程中侵犯个人权利的行为。第三，柏克攻击革命的平等观念，认为等级和地位的差别是实际存在和必要的。第四，

---

① 埃德蒙·柏克：《法国大革命反思录》，冯丽译，江西人民出版社，2019年，第46页。

② 休·塞西尔：《保守主义》，杜汝楫译，商务印书馆，1986，第31页。

③ 休·塞西尔：《保守主义》，杜汝楫译，商务印书馆，1986，第30页。

④ 休·塞西尔：《保守主义》，杜汝楫译，商务印书馆，1986，第30—31页。

柏克拥护私有制，认为它本身就是一种对社会幸福至关重要的神圣制度。第五，柏克把人类社会看作一个有机体而不是一个机械体，是一个有许多奥妙之处的有机体。第六，柏克竭力主张必须同过去保持连续性，尽可能使变革逐步进行且尽可能不去打扰原来的正常秩序。

柏克极力捍卫英国传统的政治制度，即英国宪法和分权体制。他说："我国的政体是约定俗成的体制，这种政体的唯一权威性在于它的存在源远流长。……你们的国王，你们的贵族，你们的法官，你们的陪审团，不论是大陪审团还是小陪审团，这一切都是约定俗成的。"①既然如此，这个制度就不能轻易改动了，否则就很容易被"未经考验的计划"引入歧途。"英格兰人民不会模仿他们从未尝试过的时尚样式，更不会退回到他们已经尝试过的有害的模式中去。他们把法定的世袭继承制视作是他们的正确选择，而不是他们的过错；视作是一种益处，而非一种委屈；将之看作是其自由的保障，而非奴役的象征。"②柏克认为，英国的传统已经缔造了完善的政治制度，达到了国王、贵族和平民间的利益平衡。但这种制度是以"自由"为基础的，自由形成于英国自身的历史长河之中。柏克强调，英国政治的传统就是自由的传统。他说："你们将看到，从《大宪章》到权利宣言，我国政治的一贯政策是提倡和维护我们的自由权，把它们看作我们祖先给我们传下来的并将由我们传给后代的遗产，把它们看作特别属于这个王国的人民的财产，而不必以任何其他更普遍或更优先的权利为依据。"③ 柏克称赞英国的"政治制度同宇宙的秩序极其适应和协调，同那由短暂部分组成的永恒实体所必然具有的生存方式极其适应和协调。……但

① 钱乘旦、陈晓律：《在传统与变革之间——英国文化模式溯源》，浙江人民出版社，1999，第 188 页。

② 埃德蒙·柏克：《法国大革命反思录》，冯丽译，江西人民出版社，2019 年，第 51—52 页。

③ 休·塞西尔：《保守主义》，杜汝楫译，商务印书馆，1986，第 36 页。

愿我的同胞，不管他们从事什么职业，都把英国政治的榜样推荐给我们的邻国，而不要采取他们的模式来改变我们自己的政治制度。就我的同胞来说，他们已经有了一件无价之宝。”①

在柏克看来，社会本身只是一种契约，是各个世代之间的协作。它不仅是活着的人之间的合作，而且是活人、死人和未生的人之间的合作，联系每一个世代之间的唯一纽带就是传统。传统将每一个世代放在一个固定的位置，让人们充分扮演自己的角色。历史就是由一个接一个的世代之环衔接而成的，每一个世代都应该在自己的位置上安分守己，不可逾越；从祖先那里接过传统，再把它传给下一代人，由此构成人类社会的和谐链条。但是，柏克强调传统并非否定变异。他说：“如果我们不想陷入形而上学的诡辩迷津之中去，那么，就远不是不可以把按常规办事与随机应变、把我国政府制度中神圣的继承原则与在紧急关头有变化地运用这种原则调和起来。但即使在这种极端的情况下，变化也只能局限于有毛病的地方，局限于有必要做出改动的部分；就连在这种时候，也只能在不会瓦解国家与政治整体的条件下进行，目标是从原有的社会因素中创建新的国家秩序。”② 总之，英国人既不盲目向前，也不回头倒退；他们要同时对付两种危险，既不为轻举妄动所惑，也不做历史垃圾箱中的陈糠烂谷。这就是柏克的保守主义。

在柏克看来，变革也是传统，因为变革是传统的再生，它能使传统延续。真正的变革是没有的，它只是传统的相传，是传统在每一个世代的发展与沿袭。这虽是一种严格的传统主义，却并非反动与倒退。它只是墨守成规，不肯前进，但它并不否定所有的变革，只是否定不能被传统所证实的那种变革。它尽可能阻止变革的发生，但当变革来

---

① 休·塞西尔：《保守主义》，杜汝楫译，商务印书馆，1986，第37—38页。

② 钱乘旦、陈晓律：《在传统与变革之间——英国文化模式溯源》，浙江人民出版社，1999，第187页。

临时，它也准备接受。柏克有一句话堪称是保守主义的座右铭，他说："我决不排除另一种可以采用的方法，但是，即使我改变主张，我也应该有所保留。"[①] 这就是"有保留地变革"的原则。这条原则成了英国保守主义者的处世哲学。

柏克的保守主义思想对英国的政治制度和各种政治思潮产生了重要影响。英国自由主义者哈罗德·拉斯基（Harold Lasky）称赞柏克的思想是永恒的政治智慧，没有这一宝鉴，政治家们不过是在未经测绘的海面上航行的水手。"在英国政治思想史上，尚无一人比他更伟大。"[②] 主张渐进、迂回的费边主义（Fabianism）也打上了保守主义的烙印，它远不及世界其他各地的一些社会主义运动那样激进。爱尔兰自由主义史学家威廉·莱基（William Lecky）说："也许到某个时候，柏克的著作可能就没人读了，但凡读过他的书的人没有不聪明的。"[③] 这句话同样凸显了理解柏克保守主义思想的重要性。有的学者指出："柏克的哲学和托利党的传统之间，显然有相当大的一致性。对财产、宗教和社会等级制度的信仰，形成了一种相当广泛的共同基础。柏克的保守主义与众不同之处是它的自由主义、它的哲学深度和它的政治方法论。因为，柏克同老的托利党人不同，在政治方面掌握一种思想方法。尽管他所熟悉的那个社会已经消失，这种思想方法却还是中肯合用的。"[④]

柏克的保守主义思想后来由保守党领袖小威廉·皮特（William Pitt the Younger，1759—1806）、罗伯特·皮尔和本杰明·狄斯累利（Benjamin Disraeli，1804—1881）等人在政治领域中付诸实施。

---

① 休·塞西尔：《保守主义》，杜汝楫译，商务印书馆，1986，第40—41页。

② 刘军宁：《保守主义》，中国社会科学出版社，1998，第7页。

③ 刘军宁：《保守主义》，中国社会科学出版社，1998，第7页。

④ T. F. 林赛、迈克尔·哈林顿：《英国保守党》，复旦大学世界经济研究所译，上海译文出版社，1979，第9页。

小皮特堪称英国保守主义的政治之父，他统治时期（1783—1806）曾经对改革运动横加镇压，而他对法国革命的仇视甚于柏克。正是他领导了英国的反拿破仑战争，在小皮特的墓碑上至今还刻着这样一句话："在思想毒化使文明社会受到解体威胁的时代，他带领忠诚、理智且正直的人们捍卫了可贵的英国君主制。"① 这段碑文的评价十分中肯。小皮特在执政期间率先进行了"有保留地变革"。他首先进行财政改革，使国库达到收支平衡；接着奉行自由贸易政策，全面整顿关税，对亚当·斯密的《国富论》甚为赞赏；他还在印度殖民地实行行政管理改革，削弱东印度公司在当地的行政特权。小皮特希望改革议会制度，取消一批选民不多的选区，并适当扩大选民的范围。总之，他认为现实已背离了传统，因此应该进行改革，使其回到传统的轨道上去。法国大革命后，小皮特的思想有所改变，他开始认为维持现状比"有保留地变革"更能维护传统，并对国内的激进改革运动进行全面镇压。在小皮特死后，其门徒继续执行这种不妥协的抗拒政策，反对一切变革，结果导致托利党的全面瓦解，一部分支持"有保留地变革"的托利党人转入辉格党。

当小皮特的弟子丢弃了"有保留地变革"的传统，把托利党推入绝境时，是罗伯特·皮尔恢复了保守主义的正统路线。1834年，皮尔发表了《塔姆沃思宣言》（*Tamworth Manifesto*）。这个宣言不仅是托利党在思想上的重建，而且是保守主义正统原则的恢复，使托利党重新走上了"有保留地变革"的传统路线。

继罗伯特·皮尔之后，另一个对保守主义做出重大贡献的政治家是狄斯累利。他曾两次出任保守党内阁首相，三次出任财政大臣。狄斯累利的思想与保守主义的发展一脉相承。他认为，历史传统在国民

---

① 温斯顿·丘吉尔：《英语国家史略》（上），薛力敏、林林译，新华出版社，1985，第252页。

性格和国家制度的形成中具有重要作用，但传统文明已受到社会和政治变革的威胁；在工业革命中出现的都市社会威胁着悠久而又相互制衡的国家体制。因此，在这种危机四伏的年代，应该重新弘扬在古老体制中那种对理想和价值观念的信仰，政治改革应加强而不是破坏这种价值观念，应尽可能维护国家体制，使人们的精神世界能与过去联系起来。狄斯累利崇尚保守主义的等级观念。他说："英国仍是由传统势力统治的唯一重要的社会，在世界无耻的毁灭中它维持着荣誉、自由、秩序、权威和财富……英国并不是按照通常字义上的贵族来统治的，它是由贵族政治的原则统治着。英国的贵族政治吸引了所有的贵族，它接受了每个阶级、每个阶层和每一个遵从我们社会的人，这些是令人渴望并且是更为优越的。"① 作为一个保守主义者，狄斯累利始终强调传统的社会支柱。他说："在一个逐渐进步的国家，变革是经常性的。问题不是你是否应该抵制不可避免的变革，而是这种变革应遵从一个民族的习惯、风俗、法律和传统，还是应遵从抽象的原则、专断的和普遍的教条?"②

狄斯累利主张对社会进行人道主义的改革。他认为富人应对穷人负有责任，这种责任可通过传统的慈善方式履行，也可通过国家来履行。政府应关心人民的幸福与福利，作为一个"最纯正和最高尚"的政党，保守党应成为大众福利的政党。保守党的三大目标是：维护英国的政治体制、保护大英帝国的利益、提高人民的幸福感。狄斯累利的保守主义标志着保守党放弃了昔日的忠诚于土地贵族，转而寻求土地贵族与产业主、政府与行会以及其他阶级之间的联盟。从 19 世纪 70 年代直至二战结束，保守党在理论上一直沿用狄斯累利的一套学说，几乎没有增添新的内容。"在两个世纪的历程中，保守主义已经成为英

---

① 王觉非主编《近代英国史》，南京大学出版社，1997，第 557—558 页。

② Frank O' German, *British Conservatism: Conservative Thought from Burke to Thatcher* (London and New York: Longman, 1986), p. 34.

国现代思想的一面旗帜，它不仅在很大程度上将英国过去的种种传统继承了下来，而且直接推动托利党转化为保守党。保守主义作为一种政治思潮，其影响远远超出了英国的国境之外，它关注的目标，依然十分具体，那就是捍卫英国式的自由以及英国的生活方式。”①

二、新自由主义

新自由主义（Neoliberalism）是19世纪末至20世纪30年代形成、20世纪50年代至60年代达到鼎盛的一种政治思潮。它不仅影响了20世纪的西方政治和政策，而且推动了福利国家和民主社会主义等许多政治学说与政治运动的发展。

19世纪末，资本垄断趋势加剧，经济危机频繁爆发，有产者与无产者之间的冲突日益激化。以维护和发展个人自由、限制政府干预权力为理论核心的传统自由主义，已无法适应垄断资本主义时期西方社会的需要，必须有一种既能承袭以往政治传统，又能适应新的社会政治要求的新思想来挽救西方社会的危机。于是以倡导国家积极干预、实现个人自由和社会发展的和谐统一为特征的新自由主义政治思潮便应运而生，并在英美等主要资本主义国家付诸实践，极大地推动了西方经济的发展和社会的稳定，同时也扩大了新自由主义在欧美的影响。1934年，美国历史学会在一份报告里阐述了19世纪以来自由主义演变的时代背景。它写道：“在经济领域和社会其他领域，个人主义和自由放任的时代已经过去，一个强调‘集体主义’和社会福利的时代正在开始。”②

19世纪90年代以后，英国自由党内外很多自称“集体主义者”的

① 陈晓律、于文杰、陈日华：《英国发展的历史轨迹》，南京大学出版社，2009，第239页。

② 徐育苗主编《当代西方政治思潮评析》，武汉出版社，1992，第121页。

激进知识分子开展了大规模的宣传活动，他们主张建立平等、合作的新社会，要求国家在减少日益严重的失业和贫困现象中发挥决定性作用。他们把牛津大学哲学教授格林尊奉为思想领袖，并在格林的著作中寻找行动的理论依据。这些人成为英国最早的新自由主义者，其代表人物有大卫·里奇（David Ritchie，1853—1903）、伦纳德·霍布豪斯、约翰·霍布森（John Hobson）、欧内斯特·巴克（Ernest Barker）等。从 20 世纪初起，新自由主义逐渐成为英国官方政策的重要基础。

格林是英国哲学家、伦理学家、新自由主义政治思想的先驱。1881 年，他面向莱斯特郡自由主义协会的听众发表了《关于自由立法和契约自由》的著名演讲。在这篇演讲中，格林一反以往自由主义的传统，对自由的意义提出新的解释，把自由党放任式的自由代之以政府干涉式的自由，从而奠定了新自由主义政治思想的基础。

格林反对自由主义前辈的功利主义理论。他认为快乐尽管是一种善，但一个人的快乐是他人所不能分享的。这种善是自私的，缺乏道德善应有的公共性；这种善还是暂时的，作为一种情感的快乐不可能永久存在。由于快乐在享受时不能积累，人们所享受快乐的总数实际上是不存在的，对快乐量的计算就显得荒唐可笑了。格林指出，功利主义不利于人的道德发展，它会排斥努力寻求自身美德的可能性，但他利用了功利主义某些有用的东西来充实其道德学说。他认为，“最大多数人的最大幸福”这个公式有助于改进人的行为和性格，有助于人们以有利于广大人群的方式来充实自己的理想。

国家干预理论是格林政治思想的中心。他强调国家是一种道德力量，是人们实现道德的必要保障。英国社会广泛存在的财产集中、劳动条件恶劣、教育腐败、疾病流行等现象恶化了人的生存环境，极大地窒息了个人的道德本能，成为个人道德发展的障碍物。国家作用的充分发挥有助于个人趋善避恶，有助于扫除这些障碍物，提高个人道德水平。在格林看来，国家的政治管理一方面是为个人的道德发展创造条件，并提供有利的环境；另一方面就是阻止某些个人背弃道德理想，抑制某些个人损害共同善的动物性冲动。因此，国家的政治管理是绝对合理的、必要的。国家的这种干预是要扫除那些有害于人的道德发展的障碍，为人的道德发展提供保障。这种干预不会削弱人的道德自由，而只会更好地促进人的道德自由。

可见，格林所主张的国家不再是边沁式的“消极的”国家、放任的国家，而是“积极的”国家、干预的国家。国家不仅要干预经济活动，在经济领域中发挥更多的作用，而且要干预社会生活，促进道德善的发展。格林从国家干预的原则出发，阐述了国家干预土地买卖，实行强迫教育，干涉婚姻、劳动、保健等事务的合理性，以国家权力立法保护工人健康福利的必要性。他支持当时格拉斯顿政府的一些政策措施，包括对爱尔兰土地佃户的保护、义务教育的实施、公共卫生的规定、工厂劳动条件和工时的控制等。这样格林以他的道德学说为基础，以适应当时英国资产阶级的需要为目的，在自由主义史上第一次提出了“积极国家”的思想，进一步发展了约翰·斯图亚特·密尔提出的“有限的国家干涉主义”主张，改变了传统自由主义“干涉最少的国家是最好的国家”及“政府权力越少越好”的观念，从而开创了新自由主义主动干预、积极作为的国家理论。

面对英国的政治现实，格林还对传统的“自由”概念提出了新的解释。他在莱斯特郡自由主义协会发表的演讲中说：“自由并不仅仅意味着不受拘束、不受压制的自由；不仅仅意味着我们喜欢干什么就干什么的自由；也不仅仅意味着一个人或一批人牺牲他人的自由而享有的自由。当我们讲到自由时……我们指的是一种积极的力量或能力，以此去做值得做的事或享有值得享有的东西。一个人可以独做或独享，也可以与他人共做或共享。”① 在格林看来，自由并不仅仅是个人消极

① 徐大同主编《20世纪西方政治思潮》，天津人民出版社，1991，第24页。

地不受国家与社会的压制和奴役，更在于他能积极主动地发挥自己的能力去行动。依据格林的道德观，真正的自由在于个人道德的自我完善，在于每个人充分发挥个人能力去实现共同善。这是一种积极的自由、主动的自由、真正的自由。格林认为，只有这种新的具有积极意义的自由，才是新时期的英国人应当实现的自由，才是最理想的自由。

格林的观点为英国其他新自由主义者所继承和发挥。大卫·里奇认为，个人自由与国家干预二者的关系并不像传统自由主义者所说的是此消彼长、处于对立状态的两极关系。他宣称，在新的历史时期国家干预是社会进步和个人自由必不可少的因素，国家干预的范围也将越来越广泛。他说："我们发现，为了'个人自由'之故，正越来越需要国家对煤气和自来水公司的权力，对地主和佃农之间的关系，对雇主和雇员之间的关系，甚至对家长和孩子之间的关系进行干预。"① 里奇还认为，自由必然包含着一定程度的约束或强制，没有一定程度的约束就没有个人的真正自由。他指出："如果自由是对法律约束的解除，我们认为这是自由的腐败或堕落，应更恰当地称为'放纵'，这种纯粹消极的'自由'，实际上意味着强者的专制。"②

英国自由主义政治思想家霍布豪斯面对西方世界垄断、专制和战争趋势的增强，进一步阐述了自由主义的理想，其自由理论是20世纪英国新自由主义的主要表现。霍布豪斯通过对西方自由主义理论的发展及其在国家政治、经济、社会生活等方面影响的深入考察，提出自由主义应具备以下基本要素：公民自由、财政自由、个人自由、社会自由、经济自由、家庭自由、地方自由、民族自由、种族自由、国际自由、政治自由和人民主权。③ 他对这些要素分别加以阐述，给它们注入了适应20世纪需要的新内容。在他看来，各种自由是以个人力量为

① 应克复等：《西方民主史》，中国社会科学出版社，1997，第496—497页。

② 应克复等：《西方民主史》，中国社会科学出版社，1997，第494页。

③ 参见霍布豪斯《自由主义》，朱增汶译，商务印书馆，2002，第8—23页。

基础的，是与合乎理性的社会目的相关联的。“自由主义是这样一种信念，即社会能够安全地建立在个性的这种自我指引力之上，只有在这个基础上，才能建立起一个真正的社会，这样建立起来的大厦，其基础深厚广阔，其范围无法予以限制。这样，自由与其说是个人的权利，不如说是社会的必需。”① 霍布豪斯强调，社会问题应当作为一个整体来看待，自由问题也要从整体上去认识，从它具有的社会意义去认识。注重自由的社会意义和自由的社会整体性，这正是霍布豪斯自由主义思想的出发点。

依据自由的社会整体性，霍布豪斯提出国家应当积极地发挥作用，为每个公民自由的发展提供更多的社会条件，以及更有利的社会环境。社会是个人创造财富的基础，财富是合作的结果，因而国家有权在特定的条件下对私有财产进行干预。同时，国家要更广泛地干预政治、经济、教育等活动，为公民提供更多的公共福利。社会条件的改善和公共福利的增加将有助于自由的发展，国家与社会通过给予个人以更大的安全保障来给予个人以更多的自由。霍布豪斯主张在经济领域充分运用国家权力以促进社会的改革。他认为，20世纪的国家应当是积极作为的国家，而不再是19世纪的消极国家；国家应当以积极的干预措施消除大众对于社会灾难的恐惧，通过有效的改革行动为自由提供基本的社会条件。他呼吁实行广泛的成人选举权，扩大公共教育，制订全社会充分就业的计划，规定一切公民最低限度的收入标准，关心年老体弱者，在整个社会中推行失业保险、老年保险和疾病保险等。

传统自由主义认为，在个人利益与社会的善之间存在一种自然的和谐，国家管理是多余的、不明智的，是对个人自由的粗暴干涉。与这种传统观点相悖，霍布豪斯提出社会的进步与社会和谐的实现都需要国家有意识的指导和有目的的控制，这与他的自由主义主张完全一

① 霍布豪斯：《自由主义》，朱曾汶译，商务印书馆，2002，第61—62页。

致。在他看来，和谐既是生活的目的也是生活的条件，一切社会问题和政治问题的解决，在于使个人自由与社会的发展变化和谐一致。由于一个人所受的限制是其他人自由的条件，一切真正的自由必然包含着某种限制，社会自由的实现必然依靠某种形式的社会管理。这就需要国家发挥积极作用，通过颁布和实施法律，通过提供更多的公共福利改善人们的生活条件，从而促进社会和谐的不断发展。霍布豪斯认为，自由统治的首要条件是按照明文规定的法律实行统治，统治者本人也必须遵守法律。因此，自由和法律之间并没有根本性的对立。相反，法律对于自由是必不可少的，因为法律使个人消除了被恣意侵犯或压迫的恐惧，而这是整个社会能够获得自由的唯一方法。①

与格林和霍布豪斯相比，英国新自由主义政治思想家、经济学家霍布森更多地关注现实问题。他认为社会是一个统一体，它不应被看成是一种社会关系的组合，而是具有自己生命、意志、目的和意义的有机体。为了公共利益，个人应当服从统一体，并服从统一体做出的规划。霍布森所关注的是强化国家作用的目的。他反对极权主义的国家强化，反对加强国家职能为帝国主义政策服务。他主张强化民主制国家的职能，更多地关注社会中人与人的不平等，更多地关注公共福利，为人们提供更多的福利服务。

霍布森认为，经济问题是社会中存在的根本问题，经济问题的症结在于“消费不足”。在资本主义社会，国民收入分配极不合理。少数富有者收入过多，其消费力大大超过需要而形成“储蓄过度”。工人阶级广大成员收入微薄，勉强度日，消费力低下，远不能满足生活需要而形成“消费不足”。霍布森认为，消费不足是造成资本主义社会周期性经济危机的主要原因。② 为此，他主张努力减少分配的不平等，提高

① 参见霍布豪斯《自由主义》，朱曾汶译，商务印书馆，2002，第 9 页。

② 参见阎照祥《英国政治思想史》，人民出版社，2010，第 370 页。

广大工人的工资水平，改善工人的劳动条件，提高整个工人阶级的消费能力，扭转“消费不足”的局面。只有工人阶级的消费能力提高了，才能刺激生产发展、扩大就业、繁荣经济和稳定社会。至于造成资本主义社会经济问题的剩余价值，他主张制定新的国家税收政策和国有化计划，把剩余价值转归国家所有，甚至可以没收不劳所得。政府的这些收入可以用于社会福利，以及改善工人阶级的生活条件。

霍布森特别强调国家应发挥积极作用，制定全面的社会福利政策，兴办各种各样的社会福利事业。国家应实行充分的失业救济，提供免费医疗，发放老年抚恤金，加强工人的业余教育和文化娱乐活动。他认为，向工人阶级提供广泛的社会福利，既是减少分配不均衡现象的必要措施，也是税收和国有化收益的必然体现。霍布森从解决社会经济问题出发，为广泛推行福利政策提供了切实可行的办法。

自由主义经济学家约翰·梅纳德·凯恩斯（John Maynard Keynes，1883—1946）是国家干预经济理论的另一倡导者。在他看来，对个人利益的一味追求是低效的，对于那些不能托付给私人企业的经济活动，国家要担负起一定的责任。凯恩斯在 1936 年出版的《就业、利息与货币通论》一书中指出，自由市场资本主义无法维持经济增长，也因而无力消灭贫困和失业。因此，刺激需求并为充分就业创造条件是政府的职能。凯恩斯认为，由中央调控的经济并不意味着社会对财富的广泛占有，虽然国家应对总体消费和投资水平进行调控，但经济活动仍主要由私人资本来操作，否则个人的选择和多样性就要受到压制。如果不通过国家干预政策来拯救资本主义，人们就有可能为实现大多数人的就业而受到极权主义的诱惑。国家干预经济会鼓励积极自由，因此会使人们为追求共同利益而互相合作。

可以说，凯恩斯的自由主义是以格林为代表的新自由主义的延续。这种通过国家对社会生活与经济生活的干预来缓解资本主义经济负面影响的观点，在相当长时期内成为自由主义经济理论的重要内涵。

从以上新自由主义者的基本主张可以看出，新自由主义是适应新形势而进行的一次理论上的自我改造和修正，它试图使自由主义理论更符合资产阶级统治的需要，并试图解决当代社会由于垄断经济所造成的大部分人的不自由问题。新自由主义包含了传统自由主义所缺失的集体主义精神，并使之与个人主义相协调。同时，它意识到政治自由与经济自由的密切关系，政府只有采取经济干预措施，才能确保实现真正的自由。新自由主义作为一种新的社会政策，强调以社会公益取代过分的个人主义倾向，以倡导国家调节取代放任主义，主张通过社会立法、税收政策等调节社会各阶级之间的关系，以缓和社会矛盾。然而，新自由主义并未放弃个人主义信条和财产私有制度。新自由主义理论与其说是对早期传统自由主义的否定，毋宁说是对其的一种补充和发展，它是以新的方法继续追求传统目标——个人自由。这是新自由主义的实质。“总而言之，新自由主义除具有激进的理论阐述和社会主张外，还有明显的阶级调和与社会和谐、阶级合作倾向，在分析资本主义国家职能时突破了传统的界限。”①

保守主义与新自由主义这两种政治意识形态，对二战前英国中等教育政策产生了重要影响。英国国民中等教育制度正是在新自由主义所倡导的国家干预政策下形成的。

第二节　英国国民中等教育制度形成的社会基础

二战前英国国民中等教育制度的形成受到人口增长、经济发展、政治改革等社会因素的影响。

---

① 阎照祥：《英国政治思想史》，人民出版社，2010，第 374 页。

一、人口增长

19世纪下半叶，英国人口继续增长。1851年人口总数为1690万人，1901年增加到3080万人，其增长率高于德国、意大利、俄国和法国。一般说来，维多利亚时代（1837—1901）的家庭人口较多。1851年英国家庭平均人口规模是4.7人，而到19世纪60年代这个数字提高到6.2人。[①] 英国人口的增长与死亡率下降有关。从1875年起，英国人口的死亡率持续下降。到19世纪末，死亡率从22%左右下降到14%；而人的平均寿命则从男人40岁、女人42岁分别提高到44岁和48岁。[②] 据统计，19世纪90年代与19世纪50年代相比，英国人患肺结核而死亡的概率下降了近50%，患其他疾病（如伤寒、腹泻、霍乱等）的死亡率也有所下降。

该时期的移民运动也是造成人口变化的一个重要因素。19世纪40年代，爱尔兰马铃薯歉收引起向海外移民的浪潮。据统计，在1871—1911年，英格兰地区有135万余人移居海外，这一数字相当于该地区人口自然增长率的10%。[③] 英国移民大多移居美国和其他英属殖民地，如加拿大、澳大利亚、新西兰、南非等。在国内，英国人口迁徙的总趋势是从乡村迁往城镇，从北部城镇迁往南部城镇。到1901年，英格兰和威尔士只有20%的人口居住在乡村地区，80%的人口已经城市化，这一比例比欧洲大陆任何国家都要高。[④] 人口状况的变化在一定程度上

---

① 参见阿萨·勃里格斯《英国社会史》，陈叔平等译，中国人民大学出版社，1991，第300页。

② 参见阿萨·勃里格斯《英国社会史》，陈叔平等译，中国人民大学出版社，1991，第301页。

③ 参见王觉非主编《近代英国史》，南京大学出版社，1997，第618页。

④ 参见肯尼思·O.摩根主编《牛津英国通史》，王觉非等译，商务印书馆，1993，第495页。

反映了英国社会的变革。

二、经济发展

1870年后，英国经济结束了所谓的“维多利亚繁荣时代”，进入一个比较长的萧条时期。这首先表现在农业方面。交通运输业的发展使海运价格大幅下降，从美国输入小麦的数量大增，从19世纪60年代年均165万吨增加到19世纪90年代初的年均500万吨。大量外国谷物的涌入使得粮价不断下跌，1870—1874年英格兰小麦价格平均为每夸克55先令，1895年则下跌至28先令。根据农业萧条调查委员会的报告，1877—1897年英国农产品价格下降的比例分别为：谷物40%、小麦50%、牛肉24%—40%、羊肉20%—30%、羊毛50%、奶制品30%、土豆30%。[①] 谷贱伤农，大批农民从乡村迁往城镇或海外，大片农田废弃，导致地租下降。在一些重要的农业区，如肯特郡地租下降30%，林肯郡下降40%，拉特兰郡（Rutlandshire）下降25%，诺丁汉郡下降40%左右。与此同时，小麦和谷物的种植面积不断减少。1872—1895年，英国小麦种植面积由140万公顷减少到60万公顷。

在农业萧条的时候，英国其他行业也出现了不同程度的衰退。棉纺业在19世纪最后25年中丧失了活力，出口额下降；英国的钢产量在1886年和1893年分别被美国和德国超过；电力工业和机械制造业等也落后于美、德等国。与此同时，英国制造业产品出口占世界同类产品出口的比例，从1880年的41.4%下降到1899年的32.5%。据当时对某些行业技术工人失业情况的调查，1872年的失业率仅为1%，1879年和1886年分别高达11.4%和10.2%。[②]

---

① 参见丁建定《从济贫到社会保险——英国现代社会保障制度的建立（1870—1914）》，中国社会科学出版社，2000，第13—14页。

② 参见王觉非主编《近代英国史》，南京大学出版社，1997，第620页。

然而，英国毕竟是工业化历史最长的国家，有些工业部门仍以较快的发展速度在世界经济中占有重要地位。例如，煤产量和出口量均有显著增加，1874年英国煤产量是1.27亿吨，到19世纪80年代中期达到1.6亿吨左右；原煤出口在1867年首次突破1000万吨，1883年增加了一倍，1894年达到3000万吨。1870年，英国进口的矿石是40万吨，钢的产量是24万吨；到1880年，进口的矿石是306万吨，钢的产量是125万吨。[①] 英国的船舶出口量也在1892—1913年翻了一番，从每年不到50万吨增加到100万吨以上。在铁路方面，英国1848年通车里程为4646英里，1870年为13 562英里，1886年则上升为16 700英里。[②] 总之，在19世纪最后30年的大部分时期，英国在纺织、煤炭和机械制造等领域仍然具有很大的优势，直到20世纪初英国在世界市场的地位才有所下降。

由上可知，从19世纪末至20世纪初，英国的经济发展有两大特点：一是继续增长，但增长速度缓慢，19世纪末的经济发展速度只有19世纪中期的50%；二是英国“世界工厂”的霸主地位受到挑战，逐渐被其他国家赶上。英、美、德、法、俄五大国在世界制造业产品中所占比例发生了很大变化。1870年英、美、德、法、俄在世界工业生产中所占的比例分别是32%、23%、13%、10%、4%，1896—1900年则分别为9%、30%、17%、7%、5%。[③] 但英国仍然是当时世界经济的强国，无论在工业品产量上，还是在世界贸易中所占的比例及经济发展水平上，英国都位居当时世界的前列。

---

① 参见陈晓律、于文杰、陈日华《英国发展的历史轨迹》，南京大学出版社，2009，第172页。

② 参见陈晓律、于文杰、陈日华《英国发展的历史轨迹》，南京大学出版社，2009，第172页。

③ See Brinley Thomas, *Migration and Economic Growth: A study of Great Britain and the Atlantic Economy* (Cambridge: Cambridge University Press, 1973), p. 459.

三、政治改革

英国经济的变化对社会政治生活产生了重要影响。工业资产阶级为了获得与他们的经济实力相称的政治地位，把实现政治现代化的议题提上了日程。1867 年第二次议会改革以后，自由党在很短的时间内完成了自身改造，成为一个现代意义上的政党。它具有较为稳定的领导集团，有区别于其他政党的纲领，有较为严密的组织机构，能以民主方式维护某些特定集团的利益，并由此影响这些社会集团，从而成为其政治代表。保守党的情况和自由党差不多。第二次议会改革后，保守党也开始了自身的改造。1867—1886 年是保守党组织的转变时期，新的更有效率的政党开始形成。保守党主要在两个方面发生了变化：一是中央组织变得越来越职业化和正规化；二是地方组织机构得到了迅猛发展，日益要求建立全国统一的领导机构，结果产生了保守党全国联盟。然而，真正完成英国政党现代化的任务却是第三次议会改革通过的三个法案，即 1883 年的《取缔选举舞弊法》、1884 年的《人民代表法》及 1885 年的《议会重新分配法》。第三次议会改革的完成，为两大政党建立和完善全国性的组织机构增添了新的活力。

从 1868 年起，自由党和保守党开始轮流执政。自由党代表工业资产阶级的利益，主张实行自由贸易政策；保守党原来代表土地贵族、银行家和英国国教的利益，19 世纪末期完全代表资产阶级和大地主的利益，主张加强中央集权，镇压工人运动，对外推行侵略政策。1868 年，自由党领袖格拉斯顿组阁。他推行国民教育改革，取消牛津大学和剑桥大学中的宗教宣誓仪式；实行文官考试制度，建立一个效率较高的行政机构；颁布新的工会法，承认工会的合法地位；实行陆军改革，缩短兵役期和减少常备军；设立内政部，监督地方自治机关的活动。格拉斯顿的改革引起保守党的不满。

1874年大选时保守党获胜，由狄斯累利组阁。1874—1878年，狄斯累利领导保守党政府实施了一系列社会改革政策。例如，通过《工厂法》，规定工人每周工作时间不得超过56.5小时，限制使用童工；颁布《工匠住宅法》，规定地方政府有权拆毁不符合卫生条件的住房，并建造新房供工人使用；修改《雇主雇工法》，规定在劳资纠纷中工人和厂主处于平等地位，听凭民事法庭处理。然而，狄斯累利对外疯狂地进行殖民扩张，连年的侵略战争造成800万英镑的预算赤字，引起国内强烈不满。

格拉斯顿趁机攻击狄斯累利的外交政策，1880年自由党在大选中以绝对优势获胜，格拉斯顿第二次组阁。格拉斯顿第二届内阁除了通过第三次议会改革法案外，几乎没有什么作为。1885年6月，自由党政府的《预算修正案》未获通过，格拉斯顿只好辞职。狄斯累利的继承者索尔兹伯里侯爵（Marquess of Salisbury，1830—1903）组成新政府仅半年之久，于1885年12月在议会选举中失败。1886年，以索尔兹伯里为首的保守党重新执政，从此开始了保守党将近20年的执政生涯。

索尔兹伯里侯爵在任期内颁布了一些重要的社会改革法案。例如，1888年的《地方政府法》规定，设立由纳税人选举产生的郡议会；1891年的《工厂法》规定，雇用童工的最小年龄不低于11岁，同年颁布的《教育法》规定，小学教育可以免交学费；1899年的《伦敦政府法》规定，凡人口在5万人以上的城镇都可成为自治市，并享有郡议会所享有的自治政府的广泛权力。1886年，因为爱尔兰自治问题与自由党决裂的约瑟夫·张伯伦（Joseph Chamberlain，1836—1914）加入保守党，很快成为保守党的领袖和激进的社会改革家。张伯伦反对“自由放任”，要求进行国家干预，用行政的力量调节生产与分配。同年，为解决失业问题，他向政府官员散发了一份函件，要求授权自治市当局兴办市政工程以救济失业者。张伯伦就任伯明翰市长期间，将私营的自来水公司、煤气公司等赎买为市政府所有，开创了市政府经营城市公共事业的先例。进入 19 世纪 90 年代后，面对工人运动与工党的兴起，张伯伦更加积极地呼吁社会改革。1892 年，他对阿瑟·詹姆斯·巴尔福（Arthur James Balfour，1848—1930）说："社会立法运动即将发生，我们的任务是对此加以引导。"① 张伯伦还提出了一些具体的主张，如颁布《工厂法》，实行交费养老金制度，减少劳动时间，实施最低工资制度，促进工人阶级住房条件的改善等。

此外，还有许多保守党人也不同程度地注意到社会问题的重要性，呼吁和倡导社会改革。1884 年，下议院议员伦道夫·丘吉尔（Randolph Churchill，1849—1895）在议会中明确指出："除非托利党声明准备解决重要的社会问题，否则在很长时期内它不可能再次执政。"② 保守党议员罗利（Rowley）在 1889 年指出："国家正面临一些严重的社会问题，这些问题的解决已经刻不容缓，否则将会把所有对此迟缓不动的人扫出政治舞台；政治家的责任就是通过自己的力量，使那些可能变成社会革命的运动和平地进行。"③ 保守党议员巴尔福在 1895 年则指出："在我看来，社会立法不仅不同于社会主义立法，而且恰恰是其对立物与解毒剂，掌权者如果能表现出解决每一种社会问题的热情，并把社会置于一种更加合理和更加坚实的基础上，工人阶级就无法得到公共舆论的支持。"④

到 19 世纪末，保守党政府在工厂立法、卫生和健康立法、教育立

---

① 丁建定：《从济贫到社会保险——英国现代社会保障制度的建立（1870—1914）》，中国社会科学出版社，2000，第 103 页。

② Metthew Forde, *Conservatism and Collectivism , 1886-1914* (Edinburgh: Edinburgh University Press, 1990), pp. 69-73.

③ Metthew Forde, *Conservatism and Collectivism , 1886-1914* (Edinburgh: Edinburgh University Press, 1990), pp. 69-73.

④ Derek Fraser, *The Evolution of the British Welfare State : A History of Social Policy since the Industrial Revolution* (London: Palgrave Macmillan, 1984), p. 139.

法及失业立法等方面都取得了重大进展，这些立法为 20 世纪英国大规模的社会改革创造了条件。1902 年 7 月，索尔兹伯里侯爵因健康状况不佳而辞职，由阿瑟·詹姆斯·巴尔福继任首相。

第三节 《1902 年教育法》

一、《1902 年教育法》的背景

19 世纪以前，英国政府很少干预教育，教育权力集中在教会手里。进入 19 世纪后，围绕政府是否干预教育问题，不同的社会力量和思想家展开了激烈争论。许多政府官员和资本家担心工人阶级受教育后会危及他们的统治地位和经济利益，因而反对政府承担教育责任；教会为了维护自己的利益，也坚决反对政府插手教育；一些思想家则认为政府干预教育会妨碍个人自由。但随着英国社会、政治、经济条件的变化，原有的管理体制已无法适应形势发展的需要，要求国家干预教育的呼声越来越高。

19 世纪 60 年代是英国教育转型的决定性阶段，这一时期不再是国家零零星星地参与教育，而是赋予国家提供教育的全部责任及采取何种形式的问题。1860 年以后的 10 年实际上是自由捐助传统走向衰亡的 10 年。自由捐助制的能量和潜力已经消耗殆尽，即使是自由捐助制的热心支持者爱德华·巴恩斯也开始抛弃这种思想。霍拉斯·曼（Horace Mann）在 1869 年的演说中回顾了这一思想的转变。他说：“在过去的几年里，盛行的是个人行为的理论，以及我们当中某些人所沉迷的关于每位家长都要为他们的孩子全部地、直接地、自觉地支付教育开销的国家梦想，人们希望它体现一种公平、高尚的思想。然而，现在这种梦想已经消失，即使那种思想最主要的倡导者现在也已经放弃了那

样的思想。目前唯一的问题是用什么样的思想来作为替代，是采取一种‘彻底’的策略呢，还是采取折中的方案：即应该将注意力集中在合作的理论上，建立一个完整的体系，既照顾到整个社会又维护所有人的自尊，还是仅仅建立半个体系，仅涉及部分人……如果我们别无选择——不是分立就是联合。”①

19 世纪 60 年代政治和经济上的一系列变化使得教育制度的变革势在必行。来自欧洲大陆的工业挑战首次使教育的重要性凸显出来，同时英国国内工业的机械化逐步减少了对童工的需求，工业家们需要大量受过普通教育的工人。在政治方面，随着 1867 年选举权的扩大，中产阶级越来越倾向于教育改革，他们认为只有通过教育才能说服获得选举权的工人为工业家投票。这样，在维多利亚中期英国就出现了由激进的中产阶级、反对派和工人阶级组成的自由联盟。政治上的重新组合要求彻底改变传统的国家观念。19 世纪 30 年代就已明朗化的政治经济学和边沁学派之间的分歧这时已经扩大，致使“自由放任”和社会改革不可调和，因而纯粹自由放任主义时期开始走向衰落。促使这种思想转变的原因更多是现实情况，正如迪西（Dicey）所认为的，并非自由中产阶级被社会主义者蓄谋已久的集体主义突然推翻，而是不可回避的现实问题让所有人都意识到国家发挥更积极作用的必要性。中产阶级在意识到国内资本主义社会矛盾的同时，也意识到了在面对国外竞争时国内资本主义的脆弱。这两个因素都需要国家发挥更主动的作用。

这一时期，人们对国家办学的态度也发生了相应的转变。在中产阶级内部，随着非国教派对国家办学抵触情绪的缓和，以及对普及初等教育所带来的政治经济利益的认识，人们对国家办学的认可程度不

---

① 安迪·格林：《教育与国家形成：英、法、美教育体系起源之比较》，王春华等译，教育科学出版社，2004，第 326 页。

断提高。工会运动一再呼吁建立一个非宗教的全国性教育体系。1869年，一个由激进自由主义者和非国教派共同发起的全国教育联盟（The National Education League）正式形成，他们要求建立一个免费的、强制性的、非宗教且享受地方财政资助的全国性教育体系。1870年8月颁布的《1870年教育法》（*The Education Act of 1870*）就是这些新生力量斗争的结果，它代表了教育立法中一个关键的转折点。正是这一法案使得英国政府第一次承担起普及初等教育的责任。[①] 威廉·爱德华·福斯特（William Edward Forster）是格拉斯顿1868年任命的教育委员会副主席，1869年他为内阁准备的一份备忘录构成了这一法案的基础。1870年2月17日，福斯特将备忘录提交下议院时宣称："我们的目标是必须确保全国都有好学校，并要求家长把他们的孩子送到这些学校。"[②] 福斯特列举了现有基础教育的诸多不足。他指出，当大约145万名儿童到1.3万所接受政府视察和资助的小学（包括1.1万所日校、2000所夜校）注册时，其中只有40%的6—10岁、约33.3%的10—12岁的工人阶级子弟。[③]

《1870年教育法》的颁布被公认是英国教育史上的一个里程碑。这一法案的内容包括三个方面：（1）在缺少学校的地区建立地方教育委员会，地方教育委员会负有"填补空白"（filling up the gaps）的职责，并有权征收地方税；成立于1868年的教育署负责在需要的地方设置地方教育委员会；以自治市和教区为单位，把全国划分成若干学区（school district），伦敦为单独一个学区。（2）公立初等学校由中央政府

① 参见安迪·格林《教育与国家形成：英、法、美教育体系起源之比较》，王春华等译，教育科学出版社，2004，第329页。

② H. C. Dent, *1870-1970 Century of Growth in English Education* (London: Longman Group Ltd., 1970), p. 11.

③ See H. C. Dent, *1870-1970 Century of Growth in English Education* (London: Longman Group Ltd., 1970), p. 11.

负责拨款，并得到地方税的补助；民办学校不能获得地方税补助，但可以得到中央政府的资助，不足部分由捐助和学费收入补充；民办学校可以从教育署获得 50%的补助金用于改善现状。（3）在所有公立和教会小学，应保证学生根据个人信仰而拒绝接受某种宗教教学的权利。

《1870 年教育法》的颁布标志着英国初等教育经过漫长的民间办学和公助民办阶段之后，教会对初等教育的垄断权被彻底打破，公立初等教育制度正式形成。英国教育史学家布莱恩·西蒙指出："对于工人阶级的教育而言，《1870 年教育法》意味着一个巨大的、积极的进步。……到世纪之交，一大批年龄在 5—12 岁或 5—13 岁的工人阶级子弟都在初等学校就读。"① 邓特指出："总之，《1870 年教育法》导致了初等教育的普及，并为中等教育制度奠定了基础；它提高了学生的学业水平，扩大了小学课程范围；它极大地改进了年轻人的行为方式，甚至包括他们的父母和雇主；同时，它在很大程度上提高了教师的地位。"②

然而，《1870 年教育法》没有废除原有的教育体制，也没有触动原有的民办学校体制，而是在弥补民办学校不足的基础上建立公立初等教育制度，从而使得英国初等教育形成了公立学校与民办学校并存的格局。该法案与全国教育联盟的要求相去甚远，它既没有提供免费的强制性初等教育，也没有尝试建立一个统一体系，它本质上是一个与自由捐助制的折中方案，正如霍拉斯·曼所指，它是与自由捐助制的"一次合谋"。③ 福斯特本人既没有打算废除自由捐助制，也没有完全放弃自由捐助制所体现的原则。布莱恩·西蒙指出，19 世纪中叶中产阶

---

① Brian Simon, *Education and the Social Order 1940-1990* (London: Lawrence & Wishart, 1991), p. 24.

② H. C. Dent, *1870-1970 Century of Growth in English Education* (London: Longman Group Ltd., 1970), p. 23.

③ 参见安迪·格林《教育与国家形成：英、法、美教育体系起源之比较》，王春华等译，教育科学出版社，2004，第 329 页。

级获得了经济和政治权利，《1870年教育法》代表了以阶级为基础的学校体制的联合，在这个体制内工人阶级被限制在初等学校。[①]

此外，《1870年教育法》没有对建立初等义务教育制度做出统一规定，对于存在很大缺陷的“按成绩拨款”制度也未进行任何改革。随着孩子们在学校所占比例的增加，筹集资金的负担也加重了。《1870年教育法》没有实施强迫教育，但它规定由学校董事会（The School Boards）负责相关事务。到1871年底，约有300个学校董事会建立起来，其中有117个已经制定强制入学的章程，并且得到了教育署的批准。[②] 到1873年，每10个小学生中就有4个接受了义务教育；到1876年，约有50%的儿童接受了义务教育。[③] 这一比例在城区约为80%，因为学校董事会对城区教育的管理严于农村地区。[④] 约翰·布莱特（John Bright）在1870年的一次演说中对这项法案进行了恰当的评价。他说：“这一法案的失败之处在于它扩展并加强了一个本该……废除的教育体系……它实际上是一个鼓励宗教教育的法案，只有在不能发展宗教教育的地方才会建立公立小学。它本来应该是一个主张建立公立小学的法案。”[⑤] 因此，尽管《1870年教育法》在英国教育史上是一个重大突破，但它仍然遗留了不少尚待解决的问题。

巴尔福首相在向下议院介绍1902年教育议案时，列举了《1870年

---

① 参见加里·麦卡洛克《教育史学——教育史研究的斗争历程》，武翠红译，华中科技大学出版社，2019，第60页。

② See H. C. Dent, *1870-1970 Century of Growth in English Education* (London: Longman Group Ltd., 1970), p. 15.

③ See H. C. Dent, *1870-1970 Century of Growth in English Education* (London: Longman Group Ltd., 1970), p. 16.

④ See P. W. Musgrave, *Society and Education in England since 1800* (London: Methuen and Co. Ltd., 1968), p. 45.

⑤ 安迪·格林：《教育与国家形成：英、法、美教育体系起源之比较》，王春华等译，教育科学出版社，2004，第330页。

教育法》遗留下来的三大问题：（1）它没有为民办学校提供相应的组织机构。公立学校由学校董事会组织，而民办学校却是封闭式的、互不联系的。（2）国民学校需要大量的教师，但师范教育发展不够。（3）初等教育制度与中等教育制度缺乏合理或有机的联系，中等教育制度与位居整个教育大厦之顶的大学教育也未衔接好。① 巴尔福指出："查漏补缺是议会义不容辞的责任。欠缺之一是中等教育供给不足……欠缺之二是与基础教育界限之上的教育努力没有进行很好的协调……欠缺之三是与教师教育有关……"②

巴尔福认为我们如要进行彻底改革，首先，必须建立一个掌握实权的教育权力机构（包括技术教育、中等教育和初等教育）。该机构能为教师提供适当的训练，能将高级技术教育、高中教育与大学教育连接起来。其次，该权力机构应该是本地区的征税机构，负责纳税人所交费用的管理工作。再次，必须把民办学校置于一个恰当的地位，使之能有效地发挥其应尽的作用。最后，巴尔福指出："这一议案的命运并不依赖于下议院或国家的任何特殊阶层的评价意见或愿望。它依赖于广大民众的共同认识，依赖于人们进一步认识到需要有真正的国民教育制度……依靠国民的支持，我们才能彻底结束这些已浪费了我们太多时间的无聊争论，也才能为了诸如父母的自由和教育效率而终止目前这种费用十分混乱的体制。"③

1867 年，巴黎工业品博览会是英国工业特权受到挑战的一个明显标志，外国商品竞争力的增强和英国经济的相对衰退，在英国国内引

---

① See J. Stuart Maclure, *Educational Documents: England and Wales 1816-1963* (London: Chapman & Hall, 1965), p. 150.

② J. Stuart Maclure, *Educational Documents: England and Wales 1816-1963* (London: Chapman & Hall, 1965), pp. 150-151.

③ J. Stuart Maclure, *Educational Documents: England and Wales 1816-1963* (London: Chapman & Hall, 1965), p. 153.

起不少恐慌。人们逐渐意识到，英国的主要商业对手德国后来追上的原因在于其优越的中等教育与技术教育制度。于是，各种官方调查委员会和一些有识之士如马修·阿诺德等指出："如果不建立和扩充高层次教育体制，我们工商业的未来将前景暗淡。"① 同时，许多乡村学校董事会办事效率不高并且资金缺乏，一些规模大且与时俱进的学校董事会则遭到教会、捐助文法学校和技术指导委员会的抵制。自1903年起担任教育委员会常务干事（permanent secretary）的罗伯特·莫兰特（Robert Morant）认为，学校董事会是建立国民教育制度和提高行政管理效率的一大障碍，因为它们没有覆盖全国各地，其创办目的也不是对整个教育领域负责。更为糟糕的是，它们成了政治和宗教冲突的目标，而且不再为公众的教育利益服务。相反，新成立的郡和郡自治市议会（The County and County Borough Council）② 似乎为有效的教育行政发展提供了一个更加合理的基础。同时，导生制由于没有提供令人满意的初等教育师资也招致越来越多的批评。莫兰特确信，只有废除传统的教育体制并建立相应的国民中等教育制度，才是解决问题的唯一出路。

二、《1902年教育法》的颁布

英国虽然根据1899年法案成立了新的教育委员会，首次统一了对初等教育和中等教育的管理，但由于它对教育只有监督权，因此仍然存在地方教育管理和补助金的分配等问题。许多受国教派和保守党支持的私立学校，要求公平分配由地方税款拨付的补助金。面对补助金分配和其他中等教育问题，当时英国保守党首相巴尔福任命莫兰特来

---

① Keith Evans, *The Development and Structure of the English School System* (London: Hodder and Stoughton, 1985), p. 69.

② 即后来的地方教育当局（The Local Education Authorities）。

研究解决。莫兰特在比特里斯·韦布（Beatrice Webb）和麦克斯韦·加内特（Maxwell Garnett）等人的帮助下，起草了一份旨在解决上述问题的议案，并由巴尔福于 1902 年 3 月 24 日提交英国下议院讨论。

《1902 年教育法》的通过经历了一个激烈的斗争过程。下议院曾为此持续辩论了 59 天（《1870 年教育法》只讨论了 22 天），焦点主要是法案中涉及的宗教问题。非国教徒和世俗主义者对于用地方税资助教会学校的提议感到十分愤怒。布里斯托市民联盟在一份抗议宣言中指出："如果确信《1902 年教育法》危及市民的基本权利，我们应该和那些被迫从事与其宗教背景不符的活动的人团结起来，因为它违背了宗教信仰自由的原则。我们努力追求的目标是，在强大的心理压力下拒缴教育税，或者至少是拒缴用于办理教会学校的那部分教育税。……因此，在这个法案通过之前，我们代表非国教会再次向首相声明：我们永不屈服于在公立学校中形成教会垄断的立法！"①

在下议院，劳合·乔治（Lloyd George，1863—1945）领导的自由党对教育议案的几乎每一项条款都提出了反驳意见，特别是反对用地方税去办理教会学校。事实上，当巴尔福向下议院提交法案时，劳合·乔治是支持的。乔治在一封家信中写道："巴尔福正在规划一部最具革命性的教育法案，他在各郡设立了拥有教育权力的郡议会，并把学校董事会和民办学校置于郡议会的控制之下。到现在为止，我十分欣赏这项法案。实际上这也是人们从托利党政府中所期望的……"② 布莱斯代表自由党在下议院发言时，也反对建立一个统一的教育行政，因为"初等教育和中等教育在性质上是不同的，这种差别应由两个独

---

① Keith Evans, *The Development and Structure of the English School System* (London: Hodder and Stoughton, 1985), p. 78.

② N. R. Gullifer, "Opposition to the 1902 Education Act," *Oxford Review of Education* 8, no. 1(1982): 88.

立的权力机构来体现"[1]。其他自由党人则反对因政治理由而进行的权力转移，声称巴尔福正在把教育的控制权从激进的城市学校董事会，转移到大多由保守党控制的郡议会。

在全国许多地方，浸礼会[2]牧师克里福德博士（Dr Clifford）则率领非国教徒举行了声势浩大的游行示威活动，他们警告以巴尔福为首的保守党政府不要触犯众怒。这种抗议活动在 1902 年秋达到高潮，直到 10 年后才逐渐消退。令人惊奇的是，英国国教徒也没有竭力捍卫教育法案，这可能是因为它只是一项尝试性的立法，如郡议会征收地方税承办中等教育是非强制性的条款，并且在管理和维修校舍方面采取了折中方案。

当时的一些工人运动也强烈反对 1902 年教育法案，他们认为该法案是针对工人阶级的十分保守的措施。卡农·戈尔（Canon Gore）指出："这项法案疏远了工人阶级领导人同英国国教会今后的关系。"[3] 许多商业组织则纷纷以集会、通过决议和请愿的方式来抵制法案。即使该法案通过后，许多反对者仍然拒缴教育税，有的甚至将财产出售或宁可坐牢也不纳税。到 1903 年底，因拒绝缴纳全额税收而下达的传票达 37 296 张。在威尔士，劳合·乔治发起了规模更大的抗税运动。他主张除了用于提高政府效率的补助外，民办学校不应得到任何资金，除非其履行《1902 年教育法》规定的所有条件，特别是维修校舍的条款。巴尔福在上书英王爱德华七世（Edward Ⅶ，1841—1910）时措辞

① N. R. Gullifer,"Opposition to the 1902 Education Act," *Oxford Review of Education* 8, no. 1(1982):92.

② 浸礼会（Baptist）是 17 世纪从英国清教徒中分离出来的一个主要宗教派别，因其受洗方式为全身浸入水中而得名。它强调信徒与上帝的直接联系，坚持信仰自由和自愿的原则，不承认礼仪为圣礼，所有信徒在教会中的地位和权利一律平等。

③ N. R. Gullifer,"Opposition to the 1902 Education Act," *Oxford Review of Education* 8, no. 1(1982):85.

激烈，认为抗税“不仅仅是违反法律，而且会极大地损害教育利益，带来地方上的诸多不便并伤害孩子们”①。

一些地方教育当局甚至拒绝为本地的国教会和罗马天主教学校提供资助。据统计，约有7万人因抵制该法案而受到处罚，甚至被没收财产；一些拒不执行法案规定的地方教育当局，也受到了1904年特别教育法的处罚。②《1904年教育法》规定，如果一个地方教育当局拒绝资助本地区的教会学校，教育委员会有权从政府补助中扣除一部分资金，并直接拨给教会学校负责人。

这种对《1902年教育法》不满的情形是迫使1905年保守党下台的一个重要因素。1906年自由党在大选中获胜后事态变得更为复杂。1906—1908年，至少有3项教育议案试图取消教会学校的地方税补助或双重教育体制。但由于上议院保守党占多数，教会学校的利益才得以维护，它们可以继续享有《巴尔福法案》所赋予的特权。

1902年教育法案一直到12月18日才获得通过，成为《1902年教育法》（*The Education Act 1902*），它在英国教育史上也被称为《巴尔福法案》（*The Balfour Act*）。“《1902年教育法》是第一个纳入法典的综合性教育法规。”③ 该法案于1903年4月1日起开始生效。

《1902年教育法》的主要内容有以下几方面：（1）废除原来的地方教育委员会，在各郡和郡自治市设立地方教育当局，负责本地区除初等教育以外的其他各类教育。地方教育当局有权建立中等学校、中等专科学校和职业学校，并用地方税款提供资助；有权否决学校管理委

---

① N. R. Gullifer, "Opposition to the 1902 Education Act," *Oxford Review of Education* 8, no. 1(1982): 90.

② See Brian Simon, *Education and the Labour Movement 1870-1920* (London: Lawrence and Wishart, 1965), p. 236.

③ J. Stuart Maclure, *Educational Documents: England and Wales 1816-1963* (London: Chapman & Hall, 1965), p. 149.

员会选举的不合格校长和教师。这类地方教育当局共有318个。（2）郡和郡自治市地方教育当局应对捐助文法学校提供资助，并建立自己的郡办文法学校。由于文法学校仍然实行收费制，这部分地方教育当局还应为初等学校中有才能的学生提供奖学金，使他们有机会转入文法学校学习。（3）根据1901年的人口普查统计，拥有1万人的自治市议会和拥有2万人以上的市区议会地方教育当局只负责管理本地区的初等学校，以保证初等学校的物质供应，并进行教学监督。这类地方教育当局共有180个。（4）地方教育当局对私立学校和几乎所有的教会学校提供资助（这点引起的争论最激烈），以便加强监督和控制。这一措施在很大程度上缓解了教会学校的财政困难。（5）规定地方教育当局调查本地区的教育需要，制订扩大和协调不同类型教育的计划，同时考虑本地区初等教育与中等教育的衔接关系。（6）发展技术教育，并支持工人教育协会（The Workers' Educational Association）等组织发展成人教育事业。

《1902年教育法》通过后，在莫兰特的领导下教育委员会于1904年制定了《中等学校管理条例》（*Regulations for Secondary Schools*），它确保地方教育当局新建的郡立中学（the new county secondary schools）将严格地遵循公学和文法学校的传统模式。① 这一条例对于"中学"（Secondary School）的概念做出了界定，即"中学将包括任何形式的日校或寄宿学校，它为每一位学生提供到16岁或16岁以上的普通教育，通过教授完整分级的课程，传授比小学范围更广、程度更深的知识，同时兼顾身体、心理和道德发展"②。依此条例，各类中学所开设的共同课程包括英语与文学、外语、地理、历史、数学、科学、绘画、

① See J. Stuart Maclure, *Educational Documents : England and Wales 1816-1963* (London: Chapman & Hall, 1965), p. 156.

② J. Stuart Maclure, *Educational Documents : England and Wales 1816-1963* (London: Chapman & Hall, 1965), p. 157.

体育、手工（男生）或家政（女生）等。其中每周分配给英语、地理和历史的时间不少于 4.5 课时，分配给一门外语的时间不少于 3.5 课时（如果两门外语，不少于 6 课时），分配给科学和数学的时间不少于 7.5 课时（其中至少 3 课时用于科学）。科学必须兼顾理论与实践，拉丁语可以完全免修。① 与文法学校相比，郡立中学课程范围已扩大，并增加了许多现代科目。但有人认为，以上课程仍是基于文法学校及公学的传统，它蕴含着普通教育的概念，而与技术教育的观念分离，因此带有明显的学术倾向。也有人认为，莫兰特是精英式中等教育的支持者，他只设计了一种中等教育的形式，即为进入大学做准备的学术型中学；他是基于个人出身公学及牛津大学的背景，而偏向于大多数公学的课程，却较少强调实用与科学。② 虽然科学被纳入学校课程，但它居于次要地位。这一课程结构使得现有中学朝向文法学校，原先学校中的职业成分被逐渐排除在外，古典文法学校无论是否属于地方性质，都将成为唯一的中学模式。

三、评价与影响

《1902 年教育法》是英国进入 20 世纪后所制定和颁布的第一个重要的教育法案，尽管它招致了一些指责和批评，但它被公认为英国教育史上的一个重要标志，其最明显的结果是为英国国民中等教育制度的建立奠定了基础。“中等教育是 1902 年法案的主要受益者，因为这个

---

① See J. Stuart Maclure, *Educational Documents : England and Wales 1816-1963*(London: Chapman & Hall, 1965), p. 159.

② 参见周愚文《英国教育史：近代篇（1780—1944）》，台北学富文化事业有限公司，2008，第 164 页。

法案允许地方教育当局用税收资助中等学校。”① 虽然国民中等教育制度建立在收费的基础上，但法案规定设立奖学金以使初等学校的学生能进入文法学校学习，从而打破了自19世纪以来形成的中等教育是中上层阶级特权的观念。《1902年教育法》试图建立一种教育阶梯（educational ladder），这反映了中等教育从财阀统治向贤能统治转变的开始。② 同时，该法案取消了19世纪末设立的地方教育委员会，而把教育主管权交给了现有的地方政府。据统计，《1902年教育法》颁布后，英国共设立了330个地方教育当局，以取代原来的2559个地方教育委员会和788个督促就学委员会。③ 由此形成了以地方教育当局为主体，议会、教育委员会和地方教育当局相结合的英国教育行政管理体制。英国教育管理中良好的中央与地方政府的伙伴关系，正是在此基础上逐渐形成的。

埃德蒙·金指出：“1902年的法案对于英国人来说是革命性的，尽管这个法案中有些建议早在1833年就已提出。法案授权地方教育当局提供中等教育（学校董事会早已开始悄悄地做这项工作）；法案还确定了教会学校与公立学校之间的合作关系——‘双轨制’就是从此开始闻名的。”④ 格利弗评论说：“从消极的角度看，《1902年教育法》为以后的立法者围绕教育方面的宗教议题提供了一个重要例证。从积极的角度看，它建立了延续至今的教育行政体系，接受了普及中等教育的原则，虽然对原则的实施措辞含糊。在政治上，《1902年教育法》的影

---

① P. W. Musgrave, *Society and Education in England since 1800* (London: Methuen and Co. Ltd., 1968), p. 83.

② See Keith Evans, *The Development and Structure of the English School System* (London: Hodder and Stoughton, 1985), p. 79.

③ 参见赵祥麟主编《外国现代教育史》，华东师范大学出版社，1987，第4页。

④ 埃德蒙·金：《别国的学校和我们的学校——今日比较教育》，王承绪等译，人民教育出版社，2001，第209页。

响也不可低估。从短期来看，它对保守党十分不利并确保了自由党和非国教徒联盟的统治地位；但从长远来看，自由党废除法案的失败又使它失去了非国教徒的支持，并导致了自由党的衰落和激进工党的诞生。”① 我国学者马骥雄先生则认为，《1902 年教育法》在英国中等教育史上是一个分水岭，它创立了英国公立中等教育制度，因它授权地方教育当局援助甚至设立中等学校。②

《1902 年教育法》的颁布，对英国中等教育发展产生了重要影响。新的地方教育当局（即原来的郡和郡自治市议会）开始仿效公学和文法学校创办公立中学。那些古老的文法学校是为日益壮大的中产阶级子女创办的，它开设一些具有职业性质的学科如现代外语和自然科学，但主课仍然是古典文学和数学。这种教育是《1902 年教育法》通过之前许多家长和雇主所期待的，也是一些地方学校董事会早已开始提供的教育。此外，根据《1902 年教育法》的规定，还设立了利用地方税收和国家补助的现代中学，其教学科目包括英语、现代外语、数学、自然科学、历史、地理、绘画、体育、音乐和手工等。现代中学后来逐渐成为英国中等教育的一个重要组成部分。这一时期女子中等教育也有了较大的发展。早在 19 世纪末，就已建立 33 所女子中等学校，招收女生 7100 多人。1904—1905 年，受补助的女子学校增加到 99 所，学生达 33 519 人。③

与此同时，一批高年级学校和导生制中心学校也都变成了中学。在此之前，高年级学校的地位很不明确。它们是在学校董事会的保护下创建的，并从初等教育经费中获得一部分资金。因此，学务委员和教育署官员认为这些学校是初等学校。实际上，有些学校的学业已达

---

① N. R. Gullifer, “Opposition to the 1902 Education Act,” *Oxford Review of Education* 8, no. 1(1982): 93.

② 参见马骥雄《外国教育史略》，人民教育出版社，1993，第 288 页。

③ 参见余家菊《英国教育要览》，中华书局，1925，第 117 页。

到“高等”或“中等”水平。在很多地方，高年级学校容纳了那些可能已上过文法学校或私立学校的学生。1895年，高年级学校校长联合协会主席宣称：“这些学校是大学学院的预备学校（尤其在科学技术方面），就像文法学校是比较老牌的大学预备学校一样。”[①] 但1900年教育委员会在一份备忘录中承认高年级学校的地位时，却规定了一个15岁的年龄界线，这样无疑阻止了高年级学校的学生直接升入大学。导生制中心学校是高于初等教育的另一种教育力量。到1906年，导生的人数超过1000人，其中包括262名年龄在14—16岁的预备导生，他们实际上已在全日制中等学校学习过。伦敦最后一所导生制中心学校于1911年关闭。但有些私人设立的高年级学校仍以“新中心学校”的名称继续存在，它们深受工人阶级家庭的喜爱。到1914年，伦敦共有50所新中心学校，它们为儿童开设商业和工业课程，儿童可以一直学习到15岁或16岁。[②]

这一时期，接受公共资金补助的学校和学生人数也得到了较大提升。从1902年起，接受补助的学校从31所发展到1904—1905年的482所、1907—1908年的742所、1914—1915年的929所，并于1919—1920年增至1140所。1925年公立中学总数达1284所，学生人数从1904—1905年的63 782人增加到1919—1920年的307 759人。[③] 在1895—1906年，中学的奖学金名额由2500个增加到23 000多个。到1911年，有82 000多名以前上过初等学校的学生升入中学，约占中学招生总数的60%，其中接受免费教育的学生约为33%。从1890年起，10%—13%的英格兰和威尔士11岁儿童升入中学，其中有16%—

① 奥尔德里奇：《简明英国教育史》，诸惠芳等译，人民教育出版社，1987，第123页。

② 参见奥尔德里奇《简明英国教育史》，诸惠芳等译，人民教育出版社，1987，第123页。

③ See Harold Silver, *Equal Opportunity in Education* (London: Methuen & Co. Ltd., 1975), p. 11.

20%的儿童来自下层阶级和手工业者家庭。到1913年，20%的文法学校男生是工人阶级子弟。[①] 到1926年，贝德福德、曼彻斯特、萨尔福德和谢菲尔德的公立中学已全部免除学费。

1931年的统计数字表明，在英格兰和威尔士接受补助的学校已增至1367所，其中英格兰有1218所。这些学校可分为以下几种：郡立学校720所、罗马天主教学校87所、依靠基金及其他经费维持的学校458所、威尔士中间学校102所。在这些学校中，男校有500所，女校有485所，男女合校有382所。在英格兰和威尔士，被公认为有效率而未被列入受补助名单的学校有362所，在校学生为64 622人；另有预备学校228所，在校学生为16 647人。同年，受补助学校的学生占在校学生总数的76.1%，免费生占学生总数的44.3%，免费学额所占百分比从不到25%上升至75%以上。[②]

《1902年教育法》颁布后，一个新的国民中等教育制度在英国逐步建立起来。其中，除了各地方教育当局创办的公立中学外，还包括由教会等组织开办的一部分捐助文法学校和直接接受教育委员会拨款的学校。为了解决初等教育与中等教育之间的衔接问题，教育委员会在法案颁布后的几个月或数年之内制订了一系列的行政措施。尽快地贯彻落实《1902年教育法》，也是莫兰特的目标。他的传记作者写道："因此，无论发生什么变化，这个永久的法案是任何强有力的政府都难以破坏的。"[③] 这个法案明确区分了初等教育与中等教育之间的界限，并同时监督这两类学校的发展。继《1902年教育法》后，英国议会又通过了两个法案，它们为英格兰和威尔士的儿童带来了不可估量的好

---

① See W. B. Stephens, *Education in Britain, 1750-1914* (London: Macmillan Press Ltd., 1998), p. 104.

② 参见朱勃等编译《比较教育——名著与评论》，吉林教育出版社，1988，第183页。

③ Brian Simon, *Education and the Labour Movement 1870-1920* (London: Lawrence and Wishart, 1965), p. 237.

处。《1906年教育法》责成地方教育当局为营养不良的初等学校儿童提供膳食；《1907年教育法》责成地方教育当局为初等学校儿童提供医疗检查，并授权地方教育当局在中央教育委员会同意的情况下，为儿童的身体健康安排必要的医疗服务。

然而，这种国民中等教育制度很不完善。首先，公学仍然独立于这个教育制度之外，成为与公立中等教育并行的另一个教育系统。教育制度的这种双轨性还表现为初等教育与中等教育互不衔接。初等学校限于16岁以下的儿童，并对14岁以下的儿童实行强迫免费教育。同时，法律允许达到一定教育水平的儿童免予入学，这样不少儿童在13岁时就离开了学校。中等学校教育一般从儿童10岁或11岁开始，有时甚至更早一些。因此，中等学校并非初等学校的延续，而是与之平行的教育机构。相互衔接的公共教育制度直到《1944年教育法》颁布后才得以实现。其次，根据《1902年教育法》的规定，地方教育当局对初等教育与中等教育负有完全不同的责任，它有责任为初等教育提供足够的设施，但对于中等教育却不受类似法律的约束，仅仅是有权力为中等教育提供资助，结果有些地方教育当局慷慨解囊，而另一些地方教育当局却尽量减少补助金，致使各中学之间差别很大。最后，中等教育只为少数人服务，绝大多数儿童被排除在中学大门之外。布莱斯委员会认为，只有那些“能力超常”的儿童才应该从初等学校升入中等学校，因为中等教育在本质上与大多数儿童所需求的那种教育有所不同。实际上，中等教育本身并不适合于工人阶级，它仅限于为中产阶级提供教育服务。保守党教育委员会主席约翰·格斯特（John Gorst）指出：“初等教育应该强迫所有的儿童接受，而高层次教育只适合于少数人。为每一个能力超常的男孩和女孩提供最好的发展机会，这是完全符合国家利益的，但为每一个人提供高层次的教育无论如何是不适宜的。"①

伦敦大学教育学院安迪·格林（Andy Green）教授指出："1902 年法案形成了一个国民教育体系，最终让英格兰和威尔士与其他欧洲国家站到了同一条起跑线上。然而，英国的国民教育体系同时还保留了英国教育的许多独特且非常不利的历史特征。只是部分地实现了教育体系的一体化管理，而没有从教育的角度出发去整合各个不同部分。向中学生提供有限的奖学金也表明中学大体上还是排斥工人阶级子弟的。学生离校的平均年龄为 13 岁，这相当于普鲁士和北美 19 世纪中期的水平。英国独立中学中的精英主义仍然比其他国家严重，说明等级排斥思想在英国仍然挥之不去。最后要说的是，英国的技术教育仍然没有起色，始终被排除在主流教育之外。"② 伦敦大学教育学院加里·麦卡洛克（Gary McCulloch）教授则指出："1870 年和 1902 年的教育法案充满了争议，并在整个制度和社会上造成新的紧张局势，但它们共同为英格兰和威尔士全国中小学教育体系的建立奠定了基础。"③

此外，教育委员会认为，为了发展有效的中等教育，收费是必要的。委员们在关于中等学校的规章中指出："不管是为了确保学校的财政稳定还是强调教育供给的优越，拥有充裕的资金是值得做的。"④ 在当时，委员会认为每年收取 3 英镑学费是足够的（除了工人阶级子弟中奖学金获得者外）。但实际情况并非如此，1907 年全国教师联合会（The National Union of Teachers）的调查表明，在 1905—1906 年被认

---

① Brian Simon, *Education and the Labour Movement 1870-1920* (London: Lawrence and Wishart, 1965), p. 238.

② 安迪·格林：《教育与国家形成：英、法、美教育体系起源之比较》，王春华等译，教育科学出版社，2004，第 333—334 页。

③ Gary McCulloch, *Educational Reconstruction: The 1944 Education Act and the Twenty-First Century* (London and New York: Routledge, 2011), p. 23.

④ Brian Simon, *Education and the Labour Movement 1870-1920* (London: Lawrence and Wishart, 1965), pp. 241-242.

定的685所中学里，有607所中学的收费标准超出3英镑，46所刚好是3英镑，28所少于3英镑，仅有4所完全免费。① 实行收费制在某种程度上阻碍了一部分贫困家庭子弟进入中学学习。因此，虽然初等学校的学生可以通过获得地方教育当局设立的"免费学额"进入中学，但真正进入中学受教育的人极少。直至二战爆发前夕，公立初等学校学生在10岁或11岁时进入中学的比例仅为12%，其中还包括一部分缴费的学生。

第四节　自由党的中等教育政策

一、自由党的复兴

虽然《1902年教育法》促进了英国中等教育的发展，然而推行该教育法的保守党却蒙受了重大的损失。在下议院辩论时，国教徒和天主教徒支持议案，因为议案实际上把他们的学校从经济困境中解脱出来。非国教徒则强烈反对这一议案，他们本来幸灾乐祸地看着教会学校的破产，现在他们看见的却是这些教会学校由于地方税的支持而得到了拯救。以劳合·乔治为首的自由党抓住时机对教育议案进行攻击，结果自由党在反教育法的斗争中重新团结起来，并且在民意测验中的地位逐步上升。

《1902年教育法》的通过造成了保守党内部的分裂。张伯伦竭尽全力地从政治和宗教角度反对教育法，在这一企图失败之后他又转向了关税改革。张伯伦认为改变贸易政策将会巩固大英帝国的地位，因此

① See Brian Simon, *Education and the Labour Movement 1870-1920* (London: Lawrence and Wishart, 1965), p. 242.

他执意促使内阁放弃自由贸易政策，而实行保护主义的关税政策。1903 年 5 月，张伯伦在伯明翰发表演说时疾呼政府调整现行财政政策：一方面给本国殖民地的产品以优惠待遇，另一方面向已经对英国产品建立堡垒的各国商人征收报复性关税。张伯伦的关税保护政策与内阁预算案提出的自由贸易主张发生冲突，因而遭到巴尔福的坚决反对。就内心而言，巴尔福倾向于关税改革，但出于眼前的政治考虑，他又无法支持张伯伦的建议。因为关税改革会引起食品价格上涨，使保守党失去大批下层选民。张伯伦也不愿妥协，结果原预算案获得通过，但其代价是保守统一党（即保守党与张伯伦派）的分裂。张伯伦毅然退出了政府，并成立关税改革联盟。

不久，发生在南非金矿的雇佣中国契约劳工的丑闻，再次使巴尔福处于窘境。为防止给本国失业大军造成压力，英国发布了限制外国劳工入境的法令，但驻南非的英国高级官员却同意在紧急情况下可以招募华工开采金矿。这在英国国内引起一片哗然。抗议奴役外国劳工成了自由党反对政府的有力口号。1905 年秋，巴尔福在内政问题上已一筹莫展。《1902 年教育法》、关税改革、中国劳工问题及一些议会纠纷，使选民很快失去了对巴尔福的信任。与此同时，张伯伦的主张得到了保守党许多基层组织的支持，从而加速了保守党的分裂。在内外压力之下，巴尔福于 1905 年 12 月直接向国王爱德华七世提出辞职，以坎贝尔·班纳曼（Campbell Bannerman，1836—1908）为首的自由党迅速组阁。在 1906 年 1 月举行的大选中，自由党获胜，赢得了 377 席；而保守党惨遭失败，只获得 157 席。可以说，正是保守党的一系列政策使自由党重新联合起来，并为 1906 年自由党的获胜铺平了道路。

1906 年大选被公认为英国历史上具有重大意义的三次选举之一（另外两次分别为 1832 年与 1945 年的选举）。选举的结果使自由党和工党获得了胜利。这次大选是英国政治民主化进程中的一个里程碑，它结束了几百年以来下议院基本上由土地贵族控制的局面。改革后的下议院广泛地反映了英国社会生活中各方面的利益，尤其是工商界、金融、法律和广大劳工的利益。法国历史学家埃利·哈列维（Elie Halevy）说："1906 年大选并不是 19 世纪自由主义的胜利，而是 20 世纪社会民主主义的先声。"① 自由党不得不把社会问题提上议事日程，自由主义变成了"新"自由主义。霍布森指出："自由主义现在正式执行一项任务，其中无疑包含着一种新的观念，它涉及国家与个人生活及私人产业的关系问题。"② 从此以后，传统的自由放任原则被逐渐抛弃，自由党开始卷入国家干预社会生活的行动之中。

二、自由党的社会改革

1885 年后，自由党内部由于爱尔兰问题产生严重分歧，造成了自由党的分裂，极大地损害了自由党的力量及影响。在随后的近 20 年，除了格拉斯顿曾组织过两届短暂的内阁外，自由党一直处于在野地位。因此，在 1906 年执政以前，自由党在社会改革方面建树颇少。1906 年以后，自由党政府中的大多数政治家都是新自由主义者，其中最著名的有赫伯特·阿斯奎斯（Herbert Asquith，1852—1928）、劳合·乔治、温斯顿·丘吉尔等人。他们把社会改革放在政府工作的重要地位，呼吁建立一套适应英国发展需要的新型社会保障制度。

劳合·乔治是自由党社会改革运动中最积极的倡议者和组织者，他在一次演讲中阐明了新自由主义的基本观点。他说："不列颠的自由主义将不再重复大陆上自由主义的错误，大陆上自由主义的命运已经发出了警告，在它尚未较好地发挥其影响之前就已经被扫除了，因为它拒绝适应新的形势。而不列颠的自由主义已经过深思熟虑，它没有

---

① 钱乘旦等：《日落斜阳——20 世纪英国》，华东师范大学出版社，1999，第 37 页。

② Donald Read, *Edwardian England* (London: Croom Helm, 1982), p. 101.

放弃自由党建立自由和平等的传统目标，同时也推动各种旨在改善大众生活条件的措施的实行。传统自由主义者利用人们对贫困的不满作为捞取政治资本的动力；新自由主义者在追求这种政治目标的同时，也把一部分精力用于消除民众的不满上。国家应该帮助那些贫民、老年人、残疾者、失业者及其家人。”① 19 世纪末 20 世纪初，对劳工市场和社会状况进行的一系列调查表明，几乎 30%的人生活于贫困之中。英国经济学家西伯姆·朗特里（Seebohm Rowntree）在 1901 年出版的《贫困：城市生活研究》一书中指出，约克郡有 27%以上的人过着他所声称的“基本贫困或亚贫困”的生活。另一位经济学家阿尔弗雷德·马歇尔（Alfred Marshall，剑桥学派的创始人）则评论说：“如果说 1834 年的问题是贫民问题，那么 1893 年的问题则是贫穷问题。”② 鉴于当时英国贫困问题的严重性，劳合·乔治尖锐地指出：“在英国，人均财富的拥有远远高于其他地区，在这样一个富庶的国家中竟然有如此多的人生活于贫困之中，这是我们国家的耻辱。”③ 因此，他提出：“国家的多余财富应该强制性地首先用于维持那些自己无法为生的正直的人们的生活。”④

温斯顿·丘吉尔是自由党中一位激进的社会改革倡导者，他对失业问题十分关注。他说：“我们应该建立并沿着这样一条道路前进，它

---

① Gerhard A. Ritter, *Social Welfare in Britain and Germany: Origins and Development* (New York: Berg Publishers, 1986), p. 149.

② 肯尼思·O. 摩根主编《牛津英国通史》，王觉非等译，商务印书馆，1993，第 535 页。

③ 丁建定：《从济贫到社会保险——英国现代社会保障制度的建立（1870—1914）》，中国社会科学出版社，2000，第 110 页。

④ Rerbert Eccleshall, *British Liberalism, Liberal Thoughts from the 1860s to 1980s* (London: Longman, 1980), pp. 186-187.

可以使我们的国民在防止各种不幸与贫困的安全保障下前进。”[①] 丘吉尔呼吁建立劳动介绍所和失业保险制度，以防止和缓解失业问题及由此引起的贫困，并建立最低工资制度以保证低收入者的正常生活。

1906 年组阁的坎贝尔·班纳曼，在演讲中也提出了工会立法、土地和财政改革的主张，并且提出要实现济贫法的现代化、缓和住房拥挤状况及废除血汗劳动制度等目标。然而，事实证明班纳曼并不是完成这一任务的合适人选。他不是真正意义上的社会改革家，他几乎不给内阁以任何直接的指示，也很少过问各部门的工作。在任期间，班纳曼除了制定《行业争端法》外，没有通过任何重要的社会立法。1908 年 4 月班纳曼因健康原因辞职，赫伯特·阿斯奎斯接替他出任首相。原贸易大臣劳合·乔治改任财政大臣，成为内阁中的关键人物，其空缺则由温斯顿·丘吉尔填补。这次改组使内阁中激进派的力量得到增强，自由党以社会福利为基本内容的改革自此才正式开始。

自由党的社会福利政策主要包括四个方面。

一是 1908 年 6 月通过的《养老金法案》。它规定免费为 70 岁以上的老人提供养老金，其费用由国库支付。这项法令不仅为 50 万老人提供了补助金，而且享受养老金的老人不得被剥夺任何应该享有的权利。《养老金法案》虽然没有根本解决工人阶级所面临的问题，但它毕竟给了年老而无生活来源的工人一线希望，因此该法案的实施被认为是英国“福利国家”建设的起点，它标志着英国社会政策开始告别《济贫法》，而向现代意义上的福利制度转变。温斯顿·丘吉尔指出：“我们谋求的是消除那种捉摸不定的自然力对个人的压力，代之以保险法的压力，这样就有了均等的标准，而且具体到个人既可起到调剂的作用，

① Eric Hopkins, *A Social History of the English Working Class 1815-1945* (London: Edward Arnold Ltd., 1984), p. 193.

又可收到应急的效果。”① 劳合·乔治也曾为养老金辩护过，认为养老金在道义上是正当的。他反驳了那些声称养老金是一种“赏赐”，甚至是“对帝国的致命打击”的批评者。

二是1909年经议会批准建立了劳动介绍制度。它吸取了欧洲大陆一些国家（如德国）在这方面的经验教训，逐步建立了由国家资助和管理的全国性劳动介绍所。1910年在全国各地出现了60多个职业介绍所，一战爆发前又增加了350个。这些职业介绍所虽然不能创造新的就业机会和根本解决失业问题，但它提供了很多劳工市场信息，大大增加了就业机会。

三是1911年制定的《国民保险法》。它规定从1912年7月15日起，对所有投保人员提供疾病、伤残、妇产、医疗等项目的补贴，由雇主、雇员和财政部共同承担资金，这是英国社会政策向福利国家转变的一个重要信号。《国民保险法》分为两部分：第一部分关于健康保险，旨在为患病、伤残和因分娩而不能工作的女工提供保险金，其费用按不同的比例由雇主、职工和国家分担。为保证这项法案的实施，各郡和郡自治市要成立一个保险委员会，由中央和地方政府、健康保险医生和受保人员等方面的代表组成，以监督医疗福利的管理。该法案实施后，受保居民很快超过1000万，国民死亡率也逐年下降。第二部分关于失业保险，规定对一些易受经济危机影响、失业率较高的行业（如建筑业、造船业等）实行强制性保险。该法案颁布时英国约有230万人属于受保对象，一战后扩展到了所有的劳动者。

四是通过劳工立法。例如，1908年议会制定了矿工8小时工作日法案，1909年又在服装、花边等四个轻工业部门实施《行业委员会法》。各行业委员会有权协定计时工的最低工资和计件工的一般工资，

---

① 阿萨·勃里格斯：《英国社会史》，陈叔平等译，中国人民大学出版社，1991，第347页。

经贸易部审批后实施；凡不按法定标准支付工资的雇主一律追究刑事责任。

自由党政府的以上立法初步奠定了英国现代福利国家的基础。然而，这些改革付出了高昂的代价。随着社会立法的纷纷出台，英国自由党政府用于社会福利方面的开支也逐步增加，并达到相当高的数额。例如，1870—1871 年政府用于济贫方面的费用为 8 007 403 英镑，1905—1906 年增加到 14 685 983 英镑。特别是 1908 年的《养老金法案》实施后，政府用于社会福利的支出增长速度更快，1909—1910 年的养老金支出达到 875 万英镑。① 社会福利政策的推行使英国政府承受了巨大的财政赤字，新任财政大臣劳合·乔治决心实行财政改革。1909 年 4 月，他提出的一个预算方案规定，对于价值超过 100 万英镑的庄园将征收 25%的遗产税；增加所得税，对每年 3000 英镑以上的收入提高税率，5000 英镑以上的征收超额附加税；征收土地税，对土地转让时的自然增值部分征收 20%的税，对未开发的土地矿山征收闲置税；对烟草和烈性酒增收重税。② 增加的税收用于实施养老金计划、建立劳动交易所、改造农村设施等。劳合·乔治在说明该预算案的宗旨时指出："这是一项战时预算案，是要筹集款项对贫穷与肮脏发动无情的战争。"③ 该预算案提出后，引起上层社会的强烈反对。保守党指责它是"革命与社会主义的预算案"，自由党则称之为"人民预算案"。但经过劳合·乔治和丘吉尔等人的努力，1909 年 11 月"人民预算案"在整整辩论了 73 天后，终于以 371 席对 149 席得以通过。

英国史学家约翰·马里欧特（John Marriott）评论说："不论在形式上或在实质上，它都不是一件普通的预算案。……它被提出的方法和方式；它在那届议会的立法工作中所占的地位；它的建议的广泛范

① 参见马里欧特《现代英国》（中卷），姚曾廙译，商务印书馆，1973，第 474 页。
② 参见钱乘旦等《日落斜阳——20 世纪英国》，华东师范大学出版社，1999，第 38 页。
③ 阎照祥：《英国政党政治史》，中国社会科学出版社，1993，第 337 页。

围；它的细节中的几乎不能解决的错综复杂……所有这一切给予它一个异常的、确乎史无前例的性质。”[①] 劳合·乔治的预算案无疑为自由党的社会改革奠定了基础，他本人也受到了当时《经济学家》杂志的高度评价。“从财政收入的角度来看，在和平年代作为一项最成功的财政预算的设计者劳合·乔治也许创下了纪录，这一纪录是这个国家或者也许其他任何国家都没有过的。”[②] 在谈到预算案的社会意义时，劳合·乔治曾激动地说：“我们正在为防止由于失业而带来的贫困与不幸筹集资金，我们正在为我们的友谊会筹集资金以便它们能为患病者、寡妇及孤儿提供更多更好的救济。我们正在把这项重担置于更加广泛和更加坚实的基础上。”[③]

三、自由党的教育政策

（一）1907 年《中等学校管理条例》

在保守党执政期间，1904 年英国教育委员会颁布了第一个《中等学校管理条例》。这是首次由主管部门负责规定中等学校的范围，并为其发展制定了一个较为严格的指导方针。1906 年自由党执政后，在通过一系列社会立法的同时，也加强了对教育的立法工作。在初等教育方面，1906 年教育法授权地方教育当局用地方税为初等学校营养不良的儿童提供膳食；1907 年教育法要求地方教育当局为初等学校儿童提供医疗检查，并授权地方教育当局在征得中央教育委员会的同意后，为儿童提供必要的医疗服务。这两项立法奠定了英国教育福利政策的

---

① 马里欧特：《现代英国》（中卷），姚曾廙译，商务印书馆，1973，第 490 页。

② Bruce K. Murray, "The Politics of the People's Budget, 1909-10: Lloyd George and Liberal Politics," *Historical Journal*, no. 3(1973): 570.

③ Metthew Forde, *Conservatism and Collectivism, 1886-1914* (Edinburgh: Edinburgh University Press, 1990), p. 109.

基础。

在中等教育方面，1907 年自由党政府颁布了重新修订的《中等学校管理条例》（*Secondary School Regulations*），其宗旨是“使所有接受拨款补助的中学更易于所有阶级的儿童入学”①。新条例规定，由政府拨款补助的中等学校，应该为从初等学校中经过 11 岁考试选拔出来的儿童提供 25%的免费入学名额，以确保学生能跟上文法学校的进度。这就是英国教育史上的“免费学额制”（Free-Place Scheme）。同年颁布的《中等学校补充条例》（*Supplementary Regulations for Secondary Schools*）又规定，不管一所学校是否收费，它必须征得教育委员会的同意。在所有收费的学校中，其收费标准应符合教育委员会的要求，即确保为来自公立初等学校的学生提供一定的免费名额，但必须依据申请者的学识和能力测验而定。

《1907 年教育法》的颁布，进一步推动了英国公立中等教育的发展。据统计，1907 年接受奖学金的达 47 200 人，到 1913 年奖学金名额增加到 60 000 个，1927 年时达到 150 000 个。② 然而，提供免费学额的愿望并未完全实现，它占学生总数的比例并不高。正如工党发言人理查德·托尼后来所指出的，1919—1920 年在中学 282 005 名儿童中，仅有 82 630 人获得免费学额，只占 29.3%。③ 教育委员会主席雷吉纳德·麦肯纳（Reginald McKenna）说：“托尼希望所有接受地方当局补助的中学能免费，然而到 1913—1914 年时，在接受补助的 1000 余所中

---

① Brian Simon, *Education and the Labour Movement 1870-1920* (London: Lawrence and Wishart, 1965), p. 270.

② See J. Stuart Maclure, *Educational Documents: England and Wales 1816-1963* (London: Chapman & Hall, 1965), p. 162.

③ 参见周愚文《英国教育史：近代篇（1780—1944）》，台北学富文化事业有限公司，2008，第 165 页。

学里，只有 6 所是免费的。"[①] 此外，1914 年在初等学校 10—11 岁年龄组，每 1000 名学生中仅有 56 人能进入中学，而且获得免费中等教育名额的儿童比例仅为 40∶1。[②] 教育委员会秘书肯尼斯·林赛（Kenneth Lindsay）在 1926 年出版的《社会进步与教育浪费》一书中指出，在全国的儿童中，至少 40%已被测试能力的儿童，得不到适当发挥其能力的机会；在初等学校的学生中，至少 50%的人可以利用基础教育后的某种形式继续培养到 16 岁。然而，由初等学校升入中等学校的学生实际上还不到 10%；而且，英格兰和威尔士近 300 万青少年中只有 20%在全日制学校学习。[③]

（二）1911 年《关于中等学校考试的报告》

《1902 年教育法》颁布后，英国的中等教育得到了迅速发展。然而中等学校的考试形式也变得更加多样，到 1911 年这种情况十分突出。在学校考试中，出现了好几种不同的"初级证书"（junior certificates），这些证书在学生 14 岁或 15 岁时获得。为此，教育咨询委员会建议成立一个有代表性的考试委员会，以便教育委员会能与地方教育当局和大学考试机构联合起来，行使对所有校外考试（external examination）的监督权，并制定一些考试规则。1911 年，教育咨询委员会发表了《关于中等学校考试的报告》（"Report on Examinations in Secondary Schools"）。1917 年，教育委员会用一种新的考试方式取代了原来的初级证书和其他考试，这就是学校证书考试（The School Certificate Examination）的起源。

---

① Brian Simon, *Education and the Labour Movement 1870-1920* (London: Lawrence and Wishart, 1965), p. 271.

② See Brian Simon, *Education and the Labour Movement 1870-1920* (London: Lawrence and Wishart, 1965), p. 273.

③ 参见奥尔德里奇《简明英国教育史》，诸惠芳等译，人民教育出版社，1987，第 126—127 页。

教育咨询委员会的报告指出，考试对学生的积极影响包括如下几方面：（1）能使学生在一个固定的时间内达到国家所要求的知识水平；（2）促使学生的知识再生和减少对知识模糊的危险；（3）使学生学习一些对他本人而言虽然乏味但又必不可少的科目；（4）训练学生为了一定的目的而学习某一学科的能力，这种训练对某些职业如律师、管理者、记者和商人等有用；（5）在某些情况下，能确保教学工作长时间内得到稳定；（6）能使学生通过校外考试的标准、与同伴的比较、与其他学校同龄人的比较来检验自己的真实水平。[①] 但另一方面，考试也可能会对学生产生以下不利影响：（1）鼓励学生重复别人的思想和学习方法，扼杀了自己的创造能力；（2）奖励学生对知识的短暂回忆；（3）支持某种消极的思维方式；（4）给予那些充分利用卷面回答问题，但也许成绩并不好的人不适当的益处；（5）在准备考试时，诱使学生尽量吸收教师传授的知识，而不是形成自己对某门学科的独立判断能力；（6）在获取知识的过程中，鼓励可能带有功利性的竞争精神。[②]

报告指出，一些组织得好的考试对教师也能产生积极影响：（1）能促使教师全面地对待自己的学科；（2）能使教师在一个指定的时间内依据知识的全面性来安排课程；（3）能使教师在学生准备考试时不仅关注成绩好的学生，也注意那些成绩较差的学生；（4）能使教师熟悉这样一个标准，即其他教师和学生在别处的同一科目考试中也能达到。但考试也给教师带来了以下方面的不利影响：（1）为使自己的学生能正确地回答某些问题，教师不得不了解主考者的个人特性和缺点（或者考试传统）；（2）限制了教师在教学中选择的自由；（3）鼓励教师为自己的工作承担责任，致使教师传授知识时只通过摘要的方式，

---

① See J. Stuart Maclure, *Educational Documents: England and Wales 1816 to the Present Day*(London: Methuen and Co. Ltd., 1986), p. 164.

② See J. Stuart Maclure, *Educational Documents: England and Wales 1816 to the Present Day*(London: Methuen and Co. Ltd., 1986), pp. 164-165.

或者挑选一组学科方面的事实；（4）使教师容易过高估计智力发展在考试取胜中的作用；（5）使教师的兴趣只集中在可测验的方面，而忽视不能通过考试来检查的那部分教育。①

由上可知，考试特别是校外考试的不利因素对学生和教师影响很大。然而，教育咨询委员会认为中等学校的校外考试是必需的，它必须按照严格的规章进行，如在什么年龄参加考试及考试的特性等，这样才能充分利用校外考试的优点，进而尽量减少其危害性。

教育咨询委员会认为，中学考试的基本规则应包括以下几个方面：（1）由校外考试机构组织的基础科目考试，应具有教育性并与视导紧密相关；现有的视导制度必须修改，使其满足新的需要。（2）现有考试的多样性干扰了学校的正常工作，应该通过一致的行动加以减少。（3）所有的校外考试应坚持这样的原则，即每所中学应为平均年龄为16岁的学生提供一个自由教育的合理基础，以便为多种形式的继续教育提供条件等。② 委员会建议把这种考试称为中等学校证书考试，以使它能为公众传达一个完美而清晰的概念。

（三）1918年《费舍法案》

1914年，第一次世界大战的爆发暂时终止了英国各级各类教育的发展。大战结束后，鉴于国内政治和经济发展的需要，英国率先对自身的教育制度进行了全面考察，并开始酝酿一场新的教育改革。1916—1922年担任英国教育委员会主席的H. A. L. 费舍（H. A. L. Fisher）在自传中写道："就如任何革命时期所发生的情况一样，教育界也处在动荡之中。在我们民族的历史上，教育破天荒地成了众人关心的问题，人们在排除了宗教偏见的气氛中来讨论这一问题……我从

---

① See J. Stuart Maclure, *Educational Documents: England and Wales 1816 to the Present Day* (London: Methuen and Co. Ltd., 1986), p. 165.

② See J. Stuart Maclure, *Educational Documents: England and Wales 1816 to the Present Day* (London: Methuen and Co. Ltd., 1986), p. 166.

一开始就觉察到，在战争尚未结束的年代中，改革是能够进行的，而且能取得在和平时期的批评气氛中无法实现的进展。”① 费舍清楚地认识到，在战后英国的重建工作中教育将发挥主要作用。为了进一步完善公共教育制度，给青少年提供更多的教育和指导，费舍在教育委员会秘书赫伯特·刘易斯（Herbert Lewis）的协助下，主持起草了一项教育议案并提交给议会。

1917年8月，费舍在向下议院介绍教育议案时指出：“我们认为，教育是生活中一件美好的事情，它应该比目前更为广泛地由这个国家的儿童和青年所享用。我们认为，教育对一个人来说应该是全面的，包括精神的、智慧的和身体的教育……我们自己感到，在现存的环境中，只有依靠国家进一步强制立法的保护，成长中的一代人的生活才能免遭工业压力的有害影响。但我们认为，本议案中建议的强制措施，将不会对有益于身心的自由产生任何无益的限制，而将成为更加广泛和更加明智的自由的一个根本条件；它将在整个社会中激励公民精神，以提高公民的文化水平，扩充公民的技术知识量，使公民做出更坚定的判断和提出更明智的见解。”② 1918年8月8日，英国议会通过了这一教育法案，它也被称为《费舍法案》（*The Fisher Act*）。

《费舍法案》的主要内容包括以下几方面：（1）为了建立所有人可以从中受益的全国公共教育系统，每个郡和郡自治市议会应该制订促进本地区教育发展的计划和全面组织本地区教育，并竭尽所能地为此做出贡献。（2）地方教育当局应当为2—5岁的儿童设立幼儿学校（nursery school），并对接受监督的私立幼儿学校提供资助。（3）公立初等学校一律实行免费政策，其中至少50%的教育经费应由中央政府

① W. F. 康内尔：《二十世纪世界教育史》，张法琨等译，人民教育出版社，1990，第376—377页。

② J. Stuart Maclure, *Educational Documents: England and Wales 1816-1963* (London: Chapman & Hall, 1965), p. 175.

负担。(4) 地方教育当局的职责是独立地或通过与其他地方教育当局协作，以建立和维持足够数量的继续教育学校 (The Continuation School)。这种学校应该向居住在本地区的、依据本法有义务进入学校的所有年轻人，免费提供适当的学习课程、教学和体育训练。(5) 所有年轻人应该根据本地区地方教育当局的要求，每年在规定的时间内去补习学校接受 320 个学时的教育。[①] (6) 鼓励初等学校开设更广泛、更高级和更实用的课程，并对所有学校的所有儿童开放。(7) 为 16—18 岁的年轻人提供日间继续教育学校 (Day Continuation School)。

《费舍法案》明确宣布要建立全国公共教育制度。从此以后，在英国历史上首次确立了一个包括幼儿学校、初等学校、中等学校和各种继续教育学校在内的公立学校系统。《费舍法案》的颁布真正实现了初等教育的免费。从那时起，所有公立初等教育都由地方教育当局免费提供，儿童接受免费教育直至 14 岁。《费舍法案》虽然没有规定中等学校为义务的，但它明确表示："在本条例之下，当设法使儿童及青年不得因其不能纳费便不能受任何的教育。"[②] 可见，该法案是进步的。彼得·戈登等学者指出："像 1944 年的教育法一样，1918 年的教育法不仅是战时的直接产物，也是几十年以来各项改革计划达到的一个高潮，以及对未来的一个宣言。"[③]

《费舍法案》颁布后，中等教育的民主化日益引起人们的重视。早在第一次世界大战期间，由于英国军火工业的发展，就业机会扩大，劳工家庭的收入有了大幅增长，希望接受中等教育的人数也明显增多。鉴于这种情况，从 1911 年起英国的一些大城市（如伦敦、曼彻斯特等）

---

① See J. Stuart Maclure, *Educational Documents: England and Wales 1816-1963* (London: Chapman & Hall, 1965), pp. 171-172.

② 赖斯纳：《近代西洋教育发达史》，陈明志等译，商务印书馆，1933，第 199 页。

③ Peter Gordon, Richard Aldrich and Dennis Dean, *Education and Policy in England in the Twentieth Century* (London: The Woburn Press, 1991), p. 49.

逐步办起了“中心学校”（Central School），招收初等学校毕业生，学习期限一般为4年，主要学习工商、家政等实用课程，学生毕业后多数就业。这种学校专门为劳工子弟设立，其教育水平高于初等学校。这类学校是英国现代中学（Modern School）的先驱，也是英国公立教育扩大中等教育概念的重大尝试。《费舍法案》鼓励创办中心学校及同类性质的学校，并为这个运动的发展做出了巨大贡献。

据统计，1914—1915年在英格兰认可的文法学校中，学生人数从9000人上升到近190 000人。1920—1921年，文法学校的学生人数上升到337 000人。同时，在初等学校每1000名10—11岁年龄组的儿童中，就有97人进入中等学校①，具体内容可参见表1和表2。

表1　1919—1921年英格兰的中学个数及学生人数②

年度	性质	中学个数	学生人数		
			男生	女生	总数
1919—1920年	受补助者	1022	147268	134840	282108
	不受补助者	202	20394	15958	36352
	总数	1224	167662	150798	318460
1920—1921年	受补助者	1076	100779	150979	251758
	不受补助者	255	24649	20230	44879
	总数	1331	125428	171209	296637

注：此表根据英国教育委员会1920—1921年度报告编制而成。

① See Grald Bernbaum, *Social Change and the Schools 1918-1944* (London: Routledge and Kegan Paul, 1971), pp. 14-15.

② 余家菊：《英国教育要览》，中华书局，1925，第77页。

表 2　1917—1921 年威尔士中学生数量增加情况[①]

年度	学生人数	增加人数	增加百分数
1917 年	21541	—	—
1918 年	23697	2148	10.0%
1919 年	25754	2057	8.7%
1920 年	28696	2942	11.4%
1921 年	30257	1661	5.8%

注：增加人数与增加百分数是就本年度与上一年度对照而言。

《费舍法案》扩大了地方教育当局提供与维持初等和中等教育的职责，并使义务教育年限延长到 14 岁，有条件的地方可以延长到 15 岁。该法案禁止雇佣 12 岁以下的儿童，并规定受雇佣的 12—14 岁儿童每天工作不超过两个小时。法案赋予地方教育当局建立和维持幼儿学校的法定权力，且地方教育当局有权将所在地区的离校年龄提高到 15 岁。法案还规定，地方教育当局应当为没有完成学业的 14 岁以上儿童设立继续教育学校。这类学校实行免费入学政策，教学中兼顾普通教育、体育和职业教育。这个计划是该法案的一项重大革新，也是引起争议最多的部分。保守党强烈反对《费舍法案》，他们认为自由党的很多行动太社会主义化了。[②] 因此，他们故意减少拨款，并制订计划给《费舍法案》的实施设置障碍，致使法案中的大部分内容没有生效。“1918 年教育法在当时被认为是一个重大的进展，正如它所说的，它表达了战乱时期人们对于教育的期望，它也确实取得了有限的进步，但它最终

① 余家菊：《英国教育要览》，中华书局，1925，第 78 页。

② 参见 S. E. 佛罗斯特《西方教育的历史和哲学基础》，吴元训等译，华夏出版社，1987，第 545 页。

成了保守党一直呼吁经济复苏的受害者。”[①] 那些建立继续教育学校的地方教育当局，在 20 世纪初经济衰退时关闭了这些学校，只有拉格比的地方教育当局把义务继续教育计划实施到二战为止。

《费舍法案》中有关公共考试制度的改革十分重要。至 1917 年为止，英国的中学生仍然面临着由许多权威机构举办的各种校外考试，这些考试机构之间协调性极差。在费舍的指导下，改革后的考试制度精简为两种：一是在学生 16 岁时举行的“学校证书考试”，以提供普通教育的凭证；二是在学生 18 岁时举行的“高级学校证书考试”。得到中央教育委员会认可的考试机构有 8 个，分布在全国各地。亨利·希伯特（Henry Hibbert）曾十分清晰地阐明了这一观点，他说：“作为一个教育工作者和商人，我推荐一个最为合适的选拔制度……我把它概述如下：学生在 12 岁时进行考试，这是一个进入中学的合适年龄；然后在 16 岁时进行考试，选拔成绩好的学生；最后在 18 岁时考试，根据考试成绩把学生送入大学或技术学院。我将给予学生足够的津贴，我认为通过这种方法可以极大地发展这个国家的商业并增加人们的财富。”[②]

据统计，1926—1927 年，在文法学校获得奖学金的毕业生中，大约 50%的人获得“学校证书”，而缴纳学费的学生只有 20%的人获得“学校证书”。学生在 16 岁获得的学校证书，成为求职中普遍通行的护照。1925—1926 年，至少 47.5%的男生和 30.2%的女生从文法学校毕业后，直接从事专门职业和担任牧师职务。在随后的 10 年，这个比例分别维持在 46.1%和 43.9%左右，另有 13%的男生和 28.4%的女生进

---

① Brian Simon, *Education and the Social Order 1940-1990* (London: Lawrence & Wishart, 1991), p. 25.

② Grald Bernbaum, *Social Change and the Schools 1918-1944* (London: Routledge and Kegan Paul, 1971), pp. 22-23.

一步接受某种形式的高等教育。①

然而，这种考试制度仍然存在不少缺陷。1918 年，A. E. 艾金（A. E. Ikin）博士发表了一篇题为《可教育能力——一份统计调查结果》的文章。他调查了 600 万名儿童和与之相关的阶级背景，然后得出结论说："在初等学校中，有 20%以上的学生有能力接受更高层次的教育，但他们被排除在中学大门之外。如果撇开社会公平问题，那么中等教育的选拔制度证明是一个巨大的浪费。"② 但托尼指出："……无论 1918 年教育法有什么缺点，它毕竟做了两件极为重要的事。它在英国历史上第一次赋予地方教育当局组织更高阶段教育的责任；第一次宣称，任何能获益于更高教育的儿童都不得因无力缴纳学费而受不到这种教育。后一条规定实际上大体承认了普及中等教育的要求，那正是教育家们极力主张的要求，也是工党 30 年来的政策。"③

第五节　"人人受中等教育"

一、工党的崛起

（一）自由党的衰落

英国工党的崛起是以自由党的衰落为标志的，而自由党衰落的根本原因在于英国自由资本主义经济发展阶段的终结。1920 年后，英国

① 参见奥尔德里奇《简明英国教育史》，诸惠芳等译，人民教育出版社，1987，第 125 页。

② Grald Bernbaum, *Social Change and the Schools 1918-1944* (London: Routledge and Kegan Paul, 1971), p. 15.

③ 瞿葆奎主编，金含芬选编《教育学文集·英国教育改革》，人民教育出版社，1993，第 29—30 页。

经济跌入长期衰退的低谷。战争造成的直接物质损失（如船只毁坏、机器损耗、住房的修缮与兴建等），大约相当于1914—1918年可以增长的财富。在经济上，非生产性支付引起贸易紊乱和债务急速增加的情况仍然没有改变。国家债务由1914年的6.5亿英镑升至1920年的78.3亿英镑。[①] 假定1913年的工业生产指数为100，1920年则为90.5，1921年降为61.35。在1920—1921年，英国的煤炭产量由2.3万吨降到1.63万吨，生铁产量从800万吨降为260万吨，钢产量由900万吨降至370万吨。同样，造船业、纺织业和农业等其他行业也不景气。1918—1919年的经济危机导致大量工人失业，1920年英国失业人数占工人阶级的2.4%，1921年增加到14.8%，1922年达到15.2%。[②] 工人阶级的生活状况日益恶化。

随着英国经济的逐渐衰退，自由党长期奉行的自由主义政策已彻底过时，由约瑟夫·张伯伦倡导的关税保护政策势在必行。1918年，在自由党领袖劳合·乔治和保守党领袖安德鲁·博纳·劳（Andrew Bonar Law，1858—1923）联合发表的竞选纲领中，就包括了帝国关税特惠政策和保护工业政策。1919年，联合政府的财政大臣奥斯汀·张伯伦（Austen Chamberlain，1863—1937）在其年度预算案中声明，帝国关税特惠原则已纳入英国的财政制度。1921年制定的《工业保护法》明文规定，对于大英帝国以外国家输入的主要工业品加收33.3%的从价税，并授权贸易部采取强硬措施抵制他国产品倾销，甚至迫使外商在不列颠岛亏本出售货物。1925年，保守党重返政府后再次颁布《工业保护法》，对外国各种商品征收高额关税。至此，19世纪建立的自由贸易大厦崩溃了，自由党失去了赖以存在的社会经济基础，在政治上一蹶不振。

---

① 参见阎照祥《英国政党政治史》，中国社会科学出版社，1993，第353页。

② 参见伊·勒·伍德沃德《英国简史》，王世训译，上海外语教育出版社，1990，第199页。

自由党衰落的另一主要原因是内部分裂。自由党的分裂最早可追溯到 1886 年，当时以约瑟夫·张伯伦为首的“自由党统一派”与保守党联合起来，否决了格拉斯顿的第二项《爱尔兰自治案》。1895—1902 年，围绕对南非政策和英布战争（Anglo-Boer War，也称南非战争，1899—1902）问题，自由党又起内讧，形成了以赫伯特·阿斯奎斯、爱德华·格雷（Edward Grey，1862—1933）为首的帝国主义派和以坎贝尔·班纳曼、劳合·乔治为首的反战派。1916 年，以赫伯特·阿斯奎斯为首的战时联合政府指挥战争不力，受到反对党和报界的严厉攻击。劳合·乔治借机向首相发出最后通牒，要么组成一个由他亲自领导的核心内阁，要么赫伯特·阿斯奎斯退出内阁。最后，劳合·乔治依靠保守党的支持推翻赫伯特·阿斯奎斯而掌权。劳合·乔治在政治上的成功有助于战争取得胜利，但对他自己的自由党却是一场大灾难。由于党内分裂，自由党的根基削弱了。当第一次世界大战结束时，自由党四分五裂，成为大战受害最深者。

1918 年一战结束后，劳合·乔治决定举行大选。他想维持战时的联合政府，实际上是依靠保守党继续执政。自由党在大选分为两派：一派支持劳合·乔治与保守党联合的政府；一派追随赫伯特·阿斯奎斯，反对联合。选举的结果是联合派获胜，但事实上是保守党大胜，因为保守党得到 335 个席位，而劳合·乔治派只有 133 个席位。以赫伯特·阿斯奎斯为首的自由党输得很惨，只得到 28 个席位。自由党的崩溃不仅表现在赫伯特·阿斯奎斯的落选上，就连劳合·乔治的胜利也是暂时的。因为劳合·乔治派主要在工人选区得票，而工人选区随时可能被工党夺走。自由党总部督导赫伯特·格拉斯顿（Herbert Gladstone，1910—1914）说：“1918 年的结果粉碎了党，不仅在下院，而且在全国。党的地方协会消失了，或名存实亡。我们最好的党员大批投奔工党，其他人倒向保守党或变成独立派。"① 因此，1918年大选实际上是自由党的死亡宣告书。甚至劳合·乔治也承认，自由党人多年来互相倾轧，无疑使很多自由党人因失望而进入工党，而且在工党里已有相当一部分自由党人在损害政府的威信。对此，列宁（Lenin）曾给予辛辣的讽刺。他说："自由资产阶级正放弃那种历史上被数百年来的经验奉为神圣的、对剥削者异常有利的'两党'制，而认为必须联合两党的力量同工党作斗争。一部分自由党人好像覆舟时的老鼠，纷纷跑到工党方面去。"②

（二）工党的建立

19世纪末，英国工人运动的发展促成了工人阶级政党——工党的产生，极大地改变了英国的政治格局，并对20世纪英国政治、经济和社会进程产生了深远的影响。工党的产生有其深刻的社会背景，它是19世纪末英国社会、政治、经济等发生一系列变化的结果。

在工党的产生中，工会起着举足轻重的作用。工会是工人阶级自发性的群众组织，其宗旨是通过谈判与雇主议定本行业的劳动工资，维护其成员的利益。同时，工会也是劳动者在平等基础上建立的一种互助福利组织。宪章运动的领导人布朗特尔·奥勃莱恩（Bronterre O'Brien）在1833年指出，一种联合的精神在工人阶级当中发展起来，这是过去没有先例的……其目标是人们所能设想的最崇高的，也就是说，……使生产者阶级得以完全支配其产业的果实……这些阶级希望居于社会上层而不是下层，或者说，这些阶级更希望社会没有上层和

---

① Chris Cook, *A Short History of the Liberal Party, 1900-1976* (London: Palgrave Mcmillan, 1976), p. 81.

② 中共中央马克思恩格斯列宁斯大林著作编译局编《列宁全集》（第三十九卷），人民出版社，1986，第63页。

下层之分。① 一般说来，工会主要采取经济斗争的形式，但也不排除政治斗争或其他斗争形式。在实际斗争中，工会往往在一种形式不能见效后就转向另一种形式，就像钟摆一样在经济斗争与政治斗争之间摆动。1900 年前工会组织的经济性罢工占罢工总数的 75%，20 世纪初经济性罢工的比例下降到 45%。工人阶级不仅要求改变自己的经济地位，而且要求改变自身的政治地位。早在 19 世纪 70 年代，英国工人就迫使议会通过法令承认工会的合法地位，认为任何工会活动只要是在它的职业范围之内，都不应被视为非法而受到阴谋犯罪的起诉，或加以诸如此类的罪名。

19 世纪 80 年代以后，新工会运动的兴起使英国工会的政治性进一步增强。新工会和旧工会明显不同。从成分上看，旧工会由少数熟练工人组成，工人贵族把持着领导权；新工会则由非熟练工人和普通工人组成，它的某些领导者受马克思主义影响。在斗争策略上，旧工会主张和平调解劳资冲突，新工会则积极开展罢工斗争。新工会成立不久，就显示出新的战斗精神。1889 年，在社会民主联盟的领导下，伦敦码头工人举行大罢工，这场斗争坚持了一个月，参加者超过 10 万人，最终迫使资方做出较大让步。1890 年，各个新工会响应第二国际的号召，在伦敦组织了 20 万工人的游行示威活动。在许多工会宣言中都写进了政治斗争的内容，如 1887 年英国铁路工人工会在其宣言中明确指出，铁路工人工会将保持其战斗性，它不应受到任何意外事件的牵连。到 19 世纪 90 年代初，大约有 150 万工会会员，其中矿工有 30 万人，零售商业也有 30 万人，还有一些会员属于新兴的“非熟练工人”工会。进入 20 世纪后，英国工会展开了争取工人阶级在议会中的代表权的斗争，并直接导致了英国工党的产生。

---

① 参见阿萨·勃里格斯《英国社会史》，陈叔平等译，中国人民大学出版社，1991，第 246 页。

19世纪80年代，英国还出现了一些自称为代表工人阶级利益的社会主义组织，其中主要有1881年建立的“民主联盟”、1884年成立的“社会民主联盟”及费边社（The Fabians）等。

1881年，美国经济学家亨利·乔治（Henry George）出版的《进步与贫穷》（*Progress and Poverty*）一书在英国掀起了调查贫困问题的高潮。在随后发表的一系列文章和报告中，1889年查尔斯·布思（Charles Booth）对伦敦穷人的调查报告影响最大。他的统计结果表明，伦敦有30.7%的人生活在“贫困线”以下。这些调查表明经济增长并不能自动消除贫困。于是，一部分富有正义感的知识分子开始探讨造成这种状况的原因。

在探讨资本主义制度弊端的过程中，产生了各种各样的社会主义思潮，其中马克思主义是最有影响的社会主义思潮。1881年，受马克思主义影响的英国社会主义者亨利·海德曼（Henry Heiderman）组织了第一个社会主义团体——民主联盟。同年，亨利·海德曼出版了《大家的英国》（*England for All*）一书，深入浅出地介绍了马克思对资本主义社会所做的深刻分析，论述了马克思的剩余价值学说和其他经济学观点。该书很快被誉为英国出版的第一部阐述社会主义的著作，其内容和影响可与《进步与贫穷》相提并论。亨利·海德曼则因该书和其他方面的著述而被称为英国第一个重要的马克思主义者。

1884年8月，民主联盟改名为“社会民主联盟”。社会民主联盟由于宣传马克思主义，因而吸引了许多青年工人，他们试图从中找到贫困和失业的原因。社会民主联盟的纲领不仅包括政治斗争的目标，而且包括社会福利方面的基本要求。为了缓解现有社会的矛盾，社会民主联盟主张采取下列措施：（1）由政府和社会团体为人民修建整洁的住宅，租金以足够偿付建筑费和管理费为限；（2）为各阶级实施免费的非宗教的技术教育，一切公立学校免费供应学生膳食；（3）禁止雇佣16岁以下的童工，违反这一规定的雇主必须从严惩处；（4）正常的工作日以 8 小时或少于 8 小时为限，每周不得超过 48 小时，违者应予以重罚；（5）对一切年额为 300 英镑以上的收入征收累进所得税；（6）抚恤年老和残疾工人，年满 50 岁者解除工作义务，并享受国家养老金；（7）设立市医院；（8）废除现存的贫民救济制度；（9）给失业者提供充分的就业机会。[①] 社会民主联盟分裂后，仍然被视为英国社会主义运动中最有影响的组织，它在伦敦、兰开夏等地工会团体中的影响不断扩大。尽管它的领导人在 19 世纪末始终没有明确的组织发展意识，未能领导本国工人建立一个独立的、基础广泛的无产阶级政党，但在组织关系上社会民主联盟是促进以后工党建立的先驱性组织之一。

1884 年，一批有志于社会改革的知识分子在伦敦建立了一个类似学术俱乐部的团体——费边社。费边社的名称源于古代大将费边·昆克塔托（Fabius Cunctator）的名字。他倡导采取渐进战术，试图用迂回和避免决战的策略战胜迦太基（Carthage，公元前 7 世纪一个强大的奴隶制国家，位于今突尼斯的北部）军队。这个名称鲜明地表达了费边社的改良主义性质。费边社成员大多是政治热情较高的中产阶级知识分子，包括剧作家乔治·萧伯纳（George Bernard Shaw）和社会活动家悉尼·韦伯（Sidney Webb）夫妇等。他们把休谟、李嘉图、边沁、密尔等人的经济学观点、功利主义理论和其他一些庸俗进化论，以及空想社会主义思想糅合改造，炮制出一种新理论——费边主义（Fabianism）。

费边主义者在他们的论著中指出，英国的社会变革是不可避免的，但有助于社会进步的变革只能是渐进的、温和的、合乎宪法的；旧制度应该逐渐演化为新制度。因此，人们不必诉诸阶级斗争和暴力革命，只需依靠英国现有的民主的国家机器，逐渐消灭土地和工业资本的私

① 参见马克斯·比尔《英国社会主义史》（下卷），何新舜译，商务印书馆，1959，第 218—237 页。

有制，使之归于国家，再通过各种机构逐步进行改革，最终改变社会的资本主义性质。悉尼·韦伯认为，所有了解自己时代的社会学者、社会主义者及个人主义者都认识到，重大的、根本的变革只能是：（1）民主主义的变革，因为对于大多数人民来说，只有如此才是可以接受的，才能使所有的人在思想上有所准备；（2）渐进的变革，因为不论进步的速度多快，只有如此才不致引起混乱；（3）被人民大众认为是合乎道理的变革，因为只有如此才不致在主观上对于人们来说是败坏道德的；（4）合乎宪法与和平的变革，至少在英国应当如此。[①]

由上可知，费边社会主义是一种改良社会主义，它具有浓厚的英国特色，因而在英国流传甚广。但由于对工人阶级的轻视，早期的费边社并未把社会主义与工会运动联系起来；相反，费边社对把自己的理论“渗透”到自由党或保守党表现出浓厚的兴趣。费边社主张在政府官员中宣传费边主义观点，争取他们的理解和支持；号召其成员广泛参加各类竞选，并设法进入各级议会、济贫委员会和政治团体，尽量扩大费边主义的影响。在随后数十年中，费边社会主义的影响和作用超过其他各种改良主义，成为英国工党的指导思想和20世纪福利国家建设的基本理论。

随着工人运动的发展和社会主义思想的传播，建立全国工人阶级政党的任务提上日程。1887年4月，矿工领袖詹姆斯·凯尔·哈迪（James Keir Hardie，1856—1915）撰文指出：“当工人们正在争论究竟是托利党还是辉格党更应统治他们时，这两个强盗却正在分享从工人那里掠夺来的赃物。因此，我们需要一个新党，一个独立的工党，工会有力量创造它。”[②] 1888年，凯尔·哈迪等人在格拉斯哥召开代表大

① 参见玛格丽特·柯尔《费边社史》，杜安夏、杜小敬译，商务印书馆，1984，第33页。

② Asa Briggs and John Saville(eds.),*Essays in Labour History ,1886-1923*(London: Macmillan,1971),p. 43.

会，建立了“苏格兰工党”。会议通过的纲领规定，苏格兰工党的任务是从政治上教育人民，力争本党成员进入议会和各类地方团体，促使政治改革的实施，推动劳工立法和确定8小时工作日制。苏格兰工党在之后的数年内迅速成长为北方工业区最有影响的政治组织。1889年，新工会运动的兴起为建立独立的劳工政党创造了良好条件，各地先进工人纷纷建立新的政治团体，如1890年成立的“贝德福德劳工联合会”和“曼彻斯特独立工党”等。这些组织的出现为独立工党的建立奠定了基础。

1893年，苏格兰工党和贝德福德劳工联合会合并成立新的“独立工党”（Independent Labor Party）。独立工党的主要目标是试图在社会主义组织与工会之间架起一座桥梁，以便在议会中组成一个独立的劳工政党。但独立工党仍然不是全国性工人阶级政党，它一开始就存在领导集体不团结、基础组织涣散、指导思想混乱和宗派主义等问题，难以在议会选举中扩大影响。1900年，独立工党、工会与一些社会主义组织联合成立“劳工代表大会”，以争取工人阶级在议会中的独立代表权。1906年大选后，劳工代表大会正式更名为“工党”（通常把1900年作为工党建立的年代）。从此，工党逐渐成为英国政治领域的一支重要力量。工党从一开始就得到工会的有力支持，到1914年工会的会员增加到400万人，这样工党的长期存在有了保障。① 工党的诞生使英国第一次出现了在组织上独立于资产阶级政党的全国性工人阶级政党，这是英国现代政治史上一个重要的转折点。

从1900年到第一次世界大战，是工党政治思想的准备阶段。工党继承了旧工会的工联主义，它在与自由党的合作中接受了费边社会主义。同时发展了其固有的议会道路思想，进而形成了以社会主义为标签，以改良主义为实质的思想体系。英国政治学家拉尔夫·密利本德

① 参见阿萨·布里格斯《英国社会史》，陈叔平等译，商务印书馆，2015，第260页。

(Ralph Miliband) 指出，工党并没有同早年的思维模式或者意图一刀两断，恰恰相反，正是这些早年的思维模式支配了新组织的政治观点。[①] 有的学者指出："工党是为了代表一个阶级在议会中的利益而成立的。它与工会和社会主义者的正式结合即反映了这一事实。正是从它成立时起，它就带上了许多自由主义的传统特征，即通常所谓的中产阶级思潮：如支持新教教徒、拥护自由贸易、信奉布莱特和科布顿两人拼凑起来的国际主义的信条。在第一次世界大战期间和战后，自由党开始分崩离析，自由党知识分子开始转入工党，这就使工党永久保持一种倾向，即在某种程度上不是从阶级内部，而是跨越阶级界线去寻求支持。"[②]

第一次世界大战结束后，工党继续宣传其"和平改造社会"的计划和实施"议会道路"的方针。1918 年大选时，工党成为议会第三党，得到了全国 22.2%的选票。在 1922 年大选中，保守党获胜，由保守党领袖安德鲁·博纳·劳接替劳合·乔治出任首相。工党加强宣传攻势和组织工作，结果得到全国 29.5%的选票，堂而皇之地成了"国王陛下的反对党"[③]。1923 年，以斯坦利·鲍德温（Stanley Baldwin，1867—1947）为首的保守党实行关税保护政策，在国内引起强烈不满。为重新得到议会支持，他于 1923 年底解散议会，举行大选。结果，保守党在新议会中所占席位不足半数，无法控制议会投票。1924 年 1 月，工党政治理论家詹姆斯·拉姆齐·麦克唐纳（James Ramsay MacDonald，1866—1937）成为第一任工党首相。

---

① 参见拉尔夫·密利本德《英国资本主义民主制》，博铨、向东译，商务印书馆，1988，第 36 页。

② 亨利·佩林：《英国工党简史》，上海人民出版社，1977，第 158 页。

③ 阎照祥：《英国政治制度史》，人民出版社，1999，第 407 页。

二、中等教育的大众化

（一）“人人受中等教育”提出的背景

自萌芽之日起，工党就十分注意工人阶级劳动条件和生活条件的改善，并把提高工人阶级的福利，建立一套完善的社会保障制度作为自己的奋斗目标。例如，独立工党经常使用这样的口号：实行 8 小时工作日制度，规定最低工资限额，保障工人的劳动权利，改善住宅及卫生条件，提供更好、更平等的受教育机会等。苏格兰工党在其纲领中同样提出了争取劳工立法，8 小时工作日，设立国家养老保险制度，实行免费教育，以及地方教育当局免费给学生提供膳食等主张。1924 年 1 月 22 日，第一届工党政府上台后也实行了一些改革，如制订了增加国家对工人住宅建筑的计划，改善失业保险制度，降低茶、糖和其他一些食品的消费税等。在教育方面，出于政治上的考虑，工党政府提出了“人人受中等教育”的口号，并把它视为工党教育政策的基础。

1918 年《费舍法案》颁布后，英国的中等教育虽然得到了一定的发展，但中等教育设施仍然严重不足。到 1920 年，甚至只有 5%—9% 的初等学校毕业生进入中等学校，而且大部分在 15 岁以前就离校了。同时，由于缺乏有效措施和学生流失率高，只有 2%的男女学生接受了足以使他们升入大学的中等教育。澳大利亚教育史家 W. F. 康内尔（W. F. Connell）评论说：“这个民族正在使自己失去可以在将来成为工商业发展基石的人才来源；它不适当地限制了专业人员的培养；它把网撒得太小，无法发现和培养最有才能的人来为社会服务，结果只能从‘全部人口中的一小部分’中来培养领导人物。因此，这个民族正在走向失败。”[①] 英国工党教育委员会主席托尼也警告说，在缺乏青少年教育的情况下，我们这个民族将变得后继无人。

同时，英国公众对中等教育的要求却相当强烈。中学数量的增加要求所有中小学教师应具备相应的水平，免费学额制度的建立及战争期间许多工人家庭收入的增长，使得人们对中等教育的观念更为明确，要求增加教育设施的呼声也越来越高。托尼指出：“就英国工人来说，他们的决定已经做出。他们要求的不是中心学校，不是部分时间制继续学校，也不是任何其他试图逐个减轻由作为英国教育悲剧的阶级教育带来的恶果、同时又在原则上和实质上保留这种教育的权宜之计。他们要求的是一切正常儿童接受至16岁的全日制中等教育。”[②] 然而，在当时除了富人子弟外，中等教育仍被人们视为智力超常或幸运儿童的一项“特权”，而且初等教育与中等教育仍是单独设立的两大系统，其中有些教育阶段是重叠的，两者之间缺乏适当的衔接关系。这种状况显然不利于中等教育的发展。第一次世界大战后，经济的发展也需要大力推进中等教育，中小学如何衔接已提上议事日程。托尼指出：“从1902年起，由于该年教育法的推行、免费学额方法的产生……两套制度之间才逐渐建立起一些微不足道的联系。现在是彻底重建这两者之间关系的时候了。”[③]

1922年托尼提出了《人人受中等教育：工党的政策》（“Secondary Education for All：A Policy for Labour”）报告。他说：“最近的调查告诉我们，小学儿童中有75％在智力上能够从直至16岁的全日制教育

---

① W. F. 康内尔：《二十世纪世界教育史》，张法琨等译，人民教育出版社，1990，第383页。

② 瞿葆奎主编，金含芬选编《教育学文集·英国教育改革》，人民教育出版社，1993，第33页。

③ 瞿葆奎主编，金含芬选编《教育学文集·英国教育改革》，人民教育出版社，1993，第24页。

中获得益处。如果中等教育的组织能使 3/4 的儿童从小学升入一类或另一类中学的话，很清楚，旧的‘初等’和中等教育的概念便会彻底消失，后者成为处于 11—16 岁青少年期的全体正常儿童的教育，前者则成为儿童的预备教育，其中 4 人里有 3 人将继续进中学受教育；关于两者之间有联系的平行体制的理论便会消失，取而代之的将是主张拥有多种类型学校的、由两个阶段构成的单一体制的理论。”① 工党政府的教育政策就是要建立这样一种制度：它将使我们忘记贫富与地位的限制，不使教育成为某一阶级的教育，而是属于每个人本身的教育。② “工党确信，应该立即建立的适合民主社会的一项重要教育政策是：初等教育和中等教育成为一个连续过程的两个阶段；中等教育是青少年教育，初等教育是其预备阶段的教育……所有正常儿童都能在 11 岁后从初等或预备学校转入各种类型的中学。”③ 托尼指出，如果教育将是一种鼓舞而不是一架机器的话，它就必须反映不同地区的不同社会传统、道德环境及经济状况。因此，每个地区的中等教育制度应该拥有多种类型的学校。托尼的思想在《哈多报告》中得到了体现。

托尼还重新阐释了国民教育的含义。他指出，正如在 19 世纪中叶所表达的那样，英国的国民教育意味着对工人阶级的子女进行最低限度的初等教育。到《1902 年教育法》提出时，国民教育成了完整的义务初等教育；到第一次世界大战结束和《费舍法案》通过时，国民教育意味着直至 14 岁的初等义务教育，并鼓励成绩优秀者升入中学。到那时为止，国民教育仍被看作政府为底层社会的人们提供教育，而不包括中等学校在内。托尼建议把全部初等和中等教育都包括在同一系

---

① 瞿葆奎主编，金含芬选编《教育学文集·英国教育改革》，人民教育出版社，1993，第 30 页。

② 参见 W. O. L. 斯密斯《英国的教育》，夏邦俊译，台湾开明书店，1968，第 73 页。

③ S. J. Curtis and M. Boultwood, *An Introductory History of English Education since 1800* (London: University Tutorial Press, 1962), p. 184.

统中，为全国儿童提供的将是以某种方式组织起来的教育，这种组织方式不是让大多数儿童（约85%）在14岁时就结束教育，而是让所有正常儿童在11岁或12岁时理所当然地升入不同中等学校中的某一种，并至少学习到16岁。托尼认为中等教育应该成为国民教育的一部分，其理由是：第一，提供尽可能多的教育机会去促进每个人的发展是人道的、恰当的事；第二，对一切可能成为人才者加以培养是符合民族利益的；第三，在社会中普遍渗透的高标准的理解力是进行合作的条件，没有这种合作就不可能有文明；第四，中等教育逐渐被认为是战后民主国家的基本要求。① 托尼的这一论证模式在以后的半个世纪经久不衰。

（二）《哈多报告》与中等教育概念的扩展

早在《哈多报告》之前，为所有初等学校毕业的孩子们提供一些继续教育的形式，在教育管理人员中已经是一个老生常谈的话题了。尽管在一战之前教育没有得到大规模的发展，但正如哈多爵士在纽卡斯尔（Newcastle）所看到的，社会对教育有一种迫切的需求，而且战争本身也为鼓励教育改革提供了新的动力。教育委员会在1915—1916年的年度报告开首语写道："给我们印象深刻的是，人们普遍认为战后仅仅去修复战争给我们教育造成的损失是远远不够的，为了国家的幸福和安宁，我们有必要改善和发展现存的教育制度。"② 当时，社会上还发出了"人人受中等教育"的呼声。教育委员会在1911—1912年的年度报告中写道："毫无疑问，越来越多的人相信中等教育的价值对于一个初等学校毕业的孩子来说，并不仅仅是发展其特殊才能，也不是

① 参见W. F. 康内尔《二十世纪世界教育史》，张法琨等译，人民教育出版社，1990，第384页。

② Jennifer Firmager, "The Consultative Committee under the Chairmanship of Sir Henry Hadow: The Education of the Adolescent," *History of Education* 10, no. 4(1981): 274.

对孩子前途或失败的不同进行评价。"[①] 1915 年 7 月，《泰晤士报教育副刊》发起了一场要求建立新的国家教育组织的运动，呼吁废除初等学校与中等学校之间人为设置的界限。它首次提出初等学校应该是预备学校，所有孩子在 11 岁时应继续升入中等学校，进行为期 4 年的学习。

1924 年，首届工党政府任命了一个教育委员会下属的咨询委员会，负责调查全日制初等后教育的适当形式并提出报告。该委员会的主席是哈多爵士，委员会成员有 20 人，包括托尼博士和巴克博士等。该委员会受命调查的范围是，考虑并报告除中学以外适合 15 岁前全日制在校儿童的组织、目的和课程。同时，一方面要注意健全的普通教育的要求，另一方面要注意学生在工业、商业和农业方面可能从事的职业。调查的对象是在文法中学之外的其他学校就读到 15 岁的儿童。1926 年 12 月，咨询委员会发表了题为《关于青少年的教育》（"The Education of Adolescent"）的报告。在英国教育史上，该报告一般被称为《哈多报告》。

《哈多报告》认为中等教育的解释过于狭隘，因此建议将"初级"一词替换为"初等"，在后初等教育（post-primary school）的一段教育应该被称为"中等教育"。报告指出，1922—1923 年在英格兰及威尔士 3 662 620 名 11—16 岁儿童中，小学生占 55%、中学生占 7.2%、技术学校学生占 0.3%，可见中学的人数比例极低。另在 1923—1924 年 668 749 名小学毕业生中，进入中学者是 55 541 人，占 8.3%，可见小学毕业生能升入中学的比例也低。[②]《哈多报告》的主要建议是，将最早离校年龄（leaving age）提高到 15 岁；为所有儿童设置与 6 年初等教育衔接的中等教育；把中等教育机构的概念从传授学术课程的文法

---

① Jennifer Firmager, "The Consultative Committee under the Chairmanship of Sir Henry Hadow: The Education of the Adolescent," *History of Education* 10, no. 4(1981): 274.

② 参见周愚文《英国教育史：近代篇（1780—1944）》，台北学富文化事业有限公司，2008，第 167—168 页。

中学，扩展到具有实科倾向的现代中学。

作为第一届工党政府执政时的产物，《哈多报告》描绘了一幅可以使所有人都受到中等教育的蓝图。针对工人阶级子女的教育问题，《哈多报告》提出了以下改革中等教育的具体方案。

第一，学校教育应该在学生11岁时划出明确界线。11岁前的教育称为“初等教育”，11岁后的教育称为“中等教育”，两个阶段应相互衔接。报告在导言中以莎士比亚式的笔调写道：“在11岁、12岁青年人的血管内升腾起一股潮流，人称青春期，如果在满潮时把握住这股潮流，并且借助其力量顺着其流向开始一次新的航行，我们认为，它将‘财源亨通’。因此，我们建议所有儿童都应该在11岁、12岁时从小学转入现在称为中学的那类学校去，或者转入现在称为中心学校的那类（选拔性的或者非选拔性的）学校去，或者转入现有小学附设的高级部去……”① 在当时，英国仍有90%左右的儿童接受初等教育至13岁或14岁，仅有少数儿童在11岁左右转到中等教育。人们普遍赞成在11足岁时结束初等教育，同时开始后初等教育。其主要原因有两个方面：一是心理学家认为，教育组织结构应以青少年身心发展的实际状况为依据，这可能是行之有效的。儿童们到了11岁、12岁时已经表现出能力和兴趣方面的某些差异，通过不同类型的学校迎合这种差异是合乎需要的。二是教育组织倾向于将11—12岁作为初等教育结束和后初等教育开始的自然转折点。

第二，中等学校的类型应采取多种形式。除了原来的文法中学之外，还应包括现代中学（即现有的选拔性或非选拔性中心学校）、公立初等学校的高级班和初级技术学校（The Junior Technical School）②。

---

① 瞿葆奎主编，金含芬选编《教育学文集·英国教育改革》，人民教育出版社，1993，第52页。

② 初级技术学校是1913年出现的一种新型学校，它提供中等学校之外的小学后教育（post-elementary schooling）。

报告指出："文科教育不单单是书本教育，还是让儿童大量接触人类兴趣的教育，利用与实际工作的大量机会相关的课程以及与生活兴趣密切相关的课程实施这样一种教育是后三类学校的目标。"① 现代中学和高级班的课程与文法中学大致相同，但前者的课程内容相对简单一些，范围相对窄一些，具有更广泛的实科性质，而且将更多的时间和注意力放在手工劳动和类似的科目上。报告强调，在设置现代中学与高级班的课程时，应适当注意学生的能力和本地的环境。在任何时候，课程的设置应作为一个整体，以保证教学内容的统一性，而避免重复现象。同样，在安排课程表时，应避免把某些科目弄得支离破碎；在制订教学大纲时，应删除与既定目标无关的一些细节，这样既能防止学生负担过重，又可让他们有机会发展个人兴趣。

第三，现代中学和高级班的地位应与文法中学相同。现代中学和高级班的教师的资历及教师与在校学生的比例应与文法中学大体一致，但实用性科目的教师要多一些，教学条件和校舍设备不应次于文法中学。儿童 11 岁后在现代中学和高级班受到的教育属于"中等教育"范畴，他们并非低人一等。

第四，将毕业年龄延长到 15 岁。报告认为，只有将学生的毕业年龄延长到 15 岁，这样现代中学和高级班才能规划 3 年或 4 年的课程，充分影响它们的学生；这样才能引导学生安全地度过充满机遇的、激动人心的和险象环生的青春期；这样全国的年轻一代才能受到足够的训练，从而成为充实的、有价值的公民。哈多委员会制订的计划是：介于 11—15 岁的全国所有儿童，都应受到某种形式的中等教育；在小学度过最初的几年学校生活后，应该在设备良好和师资雄厚的现代中学（或高级班）度过最后的 3 年或 4 年学校生活，并广泛自由地接受实

---

① 瞿葆奎主编，金含芬选编《教育学文集·英国教育改革》，人民教育出版社，1993，第 57 页。

科教育、普通教育和人文教育。委员们认为，这个计划有助于促进人类生活的三大目标：（1）将成长中的青少年置于惬意的、催人奋发的“芳草地”，有利于形成和锤炼个人与民族的性格；（2）促使儿童乐于进取、热爱学习（如音乐、艺术、木工活和金属加工等），而对文学和历史的学习可以成为今后闲暇生活中的娱乐和点缀；（3）开发实用性的才智，以便在各行各业和复杂的事务中更好、更熟练地为社区服务。①

第五，根据青少年身心发展的特点，11岁是一个关键年龄。完成初等教育的儿童应通过一次选择性考试，并按他们的能力和兴趣分别进入不同类型的中学。委员们建议，按照中等学校奖学金和免费学额的方式在学生11足岁时举行入学考试，决定选拔性现代中学的入学条件，并在学生15足岁时进行毕业考试，以测试和证明选拔性、非选拔性和高级班学生的学业成绩。委员们认为，毕业考试也许在某种程度上束缚了这些学校的自由发展，但如果它们的工作缺乏任何保证形式的话，它们的学生也许会受到影响；学校本身在目标方面会变得无的放矢，在教学方法上也会变得摇摆不定。

哈多委员会的建议并没有得到充分的贯彻。当《哈多报告》提出的时候，以斯坦利·鲍德温为首的保守党取代了拉姆齐·麦克唐纳上台执政，他们强烈抵制报告中的所有建议。保守党教育委员会主席尤斯塔斯·帕西（Eustace Percy）爵士拒绝将离校年龄延长至15岁。他在给哈多爵士的信中写道：“为了防止行政管理上可能引起的混乱，我应当立即表明态度……迫使孩子们在初等学校多待一段时间，从家长的观点看，这在某种程度上是地方教育当局的一种专制训练；从教育

① 参见瞿葆奎主编，金含芬选编《教育学文集·英国教育改革》，人民教育出版社，1993，第54页。

的角度看，这也是一种最愚蠢的欺诈。”① 因此，保守党上台后，《哈多报告》就被搁置一旁。直到1929年工党再度执政，工党教育委员会主席查尔斯·菲利普·特里威廉（Charles Philips Trevelyan，1870—1958）爵士呈交了提高离校年龄至15岁，以及对14岁以上学生提供生活补助的议案。但由于永无止境的财政资助和政治派别分歧，这项法规遭到议会的否决。随后几届内阁都没有通过什么重要的立法来延长义务教育年限，或规定给予其他类型的学校以中等学校的地位。

咨询委员会希望用一种普通的初等和中等教育制度来改变英国教育被划分为“初等”“中等”和“技术”三部分令人不满的现状。但引起争论的是，它们的重组仅仅是建立了一种同样令人不满的后初等教育的三分制，即“现代中学”“技术中学”和“文法中学”，而且现代中学内部又产生了新的三分法。1933年，一位现代中学校长对此进行了有力的抨击。在一篇题为《哈多行为：三轨制》（“Hadowisation: The Tripartite System”）的文章中，阿瑟·爱伦（Arthur Allen）描述了孩子们是如何被划分为三个“支流”（商业、技术和手工）的，其依据是通过入学考试来评价孩子们的智力。这种让孩子们接受商业和技术训练而不考虑他们的个人需要的情况，其有效性受到阿瑟·爱伦的质疑。他谴责手工“支流”是“用迟滞的评价接受迟钝的学生”，这种方式“将把整个教育的创造性扼杀在摇篮中”②。然而，阿瑟·爱伦批评最严厉的是咨询委员会对现代中学的期望。他指责现代中学没有用丰富的文学和艺术知识，来充实学生的娱乐和闲暇时间；进入商业“支流”的学生被剥夺了学习文化课程的权利，因为在课程表中没有它们的位置；在技术“支流”中，文化和艺术课程同样不受重视。这怎

① Brian Simon, *The Politics of Educational Reform 1920-1940* (London: Lawrence and Wishart, 1974), pp. 132-134.

② Jennifer Firmager, “The Consultative Committee under the Chairmanship of Sir Henry Hadow: The Education of the Adolescent,” *History of Education* 10, no. 4 (1981): 277.

么能称得上是"环境适宜且令人振奋的公平的教育"呢？1959 年 12 月 25 日，《泰晤士报教育副刊》刊登了一封中学校长的来信。这封信中写道："先生，许多人认为现代中学为学生们提供平等的教育机会这一假象是事实，以下是我所在教育机构存在的问题：第一，现代中学教师的配备没有文法中学齐全；第二，现代中学每个学生获得的书本费不足文法中学的一半；第三，现代中学每个学生获得的娱乐经费仅为文法中学的一半。"① 这种令人不满的状况，是由于哈多咨询委员会认为现代中学的孩子与文法中学的孩子不同而导致的。

然而，《哈多报告》是咨询委员会在两次世界大战期间发表的最重要的报告。"这是英国现代教育史上的重要里程碑。"② 托尼称它是"一份非同凡响的文件"③。它提出的中等教育路线大致为教育委员会所采纳，并为后来中等教育的三轨制奠定了基础。如果说 1902 年的《巴尔福法案》使中等教育成为国家教育制度的一个组成部分，那么《哈多报告》则极大地扩展了中等教育的概念。康内尔认为，哈多委员会的贡献主要体现在三个方面：首先，它为普及中等教育的观念打下了官方的印记，明确规定了初等教育的终点，并要求所有结束初等教育的青少年进入中等学校学习。其次，它有助于巩固中等教育的双轨制。它所划分的学校类型实际上是文法学校和各种现代中学两大类，11 岁考试实际上也是把学生分成智力较高和智力较低两部分，前者升入文法学校接受较长时间的预备教育，再升入大学和从事具有较高地位与报酬的职业。最后，哈多委员会在教育讨论中引入了一种新的格调。在以前的讨论中，一般是以经济、政治、社会、教育等方面的考虑为

---

① Jennifer Firmager, "The Consultative Committee under the Chairmanship of Sir Henry Hadow: The Education of the Adolescent," *History of Education* 10, no. 4(1981): 278.

② 邓特：《英国教育》，杭州大学教育系译，浙江教育出版社，1987，第 17 页。

③ Brian Simon, *The Politics of Educational Reform 1920-1940* (London: Lawrence and Wishart, 1974), p. 132.

主，而哈多委员会在关于如何划分初等教育与中等教育的辩论中引入了心理学方面的知识。委员们还经常关注当时的教育心理学发展和可能出现的儿童成长的各种模式，他们在《哈多报告》中正式宣称英国的教育心理学已经成熟。①

作为咨询委员会主席，哈多爵士的最大贡献是让他的同事们在一种相互合作的氛围中工作。欧内斯特·巴克证实："在寻求共同政策的过程中，我们的思想进行了愉快和友好的碰撞。"其他委员会成员对哈多也表达了同样的尊敬和友爱。1959 年 9 月 21 日，托尼在写给邓特的一封信中称赞哈多是"一个开明和富有感染力的人"。同年 10 月 16 日，琳达·格里尔（Lynda Grier）女士在写给邓特的一封信中描绘了哈多的领导技巧，为我们提供了一些有趣的观点。"他那敏捷的幽默感常常启发我们的思维，并使紧张的辩论气氛变得平缓"；"他宽宏大度，重视每一条建议，并鼓励那些富有成效的建议，他欣赏任何一个令他满意的语句，他大声阅读每份报告中的每篇文章，同时对它进行删减、强调、归类，最终使之成型……"②

在教育心理学的影响下，《哈多报告》为确立中等学校的三种组织形式铺平了道路。20 世纪 30 年代，英国开始按照《哈多报告》的原则改组中等学校。到第二次世界大战爆发前夕，大约三分之二的初等学校经过了改组。一般说来，城市的改组要比农村地区好，而大部分未经改组的学校都是私立学校，许多私立学校由于经费不足而力不从心。更为重要的是，《哈多报告》不仅为中央教育委员会所接受，而且得到了许多地方教育当局的支持。一些地方教育当局纷纷设立高级学校或高级班，为教育重组做准备。

---

① 参见 W. F. 康内尔《二十世纪世界教育史》，张法琨等译，人民教育出版社，1990，第 388—389 页。

② Jennifer Firmager, "The Consultative Committee under the Chairmanship of Sir Henry Hadow: The Education of the Adolescent," *History of Education* 10, no. 4(1981): 280.

《哈多报告》虽然像《费舍法案》一样深受新闻界和教育者的欢迎，但直至二战爆发时，它对英国中等教育改组所产生的影响仍很微弱。1928年，中央教育委员会对《哈多报告》的总结令人沮丧。它说："如果我们有错，那就应该错在我们过于谨慎。"① 《哈多报告》的命运同《费舍法案》一样，由于得不到保守党政治家的热情支持，当1929年世界经济危机爆发时，它遭受了猛烈的打击。《哈多报告》试图用一次选择性考试来实现中等教育入学机会的平等，但实际上在整个20世纪30年代工人阶级子女真正接受中等教育的人数极少，90%的初等学校毕业生只能进入高级班或初级技术学校，而不能进入其他中等学校。"尽管如此，许多学校得到了'重组'；到1937年，郡立学校72.6%的儿童和民办学校32%的儿童享受了某种形式的'中等'教育。"②《哈多报告》提出的中等教育三轨制，后来经过多份报告的倡议逐渐得以实施。

（三）《斯宾斯报告》与技术中学的出现

第一次世界大战后，英国的经济发展需要大量中等技术人才。1933年，隶属于中央教育委员会的中等教育咨询委员会（The Board of Education's Consultative Committee on Secondary Education）负责对文法学校及初级技术学校进行调查，其范围是在《小学法典》（*Elementary Code*）之外为11岁以上儿童提供教育的学校，特别是16岁之后不在学校就读的学生的教育。罗伯特·伍德（Robert Wood）是该委员会的关键成员之一。他在1937年指出，自1914年以来文法学校提供的学术教育增加了一倍多，这种增长速度可能有点"过快"，因为"许多孩子想要的是不同的东西"。伍德坚持认为，这不仅仅是官僚主

---

① W. F. 康内尔：《二十世纪世界教育史》，张法琨等译，人民教育出版社，1990，第389页。

② W. H. G. Armytage, *Four Hundred Years of English Education* (Cambridge: Cambridge University Press, 1964), pp. 208-209.

义的观点。众所周知，校长们有许多不适应的地方，地方教育当局也开始意识到要为许多学生提供一些可供选择的“中学”。有鉴于此，伍德认为每个孩子都应该受到最适合自己能力的教育。他说：“企图把所有的孩子放在同一个智力工厂是愚蠢和危险的，这一过程正如把所有的孩子放在同一个体育场所，而不考虑他们的身高和体质不同。”①

这些有关个体差异的观点是威尔·斯宾斯关于中等教育报告的核心内容，他的结论是要建立不同类型的中学以适应这种差异。1938 年 12 月，以斯宾斯为首的教育调查委员会提出了《关于文法中学和技术中学的专门报告》（“Report on Secondary Education with Special Reference to Grammar Schools and Technical High Schools”），它在英国教育史上被称为《斯宾斯报告》。

《斯宾斯报告》肯定了《哈多报告》的基本原则，赞成按照选择性原则实现“人人受中等教育”的目标。报告指出：“如果公正地看待 11 岁儿童的能力差异，那么不同的儿童所需要的教育在某些重要方面也应有所不同，这是显而易见的。”② 报告从总体上批评了文法学校在中等教育领域所占的优势，既抨击了中等学校办学形式的千篇一律，也抨击了各类学校之间的等级差别。报告指出，教育委员会“将现有的公学和文法中学作为各类中等学校的一般楷模或原型。19 世纪后期涌现的高级小学、有组织的科学学校、技术日校之类的初等后学校在传统方面与文法中学有所不同，它们的进一步发展肯定没有得到鼓励，事实上，新中学被迫以现有公学和文法中学的课程作为它们的样板”③。委员们认为，文法中学除了应该保持某种特征（如课程不同）之外，

---

① Gary McCulloch, “Britain Labour Party Education Policy and Comprehensive Education: From Learning to Live to Circular 10/65,” *History of Education* 45, no. 2(2016): 230.

② 徐辉、郑继伟：《英国教育史》，吉林人民出版社，1993，第 270 页。

③ 瞿葆奎主编，金含芬选编《教育学文集·英国教育改革》，人民教育出版社，1993，第 119 页。

不应该享受特殊的优待，而在各类中学之间建立平等地位则是一项基本要求。在文法中学和现代中学就读的学生之间，事实上并没有明显的体格、心理或社会方面的区别，现行的选拔方法始终是人为的，而且常常是错误的。

《斯宾斯报告》要求改进而不是完全改变现存教育制度的结构。它坚持认为，文法学校应继续为那些可能进入大学的男孩和女孩提供一种合适的教育；在培养性格和责任心方面，第六学级是文法学校最具代表性和最有价值的部分，文法学校的传统依赖于它的存在。同时，委员们认为学校应该为那些不能上大学的学生提供更加多样化的课程，而且学校应更加自由地安排和选择学习内容。他们指责学校证书考试不仅影响课程学习和教学方法，而且影响大多数学生的身体和智力发展。

此外，英国中等教育现状仍然满足不了战后社会政治、经济发展的需要。报告指出："仔细研究英格兰和威尔士中等教育的发展，特别是 1900 年以来的发展，同时探讨一下目前的状况……留给我们的总体印象是：在英格兰和威尔士，为 11 足岁以上男孩和女孩更高层次的全日制教育所做的现行安排，已不能适应当代社会的现实结构和目前形势下的经济状况。"① 委员们认为，对于专门为满足 16 岁青少年进入工商业界就业需要的半职业性中学，教育委员会几乎没有做出任何努力。心理学的研究表明，由于儿童之间的智力差异较大，如果要公正地对待他们的不同能力，从 11 岁起不同的儿童就应接受不同的教育。

《斯宾斯报告》提出的主要建议包括以下几个方面。

第一，将现有的初级技术学校和其他可能实施这种训练的学校改为技术中学。这类学校与文法中学完全不同，它除了提供具有技术价

---

① 瞿葆奎主编，金含芬选编《教育学文集·英国教育改革》，人民教育出版社，1993，第 120 页。

值的训练以外，还要提供良好的智力训练；学生所获得的不是与某种特定职业有关的技术价值，而是获得与多种职业有关的技术价值。技术中学的招生年龄为 11 足岁，其招生办法是通过一般的选拔考试。技术中学的招生应依据以下三方面的标准：父母的选择，小学校长的报告，技术中学校长、地方教育当局的代表与儿童及其父母面谈的结果。技术中学在各方面应与文法中学处于平等的地位。

第二，在中等教育系统渗透多轨制思想。也就是说，对所有 11 足岁以上的儿童实施 2—3 年健全的普通教育，并分成四五个能力小组。当学生十三四岁时可以学习适合他们个人需要和能力的课程，在这些课程中除了设置一门公共核心课程外，其他科目的时间和侧重点可以有所不同。① 但由于建立多轨制中学需要大量资金，因此不能普遍建立多轨制中学，也不能用多轨制中学取代现有的各类中学。报告希望能在一些新建地区或人口稀少地区开展这方面的试验。

第三，中等教育的范畴扩展为文法中学、现代中学和技术中学的教育。各类中学在地位上平等，班级规模、校舍和师资条件等也应该相同；青少年从 11 岁起进入哪一种类型的中学，将取决于他们的智力水平。

第四，将文法学校的离校年龄提高到 16 岁。文法中学的教育是令人满意的，其办学规模在很大程度上取决于本地区的人口、工业条件、儿童未来职业的特点和传统等，初等学校每年应有 15%的学生进入文法中学。②

在英国教育史上，《斯宾斯报告》被看成是“英国中等教育发展的

---

① 参见瞿葆奎主编，金含芬选编《教育学文集·英国教育改革》，人民教育出版社，1993，第 122 页。

② 参见瞿葆奎主编，金含芬选编《教育学文集·英国教育改革》，人民教育出版社，1993，第 124—125 页。

最有价值的设计草图”[①]。康内尔评论说：“就现在来看，《斯宾斯报告》最有意义的特征是用来扩展哈多委员会事业的方式，该报告要把哈多委员会的事业扩展为建立一种能令人满意的为全体儿童提供中等教育的正规教育。报告再次突出了初等教育和中等教育的区分，温和地责备了行政系统未及时采纳哈多的建议，强调在各种类型的中等学校之间建立对等关系的必要性。该委员会考虑到初级技术学校的增加，进而把哈多的双轨方案扩展为三轨，即现代中学、文法学校和技术中学。”[②]

然而，中央教育委员会对《斯宾斯报告》的反应并不热情。1939年2月，英国议会曾为此进行了辩论。总的说来，这次辩论意义不大，大部分发言者对这份报告不满意。来自剑桥大学的代表指出：“……似乎这个议案设计的动机在于能使政府推迟对教育做出一个明确的指示。”[③] 工党成员认为，这份报告在为大多数学生提供教育平等机会和生活补贴方面是失败的，一些保守党成员则对委员会废除多轨制学校感到十分失望，也有许多人担心该报告在改进工商业方面起不到任何作用。

《斯宾斯报告》是对《哈多报告》的补充和发展，它把哈多委员会关于“人人受中等教育”的思想推进了一步，把技术中学也包括在中等教育机构内。在1939年第二次世界大战爆发前夕，人们已普遍接受“人人受中等教育”的观点，以及让中等教育沿着文法中学、现代中学和技术中学三条路线发展的主张。“不管是1943年的白皮书《教育的重建》，还是为英格兰和威尔士制定的《1944年教育法》，都完全赞同斯

---

① 滕大春主编《外国教育通史》(第五卷)，山东教育出版社，1995，第176页。

② W. F. 康内尔：《二十世纪世界教育史》，张法琨等译，人民教育出版社，1990，第390—391页。

③ Grald Bernbaum, *Social Change and the Schools 1918-1944* (London: Routledge and Kegan Paul, 1971), p. 69.

宾斯的路线。”① 《斯宾斯报告》提出关于设立多轨制中学的建议虽然没有得到采纳，但多轨制中学的设想对二战后英国中等教育的改革和发展产生了重要影响，并为以后英国中等教育的综合制改组奠定了思想基础。《斯宾斯报告》的发表推动了英国中等教育的发展。事实上，英格兰和威尔士的中学生增加了大约 16 万人，即从 1920 年的 30.8 万人增至 1938 年的 47 万人，其中缴费的学生占 54.2%，获得“免费学额”的学生占 45.8%。他们离校的平均年龄是 16 岁零 7 个月，这说明大部分中学生是 15 岁或 16 岁毕业，只有少数人修完全部课程到 18 岁离校。② 不同离校年龄的中学生人数详见表 3。《斯宾斯报告》的建议在 1943 年《诺伍德报告》中得到进一步补充。

表 3　1938 年英格兰和威尔士全日制中学生人数③

年龄（岁）	中学生人数
13—14（不含）	84978
14—15（不含）	81053
15—16（不含）	71290
16—17（不含）	44686
17—18（含）	19001

（四）《诺伍德报告》与三轨制中学的确立

在英国国民中等教育制度建立之前，中学毕业考试都是由各大学

① Barry M. Franklin and Gary McCulloch. *The Death of the Comprehensive High School?* (New York: Palgrave Macmillan, 2007), p. 148.

② See Brian Simon, *Education and the Social Order 1940-1990* (London: Lawrence & Wishart, 1991), pp. 26-28.

③ Brian Simon, *Education and the Social Order 1940-1990* (London: Lawrence & Wishart, 1991), p. 29.

考试委员会自行决定的。但随着公立中等教育的发展，这种相互之间缺乏协调的考试制度越来越不利于学校课程的统一。为此，中央教育委员会于 1917 年成立中学考试委员会（The Secondary School Examinations Council，SSEC），并为 16 岁学生设立学校证书考试，为 18 岁学生设立高级学校证书考试。学校证书是为 16 岁毕业生设计的，中学毕业生要想获得学校证书，必须通过人文学科、外国语、数学和自然科学三组学科中任何一门学科的考试。学校证书考试不仅起到了统一学校课程的作用，而且推动了英才教育的发展。然而，学校证书考试制度也受到各方面的批评。首先，学科分组本身受到许多人的怀疑和指责；其次，学校证书考试起着中学毕业考试和大学入学考试的双重作用，从而使它不可避免地出现过于学术化的倾向；最后，随着学生人数的增加和能力差距的扩大，这种考试给大多数能力一般的学生所带来的消极影响十分明显。《斯宾斯报告》曾建议停止学校证书考试，以便为中学生提供更多的选科自由。

1941 年 10 月，中学考试委员会组织了一个由西里尔·诺伍德（Cyril Norwood，1875—1956）爵士任主席的委员会（成员 12 人），负责调查中学课程和有关学校考试的问题。诺伍德曾经在伦敦的默钱特·泰勒公学学习，后来担任过布里斯托文法学校、马尔伯勒公学和哈罗公学的校长。他还担任中学考试委员会主席长达 20 年，并于 1934—1946 年担任牛津大学圣约翰学院院长。诺伍德建议中学考试委员会重新审查整个战后的中等教育体系，重新考虑初等教育与中等教育之间的界限，并把目标放在“将目前不协调的学校替换为国家体系支持的学校”上。诺伍德认为，英国中等教育传统是世界上最好的，必须保留。① 他建议各种类型的中学应该为 11—13 岁儿童开设共同的

① See Gary McCulloch, “Britain Labour Party Education Policy and Comprehensive Education: From Learning to Live to Circular 10/65,” *History of Education* 45, no. 2(2016): 231.

课程。他说："每一种学校类型都有可能为国家教育做出最大的贡献，在不破坏英国教育系统的多样性和独立性的情况下，可以逐步确保普遍的效率标准。"①

1943 年 7 月，中学考试委员会发表了题为《中学的课程与考试》（"Report on Curriculum and Examinations in Secondary School"）报告，也称《诺伍德报告》。该报告简明扼要地表达了中学考试委员会的观点，并从诸多方面对中等教育提出了改革建议。这份报告旨在明确中等教育的目标，它提出了一个最基本的问题："中等教育的目的是什么?"它试图把当今教育变化与中等教育发展的历史相联系。报告指出，中等教育正是因为有自己的历史，才会如此的多样。这些年，中等教育扩展得如此迅速，研究的兴趣不断扩大，新的理念不断增多，责任意识不断提高，以至于"中等教育"一词相较于以前被赋予了新的内涵。② 报告认为，教育应该帮助每个个体在身体、精神和思想上发挥最大的潜能，以此激励社会中每一个成员；课程设置应该满足个体在认知、审美、精神及身体方面的需求，因为每个人的个性不同，所以课程本身应该是灵活多样的。同样，教育应该激发个体身上优秀的品质而非无价值和低劣的品质，这就意味着真、善、美是中等教育的终极目标。报告还认为，"中等教育传统"应该被当作一种"好的传统"，中等教育最好的质量应该被保留、再创造，进而形成一个新的中等教育理念。

《诺伍德报告》重申了柏拉图的教育思想，认为应设立文法学校、技术学校和现代学校三种类型的中等教育机构以服务于不同的学生，并从理论上论证了不同的儿童应进入不同的学校。诺伍德委员会要求

---

① 加里·麦卡洛克:《西里尔·诺伍德与中等教育理念》，武翠红、赵丹译，华中科技大学出版社，2019，第 177 页。

② 参见加里·麦卡洛克《西里尔·诺伍德与中等教育理念》，武翠红、赵丹译，华中科技大学出版社，2019，第 11 页。

三类学校应以“儿童中心”思想为基础，三类学校都需要与儿童的天性相匹配。[①] 报告以儿童本身也存在三种类型为理由，证明三类中学体制是切实可行的。报告的序言部分以“柏拉图定律”（“金、银、铜”分类法）为开篇，并将这一理念贯穿于整个《诺伍德报告》。

报告第一部分阐明了中等教育的主要原则，以及今后发展不同类型的中学。报告指出：“具备理论智力的儿童，应该上文法中学；对应用科学技术或装饰艺术发生兴趣的儿童，应该上中等技术学校；最后，接受具体事物比接受原理感到更为容易的儿童，则应该上现代中学。”[②] 这三类学校地位相同，所提供的条件也相同，但在课程上都有其独特性；在适当的环境下，不同类型的学校可以结合在一起。所有年满11足岁的小学生应进入这三类中学，他们的分流应根据小学教师的判断、智力测验及家长选择等。1947年，中央教育委员会在一本评论当时教育发展计划和指导中等教育的小册子中，重申了《诺伍德报告》的这一观点，即有适合于现存三种学校的三类学生：第一类学生是由于其自身的缘故而对学习感兴趣，能“眼光远大和善思多虑”，融会贯通文法中学提供的某种课程；第二类学生在应用科学、艺术或商业领域有着显著的兴趣和能力，并在早期就决意学习上述学科，这就是技术中学所寻求的目标；第三类包括大多数学生，他们应用具体事物比应用观念更容易，更适合学习基于他们自己日常经验的课程，这些课程应当在现代中学开设。《诺伍德报告》赞成11足岁为小学毕业转入中学的适当年龄，并断言三类中学的头两年应该是“诊断性的”。

第二部分阐述了考试的影响及课程标准。报告提出将学校证书考试改为内部考试（internal examinations），由教师根据自己制订的教学

---

① See Brian Simon, *Education and the Social Order 1940-1990* (London: Lawrence & Wishart, 1991), p. 61.

② B. П. 拉普钦斯卡娅：《现代英国普通中学》，朱立人、段为译，人民教育出版社，1980，第3页。

大纲和文件进行；考试继续由现有的以大学为基础的考试机构举行，但届时需要改革；在学生 18 岁离校时举行一次考试，其成绩作为大学入学和专业能力的证明。①

第三部分对于课程及其一般原则与目标进行了规定，并详细审查了不同的科目。

然而，一些业内人士认为《诺伍德报告》的建议值得怀疑。像弗雷德·克拉克一样的许多改革家都对三轨制（the tripartite system）表示怀疑。② 1945 年，伦敦大学的一批教育学者成立了课程改革委员会，并公开声称《诺伍德报告》是“有害的”，因为它在考虑学校与社会之间的有效关系方面是失败的。课程改革委员会的主席 J. A. 劳韦里斯（J. A. Lauwerys）表达了自己的不满，他认为这份报告的课程观是模糊和过时的，缺少心理学和社会学的考量。他说：“关于课程的这一部分已经落空了……几乎每个人都对这个部分表现出了失望。”③ 有些心理学家也对此持保留意见，伦敦大学心理学教授西里尔·伯特（Cyril Burt）指出，《诺伍德报告》“建议在儿童 11 岁或 12 岁时根据其智力类型的性质而不是根据其综合智力来分类的任何方案，是与儿童心理学中已知的论据相抵触的”④。诺伍德提出取消学校证书考试的建议，同样遭到了大学考试委员会的强烈反对。他较少关注中学教师、校长和大学中的保守派，这些人对激进的改革持强烈反对意见。

尽管《诺伍德报告》的结论缺乏坚实的理论基础，但由于它与

---

① See J. Stuart Maclure, *Educational Documents: England and Wales 1816-1963* (London: Chapman & Hall, 1965), p. 200.

② See Hsiao-Yuh Ku, "In Pursuit of Social Democracy: Shena Simon and the Reform of Secondary Education in England, 1938-1948," *History of Education* 47, no. 1(2018): 65.

③ 加里·麦卡洛克：《西里尔·诺伍德与中等教育理念》，武翠红、赵丹译，华中科技大学出版社，2019，第 186 页。

④ Roy Lowe, *Education in the Post-War Years: A Social History* (London: Routledge, 1988), p. 38.

《哈多报告》提出的“人人受中等教育”的精神相吻合，因而受到英国政府的欢迎，也为之后的中等教育改革铺平了道路。“《诺伍德报告》为中等教育的未来做了规划，在人人受中等教育的时代，它为三种不同智力类型的儿童设计了三种不同类型的中等学校，从而产生了三种不同类型的社会阶层。”[①]《诺伍德报告》显然得到了官方的认可，它被视为关键时期教育重建的一个方面。另外，《诺伍德报告》刚好是在政府的白皮书《教育的重建》之后发表的。当时的中央教育委员会主席R. A. 巴特勒（R. A. Butler，1902—1982）指出：“这份写得好的报告将很好地服务于我们的白皮书，尤其是它为中等教育设计的蓝图。”[②]这份报告也受到新闻界的热烈欢迎。邓特认为它充满了“启发性的建议”，而且诺伍德委员会提供了“大量的服务”，尤其是他们关于未来教育的理念“源于一种合理的教育哲学”[③]。

总之，《哈多报告》提出“人人受中等教育”的理念，经过《斯宾斯报告》和《诺伍德报告》的继承与发展，对英国中等教育政策产生了深远的影响。

（五）《弗莱明报告》与公学的改革

如前所述，公学是贵族化的学校，它在英国中等教育领域占有重要地位。就其定义而言，公学是指独立的、非地方性的、以寄宿为主的学校，其服务对象是上层和中上层社会；其目标是通过宗教和纪律，培养心智和强健体魄，使学生自觉地为社会服务。它招收 13 岁左右的男孩，其中大多数是预备学校的毕业生，在公学读到 18 岁或 19 岁，然

① Gary McCulloch,“Education and the Middle Classes: The Case of the English Grammar Schools, 1868-1944,”*History of Education* 35, no. 6(2006): 703.

② Brian Simon, *Education and the Social Order 1940-1990* (London: Lawrence & Wishart, 1991), p. 62.

③ Brian Simon, *Education and the Social Order 1940-1990* (London: Lawrence & Wishart, 1991), p. 62.

后升入牛津大学或剑桥大学深造。19 世纪，在拉格比公学校长阿诺德的影响下，一些著名公学先后进行了改革，结果使公学逐渐形成了一套独特的传统。它们以培养社会的领袖人物和学术人才为主要目标，实行严格的、类似于斯巴达式的管理制度；强调学生的社会一致性，崇尚有组织的体育运动，注重培养学生的品德、自我约束力和社会责任感；具有很高的教学水平，同时也具有很强的社会隔离性（其学生很少与外界接触）。自此以后，公学进入了发展的全盛期，其传统也被作为一种社会精神气质保留下来，并对整个英国中等教育发展产生了重要影响。

1902 年国民中等教育制度的建立并未改变公学的地位，公学作为私立学校的重要组成部分，在英国社会仍然发挥着独特的作用。公学的影响并不局限于曾接受其教育的人，它还进一步渗透到高年级学校和现代中学，公学的传统为公立文法学校所仿效。公学教育对英国公共政策和商业政策也产生了一些影响，托尼曾简要分析了到 1927 年为止的主要文官、法官、主教、银行董事长和其他各种专业人员就读学校的情况，发现其中大部分人曾在公学接受教育，甚至明显地集中在为数不多的几所著名公学。据统计，在 1905 年、1909 年、1928 年和 1938 年四届议会当选的所有保守党议员中，仅伊顿和哈罗公学的毕业生就占了 30%—40%。[①] 1931 年，在政府、教会及工业界居于高位的 691 人中，有 524 人（76%）曾在公学受教育，而且大多毕业于伊顿、哈罗、拉格比和温彻斯特等公学。[②]

第一次世界大战以后，公学得到了长足的发展。直到 20 世纪 30 年代，都可以说公学“处于无与伦比的繁荣时期”。究其原因，有以下几方面：一是公学的传统声誉；二是许多人在战争中和战后收入增多，

---

① 参见徐辉、郑继伟《英国教育史》，吉林人民出版社，1993，第 183 页。

② 参见周愚文《英国教育史：近代篇（1780—1944）》，台北学富文化事业有限公司，2008，第 193 页。

因而有能力支付公学的高额费用；三是中产阶级决定把自己的孩子送入寄宿学校，以保证他们毕业后能找到一份更好的职业，而且避免在文法学校与下层阶级儿童混在一起，沾染不良的语言习惯。

然而，由于20世纪30年代初世界经济危机的冲击，公学的数量开始减少。同时，人们也纷纷指责公学的排他性、活动的性质和培养的人才。早在1917年，亚历克·沃夫（Alec Waugh）在《年轻人的幽影》一书中就批评了公学生活的空洞。他认为，公学在行为举止、反复教诲和对琐碎惯例的尊崇方面，不恰当地替代了应该进行的教育。有些作家更为诙谐地把公学说成是“以摆架子、吹牛皮、同性恋、宗教狂和庸俗化、向上爬（受阶级压迫的英国人的内心世界）为题材的冷嘲热讽的发源地”①。

到20世纪30年代，甚至出现了要求取消公学的强烈呼声。例如，英国政治家谢娜·西蒙（Shena Simon）建议取消公学，并把它们改造成提供寄宿教育的公立学校（the state school）。她说：“教育机会平等意味着推行‘普通学校’（common school）政策，不允许私立学校的存在，包括所谓的‘公学’。”② 英国政治理论家哈罗德·拉斯基在《当绅士的危险性》一书中虽然赞赏公学学生具有理智和认真的美德，但他指出把这样的人置于领导岗位是要冒风险的。他说：“在当代世界的全部活动领域中，一个非专门人才，无论他有多么良好的愿望，也无法在不经受领导者的命运和冒险的情况下行使其领导职能。”③ 原公学毕业生、后担任威灵顿公学教师的T. C. 沃斯利（T. C. Worsley），在措

① 卡扎米亚斯、马西亚拉斯：《教育的传统与变革》，福建师范大学教育系等译，文化教育出版社，1981，第91页。

② Hsiao-Yuh Ku, “In Pursuit of Social Democracy: Shena Simon and the Reform of Secondary Education in England, 1938-1948,” *History of Education* 47, no. 1(2018): 66.

③ W. F. 康内尔：《二十世纪世界教育史》，张法琨等译，人民教育出版社，1990，第408—409页。

辞激烈的《野蛮人和庸人：民主和公学》（*Barbarians and Philistines : Democracy and the Public Schools*）一书中，严厉谴责公学是反民主的、不合时代潮流的事物。这本书反映了当时人们对于公学的愤怒，因为那些拥有普遍权力和在两次世界大战期间组成政府的人导致了现在的崩溃。沃斯利呼吁全体公民接受共同的教育，他认为实行共同的初等教育本身就是一个重大进步，因为民主社会所面临的主要问题就是社会凝聚力，只有通过重新组织教育系统才能实现民主的目标。[①] 他宣称："公学的传统已经起到了它的作用，最迟到上次世界大战结束为止，这种传统已确实起了作用，但这种传统在战后这些年里得到保持和加强。这的确是重大的社会灾难和教育灾难。"[②]

一些教育组织也表达了类似的观点，如全国校长协会（The National Association of Schoolmasters）在发表的《战后教育重建》（"The Post War Reconstruction of Education"）小册子中要求取消公学，其理由是公学只为"一个社会阶层"服务，它不能被纳入国家教育体系。公学作为"世界上最具排他性的职业介绍所"，在重建后的教育体系中没有立足之地；而且这些学校的"优点"（即培养领导力）与民主社会不相符。[③] 全国教师联合会和文法学校协会（The Grammar School Associations）强烈要求将公学纳入国家教育系统。同时，劳工运动的主要组织在战争初期就明确表示，它们反对公学作为一个独立的"体系"而存在。工人教育协会与劳工运动组织的态度一致，它在战争年代就一直反对公学。在 1942 年出版的《教育计划》（*A Plan for*

---

① See Brian Simon, *Education and the Social Order 1940-1990* (London: Lawrence & Wishart, 1991), p. 41.

② W. F. 康内尔：《二十世纪世界教育史》，张法琨等译，人民教育出版社，1990，第 409 页。

③ See Brian Simon, *Education and the Social Order 1940-1990* (London: Lawrence & Wishart, 1991), p. 45.

Education）中，工人教育协会就强调了教育改革的紧迫感。

但在传统的卫道士看来，公学仍然是英国教育精华的缩影，它们向英国青年展示服务的理想和真正社会生活的基础——公正的体育运动。在20世纪20年代，诺伍德就坚决捍卫公学的存在，以应对在日益变化的社会中公学所面临的各种批评。在诺伍德生活的时代，针对公学的批评主要来自三个方面：首先是民主平等思想，其次是宗教在学校占主导地位的思想，最后是与社会和教育的现代化有关。① “总之，这些民主、反宗教和现代化的要求加在一起，对公学的重要性和合法性提出了挑战。”② 批评者认为，国民教育服务既应该为所有人提供机会，还必须为现代英国社会培养劳动力。1940年初，弗雷德·克拉克在题为《教育和社会变化》（“Education and Social Change”）的小册子中，从新的视角看待英国教育问题。克拉克受到著名社会学家卡尔·曼海姆（Karl Mannheim）的影响，他在分析中引入社会学的维度。克拉克认为，英国教育讨论中的很多问题是“想当然的”。③ 他主张公学应该继续存在，但前提是它们必须面向所有学生。④ 诺伍德则更加强调英国传统演进的内在规律，并且在捍卫英国教育体系方面走得更远。他认为，公学的存在并不是为了满足工商业的需要，而是为精英主义进行辩护。“凭借着谦逊态度、服务精神和崇高的责任感，公学的男孩会继续以身作则地引领社会，并且为了实现自己的理想去帮助

---

① See Gary McCulloch, "Reinventing the Past: The Case of the English Tradition of Education," *British Journal of Educational Studies* 50, no. 2(2002): 242.

② Gary McCulloch, "Reinventing the Past: The Case of the English Tradition of Education," *British Journal of Educational Studies* 50, no. 2(2002): 243.

③ See Brian Simon, *Education and the Social Order 1940-1990* (London: Lawrence & Wishart, 1991), p. 40.

④ See Hsiao-Yuh Ku, "In Pursuit of Social Democracy: Shena Simon and the Reform of Secondary Education in England, 1938-1948," *History of Education* 47, no. 1(2018): 65-66.

那些贫穷的兄弟们。”[①] 事实上，这些“高贵的公学”在英国社会不仅是过去而且现在仍然发挥着重要作用。作为一个亚文化群，其几乎形成了一个属于自己的独立世界。因此，尽管存在尖锐的批评，但到1939年时公学传统似乎仍然充满生机。

在“人人受中等教育”的运动中，公学曾被攻击为特权的堡垒。与19世纪的各种批评相比，新的批评则集中于学费昂贵、封闭系统及为特权阶级服务。人们指责从最好的公学毕业的学生形成了一个集团，控制着国家的政治、社会、经济等各方面事务；这些学校代表社会分化和阶级分层的最坏形式，它们与真正的民主体制不相容。1936年，英国共有592 715名中学生，其中约6%就读于公学或预备学校。1938年，英格兰共有161所公学，其中66所完全没有接受公共经费的补助。[②] 当时的公学大多数是寄宿学校且不具地方性。由于公学正常的入学年龄是13岁，以致未曾在预备学校受教育的学生很难入学，这样预备学校与公学形成了一个封闭系统，它们与国家教育制度并行。

二战期间，随着时代的发展和社会的变化，英国社会对公学的忧虑不断增长，公学再次面临着种种责难。当时主要有两种意见：一是完全取消公学，二是将公学纳入国家教育制度。1942年7月，应各公学的要求，中央教育委员会主席巴特勒任命了一个以大卫·弗莱明勋爵（Lord David Fleming）为主席的公学委员会。其成员主要有曾任莱普顿公学校长的杰弗里·费舍（Geoffrey Fisher）博士、查特豪斯公学校长罗伯特·伯利（Robert Birley）、罗迪安公学校长E. M. 塔纳（E. M. Tanner）小姐，以及兰开夏郡教育委员会主席詹姆斯·艾特肯（James Aitken）爵士、约克郡西区教育局长A. L. 宾斯（A. L. Binns）、

---

① Gary McCulloch, “Reinventing the Past: The Case of the English Tradition of Education,” *British Journal of Educational Studies* 50, no. 2(2002): 244.

② 参见周愚文《英国教育史：近代篇（1780—1944）》，台北学富文化事业有限公司，2008，第188—189页。

牛津大学教育系主任 M. L. 杰克斯（M. L. Jacks）等。公学委员会受权调查的范围是：考虑发展和扩大公学与普通教育制度之间联系的途径，考虑男子公学的措施可以在多大程度上适用于女子公学。1944 年 7 月，公学委员会发表了一份报告，即《弗莱明报告》。

公学委员会把“公学”定义为“管理机构协会”（Governing Bodies Association，1942 年成立）或“校长会议”（1869 年成立）的成员，共 188 所，全为寄宿学校，其中 89 所为独立学校（independent schools），99 所为中央教育委员会或地方教育当局补助的学校。《弗莱明报告》强调指出：“公学现在已不太僵化，课程较灵活，兴趣范围较广，当前这场战争的影响在很大程度上打破了旧的传统，引进了新的活动。……但是社会发展的趋势正在使公学脱离它们生存的世界。甚至早在 60 多年前在伦敦贫困地区和大城市建立学校的运动，就已经明显地表明这种教育制度是不切实际的：把一个班级的男孩子与这个班级的另外一半人如此彻底地隔离开来，在以后的生活中他们将越来越作为平等的人而相遇。”① 为改变公学这种不合时宜的状况，报告提出了以下一些主要建议。

第一，公学的所有学额不管是用什么方法录取的，都应该平等地面向所有的学生。也就是说，录取的唯一标准应是学生从教育中受益的能力，任何学生都不应由于家长无力付费而被排斥在外。

第二，公学至少要为来自公立小学的学生保留 25%的免费学额。免费学额获得者的挑选将由地区面试委员会（The Interviewing Boards）和中央咨询委员会（The Central Advisory Committee）负责，最终的录取由各学校决定。报告认为，对于一个儿童来说，在一所学习标准高于其能力或课程不适合其特定能力倾向的学校就读决不会令他满意，

---

① J. Stuart Maclure, *Educational Documents: England and Wales 1816-1963* (London: Chapman & Hall, 1965), pp. 210-211.

因此面试委员会应该拒绝接受那些学生的申请，即那些学习成绩和校长的报告都表明他们不会受益于所申请的那些学校教育的学生。

第三，公学既可采用寄宿制，也可采取日校（The Day Schools）的形式。报告指出，尽管日校和寄宿学校（The Boarding Schools）并不排斥各自的某些特长，尽管许多儿童在这两类学校中的任何一类适应良好，但对于另外一些儿童来说，选择日校或寄宿学校却是重要的，甚至是关键的。因此，这种选择应该是自由和不受经济束缚的。

《弗莱明报告》引起中央教育委员会的极大兴趣，其中的某些建议得到了采纳。当时为公学学额提供经费的责任在于地方教育当局，有些地方教育当局向寄宿学校提供免费学额，而另外一些地方教育当局如赫特福德郡等只实行了小规模的助学金计划，每年资助的学生人数很少，因为地方教育当局无力协调公立学校与寄宿学校在费用上的巨大差异。公学与公立中学不同的入学年龄及公学坚持开设拉丁文或希腊文等种种原因，使《弗莱明报告》的建议最终束之高阁。一般认为《弗莱明报告》明显是一种妥协，以致它备受批评。有人指责公学委员会将公学在社会中的地位、角色及特权视为理所当然，因此报告中的建议了无新意；也有人指出，该报告无法让那些将公学批评为强调现存社会划分及为特定阶级而设的人满意。① 虽然公学保留了25%的免费学额，但仍有75%的名额留给了付得起高额学费的富家子弟。

总之，《弗莱明报告》既无法让反对公学的极端者满意，也引起一些文法学校校长的反对，因为公学挑选了智育上最好的学生。最后，英国政府对于《弗莱明报告》的建议并未完全接受。虽然原则上接受“独立学校”（The Independent School），但附加条件太多。可见公学的发展前景并不光明，民众对于公学排他性的憎恨有增无减。随后通过

---

① 参见周愚文《英国教育史：近代篇（1780—1944）》，台北学富文化事业有限公司，2008，第191页。

的《1944年教育法》将公学纳入“独立学校”系统，它们完全不接受政府的补助，这样英国特有的公学制度以“独立学校”的身份受到政府保护，它独立于国家教育制度之外并与其平行，于是原有的双轨制问题持续到二战后。“之所以如此，反映了英国社会的阶级色彩，也显示出从政的老公学校友们，对母校体制的偏好与维护。”①

由上可知，二战前夕英国工党政府为改善工人阶级和下层阶级子弟接受中等教育的状况，提出了“人人受中等教育”的目标，并把它作为工党教育政策的基础。为实现这一目标，英国政府发表了一系列报告书，使公立中等教育的概念由原来的文法中学单轨，发展到文法中学、技术中学和现代中学三轨并存；每一个初等学校毕业生在11岁时经过一次选拔性考试，然后根据自己的兴趣和能力分别进入不同类型的中学学习。同时，为了打破公学在中等教育领域的特权地位，英国政府还发表了《弗莱明报告》，要求公学平等地向所有学生开放，并为贫苦家庭的子弟提供25％的免费学额。事实表明，自1922年托尼提出“人人受中等教育”的口号到二战前夕，英国中等教育的普及程度有了很大提高，而这与英国政府发表的从《哈多报告》到《弗莱明报告》等一系列报告的影响分不开。尽管如此，由于种种原因，二战前英国距离“人人受中等教育”的目标仍很遥远。

① 周愚文：《英国教育史：近代篇（1780—1944）》，台北学富文化事业有限公司，2008，第191页。

第六节　《1944年教育法》

一、社会背景

1939年9月，英国对德国宣战后，第二次世界大战全面展开。1940年5月，丘吉尔出任英国首相兼国防大臣。丘吉尔根据第一次世界大战中的经验，建立起一个由工党、保守党和自由党合作的战时联合政府。三个政党在海军部、陆军部和空军部均有代表，一些重要职务的任命由丘吉尔出面协商。丘吉尔在议会发表就职演说时指出："我没有别的，我只有热血、辛劳、眼泪和汗水；你们问：我们的政策是什么？我说：我们的政策……就是进行战争；同一个在邪恶悲惨的人类罪恶史上还从来没有见过的穷凶极恶的暴政进行战争……你们问：我们的目的是什么？我可以用一个词来答复：胜利——不惜一切代价去争取胜利，无论多么恐怖也要去争取胜利；无论道路多么遥远和艰难，也要去争取胜利，因为没有胜利，就不能生存。"① 丘吉尔的演讲改变了英国政府软弱无力的形象，赢得了全国人民的信任和支持。

大战初期，英国颁布了各种紧急法令和命令，其中最重要的是1939年8月通过的《紧急权力法案》。该法案授予政府颁布具有法律效力的国防命令的权力，以"保障社会治安，保护国家，维护公共秩序和有效地进行英国可能被卷入的任何战争"②。该法案所颁布的国防命令，即使与英国现行法律相抵触也仍然有效。从1939年9月至12月，

---

① 丘吉尔：《第二次世界大战回忆录》（第二卷），薛鸿时等译，商务印书馆，1975，第37页。

② 弗·格·特鲁汉诺夫斯基：《英国现代史》，秦衡允、秦士醒译，生活·读书·新知三联书店，1979，第303页。

英国政府共颁布了 60 种法令和 800 种关于国家生活领域的各种命令。但正如英国经济学家乔治・科尔（George Cole）所指出，这一切办法的妙处不在于它们成为法律，而是在灾难深重的随后 8 个月内几乎完全没有被利用。

在战争期间，英国人民蒙受了惨重的损失，他们指望胜利后国内情况会根本好转，经常性失业、贫困和破产等现象会一去不复返。1941 年，《泰晤士报》（*The Times*）写道："有理解力的人们不能不看到，人类不仅要经历世界大战的战火，而且要经历社会革命的烈火，并且会看到由此产生的世界，无论在思想、信仰和行动等许多方面，都会和旧世界迥然不同。"① 为了使人民能看到一个美好的"新社会"，英国政府实行了一整套战后重建计划。战后重建方案早在二战结束前就已拟订，1941 年政府成立了以工党副主席阿瑟・格林伍德（Arthur Greenwood）为首的建设委员会，以研究建设问题和协调政府各部门的工作。后来，英国政府又邀请各机关、科学团体和其他组织参与制订未来的建设计划。同时，还成立了许多新的机构，专门从事这方面的研究工作。

关于战后建设一个"新社会"的议论早已在普通百姓中盛行，新闻媒体乃至教会人士也对此津津乐道。1942 年，在由基督教徒协会发起的一次群众集会上，坎特伯雷大主教宣称应该对土地与货币实行公共管理，约克大主教则强调国家制订住房计划的重要性。1940—1942 年，连续三个议会调查委员会发表报告，强烈主张政府在战后对工业及人口的分布、土地的开发利用、市镇的重建等方面进行规划指导。

1941 年 12 月，曾任伦敦政治经济学院院长的威廉・贝弗里奇（William Beveridge，1879—1963）起草了一份彻底改造英国现行社会

① 弗・格・特鲁汉诺夫斯基：《英国现代史》，秦衡允、秦士醒译，生活・读书・新知三联书店，1979，第 379 页。

保险制度的计划。他建议扩大社会保险的范围，不管从事什么职业一律享受保险。贝弗里奇的报告实际上勾画了一幅战后“新社会”的蓝图，即国家在战后应当建立一个包罗万象的社会保障制度，以保证每个人不再受贫困的侵扰。尽管保守党极力反对这个计划，但 1943 年丘吉尔政府迫于舆论压力，还是根据该计划的主要条文制订了社会保险改革方案。

二、《1944 年教育法》的颁布

《1944 年教育法》同样是当时英国社会发展的必然产物。“战争促使英国文化精英呼吁进行广泛的社会和教育改革，以便在战后建立一个新的社会秩序——‘新耶路撒冷’（New Jerusalem）。”[①] 英国学者麦卡洛克指出：“《1944 年教育法》的通过与第二次世界大战中的一些重要事件有关。……当战争尘埃落定时，教育法案仍然得以保留，它是祭奠战争的丰碑和社会和平的基石。”[②] 美国比较教育学家艾萨克·康德尔（Issac Kandel）指出：“英国教育总是在发生社会或政治危机的时刻取得最大的进展。”[③] 由于战争爆发而造成的教育混乱，使大家的注意力集中到儿童和他们的教育。在战争年代，人们对于教育对国家幸福和维系民主理想与制度的重要性，以及消除阶级障碍，为男女儿童提供平等机会等有了比较深刻的认识。“为了更全面地理解《1944 年教育法》，必须把它与 20 世纪 40 年代的社会、政治、文化和其他发展联

---

① Hsiao-Yuh Ku, “In Pursuit of Social Democracy: Shena Simon and the Reform of Secondary Education in England, 1938-1948,” *History of Education* 47, no. 1(2018): 61.

② Gary McCulloch, *Educational Reconstruction: The 1944 Education Act and the Twenty-First Century* (London and New York: Routledge, 2011), p. 6.

③ 艾萨克·康德尔：《教育的新时代——比较研究》，王承绪等译，人民教育出版社，2001，第 64 页。

系起来，如第二次世界大战的推动，战时政治的重要性和战后重建计划的希望，社会不平等、宗教、公民和工业价值的影响等。”①

早在二战爆发前，英国社会各界就发出了教育改革的呼声。战争期间，由于英国全民族卷入战争而引起的民主意识的提高，以及科学和工业的迅速发展，使得教育改革成为人们讨论战后社会重建的主要议题之一。在这种情况下，保守党、自由党和工党都发表了有关教育改造的小册子，合作社联合会、工会代表大会和工人教育协会也都提出了改革建议。全国教师联合会发表了题为《在1942年复活节会议上通过的执行委员会建议报告》的绿皮书，地方教育局长协会发表了题为《教育：一个未来的计划》的“橙皮书”。1941年10月，中央教育委员会向各社会团体和组织发布了一份题为《战后教育》（“Education after the War”）的绿皮书。它不仅提出了有关教育改革的各种建议，而且欢迎人们批评或提出新的建议。绿皮书建议将离校年龄毫无例外地提高到15岁。英国社会对于绿皮书的反应十分强烈，详尽的答复像雪花般飞向教育委员会。②

当时的中央教育委员会主席、保守党政治家巴特勒在秘书丘特尔·伊德（Chuter Ede）的协助下，连续好几个月忙于与各种机构就绿皮书进行磋商，并于1943年7月发表了题为《教育的重建》的白皮书，提出了有关教育改革的建议和设想。它提议将离校年龄毫无例外地提高到15岁，一旦条件允许就提高到16岁。③

白皮书有关中等教育的内容如下：第一，强调教育机会均等的理念，但政府不应建立单一形式的国家教育制度，而是保持其多样性，

① Gary McCulloch, *Educational Reconstruction: The 1944 Education Act and the Twenty-First Century* (London and New York: Routledge, 2011), p. 7.

② 参见邓特《英国教育》，杭州大学教育系译，浙江教育出版社，1987，第18页。

③ See Hsiao-Yuh Ku, "In Pursuit of Social Democracy: Shena Simon and the Reform of Secondary Education in England, 1938-1948," *History of Education* 47, no. 1 (2018): 62.

以确保教育机会的均等；第二，政府将重组国家教育制度，并将离校年龄延长至 15 岁，一旦条件允许可延长至 16 岁；第三，将整个教育过程分为两个阶段，5—11 岁是初等教育阶段，之后是中等教育阶段，虽然中等学校的类型不同，但地位平等并面向所有学生；第四，主张儿童 11 岁时应根据其个人性向、学校记录、智力测验、家长期望及自身想法，而非竞争性考试结果进行分流；第五，接受《斯宾斯报告》的建议，各类中等学校由统一的法规进行管理，以取代现行学校自己制定法规的做法；第六，地方教育当局所负责的各类中学禁止收取学费，但在适当情况下可收取住宿费。[①] 白皮书还断言，完成各类中等学校的多样化改革，正如保证儿童教育机会均等一样重要。同年，英国政府正式采纳了中等教育实行三轨制的主张，《教育的重建》白皮书也成为《1944 年教育法》的蓝本。

白皮书宣称，政府的意图是以新的“设计”重塑国民教育服务，并且基于这样一种认识，即教育是分阶段进行的连续的过程。[②] 它主张进行新的立法改革，以延长学生离校年龄，完成哈多教育重组的过程，实现“人人受中等教育”的理想。因此，白皮书与《哈多报告》《斯宾斯报告》和《诺伍德报告》的精神是一致的。白皮书一开始就阐述了教育重组的基本原则：“政府提出本白皮书所叙述的种种改革的目的，在于使儿童得到一个更幸福的童年和生活上更好的开端；保证青年人得到更充分的教育和机会，并为全体公民提供种种手段发展他们所赋予的各种才能，从而丰富他们国家的遗产。所以，新的教育机会决不能只是一种形式。教育机会的多样性正好与教育机会的平等同样重要。但是这种多样性决不能损害教育制度内部的社会统一性，这种统一性

---

① 参见周愚文《英国教育史：近代篇（1780—1944）》，台北学富文化事业有限公司，2008，第 173—174 页。

② See Gary McCulloch, *Educational Reconstruction: The 1944 Education Act and the Twenty-First Century* (London and New York: Routledge, 2011), p. 26.

将为我们开辟通向更加紧密团结的社会的道路，并给予我们对付今后任务的力量。”① 白皮书指出：“那种认为三类学校应该分离的想法是错误的，就方便和效率而言，不同类型的学校可以在一栋建筑或一个地方组合。无论如何，必须让学生能够自由地从一种形式的教育转换到另一种形式。”② 这份白皮书奠定了英国战后教育改革与政策的基础，它对英联邦和其他国家也产生了深远的影响。

1943 年 12 月，巴特勒向议会提交了一项教育法案。这个法案以《教育的重建》白皮书为基础，是一项取代和改进现行教育法案的自救措施。它认为未来的英国应当避免由战争带来的政治、经济和社会混乱，在战后重建中使每一个人的才能都得到发挥的教育，应该作为通向成功的唯一道路。该法案经过近 8 个月的辩论，于 1944 年 8 月 3 日在议会获得通过，这就是《1944 年教育法》。在英国教育史上，它以《巴特勒法案》著称。英国教育改革家谢娜·西蒙提出该“法案必须比白皮书更早地确定将离校年龄提高到 16 岁的日期”。她说：“在把离校年龄提高到 16 岁之前，所有关于教育机会平等问题的讨论都只是纸上谈兵。”③ 但《巴特勒法案》并没有提供一个固定的日期。工党提出了一个修正案，建议在法案中注明不迟于 1951 年。然而，巴特勒拒绝了这项修正案。法案第 35 条规定，让未来的教育部长（也称教育大臣或国务大臣）决定何时可以将离校年龄提高到 16 岁。

在关于《1944 年教育法》的辩论中，“官员、政治家和改革者基于他们对个体差异、自由和多样的重要性、中等教育的传统、海外的经

① 艾萨克·康德尔：《教育的新时代——比较研究》，王承绪等译，人民教育出版社，2001，第 70 页。

② Gary McCulloch, "Britain Labour Party Education Policy and Comprehensive Education: From Learning to Live to Circular 10/65," *History of Education* 45, no. 2(2016): 232.

③ Hsiao-Yuh Ku, "In Pursuit of Social Democracy: Shena Simon and the Reform of Secondary Education in England, 1938-1948," *History of Education* 47, no. 1(2018): 62.

验教训及公共舆论的理解，对于综合教育仍然怀有疑虑。这一法案本身虽然促进了国家政策理念的形成，却为地方建立了一个复杂的自由裁决制度。这些因素为随后的一般性辩论和工党内部辩论提供了一个强有力的基础"[①]。其中，有关教会学校资金问题的争论，一直到该法案成为正式法令后才停止。巴特勒称之为"古老的绊脚石"[②]（this ancient stumbling block）。

刚开始时，该法案的主要抗议者是国教徒和非国教徒，前者是想利用政府的资金来办理他们自己的学校，后者则反对为教会学校提供任何形式的政府补助。这是一个无法回避的问题，因为受资助的教会学校阻碍了普通教育的进步。巴特勒本人和国教徒及其主要代言人杰弗里·费舍交情甚好，而他的秘书伊德和非国教徒也有往来。最后的解决方案是双方妥协，即国教徒希望政府给予100%的资助，而非国教徒希望不给予任何资助，巴特勒和伊德决定采取折中办法，只给予教会学校50%的补助。他们的成功在于通过巧妙的外交手段说服双方同意这一决定，然而更大的障碍来自天主教徒。1943年12月，在巴特勒向议会递交法案前的近两个月，利物浦天主教大主教道尼博士（Dr Downey）在利物浦体育场宣布举行一场大规模的"教育游行"（education demonstration）。另据1943年10月18日的《赫罗德日报》（*The Daily Herald's*）报道，伦敦东部的天主教女教徒游行队伍足有一英里半长。但由于国教徒（代表保守党席位）和非国教徒（代表工党和自由党席位）已达成一致，因此在议会中天主教的反对是无足轻重的。此外，一些工党成员担心困扰公立学校的问题得不到解决，在《经济学家》杂志上撰文指出，这个法案"对于英国国民教育制度中仍

① Gary McCulloch, "Britain Labour Party Education Policy and Comprehensive Education: From Learning to Live to Circular 10/65," *History of Education* 45, no. 2(2016): 233.

② R. G. Wallace, "The Origins and Authorship of the 1944 Education Act," *History of Education* 10, no. 4(1981): 289.

然存在的富人与穷人互不相干的体制，没有做出任何说明”①。一些保守党成员则认为，该法案中缺乏关于技术教育的详细建议。

但总的说来，《1944 年教育法》与以往的教育法案不同，尽管议会上下两院就一些问题发生过意见冲突，但对法案中有关教育改革的基本精神和原则却分歧不大。“这些改革建议得到了两个主要政党即保守党和工党的广泛支持，以及‘舆论’的普遍支持。虽然有争议的地方，但与 1870 年和 1902 年的改革相比，几乎微不足道。”② 这一方面是由于当时的政府是一个受到各政党支持的联合政府，另一方面是由于在提出该法案之前曾进行了详尽的磋商。更为重要的是，在二战中民众对教育改革怀有热情并表示支持。正如 1944 年英国政府的一份报告指出，整个民族已经认识到公共教育制度的缺陷，我们看到了来自公众对有关改革这一制度的最广泛、最强烈的要求。此外，《1944 年教育法》在某种程度上也符合英国垄断阶级的利益。因为现代工业技术必须由受过充分训练的人掌握，工商业产品的竞争力都取决于是否拥有受过良好训练的劳动力。巴特勒在把法案提交议会时指出：“教育会给工业的轮子加油，保证工业效果达到更高的水平。”③

由上可知，在战时党派纷争让位于国家整体利益，社会各界对教育改革的呼声普遍高涨的背景下，《1944 年教育法》得以顺利通过。“于是，许多相互矛盾的利益和理想打破了传统的政治分歧，有助于形成一个有效的联盟，并使保守党和工党内部、宗教利益集团内部的不同意见得到协调。正是这一点，为教育法在战争结束前和 1945 年 7 月

---

① Grald Bernbaum, *Social Change and the Schools 1918-1944* (London: Routledge and Kegan Paul, 1971), p. 108.

② Gary McCulloch, *Educational Reconstruction: The 1944 Education Act and the Twenty-First Century* (London and New York: Routledge, 2011), p. 30.

③ 弗·格·特鲁汉诺夫斯基：《英国现代史》，秦衡允、秦士醒译，生活·读书·新知三联书店，1979，第 382 页。

工党政府上台前的顺利通过铺平了道路。”[①]

三、《1944 年教育法》的内容

《1944 年教育法》要求对英格兰和威尔士的公共教育制度进行大刀阔斧的改革。它的内容十分丰富，几乎涉及教育领域的各个方面。该法案共分五个部分，包括 122 个条款和 9 个附表。第一部分（共 5 条）论述中央行政机构，第二部分（共 64 条）论述法定教育制度，第三部分（共 6 条）论述独立学校，第四部分（共 32 条）为一般规定，第五部分（共 15 条）为附则。《1944 年教育法》的主要内容如下。

第一，加强国家对教育的领导和控制，设立教育部（The Ministry of Education）以取代原来只对公共教育行使监督权力的中央教育委员会。根据法律，教育大臣负责促进英格兰和威尔士人民的教育发展，以及为此设立的各种教育机构的进一步发展；负责监督和领导地方教育当局有效地执行国家提供各类教育及综合教育服务的政策。

第二，在英格兰、威尔士和蒙茅斯郡（Monmouthshire）分别设立中央咨询委员会（The Central Advisory Council），以取代原教育委员会所属的咨询委员会。这两个咨询委员会负责就其认为合适的教育理论和实践问题向教育大臣提出建议。教育大臣必须向议会做出年度报告，介绍行使和履行该法令授予其权力和职责的情况，以及中央咨询委员会的人员组成和工作记录。[②]

第三，改组地方教育行政机构，规定“郡和郡自治市议会”为唯一的地方教育当局，取消《1902 年教育法》规定的“第三部分地方教

---

① Gary McCulloch, *Educational Reconstruction: The 1944 Education Act and the Twenty-First Century* (London and New York: Routledge, 2011), p. 33.

② 参见瞿葆奎主编，金含芬选编《教育学文集·英国教育改革》，人民教育出版社，1993，第 143 页。

育当局”。各地方教育当局负责为本地区提供各种类型的公共教育设施，它们将在其职权范围内致力于本地区人们精神、道德、心理和身体的发展，并通过提供有效的教育以满足人们的需要。所有的地方教育当局应对本地区的教育状况进行调查，并在该法案实施后一年内向教育部递交本地区的发展计划（a development plan）。地方教育当局提出的一切计划都须得到教育大臣的同意和批准。“教育部从宏观上进行控制，但地方教育当局可以根据本地区的情况提出具体要求。发展计划就是一个典型的例子。在中等教育方面，虽然教育部遵循《诺伍德报告》的三轨制原则，但许多地方教育当局做出了自己的选择，并以自己的方式阐明本地区中等教育的性质。”①

第四，法定的公共教育制度由初等教育、中等教育和继续教育三个相互衔接的阶段组成。初等教育是面向年龄不满10岁零6个月的低年级学生，或者已经达到该年龄但适宜于同未达到该年龄的学生一起受教育的低年级学生，提供适合他们要求的全日制教育；中等教育是面向高年级学生，或者年满10岁零6个月但适宜于同高年级学生一起受教育的低年级学生，提供全日制教育；继续教育是针对超过义务教育年龄的人进行全日制和半日制教育，或者针对任何超过义务教育年龄的人，只要他们能够并愿意利用为继续教育提供的设施，就可按其需要组织文化训练或开展业余教育。

第五，儿童从5岁开始接受全日制义务教育，义务教育的年限从14岁提高到15岁。教育大臣认为必要时可将义务教育年限提高到16岁。每一位义务教育适龄儿童的家长都应通过正规途径，让他的子女接受适合其年龄、能力和性向的全日制教育。凡由地方教育当局资助开办的中等学校一律免收学费。

---

① Gary McCulloch,"Britain Labour Party Education Policy and Comprehensive Education: From Learning to Live to Circular 10/65," *History of Education* 45, no. 2(2016): 233.

第六，凡是由地方教育当局建立的初等学校和中等学校统称为郡立学校（County Schools），由其他部门建立的学校称为民办学校（Voluntary School）。民办学校分为受控学校（Controlled School）、受助学校（Aided School）和特别协议学校（Special Agreement School）三类。[①] 受控学校没有任何财政责任，一切费用由地方教育当局负责，但它们不能在校内举行宗教仪式或进行本教派的宗教教育。受助学校必须承担地方教育当局要求它们改建校舍的费用，但不负责校舍内部的维修，也不负责除办学目的以外使用学校房产而导致的校舍维修；受助学校有权保留宗教教育和举行本教派的宗教仪式，以及在一定条件下任命教师等。特别协议学校是根据有关规定达成专门协议的学校，其地位类似接受补助的私立学校。根据法律，教育大臣应向特别协议学校董事会支付 80％的校舍维修费。“根据这一法案，民办学校可以选择成为‘受控学校’（获得 100％拨款），或成为‘受助学校’（获得 50％拨款），或成为‘特别协议学校’（获得 50％—75％拨款）。这项补助金与它们提供宗教教育的自由成反比。”[②]

第七，所有的郡立学校和民办学校必须在上课日（非假日）组织学生参加集体礼拜，除非地方教育当局或民办学校董事会认为学校设施不够用，才可不受上述规定的限制。各郡立学校和民办学校均应提供宗教教学，其教学大纲按照由地方教育当局、教师及教会的代表组成的法定委员会为每个地区汇编或选定的“协定大纲”进行。但任何郡立学校或民办学校不能以学生是否参加礼拜或宗教活动作为入学的

---

① 参见瞿葆奎主编，金含芬选编《教育学文集·英国教育改革》，人民教育出版社，1993，第 155 页。

② W. H. G. Armytage, *Four Hundred Years of English Education* (Cambridge: Cambridge University Press, 1964), p. 235.

先决条件。①

第八，地方教育当局有责任确定其管辖区内哪些儿童需要采取特殊教育措施，并向残疾严重的学生提供适合其需要的特殊学校教育，残疾不严重者也可在地方教育当局维持的任何学校内接受教育。特殊学校的学生可以根据家长的愿望参加宗教礼拜及接受宗教教育，也可以免除宗教活动。

第九，各地方教育当局负责对它们维持的学校在校生进行定期的医疗检查和提供免费医疗；为所属学校和郡立学院（County College）的学生提供牛奶、膳食和其他点心；为贫困儿童提供服装，甚至寄宿设施；为该地区的初等教育、中等教育和继续教育提供物质条件，包括娱乐、社会活动和体育锻炼等方面的设施；委托地方教育当局的医务人员对其维持的所有学校进行必要的卫生检查；为方便学生上学，地方教育当局在其认为必要时或根据教育大臣的指令，为学生免费提供交通设施和其他条件。②

第十，独立学校是指非地方教育当局维持的学校，或者教育大臣没有向学校创办者提供补助的学校。所有的独立学校必须为5个以上义务教育适龄学生提供全日制教育，并按规定日期到教育部登记注册，逾期注册或未经注册的独立学校将按违法行为处理。教育大臣有权对注册的独立学校进行视察，根据公众的举报责成不符合标准的独立学校做出改进，并关闭教学质量差、管理不善或校舍条件不合格的学校。

第十一，教育大臣必须做出适当的安排以保证提供足够的设施，为地方教育当局维持的学校、学院和其他教育机构培训师资。教育大臣可以指示地方教育当局建立、维持或援助任何师范学院或其他师资

① 参见瞿葆奎主编，金含芬选编《教育学文集·英国教育改革》，人民教育出版社，1993，第164—168页。

② 参见瞿葆奎主编，金含芬选编《教育学文集·英国教育改革》，人民教育出版社，1993，第184—190页。

培训机构。地方教育当局必须根据“伯纳姆委员会”（The Burnham Committee）（代表教师聘用单位和地方教育当局的法定协商机构）同意并经教育大臣批准的工资级别，支付郡立学校及郡立学院教师的薪水。

第十二，为了使学生或家长充分利用教育设施，而不给学生本人或其家长造成任何经济困难，教育大臣应制定规章，授权地方教育当局为郡立学校、民办学校或特殊学校的学生支付参加活动的费用，为收费学校的学生支付全部费用或部分费用，为超过义务教育年龄的学生（包括师范生）提供奖学金或其他津贴。

第十三，地方教育当局必须为所有未满 18 岁且没有接受全日制中等教育的青少年提供继续教育的机会。继续教育将由地方教育当局开办的郡立学院进行，应保证学生每星期接受 1 个全天或 2 个半天的继续教育，也可以每年向学生提供 1 段连续 8 周时间或 2 段连续 4 周时间的继续教育。教育大臣将为郡立学院的维持、管理、开办及其提供的继续教育制定规章。

《1944 年教育法》的第一部分（中央行政机构）和第五部分（附则）自法案正式颁布后即付诸实施；第二部分（法定教育制度）和第四部分（一般规定）于 1945 年 4 月 1 日起开始实行，其中义务教育年龄从 14 岁提高到 15 岁这一条款于 1947 年 4 月 1 日才开始实行（义务教育年龄于 1972 年 9 月 1 日提高到 16 岁）；第三部分（独立学校）于 1957 年 9 月 30 日才开始实行。但必须指出的是，《1944 年教育法》不适用于苏格兰或北爱尔兰地区。

四、评价与影响

《1944 年教育法》可以说是英国教育史上的又一个重要里程碑。邓特指出："它是自1870年以来教育发展中最伟大，也许是最著名的措施。"[①] 同时也是英格兰和威尔士在后来的25年时间内教育空前大发展的序曲。[②] 二战后，英国教育改革和发展就是以这个法案为基础。英国学者斯图亚特·兰森（Stewart Ranson）指出："这是一个伟大的法案，它为政府建立了一个持续40年的教育体系。那么，是什么使它能够维持这样的成就？一方面，它表明了对于权力与所要承担的任务之间的深刻认识；另一方面，它表达了合理的价值观和利益观，并在社会上达成了持续一代人的共识。"[③] 美国学者A. M. 卡扎米亚斯（A. M. Kazamias）等人认为，英国《1944年教育法》和1946—1948年颁布的若干社会服务实施方案，如医疗保健、社会保险、儿童福利和家庭补助等，形成了一种通常称为"英国型福利国家"的基本结构。

德国学者海因茨·施蒂比希指出："我们不应该忽略这样一个事实，即这个法案是在联合政府内部商定的……因此，这一法案的首要意义在于：它试图消除英国教育制度的那种典型的五花八门的现象，并制订出一些庞大的结构，以期将来能将各种不同的教育制度都统一起来。"[④] 我国学者林本先生认为，该法案可谓集英国过去40年以来所有教育改革运动的理论和法令之大成，而予以融会贯通。《1944年教育法》中最有意义的改革之一在于"中等教育"一词含义的变化。在此之前，这一名词仅指含有学术性的教育，享受此种教育者往往需要缴纳学费。自此以后，这种狭义的界说已由较广泛的概念所取代，中等教育成为每一个儿童所必经的教育阶段之一，其职责在于促进和协助

---

① Brian Simon, "The 1944 Education Act: A Conservative Measure?," *History of Education* 15, no. 1(1986): 31.

② 参见邓特《英国教育》，杭州大学教育系译，浙江教育出版社，1987，第22页。

③ Michael Flude and Merril Hammer, *The Education Reform Act, 1988: Its Origins and Implications* (London: The Falmer Press, 1990), p. 3.

④ 《外国教育丛书》编辑组编《中等教育结构改革》，人民教育出版社，1980，第151页。

每个儿童最大限度地发展自己的能力。[①] 也有学者认为，从英国教育发展的历史看，《1944 年教育法》的最大贡献就是实现“人人受中等教育”这一目标。

但也有人认为，《1944 年教育法》是谨慎的、典型的保守党措施（或保守党计划）。哈特穆特·科普斯（Hartmut Kopsch）在他的博士论文《二战期间保守党的社会政策》中这样评价《1944 年教育法》：“保守党议员不会轻易地默许巴特勒关于教育改革的建议，但他们赞成关于教育重建和教育法案的白皮书，因为这些措施体现了保守党的许多信仰，特别是与宗教传统价值相关的信仰、多样性和重质量而非‘繁杂’（gross volum）的信仰、保留教育特权和等级制度的信仰。”[②] 华莱士则明确地把《1944 年教育法》看作工党失败的象征。他在英国《教育史》（*History of Education*）杂志上撰文指出，该法案在很大程度上是巴特勒就任教育委员会主席之前全体文职人员的思想产物。英国教育史学家布莱恩·西蒙指出：“如果我们把它与实际取得的成就进行比较，结果就很明显。公学未受到侵犯并被保存下来——在这方面，法案没有做出任何规定。弗雷德·克拉克所指的国民教育制度没有建立起来。双轨制仍然存在，尽管对宗教教学的法定条款和每所学校每天必须举行的宗教仪式进行了修改。离校年龄提高到 15 岁，法案没有规定提高到 16 岁的具体日期，但直到 1972 年即将近 30 年之后才实现。同时，当普通教育法规颁布时，新型的中等教育体制仍然是分割和不统一的。它不但没有兑现白皮书中所承诺的废除 11 岁考试的规定，反而使这种竞争变得更加激烈。不同类型的中等学校之间也没有获得同等的条件、地位和应有的尊重。事实上，直到今天即 40 年之后，由于

---

① 参见林本《世界各国中学教育制度》，台湾开明书店，1976，第 81—82 页。

② Brian Simon, “The 1944 Education Act: A Conservative Measure?,” *History of Education* 15, no. 1(1986): 31.

大规模民主运动的兴起，这种单轨制中等学校或至少类似的学校才得以建立，虽然并不是这个国家的所有地区都如此。由此看来，那种认为《1944 年教育法》是一项保守措施的观点似乎是正确的。”①

总的说来，《1944 年教育法》的影响可归纳为以下几个方面。

第一，它确立和完善了中央与地方在教育行政管理体制上相互合作的“伙伴关系”。一方面，加强国家对教育的控制，成立教育部。在英国教育史上，这是首次尝试建立一个更有效的中央机构以同地方教育行政机构相抗衡，其目的是使教育制度的组织比以前更富有计划性。同时，扩大了教育大臣的权力。教育大臣有权责成地方教育当局在其管辖区域内为所有儿童提供受教育的机会；必要时他可以行使法定权力，或通过取消年度拨款来对地方教育当局施加压力。但“这种变化并不意味着地方教育当局的责任有所削弱，相反，提供给它们的机会要比以往任何时候都广泛。它所包含的只是这样一种认识，即公共教育体制虽然是属于地方管理的，但它是国家事业，它的全部利益应该为所有人平等享受，不管他们居住在什么地方”②。另一方面，整顿地方教育行政管理机构，使地方教育当局的总数从原来的 315 个减少到 146 个。地方教育当局负责调查其管辖区内的教育需要，制订发展计划，指派与聘用教师，提出有关课程设置和教学大纲的一般建议，以及负担当地教育经费支出总额中约 40%的资金（其余约 60%是由中央政府以补助金的形式拨给）。因此，《1944 年教育法》既使中央教育行政部门获得了控制和指导全国教育发展的权利，又在很大程度上保护了地方教育当局的利益。

第二，它废除了传统的初等学校和高年级学校的双轨制，代之以

---

① Brian Simon, “The 1944 Education Act: A Conservative Measure?,” *History of Education* 15, no. 1(1986): 36-37.

② 艾萨克·康德尔：《教育的新时代——比较研究》，王承绪等译，人民教育出版社，2001，第 117—118 页。

由三个相互衔接的教育阶段，即初等教育、中等教育和继续教育组成的国民教育制度，使初等学校学生在 11 岁向中等学校过渡合法化，并规定公立中学一律免收学费，从而真正确立了一个普及的中等教育制度。关于中等教育的结构，法案第 8 条做出了如下指示："如果一个地区开办的学校没有在数量、性质和设备方面足以向所有学生提供教育机会，没有按照学生的不同年龄、不同能力、不同性向以及他们可能在校学习的不同期限提供令人满意的各种教学和训练，包括适合学生各自需要的实科教育和训练，那么将认为，该地区没有开办足够的学校。"① 根据这个指示，地方教育当局必须承担提供各种不同类型的中等教育的法定义务。然而，人们对该条文的理解引起不少争论。那些对于改革英国学校制度感兴趣的人们，一般都像综合教育的首倡者罗宾·佩德利（Robin Pedley）那样解释这段话。佩德利指出："可以这样认为，其明显的意思是：正如为了满足各地区上学儿童的极其不同的需要，要求有足够数量的、设备优良的小学一样，每一所中学也必须有一套齐全的课程、教职员工和设备，以便在一定的时候能为同一批孩子的发展需要服务，而不管他们十五岁之后是否仍待在学校。"② 教育部和大多数地方教育当局的代表对于这段文字的理解则完全不同。他们依据当时在英国处于支配地位的教育心理学观点，把它解释为：学校制度应根据不同类型的能力倾向（学术、技术和一般能力）得到扩充。然而，不管怎么说，《1944 年教育法》并没有明确阐述这个问题。伊德指出："我不知道人们是从哪里获得三类学校的思想，因为我从头到尾浏览过法案，我只发现一种为高年级学生准备的学校即中等

① 瞿葆奎主编，金含芬选编《教育学文集·英国教育改革》，人民教育出版社，1993，第 146 页。

② 《外国教育丛书》编辑组编《中等教育结构改革》，人民教育出版社，1980，第 153 页。

学校。”[①] 实际上，这段文字并不是关于中等教育结构的法律规定，它只是表明对长期以来占优势的“能力”性质说和教育需求多样化观点的赞同而已。

第三，它推动了师范教育的发展。1944 年 5 月以利物浦大学副校长阿诺德·麦克奈尔（Arnold McNair）为首的委员会，在对现有教师和青年领导者的补充来源、招聘和培训方法进行调查后，发表了《关于补充、招聘和培养教师与青年领导者的报告》（“Report on the Supply，Recruitment and Training of Teachers and Youth Leaders”），该报告也称《麦克奈尔报告》（“The McNair Report”）。报告指出，如果要使教师的数量和质量达到“白皮书”（指 1943 年英国政府发表的《教育的重建》）所提出的改革要求，有三件事尤其必须做到：教师的招聘范围必须拓宽，阻碍人们成为教师的服务条件必须废除，教师的地位必须提高，这样才能吸引足够的、合格的男女公民从事教育事业。[②] 为此，委员会提出了两条关于师资培训与管理的建议：一是每所大学都设立“教育学院”（University School of Education），这些学院应当负责对所有想获得教师资格的学生进行培训和评价；二是成立“中央师资培训委员会”（The Central Training Council）和“地区师资培训处”（The Area Training Organization）。每个地区的大学师资培训处和教师培训学院都应保持自己独立的地位，并直接与教育委员会和中央师资培训委员会保持联系。[③]《麦克奈尔报告》的发表，改变了战前师资培训学院不受重视的状况，促进了英国师范教育的发展。《1944 年教育

---

① M. Francis,“A Socialist Policy for Education? Labour and the Secondary School, 1945-51,”*History of Education* 24, no. 4(1995): 320.

② 参见瞿葆奎主编，金含芬选编《教育学文集·英国教育改革》，人民教育出版社，1993，第 135 页。

③ See J. Stuart Maclure, *Educational Documents: England and Wales 1816-1963* (London: Chapman & Hall, 1965), p. 219.

法》颁布后,《麦克奈尔报告》的部分建议得到了采纳。1945 年 1 月至 1948 年 1 月,有 55 个乡村住宅或军事营地被改造为紧急培训学院(emergency training colleges)。到 1951 年,它们培养了 3.5 万名教师。同时,5000 所被毁坏的学校得到了更新或修缮。[①] 另外,除剑桥、利物浦和雷丁大学以外的所有大学都承担了培训师资的任务。

当然,《1944 年教育法》也存在某些不足之处。例如,它所提出的一些目标过高,这对处于战后重建阶段的英国而言显然脱离实际。因此,许多目标的实现不得不推迟,如将义务教育年龄提高至 15 岁的目标到 1947 年 4 月才实现,提高至 16 岁的设想直到 1972 年 9 月才实现。《1944 年教育法》关于所有学校均需进行宗教教育的规定,在当时也受到了许多人的指责。另外,由于法案没有明确规定中等教育的结构,致使大多数地方教育当局采用了战前的文法中学、技术中学和现代中学的"三轨制",这与法案提倡的平等、公正的教育理念不相符,也使得中等教育的结构问题成为后来两党激烈争论的主要根源之一。布莱恩·西蒙指出:"事实上,经过所有的讨论和立法,英国出现了一个等级化的教育结构……。它仍然包括五个(甚至六个)等级或层次,以服务于不同的社会阶层。第一是位于顶层的公学'制度';第二是直接补助学校,它获得了继续收费的权力,安然无恙;第三是文法学校,它是公立(或资助)学校中的精英;第四是技术学校,以及其他类型的'贸易'学校;第五是(面向大众)的战前高级小学,现在被称为'现代中学'。在相当长的时间内,还有一种第六等级学校的残余,即古老的、未经改组的'面向所有年龄'的初等学校,但它们在这次法案中被取消了。"[②] 可见,要把《1944 年教育法》付诸实施并非易事。

---

① See W. H. G. Armytage, *Four Hundred Years of English Education* (Cambridge: Cambridge University Press, 1964), p. 239.

② Brian Simon, *Education and the Social Order 1940-1990* (London: Lawrence & Wishart, 1991), pp. 74-75.

正如邓特指出："要使这个教育改革计划真正成功，将要求每一位公民的充分合作。"[①]

那么，《1944 年教育法》在多大程度上是成功的？它是一项很完备的法规吗？20 世纪 40 年代，担任《泰晤士报教育副刊》主编的哈罗德·C. 邓特强烈地表达了这样一种观点。他说："这是一项伟大的法案，它有可能使公共教育取得重要和实质性的进步。"[②] 在他的一系列出版物中，邓特支持该法案的基本原则；他的论著旨在鼓励公众接受和理解法案，这是立法获得成功所必需的。邓特认为，1944 年法案是自 1940 年底以来英国教育界关于如何建立教育"新秩序"而思考良久的最终结果。[③] 20 世纪 60 年代，原教育官员 G. A. N. 罗恩德斯（G. A. N. Lowndes）将这一法案描绘为"静悄悄的社会革命"。他强调两党达成的协议有助于该法案通过而成为法律，同时也强调了"舆论"对该法案的大力支持。总之，罗恩德斯称赞这一法案扩大了教育机会，并为教育体系的进一步扩展奠定了基础。[④]

关于《1944 年教育法》的各种评论，也生动地反映在 20 世纪 40 年代末和 20 世纪 50 年代教育部发表的各种报告里。例如，1947 年出版的教育部小册子《新的中等教育》（"The New Secondary Education"）宣称，该法案代表了一种"新的中等教育观念"，它将使英格兰和威尔士的教育发生革命性的变化。[⑤] 然而，英国教育史学家奥尔德里奇指

---

① 滕大春主编《外国教育通史》（第五卷），山东教育出版社，1995，第 183 页。

② Gary McCulloch, *Educational Reconstruction: The 1944 Education Act and the Twenty-First Century* (London and New York: Routledge, 2011), p. 45.

③ See Gary McCulloch, *Educational Reconstruction: The 1944 Education Act and the Twenty-First Century* (London and New York: Routledge, 2011), p. 45.

④ See Gary McCulloch, *Educational Reconstruction: The 1944 Education Act and the Twenty-First Century* (London and New York: Routledge, 2011), p. 47.

⑤ See Gary McCulloch, *Educational Reconstruction: The 1944 Education Act and the Twenty-First Century* (London and New York: Routledge, 2011), pp. 47-48.

出："我们的结论是，《1944 年教育法》的制定和提出是令人奇怪的，它未能对参与教育过程的各种团体的职责、权限以及这些团体之间的关系下一个清晰的定义；该法令的核心部分，包括对 16—18 岁青年实施业余的普及教育，从未付诸实施；在课程方面，实际上也未曾提及。总之，该法令代表的是战前教育思想的模式，而不是提出一个未来教育的蓝图。"①

① 卡特林娅·萨里莫娃、欧文·V. 约翰宁迈耶主编《当代教育史研究与教学的主要趋势》，方晓东等译，教育科学出版社，2001，第 128 页。

第三章　二战后至 20 世纪 70 年代末英国工党与保守党的中等教育政策

第二次世界大战结束后，摆在英国人面前的是一项艰巨的重建家园的任务。埃德蒙・金指出："两次世界大战的惊人消耗以及后来所负的债务使得英国一贫如洗。为了偿付战争债务，海外的巨额投资也落入别国的腰包。从前附属国的解放，国外竞争性现代工业的崛起，以及技术革新和军事实力中心的转移，使得英国有一阵子看上去就像一个解甲归田而囊空如洗的武士一样。"① 从文化意义来看，"1945 年以后的各种变革，对英国与其所有邻国的关系提出了挑战，对英国的工业、技术和商业的地位发生了怀疑，并因此而对长期以来指望教育制度培养的人去从事的职业以及获得期望的整个模式也发生了怀疑"②。在如此严峻的形势下，如何医治战争创伤，振兴大英帝国，是英国政府面临的重大课题。为此，英国政府采取了两大措施作为复兴经济的重要基石：一是建立福利国家，二是改革和发展教育事业。

---

① 埃德蒙・金：《别国的学校和我们的学校——今日比较教育》，王承绪等译，人民教育出版社，2001，第 199 页。

② 埃德蒙・金：《别国的学校和我们的学校——今日比较教育》，王承绪等译，人民教育出版社，2001，第 199 页。

第一节　凯恩斯主义与福利国家

一、凯恩斯主义产生的背景

凯恩斯主义产生于20世纪30年代，它的出现不是偶然的，而是有其复杂的经济根源，它既是20世纪30年代经济大萧条的直接产物，也是国家垄断资本主义发展的必然产物。在凯恩斯主义出现之前，作为主流经济学的是主张自由放任的新古典经济学。这一流派认为，市场机制是完善的，在市场经济中只要让价格自发地进行调节，整个经济就可以在充分就业的状态下运行，而不会出现大规模的失业。因此，他们主张自由放任和国家不干预经济的原则。但是20世纪30年代空前严重的世界经济危机，宣告了这种理论的破产。这次危机使整个资本主义世界工业生产下降了37.2%，失业人数高达3000万人以上，对外贸易额下降了66%，美、德、法、英四国破产的企业达28.9万家。资本主义世界在危机期间的经济损失高达2600多亿美元，比第一次世界大战的损失高出52.9%。①

英国的经济危机比别的国家稍晚一些，到1930年才出现经济衰退。1932年，英国经济降到了最低点，当时的工业产量减少至危机前的82.5%，煤炭产量减少19%，钢产量减少46%，造船业减少87%。英国的农产品价格在1930—1932年下跌了34%，对外贸易额下降了约66.7%。工农业和商业的衰退引起英国失业人数急剧增长。据官方统计，1930年英国失业人数占工人总数的16.8%，1931年上升到

① 参见吴易风、王健《凯恩斯学派》，武汉出版社，1996，第3页。

23.1%，1932年再上升到25.5%。[①] 因此，在1932年英国每四个工人中就有一人失业。面对大危机，原有的经济理论无法解释这种经济现实，也无法解决严重的失业问题。于是各国政府纷纷放弃了自由放任的信条，开始运用各种手段直接干预经济，力图摆脱危机。在美国，富兰克林·罗斯福（Franklin Roosevelt，1882—1945）1933年就任总统后实施“新政”，从财政、金融、贸易、农业、工业、电力、运输、劳工等方面运用国家力量全面干预社会经济。同样，英国也加强了对经济生活的干预，1932年英国放弃了自由主义贸易政策，并全面实行关税保护政策。这种国家力量与垄断资本相结合的国家垄断资本主义，在大危机期间已成为十分普遍的现象。

随着国家垄断资本主义的迅速发展，各国统治阶级不再欣赏那种反对国家干预经济的传统经济学，而是希望出现一种新经济学，这种新经济学要反对自由放任主义，而主张国家干预主义；要讲“一只看得见的手”即国家有形之手的作用，而不要只讲“一只看不见的手”即市场无形之手的作用。凯恩斯主义正是这样一种符合统治阶级愿望的新经济学，它是国家垄断资本主义的必然产物。

二、凯恩斯主义的政策主张

凯恩斯出生于1883年6月，曾在伊顿公学和剑桥大学国王学院学习。1908年，他应邀在剑桥大学担任经济学讲师，教授阿尔弗雷德·马歇尔（剑桥学派的创始人）的《经济学原理》。1923年，凯恩斯在其《货币改革论》一书中首次大胆地触及了传统的自由放任原则，国家干预经济的思想也在这本书中初露端倪。1936年，凯恩斯出版了他最有

---

① 参见弗·格·特鲁汉诺夫斯基《英国现代史》，秦衡允、秦士醒译，生活·读书·新知三联书店，1979，第168—169页。

影响的代表作《就业、利息和货币通论》（一般简称《通论》）。《通论》的出版在西方经济学界引起了轰动。有人回忆凯恩斯在剑桥讲述《通论》原理的情况时说："每当凯恩斯在系列讲演中阐述其《通论》的原理时，剑桥最大的报告厅中总是挤满了人。……凯恩斯讲话时，听众都安静地坐着。然后，人们分成许多小圈子，对他进行热烈的辩护或愤怒的抨击。"① 有人回忆哈佛大学教师对《通论》的反应时说："他们白天还在讲授传统的经济学说，但到晚上，而且从1936年开始，几乎是每个晚上，哈佛的每个人几乎都在谈论凯恩斯。"② 凯恩斯《通论》的出版，对西方经济学界和西方国家的经济政策都产生了重大影响。一些西方经济学家把《通论》的出版称为"凯恩斯革命"，认为凯恩斯的经济思想像哥白尼在天文学、达尔文在生物学、艾伯特·爱因斯坦（Albert Einstein）在物理学上一样的一次思想革命。

美国经济学家哈罗德·福克纳（Harold Faulkner）在关于凯恩斯经济学和罗斯福新政关系的论述中指出："凯恩斯……是一个相信在必要时政府可以进行干涉而不相信完全的放任主义的人。……他坚信要使经济周期上升，政府必须插足进来用减少失业的方法去维持购买力，从而领导着走上恢复商业投资的道路。这会意味着'赤字开支'，但它也会恢复经济的平衡。事实上，这就是'新政'已经在做的事，而凯恩斯用高度的技巧和理论的根据在他的名著《就业、利息和货币通论》一书里加以阐述。这部书成了'新政'经济学家们的《圣经》。"③《通论》的出版标志着凯恩斯主义的诞生和对传统经济学的背离。凯恩斯主义从拯救资本主义制度的角度，论证了大规模政府干预的必要性，认为充分就业不仅与穷人的生存有关，也涉及整个资本主义经济体系能否顺利运行。

---

① 罗宾逊：《凯恩斯以后》，林敬贤译，商务印书馆，1985，第55页。

② 吴易风、王健：《凯恩斯学派》，武汉出版社，1996，第28页。

③ 福克纳：《美国经济史》（下卷），王锟译，商务印书馆，1989，第375页。

凯恩斯的政策主张主要体现在《通论》一书中，概括起来有以下几方面。

（一）国家干预经济

凯恩斯认为，贫困的主要根源在于低工资和失业，而失业的主要根源在于有效需求（effective demand）不足。自由的经济发展不可能提供这些补偿，因而政府就应该承担这个责任。凯恩斯主义的核心就是极力主张国家干预经济生活，扩大政府职能，也就是实行国家垄断资本主义。他说："扩大政府职能……恐怕会被认为是对个人主义的极大侵犯。相反，我为它辩护，这不仅是避免现存的经济形态完全毁灭的唯一切实可行的办法，而且是使个人主动精神成功地发挥作用的必要条件。"[①] 凯恩斯并没有完全否认市场机制的调节作用，他认为仅仅依靠市场调节，失业就是必然的。因此要在市场调节之外再加上国家干预，即"让国家之权威与私人之策动力量互相合作"。凯恩斯指出，从资本主义经济发展的长期需要来看，政府对经济一味采取自由放任的不干预政策，单纯依靠私人经济的市场自动调节，不可能使资本主义经济在充分就业的水平上持续增长。从短期来看，如果不动用政府的力量对经济实施干预，就无法扭转危机局面以避免资本主义制度的毁灭。因此，无论从长远还是眼前来看，实施国家干预对资本主义来说都是必需的。国家对经济生活的干预，就是由国家运用政策工具来刺激有效需求。

（二）刺激消费和增加投资

凯恩斯认为，消费是一切经济活动的唯一目的和唯一对象，要扩大有效需求，解决危机和失业问题，就必须刺激消费和增加投资。在刺激消费方面，凯恩斯主张国家部分地通过税制，部分地通过限定利率，部分地通过其他手段，对消费倾向施加导向性影响。在他看来，

---

① 吴易风、王健：《凯恩斯学派》，武汉出版社，1996，第65页。

政府的财政政策会影响消费和储蓄，所得税、资本利润税、遗产税等都与消费和储蓄有关。如果政府有意识地把财政政策作为更加平等的收入分配工具，那么财政政策对消费倾向的影响就会更大。[①] 凯恩斯十分重视提高消费倾向。他认为，在不能增加投资量的情况下，只有提高消费倾向才能达到较高的就业水平。凯恩斯相信乘数的作用，他认为通过收入再分配来提高消费倾向，就可以使一个较小的投资量维持一个特定的就业水平。“一般说来，除非总所得增加，否则群众不会增加其储蓄。群众想以其所得增量之一部分作消费之用，因之刺激产量，增加所得，改变所得之分配，使得储蓄之增加恰与投资之增加相符。乘数告诉我们，就业量须增加若干，方可使真实所得之增加，恰足引诱公众做必需的额外储蓄，故乘数为群众心理倾向之函数。”[②] 在增加投资方面，凯恩斯一方面主张国家采取措施提高资本边际效率，以刺激私人投资的积极性；另一方面主张投资社会化，由国家组织直接投资。他指出，货币政策对刺激投资有一定作用，如通过货币政策降低利率可以提高私人投资的积极性。但凯恩斯强调扩大政府职能，加强政府对投资的控制。他主张实行“中央控制”，推行“投资社会化”，认为这是实现接近充分就业目标的唯一办法。

（三）财政政策和货币政策

刺激消费和增加投资，可以运用财政政策和货币政策。关于财政政策，凯恩斯不同意传统经济学保持国家预算平衡的观点，而认为赤字财政有益。在他看来，政府扩大支出时不应增加政府收入，而应采取“举债支出”（Loan Expenditure）的办法，即赤字政策。凯恩斯认为，举债支出虽然浪费，但结果却可以使社会致富。他甚至把地震、

---

① 参见约翰·梅纳德·凯恩斯《就业、利息和货币通论》，徐毓枬译，译林出版社，2014，第81页。

② 约翰·梅纳德·凯恩斯：《就业、利息和货币通论》，徐毓枬译，译林出版社，2014，第99—100页。

战争等天灾人祸也看作是使社会致富的手段。凯恩斯指出，增加货币供给量和降低利息率对投资的刺激作用是有限的，而增加政府对公共工程投资的作用是巨大的。因此，他重视财政政策在刺激有效需求、增加国民收入及减少失业中的作用。关于货币政策，凯恩斯不同意传统经济学保持国内价格水平稳定的观点，而认为温和的通货膨胀无害。为此，他首创了“半通货膨胀”理论。这种理论认为，通货膨胀有多方面的好处：它在社会尚未达到充分就业之前，增加货币数量可以使有效需求增加；通货膨胀可以产生压低利率的作用，低利率既能刺激消费，也能刺激投资；通货膨胀抬高了物价，压低了工人的实际工资，在严重失业情况下，工人并不会因实际工资减少而拒绝就业，资本家却可以因此降低实际成本，并增加对劳动力的需求，从而有助于“非自愿失业”问题的解决。“故若经济体系有变迁，物价自亦不免波动，但此种物价不稳定，亦不影响雇主们之行为，只是把意外财富送给当时之幸运儿而已……。我认为当代讨论稳定物价之良策者，往往忽略了这点。社会可以变动，则物价稳定政策不会完全成功。”[①] 因此，凯恩斯认为只要能克服经济危机，政府在财政金融方面尽可大胆采取行动，对出现财政赤字和通货膨胀不必过多考虑。但货币政策是一种传统的政策，单纯依靠它是不能解决危机和失业问题的，因而凯恩斯主张把财政政策放在主导地位，货币政策作为一种辅助。

凯恩斯的以上政策主张被西方国家实施后，证明对反危机有一定的作用。因此，可以说凯恩斯建立了在市场经济中通过国家财政政策和货币政策的配合，综合运用税收、财政支出、货币供应量和利息率水平等机制，以支持有效需求和扩大就业量的宏观调控模式。二战后，接受凯恩斯理论及其政策主张的凯恩斯主义者进一步发展了这一理论，

---

① 约翰·梅纳德·凯恩斯：《就业、利息和货币通论》，徐毓枬译，译林出版社，2014，第250页。

并形成了不同的凯恩斯主义流派。在这些流派中，最重要的是美国的新古典综合派和英国的新剑桥学派，前者已成为凯恩斯主义的主流经济学。

总之，国家干预经济是凯恩斯理论和政策的核心。二战后，凯恩斯的理论逐渐被西方经济学家所接受，国家干预经济成为各国经济的共同特点。

三、走向国家干预

第二次世界大战结束和1945年工党上台执政是英国历史上的重要事件，对战后英国社会的发展产生了重大影响。二战后，国家干预政策在英国得到了全面实施。

工党上台后的主要目标有两个：一是实行国有化，二是建立福利国家。克莱门特·艾德礼（Clement Attlee，1883—1967）执政的头三年，收归国营的行业包括银行、煤矿、铁路、电力、煤气、国内运输、电报和无线电通讯、医院、航空和部分钢铁企业。在这些部门中就业的工人，约占英国产业工人总数的20%。除了钢铁工业国有化法案因遭到保守党的反对而推迟至1951年生效外，其他法案均获得顺利通过，并于1947—1949年得以生效。企业国有化后，政府并不直接负责管理，而是建立相应的经济管理实体，如煤炭局、电力局等作为财产所有权的体现者，以政府代理人的身份负责经营。国有化不是对原企业主私有财产的剥夺，而是国家以证券形式给予原企业主赎买金，金额甚至超过其企业的价值，以保证他们获得稳定的收入。但企业国有化并未改变英国的经济基础，无论从工业结构、经济效益，还是资源分配来看，私营企业仍发挥主导作用。尽管如此，政府对经济的控制能力无疑得到了提高。1961年，国有企业固定资产占全国固定资产总额的19.6%，其产值占国内生产总值的9.8%，其就业人数占总就业人数的8.8%。[①]

国有化政策一方面使英国在战后初期摆脱了经济困境，另一方面也促进了一些工业部门的技术改造。在政府的帮助下，一些传统工业部门恢复较快。1947年，英国工业已恢复到战前的水平，失业率下降到2%以下。工党政府实行的国有化政策也符合英国垄断资本家的利益，像煤炭、煤气和运输这类处于极度衰落状态的工业部门，不能提供英国其他工业部门所必需的产品和各种服务，因而对英国垄断组织的利润构成了威胁。英国垄断组织把实现这些工业部门的国有化，使它们的旧业主获得有保障的收入，看作摆脱这种衰落状况的出路。例如，被国有化企业旧业主所赎买的证券总额达25亿英镑，这些证券由国家保证给业主以固定收入，总数每年高达8100万英镑。[②]

1951年，保守党上台执政后，开始采取积极的货币政策，调控需求以应付当时的国际收支不平衡。首先是调整利率，将1932年以来一直维持的2%的银行利率提高到2.5%，贷款利率也有所提高；其次，压缩和限制进口，对进口实行许可证制度；最后，消减公共开支，增加直接税和间接税。这些措施使得英国的国际收支不平衡状况有所改善，供求关系也日趋平衡。1952—1954年，保守党政府开始采取一些刺激经济发展的措施，包括放松对生产资料进口和消费品配给的控制，取消对分期付款购物的限制，减少收入税，扩大海外投资等。这些干预措施取得了较大的成功。1954年6月，英国《经济学家》杂志报道说，英国经济发生了奇迹，它表现为充分就业而又没有通货膨胀。[③] 从

---

① See F. R. Crafts and W. C. Woodward, *The British Economy since 1945* (Oxford: Oxford University Press, 1991), p. 405.

② 参见弗·格·特鲁汉诺夫斯基《英国现代史》，秦衡允、秦士醒译，生活·读书·新知三联书店，1979，第437页。

③ 参见钱乘旦等《日落斜阳——20世纪英国》，华东师范大学出版社，1999，第139页。

1951 年到 20 世纪 60 年代初，英国占支配地位的政策是货币政策，财政政策只是一种辅助手段。从政策效果来看，这一时期英国经济保持平衡增长，失业率维持在贝弗里奇提出的 3% 目标以下，国民收入增长较快，通货膨胀率适度，国际收支趋于平衡，1956 年和 1958 年英国贸易在 20 世纪首次出现剩余。

1964 年 10 月，工党上台执政后进一步扩大国家计划，其中以 1965 年 12 月编制的"全国经济计划"最为著名，其目标是在充分就业的前提下实现和维持收入的增加。但由于受该时期国际收支不平衡和汇率不稳定的影响，工党政府被迫采取紧缩政策，结果经济计划被束之高阁。工党政府采取的另一个促使经济增长的措施是"价格和收入政策"。1965 年，工党政府成立"价格和收入委员会"，其首要目标是劝说资方和工会接受控制价格和增加收入的主张。但到了 1966 年，由于国际收支状况恶化，价格和收入政策也宣告结束。工党政府的干预政策并未使经济获得持久和稳定的增长，到 20 世纪 60 年代末失业人口已增至 55.5 万人，通货膨胀率则达到 8%，结果导致工党政府在 1970 年下台。①

1970 年 1 月 18 日，以爱德华·希思（Edward Heath，1916—2005）为首的保守党上台执政。他试图通过改革税收结构来促进经济增长，具体做法是：将收入税和征收的超额累进所得税合为一种；减少直接税和对利息、租金、红利征收的附加税；废除选择性就业税，代之以增值税；削减公共开支，使私营企业有更多的资源可以利用；引入竞争和信贷机制，让银行面向市场等。但由于当时失业问题严重和通货膨胀恶化，这些政策的实施难度很大。1972 年，保守党政府为控制工资增长正式实行收入政策，即冻结工资增长 3 个月，每周最多只

---

① 参见钱乘旦等《日落斜阳——20 世纪英国》，华东师范大学出版社，1999，第 141 页。

能增长1英镑加现有工资的4%。1973年，由于中东石油危机爆发，生产原料价格上涨，保守党再次制定了1973—1974年度的收入政策，规定工资增长的限额为7%多一点。① 但实行收入政策的时机不利，使得它于1974年3月被迫告一段落。保守党政府在处理经济问题方面的软弱无力，导致它在1974年大选中失败。

1974年10月，工党政府上台后进一步加强对工业的干预，建立了国家企业局，对航空业和造船业实行国有化，并通过财政救济活动将几个面临破产的私营公司如英国莱兰公司、罗尔斯·罗伊斯公司收归国有。至1979年，英国政府控制了主要的基础工业部门，在煤炭、造船、电力、煤气、铁路、邮政和电讯等部门，国有企业的比重达100%；在钢铁和航空部门，国有企业的比重达75%；在汽车制造和石油工业部门，国有企业的比重也分别达50%和25%。国有企业产值占国内生产总值的10.5%，就业人数达200余万人，占全部就业人数的8.1%，固定资产达56.4亿英镑，占全国固定资产总额的15.3%。② 与此同时，工党政府面对日益严重的通货膨胀问题，不得不审视以往的经济政策，从而趋向货币主义政策。1975年，工党政府实行“现金限制”政策，对纳税人征收较高的收入税，而这正是货币主义者所赞成的控制通货膨胀的方式。1976年，英国以实行货币主义政策为条件，向国际货币基金组织贷款。同年，伦纳德·詹姆斯·卡拉汉（Leonard James Callaghan，1912—2005）首相在工党年会上发表著名的演说，标志着英国与凯恩斯主义决裂，从而宣告了凯恩斯主义时代的结束。

总之，从二战结束到20世纪70年代末，英国历届政府根据凯恩斯主义的主张，运用宏观经济政策加强对国家经济生活的调控，使英国

① 参见钱乘旦等《日落斜阳——20世纪英国》，华东师范大学出版社，1999，第141—142页。

② 参见钱乘旦等《日落斜阳——20世纪英国》，华东师范大学出版社，1999，第144页。

经济平均每年以2.2%的增长率向前发展，失业率则维持在贝弗里奇提出的3%目标以下。这一时期尤其是20世纪五六十年代，是英国历史上前所未有的经济增长时期。经济大发展带来了国民收入的增长和人们生活水平的提高。1957年7月，新任首相哈罗德·麦克米伦（Harold Macmillan，1894—1986）说："我们的绝大多数人民从未生活得如此幸福。到全国各地，到工业城镇、农场走走，你们会发现繁荣的景象，这不仅是我的生活时代所没有的，甚至在这个国家的历史上也从未有过。"① 然而，由于维多利亚时期工业结构不合理的影响及需求管埋本身的问题，这一时期英国工业增长尤其是制造业相对其他发达国家而言比较缓慢，衰退的速度也加快了。

四、福利国家的建立

福利国家（Welfare State）是指通过国家立法建立了比较完善的社会保障制度的国家。它把原来主要由家庭、社会团体（如教区和慈善机构）和个人承担的社会救助工作转为由国家承担。英国经济学家马歇尔把福利看作是随着工业社会发展，而逐渐发展的公民权利的结果。马歇尔追溯英国公民权利的演进，并确认了三个关键阶段。他认为，18世纪是获得公民权利的时代，包括言论、思想与宗教信仰的自由，私人财产拥有权及法律面前人人平等；19世纪是获得政治权利的时代，包括选举权、投票权及参与政治过程的权利；20世纪是获得社会权利的时代，即通过教育、医疗保健、住房、养老金及其他服务实现的公民权，开始得到福利国家的推崇。社会权利与公民概念的融合意味着不管在社会上的地位如何，每个人都有资格过上一种丰富而又积极的

---

① David Childs, *Britain since 1945: A Political History* (London: Methuen and Co. Ltd., 1979), p. 106.

生活，都有权利获得合理的收入。

英国社会学家阿萨·勃里格斯（Asa Briggs）指出："福利国家是经过许多不同人的思想、经过许多人的手加工出来的产物，它反映了许多的动机和许多的调和。然而，这一切的动机和调和都是为了争取建立一个新型的社会，否则，如果让经济力量任意起作用的话，那时的社会就要面目全非了。"[①] 福利国家既是一个现行的政策问题，又涉及各种伦理、经济和政治理论，它代表着一种社会伦理原则。福利国家的实质是"中央政府和地方当局共同承担重要职责，通过总的纲领和服务措施解决公民苦恼的所有各类社会问题"[②]。福利国家的理论基础是凯恩斯的经济学主张，即"国家干预"思想在分配领域的延伸。

在福利国家建立以前，英国社会的救助力量是多元化的，形成了以教会、慈善和政府为核心的救助体系，对社会成员的日常生活给予关照，以帮助他们解决生活中的困难。教会一直是英国社会的重要救助力量，它不仅为贫困者提供物质供给，而且提供基本的生活指导。基督教的博爱观念和救赎理念，使教会成为救助的重要承担者。但宗教改革后，大量的修道院被解散，教会财产被没收，其社会救助力量极为有限，原有的救助责任也在很大程度上由私人慈善和政府承担。英国的慈善活动源远流长，可以说穷人的历史就是一部慈善史。早在盎格鲁-撒克逊时代，上层家庭就有专门的管家定期进行施舍，一些富裕的商人也对穷人进行救济。到19世纪时，慈善成为英国社会救助的主要力量。它逐渐由以往的教会行为变成个人行为，再由个人活动发展为有组织的集体活动。大量的慈善机构开始涌现，1861年伦敦已有

① 阿萨·勃里格斯：《英国社会史》，陈叔平等译，中国人民大学出版社，1991，第346页。

② 阿瑟·马威克：《一九四五年以来的英国社会》，马传禧等译，商务印书馆，1992，第43页。

640个慈善机构，1869年还成立了全国性的指导机构——慈善组织协会。[①] 可以说，许多福利国家的服务项目都是由维多利亚时代的慈善行为开启的。

宗教改革后，虽然国家提供了一定的救济，但它所起的作用十分有限。自1601年伊丽莎白女王颁布《伊丽莎白济贫法》起，英国政府开始以济贫方式实施系统的社会政策，从而为现代福利国家的建立奠定了基础。"它不仅救济了贫民，而且缓解了社会矛盾，避免了激烈的社会动荡，从而为工业革命的顺利开展和英国现代化的发展提供了良好的社会环境。更重要的是，《伊丽莎白济贫法》的出台标志着英国社会政策的诞生。"[②] 但《伊丽莎白济贫法》只是英国政府为避免社会动荡的权宜之计，随着工业革命的进展，它不仅没有消除贫穷问题，反而使济贫范围不断扩大。1834年，英国议会通过了《济贫法修正案》（即《新济贫法》），并成立了第一个全国性的行政机构——济贫委员会，这为以后福利政策的实施奠定了必要的行政基础。19世纪末，英国社会问题日益严重，仅靠慈善的力量显然不足，人们逐渐认识到国家干预的必要。20世纪以后，福利国家政策开始形成，政府成为社会救助的主要力量，慈善开始退居次要地位，成为政府的辅助力量。

1940年5月，以丘吉尔为首的联合政府成立。为了解决国内的经济与社会问题，联合政府亟须一个战后重建的纲领，以号召人们共同对抗法西斯主义。1941年5月，贝弗里奇开始筹划改革的框架，他希望把不同改革者的意愿和所有社会服务计划纳入一个统一体系，以确保人们的生活水平不低于最低生活标准。1942年12月，贝弗里奇发表了一份题为《社会保险及有关服务的报告》，即《贝弗里奇报告》。它

---

① 参见陈晓律、于文杰、陈日华《英国发展的历史轨迹》，南京大学出版社，2009，第279页。

② 陈晓律、于文杰、陈日华：《英国发展的历史轨迹》，南京大学出版社，2009，第281页。

分为六个部分，长达300多页。贝弗里奇提出应该制订完备的社会保障计划以最终消除贫困，并指出社会保障应维持人们生存所需的最低限度的收入。贝弗里奇详细阐述了充分就业与社会保障的关系，认为一个不能维持充分就业的社会保障计划是失败的。

《贝弗里奇报告》的影响不可低估，它是福利思想由理论变为现实的中间环节，为英国政府提供了一个可以实施的政策框架。《贝弗里奇报告》勾画了一个战后"新社会"的蓝图，它是"迄今所起草的最令人瞩目的政府文件之一"，也是"有史以来销量最大的一份官方文件"①。它实际上成了"现代工业社会中提出的新的人权宣言，它以通俗易懂、生动有力的语言，说明了英国政治生活中争议最大的一些问题"②。根据这份报告，当时的英国联合政府宣布在战后将建立一套"从摇篮到坟墓"的福利制度。但战后福利国家的建设不是在保守党手中开始的，《贝弗里奇报告》在1945年受到了来自保守党内部的种种责难，丘吉尔也指出了实现这种福利政策的困难，它忽视了战后英国强烈要求进行社会改革的呼声。在1945年7月的大选中，以艾德礼为首的工党充分利用了这一有利条件。在题为《让我们面对未来》的竞选宣言中，工党承诺除了要对许多经济部门实行国有化之外，还要建立全面的社会保险制度和实行国民医疗保健政策。结果工党赢得多数选票而上台执政。

早在艾德礼上台之前，英国社会福利事业的发展就初具规模，政府各部门已经直接或间接地干预教育、医疗卫生、社会保险、儿童补助等社会福利事业。艾德礼政府的使命就是在以往社会政策的基础上，按照《贝弗里奇报告》所设计的蓝图，建立一套完整的、包括所有社会服务项目的、由国家统一管理并包括所有公民在内的社会保障制度，

---

① 钱乘旦等：《日落斜阳——20世纪英国》，华东师范大学出版社，1999，第69页。

② 阿伦·斯克德、克里斯·库克：《战后英国政治史》，王子珍、秦新民译，世界知识出版社，1985，第7页。

从而最终将福利国家的理想变成现实。

战后英国社会政策的核心内容是提供一张共同的安全网（a commons safety net），使中央政府的保护能将所有社会成员纳入，使他们在遭受人生的不幸时得到保护。1946年，工党政府通过了两项最重要的法律即《国民保险法》和《国民医疗保险法》，从而为福利国家的形成奠定了基石。《国民保险法》旨在建立广泛的国民保险制度，以提供失业救济金、退休金、寡妇救济金、监护人津贴及丧葬补助等经济资助。按照《国民保险法》规定，除了儿童、养老金领取者、已婚妇女和年收入低于104英镑的个体经营者之外，其他人都要参加保险。这种保险涉及三类人：（1）可以享受全部福利待遇的职工；（2）除了失业救济之外，可以享受其他各种福利的个体经营者；（3）无权享受疾病和失业救济的未受雇人员。《国民保险法》还规定，申请救济金者必须缴纳最低限度的保险费，并在前一年缴纳过规定数量的款项。为了帮助那些贫困但无资格领取国民保险救济金的人，以及那些虽有救济金但入不敷出者，1948年工党政府又通过了《国民救济法》，使这些人的生活也有了保障。

根据《国民医疗保险法》，全国所有医院都收归国有，由卫生部及所属地区医院理事会、地方执行委员会等机构管理。全国实行免费医疗，医疗费用由国家支付。医生可根据病人的要求实行收费服务，而某些“教学医院”则可保留独立的经费来源。全国按地区建立中心医院，为国民提供最高水平的综合医疗服务。《国民医疗保险法》最终解决了贫困阶层的医药问题，使英国人不再为疾病而担忧。后来，由于医疗费用负担过重，《国民医疗保险法》屡经修改，并规定某些医疗项目实行收费服务，但基本医疗费用仍由国家负担的原则没有改变。①

① 参见钱乘旦等《日落斜阳——20世纪英国》，华东师范大学出版社，1999，第200页。

1946年颁布的《住房法》和《房租管理法》也是福利国家的重要内容。据民意测验表明，住房问题是1945年人们反映最强烈的问题。据统计，战时的轰炸摧毁住宅20.8万所，轻度损坏住宅25万所，重度损坏住宅25万所。[①] 因此，战后人们最盼望能有自己的住宅。同时，充分就业和社会生活方式的改变，也使单套住宅的需求量大大超过以往任何时候。为了解决住房危机，工党政府设立了住房修建执行委员会。1946年建成住宅55 400套，1947年建成139 690套，1948年建成227 616套；加上其他建筑，1948年共完成284 230套。1948年后建房数量有所下降，1949年、1950年和1951年的建房数量分别为217 240套、210 253套和204 117套。[②] 这些住宅归地方政府所有，并亏本租给低收入者居住，出租房屋的亏损由中央和地方政府分摊。1946年和1949年颁布的《房租管理法》，保留了有关审理房租纠纷的特别法庭及房租限额的规定，从而维护了私人房屋承租者的利益。

维持这套社会保障制度的基金，是由投保者本人、企业主定期缴纳的保险费及国家预算拨款构成，其中大部分是由工人缴纳的保险费。例如，1949—1950年的社会保险基金共52 400万英镑，这笔资金由以下几部分构成：国家预算拨款13 600万英镑（占26%），投保人即工人的保险费18 500万英镑（占35.3%），企业主缴纳的保险费17 500万英镑（占33.4%），其他来源的款项2 800万英镑（占5.3%）。1950年，执行"马歇尔计划"经济合作总署发行的小册子，分析了每周收入在10英镑以下的英国家庭状况（英国家庭总数中有80%每周收入不到10英镑）。它指出，每个这样的家庭每周平均获得各种补助（包括保险金、家庭补助金、食品和住房建设津贴及教育、保健等拨款）为57

① 参见戴维·罗伯兹《英国史：1688年至今》，鲁光桓译，中山大学出版社，1990，第466页。

② 参见阿伦·斯克德、克里斯·库克《战后英国政治史》，王子珍、秦新民译，世界知识出版社，1985，第33页。

先令；但同时每个这样的家庭每周平均应纳税 67 先令 10 便士，其中 53 先令 8 便士为间接税，14 先令 2 便士为直接税和所缴纳的社会保险费。[①] 由此看出，工党政府实行各种社会保障措施所花的钱，比工人们因此而缴纳的间接税要少得多。

1948 年，艾德礼首相颇为自豪地宣称英国在世界上第一个建立了福利国家。1951 年保守党上台之后，审时度势，顺应历史潮流，基本上接受了艾德礼政府的改革措施，在经济上同工党一样采用凯恩斯主义的政策，使得英国历史上出现了少有的“举国一致”。总之，从二战后到 20 世纪 70 年代末，英国历届政府都不断制定各种立法，完善和改进社会福利体系。这些立法涉及伤残、老年人、产妇、孤儿、精神病患者、寡妇、儿童等。由于这一系列立法，福利制度最终在英国确立起来。从此，福利国家成为英国社会的一个典型标志。

福利制度使贫困问题得到了较大程度的解决，自 16 世纪以来英国一直依靠济贫制度解决贫困问题，福利国家建立后济贫制度就终止了。1950 年，英国经济学家西伯姆·朗特里在对约克市进行的一次社会调查中发现，只有 2.8%的工人（占居民总数的 1.7%）仍生活在贫困中，其主要原因有两个方面：一是年老（占 68.1%），二是疾病（占 21.3%）。[②] 根据调查结果，朗特里宣布：为人们所熟知的 18 世纪、19 世纪式的贫困到 20 世纪下半叶已经消失了。“福利制度不仅仅是救助穷人，更是资本主义制度的安全网。”[③] 在当代英国，福利政策已形成一个巨大的网络，覆盖了全体公民的基本生活需求。从受益者的角度来

---

① 参见弗·格·特鲁汉诺夫斯基《英国现代史》，秦衡允、秦士醒译，生活·读书·新知三联书店，1979，第 439—440 页。

② 参见钱乘旦等《日落斜阳——20 世纪英国》，华东师范大学出版社，1999，第 201 页。

③ 陈晓律、于文杰、陈日华：《英国发展的历史轨迹》，南京大学出版社，2009，第 290 页。

看，根据 20 世纪 80 年代的统计，英国 5600 万人口全体享受免费医疗，930 万老年人享受国家的基本养老金，430 万无收入或低收入者领取补助金。[①] 事实上，可以说战后几十年英国基本上消除了赤贫现象，但并没有消除贫困。相对而言，贫困人数是增加的。英国历史学家肯尼思·O. 摩根（Kenneth O. Morgan）等人认为，1944—1948 年的社会结构近乎完美，但是没有停滞不前的社会制度，更没有生来完美的制度。我们应当看到，平等获得权仅仅通过废除价格障碍、提供免费服务是不能实现的。贫困依然存在，救济金的概念从来就没有充分性可言。[②] 因此，工党所做出的"人人享有均等的机会"这一承诺，实际上无法实现。

当然，福利政策也暴露出一些弊端。由于社会福利支出呈直线上升，对福利的需求有增无减，使得福利政策成为英国经济发展中的一个巨大包袱；而且随着福利范围的扩大，这笔开支负担越来越沉重。1959—1964 年，英国的公共开支达到国内生产总值的约 33%，1970 年上升为 38%。1960 年保守党政府已出现 2.4 亿英镑的收支赤字，1964 年工党政府上台时又出现 3.5 亿英镑的赤字，直至撒切尔夫人上台前的 15 年中有 8 年出现赤字，1974 年甚至出现 35 亿英镑的赤字。[③] 资金的大量投入，虽然使社会发展水平达到一个新的高度，但也使财政开支的承受能力达到极限。20 世纪 70 年代后期，由于失业人口剧增，失业津贴急剧增多，人们的期望值也越来越高，福利制度面临着严峻的考验。

一些自由主义者认为，福利国家的理论本身存在不少缺陷。他们

---

① 参见吴浩《自由与传统：二十世纪英国文化》，东方出版社，1999，第 184 页。

② 参见霍华德·格伦内斯特《英国社会政策论文集》，苗正民译，商务印书馆，2003，第 14 页。

③ 参见钱乘旦等《日落斜阳——20 世纪英国》，华东师范大学出版社，1999，第 79 页。

并不反对福利制度，而是担心在推行福利的过程中政府权力会越来越大，从而导致政府滥用权力，损害个人的自由。英国经济学家哈耶克表达了这种担忧。他说："尽管福利国家的一些目标只能通过采用那些有损于自由的方法来实现，但是值得强调指出的是，福利国家所有的目标都可以通过采用这样的方法来追求。当下的主要危险在于，一旦政府的一个目标被认为合法而得到接受，那么人们也就因此而认定，甚至采用那种与自由原则相悖的手段也是合法的。"① 然而，这种保障制度和福利政策是英国长期的政治、文化、经济发展形成的结果，它不仅涉及政府的行为，而且涉及千百万人的生命，因此它是福利国家的"社会安全阀门"，对社会稳定起着十分重要的作用。英国学者霍华德·格伦内斯特（Howard Glennerster）在《英国的福利国家制度：起源与神话》一文中指出，尽管如此，1944—1948 年所通过的社会立法的确构成了英国现代史上一个最具连贯性、延续时间最长的制度性遗传。该法案在如此短的时间里得到通过，突出反映了时代的特征。它代表了一系列能为当代人所理解的、反映国家作用的独特的政治价值观和假设，同时体现了当时强大的利益群体之间达成的种种妥协。②

第二节　战后三轨制中学的发展

人们普遍认为战后教育重建是实施《1944 年教育法》的关键。在 1945 年的竞选宣言中，保守党主张根据新法案来重塑英国的教育制度，即提供足够数量的教师和学校建筑，赞助和改进初等学校。同时，他们指出："除非提供多样化和注重实际的训练，特别是高水平的教学质

---

① 弗里德利希·冯·哈耶克：《自由秩序原理》（下），邓正来译，生活·读书·新知三联书店，1997，第 12 页。

② 参见霍华德·格伦内斯特《英国社会政策论文集》，苗正民译，商务印书馆，2003，第 6—7 页。

量能使家长相信额外的教育是值得的，否则‘人人受中等教育’将毫无意义。”① 工党在竞选宣言中也赞同这种观点。他们宣称：“工党不仅使该法案具有法律效力，而且使它付诸实践。”② 这种两大政党之间的趋同现象，使战后教育重建在政治上没有引起分歧，并直接推动了战时教育的发展。

一、战后官方的教育政策

二战结束以前，英国官方和学术界基本上都赞成三轨制中等教育。例如，1926 年的《哈多报告》提出改革中等教育的结构模式，即以 11 岁为分界线划分初等教育与中等教育。中等教育主要由两类学校实施：文法中学和其他经过改造的学校（如选择与非选择性中心学校、初级学校高级班、初级技术学校和商业学校），后一类学校称为现代中学，以区别于文法中学。两类学校地位平等，前者在课程上侧重学术性，而后者侧重实用性。1938 年的《斯宾斯报告》进一步明确规定，实施中等教育的学校包括文法中学、技术中学和现代中学三种类型，这些学校按课程重点不同而性质各异，但应受到同等重视。1943 年的《诺武德报告》则从理论上证明了三轨制中学是切实可行的。同年 7 月，中央教育委员会在题为《教育的重建》白皮书中，描绘了“斯宾斯式”三类中学体制，并建议全面改革中等教育制度。《1944 年教育法》虽然没有明确规定中等教育的组织形式，但大多数地方教育当局都采纳了白皮书的建议，开始着手建立和发展文法中学、技术中学和现代中学。

战争结束后，三轨制中学的思想仍占上风。“在第二次世界大战期

---

① Roy Lowe, *Education in the Post-War Years: A Social History* (London: Routledge, 1988), p. 8.

② Roy Lowe, *Education in the Post-War Years: A Social History* (London: Routledge, 1988), p. 8.

间和之后立即进行的关于中等教育未来的辩论，远远不能简化为狭隘的政党政治。”① 坎特伯雷大主教威廉·坦普尔（William Temple）并不是一个激进派，但他为了发起全国性的教育辩论做了大量工作，他坚信选择是必要的。左派圣徒乔治·奥威尔（George Orwell）也赞成“所有的孩子在12岁或至少10岁前应该进入同一所学校，在这个年龄之后有必要把有天赋的孩子和没有天赋的孩子分开”②。

艾德礼政府的两位教育部长艾伦·威尔金森（Ellen Wilkinson）和乔治·汤姆林森（George Tomlinson）在中等教育重建计划中都倾向于推行三轨制。尽管威尔金森在以往的教育政策制定过程中并不是核心人物，但她认为教育是战后政府的一个关键领域。威尔金森要求教育实现两个目标，她说：“没有一个男孩或女孩由于缺乏某种条件而失去他们能胜任的教育……消除教育中存在的否认民主的阶级分化。”③ 威尔金森把实现《1944年教育法》条款、建立普通中等教育制度和提高离校年龄视为达到上述目标的主要途径。“《1944年教育法》为在一所单一的中等学校提供中等教育敞开了大门，当工党其他成员要求对住房、社会保障尤其是国民医疗服务体系进行彻底改革时，艾德礼政府的教育部长艾伦·威尔金森却对综合教育态度冷淡。”④ 威尔金森声称：“通过废除公立学校的学费，我们已确保进入这些学校的基础是成绩，没有人能真正地说文法学校里都是特权社会阶层的子女……并不是人

① David Limond, “Miss Joyce Lang, Kidbrooke and ‘The Great Comprehensives Debate’: 1965-2005,” *History of Education* 36, no. 3(2007): 342.

② David Limond, “Miss Joyce Lang, Kidbrooke and ‘The Great Comprehensives Debate’: 1965-2005,” *History of Education* 36, no. 3(2007): 342.

③ Roy Lowe, *Education in the Post-War Years: A Social History* (London: Routledge, 1988), p. 38.

④ David Crook, “Politics, Politicians and English Comprehensive Schools,” *History of Education* 42, no. 3(2013): 367.

人都想接受学术教育。毕竟，煤必须开采，土地必须耕耘……”[①] 她坚信教育改革之路在于重新评估劳动的价值与尊严，这意味着要致力于发展非学术型中学，并提供一种与文法学校分离但平等的教育形式。“威尔金森以工人阶级接受教育机会的名义赞成11足岁考试，但她显然没有支持综合学校的计划。”[②] 同时，许多人相信工党政府推行三轨制而不是综合制中等教育的决定，将取得“人人受中等教育”和“教育机会均等”的双重效果，他们认为在工党的教育政策中这是最为关键的部分。

二战结束后出版的一系列小册子，也表明了教育部的这一政策。例如，其中一份《教育制度指南》（“The Guide to the Educational System”）强调指出：“新制度的主旨在于，只要有可能，所有儿童应接受一种最适合他们能力和天性的教育。为实现中等教育领域的这条原则，应设立三种主要的可供选择的教育类型，它们对所有11岁和超过11岁的儿童开放。”[③] 1945年，教育部在题为《国民学校》（“The Nation's Schools”）的小册子中，建议地方教育当局把它们的发展计划建立在三轨制基础上。1947年，教育部在题为《新的中等教育》（“The New Secondary Education”）的小册子中，再次强调三轨制是学校组织的最好形式。这本小册子中有37页详细描述了三类中学，而仅用了半页说明在同一所学校进行三类教育的可能性。

艾德礼政府对综合学校的态度，与其说怀有敌意不如说是缺乏热情。两位教育部长都声称原则上并不反对综合学校，威尔金森在1946

---

① D. Rubinstein and B. Simon, *The Evolution of the Comprehensive School, 1926-1966* (London: Routledge and Kegan Paul, 1969), p. 38.

② Barry M. Franklin and Gary McCulloch, *The Death of the Comprehensive High School?* (New York: Palgrave Macmillan, 2007), p. 149.

③ Roy Lowe, *Education in the Post-War Years: A Social History* (London: Routledge, 1988), p. 38.

年 7 月的议会上说："我不反对综合学校的思想，在某种程度上，它们很有吸引力，特别是在增强社会凝聚力方面。"① 汤姆林森在 1951 年 2 月写给工党调查部门的信中，也否认了他对综合学校采取的吝啬态度。他说："我十分欣赏从综合组织形式中期望得到的社会和其他效益。"② 但两位教育部长都坚持认为，把综合学校作为一项基本政策还为时尚早。1951 年 7 月，汤姆林森告诉议会，综合学校尽管从理论上说有不少吸引力，但中等教育沿着综合路线进行重组的方案，作为国家政策并不适合我们的生活。与此同时，两位教育部长并不排除地方教育当局在以三轨制中学为主的条件下，进行单一的综合学校实验的可能性。

在工党内部，许多议员也倾向于按照三轨制而不是综合制发展中等教育。由于工党中的许多知识分子毕业于文法学校，他们把文法学校视为在教育质量上能与公学相媲美的特殊机构，以及工人阶级子弟跻身上层社会的阶梯和成功之道，因此对取消传统的文法学校持谨慎态度。与此同时，战后初期的经济状况在客观上也有利于三轨制中学的发展。设立综合学校意味着对中等教育进行重组，它涉及废除原有的文法学校及校舍、师资等多方面的改革，需要足够的资金支持，而这在战后经济尚未恢复阶段困难重重。因此，在官方政策、舆论优势的影响和战后资源匮乏的限制下，三轨制中学成了战后英国重建中等教育的一项基本政策。

二、三轨制中学的理论基础

三轨制中学的理论基础，是 20 世纪二三十年代至四十年代在英国

① M. Francis, "A Socialist Policy for Education? Labour and the Secondary School, 1945-51," *History of Education* 24, no. 4 (1995): 321.

② M. Francis, "A Socialist Policy for Education? Labour and the Secondary School, 1945-51," *History of Education* 24, no. 4 (1995): 321.

心理学界占主导地位的“心理测量”学说。“在20世纪头几十年，一种新趋势像野火般在英语国家的儿童心理学中蔓延，即识别和测量不同‘年龄’儿童的多样性；或者更准确地说，通过年龄转换可以使他们之间相互比较，以测量儿童发展的不同方面。”① 早在19世纪末，英国心理学家弗兰西斯·高尔顿（Francis Galton）就设计了“高尔顿笛”和“高尔顿棒”，分别测定人的听觉和视觉辨别力，试图通过感觉辨别力推测人们智力的高低。20世纪初，法国心理学家阿尔弗雷德·比奈（Alfred Binet）和医生西奥多·西蒙（Theodore Simon）系统采用测验方法以测量人的智力。1905年，比奈和西蒙共同研制了“智力测验法”（Intelligence Tests），也称为比奈-西蒙量表。他们认为“智龄”（mental age）与实际年龄可能有很大差异，两者的关系表明了智力水平。“在随后的几十年里，越来越多的‘年龄’被‘发现’，如解剖学的、社会或情感的，它们被认为与实际年龄不完全一致。不久，这些年龄的计算变得越来越精确，并在教育改革计划中发挥着重要作用。”②

比奈-西蒙量表是指对一般智力的测验，包括语言表达、空间想象、数值、推理、学习各种教材、从事机械工作或艺术、感觉辨别、运动等各方面的智能。该量表包含30个项目，每个项目的难度逐渐上升，儿童智力的高低取决于他们通过项目的数量。“比奈的主要创新在于两方面：一方面，该量表评估了不同的认知技能，使用了多元的智力概念；另一方面，该量表废除了任何互成比例的智力标准，相反，它反对儿童的智力水平就是自己的实际年龄这一观点。”③ 1908年，比奈和

---

① Clementine Beauvais,“Ages and Ages: The Multiplication of Children's ‘Ages’ in Early Twentieth-Century Child Psychology,” *History of Education* 45, no. 3(2016): 304.

② Clementine Beauvais,“Ages and Ages: The Multiplication of Children's ‘Ages’ in Early Twentieth-Century Child Psychology,” *History of Education* 45, no. 3(2016): 304.

③ Clementine Beauvais,“Ages and Ages: The Multiplication of Children's ‘Ages’ in Early Twentieth-Century Child Psychology,” *History of Education* 45, no. 3(2016): 306.

西蒙对量表进行了修订，测验项目由原来的30个增加到58个，测验的对象是3—15岁儿童，每个年龄组的测验项目为4—5个。1916年，美国斯坦福大学教授刘易斯·推孟（Lewis Terman）将比奈-西蒙量表修订为斯坦福-比奈量表。推孟撰写的标志性手册《智力测验》肯定了比奈"发明"智龄/实际年龄方程式的开创性，称它为"心理学史上最重要的发现"①。对于推孟而言，这种设计的吸引力在于它简单易行。他认为计算本身比较简单，更重要的是这个概念表述也很简单。1937年和1960年，斯坦福-比奈量表又经过两次修订，而这一测验成为世界上广泛应用的标准测验之一。

各种智力测验主要用于预测和选择，它们在评估学生对于某种特殊职业或特种水平的工作，甚至特定学科的学习是否能胜任时证明比较有效，因而被广泛用于职业指导，以及特殊课程和特殊学校的学生安排。例如，英国心理学家查尔斯·爱德华·斯皮尔曼（Charles Edward Spearman）和弗朗西斯·高（Frances Gaw）通过研究办公室的科层结构，得出如下结论：任何一个令人满意的打字员，其智商都不可能低于105；如果一个人的智商超过105，那么他完全可以胜任职员工作。研究表明，职员也有不同的等级。一个智商介于105—120的职员，可以胜任基本的工作，但他很难掌握速记；一个智商介于120—130的人，就可以成为一名理想的速记员，而其中最聪明的人则完全有能力撰写商务信函。智商超过130的人，就可以成为教师、公务员和会计。②

在英国，一般智力测验已成为评定小组用以甄别不同智力儿童"11岁考试"的主要手段。英国实行中等教育免费之后，一个学生进入

---

① Clementine Beauvais, "Ages and Ages: The Multiplication of Children's 'Ages' in Early Twentieth-Century Child Psychology," *History of Education* 45, no. 3(2016): 307.

② See Pamela Dale, "A New Approach to Vocational Guidance for School-Leavers in the 1920s? Exploring Key Themes from an Influential 1926 Report," *History of Education* 41, no. 5(2012): 609.

哪一类中学，就是由各地方教育当局举行的“11岁考试”决定。该考试由智力测验（也称言语推理测验）、英语和算术成绩测验组成，它通常在每年的二三月份进行，一般是客观而且经常是标准化的，教师根据上级有关规定评分，而不能以任何个人意见判断答案的正确与否，并将“原积分”转换成“标准”分数。然后，由地方教育当局任命的考试委员会决定进入文法中学、现代中学和技术中学的名额。除了以上两种测验外，一般还要参考小学校长对学生的鉴定报告，以及记录学生在整个小学阶段的成绩报告单，必要时地方教育当局还可通过家访了解学生的情况。1928年，中央教育委员会的报告指出，在所调查的75个地方教育当局中已有21个采用了智力测验。

这种选择性考试在官方报告中也有明确指示。例如，《哈多报告》建议地方教育当局负责组织选择性考试，并将能力不同的学生安排到不同类型的中等学校。报告指出：“儿童们到了11岁或12岁的时候，已经表现出兴趣和能力的某些差异，通过不同类型的学校迎合这种差异是可能的，也是合乎需要的，不过，这些学校要有广泛一致的基础……”①《斯宾斯报告》则指出：“儿童期的智力发展似乎受到一种通称为‘一般智能’的单一核心因素的制约，它也可能被广泛地描述为先天的综合智能。它好像涉及儿童思维、说话和行为的各个方面，总的说来，它似乎是决定学生课堂学业的最重要因素。心理学的论据使我们相信，它可以通过智力测验大致测量出来……由于每个儿童的智龄和实龄之比大体保持相同，当实龄增大时，儿童之间的智力差异将越来越大，并在青春期达到顶峰，由此不言而喻，如果要公正对待他们的不同能力的话，从11岁起，不同的儿童就应该受到侧重面有所不

① 瞿葆奎主编，金含芬选编《教育学文集·英国教育改革》，人民教育出版社，1993，第55页。

同的各种教育。"[①]《诺武德报告》也赞同把11岁作为小学毕业生转入中学的适当年龄。以上报告都呼吁教育体系应承认不同"思维类型"的存在，并针对儿童不同的"思维类型"提供不同的教育。在教育心理学的影响下，教育规划者不得不思考如何先行检测学生的个人特质，通过鉴别来判断他们是倾向于学术型、应用型还是技术型，然后再根据检测结果为他们分配不同类型的学校。《1944年教育法》最终确立了三类中学的教育体制，并规定大多数学生在11岁接受完小学教育时必须通过全面的考试（即11岁考试），然后确定他们进入哪一种类型的中学接受教育。

三、三轨制中学的蓬勃发展

战后初期，三轨制中学的确立是英国中等教育发展史上的一个进步，它大大推动了英国中等教育的发展，并在一定程度上满足了经济发展的需要，以及人们对中等教育的迫切要求。然而，这一时期三轨制中学的发展是以各类学校之间的严格区分为特征，尽管官方报告一再强调各类中学应受到同等重视，但在实践中三类中学的发展并不平衡。在人们的心目中，文法中学地位最高，技术中学次之，现代中学地位最低。根据1959年的《克劳瑟报告》（"The Crowther Report"）统计，至1958年，文法中学（包括政府直接拨款的文法中学）共有1414所，学生681 976人；现代中学（包括选择性的中心学校和中间学校）共有3890所，学生150万人；技术中学共有279所，学生95 194人。从入学人数来看，进入文法中学的人数约占20%，进入现代中学的人数约占50%，进入技术中学的人数约占10%，其余约20%

---

① 瞿葆奎主编，金含芬选编《教育学文集·英国教育改革》，人民教育出版社，1993，第120页。

被分配到其他类型的学校。[1]

（一）文法中学

文法中学是典型的学术性教育机构，它是从英国传统的文法学校发展而来，与法国的国立中学和德国的文科中学属于同类性质的学校。按照教育部的说法，文法中学“需要训练学生的思维能力，使他们能成功地解决知识方面的问题。学生必须具有较高程度的一般智力，他们必须喜爱书籍，并善于抽象思维；他们必须在校修读足够的年限，以便能真正学到一些东西”[2]。自1902年国民中等教育制度建立以来，文法中学一直提供这样的教育：“一种持续五年的普通课程。在此期间，除了主课：语言（包括古典语和现代语）、数学和科学以外，其他所有普通科目都必须完全按逻辑顺序开设……到第六学级时，继而开设一种加深课程——课程门类较少，这种课程对多数学生来说，自然通向大学课程。”[3] 教育部规定，普通课程和加深课程的区别并不在于课程的内容，而在于修业时间的长短、教材内容的学术性，以及严格的智力训练方面。

在三类中学里，文法中学是最受学生和家长欢迎的学校。康内尔指出：“文法学校之吸引学生，不是因为它的课程内容，或是它的教学方法，而是因为它是公认的跃居较高的白领阶层地位的途径。英国的许多父母倾向于选择文法学校教育，不是因为它被人们认为有某些内在价值，或者这种教育最适合他们孩子的能力，而在于像非洲人喜欢欧洲的传统教育一样，是因为那种教育是父母们使孩子们能得到他们

① 参见卡扎米亚斯、马西亚拉斯《教育的传统与变革》，福建师范大学教育系等译，文化教育出版社，1981，第86页。

② Ministry of Education, *Ministry of Education Pamphlet No. 9: The New Secondary Education* (London: Her Majesty's Stationery Office, 1947), p. 25.

③ 邓特：《英国教育》，杭州大学教育系译，浙江教育出版社，1987，第99页。

希望子女获得的职业的公认道路。”[①] 不少工党成员也赞同这种观点，因为相当一部分工党成员把他们的事业归因于文法学校所给予的教育。1946年，教育部长 D. R. 哈德曼（D. R. Hardman）在兰开斯特（Lancaster）的一次演讲中大力称赞文法学校。他说：“直到现代中学在英国教育传统中牢固确立为止，人们仍然期望文法学校能继续保持其较高的学术水平。文法学校宽敞的建筑物、广阔的运动场地、小规模的班级教学和良好的学术成绩构成了一种理想的中等教育制度，并激发了公众的想象力……”[②] 1949年，《泰晤士报教育副刊》刊登的一篇社论称文法学校是“英国教育所取得的最大成功之一”[③]。两年后又出现了一种更为激进的评价，即“国家不能没有文法学校，它们的社会作用是值得赞赏的。这些学校已成为公民不可缺少的一部分”[④]。

然而，进入文法中学的工人阶级子弟十分有限。英国社会学家哈尔西（Halsey）和弗罗德（Floud）的研究表明，二战后工人阶级男孩进入文法中学的机会，与1945年以前相比并没有明显的变化。1931—1941年，年满11岁的工人阶级男孩进入选择性中学的比例稍低于10%；1953年，在西南部的赫特福德郡文法中学这种比例为15.5%，在米德尔斯堡（Middlesbrough）文法中学为12%。[⑤] 毫无疑问，大部分文法学校仍然是中上等阶级的领地。正如美国心理学家 P. E. 弗农

---

① W. F. 康内尔：《二十世纪世界教育史》，张法琨等译，人民教育出版社，1990，第738页。

② Roy Lowe, *Education in the Post-War Years : A Social History* (London: Routledge, 1988), p. 42.

③ Roy Lowe, *Education in the Post-War Years : A Social History* (London: Routledge, 1988), p. 42.

④ Roy Lowe, *Education in the Post-War Years : A Social History* (London: Routledge, 1988), p. 42.

⑤ See Michael Sanderson, *Educational Opportunity and Social Change in England* (London: Faber and Faber Limited, 1987), p. 45.

(P. E. Vernon) 指出："在不同类型的中学之间，如果不'尊重平等'(parity of esteem)，那么必定会存在一种与社会阶层密切相关的等级制度。虽然战后社会变动很大，但许多职业和商业阶层的家长认为，如果他们不能把自己的儿子送入'校长会议'学校，那么他们将失去面子。同样，其他中上阶层家庭也喜欢直接补助学校或古老的文法学校，而不喜欢公立文法学校。对于中下阶层家庭而言，如果他们的孩子未能进入文法学校，则被认为是一种社会耻辱。"① 可见，由于社会阶级的广泛存在，进入文法中学的机遇仍然差别很大（见表4）。

表4　1953年不同社会阶层子弟进入文法中学的百分比②　（单位：%）

父母职业	赫特福德郡文法中学	米德尔斯堡文法中学
专业人士、商人和管理者	59	69
办公室职员	44	37
包工头、小店主	30	24
熟练工人	18	14
非熟练工人	9	9
其他所有阶层的子弟	22	17

文法中学通常开设的课程有英语与文学、现代外国语（包括法语、德语、意大利语、西班牙语、俄语等）、古典语（一般设拉丁语，极少数学校设希腊语）、历史、地理、纯数学与应用数学、化学、物理、生物（女生）、美术、音乐、木工或金工（男生）、家政（女生）、宗教

① Roy Lowe, *Education in the Post-War Years : A Social History* (London: Routledge, 1988), pp. 108-109.

② Michael Sanderson, *Educational Opportunity and Social Change in England* (London: Faber and Faber Limited, 1987), p. 45.

(必修课)、体育等。一些文法中学还为年纪较大的学生增设了选修课，包括工程学、制图、计算机、建筑学、经济学、商业（女生）、哲学、心理学、社会学等。少数文法中学设有农业与园艺课。表 5 是 20 世纪 50 年代至 60 年代初沃特福德文法中学的教学时数计划。[1]

表 5　沃特福德文法中学的教学时数计划

课程	一年级	二年级		三年级		四年级				五年级			
	平行班												
	甲、乙、丙、丁	甲和乙	丙和丁	甲和乙	丙和丁	甲	乙	丙	丁	甲	乙	丙	丁
数学	5	5	5	4	5	5	5	5	5	4	5	5	5
英语	4	4	5	3	4	3	4	4	4	4	4	4	4
拉丁语	4	4	—	4	—	—	—	—	—	4	—	—	—
法语	5	4	5	4	5	4	4	4	4	4	4	4	5
历史	2	2	2	3	3	3	3	3	3	—	3	3	—
地理	2	2	2	2	3	—	2	2	2	—	—	—	3
宗教	1	1	1	1	1	1	1	1	1	1	1	1	1
物理	—	3	3	3	4	4	4	5	5	4	4	5	5
化学	—	3	3	3	4	4	4	5	—	4	4	—	5
音乐	1	1	1	—	—	—	—	—	—	—	—	—	—
美术	2	2	2	—	2	—	—	—	—	—	—	—	—
车间劳动	2	—	2	—	—	—	—	—	—	—	—	—	—
体育	1	1	1	1	1	—	—	—	—	—	—	—	—
体育游戏	3	3	3	—	—	—	—	—	—	—	—	—	—

① 参见 B. П. 拉普钦斯卡娅《现代英国普通中学》，朱立人、段为译，人民教育出版社，1980，第 17 页。

续表

课程	一年级	二年级		三年级		四年级				五年级			
	平行班												
	甲、乙、丙、丁	甲和乙	丙和丁	甲和乙	丙和丁	甲	乙	丙	丁	甲	乙	丙	丁
德语	—	—	—	—	—	—	—	—	—	—	—	4	—
希腊语	—	—	—	—	—	—	—	—	—	4	—	—	—
德语或希腊语	—	—	—	4	—	4	—	—	—	—	—	—	—
拉丁语或德语	—	—	—	—	—	—	4	—	—	—	4	—	—
拉丁语或历史	—	—	—	—	—	4	—	—	—	—	—	—	—
拉丁语或化学	—	—	—	—	—	—	—	—	—	—	—	5	—
生物	—	—	—	—	—	2	—	2	—	2	—	—	—
地理或生物	—	—	—	—	—	—	2	—	—	—	2	—	—
化学或制图	—	—	—	—	—	—	—	—	5	—	—	—	—
美术或生物	—	—	—	—	—	—	—	—	2	—	—	—	—
美术或历史	—	—	—	—	—	—	—	—	—	—	—	—	3
共计	32	35	35	32	32	34	33	31	31	31	31	31	31

从沃特福德文法中学的教学计划可以看出，该校从第三学年起增加了一些选修课，到第四、五学年选修课有所增多。在教学计划中，文、理科的百分比基本上均衡。例如，在五年级平行班甲班的总教学时数中，文科占50%、理科占44%；乙班文、理科分别占53%和47%；丙班文、理科分别占62.5%和31%；丁班文、理科分别占41%和52%。总的说来，文科教学时数平均占教学总时数的48.1%，理科占46.3%，差别并不大；其他5.6%分配给体育和美术两门课程。

所有文法中学都必须为学生参加校外的普通教育证书考试做准备。

考试分为普通与高级两种水平。它们都是单科考试，学生通过一门学科的普通水平考试后，即可获得该学科的合格证书。学生通过规定科目的普通教育证书考试，并达到所要求的水平后，便可免试进入大学。大学入学标准因院系而异，但最低要求是通过四门至五门科目的普通教育证书考试，其中至少有两门必须达到高级水平。

文法中学的教学工作很认真，在其他活动方面也是如此。除体育运动外，学校还举办辩论会、音乐会，并组织高水平的演出。学校希望学生都具有表达和演说的能力，并对学生进行这方面的训练。每一所文法中学都设有自己的管弦乐队、自然科学俱乐部、自然爱好者协会、集邮和棋艺俱乐部、野营、童子军及其他类似组织。学校还常常在自愿的基础上组织学生出国旅行。许多学生在国外有笔友，他们用法语或德语同笔友进行联系。可见，文法中学学生的生活是十分充实的。埃德蒙·金认为，文法中学在其全盛时期有以下三个特点：首先，为学生上大学提供了系统的准备（虽然只有不到25%的学生能进入大学）；其次，为学生以后从事各种各样的技术性和商业性职业奠定了基础；最后，对学生在作为一个公民所应担负的责任方面提出了很高的要求。①

文法中学的最大特征是第六学级，英国教育家们认为“第六学级是文法学校的王冠”。“大家普遍同意，文法中学传统中最有价值的东西取决于第六学级的存在……”② 第六学级始于17世纪，当时它是文法学校或公学最后两年相对独立的教育阶段。18世纪后期和19世纪初，“第六学级”的概念开始明确。在大多数文法学校，人们把基础教育的最高阶段称为“第六学级”，学生进入这一阶段必须通过选拔性的

① 参见埃德蒙·金《别国的学校和我们的学校——今日比较教育》，王承绪等译，人民教育出版社，2001，第224页。

② 瞿葆奎主编，金含芬选编《教育学文集·英国教育改革》，人民教育出版社，1993，第122页。

考试。能进入第六学级学习的学生数量很少且经过了严格选拔，因此被视为英国的精英。1894年，在英格兰16—17岁的青少年中只有1%的人能考入第六学级，到1911年这个比例是2%，两次世界大战之间也只有7%的人能考入第六学级。① 从19世纪直到1944年建立正规的公立中等教育制度之前，第六学级一直是极少数人享受的教育阶段，其选拔制度、课程设置和教学方式等都反映了英国精英教育的传统，它也是英国文法学校教育中最精华的部分。

战后初期，第六学级的规模仍然较小。在182所设有第六学级的文法中学，第六学级的平均规模大约只有70名学生，其中19所还不到25名学生，46所有26—50名学生。② 20世纪50年代以后，在教育民主化浪潮的推动下，第六学级也发生了一些变革。原来只有少数人进入的第六学级在战后得以迅速扩展。1953—1960年，文法学校第六学级的学生人数增长1倍以上。这股势头从20世纪50年代中期到20世纪70年代中期更甚，致使第六学级学生总数增加了5倍。③

第六学级的课程设置专业性强，学生专攻几门分科课程（如古典语、数学、物理、语言学等）中的一门。例如，根据一位作者的报道，威斯敏斯特文法中学第六学级的第一学年用于数学和物理等学科的每周教学时间安排如下：数学12学时、物理7学时、遗传学2学时、英语4学时、法语3学时、美术1学时、宗教1学时；第二学年的数学和物理学科每周教学时数增加到70%以上。④ 与此同时，文法中学继承了拉格比公学的传统，十分强调高年级学生在学习和社会活动方面发挥

---

① 参见祝怀新《英国基础教育》，广东教育出版社，2003，第100页。

② See A. Griffiths, *Secondary School Reorganization in England and Wales* (London: Routledge & Kegan Paul, 1971), p. 54.

③ 参见王承绪、徐辉主编《战后英国教育研究》，江西教育出版社，1992，第128页。

④ See A. H. Passow, *Secondary Education For All: The English Approach* (Columbus: Ohio State University Press, 1961), p. 129.

示范作用。因此，在智力和社交方面，第六学级的学生都达到了它们的顶点，乃至行政管理人员难以想象哪一所文法中学会没有欣欣向荣的第六学级。1959年的《克劳瑟报告》指出："虽然这些年轻人仍处在中学阶段，但要求他们专业化，这个体制可是英格兰教育的奇特之处。西欧和北美都没有这种教育体制。"[①] 该报告赞成第六学级高度专业化的特征，但反对过早专业化和专业面太狭窄。报告建议，随着第六学级学生人数的增加，应提供范围更广的专业化课程。该报告总结了第六学级的一些典型特征：与大学的紧密联系，专心于深入的学习，适当增加独立作业，学生与教师之间亲密的理智关系，社会责任心的增长。

20世纪60年代以后，随着综合中学的发展，第六学级的主体由文法中学转到综合中学，教育性质也发生了相应的变化，如放宽入学条件、扩大课程设置范围、创办独立的第六学级学院或第三级学院等。但第六学级偏重学术教育的倾向并未改变，这是英国中等教育能保持较高质量的原因之一。

总之，对许多英国教育家而言，第六学级是整个教育制度的精华，也许是英国对当代教育实践做出的重要贡献。第六学级的学生所表现出的智慧与社会责任感，使文法中学深受人们的好评。《斯宾斯报告》指出，第六学级确实是文法学校培养学生性格及其责任感的最有特色的机构，也是文法学校的传统精华所在。[②] 这种观点为大多数教育家所接受。

（二）现代中学

一般认为，现代中学是一种比较偏重实用的学校。它是为那些小

---

① 瞿葆奎主编，金含芬选编《教育学文集·英国教育改革》，人民教育出版社，1993，第254页。

② 参见卡扎米亚斯、马西亚拉斯《教育的传统与变革》，福建师范大学教育系等译，文化教育出版社，1981。第89页。

学毕业后希望继续升学，但又达不到文法中学“严格智力训练”要求的学生而开办的学校。1945年，教育部在原来中心学校或高年级学校的基础上成立了现代中学。这类学校是开拓性和实验性的，自由性与灵活性是它的基本特征。根据教育部的建议，现代中学的显著特征在于“它非常广阔的观点和目标”；它应为能力、资质和社会背景不同的儿童提供一系列的课程；它不仅要适应具有“明显实际的爱好”的男孩和女孩的需要，还要适应后进儿童的需要；这种教育并不关注传统的教学科目，而是从儿童的兴趣出发，通过培养兴趣促使儿童发展思维、表达和动手能力。[①] 因此，现代中学的职能是为学生提供一种广泛的普通教育，它更强调与具体的生活环境和儿童的兴趣相联系。

现代中学的课程设置五花八门，其中大多数是带有职业性或半职业性的。这类课程包括工艺美术、烹调、家政、缝纫与裁剪、汽车驾驶与维修、机械工业、住宅布置与维修、实用手工艺、木工技艺、农业科学、耕作与园艺、航海技术、电气科学、商业、保育、音乐等。此外，还有为参加普通教育证书考试而开设的学术性科目，这类学术性课程所占的学时最多。1956年，全国教师联合会对146个地方教育当局进行的一次调查表明，其中有近50个地方教育当局已经制订了发展这类课程的规划。现代中学的儿童一般学习同样的科目，但各门学科的课时安排有所不同。1963年，《纽瑟姆报告》（“The Newsom Report”）对一所典型的男子现代中学的课时分配做出如下推算：英语、宗教、历史、地理等人文学科占39%，自然科学和数学占24%，美术、音乐、体育、木工和金工、制图等占37%。一所典型的女子现代中学的课程设置情况如下：人文学科占39%，自然科学和数学占22%，美术、音乐、体育、家政、缝纫等实用学科占39%。在某些现

① 参见艾萨克·康德尔《教育的新时代——比较研究》，王承绪等译，人民教育出版社，2001，第229页。

代中学，普通课程还包括农业科学在内，占总学时的5%，速记和打字占20%，一门外语占11%，这些课程的开设依照学校的具体情况而定。[①]

20世纪50年代初期，现代中学85%的学生都是体力劳动者的子弟，这些学生中的绝大部分（占70%—75%）在读完四年普通教育课程后便离校就业。他们或当小职员，或在工厂和商店工作，或当公共汽车驾驶员和电话接线员，或受雇于农场等。其中少数有才能或志向的儿童（占10%—15%）或继续上学，或转到其他学校学习，他们可以通过参加普通教育证书考试从而进入大学或其他高等院校。至1954年，在357所现代中学里约有5500名学生参加了普通教育证书考试；1964年，参加普通教育证书考试的学校增加了5倍，考生人数增加了10倍。[②] 这些数字使教育部长大卫·埃克利斯（David Eccles）在下议院重申："现代中学所取得的进步是十分显著的。"[③] 除此之外，现代中学的学生还参加了由皇家艺术协会、兰开夏郡和柴郡联合教育协会、北部各郡的技术考试委员会、中部各郡教育联合会，以及教育院校联合会等组织的校外考试。许多地方教育当局也开始设置地方性的毕业证书考试，这种证书考试通常在第四学年结束时进行，有30%—50%的学生能达标。

20世纪50年代后期，现代中学出现了多样化的发展趋势。邓特曾把现代中学大体上分为四类：（1）所设课程略多于原来的高年级学校，它们所提供的并非是真正的中等教育；（2）提供扎实的基础课教学，并开设一门或数门高级课程；（3）只设普通课程，不设专业课程，但

---

① 参见卡扎米亚斯、马西亚拉斯《教育的传统与变革》，福建师范大学教育系等译，文化教育出版社，1981，第95页。

② 参见邓特《英国教育》，杭州大学教育系译，浙江教育出版社，1987，第104页。

③ Roy Lowe, *Education in the Post-War Years: A Social History* (London: Routledge, 1988), p. 117.

参加社会活动和文艺活动的时间比文法中学多；（4）在前两三年开设普通课程，以后开设“特别”的选修科目。[①] 此外，农村中学的课程设置始终强调农业和园艺，而城市中学则倾向于技术或商业方面的科目。

现代中学有很多优点，如教师不像文法中学那样整天在考试的压力之下进行工作，他们有更多的自由从事新的教育思想和实践的试验，以便为学生找到最适当的教育形式。现代中学按儿童的才能和社会背景从全体居民中招收学生，并为“智力发展迟缓的儿童”求学或从事其他智力活动提供机会。从二战结束到20世纪60年代初期，现代中学的发展引人注目。1947年现代中学只有3019所，1961年增加到3872所，学生总数达1 698 379人。邓特指出：“在1945年以后的二十多年里，现代中学发展速度之快，意义之重大，是英国教育史上所罕见的。”[②] 20世纪50年代中期，邓特对一些现代中学的毕业生进行调查后发现，52%的学生能很好地从事创造性工作，43%的学生觉得工作满意，仅有5%的学生觉得工作较差。[③] 他说：“与前几年相比，1957年时成百上千的男孩和女孩正在现代中学里接受比他们的哥哥和姐姐更好、更真实的中等教育。这是一个无可争辩的事实。”[④]

（三）技术中学

技术中学提供小学后水平的技术教育，它的招生条件、课程设置和修业年限与文法中学基本相同，但它的学校和学生数量增长较慢。1953年有292所技术中学、79 214名学生；而当时公立文法中学有

---

① 参见邓特《英国教育》，杭州大学教育系译，浙江教育出版社，1987，第106页。

② 邓特：《英国教育》，杭州大学教育系译，浙江教育出版社，1987，第103页。

③ See Michael Sanderson, *Educational Opportunity and Social Change in England* (London: Faber and Faber Limited, 1987), p. 57.

④ Michael Sanderson, *Educational Opportunity and Social Change in England* (London: Faber and Faber Limited, 1987), p. 57.

1184 所，学生达 512 613 人。[①] 1945—1960 年，仅有 63 所新的技术中学创办，总人数也从 1948 年的 319 人下降到 1960 年的 266 人，这个规模与 20 世纪 30 年代基本相似。[②] 1955 年，教育部长埃克利斯在对全国教师联合会的一次讲话中宣布，新的技术中学只有在特殊情况下才准许开办，他希望越来越多的中学开设技术课程，并使之成为一项基本政策。技术中学在课程设置上更侧重实用性，除了共同必修的两年普通课程（如数学、英语、历史、地理等）之外，还开设建筑工程、工艺美术、社会服务和商业等科目。技术中学的主要目标在于提供一种独特的学习方式，以适合具有实践精神的男孩的需要。1947 年，英国教育部声称技术中学的显著特点在于："它与一个特定的工业（或职业）或若干工业（或职业）相联系……所设课程带有浓厚的工业或商业色彩，特别适合一小部分有才能的学生的需要，因为它所开设的课程有利于未来就业，这种教材对他们很有吸引力。"[③]

二战后，由于国家对科学家、技术专家、技术员和技工的迫切需要，英国政府对于技术中学的开办寄予厚望。然而，地方教育当局、教育工作者和其他有关人士对这类学校反响比较冷淡。这主要表现在以下几个方面：第一，有些地方教育当局既不开办技术中学，又否认它存在的理论基础。他们宣称，技术中学试图开设的高级课程在文法中学和现代中学都可以开设，而且其效果并不亚于甚至优于技术中学。根据 1959 年的《克劳瑟报告》，全国有 40%以上的地方教育当局没有开办技术中学。第二，人们普遍认为技术中学是"第二流的中学"，只有那些没有考取文法中学的学生才会进这种学校，因此技术中学的招

---

① 参见艾萨克·康德尔《教育的新时代——比较研究》，王承绪等译，人民教育出版社，2001，第 234 页。

② See Michael Sanderson, *Educational Opportunity and Social Change in England* (London: Faber and Faber Limited, 1987), p. 60.

③ 邓特：《英国教育》，杭州大学教育系译，浙江教育出版社，1987，第 102 页。

生情况并不理想。例如，1950年伦敦一所技术中学的招生名额是120人，而实际招生只有72人。第三，很多技术中学没有独立的校舍，它们只是附属于技术学院（technical college），使用的仪器设备主要是为成年人配备的。技术中学的教师往往是来自技术学院的兼职教师，他们的主要精力放在技术学院的教学上，在技术中学兼课只不过是为了完成每周的工作量而已。1961年，埃克利斯在下议院声明："我赞成技术教育的重要性，但许多地方教育当局倾向于在现代中学而非技术中学提供技术教育，我宁愿让它们自由选择。"① 两年后，一位技术中学的校长抱怨说，文法学校和技术学校的教学大纲几乎没有任何差别。

技术中学招收年龄为11岁的学生，也有许多技术中学招收12岁或13岁的学生。16岁时技术中学的学生可以选择某种职业，如当学徒或办事员等。他们还可以参加普通教育证书考试，考试合格者升入高等技术学院继续深造，毕业时可获得土木、化学、机械或电机工程等专业证书。20世纪60年代，技术中学不断增设类似于文法中学的课程，但由于课程与文法中学相似，导致不少技术中学与文法中学合并为"文法—技术"双边中学。

四、《克劳瑟报告》

20世纪50年代中期英国的经济发生了巨大变化。一方面，经济以前所未有的速度发展，人们的生活水平大大提高；另一方面，与其他西方国家相比，英国的工业产量下降很快，通货膨胀日益严重。1955—1960年，英国的工业产量年平均增长率仅为2.5%，而同期的法国、西德、意大利和日本分别为4.8%、6.4%、5.4%和9.0%。大不

① Roy Lowe, *Education in the Post-War Years: A Social History* (London: Routledge, 1988), p. 116.

列颠作为昔日的“世界工厂”，在世界工业中的主导地位已经丧失，其根本原因是科学技术的落后，现代化工业所需要的技术人员严重不足。

1956年2月，英国政府发表了《技术教育白皮书》（*White Paper on Technical Education*），呼吁发展和改革技术教育，认为英国经济的振兴与否取决于是否建立了一种完善的技术教育体制。白皮书强调，在当今社会变革日益加快的时代，一个忽视发展技术教育的国家必定是要落伍的。“我们应该了解到这一点，否则，除非我们发现新材料和应用新方法，不然英国工业可能会在竞争中落后。变化的速度正在加快，对技术教育的需求也正在加快。”① 白皮书提出了发展各级水平的技术教育的设想，并特别强调要发展中等技术教育。它指出：“技术教育不应过于狭窄地体现职业性，过于限制在一种技能或职业上。不断变化是我们时代的特征，所以未来技术教育的一个主要目的，应是教会儿童适应。多面手是古典教育的目的；技术教育应导致类似的多面手，因此，它应该坚定地扎根于数学、科学的基本知识。”②

1956年3月，以《经济学家》主编杰弗里·克劳瑟爵士（Sir Geoffrey Crowther）为主席的中央教育咨询委员会（The Central Advisory Council for Education）开始调查15—18岁男孩和女孩的教育问题。1957年10月4日，苏联成功地发射了第一颗人造地球卫星，再次使英国深受震动，英国技术教育的发展面临严峻的挑战。

1959年12月，中央教育咨询委员会发表了题为《15—18岁青少年教育的报告》（“Report of the Minister of Education 's Central Advisory Council Entitled 15 to 18”），也称《克劳瑟报告》。该报告认为，中等教育实质上是青少年教育，然而在15—18岁这一年龄阶段，每8个人

---

① 瞿葆奎主编，金含芬选编《教育学文集·英国教育改革》，人民教育出版社，1993，第237页。

② 瞿葆奎主编，金含芬选编《教育学文集·英国教育改革》，人民教育出版社，1993，第238页。

中仅有 1 人接受全日制教育，绝大多数青少年在 15 岁以后受不到任何形式的继续教育。据统计，1950 年 15—19 岁的青少年有 2 799 000 人，1960 年增加到 3 021 000 人，而 1963 年可能会增加到 3 580 000 人，1968 年预计为 3 396 000 人，1985 年预计为 3 974 000 人。[①] 其中 17 岁年龄组的学生在校时间百分比如表 6 所示。

表 6　17 岁年龄组的学生在校时间百分比[②]　(单位：%)

性别	1950 年	1956 年	1959 年	1962 年	1963 年*	1980 年*	1985 年*
男孩	7.29	9.41	11.51	13.47	14.05	25.18	28.40
女孩	5.95	8.03	9.16	10.53	10.80	18.00	20.08
合计	6.63	8.73	10.36	12.03	12.15	21.68	24.34

* 表示预测

《克劳瑟报告》强烈要求提高离校年龄。它指出："这份报告是关于英国 15—18 岁男孩和女孩的教育。他们大多数人没有受过教育……如果我们要提高生活水平，而且更重要的是，如果我们要追求更高的生活标准，我们就需要一个比今天更坚实的教育基础。在物质和精神上，我们必须继续前进……"[③] 报告的主要内容有如下几个方面。

第一，将离校年龄提高到 16 岁（报告要求 1965—1969 年执行，实际上 1972—1973 年才执行），既有利于个人，也有利于整个国家的经济和社会发展。延长离校年龄有两个理由：一是从 15 岁孩子的社会和个

---

① See W. H. G. Armytage, *Four Hundred Years of English Education* (Cambridge: Cambridge University Press, 1964), p. 249.

② W. H. G. Armytage, *Four Hundred Years of English Education* (Cambridge: Cambridge University Press, 1964), p. 249.

③ J. Stuart Maclure, *Educational Documents: England and Wales 1816-1963* (London: Chapman & Hall, 1965), p. 247.

人需要出发，教育是公民的一项基本权利；二是教育是国家投资的重要组成部分。但报告指出，延长离校年龄的主要理由不是经济上的，而是建立在这样一个事实之上："即所有15岁的孩子有很多东西要学习，（从广义上来说）学校是学习的场所，而不是工作的地方。只有当中等教育向所有的孩子开放，直至16岁时，'人人受中等教育'的理想才会变为现实。我们认为，这是社会对所有的年轻公民应尽的职责……"[①] 这是《克劳瑟报告》中最主要的一项建议。据估计，提高离校年龄的教育费用将从目前每年1.34亿英镑增加到2亿至2.5亿英镑。[②]

第二，实行18岁前的部分时间制义务教育。报告认为，有两个趋势使工商业界的普通工人需要比以前的工人接受更多的教育：一方面，一些智力超常的人常常从事于某些普通工作，由于他们在青年时期被剥夺了教育机会，现在才进入文法中学、高级技术学院或大学完成专业学习；另一方面，技术性和专业性工作的大量增加，使许多普通工人进入较高级的工作岗位，而这要求他们具有相应的教育水平。因此，在教育和培训方面必须花更多的时间和精力。在时间安排上，报告提出，可将每周一天（或两个半天）去继续教育机构学习的"连续性间断"方式，改为一年分为二三个阶段（每阶段为三四周）的"阶段性间断"方式。报告建议尽快开办继续教育学校，以便为中途辍学或提前离校的青年提供部分时间制义务教育，直到18岁为止。

第三，要求现代中学外加的一年义务教育，应开设新颖且有难度的课程，而不应该仅仅是以前所学课程的延续。中央教育咨询委员会反对举行低于普通教育证书标准的国家考试，但承认为现代中学约三

① 瞿葆奎主编，金含芬选编《教育学文集·英国教育改革》，人民教育出版社，1993，第250页。

② See Gary McCulloch, Steven Cowan and Tom Woodin, "The British Conservative Government and the Raising of the School Leaving Age, 1959-1964," *History of Education* 27, no. 4(2012): 514.

分之一的学生举行15足岁地区考试的价值。根据《克劳瑟报告》的观点，现代中学的大批学生（可能占其学生总数的一半）不适应考试，他们的教育应该按照完全不同的方向发展。报告将这些学生定义为“能力一般”或“低于一般”水平，其中有些学生的“身体、情感和智力”都低于平均水平，但也有许多学生与同龄的男孩和女孩一样发展得很好，他们正想尽力摆脱束缚并走向社会。

第四，赞成第六学级“深度教育”（即专业训练）的原则，但反对过多过早地进行专业训练。第六学级的课程分为三部分：约占教学时间三分之二的专业课程，文、理科学生都必须学习的普通课程，为了增加理科学生渊博的学识和提高文科学生丰富的思维能力而编制的补充课程。①

《克劳瑟报告》受到大多数报纸和专业期刊的热烈欢迎。当时的《教育》（*Education*）杂志认为，它的直接影响反映了“公众舆论的前进步伐”。然而，很快就有人对这些雄心勃勃的计划表示反对。这在一定程度上是由于以上提议的费用，其中包括承诺在新建学校之外增加2万名教师。除了经费问题之外，许多人还质疑提高离校年龄的教育与社会影响。一些报纸和教育类杂志的来信专栏，充满了现代中学教师和校长们的抱怨，他们不赞成为那些已经厌倦学校的15岁离校学生延长教育年限。② 教育部长埃克利斯代表新政府回应了对于《克劳瑟报告》的支持与批评。埃克利斯已经认识到这份报告的重要性，他也理解教育改革所具有的广泛的政治意义，并要求政府把教育放在社会服务的首位。在保守党内部，埃克利斯不得不与各种关于提高离校年龄

---

① 参见瞿葆奎主编，金含芬选编《教育学文集·英国教育改革》，人民教育出版社，1993，第257页。

② See Gary McCulloch, Steven Cowan and Tom Woodin, "The British Conservative Government and the Raising of the School Leaving Age, 1959-1964," *History of Education* 27, no. 4(2012): 514-515.

的观点进行辩论。身为教育部长，他的主要权力是“说服”。他说：“教育是为过去的工党选民向保守党中产阶级敞开的一扇大门，我们希望公众忘记我们辉煌的选举记录，并不断提高选民的数量和质量。”[①]

最终，英国政府采纳了《克劳瑟报告》的建议，并制订了10项实施计划，以密切中等学校与继续教育机构之间的关系，以及确保青少年的学习时间。1961年，中央教育咨询委员会还发表了《关于威尔士技术教育的报告》（“Report of the Central Advisory Council for Education on Technical Education in Wales”）。它鼓励男孩和女孩在校学习到16岁，然后直接进入技术学院（而不是夜校），那里将为技术人员提供更广泛的新课程。

五、《纽瑟姆报告》

如前所述，自二战结束至20世纪60年代初期，英国的中等教育发展较快，1962年仅英格兰的现代中学就达到3688所。但在现代中学，许多能力一般（average）或低于一般（below average）水平的学生，所受的教育仍然处于相当不利的地位。他们中有20%的学生来自“问题地区”（problem area），7%来自贫民区，13%来自其他条件较差的地区。在这些孩子所上的现代中学，班级规模不合理、教学设备不足、教师不合格而且更换频繁，将近80%的校舍或多或少存在严重缺陷，各学校之间与各地区之间的学生在学业成绩上差别很大。这种状况表明，现代中学在很大程度上既不能满足国家经济建设的需求，也不利于儿童自身的发展。

1961年3月成立的纽瑟姆委员会（The Newsom Committee），隶

① Gary McCulloch, Steven Cowan and Tom Woodin, “The British Conservative Government and the Raising of the School Leaving Age, 1959-1964,” *History of Education* 27, no. 4 (2012): 515.

属于中央教育咨询委员会，它要定期向教育部长汇报当时的重要议题。教育部长埃克利斯为纽瑟姆委员会设立了调查条款，即授权它调查13—16岁一般能力或中下能力水平儿童的教育问题。“他们提供了一个审视现代中学教育经历的机会，以辨别它们的成功与失败。他们还建议对‘普通孩子’的特点和需求进行详细调查。”① 该委员会的主席是约翰·纽瑟姆爵士（Sir John Newsom）。1963年10月，纽瑟姆委员会发表了题为《我们未来的一半》（“Half Our Future”）的调查报告，也称《纽瑟姆报告》。

《纽瑟姆报告》的发表被看作是促进经济发展的一个重要步骤。它指出：“简而言之，国家未来的就业模式需要比现在更多的人才，至少一大批能力一般和低于一般能力水平的学生可以通过接受足够的教育来满足这种需要。我们不仅需要更多的技术工人承担现有的工作，也需要一批普遍受过良好教育和智商高、适应性强的劳动力来满足新的需要。”② 这个“中间群体”既不是最聪明的，也不是最迟钝的，他们被称为“普通孩子”（ordinary child）。这些学生适用的教学方法不应该像那些能干的学生那样正规，它侧重探究而不是解释。《纽瑟姆报告》指出，如果能够吸引教师们的注意力，这一长期被忽视的“中间群体”将有一个美好的未来；教师们不得不承认这样一个事实，即他们的学生总是喜欢说“我看见了”而不是说“我明白了”。③

《纽瑟姆报告》的主要内容包括以下几个方面。

---

① Gary McCulloch, “Representing the ‘Ordinary Child’: The Case of the Newsom Committee, 1961-1963,” *Journal of Educational Administration and History* 32, no. 1(2000): 53.

② Peter Gordon, Richard Aldrich and Dennis Dean, *Education and Policy in England in the Twentieth Century* (London: The Woburn Press, 1991), p. 78.

③ See Gary McCulloch, “Representing the ‘Ordinary Child’: The Case of the Newsom Committee, 1961-1963,” *Journal of Educational Administration and History* 32, no. 1(2000): 54.

第一，延长学校生活年限。报告指出："尽管学校以前取得了一些辉煌的成就，但在学生身上仍有许多天资未被发现，尤其是那些表达能力较差、家庭背景受限制的学生，他们的潜力往往不易被人察觉。要避免这种情况的发生，……学生需要接受比目前更长阶段的全日制教育。"① 因此，报告建议从1965年9月起将所有中学生的离校年龄提高到16岁。16岁前的全日制教育应以学校为基础，但最后一年也可利用部分时间到继续教育学院等机构学习。当所有人的离校年龄延长到16岁时，整个教育局面将会发生根本性的变化，学校必须为满足这种需要尽力提供设施、配备师资并调整工作方向。

第二，在学龄延长的一年时间里，鼓励学校与企业、青年就业服务处和继续教育部门建立更密切的联系；鼓励学生发展职业兴趣，掌握实际工作经验和职业技能。报告认为，有必要抵制学生所受到的来自校外考试的压力，并建议以教师评价和平时档案为基础，授予学生校内毕业证书。

第三，加强教育学院的师资培训工作，继续保留学术训练与专业训练同时进行的师资培训模式；阻止那些没有经过师范教育的大学毕业生和企业人员直接进入现代中学任教；所有教师都必须经过培训学院（The Training College）的专业培训。"……因为我们相信，学院提供的这类训练（即教育专业课与普通课同时进行，学生个人的高等教育与教育学学习相结合的师训方式），有可能为将来教授我们所关心的那些学生做好最合适的专业准备。"②

报告还强调要加快贫困区的校舍建设和师资配备。"……如果贫困区的学校要具有使其学生获得最好发展的平等机会，则确实需要特别

---

① J. Stuart Maclure, *Educational Documents: England and Wales 1816-1963* (London: Chapman & Hall, 1965), p. 279.

② 瞿葆奎主编，金含芬选编《教育学文集·英国教育改革》，人民教育出版社，1993，第267页。

加以考虑。例如，在我们看来，这些学校需要特别有利的教职员配备比例。”[①] 但报告对于中等教育的不同组织形式没有进行任何评价，委员们认为现代中学或综合中学存在的时间并不长，因而还不能对此做出哪一类学校是否好的正确评价。由于对这个引起争论的问题采取了回避态度，因而该报告为当时的保守党政府所接受。由于1967年11月英镑贬值，1968年1月英国政府削减了预算，使得离校年龄直到1972年才提高到16岁。但在校舍建设、师资培训和课程改革方面则有了一些明显的进步。

第三节　中等教育综合制改组

20世纪60年代后，英国教育得到了全面扩充。在中等教育领域，原有三轨制中学经过一段时期的发展和巩固，逐渐暴露其不足与僵化之处。这种严格区分的中等教育制度，无法适应英国技术变革和经济发展的要求，三轨制中学开始动摇，综合制改组运动随之兴起。

这一时期在高等教育领域，英国政府首次实施了高等教育的大扩充计划。1963年《罗宾斯报告》拟定了至1980年为止的高等教育长期发展规划，要求高等教育机构应为所有具备入学能力和资格的青年提供接受高等教育的机会，该报告的发表大大促进了英国各级各类高等教育的发展。“20世纪60年代的改革虽然没有形成像1944年法案那样的重要立法，但其确实希望促进那些在20世纪40年代被忽视或延迟的改革，尤其是在中学的组织、小学‘进步’教育、课程改革和高等教育方面。”[②] 也有学者指出：“在英格兰和威尔士学校教育史上，20世纪

---

① 瞿葆奎主编，金含芬选编《教育学文集·英国教育改革》，人民教育出版社，1993，第262页。

② Gary McCulloch, *Educational Reconstruction: The 1944 Education Act and the Twenty-First Century* (London and New York: Routledge, 2011), p. 33.

60年代中期是一个重要的里程碑，因为它是《1944年教育法》通过后的20年，法案提出的主要改革得到了全面实施；它实际上取消了面向所有年龄（all-age）的初等学校，并为所有高年级学生提供了真正的中等学校。”①

一、综合制改组的背景

综合制改组运动与英国20世纪五六十年代的社会经济状况紧密相关。战后经济重建在20世纪50年代中期开始初见成效，英国出现了一战结束后40年未遇的经济相对稳定局面。进入20世纪60年代后，英国经济增长突飞猛进，社会充分就业，国民收入逐渐增加，绝大多数英国公民摆脱了贫困，英国社会呈现出一派富庶的景象。经济发展要求人们受到更加完全的中等教育，甚至更高层次的教育。但在三轨制中学里，文法学校名额有限，现代中学质量较差，技术中学数量极少，决定选拔的11岁考试实际上成为阻止大部分人接受完全中等教育的障碍，这种状况已不能满足经济发展对专业人员的需求。同时，战后英国出现的人口出生率高峰，造成学龄人口剧增，从而给整个中等教育增加了压力。“1958年由于出生率持续居高不下，英国政府提出了一个耗资3亿英镑扩建中学的五年计划。”② 这种来自经济发展与人口方面的巨大压力，迫使英国中等教育开始冲破原三轨制中学的桎梏而向前发展。

综合制改组运动也与当时的一些理论研究，特别是心理学、社会学和经济学领域的研究成果分不开。

---

① Peter Gosden, *The Education System since 1944* (Oxford: Martin Robertson & Company Ltd., 1983), p. 22.

② W. H. G. Armytage, *Four Hundred Years of English Education* (Cambridge: Cambridge University Press, 1964), p. 240.

第一，从心理学方面来看，长期以来作为中等教育三轨制理论依据的智力测验在当时受到人们的怀疑。“人们反对智力测验的理由，一方面是基于对考试的无知，另一方面是反对教育隔离。”[①] 1947 年，布莱恩·西蒙在日记中写道，他在曼彻斯特和萨尔福德教书时，就对智力测验产生了怀疑。伦敦大学教育学院的夏洛特·弗莱明（Charlotte Fleming）反对遗传论和把智力测验作为教育决定论，因而反对先天的和不变的智力观。她主张在任何教育指导或教育理论中都要考虑儿童的情绪状态。但弗莱明的观点并没有引起人们关注，这可能因为她是一名女性，而当时英国心理学会中的教育心理学却是一个男性主导的领域。[②] 英国心理学家西里尔·伯特在伦敦大学学院的同事杰克·弗卢格尔（Jack Flugel）同样认为，心理学家关于智力的概念需要得到更广泛的认识和辩解。

20 世纪 50 年代以后，许多专业人士开始公开质疑智商（Intelligence Quotient，IQ）的相对稳定性，因为在教育选拔过程中使用智力测验给学校带来了诸多问题。大量的研究与事实证明，原来的理论如“智力是先天的”和“同一儿童的智商一般不变”等论点是错误的。1955 年，美国心理学家弗农对南安普顿所有 14 岁的男孩进行了一次调查，结果发现进入文法中学和技术中学的学生在 3—4 年内智商平均提高 4.9 分，而进入现代中学的学生智商平均下降 1.9 分。英国心理学家迈克尔·丹尼尔斯（Michael Daniels）在另一地区进行的研究中也发现了与之类似但幅度更大的变化。[③] 这两项调查研究表明，现代中学为一般智力发展

---

① Deborah Thom, “Politics and the People: Brian Simon and the Campaign Against Intelligence Tests in British Schools,” *History of Education* 33, no. 5(2004): 516.

② See Deborah Thom, “Politics and the People: Brian Simon and the Campaign Against Intelligence Tests in British Schools,” *History of Education* 33, no. 5(2004): 517.

③ 参见中央教科所比较教育研究室编《世界普通教育的改革趋势》，贵州人民出版社，1990，第 73 页。

所提供的刺激低于文法中学和技术中学。1959年，英国教育社会学家巴西尔·伯恩斯坦（Basil Bernstein）指出，工人阶级儿童的不良学业成绩可能仅仅反映了他们对教育环境下使用的正规语言而不是其家庭语言缺乏了解。1964年，英国内科医生詹姆斯·道格拉斯（James Douglas）也提出一种理论框架，说明不平等是怎样通过压低工人阶级子弟的教育成就而使他们处于不利状态的。

与此同时，儿童可教育性的观念开始被广泛接受。无论是《罗宾斯报告》，还是《纽瑟姆报告》和《普洛登报告》（"The Plowden Report"），都公开否定严格的能力分组，强调创设有利条件，以使儿童的潜能得到最大程度的发展。也有学者指出："真正反对选拔性测验的运动源自政治左派、左翼工党教师组织和共产党。这尽管不是出于政治理论，……但政治理论也是反对测验的部分理由。"① 布莱恩·西蒙是公开驳斥智力测验的主要人物。西蒙从小就参加了教育的政治运动，他的母亲谢娜·西蒙是投身于"人人受中等教育"这项工作的关键人物，他的父亲欧内斯特·西蒙（Ernest Simon）是曼彻斯特议会的主要成员。1949年10月，布莱恩·西蒙在《共产主义评论》（*Communist Review*）杂志上发文指出："马克思主义关于智力测验的理论与实践比资产阶级心理学要多得多"，资产阶级心理学家是"在真空中研究人性"②。布莱恩·西蒙还指责基于"循环"过程的测验是社会地位的体现，因为这些测验主要取决于个人的社会地位。他批评了基于选拔的教育理论，尤其是儿童的分类。

1957年，英国心理学界开始修改《哈多报告》和《斯宾斯报告》中关于智力测验的观点，认为智力部分是受到环境刺激的结果，而测

① Deborah Thom, "Politics and the People: Brian Simon and the Campaign Against Intelligence Tests in British Schools," *History of Education* 33, no. 5(2004): 518-519.

② Deborah Thom, "Politics and the People: Brian Simon and the Campaign Against Intelligence Tests in British Schools," *History of Education* 33, no. 5(2004): 524.

验结果必然在某种程度上反映儿童的环境。1964年，曼彻斯特大学教授斯蒂芬·威斯曼（Stephen Wiseman）发表的研究报告，是一份著名的关于环境与教育成就关系的调查报告。威斯曼和他的同事们在曼彻斯特地区进行了三次大规模的调查（1951年和1957年对14岁中学生的调查、1963年对7—16岁中小学生的调查）。每次调查都使用阅读、算术和一般能力的测验，以便在不同环境中广泛搜集资料。通过分析，他们发现在环境因素和教育成就之间存在实质性的相互关系，甚至智商很高的人也是如此。研究者得出的结论是：不良家庭和邻居的影响在妨碍儿童的成长方面比在导致其落后方面更突出；环境对教育成就的影响在年幼时（特别是8岁）最大，随着儿童年龄的增长，其重要性将减小；家庭的影响比邻居的、学校的影响更重要；在家庭影响中关系最大的是父母对学校和书本的态度。因此，无论从能力水平还是能力类型看，在11岁时完全正确地区分儿童都是不可能的，故11岁选择性考试应予以废除。

第二，教育社会学领域的大量调查研究表明，三轨制中等教育结构是建立在阶级不平等的基础之上，它不利于社会的合理流动。1953年，哈尔西和加德纳（Gardner）对大伦敦的4所文法中学和5所现代中学的700名13—14岁男生进行了抽样调查，结果发现两类学校学生的社会构成存在显著差别：现代中学的学生基本上是体力劳动者特别是半熟练和非熟练工人的子弟，中等阶级子弟只占极少数；而文法中学的学生主要是中等阶级子弟，体力劳动者子弟不足25%，其中有一所学校，体力劳动者子弟仅占6.9%。[①] 1954年，中央教育咨询委员会在题为《早期离校》的专门报告中也表明不同阶级在教育机会上所存在的较大差别。1956年，在关于赫特福德郡和米德尔斯堡郡的社会对比研究《社会阶级与教育机会》一书中，得出了相同的结论。同年，

① 参见王承绪、徐辉主编《战后英国教育研究》，江西教育出版社，1992，第112页。

由伦敦政治经济学院社会学和人口统计学系主持的一系列研究得出的普遍结论是："……一个劳动阶级的孩子上文法中学的可能性与1945年以前的情况没有显著不同，而在不同社会出身的少年所拥有的获得一个文法中学学额的机会方面却仍然存在明显差别。"① 以上研究说明，体力劳动者子弟进入文法中学的比例，远远低于中等阶级子弟所占的相应比例。伦敦大学教育学院院长理查德·彼得斯（Richard Peters）教授指出："当人们常常抱怨'不平等'时，多数时候，他们指的不是供给的类型，而是伴随供给类型的社会态度。……作为分类的结果，'差异'被归纳为'较差'（worse）或'较好'（better）两类。许多人认为，这种态度是英国考试制度造成的，在这种制度下，十一岁考试成绩的失败一般不是被解读为成绩较差，而是被解读为人较差。同样，现代中学不是被简单地认为是学校形式不同，而是被认为属于较差的学校。由此，轻视和拒绝的态度由此而生。"②

第三，教育经济学领域的研究成果也为综合制改组提供了理论基础。当时，在西方世界兴起的"人力资本理论"认为，经济发展在一定程度上是教育投资的结果；而三轨制中等教育结构使许多有才能的青年失去了受教育的机会，从而造成人力资源的巨大浪费。按照三轨制中学的理论，进入文法中学的儿童具有接受学术性教育所必须具备的能力，进入现代中学的学生则天生缺乏接受文法学校教育的智能，因此他们的教育应建立在直接经验和兴趣之上，而不必参加任何校外考试，毕业离校时也得不到任何证书或文凭。在现代中学，每1000名离校男生中只有一人进入大学，而离校女生中每12 000人中只有一人

① 中央教科所比较教育研究室编《世界普通教育的改革趋势》，贵州人民出版社，1990，第72页。

② 彼得斯：《伦理学与教育》，朱镜人译，商务印书馆，2019，第166—167页。

能进入大学。[①]

从20世纪50年代初起，各地方教育当局开始抵制教育部的规定。许多现代中学增设了第五年级，开设了学术性课程，并鼓励学生在校学习到16岁，以参加全国统一的普通教育证书考试。至1960年，现代中学参加校外考试（包括普通教育证书以外的其他各种证书考试）的学生已占相应年龄组的12.5%左右。现代中学学生在考试中的成绩引起了公众对11岁选拔性考试的怀疑。普通教育证书考试本质上是专门为文法学校设计的，进入文法学校的儿童一般智商在115以上，而现代中学学生在入校时的智商则在100以下。但是经过5年的学习，现代中学的学生却有人通过了5—6门课程的普通教育证书考试。例如，米德尔塞克斯一所女子现代中学有2名女生在入学时智商分别为97和85，语文和算术测验的分数也很低，后来却通过了5门普通教育证书考试。这说明被文法中学拒之门外的现代中学学生，尽管智商稍低，但也可能在考试中获胜。

1957年，全国教育研究基金会的调查结果进一步否定了11岁选拔性考试的合理性。调查表明，当时的选拔性考试存在12%的误差，即使运用最严格的分配方法，也不可能把这类错误降到10%以下。这意味着在当时每一个年龄组中平均有7万名儿童被送错了学校。[②] 埃德蒙·金指出："这么多人遭受这么一种个人命运，无论从社会上、技术上还是从教育上来讲，它都已成了国家的灾难。不管这种选择方法在技术上如何有效（而这仍然是值得怀疑的），那么多人得不到发展，遭受挫折，不仅仅他们自己的前途，而且使他们子女的将来的教育都遭

---

① 参见埃德蒙·金《别国的学校和我们的学校——今日比较教育》，王承绪等译，人民教育出版社，2001，第247页。

② 参见王承绪、徐辉主编《战后英国教育研究》，江西教育出版社，1992，第113页。

到损害。”[①]

1959 年的《克劳瑟报告》提供了三轨制中等教育结构对人才浪费的证据。这项调查把 18—21 岁的新兵分为六个能力组进行了测验，结果发现在最高的两个能力组中，来自不同社会阶层的青年在教育机会上的差异十分明显。例如，在第二能力组中，58.6%来自职员或管理阶层家庭的新兵受过文法学校教育，而受过同类教育的熟练工人子弟只有 22%、非熟练工人子弟仅 14%。这说明在具有相同能力水平的青年中，受教育程度因其家庭出身不同而有所区别，特别是在工人阶级子弟中存在大量的“能力浪费”。[②] 1964 年，詹姆斯·道格拉斯在《家庭和学校》一书的最后一章《能力浪费》中指出：“这本书中列出的事实使我们有充足的理由相信，在初等学校时儿童的很多潜能被浪费了，在中等学校选拔中这些潜能也被误导了。”[③] 因此，在中等教育结束时，很多可利用的潜力并没有释放出来。道格拉斯在最近的一项教育研究中得出了同样的结论。

第四，教师和家长态度的转变也是推动综合制改组运动发展的一个重要因素。战后初期，反对综合制运动在文法学校的教师中特别明显。曼彻斯特文法学校校长 E. 詹姆斯（E. James）认为，共同学校（Common School）不可避免地会产生严重的社会、教育和文化弊病，并且很可能成为一场全国性的灾难。他在随后出版的一本书中还声称，这类学校会导致整个教育内容的狭隘和贫乏。同时，全国教师联合会反对综合制而支持三轨制教育体系的态度也很明显。1948 年，全国教师联合会强烈抵制了一项反对三轨制中学的提议。然而，随着战后入

---

① 埃德蒙·金：《别国的学校和我们的学校——今日比较教育》，王承绪等译，人民教育出版社，2001，第 247—248 页。

② 参见王承绪、徐辉主编《战后英国教育研究》，江西教育出版社，1992，第 112 页。

③ Peter Gordon, Richard Aldrich and Dennis Dean, *Education and Policy in England in the Twentieth Century* (London: The Woburn Press, 1991), p. 120.

学儿童的逐渐增多和现代中学的大量建立，教师对三轨制中等教育的态度难以统一，现代中学的教师希望大力发展综合制中学以提高自己的地位。

全国工党教师协会（The National Association of Labour Teachers）认为，综合制教育有双重作用：一方面，三轨制并非如政府所宣称的建立在孩子们不同的天性基础上，而是以不同的社会阶级为基础；另一方面，全国工党教师协会把综合制中学描述为“工党关于社会公正和社会融合哲学的直接结果”，特别是在 20 世纪最需要社会凝聚力，而不是社会阶级的分离。因此，所有孩子在同一所学校受教育是民主需求的基本要素。全国工党教师协会相信，虽然 11 足岁考试能客观地进行，但根据任何标准将孩子们在 11 岁时分组将导致社会的分裂。全国工党教师协会的代表人物 W. G. 考弗（W. G. Cove）声称，尽管人们指责独立学校只为富人和特权阶层服务，但它们是比三轨制公立学校更加“民主的教育方式”，因为这类学校并不根据“狭隘的智力成就”选拔学生。

中产阶级家长对综合制改革的支持，也在很大程度上影响了综合制教育的性质。利兹的一位教育局长明确指出，综合学校的压力来自中产阶级家长，他们担心自己的孩子得不到选择性教育，因此要求取消 11 岁考试。1962—1964 年担任保守党教育部长的爱德华·波伊爵士（Sir Edward Boyle）认为，综合制度的压力主要来自中产阶级，正是由于中产阶级人数的增加，使得三轨制教育在政治上失去了吸引力，从而使保守党控制区也难以抵制综合制改革。1960 年，剑桥地区一批中产阶级家长组成了“公立教育发展协会”，他们以唤起公众对改组公立教育制度的认识为己任。后来，又成立了“公立教育发展联盟”。这个组织对地方官员、市政议员、政治家和其他知名人士不断施加压力，从而对英国中等教育的发展方向产生了决定性影响。佩德利指出：“正是这些有知识的中产阶级家长……动员了必要的全国性力量推动实际改革。到 1964 年工党重新执政时，这个国家不仅愿意接受综合制改组，而且它还要求这样做。”①

以上来自诸方面的冲击，可以说无论从理论还是实践方面都否定了中等教育三轨制的合理性。这种严格的分类导致整个教育制度的僵化，小学生早在7岁时就开始进行能力分组，以便让成绩最好的学生为11岁选拔性考试做准备，能力分组甚至波及幼儿园。中等教育的结构改革已势在必行，1964年工党重新执政后，为促进中等教育的民主化，开始把综合制改组作为一项重要的教育政策。

二、关于综合制改组的政策

战后初期，在中等教育的组织结构方面，工党与保守党的教育政策并未出现重大的分歧，它们基本上都支持三轨制中等教育体系，而反对推行综合学校教育。在艾德礼首相执政的最后几年，工党官方政策制定者在对待综合教育的态度上发生了根本转变。1950年召开的工党大会开始接受推行综合学校政策的建议，并成立了一个工党全国执行委员会（The Labour's National Executive Committee），以专门研究综合教育问题。

1951年，全国执行委员会出版了《中等教育政策》的小册子，支持发展综合学校教育。委员们宣称，综合中学将消灭不同社会阶层之间的社会与经济差别，克服传统教育制度中忽视学生潜能发展的弱点。同时，他们对三轨制中学和11岁选拔性考试进行了最严厉的批评。他们指责这两项政策违反了教育平等原则和教育规律，而且与现代心理学的发展背道而驰。他们认为，根据智力测验实行分轨有利于以精神贵族统治（即专家学者统治）代替基于财产和出身的传统贵族统治，

---

① Clyde Chitty, *Towards a New Education System: The Victory of the New Right?* (London: The Falmer Press, 1989), p. 35.

这种新贵族统治与以往的贵族统治一样都是反民主的，并且危机重重。1951 年大选失败后，工党对于发展综合学校教育的态度更加坚定，并要求在其势力范围内的地方教育当局推行综合教育政策。1952 年和 1953 年，工党在全党大会上表明了反对三轨制学校和致力于综合制改革的决心。

1953 年，工党大会发表了一份经过辩论后的修改方案，即《英国面临的挑战》（“Challenge to Britain”）。该方案承诺引入综合中等教育，并把它作为下届工党政府的一项主要措施。“它致力于取消 11＋考试和中等教育不同的学校类型，赞成让所有 11—15 岁的儿童在同一所中学享受学术和社会福利。”① 在这次大会上，全国工党教师协会（the National Association of Labour Teachers）也声明要发展综合教育，认为 11 岁考试的区别对待既不公平，也不符合教育规律；把儿童隔离到文法、技术和现代学校的做法必须结束。② “工党将取消为不同类型的学校选拔学生的 11 足岁考试，因为它深信如果所有孩子在整个中等教育阶段，在同一所综合中学共享社会和教育设施，他们将从中受益。”③

1954 年 3 月，工党右翼分子弗雷达·科贝特（Freda Corbett）认为，地方教育当局应该制订计划，在短短的几年内取消 11＋选拔性考试。另一位工党议员艾丽丝·培根（Alice Bacon）也是综合学校的大力倡导者。④ 1956 年，工党重要的理论家安东尼·克罗斯兰（Anthony

① Gary McCulloch, “Britain Labour Party Education Policy and Comprehensive Education: From Learning to Live to Circular 10/65,” *History of Education* 45, no. 2(2016): 233-234.

② See Brian Simon, *Education and the Social Order 1940-1990* (London: Lawrence & Wishart, 1991), p. 178.

③ Brian Simon, *Education and the Social Order 1940-1990* (London: Lawrence & Wishart, 1991), p. 178.

④ See Gary McCulloch, “Britain Labour Party Education Policy and Comprehensive Education: From Learning to Live to Circular 10/65,” *History of Education* 45, no. 2(2016): 234.

Crosland）出版了《社会主义的未来》（*The Future of Socialism*）一书，这是对下一代社会主义者理想的有力表达，并引起了广泛的共鸣。他强调教育的重要性，并且批评学校制度仍然是“社会所有不平等中最分裂、最不公正和最浪费的”。他反对11＋选拔性考试，赞成推行综合学校制度。① 在工党的大力倡导下，实行综合教育逐渐成为工党的中等教育政策。

然而，这一政策遭到了执政的保守党的坚决抵制。教育部开始只批准某些有限的综合学校试验，但这些试验必须在保留选拔性学校的条件下才能获得批准。1953年，保守党教育部长F.霍斯巴格（F. Horsburgh）要求伦敦郡议会废止由其前任教育部长汤姆林森批准的关于将数所旧学校合并为综合学校的计划。随后，霍斯巴格又拒绝了伦敦郡议会准备将一所文法学校扩充为综合学校的计划。霍斯巴格明确指出，官方的意图是使文法学校尽可能不受侵犯。其继任者以同样的政策拒绝了有关开办综合学校的计划。1958年，保守党政府在题为《人人受中等教育：一种新的趋势》白皮书中再次阐明了坚持三轨制学校的政策，并重申捍卫文法学校独立性的决心。佩德利声称，保守党的政策是“愚蠢的”，其结果导致了很长一段时间内英国的教育政策基本上集中在关于综合制教育利弊的辩论。现在很难回忆起当时辩论中的尖刻话语，因为它后来带有明显的政治色彩。

推行综合制改组所遇到的关键问题是如何对待文法中学。如果说创办综合中学意味着取消文法中学，那么这对于保守党来说是不能接受的。保守党教育部长埃克利斯郑重承诺并反复强调，他决不允许“对文法学校的破坏”②。他说：“在综合制改组过程中，只有在现有的

---

① See Gary McCulloch, “Britain Labour Party Education Policy and Comprehensive Education: From Learning to Live to Circular 10/65,” *History of Education* 45, no. 2(2016): 235.

② Brian Simon, “The Tory Government and Education, 1951-60: Background to Breakout,” *History of Education* 14, no. 4(1985): 289.

好学校没有被吞并的情况下，我才会批准一所综合学校，而且我不同意在任何地区建立一个完整的综合学校体系。”① 20 世纪 50 年代中期，四所文法学校的教师协会出版了各种各样的小册子，如《文法学校：对工党教育建议的一种答复》《综合中等教育》《中等教育的组织》等，以捍卫文法学校作为一种选拔性机构的地位并谴责综合中学。1957 年的民意测验结果也表明，公众对文法学校十分尊敬，他们普遍对综合教育不感兴趣。这些小册子改变了工党对综合教育的宣传方式。与此同时，“许多在国家或地方机关工作的社会民主党领导人（如威尔金森）都受惠于 11 足岁考试，因此他们本能地倾向于保护‘教育阶梯’（scholarship ladder）和当地的文法学校”②。有关人士认为，综合中学的宣传应强调不能进入文法中学的儿童可以从综合中学获得教育上的好处，如果改革要吸引公众就应把综合中学宣传为“面向一切儿童的文法学校”。

考虑到文法中学在公众心目中的地位，部分工党领导人不再坚信正统的一贯制（11—18 岁）综合中学是解决中等教育问题的途径。“慢慢地，从 1951 年至 1964 年长期的政治冲突中，工党逐渐改变了它对综合学校的立场。”③ 工党领导人休·盖茨克尔（Hugh Gaitskell，1906—1963）认为如果工党要重新掌权，就必须彻底改变其政策和社会观，并开始推行一种被称为“修正主义”（revisionist）的新方法。盖茨克尔要求地方教育当局提交计划，以废除 11＋儿童被永久隔离到不同类型学校的做法。1958 年 6 月，盖茨克尔发表了一份题为《学会生活》

① David Crook, “Politics, Politicians and English Comprehensive Schools,” *History of Education* 42, no. 3(2013): 369.

② Barry M. Franklin and Gary McCulloch. *The Death of the Comprehensive High School?* (New York: Palgrave Macmillan, 2007), p. 149.

③ David Crook, “Politics, Politicians and English Comprehensive Schools,” *History of Education* 42, no. 3(2013): 370.

（“Learning to Live”）的小册子，称赞综合学校。他说“综合”一词并不是指全体儿童应上同一类型的、非人格化的学校，相反它是指某种更为简单的事物。他要求地方教育当局提交计划，以取消11岁时将儿童永久隔离在不同类型学校的做法。同年，盖茨克尔在写给《泰晤士报》的信中指出：“把我们的建议解释为‘人人受文法学校教育’更接近事实……我们的目标是极大地扩充接受现在称之为文法学校教育的机会，我们同样想看到更高质量意义上的文法学校标准得到更广泛推行。”[①]

1959年，保守党教育部长海尔沙姆勋爵（Lord Hailsham）提出了一份与工党相反的“取消文法学校”的计划。但更准确的说法是，当时人们对于11足岁考试的不满，超过了建立全国性综合学校制度的热情。一些学术研究成果对于心理测试的合理性及其方法提出了质疑，因为许多有潜质的孩子被错误地分配到了现代中学，而那些进入文法学校的孩子恰好来自中产阶级、富商或文化背景优越的家庭。[②] 1959年，英国政治家罗伊·詹金斯（Roy Jenkins，1920—2003）在其著作《工党的处境》中要求保留那些优秀的文法学校，以此作为公立学校与私立学校之间的桥梁。他认为，综合学校所起的作用是有限的，只有在需要创办新学校或因其他理由有必要进行重组的地方，才应该建立这类学校。工党内阁成员伊曼纽尔·辛威尔（Emanuel Shinwell）也赞成这种观点，他批评工党牺牲为许多工人阶级子弟提供升迁机会的文法学校，但又不敢通过反对公学制度对中等教育进行更广泛的干预。这种综合学校是“面向一切儿童的文法学校”的观点，后来为工党新领袖哈罗德·威尔逊（Harold Wilson，1916—1995）所提倡。

---

① Clyde Chitty, *Towards a New Education System: The Victory of the New Right?* (London: The Falmer Press, 1989), p. 36.

② See Barry M. Franklin and Gary McCulloch. *The Death of the Comprehensive High School?* (New York: Palgrave Macmillan, 2007), p. 150.

1963 年，威尔逊在工党大会上做了题为《科学与社会主义》的演讲。他不仅指责选择性中等教育所造成的社会分裂，而且认为这种浪费人才的制度是导致英国技术教育落后和制约经济发展的重要原因。他说："训练我们未来需要的科学家，将意味着我们的教育态度要进行一场革命，不仅在高等教育方面如此，在其他教育阶段也是如此……它意味着作为一个国家，我们承受不起迫使我们的儿童在 11 岁分离的负担……作为社会主义者和民主主义者，我们反对这种教育上的分离制度，因为我们信奉机会均等，但这并非全部。作为一个国家，我们根本承受不起哪怕忽视一名男孩或女孩的教育发展所带来的后果。我们承受不起阻止 75%以上儿童获得任何高等教育机会所造成的后果。俄国、德国、美国和日本都没有这么做，我们也不能这么做！"[①] 威尔逊的演说重新强调了综合学校教育的必要性。

1964 年 4 月，英国教育部改名为教育和科学部（The Department of Education and Science）。同年 10 月，工党再度执政，并决定按照威尔逊首相的演说精神，在全国范围内推广综合中学。1964 年 11 月底，当时的教育部长迈克尔·斯图亚特（Michael Stewart）向下议院汇报说，已有 68 个地方教育当局制订或正在执行综合教育的计划，另有 21 个地方教育当局正在积极考虑综合教育计划，剩下的 59 个地方教育当局没有采取任何行动。[②] 1965 年 1 月，他发布通告表明政府在中等教育方面的政策倾向，建议终止 11 岁考试并要求地方教育当局按照综合方式重组中等教育。1965 年 7 月 12 日，继任教育部长的安东尼·克罗斯兰通过与地方教育当局和教师组织的协商，正式发布了《1965 年第 10 号通告：中等教育的结构》（"Circular 10/65：The Organisation of

① Clyde Chitty, *Towards a New Education System：The Victory of the New Right?* (London：The Falmer Press，1989)，pp. 36-37.

② See David Crook，"Politics，Politicians and English Comprehensive Schools，"*History of Education* 42，no. 3(2013)：371.

Secondary Education”）。

这份文件虽然不长，只有11页，但当时和以后的许多评论员都认识到它对战后英国教育史的开创性贡献。“正如英国地方政府的其他通告一样，它旨在提供非法定的指导，而不是法律制裁。其明确目的是‘为实现这一目标的方法提供一些指导’。”① 它公开宣称政府的意图是“终止11岁筛选制并消除中等教育的分离主义”，要求各地方教育当局在一年之内递交按综合学校路线改组中等教育的计划。《1965年第10号通告：中等教育的结构》指出：“政府意识到彻底消除中等教育的选拔制和分轨制将需要一段时间。他们并不希望完全取消现存的学校或不希望学校发生突如其来的变化；他们认为分轨制学校转变为综合制必须是一个建设性的过程，它需要地方教育当局进行周密计划并与有关方面进行磋商。”②

为加速综合制改组进程和杜绝一切不进行改组的理由，《1965年第10号通告：中等教育的结构》列举了六种综合改组的方案以供地方教育当局选择，地方教育当局应研究和采纳最适合本地情况的某一种形式。这六种改组方案如下。

第一，一贯制综合学校或正统的综合学校（the orthodox comprehensive school），招收11—18岁的学生。这种学校有许多优点，如规模较大、效益较高、设施齐全、课程多样等，因此只要条件允许，这种方案是最佳的。其不足之处是没有为学术性的学生设置第六学级，而且各校舍相隔甚远，管理不便。

第二，两级制综合学校（the two-tier system comprehensive school），由综合初中（junior comprehensive school）和综合高中（senior

① Gary McCulloch,“Britain Labour Party Education Policy and Comprehensive Education: From Learning to Live to Circular 10/65,”*History of Education* 45, no. 2(2016): 225-226.

② Peter Gordon, Richard Aldrich and Dennis Dean, *Education and Policy in England in the Twentieth Century*(London: The Woburn Press, 1991), p. 190.

comprehensive school）组成。初、高级综合中学有各自的校长，所有学生在 11 岁进入综合初中，13 岁或 14 岁进入综合高中，他们不必参加升学考试。这种学校的优点是，避免了升学时学生之间的歧视，并取消了对升入高中的学生比例的臆测。缺点是初、高中之间在课程设置、教学大纲、教学方法等方面可能存在不协调的现象。

第三，两级制综合学校，由综合初中和综合高中组成。在这种学校里，所有学生在 11 岁时转入综合初中，但在 13 岁或 14 岁时部分学生进入综合高中，其余学生仍留在综合初中学习。这种方案又分为两种不同的形式：一是所有学生在小学毕业后进入综合学校，综合学校并不提供与校外考试相关的课程，学生一般在 15 岁时离校；二是综合学校提供普通教育证书和中等教育证书的课程，并鼓励学生在合适的阶段转入第六学级，学生一般在校学习到 16 岁。

第四，两级制综合学校，由综合初中和综合高中组成。所有学生在 11 岁时都升入综合初中，但在 13 岁或 14 岁升入综合高中时要进行一次选拔：一类学生进入以参加普通教育证书“高级水平”考试和学习第六学级课程为目标的综合高中，另一类学生进入以参加普通教育证书“普通水平”考试为目标的综合高中。

第五，两级制综合学校，由综合中学和第六学级学院（the six-form colleges）组成。综合中学招收 11—16 岁的学生，第六学级学院招收 16 岁以上的学生。第六学级学院是为那些在 16 岁以后想继续留在学校学习的所有年轻人而设置，它的入学要求是在普通教育证书“普通水平”考试中通过 5 门学科或明确表示准备参加“高级水平”考试等。

第六，两级制综合学校，由中间学校（the middle schools）和综合高中组成。中间学校招收 8—12 岁或 9—13 岁的学生，综合高中招收 13—18 岁的学生。这种学校的优点是能使 11 岁考试自然而然地消除，而且把中学年限缩短了 1—2 年。[1]

在以上六种方案中，教育和科学部倾向于提倡一贯制综合学校，第三或第四种方案中的学校不完全是综合性的，因为它们涉及当儿童 13 岁或 14 岁时让具有不同目的和能力倾向的儿童分别进入不同的学校，因此只能是过渡性的计划。第五种综合学校只允许进行数量有限的试验，第六种综合学校数量一直很少。《1965 年第 10 号通告：中等教育的结构》认为最合适的改组方案取决于当地条件，地方教育当局可以选择多种而不是一种改组方案。《1965 年第 10 号通告：中等教育的结构》还就综合改组过程中涉及的校舍建设、师资配备、学区安排、民办学校和直接拨款学校（the grant-maintained school）等问题提出了一些建议。《1965 年第 10 号通告：中等教育的结构》最后指出："任何改组计划的良好开端和不断成功将取决于教师的合作和家长的支持与信任。为了获得这些支持和信任，任何计划，在地方教育当局同意提交国务大臣以前，必须有一个协商和解释的过程。"[2]《1965 年第 10 号通告：中等教育的结构》在英国中等教育综合制改组中发挥了决定性的作用。

为了加速综合制改组，1966 年教育和科学部又发布《1966 年第 10 号通告》，宣布以后的校舍建设规划只有在与综合制改组计划保持一致时才能获得批准，并可得到教育和科学部的补助。这显然是对地方教育当局施加财政上的压力。1967 年，教育和科学部对民办学校的财政政策进行了修订，为在综合制改组中与教会合作创造了条件。1968 年，教育部长艾丽丝·培根女士在工党大会上宣布，政府将提交一个议案迫使地方教育当局按综合学校的路线改组中等教育。但该议案尚未等

---

① 参见瞿葆奎主编，金含芬选编《教育学文集·英国教育改革》，人民教育出版社，1993，第 289—291 页。

② 瞿葆奎主编，金含芬选编《教育学文集·英国教育改革》，人民教育出版社，1993，第 293 页。

议会讨论，工党政府就下台了。到1969年12月，在163个地方教育当局中，已有129个地方教育当局的计划获得批准，约占80%；其中108个地方教育当局的计划涉及主管区域的全部或大部分中等学校。另有12个地方教育当局的计划正在考虑之中，6个地方教育当局尚未提交计划，11个地方教育当局虽然提交了计划但被教育和科学部否定了，还有3个地方教育当局拒绝提交任何计划。[①]

工党政府的中等教育综合制改组计划，一开始就遭到保守党的反对。1969年8月，保守党领袖爱德华·希思在竞选中宣布，保守党政府将撤销工党政府任何旨在建立综合学校并把它作为中等教育的标准形式的议案。1970年，保守党在大选中获胜，由撒切尔夫人出任教育和科学部国务大臣（即教育大臣）。

撒切尔夫人一上任就实现了这项竞选诺言，撤销了《1965年第10号通告：中等教育的结构》，并于1970年6月30日发布了《1970年第10号通告：中等教育的结构》（“Circular 10/70：The Organisation of Secondary Education”）。该通告明确指出：“本政府的宗旨是保证所有学生获得适合于他们的能力与需要的充分的中等教育机会。不过，政府认为，用立法或其他手段把一个统一的中等教育结构的模式强加于地方教育当局是错误的。”[②] 因此，该通告撤回了要求地方教育当局提交改组计划的正式指示，以及《1966年第10号通告》关于中等教育建设计划的指导方针，并且把是否提出改组计划的决定权归还给了地方教育当局。《1970年第10号通告：中等教育的结构》在恢复地方教育当局权力的同时，又有意识地削弱了中央政府过多的干预权，使地方教育当局在决定本地区中等教育的形式时比以前享有更大的自由。同

① 参见瞿葆奎主编，金含芬选编《教育学文集·英国教育改革》，人民教育出版社，1993，第287页。

② 瞿葆奎主编，金含芬选编《教育学文集·英国教育改革》，人民教育出版社，1993，第331页。

时，国务大臣希望地方教育当局能把总体的教育规划、地方的具体需求和愿望，以及对各种资源的合理利用，作为确定中等教育结构模式的主要原则。但如果一个特定的中等教育结构模式在某地区运转良好并得到普遍的支持，那么就任其自然而无须去改变它。这样就有效地终止了把原有中等学校改组为综合学校的过程。1972年，保守党政府发表了《教育：一个扩展的框架》（*Education: A Framework for Expansion*）白皮书，重申政府至少在两年内不会改变以上政策。

1974年2月，以哈罗德·威尔逊为首的工党重新执政时，在英格兰和威尔士已有2000多所综合学校，约有60%的适龄儿童入学。① 新任教育和科学部国务大臣雷金纳德·普伦蒂斯（Reginald Prentice）于1974年4月16日发布《1974第4号通告》，宣布撤销《1970年第10号通告：中等教育的结构》，并重申中央政府支持综合制改组和建立综合中学制度的政策。"工党政府的意图，早为众所周知，即发展充分综合的中等教育制度，废除11岁或任何其他阶段的挑选考试。政府大臣将督促地方教育行政机构，以保证在他的控制和指导下有效地执行这项政策。"② 关于如何进一步开办不同类型的综合中学，《1974年第4号通告》做出如下规定："由于《1965年第10号通告》所产生的动力，在改革上已经取得了一些进展，因此，所有地方教育行政机构就没有必要在1974年准备或呈送详细的方案。但是，政府大臣却要求那些仍以考试的办法挑选学生的地方教育行政机构，尽快（至迟不超过1974年底）提供有关如何实现其中学组织改革的各项措施的情报。"③ 这份

① See David Crook, "Politics, Politicians and English Comprehensive Schools," *History of Education* 42, no. 3(2013): 374.

② 《外国教育丛书》编辑组编《中等教育结构改革》，人民教育出版社，1980，第164—165页。

③ 《外国教育丛书》编辑组编《中等教育结构改革》，人民教育出版社，1980，第164—165页。

通告表明，工党政府试图尽最大的努力消除当时在中等教育领域各类学校互相竞争的不良现象，建立一个统一的组织结构，以实现教育机会的均等。

1975年，曼彻斯特附近有一个地方教育当局，由于在地方选举中政治势力发生了变化，原先制订好的发展综合中学的计划被废除了。教育大臣认为这是权力行使上的“无理行为”，因此他命令该地方教育当局继续实施原先的计划。但这项命令却遭到了最高法院的非难，教育大臣被判决为越权。在这种情况下，1976年工党政府又通过了一项立法，即《1976年教育法》。该法案确立了中等教育组织的综合原则，授权教育大臣命令各地方教育当局提交中等教育综合改组计划，并规定任何公立学校都不得以能力或能力倾向选拔学生。为实施这项教育法，教育大臣还须继续行使《1944年教育法》第69条和第99条规定的权力，即在医疗检查方面的权力和处理地方教育当局与学校董事会渎职的权力。到1976年，公立文法中学降至477所，现代中学减为1002所，而综合中学增加到2878所；同年，近300万名学生在综合中学就学，其学生数占英格兰和威尔士中学学龄人数的76%；在威尔士，已有80%以上的公立中学完全综合化了。①

1979年5月3日，以撒切尔夫人为首的保守党上台执政后，又废除了《1976年教育法》，并取消了综合制改组的强制性要求。但由于大势所趋，保守党的阻挠和抵制虽然使综合制改组的速度有所减缓，却无法改变这一进程。埃德蒙·金指出：“不过，我们也应看到，有一些保守党控制的地方教育当局很早就率先建立完全的综合中学体制，其中著名的有莱斯特郡。其他保守党控制的郡议会，过去也许态度很勉强，但后来还是心悦诚服地采纳了综合中学的政策。即便在反对设立

---

① 参见埃德蒙·金《别国的学校和我们的学校——今日比较教育》，王承绪等译，人民教育出版社，2001，第213—214页。

综合中学的地方教育当局管辖的区域内，大多数教育官员也逐渐认识到，学校教育完全综合化不仅是不可避免的，而且是合乎需要的。”[①] 布莱恩·西蒙在《教育与右派的进攻》（“Education and the Right Offensive”）一文中也指出：“事实上，就学校和学生的数字看，在撒切尔政府下的发展速度比在以前工党政府下更快。在这个时候，综合教育已经成为‘波涛滚滚的改革’；工党政府统治下制订的计划得到实现，很多保守党的地方教育当局热情地发展它们的地方综合教育制度。”[②] 到1980年，英格兰和威尔士在综合中学就读的学生已达83%，同年就读于现代中学和文法中学的学生则分别降为7%和4%。[③] 至此，公立中等教育综合制改组运动基本上告一段落。

由上可知，综合制改组运动并非一帆风顺，针对这一问题工党政府与保守党政府进行了反复的较量，中等教育政策实际上成了英国党派斗争的一个重要方面。因此，有人认为中等教育结构的调整与其说是教育问题，倒不如说是政治问题。西蒙认为，综合制改组的支持者缺乏“明确的目标、坚定的决心，尤其是政治意愿”。在他看来，《1965年第10号通告：中等教育的结构》就是一个生动的例子，因为它只要求地方教育当局提交综合教育计划，而不是要求他们这样做。西蒙指出：“这个决定的结果可能是，我们一代人（27年）以后在英国仍然没有普及综合教育。”[④] 根据西蒙的观点，在中等教育综合制改组

---

① 埃德蒙·金：《别国的学校和我们的学校——今日比较教育》，王承绪等译，人民教育出版社，2001，第214页。

② 瞿葆奎主编，金含芬选编《教育学文集·英国教育改革》，人民教育出版社，1993，第534页。

③ 参见王承绪、徐辉主编《战后英国教育研究》，江西教育出版社，1992，第120页。

④ Gary McCulloch,“Britain Labour Party Education Policy and Comprehensive Education: From Learning to Live to Circular 10/65,”*History of Education* 45, no. 2(2016): 226.

方面，工党缺乏政治意愿或坚定的目标。① 德国学者海因茨·施蒂比希则指出，假如我们看一下 1945 年以后英国中等教育政策的各个不同阶段，就可以清楚地发现，一方面，在工党执政期间（1945—1951 年、1964—1970 年、1974—1979 年），综合教育的概念更广泛地为人们所接受，并且真正得到了贯彻，虽然在关于未来中等教育制度将会怎样这一点上工党内部还存在分歧；而另一方面，保守党（执政期分别为 1951—1964 年、1970—1974 年）的中等教育政策过去是、现在仍然是以对三轨制怀有坚定不移的信念为标志。因此，保守党阻碍了（或在最好的情况下没有去促进）综合学校制度的发展。英国综合学校最近发展的状况（《1965 年第 10 号通告：中等教育的结构》《1970 年第 10 号通告：中等教育的结构》和《1974 年第 4 号通告》是它的重要标志）即证实了这一点。②

三、综合中学的产生与发展

早在 1938 年的《斯宾斯报告》中，英国政府就提出建立综合中学的设想。但从当时的心理学研究和经济发展水平出发，该报告认为这类学校不宜推广。二战结束初期，人们对综合中学也不热心。绝大多数地方教育当局是按三轨制或双轨制组织中等教育，而真正建立或准备建立综合中学的地方教育当局极少。在一些农村地区，出于经济实用方面的考虑，建立了少量的综合中学。因为从当时农村人口统计来看，任何建立三轨制中学的设想都可能行不通。在农村（特别是西北

---

① See Gary McCulloch, "Britain Labour Party Education Policy and Comprehensive Education: From Learning to Live to Circular 10/65," *History of Education* 45, no. 2(2016): 226-227.

② 参见《外国教育丛书》编辑组编《中等教育结构改革》，人民教育出版社，1980，第 161 页。

地区）有许多小型文法学校所提供的是高年级学校教育，学生总数通常在 100—200 人。这种学校缺点很多，如学生人数少、教职工的发展受限制、教育质量不高等。因此，把农村的高年级学校改造成综合中学，从效率而言是最好的解决办法。1947 年 6 月，教育部《第 144 号通告》规定，综合中学必须提供三种类型的有效教育。综合中学虽然不必使用“文法”“技术”和“现代”等术语进行分组，但也必须拥有类似的规模，它必须是拥有 1600 名以上学生的大学校。教育部的上述规定无疑限制了综合中学的发展。

尽管大部分地方教育当局决定在各自独立的现代中学、技术中学和文法中学提供中等教育，然而在温德米尔（Windermere）、伦敦、考文垂、布里斯托等城市开始了创办综合中学的试验。1945 年，温德米尔通过对一所文法学校的改造创办了英格兰和威尔士第一所综合中学。“战后几年，工党控制的几个城市，尤其是伦敦（伦敦郡议会）率先制订了综合教育的行动方案。”① 1947 年，伦敦郡议会（The London County Council）发表了长达 253 页的《伦敦学校计划》（*The London School Plan*），决定通过建立综合中学的办法重建被战争破坏的教育设施。在比较了英国文法学校与美国综合中学的目的和成就之后，伦敦郡议会在一份措辞温和却富有很强说服力的文件中指出：“我们倾向于爱那些卓然不群的最优秀人士，既然钱财势力上的第一流人物已不时兴，那么我们就要创建一种新的我们喜欢去考虑的东西，那就是智慧上的第一流人物，也就是这种人是擅长于学习书本知识的。我们需要创造含义广得多的优秀人物——这种人擅长于社会生活的艺术。这正是英国学校打算做到的。”②

---

① Barry M. Franklin and Gary McCulloch, *The Death of the Comprehensive High School?* (New York: Palgrave Macmillan, 2007), p. 149.

② W. F. 康内尔：《二十世纪世界教育史》，张法琨等译，人民教育出版社，1990，第 736—737 页。

在对各种学校组织形式的优缺点进行评论后，伦敦郡议会决定在其整个管辖区以建立综合性的学校制度为目标。1946—1949年，伦敦市通过合并战前的高年级学校和中心学校的建筑物，开办了8所过渡性的“实验”综合学校。教育部的普遍看法是，位于城郊的综合学校如果想维持公共考试的班级，就必须在一个广阔的场地容纳1500名或2000名学生。[①] 例如，位于伦敦市郊区的耶路撒姆·格林学校是由2所现代中学合并的综合制中学，能容纳2000名学生，其课程设置除了理论性科目外，还设有很多艺术、家政、技术方面的学科。这所学校与公园比邻，校内有草地、花园和宽阔的运动场；在设施和设备方面也比较完善，它拥有自己的会议室、校长室、实验室、礼堂、食堂、体育馆、图书馆及按学科固定的教室等。1954年基德布鲁克（Kidbrooke）综合学校成立，1955年底另有5所综合学校成立，1956年又增加了10所，加上1957年和1958年各5所，综合学校的总数达到26所。[②] 1958年伦敦沃兹沃斯（Wandsworth）学校的校长雷蒙德·金（Raymond King）指出，根据《伦敦学校计划》的设想，到1961年伦敦将创办大约40%的综合学校。[③]

总的说来，在20世纪50年代以前综合中学的发展速度十分缓慢。至1950年，英格兰和威尔士仅有10所综合中学，其学生人数只占中学生总数的0.3%。1953年，教育部在年度报告中写道：“到今年年底，有17所综合中学正在兴建中，另外10所已列入建筑规划的综合中学已

① See David Crook,"Politics,Politicians and English Comprehensive Schools,"*History of Education* 42,no. 3(2013):368.

② See Brian Simon,*Education and the Social Order 1940-1990*(London:Lawrence & Wishart,1991),p. 204.

③ See Brian Simon,*Education and the Social Order 1940-1990*(London:Lawrence & Wishart,1991),p. 204.

进入具体计划阶段。这 27 所综合中学，15 所在伦敦，6 所在考文垂。"[①] 但正如西蒙指出："值得注意的是……综合化中等教育在英国起初是一项基础性的运动。一批先进的地方教育当局于 20 世纪 40 年代后期和 50 年代初期建立了第一批学校，而不顾政府方针和建议的反对，不管是工党政府（1945—1951）也好，还是保守党政府（1951—1964）也好。"[②] 曾担任考文垂地方议员的詹姆斯·约翰逊（James Johnson）敦促教育部长汤姆林森，让她确保位于考文垂的几所"实验性"综合学校都是真正的综合性学校，它们是非选择性的。[③] 汤姆林森在议会上表示，她并不反对有限度的试验，只要对于组织这类学校过程中产生的实际问题能予以仔细地考虑就行。[④] 当工党控制的伦敦郡议会寻求创办一些更加可靠的综合学校，并打算关闭几所郡立文法学校时，一位《泰晤士报》编辑警告说："综合性学校的价值在这个国家尚未得到证实，尽管可能会在一两个地区开展多年的实验，但伦敦计划的整体性质过于草率。"[⑤]

1957 年，莱斯特郡地方教育当局决定在小范围内进行两级制综合学校的试验；而此前的综合学校基本上采取一贯制综合学校的形式，学校规模大并且涉及关闭旧学校和建造新校舍等问题。莱斯特郡的试验计划是改现代中学为"综合初中"，招收本地所有 11 岁儿童；改文法

---

① 艾萨克·康德尔：《教育的新时代——比较研究》，王承绪等译，人民教育出版社，2001，第 225 页。

② Clyde Chitty, *Towards a New Education System : The Victory of the New Right ?* (London: The Falmer Press, 1989), p. 29.

③ See David Crook, "Politics, Politicians and English Comprehensive Schools," *History of Education* 42, no. 3(2013): 369.

④ 参见艾萨克·康德尔《教育的新时代——比较研究》，王承绪等译，人民教育出版社，2001，第 225 页。

⑤ David Crook, "Politics, Politicians and English Comprehensive Schools," *History of Education* 42, no. 3(2013): 369.

中学为“综合高中”，招收13岁或14岁儿童。学生家长必须做出选择，或让孩子在综合初中受完义务教育至15岁，或让他们转入综合高中学习到18岁。莱斯特郡的试验十分成功，其他地方教育当局纷纷效仿，综合中学的发展进入了一个新阶段。1957年，英格兰和威尔士已有32所综合中学，另有8所正在兴建，13所已被批准兴建。其中，伦敦于1954年新建的基德布鲁克综合中学以其庞大的建筑规模和全新的学校氛围而引人注目。“1956年尽管只有2%的学生进入综合中学，但据预测，到1965年这一比例将上升为11%。”①

从20世纪50年代中期至60年代初，综合中学开始突破三轨制中学而扎根发展。但由于这段时间执政的保守党政府只允许各地方教育当局在不触及文法中学的情况下进行综合制改组的试验，许多地方教育当局的中等教育改组计划得不到教育大臣的批准。1955年，保守党政府教育大臣埃克利斯宣布，综合中学作为一种试验只有在不与任何现存学校对立的前提下才能得到批准。同年，埃克利斯拒绝批准曼彻斯特和斯旺西关于建立综合中学的计划。1958年，他又拒绝了威尔士新港（Newport）市议会提交的综合改组中等教育计划。在谈论中等教育模式时，埃克利斯指出：“人们必须在公正与平等之间进行选择，因为同时使用这两项原则是不可能的。那些支持综合学校的人宁愿要平等，而女王陛下现政府宁愿选择公正。我的同事和我本人决不会同意伤害文法学校。”② 尽管保守党政府对综合学校教育持否定态度，但英格兰和威尔士的综合中学数量却在不断增加。

1965年7月，工党政府发布的《1965年第10号通告：中等教育的结构》加速了中等教育综合制改组的步伐，从此综合中学开始迅速发

---

① W. H. G. Armytage, *Four Hundred Years of English Education* (Cambridge: Cambridge University Press, 1964), p. 243.

② Clyde Chitty, *Towards a New Education System: The Victory of the New Right?* (London: The Falmer Press, 1989), p. 30.

展起来。1965年综合中学只有262所，学生240 000人，占中学生总数的8.5%。到1970年，综合中学发展到1145所，学生937 000人，占中学生总数的百分比增至31%。[①] 综合学校的数量和学生人数增长情况详见表7。同年，英国学者C.贝恩（C. Benn）和西蒙指出："……现在综合教育已在英国牢固确立。"[②] 1976年，在105个新地方教育当局中，只有1个未设立综合中学，27个已全面实行综合制改组，19个改组了除民办学校之外的所有中学，另有58个实现了局部综合化改组。同年，综合中学增加到3387所，学生人数占中学生总数的69.7%。[③] 1976年，工党政府还制定了《综合中学设置促进法》，以法律的形式规定综合中学必须以更快的速度发展。1977年，综合中学的学生数已占中学生总数的80%；1981年上升为83%。[④] 很显然，综合中学教育已成为英国中等教育的主要类型。

表7 1950—1970年英格兰和威尔士综合学校的数量和学生人数增长情况[⑤]

年份	学校数量（所）	综合学校学生百分比（%）
1950年	10	0.3
1955年	16	0.6
1960年	130	4.7

① See Michael Sanderson, *Educational Opportunity and Social Change in England* (London: Faber and Faber Limited, 1987), p. 62.

② C. Benn & B. Simon, *Half Way There: Report on the British Comprehensive School Reform* (London: Penguin, 1970), p. 347.

③ See Harry Judge, *A Generation of Schooling: English Secondary Schools since 1944* (Oxford: Oxford University Press, 1984), p. 167.

④ 参见瞿葆奎主编，金含芬选编《教育学文集·英国教育改革》，人民教育出版社，1993，第626页。

⑤ Brian Simon, *Education and the Social Order 1940-1990* (London: Lawrence & Wishart, 1991), p. 299.

续表

年份	学校数量（所）	综合学校学生百分比（%）
1965 年	262	8.5
1966 年	387	11.1
1967 年	507	14.4
1968 年	748	20.9
1969 年	960	26
1970 年	1145	31

在综合中学数量逐步增加的同时，现代中学、文法中学和技术中学的数量大体上呈现减少的趋势（见表 8）。自 1965 年以来，现代中学减少 40.5%，文法中学减少 30.5%，技术中学减少 66.3%，其他中学减少 66.2%。相反，综合中学却增加 587.2%。与此同时，1978—1988 年现代中学和文法中学的学生数量也明显减少（以威尔士为例，见表 9）。

表 8　1950—1972 年公立中学的发展情况①　（单位：所）

年份	现代中学	文法中学	技术中学	综合中学	其他中学
1950 年	3227	1192	301	10	35
1955 年	3550	1180	302	16	96
1960 年	3837	1268	251	130	315
1965 年	3727	1285	172	262	417
1967 年	3494	1236	141	508	350
1968 年	3200	1155	121	748	352

① 《外国教育丛书》编辑组编《中等教育结构改革》，人民教育出版社，1980，第 166 页。

续表

年份	现代中学	文法中学	技术中学	综合中学	其他中学
1969 年	2954	1098	109	976	331
1970 年	2691	1038	82	1250	324
1971 年	2464	970	67	1520	274
1972 年	2218	893	58	1777	266

表 9　1978—1988 年威尔士现代中学、文法中学、综合中学和其他中学的学生人数①　（单位：人）

年份	现代中学	文法中学	综合中学	其他中学
1978 年	10900	7807	223073	671
1979 年	5431	3596	231922	713
1980 年	6484	3585	229966	736
1981 年	4245	3184	231435	777
1982 年	4056	3155	229209	736
1983 年	3049	2278	229548	750
1984 年	2125	1661	227927	783
1985 年	1528	1174	222957	787
1986 年	1359	1111	215066	822
1987 年	1189	1062	206860	798
1988 年	1075	971	195882	1351

总之，综合中学是一种非选拔性的学校，它为全体儿童设立，来

① Brian Simon, *Education and the Social Order 1940-1990* (London: Lawrence & Wishart, 1991), p. 585.

自各个社会阶层的学生都在一起受教育。综合中学的宗旨是消除中等教育的阶级差别，促进教育机会均等和社会融合。另有证据表明，综合中学为各种水平的学生提供了更丰富的知识和社会教育，那些贫困和不够聪明的学生很可能在综合中学表现得更好，并且比他们在彼此隔离的学校中取得更高的成就和变得更加成熟。邓特指出："在学术方面，综合中学最有价值的发展之一就是它对学习上有困难的学生更加关注，并有了更加有效的培养措施。"① 综合中学设立了"资料中心"，并提供幻灯片、电影胶片、录音磁带，以及各种教学模型和标本等。因此，综合中学改革的意义是巨大的。

四、综合中学的内部结构

综合中学虽然取消了11岁选拔性考试，规定凡是已读完初级学校的儿童均可入学，而且从外部来看已把三轨制中学合而为一，但实际上综合中学并没有也不可能解决"选择性教育"的问题，它只不过是把以往的分轨制转移到学校内部的分组而已。也就是说，进入综合中学的学生仍然按成绩、天性和能力分为学术、技术和现代三组，且学校为其分别开设不同的课程。因此，大部分综合中学的内部结构（分成各种类型的能力小组），实际上重新产生了以特定的阶层选拔学生的三轨制。

20世纪60年代初期，人们在对待综合中学内部结构的态度上，明显倾向于把文法中学、技术中学和现代中学三种不同类型的学校机械地联合在一起。这一点也反映在中学的教学计划里，学生在第一学年（11—12岁）不分科，第二学年再根据成绩测验重新分班，把学生划分成水平不同的固定小组。英国综合中学内部有多种分组形式，如能力

---

① 邓特：《英国教育》，杭州大学教育系译，浙江教育出版社，1987，第107页。

分组、能力分段、学科能力分组、混合能力分组（mixed ability group）等。1968年，70.5%的综合中学是按一般或专门化能力分组，12.5%的综合中学采用核心课程体系分组，16%的综合中学采用混合能力分组。20世纪70年代，这种能力分组在综合中学仍很普遍。根据全国教育研究基金会的调查，1974—1975年在1000多所综合学校中有55%的学校在一年级就实行了混合能力分组。[①]

按能力分组是把年龄和年级相同的学生，以一般倾向为基础分成能力平等的若干班级，这是一种跨越各种学科的分组形式。这种按能力分组的方法是《哈多报告》发表后在英国发展起来的。赞成者认为，这种分组方法可以使学生避免不公正的竞争，它可以减少优秀学生的受挫现象，因为学习进度是由各组的能力决定；可以使成绩较差的学生得到帮助，而又不使其他学生受到损害。反对者则认为，按能力分组实际上给学校带来了三轨制问题，他们怀疑它是否能真正提高学生学习的动力。因为教育心理学的研究表明，相同能力分组对于学生的学习成绩并无影响，相反成绩较差的学生一般因不同能力分组的促进作用而更加发奋学习，优秀学生的学习成绩也不会因这种班级形式而下降。在能力分组中，各班级由于缺乏转学机会而造成的后果，也遭到了人们的批评。那些成绩差的学生很难从能力低的班级转入能力高的班级，因而变得冷漠和消极；那些不合格的教师和绝大多数业余教师也被指派去教能力较低的班级。

同一个年龄组的学生，还可以依据其能力划分为不同的能力段。1970年贝恩和西蒙对389所综合中学第一年的观察表明，只有9.5%的班级存在能力分组。比较普遍的做法是，第一年划分为不同的能力段，有时是两种，更多的是三种，这种情况占31%。1971年，大卫·鲁宾斯坦（David Rubinstein）和西蒙的观察表明，使用能力分段的综合中

① 参见王承绪、徐辉主编《战后英国教育研究》，江西教育出版社，1992，第141页。

学占45%（1968年是31%）。[①] 后来，由于混合能力分组的采用，能力分段逐渐减少。

中等教育综合化以后，能力分组出现了一些问题，如学生纪律松懈、道德不良、动机水平降低、大量逃学等。许多学校希望把混合能力分组作为解决这些问题的手段。根据贝恩和西蒙的观察，综合中学低年级出现了向混合能力教学转变的趋势。90%的学校在义务教育的整个五年都进行混合能力教学。皇家督学团（Her Majesty's Inspectors）1975—1978年通过对10%的综合中学抽样调查发现，第一学年对大多数学科进行混合能力教学的占35%，第二学年占23%，第三学年占11%。[②] 1983年，韦克斯的研究发现，在第一学年至第三学年，大多数学科的分组类型是学科能力分组与混合能力分组的结合。混合能力教学主张所有学生学习共同课程，但学习进度和水平应根据个人能力决定。正确的做法是把混合能力教学与学科能力分组结合起来。一般在艺术、手工、家政、音乐和竞赛中使用混合能力教学，而在英语、数学、外语和科学课中采用学科能力分组。另外，历史、地理、宗教越来越多地采用了混合能力分组。这种分组有助于学习共同课程和提高学生动机水平，但由于教师缺乏这方面的教学经验而限制了它的推广。

学科能力分组是根据学生在有关学科方面的能力而进行的一种分组。这种分组由于与普通教育证书和中等教育证书单科考试有关，运用得非常普遍。1981年，全国教育研究基金会发现，在第一学年至第三学年，学科能力分组有增加的趋势。皇家督学团的报告显示，有三分之二的综合学校在教学中采用了这种分组方法，在数学、英语和外语教学中则更加普遍。1983年，韦克斯的研究也表明，在第一学年至

① See Alan Weeks, *Comprehensive Schools: Past, Present and Future* (London: Methuen and Co. Ltd., 1986), p. 27.

② See Alan Weeks, *Comprehensive Schools: Past, Present and Future* (London: Methuen and Co. Ltd., 1986), p. 30.

第三学年，学科能力分组比混合能力分组更为普遍；在第四学年和第五学年，学科能力分组高达70%。学科能力分组通常是与能力分组和混合能力分组结合使用，因为即使是同一个能力组的学生，其能力和需要也不完全一样；在混合能力分组中，并不是所有学科都进行混合能力教学，而是在部分学科实行能力分组。学科能力分组既便于教师教学，也便于学生更好地发掘自己的潜力，因而深受英国教师的欢迎。

此外，还有一种临时分组的方式，即把一所综合中学的学生编成临时小组，但并不取消学生原来的教学班。这种临时小组是按学生课程成绩编定，每组约30人。临时小组学生所学课程的成绩要每年检查3次，根据检查结果可以把学生从一个临时小组调到另一个小组。临时小组制度在一至四年级实行，从第四学年起就正式分组学习。学生按专业方向分成小组，其中绝大部分学生为进入大学做准备。

自20世纪60年代以来，关于能力分组问题的讨论一直没有终止。许多人认为，要实现消除社会障碍和学生中由于社会文化原因而造成的差异这一目标，只对中等教育制度的组织进行改革是不够的，如果不同时废除内部的选拔机构和三轨制，终究不能有效地促进教育机会的均等。这也说明了那些部分地（如核心课程体系）或完全地（如混合能力组）废除以能力作为标准的分组形式得以发展的原因。改变学校内部结构的主要目标，除了为那些社会处境不利的学生获得更好的教育机会外，也是为了寻找这样一条途径，即从一开始就建立起一套合适的学习组织，以消除学生之间由于社会地位而造成的差异。如果综合中学仍然保留了“分流”，那么它实际上就是新伪装下的旧选拔体系而已。

五、第六学级学院与第三级学院

随着中等教育综合化运动的推进，人们开始把注意力集中到后期中等教育结构的完善方面。后期中等教育长期以来一直是英国教育的薄弱环节，这主要体现在两个方面：一是与其他发达国家相比，英国后中等教育阶段学生人数比例低。据1975年统计，16岁青少年接受正规学校教育和全日制继续教育的仅占37%，就业的却达61%。[①] 二是传统的文法中学和后来的综合中学在后中等教育阶段（即第六学级）注重升入大学所需知识和能力的培养，而忽视学生职业技能的训练。在大多数青少年中学毕业后面临就业的压力下，如果不对后期中等教育结构进行改革，就无法吸引更多的青少年继续学习。正是在这种背景下，第六学级学院和第三级学院应运而生。

（一）第六学级学院

20世纪60年代以前，第六学级主要设在文法中学，学习期限为两年，它不是五年级的自然延伸，学生进入第六学级必须通过选拔性考试。随着中等教育综合制改组的推进，第六学级教育的主体由文法中学转入综合中学，其教育性质和组织形式也发生了很大变化。

从20世纪60年代后期开始，部分综合中学在第六学级实行了开放政策，即取消进入第六学级的条件限制，任何修完五年级课程的学生，无论他是否持有5门以上科目的普通教育“普通水平”考试的合格证书，还是根本没有通过任何考试科目，只要希望继续学习都可以进入第六学级。1968年，68%的综合中学实行了这种开放政策，1974年增加到71%。同时，30%的男子文法中学和部分女子文法中学也开放了第六学级。[②] 这种入学政策的改变，使第六学级学生人数大大增加。据文献记载，第六学级学生人数增长情况如下：1912年为9500名，1938

① 参见王桂主编《当代外国教育——教育改革的浪潮与趋势》，人民教育出版社，1995，第29—30页。

② 参见王承绪、徐辉主编《战后英国教育研究》，江西教育出版社，1992，第128页。

年为4万名，1958年为7万名，到1966年已超过17万名。[①] 同时，第六学级学生的构成也发生了变化，从原来清一色能力高的学生变为既有能力较高的学生，也有能力一般甚至低于一般能力的学生。具有各种能力水平的学生，又使第六学级的培养目标变得多样化，它除了为学生进入大学做准备外，还必须为部分学生提供就业做准备。这种变化反映在课程设置上，在原来的两年普通教育证书"高级水平"课程之外，又增加了一年普通教育证书"普通水平"的课程。这种课程是为能力和水平一般的学生提供就业机会而设置的。

第六学级教育性质的改变，在一定程度上扩大了适龄青少年特别是中下等能力的学生的就学机会，但同时也加重了第六学级甚至整个学校的压力。第六学级在课程设置、教学分组、师资力量及设备等方面提出了更高的要求。在这种情况下，从组织上改革第六学级教育的设想开始受到重视，即把第六学级从综合中学分离出来，使之成为独立实施第六学级教育的机构——第六学级学院（The Six Form College）。

早在1954年，位于伦敦南部的克罗伊顿教育局局长雷蒙德·金建议改革中等教育结构，即建立由11—16岁学生组成的初级综合中学，以及专门招收第六学级学生的第六学级学院。第六学级学院将集中师资力量和教学设备，开设范围广泛的高级证书课程和职业课程，以改变当时各文法中学分散进行第六学级教育的状况，从而有效地解决大部分青年的入学问题。1959年《克劳瑟报告》提出实行"开放入学"的综合性第六学级学院的试验。1964年9月，在南约克郡创办了第一所独立的第六学级学院——麦克斯伯勒学院（Mexborough College），并实行开放招生政策。《1965年第10号通告：中等教育的结构》又把第六学级学院作为综合制改组的参考方式之一而赋予其试验性地位，

① 参见王桂主编《当代外国教育——教育改革的浪潮与趋势》，人民教育出版社，1995，第34页。

随后第六学级学院开始迅速发展。至 1977 年，英国已建立 79 所第六学级学院（其中除 3 所外，均为综合性学院），拥有学生 4 万多人。[①] 1986 年，第六学级学院达 108 所，其学生人数占公立与私立学校第六学级学生总数的 17%；1989 年，第六学级学院增加到 115 所，共有学生 7 万人。一些地方教育当局已实现第六学级教育的完全独立，第六学级学院成为提供第六学级教育的唯一机构。但第六学级学院的分布和规模并不平衡，在 100 多个地方教育当局中，只有 50 个设立了至少 1 所第六学级学院，其中汉普郡（Hampshire）有 10 所，克利夫兰郡（Cleveland）有 9 所；第六学级学院的平均规模是 600 人左右，人数最多的达 1300 人，最少的只有 250 人。

第六学级学院的设立在以下几个方面推动了第六学级教育的发展。

首先，扩大了第六学级教育的规模，从而为丰富第六学级的教学内容和合理配备师资创造了条件。据教育和科学部统计，1978 年在公立中学 3089 个第六学级中，有 1507 个第六学级的学生不到 70 人，614 个第六学级的学生不到 20 人；而规模最大的第六学级学院学生超过 1000 人，最小的也有约 400 人。[②] 规模的扩大有利于第六学级学院为学生提供更为丰富多样的课外活动和课程安排。尤其是在课程设置方面，规模较大的第六学级只能开设 16—18 门“高级水平”的普通教育证书课程，而第六学级学院平均开设同类课程达 72 门。除了“高级水平”课程之外，还设有“普通水平”普通教育证书课程、中等教育证书课程和扩充教育证书课程。为满足那些对传统学术课程不感兴趣的学生的需要，第六学级学院对课程结构进行调整，设置了为就业做准备的职业课程，包括各职业技术考试机构如伦敦技术学院、皇家艺术协会及商业和技术教育委员会等的考试课程。此外，第六学级学院在开设

① 参见王承绪、徐辉主编《战后英国教育研究》，江西教育出版社，1992，第 130 页。

② 参见中央教科所比较教育研究室编《世界普通教育的改革趋势》，贵州人民出版社，1990，第 79—80 页。

非考试课程方面也颇具特色。非考试课程是指学生在主修 2—3 门专业课程之外选修的一般性课程，其内容包括自然科学、社会科学、生活技能和文体活动等方面，总称普通学科。第六学级学院开设具有一定广度的普通学科，既改善了课程结构，扩大了学生的知识面，而且丰富了学校生活。

其次，完善了生活指导制度。生活指导制度最初是在综合中学形成的，其目的在于促进来自不同背景和具有不同能力的学生之间的相互交往，并为学生处理个人问题、选择适当课程及毕业后的生活和工作提供指导与帮助。一般综合中学都设有“导师组”（tutor group），每位教师负责一个指导组，对小组内学生的学习、思想和行为进行指导。但实际上由于师资力量和经费有限，这种制度往往很不完善。许多综合中学的教师认为生活指导浪费时间和资金，而且流于形式，没有起任何作用。相比之下，第六学级学院的生活指导制度比较完善，它被确定为第六学级学院工作的基本组成部分。每个生活指导组通常由 12—20 名性别和年龄不同的学生组成，每周由小组导师定期安排一节课的指导时间。指导方式多种多样，如共同学习某个专题，或就某个学生关心的问题进行讨论，或个别谈话等。这种制度上的完善使第六学级学院在教学和生活指导两方面都能引起重视。

最后，为学生成长和教师发展营造了良好的氛围。20 世纪 60 年代末，由于学生本身的成熟期提前而在态度上发生了明显变化，在综合中学如何组织第六学级的问题日益突出。第六学级学生作为正确行为的榜样，一方面要像年轻女士或绅士那样处事，另一方面又要遵守为 11 岁儿童制定的规章制度，这种矛盾的要求使许多第六学级学生怨声载道。在第六学级学院，整个环境比较适合处于过渡年龄期学生的心理发展，因此深受学生欢迎。同时，第六学级学院也有利于教师的发展。这不仅表现在第六学级学院的师生比优于综合中学的第六学级，而且体现在教学任务比较集中方面。在综合中学，担任第六学级教学任务的教师，还必须担任其他年级的同类课程教学，这样教师无法集中精力提高自己的业务水平。第六学级学院的教师没有第六学级以外的教学负担，能集中精力于教学与自身水平的提高，从而更有利于第六学级教育的发展。

但是限于办学条件，进入第六学级学院的学生毕竟是少数，大部分 16 岁以上的学生是在文法中学或综合中学所设立的第六学级学习。据抽样统计，完成义务教育的 16 岁学生有 33.7%直接升入本校的第六学级，只有 13.4%的学生进入单独设立的第六学级学院。[①] 20 世纪 90 年代后，随着中等教育的发展，大多数公立中学都设立了第六学级，社会对第六学级学院的需求也不如 20 世纪六七十年代那么迫切，第六学级教育又重新回到了公立中学，从而使第六学级学院在数量上逐渐减少。

（二）第三级学院

第六学级学院创办的成功，为第三级学院的诞生与发展奠定了基础，两者之间有诸多相似之处。第三级学院是综合教育思想进一步发展的产物，它为整个 16—19 岁年龄段的学生提供继小学和初中之后、大学教育之前的“第三级”教育，实际上是将 16—19 岁的普通教育与职业技术教育合并在一起。1970 年，埃克塞特（Exeter）地方教育当局建立了第一所第三级学院（The Tertiary College）。20 世纪 80 年代初有 15 所，至 1987 年已建成 40 所。第三级学院的规模一般都比较大，其全日制学生平均为 725 人，平均招生大约 1000 人；提供高级水平课程的第三级学院每班平均有 29 名学生（第六学级学院每班平均为 27 名）。[②]

---

① 参见王桂主编《当代外国教育——教育改革的浪潮与趋势》，人民教育出版社，1995，第 35 页。

② 参见埃德蒙·金《别国的学校和我们的学校——今日比较教育》，王承绪等译，人民教育出版社，2001，第 259 页。

第三级学院的师生比与第六学级学院相近，但师资构成比较复杂，平均有三分之二的教师具有从事企业和专业工作的实践经验。在课程设置方面，第三级学院除了开设第六学级学院的所有课程之外，还设有适应当地需要的各种职业课程，包括全日制职业课程的主要组成部分——普通国家证书课程。这种课程设置鼓励学生把学术课程和职业课程结合起来，从而使学生有更多的机会在未来做出自己的选择。正是这一长处加上其他教育资源方面的合理利用，使得部分地方教育当局在实施16—19岁阶段的第六学级教育和职业教育时，更倾向于采取第三级学院而不是第六学级学院的形式。第三级学院还像继续教育学院一样提供部分时间制教学，为学生提供的教学设施和课程安排通常与全日制学生一样，有时年纪较大的成年人也可共用。

当然，第三级学院的发展也引起了一些争论。从政党来看，大多数工党表示支持和赞成；而保守党的态度则比较消极，他们并不赞同这种将普通教育与职业教育合为一体的做法。保守党政府在《1988年教育改革法》中规定设立直接拨款学校和城市技术学院的做法，对第三级学院的发展是不利的。保守党的意图是想在高中阶段继续保留"三分制"，形成"第三级三分制"，即由公学、直接拨款学校的高中及第六学级学院组成文法类，由城市技术学院和继续教育学院的职业班组成技术类，由"职前教育证书"和"青年训练计划"等组成现代类。[①]

总之，与第六学级相比，独立设置的第六学级学院与第三级学院在校舍、设备和师资力量等方面的条件都更为优越，学生也愿意在这种学校学习，因为这里使他们觉得自己更加接近大学生的学习和生活，更富有独立性。如今，第六学级学院和第三级学院已成为所在地区为16岁以上青少年提供后中等教育的主要机构。在说明第六学级学院与

---

① 参见王桂主编《当代外国教育——教育改革的浪潮与趋势》，人民教育出版社，1995，第31—32页。

第三级学院建立的原因时，埃德蒙·金指出："有些见解对那些主张扩大高中课程的人产生了影响，这些见解完全出于教育的角度。例如，有一种见解认为：扩大科目范围是为了满足学生的需要，可以为他们今后在现代世界中的生活打下一个广阔的基础。……此外，由于新一代高中学生有着不同的学习需要和不同的兴趣（如果我们考虑到学生不同的世界观和不同的前途的话，那么有些方面是全新的），这使得老的学科分类和教学方法变得不那么适用。再则，现在的高中学生常常来自管理方式和结构体制都不同的小学和中间学校，而且他们希望升入不同等级的大学，从事不同等级的职业。对所有这一连串因素的考虑给大批的地方教育当局施加了影响，并使之建立起了'第六学级学院'或'第三级学院'以解决上述矛盾。这类学院既独立于文法中学或综合中学，也独立于在英国被官方称之为'继续教育'的中学后教育机构。"①

随着综合中学的发展，1968 年后英国还出现了"中间学校"，招收 9—13 岁的儿童，它是把初等学校的高年级和中学的低年级结合起来，作为中等学校的一种类型。这种制度可以被看作是为了使中等教育综合化和取消"11 足岁考试"的一个环节。学生从中间学校毕业后，可以进入综合中学的高年级学习。这类学校发展很快。据统计，1976 年英国的中间学校达 1150 所，学生达 35 万多人。其中 600 多所是招收 8—12 岁儿童的学校（它们被认为是小学），近 500 所是招收 9—13 岁儿童的学校（它们被认为是中学），其余的中间学校则招收 9—14 岁的不同年龄组的学生。② 中间学校的课程随入学年龄与学校归属（即小学或中学）不同而异，但所有中间学校都必须设置外语和工业领域的专

---

① 埃德蒙·金：《别国的学校和我们的学校——今日比较教育》，王承绪等译，人民教育出版社，2001，第 227—228 页。

② 参见埃德蒙·金《别国的学校和我们的学校——今日比较教育》，王承绪等译，人民教育出版社，2001，第 211 页。

业课，教学人员必须包括专业教师，还须配备自然科学实验室。到了20世纪80年代，由于学生人数急剧下降，中间学校开始面临生存危机。

六、关于综合教育的辩论

自1965年工党政府发布《1965年第10号通告：中等教育的结构》，要求各地方教育当局按综合制改组方式开展综合学校改革以来，综合中学的发展速度较快。然而，随着综合中学的兴起，20世纪60年代后有关综合教育的争论一直持续了近20年。“从20世纪60年代中期起，关于综合制改组的议题使学校发展蒙上了一层阴影。文法学校和综合学校支持者之间的冲突，已成为全国各政党与许多地方教育当局之间争论的主要问题。”① 这一时期的争论主要集中在两方面：一是工党政府为什么要推行综合教育政策？二是综合教育是否真正在促进学生的学业进步和社会公正方面发挥了重要作用？

（一）关于工党政府推行综合教育政策的几种解释

在二战结束后的前10年，工党政府确立了以三轨制中学为主的中等教育制度，对中等教育综合制改组的支持是默默无闻的。但从1964年大选以后，综合教育已成为工党政府的核心政策之一。那么工党政府为什么要推行这一政策呢？英国学者D. 雷诺兹（D. Reynolds）等人在《综合学校教育——历史的说明与解释》一文中为我们提供了以下五种可能的解释。

第一，综合学校与平等主义。这种观点认为，实施综合学校政策是工党基于平等主义意识形态和长期致力于通过教育制度促进社会平等的

① Peter Gosden, *The Education System since 1944* (Oxford: Martin Robertson & Company Ltd., 1983), p. 28.

结果。该观点的主要代表人物是 R. 比尔斯基（R. Bilski），他在 1971 年发表了题为《意识形态与综合学校》（“Ideology and the Comprehensive School”）的文章，探讨了工党平等主义与综合学校政策之间的直接联系。她通过分析 1940—1970 年工党关于中等教育的讨论而指出，工党和保守党的综合教育政策主要由它们特定的意识形态所决定。就工党而言，正是其包含伙伴与平等原则的平等主义思想目标，导致它制定和推行综合学校政策。如果说在《1965 年第 10 号通告：中等教育的结构》之前，工党内部的分歧使工党在这一政策的阐述方面比较含糊的话，那么从 1970 年工党准备立法强制不顺从的地方教育当局进行改组这一点足以说明，工党的平等主义政策和意识形态已完全协调一致。[①] 然而，雷诺兹等人对这种观点提出了批评。他们认为这种观点存在三个方面的不足：（1）其解释依赖于对工党的分析，而这种分析所提出的一种普遍的思想一致性在现实中工党并不具有；（2）其解释缩小了工党内部在该问题上的思想分歧程度；（3）其解释假定了工党赞成平等主义政策的程度，而这一点纯属无稽之谈。

第二，综合学校与社会公正。这种观点认为，实行综合化政策应该被看作是工党对社会上有关社会公正思想的发展变化所做出的反应。这一观点又分为两种：一种是把改革看作是中产阶级施加压力的结果。1969 年，J. 福特（J. Ford）在《社会阶级与综合学校》（*Social Class and the Comprehensive School*）一书中指出，某些中产阶级家长（即那些失去进入文法学校机会的学生家长）对教育中的社会公正概念已经有了新的看法。由于低质量的学校教育经历与其社会阶级身份不相称，中产阶级被迫改变了对教育的社会公正问题的看法，认为只有建立为全体儿童提供高质量的中等教育制度，才能符合社会公正的原则。

---

① 参见瞿葆奎主编，金含芬选编《教育学文集·英国教育改革》，人民教育出版社，1993，第 629—630 页。

因而他们向工党政府施加强大的压力，要求工党在重新执政后实行综合化政策。另一种则把改革看作是更广泛的社会阶层对社会公正概念做出重新解释的结果。[①] 1966 年，教育大臣克罗斯兰在演说中指出，综合教育的实施反映了英国社会扩大公民权利的一种不可抗拒的压力；过去三个世纪以来社会公正概念不断发展变化，它已从个人自由、民主权利、社会福利扩展到教育平等。在克罗斯兰看来，影响社会公正概念发生变化的因素有三个方面：（1）社会学和心理学的研究表明，个人的智力水平是由遗传和社会环境两方面决定的；（2）有证据表明，在三轨制中学里根据 11 岁选拔性考试把儿童进行分类的方法不准确，从而有碍于教育公正；（3）11 岁选拔制将中产阶级学生选入地位较高的文法中学，而将工人阶级学生选入地位较低的现代中学，这种制度加剧了社会阶层的分化。以上对社会公正概念的重新认识，要求中等教育制度尽可能确保教育机会平等、社会声望均衡，以及减少社会各阶层之间的对立，从而成为综合教育改革的巨大动力。

第三，综合学校与技术变革。这种观点认为，工党的综合化政策主要被看作是对经济和技术因素的变化所做出的反应。1965 年以前的研究表明，不仅智力理论是无效的，而且三轨制中学的存在严重阻碍了英国经济的发展。在 20 世纪五六十年代，全世界范围内突飞猛进的技术进步需要更多的熟练工人和技术人员，而研究表明英国当时的中等教育分轨制无法满足这一要求，英国能够利用已经发生的科技变革成果的人才严重缺乏。正是这种对人才不足的认识，为改革中等教育体制提供了动力和理由，促使形成一种能最大限度地培养人才与扩大掌握高级技能队伍的教育组织形式。[②]

---

① 参见瞿葆奎主编，金含芬选编《教育学文集·英国教育改革》，人民教育出版社，1993，第 630—631 页。

② 参见瞿葆奎主编，金含芬选编《教育学文集·英国教育改革》，人民教育出版社，1993，第 632—633 页。

第四，综合学校与劳资双方。与前三种解释形成鲜明对照的是，这种观点认为综合学校政策的制定和实行，在很大程度上应归功于一种斗争过程，而不是一种默契的社会过程；教育规模和结构的变化往往被解释为有利于“劳方”或“资方”利益的变化，这种变化在任何时候都反映了资产阶级和工人阶级的斗争。[①] 布莱恩·西蒙认为，综合学校的胜利可以被看作是一种双边的胜利。1944—1965年，劳工运动及其他左翼进步力量发起了一场按综合方式改组中等教育的运动。1965年，工党政府顺应这股潮流发布了关于综合制改组的《1965年第10号通告：中等教育的结构》。但中等教育重组还可以被看作既为大多数人的利益服务，又为资产阶级利益服务的一种变革。因为通告虽然鼓励重组，但对综合学校的内部结构未作出任何规定，而且其中一些可供选择的计划也可以看作是促进学术性选拔。如果继续进行学术性选拔，那么综合学校教育就可被认为对资产阶级十分有利，因为新的学校可以培养更多的人才，而且仍然在巩固教育精英和社会精英的地位。根据这种解释，综合改革可以被看成是有组织的劳资双方都凑巧支持的中等教育变革。另一位名叫P.贝拉比（P. Bellaby）的学者进一步阐述并发展了这种假说。在他看来，综合学校制度既能使所有儿童适应一种高水平的劳动过程，又能防止他们形成反资产阶级的政治意识，因而对资产阶级而言具有双重优点。对于工人阶级来说，综合学校制度似乎通过教育提供了社会升迁的机会；对于新兴中产阶级来说，综合学校制度似乎是使其摆脱介于工人阶级和资产阶级之间不稳定地位的一种有价值的保障；对于地位较低、不具备文法学校那样的声望和资源条件的现代中学教师来说，综合学校提供了获得更高地位和职业晋升的机会。因此，综合学校教育似乎对于战后英国社会的各个阶

---

① 参见瞿葆奎主编，金含芬选编《教育学文集·英国教育改革》，人民教育出版社，1993，第634页。

层都有利。社会各阶层的人们为了一个共同的教育目的团结起来，形成了争取综合教育运动的核心力量。这一运动也促使工党为吸引更多的选民而采纳了综合教育政策。①

第五，第五种观点试图对以上几种解释加以综合。这种观点以雷诺兹等人为代表。他们认为，以上解释无论如何都不过是对工党领袖及其议员为何支持综合学校政策所做的部分说明。现在的证据表明，有许多因素对工党采纳综合化政策起了作用，如有关选拔制浪费人才的研究及社会民主派思想家的影响，导致人们产生了改进选拔制和增加平等机会的愿望。② 20世纪60年代，社会主义者对于利用科学革命创造国民财富的关心，促使工党及其领导人开始把综合教育作为培养大量既有教育素养又有技术才能的劳动力的途径。同时，对一种更统一、更和谐的社会体制的关心，也促使人们向往建立一种更为统一的学校教育制度。虽然这些因素对政府的行动具有决定性影响，但真正起推动作用的还是综合学校政策本身所具有的政治吸引力，尤其是它所描绘的新学校能够为所有儿童提供过去只限于少数人享有的机会与传统。因此，综合学校政策对于工党领导人来说具有双重优点：它既满足了所有要求实行中等学校综合制改组的阶层的要求；同时又成了促进资本主义经济体系中社会各阶层之间的和谐，以使资本主义经济

---

① 参见瞿葆奎主编，金含芬选编《教育学文集·英国教育改革》，人民教育出版社，1993，第634—636页。

② 这种观点认为，英国已在很大程度上实现了民主和经济的平等，因此工党不必再努力推行企业的国有化，也不必再努力为劳动人民争取政治权利。相反，工党的政策思维应该以消除最终的社会罪恶，即社会地位的差别为目标，其方法之一就是通过普及单一型的中等教育机构来改革教育体制。在这种体制里，学术成就反映的主要是个人能力而不是其社会阶级背景；只有取消不同类型的学校，才能确保不同才能的学生在社会声望方面的平等。

转变成创造更多国民财富的机器。[①]

（二）关于综合教育的评价

英国学者 R. 考恩（R. Cowen）指出："'综合学校运动'是为消除《1944 年教育法》所产生的副作用而最先采取的努力之一，它让更多的年轻人接受合适的中等教育；从这个意义来说，它使学校教育制度更加民主化了。"[②] 西蒙说："这场运动至少结束了过去那种分裂的、互相脱节的和择优录取的学校教育体制，但这还不是全部。在这个时期，人们第一次真正认识到初等教育是教育的一个重要的阶段；取消了长期建立的以能力划分的分班制，并在学校里建立了符合人性的教育方法。"[③] 1965 年 10 月，《泰晤士报教育副刊》评论说："尽管在教育组织上存在着墨守成规的分歧，但这 10 年很有可能因为课程领域静悄悄的革命而被人们所铭记。"[④] 然而，正如综合中学的产生与发展经历了艰难曲折的道路一样，英国公众对综合中学的意见并不一致，对于它的评价也是众说纷纭（见表 10）。1958 年"不知道"这种学校制度的人数占 41%；1965 年以后赞成该制度的人数超过了半数，持否定态度的占 20%左右。另外，对其他问题的调查结果表明，认为"综合制中学不好，政府应该停办"的意见由 1967 年的 30%减少到 1969 年的 20%。在此期间，认为"综合制中学很好"的从 50%增加到 55%，认为"政府措施不当"的从 24%增加到 29%，认为"政府措施得当"的从 16%

---

① 参见瞿葆奎主编，金含芬选编《教育学文集·英国教育改革》，人民教育出版社，1993，第 640—641 页。

② 瞿葆奎主编，金含芬选编《教育学文集·英国教育改革》，人民教育出版社，1993，第 771 页。

③ 卡特林娅·萨里莫娃、欧文·V. 约翰宁迈耶主编《当代教育史研究与教学的主要趋势》，方晓东等译，教育科学出版社，2001，第 4 页。

④ Gary McCulloch, *Educational Reconstruction: The 1944 Education Act and the Twenty-First Century* (London and New York: Routledge, 2011), p. 35.

增加到26%。[1] 由此可见，综合制中学在实施过程中仍然存在不少问题。

表10　关于对综合制中学的意见调查　（单位：%）

评价	1958年	1965年	1966年	1968年
理想	34	54	50	51
不理想	11	17	18	22
不明白	14	16	18	18
不知道	41	13	14	9
合计	100	100	100	100

有关综合教育的评论主要集中在两个方面：一是综合教育对学生的学业水平有何影响，二是综合教育对促进学生机会平等有何作用。

从综合教育对学生学业水平的影响来看，早在20世纪50年代末，英国对综合中学、文法中学和现代中学就进行了比较，评价了这些学校中学生的兴趣、文化程度和学风问题。评定结果表明，综合中学比文法中学和现代中学更有吸引力。综合教育的首倡者之一罗宾·佩德利在对东苏塞克斯1959—1961年综合中学与选拔性中学（主要是文法中学和现代中学）考试合格率的比较中发现，选拔性中学的学生在离校时获得普通教育证书的比例为10%，而综合中学为18%。随后，佩德利又收集了67所综合中学的考试成绩，再次得出了综合中学的考试成绩高于全国公立中学平均水平的结果。然而，R.戴维斯（R. Davis）通过对1965年伦敦学校公共考试成绩的分析，得出了综合中学并不比现代中学好的结果，而且综合中学获得一门普通水平考试成绩合格的

① 参见市川昭午《教育的效果》，李守福译，江西教育出版社，1993，第178页。

人数与现代中学相同。类似研究还有曼彻斯特文法学校董事会主席鲍德温的有关分析。在1975年出版的《综合学校的赌博》一书中，戴维斯将全国中学生在公共考试中的成绩分为七个等级，他指出，综合中学只在最低的两个等级优于其他类型的中学，而在另外的等级中都次于未经改组的学校。

从综合教育对促进学生机会平等的作用来看，1967年J.艾格尔斯通（J. Eggleston）对米德兰综合学校进行的研究表明，综合学校在保障所有社会阶层出身的学生入学率方面明显高于选拔性学校。1969年，福特以伦敦3所中学（文法、现代和综合学校各1所）为样本进行研究则得出了相反的结论，他认为综合中学在促进机会均等和社会融合方面并不优于选拔性中学。在综合中学，不同社会阶层的儿童之间的交往甚至少于文法中学，学生学习成绩上的差别也依然存在。西蒙认为，也许最好的衡量指标是13岁学生在选拔性学校与非选拔性学校的比例。如果把1950年和1961年的数字进行对比，我们发现1950年就读于选拔性学校的学生人数为23%，1961年为22.9%。文法学校的学生人数从19.6%上升到19.7%，而技术中学的学生人数从3.4%下降到3.2%。在1961年，11%的13岁学生中有5.3%就读于综合学校，5.9%就读于其他中等学校。这些数字表明，在1950—1961年教育机会并没有增加。①

在20世纪70年代中期出版的有关阶级不平等的研究成果中，一些学者认为20世纪60年代和70年代初期的教育大发展和综合制改组，并没有导致不同社会阶层的儿童之间教育机会的重大改变和再分配。综合制改组的结果仅仅使原来一目了然的不平等和障碍隐藏起来，而不是真正消失了。② 英国学者罗伊·洛认为，在1945—1964年，教育

---

① See Brian Simon, "The Tory Government and Education, 1951-60: Background to Breakout," *History of Education* 14, no. 4(1985): 295.

② 参见徐辉、郑继伟《英国教育史》，吉林人民出版社，1993，第342页。

机会扩大了，人们开始普遍关心教育方面的平等与民主。但他指出，该时期英国教育制度的发展加深了社会分化，而且这种分化在20世纪80年代更为明显。罗伊·洛把它归于两个因素：一是等级制传统的继续存在，二是郊区化社会和家庭所有制的发展导致新的社会结构分化。因此综合中学将折射出不同社会阶层之间的不平等。[①]

总之，以上研究由于取样和方法上的欠缺，使得这段时期的研究成果未能就综合教育在提高学生学业水平和促进机会平等方面的影响做出充分有力的说明，因而对综合教育的利弊和综合制改组的得失没有得出具有说服力的结论。埃德蒙·金指出："英格兰关于综合中学的各种辩论以及那些对高度选择性的、仍然享受较多优惠的学校的'成绩'所作的研究，常常忽视了这场讨论中的各种现实问题：儿童入学时机会公平吗？他们有没有都进入那些受人欢迎、受人称赞的学校？（《普洛登报告》和《纽瑟姆报告》都说没有）当进入各种类型的学校后，他们都能受到同等对待吗？（有证据表明不能）相继的几个选择阶段在教育上和社会上都是一致的吗？即便从传统的期望来讲，它们能做出可靠的预言吗？更何况，还有不可知的未来呢？"[②]

（三）教育大辩论（Great Debate）

1976年10月，英国首相卡拉汉在参加牛津大学拉斯金学院（Ruskin College）的奠基仪式时，发表了题为《通向一场全国性大辩论》（"Towards a National Debate"）的演说。他号召家长、雇主、工会、地方教育当局和教师，针对教育与工农业的关系、课程与教学方法、评价与标准，以及教师培训等问题，开展全国性的教育大辩论。他声称，在制订和表述教育目的及所需标准的过程中，家长、教师、

---

① See Peter Gordon, Richard Aldrich and Dennis Dean, *Education and Policy in England in the Twentieth Century* (London: The Woburn Press, 1991), p. 120.

② 埃德蒙·金：《别国的学校和我们的学校——今日比较教育》，王承绪等译，人民教育出版社，2001，第248页。

学校团体、高教界代表及企业界人士等都应发挥重要作用。

发起这次教育大辩论的主要原因有两个方面：一是来自工业界的批评。随着1973年世界经济危机的爆发，工业界对学校教育的批评也愈加猛烈。企业界的雇主们指责学校未能让学生做好就业准备，认为教师必须承担更大的责任。1976年1月，《泰晤士报教育副刊》刊登了一篇题为《我指责教师》的文章。它指出，工业界尤其是工程技术领域熟练工人的短缺，可归因于教育制度的失败。它写道："……在一些大城市，工程领域的雇主未能招聘到他们所需要的足够的学徒，因为学校毕业生达到适当教育标准的人数不足。这既是我们教育制度的一个显著特点，也会产生各种令人担忧的问题。"① 工业界对学校教育制度的不满对政府产生了很大压力。二是来自新闻媒体的攻击。工党政府承认，新闻媒体对综合制学校教育的猛烈批评是促使卡拉汉首相发表演说的原因之一。1977年，英国政府发表的教育绿皮书指出："报社和其他媒介对教育和教育标准的强烈反对，是首相演讲的背景。这些媒介认为学校中儿童的成绩标准已经下降，学校课程对读写算的基本技能关注太少，而学生的边缘学科的负担又过重。教师缺少适当的专业技能，不懂得如何训练儿童守纪律，不懂得如何培养他们勤奋学习或良好的举止。所有这一切的背后有这样一种看法，即教育制度已经脱离了英国在高度竞争的世界中维持经济生存的根本需求。"② 新闻媒介对英国教育质量的批评对公众产生了广泛影响。

20世纪70年代下半叶，英国人口出生率的下降也对学校教育的发展带来了深刻变化。"出生率在二战后急剧上升，在1947年达到高峰，随后有所下降，接着再次攀升，至1966年形成一个小高潮。直到70年

---

① Clyde Chitty, *Towards a New Education System: The Victory of the New Right?* (London: The Falmer Press, 1989), p. 61.

② Clyde Chitty, *Towards a New Education System: The Victory of the New Right?* (London: The Falmer Press, 1989), p. 64.

代它再次急剧下降，至1977年降至低于1933年的低点。”[①] 1974年英国总人口为5592万人，1978年降至5582万人，这一下降趋势持续到20世纪80年代初，这在英国有人口记载的历史上尚属首次。[②] 在以上各种社会压力面前，工党政府不得不将教育政策的重心从扩充数量转向质量提高。

卡拉汉首相在1987年回忆了发表这次演说的背景。他说：“我一直坚信教育的重要性，因为在我的一生中我发现许多学校把那些刚开始时没有其他优势的工人阶级子女排除在外，我对自己没有接受大学教育感到遗憾。我也意识到家长们对于一些学校的办学方向越来越担忧，我非常渴望去探究这一问题。”[③] 卡拉汉的个人经历强化了这样一种观点，即学校课程应该与工业界建立更密切的联系。在回忆录中，卡拉汉还阐述了发表这次演说的宗旨。他说：“应该发起一场关于目前教育趋势的大辩论，并提出一些争论性的问题。应该避免平淡无味，既要引出我们听到过的批评，也要对教师的工作和家长与学校密切联系的必要性进行一番解释。应该追问的是，为什么企业的地位在青年人的职业选择中如此低下？缺少数学和科学教师的原因何在？”[④] 负责起草演讲稿的首相顾问伯纳德·多诺霍（Bernard Donoghue）指出：“……在演讲中，我写进了所有我与首相认同的观点，即有必要执行更加严格的教育标准，教师要接受更大程度的监督和负起更大的责任，要更

---

① 阿萨·布里格斯：《英国社会史》，陈叔平等译，商务印书馆，2015，第372页。

② 参见钱乘旦等《日落斜阳——20世纪英国》，华东师范大学出版社，1999，第175页。

③ Gary McCulloch, “Privatising the Past? History and Education Policy in the 1990s,” *British Journal of Educational Studies* 45, no. 1(1997): 76.

④ Clyde Chitty, *Towards a New Education System: The Victory of the New Right?* (London: The Falmer Press, 1989), p. 93.

加重视阅读与计算的基本技能，更加重视技术、职业和实用性的教育……”①

这次演说的重点是要求对一些“标准化”的教育问题重新开展公众讨论。卡拉汉首相表达了公众对标准和优先权的担忧，并重复了激进主义者在一系列出版物中提出的批评。他说：“……随着现代生活的日益复杂化，我们不能满足于维持现有标准，更不必说让标准下降。我们必须以更好的质量为目标。……但是我很关注的是来自企业界的抱怨，即来自学校的新的雇员有时缺乏做好必要工作的基本工具……在科学教学中，似乎有必要更加强调技术的重要性，使它能够导向企业界的实际需要而不是学术性科目。”②

有的学者指出，毫无疑问，“拉斯金演说”的重要意义在于使现代英国的教育争论半永久地转向了右翼，通过教育建设一个更加公平的国家和促进公民的养成这一战后价值取向，开始让位于学校的就业率、竞争力、高效性和有效性等问题。③ 卡拉汉首相发表“拉斯金演说”后不久，教育和科学部发起了一场全国性的教育大辩论，围绕首相演说中提出的问题展开辩论。1977 年 7 月，教育和科学部发表了题为《学校教育——一份协商的文件》（*Education in School—A Consultative Document*）的绿皮书，从而把这场教育大辩论推向了高潮。这份文件总结和概括了自“拉斯金演说”以来的主要争论，其内容涉及课程标准与评定、教师培训、学校生活和学习生活等。

在中等教育问题上，该文件指出，目前我们有五分之四的男女儿童进入综合中学，综合中学已成为工党政府中等教育政策的中心；综

① Clyde Chitty, *Towards a New Education System: The Victory of the New Right?* (London: The Falmer Press, 1989), p. 93.

② 徐辉、郑继伟：《英国教育史》，吉林人民出版社，1993，第 349—350 页。

③ 参见罗伊·洛《进步教育的式微——英国教师是如何丧失课堂自主权的》，苗曼译，华中科技大学出版社，2020，第 89 页。

合中学的目标是为每个男女儿童提供适合于他们个人的能力、能力倾向及个人动机的教育机会。在综合中学，让来自不同家庭背景的年轻人一起接受教育，是造就一个更加团结和理解社会的必要准备。综合中学的迅速发展要求地方教育当局、教师和教会付出更大的努力，没有他们的合作不可能取得这样的成就。综合中学的课程必须反映学生的多种需要，它应该使所有儿童都达到他们力所能及的最高标准。但课程并不是学校实现综合教育目标的唯一途径，创造一个使学生有机会发挥主动精神和负责任的充满生气的社区，认真组织学习小组和其他活动小组，建立一种有效地指导和支持青少年的制度，这三条是综合教育成功的关键，应该在课程中得到充分的体现。[①]

总的说来，目前中等学校课程比传统的选拔制度提供了更多的学习内容和更广的选择范围，参加中等教育证书和普通教育证书考试的学生比例也比以前高得多。然而，在各种讨论会上，人们仍然表达了对课程的担心：（1）课程太多、课表排得太满，而基本的课程却得不到保证；（2）各学校对课程实施方法的不同，可能会使儿童从一个地区转学到另一个地区时受到挫折；（3）即使儿童不转学，学校之间的差别也会引起机会的不均等；（4）许多学校的课程与现代工业社会并不协调。[②]

《学校教育——一份协商的文件》认为，虽然以上评论并不一定完全正确，但有一点很清楚，即为所有中学生的课程制订一些普遍接受的原则很有必要。由于学校、学生和教师不同，课程要求也应该十分灵活以适合这些差异，这就要求为所有学校设立共有的或“核心”的那部分课程。如果这部分课程设计得当，它既可以使雇主、家长和教

---

① 参见瞿葆奎主编，金含芬选编《教育学文集·英国教育改革》，人民教育出版社，1993，第 417 页。

② 参见瞿葆奎主编，金含芬选编《教育学文集·英国教育改革》，人民教育出版社，1993，第 419 页。

师满意，又能为所有学生提供真正的机会均等。1979 年，英国政府明确表示 5—16 岁义务教育的课程结构应该是全国统一的，并于 1981 年拟定了一个《学校课程》（“The School Curriculum”）计划供全国讨论。然而，这种全国统一课程和核心课程的构想，直到 20 世纪 80 年代后期才真正实现，从而成为一项全国性的教育政策。

第四节　独立学校的发展与公学革命

一、独立学校的发展

独立学校（Independent School）在英国中等教育制度中发挥着独特的作用。《1944 年教育法》给独立学校下的定义是：凡不属地方教育当局维持或不由教育和科学部国务大臣（Secretary of State for Education and Science）给学校负责人（即负责管理学校工作的团体或个人）拨款，对 5 名或 5 名以上在义务教育年龄之内的学生进行全日制教育的任何学校，称为独立学校。[①] 该教育法要求每一所独立学校都必须在教育和科学部注册，并授权国务大臣在他认为学校校舍或设备不足、教学效果差和办学人员不适于学校领导或教学时，有权关闭学校。未经注册的独立学校是违法的。这一规定从 1957 年 9 月 30 日起开始实施。

“独立”一词是指学校在财政上必须自理。许多独立学校并非纯属私人所有，它们是根据信托财产的条件创办，并由正式成立的董事会或校董会管理。英格兰和威尔士的独立学校可按不同的方法分类，通常划分为公学与非公学两大类，但并非所有的公学都是独立学校。独

① 参见瞿葆奎主编，金含芬选编《教育学文集·英国教育改革》，人民教育出版社，1993，第 219—220 页。

立学校大多数是由教会举办，如约克附近的安普尔弗斯、雷丁附近的杜埃和巴斯附近的罗马天主教学校，都是由本尼迪克特修士会创办和管理。在英国国教学校中，纳撒尼尔·伍达德（Nathaniel Woodard）牧师所创办的兰辛和沃克索普学校，则根据英国国教的原则提供收费适中的公学教育。位于巴斯的金斯伍德学校（Kingswood School）乃是牧师约翰·韦斯利（John Wesley）为培养教士子弟而设，在雷丁的莱顿、帕克学校则是由基督教公谊会创办和管理。

自1957年9月起对独立学校实行强制注册后，独立学校的数量和学生人数大为减少。1959年，约有4250所独立学校，学生近50万人。[①] 至1975年，虽然由于直接补助学校的增加，学生人数基本不变，但独立学校数量却减少了一半。所减少的独立学校几乎全是规模较小、质量较差的。据1976年的官方统计数字，英格兰和威尔士共有2328所独立学校（包括各类收费的小学和中学）。所有的独立学校必须在教育和科学部注册并接受视察，但只有一半的独立学校被教育和科学部认为是合格的。[②] 要想成为合格学校，独立学校必须自己提出要求，然后由皇家督学进行视察。然而，没有得到教育和科学部认可的学校，并非一定没有教育能力。有不少名闻遐迩、声望卓著的独立学校并不要求得到认可，因为这样可以享有非认可学校所允许的更大自主权。从1978年起，教育和科学部不再继续对独立学校进行评审。

独立学校收费高昂，1978年在招收男生的独立学校中，平均每位寄宿生的年费用是2000英镑，走读生为1000英镑（女生费用约比男生少10%）。同年，在预备学校（即那些为学生13岁时参加独立学校入学考试做准备的中间学校）的寄宿生每年平均费用约为1400英镑。1977年的一项调查表明，在英格兰和威尔士，将近一半的地方教育当

① 参见邓特《英国教育》，杭州大学教育系译，浙江教育出版社，1987，第142页。

② 参见埃德蒙·金《别国的学校和我们的学校——今日比较教育》，王承绪等译，人民教育出版社，2001，第237页。

局每年要为4万名进入独立学校的学生支付2300万英镑的费用。此外，中央政府每年还要为行政官员、外交官员及其他海外工作人员的子女在独立学校寄宿学习支付大约3600万英镑。这样，独立学校每年获得的补助金约有6000万英镑。① 正是由于独立学校的费用如此之高，因此除了极少数人之外大部分人不敢问津。1977年，在英格兰和威尔士所有学生中，只有4.2%的学生进入独立学校（1965年占5.8%，1970年占4.8%），在这类学校上学的中学生约占中学生总数的7%。在那些比较著名的独立学校，外国学生所占的比例为5%左右。②

埃德蒙·金认为，影响独立学校与英国教育体制关系的重要因素也许有以下四个方面：（1）由于独立学校吸引了资金、教师及常常是有才能的儿童，因此直接或间接地损害了公立教育制度；（2）在进入高等学校、受人尊敬的专业及高级行政官员行列方面，独立学校毕业生所享受的特权与其人数很不相称；（3）独立学校所重视的学科和技能不能适应时代的需要；（4）由于与外界隔绝，独立学校的学生很难与其周围95%以上的英国人交往和沟通。其中独立学校在企业部门和社会政治生活中所造成的严重分裂现象，比任何一个因素都影响大。③

1976年以前，英格兰和威尔士的许多教会学校均可请求教育和科学部承认，并把它们作为“直接补助学校”而给予相应的补助。④ 这些学校接受补助的条件在国务大臣制定的法规中均有规定。一般说来，如果这些学校不为赢利而开办，能提供高水平的中等教育，并为至少四分之一的学生设立免费名额，那么便可获得补助。地方教育当局也

---

① 参见埃德蒙·金《别国的学校和我们的学校——今日比较教育》，王承绪等译，人民教育出版社，2001，第238页。

② 参见埃德蒙·金：《别国的学校和我们的学校——今日比较教育》，王承绪等译，人民教育出版社，2001，第237页。

③ 参见埃德蒙·金：《别国的学校和我们的学校——今日比较教育》，王承绪等译，人民教育出版社，2001，第239—240页。

④ 据统计，1942年直接补助学校共有232所，学生85 681人。

可要求直接补助学校给予另外 25%的学生免费，其学费则由学校董事会或地方教育当局支付。实际上，在直接补助学校中约有 60%的学生是由地方教育当局支付学费。除上述学生外，直接补助学校还要收取学费，但学费总额须经国务大臣批准，国务大臣还有权免除或减免个别家长应缴纳的学费。根据上述条件及其他规定，直接补助学校可按年龄在 10 岁以上的学生人数领取补助金，同时可按第六学级的学生人数领取附加补助金。补助金的数量和家长收入标准（该标准是免除学费的依据）将进行定期调整。

1975 年，直接补助学校约有 300 所，其中 174 所为直接补助文法中学，其余大多为特殊学校。同年 5 月，工党政府要求 174 所直接补助文法学校在年底之前做出是否愿意加入公立学校而成为综合中学的决定。结果 119 所学校决定成为独立学校，51 所（其中 48 所是罗马天主教学校）成为公立学校，4 所停办。① 那些自行选择成为独立学校的从 1976 年 8 月起停止接受补助，但已经在读的学生仍保留其享有减免学费的权利。

1979 年上台执政的保守党政府提出一项计划，允许公立学校的学生转入独立学校，其家长不负担或负担很少的费用。《1980 年教育法》（*The 1980 Education Act*）要求国务大臣制订和维持一项“辅助学额计划”，旨在使男女学生能够进入参与这项计划的独立学校，接受较高层次的学术性教育。国务大臣将根据学生的家庭经济情况为他们支付全部或部分学杂费，但不支付膳宿费。只有提供中等教育并且是为慈善目的而开办的独立学校（这些学校根据《1944 年教育法》已全部注册）才有资格参与这项计划。1980 年 10 月，教育和科学部公布了英格兰 218 所应邀参与该计划的独立学校名单，并在《致家长的几句话》中宣布：从 1981 年 9 月起，在英格兰和威尔士参与该计划的独立学校每

① 参见邓特《英国教育》，杭州大学教育系译，浙江教育出版社，1987，第 140 页。

年将提供5000—6000个学额，给那些有学习才能而家庭困难无力支付学费的儿童。1981—1982年，220所独立学校提供了约5500个学额，实际上只占用了4200个学额。①

非公学性质的独立学校，还根据学生的年龄、性别和学术能力成立了自己的专门协会，这些协会包括女子学校协会、预备学校协会等。1972年，作为7个独立学校协会信息中心的“英国独立学校信息服务社”（The Independent Schools Information Service）成立，它在维护独立学校的形象和捍卫私立学校教育方面发挥了重要作用。1974年，独立学校为了增强一致性和讨论有争论性的问题，又成立了“独立学校联合委员会”（The Independent Schools Joint Council）。1977年，该机构与教育和科学部就工党政府中断对独立学校进行合格评审的决定进行谈判，并取得胜利。也就是说，不管独立学校是否被官方认可，国务大臣都把独立学校的教师列入国家教师退休计划，从而消除了独立学校面临的一个潜在威胁。

二、公学革命

公学是独立学校的一个重要组成部分，它在英国教育制度中同样占有重要地位。埃德蒙·金认为，要想了解英国的各种教育问题，最重要的是应对公学所主张的、长期以来被认为是神圣不可触犯的那些东西做出正确评价。这种类型的寄宿学校是英国对教育思想和学校组织所做出的最有特色的贡献之一，它十分注重学生的品德训练和自我约束力的培养，其形式是通过集体活动使大家都在一个较小的范围内承担一定的社会职责。这类学校改变了英语中“运动”一词的含义，把它从原意中的场上运动、打猎及吵吵嚷嚷的冒险比赛，改变为绅士

① 参见邓特《英国教育》，杭州大学教育系译，浙江教育出版社，1987，第141页。

们所公认的那种意思，即竞赛中强调团体纪律，只要“公平”就不必太计较胜负。

公学为英国社会培养了大量的高级人才。英国政界、企业界及学术界的领袖人物很多来自公学，特别是伊顿、哈罗和温彻斯特等著名公学。例如，至 1951 年，有 32.5%的保守党议员上过伊顿和哈罗，80.5%上过牛津和剑桥；在工党中的相应百分比分别是 2%和 45%。① 到 20 世纪 70 年代末，牛津大学近 50%的学生、剑桥大学 60%的学生来自公学，企业和商业部门约有 33.3%的高级职位被公学的毕业生占据，在学术专业的高级职位中约有 66.7%被他们占据。②

1958—1973 年，有关部门曾对公学进行过 6 次民意调查（见表 11），承认其存在的约占英国人的半数，反对的约占 25%。据 1958 年统计的数据表明，保守党支持者中 80%的人承认公学的存在，工党支持者中承认与反对的比例大体相当，分别为 31%和 28%。这一调查还表明，70%的英国人认为穷人的孩子也应该进入公学。③

表 11　关于公学存在的民意调查　（单位：%）

项目	1958 年	1963 年	1965 年	1976 年	1968 年	1973 年
赞成	54	58	56	52	57	55
反对	16	23	24	28	25	26
未回答	30	19	20	20	18	19
合计	100	100	100	100	100	100

① 参见卡扎米亚斯，马西亚拉斯《教育的传统与变革》，福建师范大学教育系等译，文化教育出版社，1981，第 223 页。

② 参见埃德蒙·金《别国的学校和我们的学校——今日比较教育》，王承绪等译，人民教育出版社，2001，第 241 页。

③ 参见市川昭午《教育的效果》，李守福译，江西教育出版社，1993，第 176—177 页。

公学虽然只是一种礼节性的尊称，但获此称号非常困难，条件也极为严格。1944年的《弗莱明报告》把公学定义为“有公学董事会协会或校长会议成员资格的学校”。也就是说，公学地位的认可取决于它是否能加入公学“校长会议”、公学董事会协会（Association of Governing Bodies of Public Schools）或女子公学董事会协会（Governing Bodies of Girls' Schools Association）。“校长会议”自1869年成立之日起只接纳男子学校，但从20世纪70年代以来其中的许多学校也招收女生。除少数几所非正式会员学校和海外学校外，“校长会议”将其成员控制在200名以内。“校长会议”在审议入选学校的申请时，主要从两方面考虑，即学校及其校长所享有的独立程度；以及学校的学术水平，它体现为攻读“高级水平”普通教育证书的学生比例。“校长会议”名单上的学校可以分为四类：（1）核心集团，即克拉伦敦委员会认定的“九大公学”；（2）具有全国声望的寄宿学校；（3）由于热衷于仿效那些“公认的典范”而被列入名单的寄宿学校；（4）因其优异的教育质量而跻身于公学的走读学校。1980年，在“校长会议”名单的学校中，寄宿学校有100余所、走读学校有50余所。在寄宿学校和走读学校中，老学校占有较大比例，60％的寄宿学校和80％的走读学校在19世纪以前便已建立。公学董事会协会主要接纳不列颠岛以下两种男子学校（包括男女合校的学校）董事会为会员：没有接受公款补助的独立学校，从教育和科学部或苏格兰、北爱尔兰的相应机构接受直接补助的学校。此外，公学董事会协会也可按自己的条件吸收那些并不具备以上资格的学校为会员。

公学的教学质量、学生的学习成绩与运动的风格以及学校的服务水平都很高，然而大多数学生进入公学的目的，与其说是获取知识和培养能力，倒不如说是看重个人未来的前途，即为将来跻身上层社会打下基础。埃德蒙·金认为，有些家长把公学看作“温室”，把孩子送入公学看作是有利可图的投资。他们的子女以后将获得奖学金或至少上大学，而在大学中他们将取得优异成绩。公学毕业生只要成绩优良和符合“受称赞的人”的严格要求（操南方口音的英语和保持一种惯常的自信心），那么他们一般都能被统治阶级所接受。① 埃德蒙·金指出：“在过去几十年里，越来越多的中级专业、职业已经通过文法中学、‘红墙’大学以及其他教育设施向‘下层社会’开放；但是，掌握政界和工业界实权的高级职务（的确也就是具有社会影响的职位）仍然是私立学校的世袭领地。然而，却没有证据表明，私立学校所提供的教育比最好的公立学校要略胜一筹。如果公立学校也能得到私立学校那样的资源，那么公立学校的教育水平将会得到极大提高。总之，自费生父母出钱购买的是子女的人生前途，而不是教育本身。”②

进入20世纪60年代后，公学在招生上的社会排他性、教学内容上的保守性，以及生活方式中的蛮横庸俗现象，使之招致不少非议。20世纪60年代初，“校长会议”在一份行动计划中列举了公学的10条“罪名”：第一，公学是蠢人和庸人的避难所；第二，公学专教拉丁文而不教科学；第三，公学对送学生进入新大学和“红墙”大学不感兴趣；第四，公学拥有获得牛津和剑桥两所大学学额的特权；第五，公学垄断了伦敦商界、桑赫斯特皇家军校（Royal Military Acadamy Sandhurst）、白厅（White Hall）和律师界；第六，公学不将学生送入工业界并蔑视现代技术；第七，公学培养恃强凌弱者和虐待狂；第八，公学生活条件野蛮；第九，公学享有不公平的高师生比；第十，公学助长同性恋。③ “校长会议”的态度反映了当时各种批评的激烈程度。

---

① 参见埃德蒙·金《别国的学校和我地们的学校——今日比较教育》，王承绪等译，人民教育出版社，2001，第241—242页。

② 埃德蒙·金：《别国的学校和我们的学校——今日比较教育》，王承绪等译，人民教育出版社，2001，第240页。

③ See Geoffrey Walford, *Life in Public Schools* (London: Methuen and Co. Ltd., 1986), p. 218.

随着综合制改革全面展开和文法学校逐步减少，公学开始成为一个明显的障碍。

针对公学的攻击也来自工党方面。1956 年，安东尼·克罗斯兰出版的《社会主义的未来》是一本非常重要和颇有影响力的著作。克罗斯兰认为，平等、现代化和民族生存是紧密结合在一起的，而私立教育的继续存在不仅影响国家进一步发展，而且最终可能成为国家衰退的一个因素。克罗斯兰在该书中对公学大加诽谤。他说，公学是“阶级特权最顽固的堡垒……一种面向富裕阶层开放的优越的私立学校制度，贫困孩子尽管有才华也被排除在外……我始终不明白为什么社会主义者对文法学校是如此迷恋，而对独立学校中十分突出的不公正却如此冷淡”[①]。1961 年，在议会有关公学的一次辩论中，克罗斯兰把公学描绘为“强调个性和举止而非智力，强调多面手（all-rounder）和业余爱好而非专业技能，强调古典作品而非现代科学，强调孤立而非交际，强调传统而非创新”[②]。他认为，以上方面与 20 世纪 60 年代的民族需要完全相悖。1964 年，工党在竞选宣言中明确表示：“工党将承担起教育责任，提出最佳的方案，将公学纳入国家教育体系之中。”[③]

20 世纪 60 年代，公学还面临着来自社会和经济等许多方面的挑战，包括公学学龄人口的急剧下降、文法学校竞争带来的学术压力，以及物价上涨导致的学费剧增等。在种种压力之下，1964—1979 年公学进行了历时 15 年的重大改革，一般称为“公学革命”（Public School Revolution）。

---

① Roy Lowe, *Education in the Post-War Years: A Social History* (London: Routledge, 1988), p. 121.

② Peter Gordon, Richard Aldrich and Dennis Dean, *Education and Policy in England in the Twentieth Century* (London: The Woburn Press, 1991), p. 208.

③ John Rae, *The Public School Revolution: Britain's Independent Schools, 1964-1979* (London & Boston: Faber and Faber Ltd., 1981), p. 33.

工党上台后，为了兑现在1964年竞选时的承诺，即实行中等教育综合化政策和教育机会均等的目标，于1965年12月成立了一个由纽瑟姆爵士为主席的公学委员会，就公学与国家公立教育体系统一的最佳方式提出建议。根据该委员会的调查，公学被限定为那些已是“校长会议”、公学董事会协会或女子公学董事会协会成员的独立学校。公学委员会应执行以下任务：（1）收集和评估有关公学提供寄宿教育的信息，以及寄宿学校和公立教育制度合作的形式；（2）探讨私立学校在国家和地方教育融合方案中所扮演的角色；（3）设计不同的试验方案，以满足不同类型学校存在的需要；（4）制订一个把公学与公立教育制度融合起来的国家计划；（5）建议是否对其他独立学校（包括中等和初等学校）采取一些行动。①

为完成这些任务，公学委员会还必须注意以下几个目标：（1）确保公学能为满足国家的教育需要做出最大贡献；（2）为减少社会分裂所带来的影响，应制定一个平等的入学政策；（3）广泛提高公学学生的学术成就，以便公学日益符合公立教育政策；（4）为满足提供寄宿教育的需要，委员会应与地方教育当局密切合作；（5）公学应面向所有的男孩和女孩，而不管他们的家庭收入如何。② 当时工党内部对公学的意见分歧较大，有人希望把公学与公立教育制度融合在一起；有人希望废除公学；也有人倾向于任其自然发展，但取消对它们的任何财政补助。讨论的结果是公学委员会采纳了融合的建议。

1968年7月，公学委员会发表了第一份报告，也称《纽瑟姆报告》。这份报告主要是针对寄宿公学提出的，它声称独立学校对社会有分裂作用，并提出一个一体化计划，让一些合适的寄宿公学给需要寄

---

① See J. Stuart Maclure, *Educational Documents : England and Wales 1816 to the Present Day* (London: Methuen and Co. Ltd., 1986), p. 332.

② See J. Stuart Maclure, *Educational Documents : England and Wales 1816 to the Present Day* (London: Methuen and Co. Ltd., 1986), pp. 332-333.

宿的受助学生提供至少一半的学额。这份报告与《弗莱明报告》的精神基本一致。尽管入学条件相差很大，纽瑟姆像弗莱明一样试图寻求能把公立学校与公学的学生融合在一起的途径，但是纽瑟姆的建议远远胜于弗莱明。他认为，能走向融合的公学必定数量有限，所有的融合学校必须保证为公立学校的学生保留至少一半的辅助学额（assisted places），它们还必须拓宽课程范围以吸引更多综合中学的学生。公学委员会认为，用于寄宿教育的公共开支应该满足社会或者学术方面的需要。[①] 公学委员会预计 15 年后需要 47 000 个辅助学额，其中预备学校 9000 个、中学 38 000 个。这个建议的总开支估计为 18.4 万英镑，其中 6.4 万英镑已被地方或中央政府用于补助学生。[②] 但由于这份报告本身存在的矛盾性，其建议并未受到英国政府的重视，大多数公众也表示反对。与此同时，根据《1965 年第 10 号通告：中等教育的结构》的要求，一部分属于皇家委员会的直接补助学校也希望能与地方教育当局共同商讨它们的未来发展，但这种协商并未取得任何进展。

1968 年秋，公学委员会在主席大卫·唐尼森（David Donnison）教授的领导下重新组建，并开始考虑独立学校和直接补助文法学校的未来发展。1970 年 3 月，以唐尼森为主席的改组委员会，就直接补助文法学校和独立学校的前途问题发表第二份报告即《唐尼森报告》（"The Donnison Report"）。总的说来，该报告主张实行综合教育政策，但倾向于维护选择性学校的半独立（quasi-independent）地位，并使它们拥有一批缴费上学的学生。报告提出了两种方案：一是要求直接补助文法学校在独立学校和选择性学校之间做出选择；二是要求它们在融合和开放招生之间做出选择，凡愿加入公立教育体系的可成为综合中学

① See J. Stuart Maclure, *Educational Documents : England and Wales 1816 to the Present Day*(London: Methuen and Co. Ltd. ,1986), p. 333.

② See J. Stuart Maclure, *Educational Documents : England and Wales 1816 to the Present Day*(London: Methuen and Co. Ltd. ,1986), p. 334.

并免收学费。第一个方案要求选择性学校直接从中央学校补助委员会获得资金，但给予它们的资助不得超过公立学校；第二个方案要求取消直接补助学校的特殊地位，使它们成为受控或受助的公立学校。但当时工党政府还没来得及与教师和地方教育当局讨论，大选就开始了。

1970 年 6 月，保守党上台后中断了对于《唐尼森报告》所提建议的讨论。保守党新任教育大臣撒切尔夫人十分同情公学的处境，并倾向于扩大它们的规模。工党下台后，仍然对公学的继续生存构成威胁。1973 年，工党确定了废除公学的原则，并将其作为一项长期目标。同年 9 月，工党教育发言人 R. 哈特斯利（R. Hattersley）在剑桥大学的演讲中申明工党的政策是最终废除本国的私立教育。1974 年，工党重新执政后使直接补助文法学校的命运发生了戏剧性变化。尽管一些学校如著名的罗马天主教学校决定接受综合教育，但大多数直接补助文法学校决定成为独立学校和选择性学校。这个决定使公学留下了一个比较好的印象，即有学术声望、与科学工作紧密结合、开设技术和现代学科等。“独立”意味着有活力、有进取心和开拓性。从此以后，“独立学校”比传统的“公学”这个术语应用得更加广泛。

一般说来，公学革命的主要内容包括以下几个方面。

第一，改善公学在英国社会中的公共关系。20 世纪 60 年代，公学所面对的已不是小部分贵族，而是整个社会发展带来的冲击。1962 年，“校长会议”任命了一位公共关系顾问，并于次年成立了“公共关系小组”，决心将公学引向社会。1964 年，公共关系小组撰写了《给公学委员会的建议》，反驳了公学委员会对公学的指控，并就公学如何为国家发展做出贡献提出了许多建议。1965 年，伊顿公学教师、历史学家 A. 贝克（A. Baker）就任公共关系小组主席。他主张公学应坚定地与保守党结成联盟，以此作为公学建立公共关系的突破口。1972 年 10 月，公学与其他各类私立学校一起成立了“英国独立学校信息服务社”，其职责是提供信息服务，但没有决策的义务和权力。“英国独立学校信息服务社”对于公学的意义不亚于 1869 年成立的“校长会议”。1974 年“独立学校联合委员会”宣告成立，其主要职能是为独立学校提供一个协商和沟通的平台。从此以后，公学抛弃了易受人抨击的“公学”名称，社会上广泛地把公学和所有私立学校统称为“独立学校”。

第二，改善师生之间的关系。长期以来，在公学内部师生之间的关系一直十分紧张，双方存在着严重的对立情绪。这也是公学受到公众谴责的一个主要方面。从 20 世纪 60 年代开始，公学里的师生关系变得逐渐友好，教师直呼学生姓名在公学历史上尚属首次。教师和学生第一次坐在一起共同探讨问题，学生不再像过去那样惶惶然如坐针毡，教师也不会用一种怀疑和不信任的眼光看待学生，他们对学生的态度变得友善和有“人性”了，许多公学中长期存在的体罚现象也已消失。同时，学生之间的关系也有所好转，高年级学生让低年级学生跑腿，或高年级学生殴打低年级学生的现象已大为减少。

第三，实行男女同校制。20 世纪 60 年代以前，所有公学都是单一性别的学校，著名的九大公学也毫无例外地属于男子学校。这种现象在二战后受到了批评，人们普遍认为这是一种性别歧视的做法，也是造成公学产生同性恋现象的罪恶根源。因此，实行男女同校成为公学革命的一项重要措施。1969 年，马尔伯勒公学校长约翰·但西（John Dancy）率先在其学校招收女生，以消除性别隔离现象。至 1979 年，在 210 所“校长会议”的成员学校中，已有 60 所招收了女生，其中 26 所已实行完全的男女同校教育。当时这些学校共招收了约 9000 名女生，占其学生总数的 7%左右。[①] 同时，女子公学也开始招收男生。

第四，放松对学生生活方面的限制。长期以来，公学对学生有许多强制性的规定，直至 20 世纪六七十年代才有所缓解。原先寄宿制公

① See John Rae, *The Public School Revolution: Britain's Independent Schools, 1964-1979* (London & Boston: Faber and Faber Ltd., 1981), p. 131.

学实行严格的封闭式教育，学生整个学期必须待在学校。从20世纪70年代开始，学生获得了一定程度的解放，他们可以经常回家。虽然90%的男子公学仍然实行校服制，但有时并不严格，校服本身也没有过去那么规范。学校对学生假期或周末的闲暇活动、抽烟、喝酒等方面的限制也有所放松。这样公学内部开始呈现出民主和谐的气氛，受到社会的普遍欢迎。

第五，强调课程的现代化。拉丁文、希腊文等古典学科已失去优势，科学、数学和经济学等科目备受重视；原来公学学生沉湎于撰写拉丁文诗歌，如今则热衷于编写计算机程序。20世纪70年代以前，人们批评公学忽视学生的智力发展；20世纪70年代以后，公学在追求高级水平学业成绩的同时，大量增加了各类文体活动，以确保学生综合素质的提高。这些努力使公学保持了大学升学的优势。20世纪70年代，在公学中通过高级水平考试的学生虽然只占同类学生的23%，却分别获得了牛津和剑桥大学50%与55%的学额。①

第六，加强与外部世界的联系。传统的公学是一座“孤岛”，学校生活几乎与世隔绝，学校与当地社区和公立学校少有来往。家长一般不能干预学校内部事务，也不允许与教师沟通。从20世纪60年代起，公学开始改变与外界隔绝的传统观念，注意倾听家长的意见，改善与当地社区的关系，增加了像公立学校那样的社会服务活动。同时，公学在课程表中也纷纷设立了社区服务项目。到1978年，据“校长会议”下属的社区服务小组调查，仅有3所独立学校对一些社区服务形式态度冷漠。

通过20世纪六七十年代的改革，公学从根本上摆脱了灭亡的命运，再次赢得了英国公众的青睐。1979年保守党上台执政后，公学的政治

① See John Rae, *The Public School Revolution: Britain's Independent Schools, 1964-1979* (London & Boston: Faber and Faber Ltd., 1981), p. 158.

压力已解除，公学革命随之宣告结束。经过“革命”后的公学，不再把自己视为凌驾于公共教育之上的高贵的教育机构，也不再把自己封闭于社会之外，而是在保持自己特色的同时，主动地与公共教育体制接轨，为现代社会培养高质量的人才。1997 年，当工党重新执政时，公学已牢固树立了良好的公众形象，工党政府也不再在取缔问题上为难公学。如今，公学以崭新的面貌和全新的教育理念，已深深扎根在英国的土壤之中。

从总体上看，这一时期的公学改革促进了独立学校的发展和独立学校系统的内部一致性，提高了独立学校的教育水准，大大增强了私立学校继续生存下去的信心。然而，公学革命并未触动公学乃至整个独立学校的阶级分离，绝大多数进入独立学校的学生仍取决于其家长的经济能力，独立学校在师资、设备和设施等方面的优势依然存在。埃德蒙·金指出：“特殊地位的法宝以及整套选择方法（包括考试，而更起作用的还包括雇主对求职者的口头审查，甚至包括雇佣中的一些不为人们所觉察的准则）仍在继续提高着独立学校以及非综合性学校（有些固执的地方教育当局还是想方设法用税收资助它们）的教育的‘价值’。”[①] V. 欧基伟（V. Ogilvie）在《英国公学》一书中指出：“就其为富有阶级子弟学习场所而多年享有的显赫地位看，就其品德培养和知识教育所具有的特点看，公学实施的乃是公认为英国独有的存在，而且仅仅存在于英国的公学教育，这种教育是主要产生于公学之内和为公学所传播的。如今公学虽被许多新建立的和公学性质相似的学校所环绕；但在一般人的评价中，公学依然有其特定的形态，和以往它们成为历代数种中等学校的核心，是一样的。”[②]

总之，独立学校以其高质量的教育，仍在发挥着与其自身数量不

---

① 埃德蒙·金：《别国的学校和我们的学校——今日比较教育》，王承绪等译，人民教育出版社，2001，第 248 页。

② 滕大春：《外国教育史和外国教育》，河北大学出版社，1998，第 295 页。

成比例的巨大影响。1983年，在英格兰和威尔士大约2400所私立学校中有515 000名学生，约占学生总数的6%。① 彼特·戈登等学者指出："在整个20世纪，尽管成立了一些调查委员会并发表了一些报告，尽管工党政府的政策和政治家们都反对私立教育，然而公学和其他缴费学校在英国教育和社会中仍然占有十分重要的地位。"② 邓特在《英格兰和威尔士的教育》一书中也说："在各种男生肄业的学校中，以往曾经有而现在仍然有一个中心，这是说一些甚有盛名、甚有声誉和甚为精选（虽则所受的重视稍逊于以往）的学校居于中心的一环。一世纪以前克拉伦敦所称道的九大公学，在今日依然在实际上保持着它们过去的风貌。"③

第五节　种族与特殊需要学生的教育

一、种族与种族教育

种族是人种与民族的总称。人种是一个生物学概念，是指具有共同身体特征（如肤色、头发、体型等）的人们，它是先天具有并由遗传决定的。民族是指具有共同文化背景的人们，其中包括语言、宗教、饮食习惯、共同的历史遗产和心理特征等，是后天形成并由社会环境造成的。从社会学的角度来看，人种是指由于社会或地理原因而在很长一段时间内互相通婚的那群人，这种通婚使他们发展成具有相同的

① See Geoffrey Walford, *Life in Public Schools* (London: Methuen and Co. Ltd., 1986), p. 5.

② Peter Gordon, Richard Aldrich and Dennis Dean, *Education and Policy in England in the Twentieth Century* (London: The Woburn Press, 1991), p. 210.

③ 滕大春：《外国教育史和外国教育》，河北大学出版社，1998，第295页。

外貌特征。民族是指具有共同文化特征而把自己看成并被别人看成属于同一个文化整体的那部分人。种族与民族既有联系，也有区别。种族属于生物学和人种学范畴，民族属于历史学和社会学范畴。种族也可以被理解为一组社会关系。个体和群体据此进行定位，并根据生物学的特征被赋予不同的属性或能力。种族差别不仅是描述人类差异的一种方式，也是重新塑造社会内部权力和不平等模式的重要因素。

英国是一个多人种和多民族混居的国家，其主体民族是英格兰人，少数民族有苏格兰人、威尔士人、爱尔兰人、盖尔人和犹太人等。英格兰人占全国人口的 80%以上，其由克尔特人、盎格鲁人、撒克逊人、丹麦人、诺曼底人等相互结合而成，主要居住在英格兰和威尔士，占这两个地区居民总数的 89%。苏格兰人占全国人口的 8.9%，主要由皮克特人和斯科特人结合而成，居住在不列颠岛北部的苏格兰地区。威尔士人占全国人口的 1.3%，由公元初就居住在威尔士半岛的金姆里人和不列颠人结合而成。爱尔兰人占全国人口的 4%，他们的祖先是公元前从欧洲大陆来到不列颠的斯科特人，与苏格兰人、盖尔人具有共同的族源，约 33.3%的爱尔兰人居住在北爱尔兰地区，其余分布在全国各大城市。盖尔人占全国人口的 0.2%，分布在苏格兰西北部的山区和赫布里底群岛，与苏格兰人族源相同，因此有时他们也被统称为苏格兰人。犹太人占全国人口的 0.8%，大多是 19 世纪末 20 世纪初来自东欧国家或 20 世纪三四十年代来自德国，主要居住在伦敦和其他大城市。其余约 4%是从西印度群岛、南亚次大陆、非洲英联邦国家迁来的黑人和亚洲人等。①

（一）种族问题

种族问题是随着大批外来移民到英国定居而产生的。在历史上，英国是一个向外移民的国家。帝国强盛时期大批英国人移居北美、澳

① 参见李毅夫等《世界各国民族概览》，世界知识出版社，1986，第 465—470 页。

大利亚、新西兰和世界上其他英属殖民地。1919—1930 年，共有 200 万移民离开英国本土到其他地方定居。与此同时，外国人也不断移居英国。20 世纪 30 年代（即纳粹迫害时期），不少犹太人逃离俄国和东欧来到英国。据一项调查估计，1933—1939 年大约有 6 万犹太人移居英国，但真实数字可能远远不止于此。在第一次世界大战中，英国招收了不少英属殖民地的人充当商船上的海员，其中很多是有色人种。他们后来定居于利物浦、卡迪夫、伦敦等海港城市。在第二次世界大战中，英国征召了许多来自西印度群岛的黑人在皇家空军服役，或在苏格兰山区伐木。战争结束后大部分黑人定居英国。

1948 年 6 月，一艘来自牙买加的轮船载来了 492 个黑人，从而掀起了二战后第一次向英国移民的浪潮。从 20 世纪 50 年代中期起，又增加了大批来自印度和巴基斯坦的移民。1955 年，移居英国的牙买加黑人、亚洲人和其他移民猛增到 42 650 人，他们聚居在伦敦、曼彻斯特和中部各郡。这些来自西印度群岛、南亚次大陆的移民被称为新英联邦移民，以区别于加、澳、新等英联邦国家的白人公民。虽然英国政府当时不愿对入境移民加以限制，但这些移民带来的住房、教育、公共服务等方面的问题，引起了保守党内一些人士的强烈反对。1958 年，在伦敦新英联邦移民聚居的诺丁汉区和诺丁希尔区，发生了白人与移民之间的种族冲突，成为轰动全国的大事。这次事件使得要求限制新英联邦移民的呼声更加高涨。1962 年 7 月，保守党政府颁布了英联邦《移民法》，以限制移民入境。该法令生效后，入境移民数量迅速下降。1965 年 8 月，工党政府也发表了《来自英联邦国家的移民》白皮书，规定限额发放工作许可证，加强入境管理。

1967 年，居住在肯尼亚的大批亚洲人（主要是印度人和巴基斯坦人）又掀起了移居英国的浪潮。1968 年 2 月，工党政府通过新的《英联邦移民法案》，宣布进入英国的肯尼亚籍亚洲人限额，即每年可以入境的英联邦亚洲人的数额为 1500，并只限于那些出身和家庭与英国有特殊关系的人，如父亲或祖父为英国人者可以优先入境。1970年，以希思为首的保守党上台后颁布新的《移民法》，规定将原先发放的就业许可证改为工作许可证，持证者不能在英国永久居留，其家属无权入境。此外，保守党还采取了一些防止非法移民入境的措施。1979年撒切尔夫人上台后，进一步加强了对移民入境的限制，如1980年规定只有出生在英国的妇女，或父母中有一人出生于英国的妇女，其外籍丈夫或未婚夫来英不是为了定居才能入境。1981年通过的《英国国籍法案》，加强了对来自前英国或其附属地区的人进入英国的限制，区分了英国公民资格与英国附属地的公民资格，并产生了“英国海外公民”这个范畴。英国海外公民是指居住在香港、马来西亚和新加坡的人，他们无权在英国定居，其子女也不能继承他们的公民资格。

据英国官方统计，至1983年，在英国的其他种族共326.1万人，占英国总人口的6%（见表12）。绝大多数移民家庭生活贫困、文化水平不高，在英国从事被白人视为低贱的工作，如勤杂、体力劳动、清洁卫生等。因此，他们无论在政治、经济还是文化上均低人一等，在工作单位、学校和公共场所也都遭受歧视。

表12 英国其他种族的构成① （单位：万人）

种族	人数	种族	人数
印度人	78.9	混血种人	19.8
西印度群岛人	51.0	非洲人	9.2
巴基斯坦人	35.3	阿拉伯人	6.9
华人	10.5	其他人	11.0
孟加拉人	8.3	不明种族的人	95.2

① 冉隆勃等：《当代英国——政治、外交、社会、文化面面观》，中国社会科学文献出版社，1990，第148页。

（二）反种族歧视

种族歧视在英国早已存在，但二战前由于居住在英国的有色人种较少，种族歧视和种族冲突问题并不突出。二战后随着大批新英联邦移民进入英国，种族关系便日益成为英国的一个社会问题。1948—1949年，在伯明翰、利物浦、贝德福德等地发生了白人与新英联邦移民之间的冲突，但规模不大。1958年，诺丁汉和诺丁希尔地区的种族冲突震动全国，迫使保守党政府把反种族歧视的问题提上议事日程。但保守党只是从限制移民入境方面采取措施，对于消除种族歧视没有采取任何行动，某些保守党议员还公开表示坚持种族主义立场。

工党反对种族主义的立场比较明确。1965年威尔逊政府制定《种族关系法》，规定在餐厅及影剧院等各种文化娱乐场所种族歧视为非法的，并成立种族关系委员会（Race Relations Board）来指导和监督《种族关系法》，由地方政府建立的社区关系委员会（Community Relations Commission）执行《种族关系法》。但总的说来，这个法案是很温和的立法。1968年，保守党议员伊诺克·鲍威尔（Enoch Powell）等人借大批海外移民进入英国之机，大肆煽动种族仇恨，使得英国的种族关系日趋紧张，工党政府处于两难的境地。同年，工党政府颁布了另一个《种族关系法》，规定在住房、就业、保险和其他社会服务方面禁止种族歧视，并赋予种族关系委员会调查种族歧视案件的权力，如果种族纠纷调解无效则可提交法院裁决。1976年，社区关系委员会主席马克·博纳姆卡特警告说，英国的黑人有40%出生于英国，他们不会为"换取较高的生活水平和某种就业的可能性而对二等公民的地位感到满意。他们是英国人，他们把'机会均等'这句话看作是正经话。我不怀疑我们没有跟上英国出生的黑人所希望达到的目标"①。就

---

① 阿瑟·马威克：《一九四五年以来的英国社会》，马传禧等译，商务印书馆，1992，第224页。

在这时，工党政府颁布了一项新的《种族关系法》，并成立种族平等委员会（Commission for Racial Equality）以取代原先的种族关系委员会和地方的社区关系委员会。在种族歧视问题上，新的委员会比以前拥有更大的调查权和强制实行调解的权力，它把反种族歧视的范围扩大到间接歧视方面，规定任何认为自己受到种族歧视的个人都可以向地方法院起诉。

虽然反对一切形式的种族歧视已载入了法律，违法者要受到法律制裁，但英国社会存在的种族歧视现象并不容易消除。一方面，种族冲突事件时有发生。1975年英国发生种族冲突事件2690件，以后数量逐年上升，到1979年为3827件。有的组织报告说，1980年平均每周发生种族袭击事件20—25次，1981年上升到平均每周50—60次。另一方面，为反种族歧视而设立的机构执法不严。例如，1969—1970年种族关系委员会受理了982项有关种族歧视的申诉，经过调查认为其中734项不属于种族歧视。种族关系委员会不愿运用法律手段解决歧视问题，至1972年，在2967案调查中仅有7案提交法庭。[①] 此后，种族关系委员会平均每年受理1000件左右申诉，但结果很少令人满意，因此它的威信并不高。1976年成立的种族平等委员会也受到人们的指责，因为该委员会的所有高级职位都被白人占据，黑人和其他人种只担任低级职务。1979年保守党上台后，种族平等委员会的工作不受重视且经费不足的现象更为严重。

20世纪70年代末，美国社会学家托马斯·科特尔（Thomas Cottle）对居住在伦敦的西印度群岛黑人进行一系列的调查后，出版了《黑人的证据》一书。在介绍调查经过时，他说：“在大不列颠，人们极少谈论种族问题，在日常交谈中也竭力避开它。要听某些人的，就

---

① 参见冉隆勃等《当代英国——政治、外交、社会、文化面面观》，中国社会科学文献出版社，1990，第151—152页。

会相信在联合王国内没有种族问题。要听另些人的，就听的是说这个问题无关紧要、容易解决，说它复杂又似勉强了点或者是被夸大了，或者说是不大理解。其实这些说法都不是。在同住在英国的西印度群岛人、巴基斯坦人、印度人和毛里求斯人的家庭交谈过的人中，没有人说他们的境况是无关紧要的、被夸大的或是不易理解的问题。”①

少数民族面临的最大问题是失业，其中黑人青年失业的比例最高。1984年，英国政策研究所发表了题为《英国的黑人与白人》调查报告，指出英国籍的黑人文化程度低、失业率高、生活贫困，他们聚居于衰败城市的中心区或大城市边沿的衰落区，从事最低等的工作，犯罪率也高。他们被称为“英国的黑人”而不是“黑皮肤的英国人”。1986年，一份关于伦敦哈克尼地区有色人种的报道说：“有些人一天只能吃一顿饭，他们住在没有暖气的潮湿的房子里或无家可归，穿着大拍卖时买来的别人不要的衣服，许多人把收入的40%—60%用于住房和燃料，而家庭日常开销只有20%……”② 这种情况在许多大城市的有色人种聚居区都有报道。1987年，第三届撒切尔政府表示要采取措施，在保持外来移民文化传统的前提下，鼓励他们更多地接受英国文化教育，否则他们在英国社会中将永远处于不利地位。

（三）种族教育

早在20世纪60年代初，英国联邦移民咨询委员会就向议会建议为移民子女的教育制定特别条款。自那时起，英国的种族教育运动开始把移民学生视为一个严重问题。因为许多黑人尤其是那些来自印度和巴基斯坦的移民，既不会说英语也不会写英语，以致被排除在学校教育之外。这批学生的数量估计达75万人，约占学生总数的8%。对于教育体制而言，这既是一种威胁，又是一种挑战。

---

① 阿瑟·马威克：《一九四五年以来的英国社会》，马传禧等译，商务印书馆，1992，第219—220页。

② John Osmond, *The Divided Kingdom* (London: Constable, 1988), p. 208.

在英国，种族教育意味着同化或融合外来的移民群体，使他们自觉维护社会不平等和珍惜主流社会的价值观、信念和制度。实践证明，种族教育可以成为社会控制和稳定的工具，是使移民学生或整个移民团体服从而非自由的工具。也就是说，英国学校中的种族教育是教育黑人学生永远成为二等公民（second-class citizen）。[①] 然而，在1976年《种族关系法》中并未提及种族教育，在有关多元文化教育的学术著作中，种族歧视的概念也似乎消失了。难道教育政策的制定与种族无关吗？一位经验丰富的地方教育当局顾问、卡瑞宾教师协会（Caribbean Teacher Association）前主席格瑞·戴维斯（Gerry Davis）认为并非如此。他指出："黑人并不希望从教育当局获得任何好处或特权，他们需要的是给予法定的权利。如果多民族聚居区的政府官员、顾问、督导者、校长和教师更多地关注黑人在教育法和反歧视法中享有的法定权利，就不会采取隔离政策……反歧视法中已经具体阐述了他们确认自己职责的政策。"[②] 事实上，在《种族关系法》中有很多概念可以适用于教育环境，并帮助教师和行政人员明确他们的职责。同时，该法案也提出了许多与反种族主义教育和多元文化教育密切相关的概念，如公平、正义和歧视等。

英国的种族教育（multiracial education）有三种模式，即同化（assimilation）、融合（integration）和文化多样性（cultural pluralism）。

1. 同化

从20世纪50年代初到60年代中期，英国主要采取同化政策。许多教育家认为，国家是一个统一的整体，政治和文化密不可分。因此，黑人或白人移民团体的文化传统只有被吸纳到本土文化中，才能使他

---

① See Madeleine Arnot, *Race and Gender: Equal Opportunities Policies in Education* (London: Pergamon Press, 1985), p. 50.

② Madeleine Arnot, *Race and Gender: Equal Opportunities Policies in Education* (London: Pergamon Press, 1985), p. 11.

们平等地参与国家的管理和建设。英国联邦移民咨询委员会在第二份报告中直截了当地阐明了同化政策。这份报告指出："一个国家的教育制度必须使公民在社会中找到合适的位置，能与其他公民一样行使权利和承担义务。如果他们的父母在另外一种文化传统中长大，就应该鼓励孩子尊重这种文化，但国家体制不应使移民团体的价值差异永久存在。"①

1973年，汤森德（Townsend）和布里坦（Brittan）在一篇报告中从三个方面阐述了他们对同化模式的看法：（1）应该鼓励移民（不管来自哪里）保持他们自身社会的传统和文化，或者通过教育逐渐使他们摆脱这种文化，转而接受移居国家的价值标准，因为90％的人在这里将度过他们的一生。20世纪的教育目标就在于使人类摆脱宗教或文化方面的智力"贫民区"（ghetto）。（2）假如移民希望被融入当地社会，实践证明用教育的方式是可行的。不列颠的生活特性可通过历史、地理和社会学科来传授。由于教育目的是促进社会融合，因而课程中没有亚洲历史或地理，但我们并不排除在家庭中出现的分离倾向。（3）我们竭尽全力创造一个融合的社会，使大多数学生在保留其种族与宗教"特性"的同时认为自己是英国人。教师必须意识到这种差别，但在教学中注意不要制造分裂。这样我们的历史和人文学科的发展将基本上保留英国特色和以欧洲为中心。② 尽管汤森德和布里坦的研究在许多方面并不完善，但他们认为许多教师对社会已形成了自己的看法，包括通过各种形式的融合实现完全同化等。布里坦后来进行的一项研究表明，占相当大比例的教师对移民学生怀有敌意和抱有成见。他们认为，如果不同化这些移民学生，将对所有白人学校和社会的正常运

---

① Madeleine Arnot, *Race and Gender: Equal Opportunities Policies in Education* (London: Pergamon Press, 1985), p. 40.

② See Madeleine Arnot, *Race and Gender: Equal Opportunities Policies in Education* (London: Pergamon Press, 1985), p. 41.

行构成很大威胁。这种态度导致了一些缺乏理智的做法，如在学校菜单上只有英式食品而强迫印度教徒（Hindu）和穆斯林（Muslin）教徒的子弟吃猪肉与羊排，强迫穆斯林女孩洗淋浴等。

许多教育家、政治家和从事种族研究的学者认为，同化理论体现了一种关于社会稳定的理念。与英语教学同时进行的文化灌输和文化服从方案，有助于抵消亚文化的吸引力，并在学校内产生较大影响。主流群体语言的支配不仅意味着移民子弟可以从学校教育中受益，更重要的是它有助于减少异族群体对教育和社会制度构成的威胁。然而，在 20 世纪 60 年代初期曾流行这样一种观念："认为大批移民孩子出现在同一个班级减缓了正常的工作进程，并妨碍了整个班级的进步，尤其是他们不能流利地说或写英语。这本身对班上的所有孩子是不公平和令人不愉快的。"① 1963 年 11 月，当时的教育大臣爱德华·波伊告诉议会："如果条件允许，一所学校里的移民儿童不宜超过 30%，这从教育的角度考虑也是合理的……如果其他学校有空额而强迫本地出生的父母把孩子送入移民区学校，无论从政治还是法律方面来看，这都是不可能的。"② 后来，英国政府在《1965 年第 7 号通告》中正式宣布采取分散（dispersal）政策。通告指出："如果非移民孩子的父母觉得在实践中采取的措施能处理学校中的问题，而且自己孩子的进步并非由于全体教师像对待移民孩子的语言和其他困难那样专注换来的，那么这种政策将是有益的。"③ 因此，在大量移民孩子涌入学校的情况下，为保持学校教育的水准，必须采取一些特殊措施来教会他们英语。

---

① Madeleine Arnot, *Race and Gender: Equal Opportunities Policies in Education* (London: Pergamon Press, 1985), p. 43.

② Madeleine Arnot, *Race and Gender: Equal Opportunities Policies in Education* (London: Pergamon Press, 1985), p. 43.

③ Madeleine Arnot, *Race and Gender: Equal Opportunities Policies in Education* (London: Pergamon Press, 1985), p. 43.

2. 融合

20世纪60年代中期，许多政治家包括前内政部长罗伊·詹金斯和大多数教师开始拒绝接受种族主义者的同化方式而主张融合政策。詹金斯认为，我们需要的“不是乏味的同化过程，而是在相互宽容气氛中的机会平等与文化多样性”①。换句话说，那种一直影响同化主义者的文化优越感，应该为更加自由和博爱的文化宽容（culture tolerance）所取代。而且，与早期思想不同的是，融合主义者认为机会均等并不存在，种族主义者的观点和实践实际上阻碍了机会均等形式的发展，以及和谐与平等社会的创造。融合主义者试图把重点从社会和文化强制转向政治融合，认为要获得平等必须通过提供平等的教育、社会和经济机会。这样移民群体通过与不同主流群体的不断磨合，才能在社会中获得一席之地。

在詹金斯最初的融合政策里，尽管“文化多样性的统一”这一术语似乎是对社会限度（ends）的一种清晰表述，但它与同化主义者关于社会政治和文化不可分割的观念几乎没有区别，其不同之处仅在于融合的程度而已。根据这种观点，政治多元化妨碍了政治融合，而对文化多样性的宽容既不会阻挡政治融合的进程，也不会反对以盎格鲁为中心的社会文化优越性。也就是说，这种政治命令式的同化模式依靠彻底的文化征服。事实上，正如同化主义者所宣称的，完全认同和最终的文化吸纳是社会稳定和民族统一的先决条件。稳定是建立在我们都认同的价值观基础之上。所有融合主义者认为，这些主流价值观和信念可以通过制定相互宽容的政策，以及尊重其他文化价值观与信念来加以强化。简而言之，我们的社会和风俗赖以存在的政治与经济价值观，需要同其他宗教信仰、文化习俗等分开，并且必须不惜代价保

---

① Madeleine Arnot, *Race and Gender: Equal Opportunities Policies in Education* (London: Pergamon Press, 1985), p. 44.

护那些最重要的价值观，也要说服移民学生和成年人去遵从。

1965年，英国教育和科学部出版了《移民的教育》（*The Education of Immigrants*）一书，虽然该书未给移民的“融合”这个名词以准确定义，但它却将“融合”确定为一个社会目标，而学校在实现这个目标方面将发挥重要作用。学校最初试图通过帮助移民成为英国人来执行融合的方针，它们一方面向移民讲授足以使他们能够成功地在英国生活的那些内容，同时尊重他们的生活方式和宗教；另一方面又努力减少英国儿童对有色人种的歧视。在哈德斯菲尔德的一所学校，各少数民族的宗教节日受到了尊重，并且以此作为这些移民团体互相学习的起点，其目的在于彻底改变那些建立在无知和缺乏见识基础上的僵化态度。只要教师在这两个方面取得成功，那么移民将变得稍微“英国化”，而英国人的敌意也将有所减少。

此外，在英国学校的教育目标中，还阐释了教育机会均等的含义。对于移民学生而言，这意味着尽快提高他们的主流文化意识、语言和算术技能、白人中等阶级的价值观等，以便取得较好的学术成绩，或者通过普通教育证书考试进入大学。教育机会均等还意味着所有人都有“平等”的机会获得学校提供的服务、设备和资源等，并达到中等阶级社会的教育目标。那些希望取得社会和学术成就的人，在享有平等机会之前便需要认同和接受学校的理念。在这种意义上，融合意味着抑制个人所在社会的文化特征，而顺从主流文化的控制。

3. 文化多样性

由上可知，英国的移民主要来自西印度群岛，尤其是牙买加、印度、巴基斯坦、孟加拉国及西非。这些移居者都是有色人种，他们集中在伦敦、伯明翰、利物浦和利兹等大城市。他们的到来造成了许多社会问题，尤其是在居住和教育方面。在有些学校，由移民儿童所组成的班级占三分之一甚至半数以上。来自东方的移民主要是印度教徒或穆斯林，他们的文化模式不仅与英国的文化差别很大，而且与来自西印度群岛、非洲、塞浦路斯等其他移民群体的文化也有很大的不同。这些不同的少数民族群体，其移居目的也不一样。例如，许多西印度群岛人指望同化于移民地文化，并被看作是英国公民；而不少印度人则旨在挣更多的钱，同时又希望能作为一个独特的社会团体而存在。

与同化主义者把社会看作政治与文化的统一体不同，多元文化论者主张社会是由具有不同文化特征的群体组成。在一个多元文化社会，应允许差异的存在和保留不同群体的文化、传统和历史。在教育实践中，这种以文化多样性为出发点，依据受教育者不同的文化背景和文化特征所实施的教育，通常称为多元文化教育（multicultural education）。美国社会学家詹姆斯·A. 班克斯（James A. Banks）认为，多元文化教育建立在以下观念的基础之上：第一，任何文化都是由众多不同的文化群体组成的，是不同文化之间形成的一个相互联系的整体；第二，文化多样性与不同团体间的交互作用巩固了社会结构；第三，要求社会关系和机会均等是所有公民不可剥夺的权利；第四，权利应在各个种族群体成员之间均等分配；第五，教育系统为民主社会延续所需要的态度和价值提供了批判作用；第六，教师和其他教育工作者必须在创设多元文化的社会环境方面扮演重要角色。①

然而，在英国建立一个多元文化的社会并不容易。无论是西印度群岛人、巴基斯坦人、印度人、非洲人，还是整个黑人群体，在任何方面都不可能像白人主流群体那样获得同等权力。即使我们把文化多样性看作一种重要的与融合主义不同的多民族教育模式，在白人社会中的移民群体及白人学校中的移民学生，也显然不能发扬他们自己的文化传统，除非他们得到白人社会特别是白人主流群体的认可、赞同和鼓励。因此，建立在文化多样性模式基础上的权力假设（the power assumption）被大多数英国白人解释为一种巧妙的文化融合形式。

① 参见郑金洲《教育文化学》，人民教育出版社，2000，第221—222页。

总之，英国的社会权力掌握在白人群体的手中。白人群体和白人学校坚持认为，移民群体和移民学生可以被同化或融合，但资本主义社会和种族社会的真正权力是不可分割的。因此，尽管被一些陈腔滥调和动听的目标所掩饰，以上三种种族教育模式实际上是三种权力模式（power model）。它们是白人主流群体为了保护他们的权力和保持白人社会的延续性而设计的权力模式。①

有许多事实表明，实现种族教育平等是一个综合的社会问题。1964 年，以詹姆斯·S. 科尔曼（James S. Coleman）为首的美国社会学家成立了一个调查小组，负责对教育机会的种族不平等进行调查。研究者从近 4000 所学校、约 57 万名学生和 6 万名教师中收集了数据，发现黑人与白人学生的成绩确实存在着较大差距，84％的黑人学生成绩低于一般白人学生的成绩。但令研究者感到惊讶的是，白人与黑人学生成绩的差别主要取决于他们的社会阶级背景，而不是学校条件如校舍、图书设施、实验设备、班级大小及师资水平等。科尔曼指出："学校对孩子的学习成绩只有很小的影响，而家庭背景和社会环境却与此有着密切的联系……这就是说，家庭住宅区和同样的评价强加给孩子的不平等左右着他们以后的生活和职业。"② 科尔曼的调查结果表明，推行种族教育并不仅仅是学校的功能，而需要社会各方面的共同努力，实现教育平等是一个综合的社会问题。只有增强本民族的文化意识，提高本民族的自豪感与自信心，在经济和政治等方面取得平等，才能最终实现平等。

美国学者理查德·马斯格雷夫（Richard Musgrave）则认为，种族教育的主要问题或许是英国儿童家长对移民的歧视，因为他们普遍对

---

① See Madeleine Arnot, *Race and Gender: Equal Opportunities Policies in Education* (London: Pergamon Press, 1985), p. 50.

② 张维平主编《平衡与制约——20 世纪的教育法》，山东教育出版社，1995，第 261 页。

有色人种怀有敌意，并坚持这样一种观点：高比例的未受良好教育的儿童，尤其是文化差异很大的移民团体儿童，将会降低他们自己孩子所受教育的质量。[①] 1965年，卡娃（Kawwa）进行的一项研究表明，对于肤色和种族的态度是在儿童早期学会的。他将一组中小学的英国儿童与一组移民儿童进行比较，发现儿童早在7岁时便存在种族偏见。英国儿童持有这样一种观点，即移民的表现符合诸如“他们肮脏”或“他们占去了我们的住房和职业”等评论，而这显然是从他们父母那里学到的。移民儿童则认为当地的儿童不友好、不平等待人。在中学里，移民儿童仅仅在他们自己民族的圈子内选择朋友，但问题的复杂性并非仅限于此。在伯明翰进行的一项研究表明，虽然儿童们相互之间早在青春初期便在校内不拘民族界限地建立了友谊，但他们却未将校内的友谊带到校外的休闲活动中去。在学校中容易进行民族的融合，但在家庭中却易于出现种族分离。在许多情况下，家庭的规范似乎胜过在学校中学会的行为模式，所有种族儿童的家长（白人或黑人）都认为，无论是公认的文化模式或是父母的权威，都将由于认可这些友谊而不知不觉地受到那些在学校中学会的行为模式的破坏。

二、特殊需要学生的教育

严格说来，特殊需要学生的教育是指对身心发展异常的儿童所进行的教育。它既包括身体、智力发展超常儿童的教育，即所谓“天才教育”；也包括品德和行为有问题的少年犯罪教育，以及对身体残疾、智力落后儿童的教育。这里的特殊需要学生的教育，主要是指对生理和心理各方面发展有缺陷的儿童所进行的教育。这些缺陷包括视觉、

---

① 参见瞿葆奎主编，陈桂生等选编《教育学文集·教育与社会发展》，人民教育出版社，1989，第482页。

听觉、肢体、精神、语言等方面发展所存在的障碍。

在1944年以前，地方教育当局的职责在于查明由于心智缺陷或身体缺陷以及患有严重的癫痫病，而不能在公立初等学校学习的儿童，并负责为五种类型的缺陷儿童——盲童、聋童、身体缺陷、心理障碍和患癫痫病，提供特殊教育设施，但以上职责只限于5岁及5岁以上的残疾儿童。

《1944年教育法》的颁布对缺陷儿童教育产生了重大影响。1958年，一位颇有见地的评论家指出："1944年，也许没有人预料到，从作为社会一个部分的新教育法中获得最大好处的会是缺陷儿童，但事实恰恰就是这样。"[①] 该法案明确规定，缺陷儿童接受义务教育的年龄与正常儿童相同，在16岁以前不得被视为义务教育超龄学生，特殊学校的儿童未经地方教育当局许可不得退学。为缺陷儿童提供特殊教育设施是地方教育当局的职责，法案要求各地方教育当局"必须确保为身体缺陷或心智障碍的学生设立特殊学校，或者提供特殊教育设施，即为每个残疾的儿童提供适合他们特点的特殊教育方法"[②]。

为保证每一个缺陷儿童都受到合适的特殊教育，《1944年教育法》规定地方教育当局负责查明本地区的特殊学生。"为了履行这项职责，为此受命于地方教育当局的官员，可以将书面通知递交到2岁以上儿童的家长手里，要求家长带领孩子接受地方教育当局医官的检查，诊断孩子是否身心残疾，并且确定身心残疾的性质和程度。如果收到书面通知的家长违反通知要求而无正当理由，他将立刻受到5英镑以下的罚款。"[③] 该法案还责成国务大臣制定规章，确定几种特殊学生的定义，并且规定适合各种特殊学生的专门方法。据此，缺陷儿童被划分为十

---

① 邓特：《英国教育》，杭州大学教育系译，浙江教育出版社，1987，第113页。

② 邓特：《英国教育》，杭州大学教育系译，浙江教育出版社，1987，第109页。

③ 瞿葆奎主编，金含芬选编《教育学文集·英国教育改革》，人民教育出版社，1989，第171—172页。

大种类：盲童、视觉障碍儿童、聋童、部分听觉障碍儿童、弱智儿童、患癫痫病的儿童、心理失调儿童、身体缺陷儿童、言语障碍儿童和身体羸弱儿童。然而，到20世纪70年代时这种固定的分类方法遭到不少人反对。

1973年11月，英国成立了以牛津大学圣休斯学院高级研究员H. M. 沃诺克（H. M. Warnock）为主席的调查委员会，就有关特殊教育问题进行调查并提出建议。沃诺克委员会是英国历史上政府任命的第一个调查所有缺陷儿童教育的委员会，其成员27人均为有关方面的专家。该委员会受权调查的范围是：（1）考察英格兰、苏格兰和威尔士为丧失生理或心理能力的青少年所提供的教育，既考虑他们的医疗需要，也考虑为他们今后就业所做的安排；（2）考虑最有效地使用为这些目的服务的资源；（3）提出一些建议。1978年3月，该委员会提交了一份题为《关于缺陷儿童及缺陷青少年的教育》（"Report of the Committee of Enquiry into the Education of Handicapped Children and Young People"）的报告，也称《沃诺克报告》（"The Warnock Report"）。

该报告指出，鉴于有许多儿童患有一种以上的残疾，分类标签一旦贴上就趋于固定，并将导致"缺陷"与"正常"的永久化，这种分类应该立即停止，而代之以一种从医学、心理学和教育学角度综合考虑的分类方法。报告建议：（1）只要有可能，缺陷儿童应与正常儿童一起接受教育；（2）缺陷儿童家长应成为缺陷儿童教育的合作者；（3）特殊教育课程应成为教育培训的一个组成部分。

报告认为教育是一种善行，而且是一种人类特有的善行，是所有人都享有的权利；教育对于那些有严重缺陷的儿童负有一种明确的责任。报告提出了一种更为广义的特殊教育概念。"我们关于特殊教育的看法……包含了整个范围和各种形式的额外帮助，无论它是在哪里提供的，以及无论它是全日制的还是部分时间制，儿童在它的帮助下能够战胜教育上的困难，不管这些困难是怎么造成的。因而，我们的看法包含了为那些以前曾被认为是捣蛋鬼的情绪失常或行为失常的儿童，以及那些迄今被认为需要矫正而不是特殊教育的儿童提供教育上的帮助。我们认为这两类儿童都需要特殊教育。”① 报告把缺陷儿童和非缺陷儿童放在一起进行教育的做法称为“合并”。“某些有缺陷的儿童，通过我们提倡的合并教育，也许能够过上在质量上与非缺陷儿童不相上下的生活，而没有这种教育，他们就可能依赖别人甚至在慈善机构生活。……缺陷儿童家庭的其他成员也认为，通过把一个有严重缺陷的儿童吸收入正常教育系统的过程，可能有助于保持他们家庭的有效、稳定与和谐。”②《沃诺克报告》在英国特殊教育政策与实践的发展史上是一个里程碑。这份报告发表后受到广泛欢迎，并于1980年得到政府批准。

20世纪80年代以前，缺陷儿童主要是在特殊学校接受教育。特殊学校一般由各地方教育当局、自愿团体和医院创办，其中绝大多数是由地方教育当局创办。1947年，在伦敦南郊克罗伊顿创办的圣·玛格丽特学校，是第一所专门为大脑麻痹儿童开设的寄宿学校。1948年，在伯明翰建立的卡尔森之家也是第一所专门为大脑麻痹儿童开办的走读特殊学校。同年，在萨里郡（Surrey Shire）的奥克斯特开设的摩尔寄宿学校则专门接受严重言语缺陷儿童。1949年，伯克郡（Berk Shire）地方教育当局在纽伯里附近创办了第一所聋童护理寄宿学校。在伯克郡的纽伯里和萨里郡，地方教育当局还为已达到中学年龄且具有学习能力的聋童，设立了男女同校的玛丽·黑尔文法中学和伯伍德公园学校，并为耳聋的男生提供技术教育。1951年，沃里克郡地方教育当局在考文垂附近为视觉障碍儿童，创办了埃克斯霍尔·格兰奇寄

---

① 瞿葆奎主编，金含芬选编《教育学文集·英国教育改革》，人民教育出版社，1989，第425—426页。

② 瞿葆奎主编，金含芬选编《教育学文集·英国教育改革》，人民教育出版社，1989，第424页。

宿特殊学校。1959 年，在德文郡的艾维布里奇建造了第一批特地为大脑麻痹儿童设计的教学大楼。1961 年，在苏塞克斯郡的比林休斯特为弱智儿童创立了英格弗尔特庄园。全国还有许多寄宿特殊学校接受大脑麻痹儿童和患有其他生理缺陷的儿童。1965 年，“全国孤僻儿童教育协会”在伊林开办了第一所孤僻儿童学校。

与此同时，英国专门设立了一些机构为缺陷儿童提供义务教育后的学习机会。1963 年，“大脑麻痹者协会”在肯特郡汤布里奇附近的丹尼公园，为有身体缺陷的 16—17 岁中学毕业生开办了继续教育中心。1964 年，伦敦郡议会也开始为毕业于特殊学校的耳聋学生提供全日制继续教育课程，伯明翰、曼彻斯特和沃克索普（Worksop）等地纷纷仿效。

特殊学校分为寄宿和走读两种类型。英国政府的政策是：“在需要特殊学校的地方，如果走读学校能提供令人满意又切实可行的措施的话，则以设立走读的特殊学校为好。”① 因为这种学校不剥夺缺陷儿童正常的家庭生活。寄宿的特殊学校应留给那些没有其他选择余地的缺陷儿童。1973 年以前，特殊学校每个班级的学生数比普通学校班级人数少，如耳聋儿童每班控制在 10 人之内，身体缺陷儿童班级人数在 20 人之内。此后出现了一种更为灵活的师生比例，允许学校根据学生所从事的活动来改变班级大小。

像普通学校一样，为缺陷儿童开办的特殊学校也存在校舍陈旧与不足的问题。1970 年颁布的《缺陷儿童教育法》规定，从 1971 年 4 月 1 日起把原来没有法律义务的弱智儿童纳入教育范畴。据统计，当时 3.5 万名弱智儿童中约有 2.7 万名正在各地卫生局管辖的 425 个“初级训练中心”接受某种形式的教育；另有 8000 名住在为智力缺陷者特设的医院，其中约 4000 名在医院附属学校上学，其余 4000 名则没有受正

---

① 邓特：《英国教育》，杭州大学教育系译，浙江教育出版社，1987，第 112 页。

规教育。[①] 为帮助地方教育当局建造一些新的特殊学校，英国政府提出加速发展英格兰和威尔士特殊学校的建筑方案，计划投资从1972—1973年的1100万英镑增加到1976—1977年的1900万英镑。[②]

除了特殊学校之外，也有一部分缺陷儿童在普通学校就读。这里分为两种情况：一是缺陷儿童与正常儿童编入同一个普通班级，二是在普通学校附设特殊班级或特殊教育部。这种把特殊教育与普通教育合二为一的做法，在英国称为“一体化”或“合并”（Integration），与20世纪70年代欧美一些国家提出的“回归主流”（mainstreaming）[③]思想一致。《1944年教育法》规定：“在可行的范围内，地方教育当局为各类特殊学生所做的安排将保证严重残疾的学生在特殊学校内受到适合他们的教育，但是，假如这样做行不通或学生不是严重残疾，可以做出安排，保证在地方教育当局维持的学校内或不是地方教育当局维持的学校内提供这种教育……”[④] 也就是说，缺陷儿童如果在特殊学校不能顺利地接受教育，就应送他进入普通学校。《1976年教育法》从法律上承认了这种“一体化”政策。它规定，如果地方教育当局为缺陷儿童所做的特殊教育安排无法实行，或者与学校有效的教学相矛盾，或者会导致不合理的公共开支，那么这些学生可以在地方或民办学校接受教育。《沃诺克报告》得出的结论是：大约有20％的儿童在某些时候会需要某种形式的特殊教育，因此绝大多数缺陷儿童可以而且应该在普通学校就读。

---

① 参见邓特《英国教育》，杭州大学教育系译，浙江教育出版社，1987，第118页。

② 参见瞿葆奎主编，金含芬选编《教育学文集·英国教育改革》，人民教育出版社，1993，第344页。

③ 主张使绝大多数缺陷儿童尽可能在普通学校或普通班级与正常儿童一起学习，使他们从小就能在普通社会中学习和生活，从而达到让特殊教育支流回到普通教育主流的目的。

④ 瞿葆奎主编，金含芬选编《教育学文集·英国教育改革》，人民教育出版社，1993，第171页。

《沃诺克报告》还区别了三种主要的"一体化"形式：第一种形式是场所合并，即在一所普通学校里设立特殊班级或特殊单位，或者一所特殊学校与一所普通学校共用一个校舍；第二种形式是社会合并，即参加特殊班级或单位的儿童与其他儿童一起用餐、游戏和交往，并和其他儿童一起参加有组织的课外活动等；第三种形式是功能合并，这种合并只有在缺陷儿童与他们的同伴由场所合并和社会合并发展成联合参加教育计划时才能取得。① 报告认为，上述三种形式并非孤立的，而是相互联系和相互交叉，尽管每种形式本身都是有效的，但它们代表了三个逐渐联合的阶段。《沃诺克报告》发表后，在普通学校就读的特殊儿童逐年增多。1982 年在普通公立学校就读的特殊儿童有近 3 万人，1989 年增加到 4.7 万人。②

为了使教师能胜任在特殊学校或普通学校对缺陷儿童进行教育的工作，英国十分重视特殊教育的师资培训。早在 1954 年《关于缺陷儿童教师的培训和供给》报告中，全国师资培训和供给咨询委员会（National Advisory Council for the Training and Supply of Teachers）就提出："希望进特殊学校工作的教师，在具备了普通学校的教育经验和一定的教育缺陷儿童的初步经验之后，还必须另外接受一种全日制课程的培训。"③《沃诺克报告》指出："在普通学校里为了满足应该得到特殊教育帮助的学生的需要，我们深刻地认识到有必要提供合格的教师及各种辅助设备。这些教师必须在特殊教育方面受过特殊的训练或具有实际的经验。"④

---

① 参见瞿葆奎主编，金含芬选编《教育学文集·英国教育改革》，人民教育出版社，1993，第 427—428 页。

② 参见李家永《当今英国教育概览》，河南教育出版社，1994，第 190 页。

③ 邓特：《英国教育》，杭州大学教育系译，浙江教育出版社，1987，第 119 页。

④ J. Stuart Maclure, *Educational Documents: England and Wales 1816 to the Present Day* (London: Methuen and Co. Ltd., 1986), p. 411.

1964 年，“大脑麻痹者协会”捐赠了 60 万英镑给伦敦大学教育学院，主要用于对大脑麻痹儿童的研究和培训缺陷儿童教师。由于得到该协会的慷慨捐助，1970 年伦敦大学教育学院开始为专职教师开设学位及文凭课程，以培训弱智儿童、心理失调儿童、身体缺陷儿童、聋童和部分听觉障碍儿童方面的教师。1967 年，“大脑麻痹者协会”还在剑桥郡的罗伊斯顿附近创办了梅尔德雷斯师资培训学校，这是英国第一所为严重低能的大脑麻痹儿童培训师资的寄宿学校。1971 年 4 月，3000 名严重弱智儿童教师从卫生与社会安全部转到地方教育当局工作，其中约有 1000 名教师获得“心智缺陷儿童教师培训委员会”颁发的文凭。① 持有这种文凭并有 5 年或 5 年以上教育严重弱智儿童经验的教师，教育和科学部就授予他“合格教师”称号。但实际上，1977 年英格兰和威尔士仅有 22％的特殊学校教师持有特殊教育的教师合格证书，苏格兰约为 50％。②

进入 20 世纪 80 年代后，英国的特殊教育得到了很大发展。1980 年 8 月，英国政府向议会提交了题为《教育中的特殊需要》（*Special Needs in Education*）白皮书，其基本精神与《沃诺克报告》是一致的。1981 年颁布的教育法体现了白皮书和《沃诺克报告》的基本精神，并成为英国关于特殊教育的主要立法。英国政府信守《1981 年教育法》的一般原则：“强调儿童个体的需要；地方教育当局有义务为特殊教育需要进行鉴定、评估和提供教育设施；参加在这个过程中的家长有作为伙伴的权利；要求有特殊教育需要的学生应在最大可行的程度上和他们在普通学校的同辈一起接受教育；需要对目前的安排随时检查，

---

① 参见邓特《英国教育》，杭州大学教育系译，浙江教育出版社，1987，第 119—120 页。

② See HMSO, *Special Education Needs: Reports of the Committee of Enquiry into the Education of Handicapped Children and Young People* (London: Her Majesty's Stationery Office, 1985), pp. 223-224.

使教育实施对个体儿童的需要和家长的愿望相一致。”①

1992年英国政府发布的教育白皮书《选择与多样化——学校的新框架》(*Choice and Diversity—A New Framework for School*)，对于有特殊教育需要的学生做出了明确规定：(1)政府保持信守有特殊教育需要的学生应最大限度地在普通学校接受教育的原则；(2)任何被提名的公立学校，应接纳有特殊教育需要的儿童；(3)地方教育当局有义务为有特殊教育需要的儿童提供足够的学额；(4)国务大臣有权制定法规，使特殊学校能申请直接拨款学校的地位；(5)国务大臣有权要求地方教育当局或学校基金会提出特殊学校的合理化建议。② 1992年7月，教育和科学部又发表了《特殊教育需要》磋商文件，并提出了如下建议：(1)改善目前对有关特殊教育需要儿童的评估和记录安排；(2)提供比较灵活的评估安排和各种不同形式与内容的记录，以便考虑不同于现在要求的特殊教育设施；(3)给予家长为子女选择某一特定的普通或特殊学校的权利；(4)对于那些不满地方教育当局决定的家长，提供前后一致的和全面的申诉权利；(5)对于希望把子女调离报告中提名的特殊学校的家长，不再要求取得地方教育当局的同意。地方教育当局将保留鉴定和评估有特殊教育需要的学生，以及为他们安排特殊教育设施的责任，包括安插学额、复查记录和重新评估。③

另从1994年4月起，所有由地方教育当局维持的特殊学校都将实行学校自主管理计划。它们将按公式接受经费资助，有些特殊学校将被授权自主管理。一旦特殊学校被授权自主管理，就给予它们组织家

① 吕达、周满生主编，刘立德、邹海燕副主编《当代外国教育改革著名文献(英国卷)》(第二册)，人民教育出版社，2004，第210页。

② 参见吕达、周满生主编，刘立德、邹海燕副主编《当代外国教育改革著名文献(英国卷)》(第二册)，人民教育出版社，2004，第209页。

③ 参见吕达、周满生主编，刘立德、邹海燕副主编《当代外国教育改革著名文献(英国卷)》(第二册)，人民教育出版社，2004，第210—211页。

长就直接拨款学校地位进行投票的选择机会。学校基金委员会和地方教育当局将共同关注获得特殊教育设施的需要，并保证为本地区各学校有特殊教育需要记录的学生维持必需学额的责任。直接拨款学校董事会将保留为有特殊教育需要的学生获得合适的教育设施的责任，还将随时检查学校提供的特殊教育设施，并提供地方教育当局和学校基金委员会有关的信息。

第四章　20 世纪 80 年代以来英国新保守党与新工党的中等教育政策

二战后，英国保守党和工党各执政 17 年，在政治上平分秋色。1979 年，以撒切尔夫人为首的保守党重新执政。撒切尔夫人上台后，大刀阔斧地推行了一系列新的改革措施。在政治上，改革福利制度、整顿文官系统；在经济上，改革税制、鼓励自由竞争和发挥市场机制作用；在教育上，对战后根据《1944 年教育法》构建起来的英国教育体制进行改造，颁布了《1988 年教育改革法》，实行全国统一课程、国家统一考试和教育私有化政策。20 世纪 80 年代后期，盛极一时的撒切尔主义开始衰落，90 年代沉寂多年的英国左派在政坛卷土重来。1997 年，工党领袖安东尼·布莱尔成为首相，结束了英国保守党连续执政 18 年的历史。1998 年，布莱尔出版了《第三条道路：新世纪的新政治》一书，详细阐述了工党的政治思想。“第三条道路”是两种对立的发展道路或政治主张之间的一种折中或改良主义思潮，在其影响之下的英国教育政策同样体现了这种“折中”。

从总体上看，撒切尔主义在教育政策上主张将市场机制引入教育领域，建立教育的社会市场，通过竞争促使学校提高教育质量和办学效益，也通过竞争实行优胜劣汰。新工党政府则不主张遗弃薄弱学校，它在教育政策上鼓励所有的学校改进办学，特别是强调薄弱学校的建设，以帮助那些处境不利的学校摆脱困境。新制订的教育发展目标与策略明确反映了新工党政府的教育主张：既要给学校压力，又要给学校支持，最终让每一所学校都成功。与撒切尔主义影响下的教育政策相比，新工党的教育政策更加注重教育机会的均等，更加注重教育的民主化和全民化。新工党政府提倡“通过教育、培训和工作，给予每个人机会来充分发挥他们的潜力，在此基础上建立一个包容的、公平的社会和具有竞争性的经济”①。同时，新工党强调家长、学校和社会要各承担一部分责任。在 1997 年的工党代表大会上，布莱尔指出：“一个合理的社会不应该以权利为基础，而应以责任为基础，即人与社会之间的相互责任。”② 作为基本的价值观念和道德基础，“权利与责任平衡”的思想贯穿于“第三条道路”的基本理论和政策主张，成为新工党制定各项改革政策的思想基础。

第一节 新保守主义与哈耶克新自由主义的复兴

一、新保守主义

新保守主义（Neo-conservatism）是当今世界最具活力的政治意识形态，它虽然没有造就像柏克这样的人物，但它的确对西方社会产生了重大影响，并在西方世界掀起了一场新的持续的保守主义运动。

新保守主义是对二战后流行于西方社会的混合经济和高福利国家的反动。混合经济和福利制度造就了庞大的政府、高税收、无休止的管制、国有化及其带来的低效率和高成本。占很大比例的国营企业、国家垄断、国家计划和国家补贴，使政府和国有经济不仅不能造福于

---

① Tom Burden, Charlie Cooper and Steph Petrie, *"Modernising" Social Policy: Unravelling New Labour's Welfare Reforms* (Aldershot: Ashgate Publishing Ltd., 2000), p. 130.

② 安东尼·吉登斯：《第三条道路：社会民主主义的复兴》，郑戈译，北京大学出版社，2000，第 68 页。

社会，反而成为纳税人的巨大负担和吸吮社会财富的无底洞。其后果导致了 20 世纪 70 年代持续的经济危机、失业剧增和通货膨胀，即通常所说的“滞胀”（一般是指停滞性通货膨胀，即物价上涨但经济停滞不前）。与此同时，自由企业制度被官僚制度所窒息，被过度的税收所压垮，被国有垄断行业所盘剥；个人的独立人格、进取精神也被“从摇篮到坟墓”的福利政策所蚕食，这种福利政策造就了撒切尔夫人所说的“保姆国家”，也养成了人人依赖国家的“依附文化”。

新保守主义并不是一场有组织的思想运动，其自身也没有统一的纲领。在一些公认的新保守主义者中，只有极少数人承认自己是新保守主义者。新保守主义的哲学基础，与作为老辉格党人的柏克所代表的传统保守主义是一脉相传的。新保守主义与传统保守主义的一个显著区别是，前者更自觉地把古典自由主义经济学说及其在 20 世纪的新发展当作主要思想渊源，其发祥地是亚当·斯密古典自由主义经济学和 19 世纪的曼彻斯特学派自由主义经济学说。新保守主义继承和发展了 20 世纪路德维希·米塞斯（Ludwig Mises，1881—1973）和哈耶克等人代表的奥地利学派、米尔顿·弗里德曼（Milton Friedman，1912—2006）等人代表的芝加哥学派和詹姆斯·M. 布坎南（James M. Buchanan，1919—2013）等人代表的弗吉尼亚学派的思想。

当然，新保守主义也继承了传统保守主义的一些立场。例如，它强调权威的必要性，对传统的高度认同，尊重道德、宗教和精神的价值。新保守主义者在自由与权威的天平上更倾向于自由。他们认为，自由是自由社会的基石，是最高的价值。在一个自由社会，在权利之外的不平等是不可避免的，把平均当作平等来落实必然要破坏和威胁一个社会的自由。保护个人自由的根本途径是依赖自由市场经济。新保守主义者承认市场有缺陷，但认为有缺陷的市场也比政府的强制干预要可取得多。他们相信自由市场对人类的生存、发展和自由是十分重要的，并主张不干预或尽量少干预市场本身的运作。

新保守主义信奉经济自由主义（私有财产权和自由企业制度）、个人主义，反对国家过分干预。新保守主义强调个人的自由和首创性，认为经济自由是最重要的自由，财产权是最重要的权利。没有经济自由，其他自由可能随时会被剥夺；没有财产权，其他权利都是空话。新保守主义主张缩小政府、削减税收和福利、尽可能取缔对经济活动的种种管制。新保守主义更新了古典自由主义，它继承了古典自由主义关于自由市场、最小国家和个人主义（即个人的自由与责任）的观点，并使之适应于现代条件。

总之，新保守主义的“新”至少表现在两个方面：第一，它是保守主义在长期的消沉乃至退让之后的重新兴起；第二，它是对古典自由主义重新的、更为自觉的、更为密切的认同。因此，离开了古典自由主义就无法理解新保守主义。

二、哈耶克新自由主义[①]的复兴

（一）哈耶克新自由主义兴起的背景

随着 19 世纪接近尾声，自由主义开始出现衰退的态势。人们普遍认为，自由主义学说在 19 世纪的发展过程中已经不能适应先进的工业社会环境。霍布豪斯曾敏锐地观察到自由主义的这种命运。他说：“十九世纪可被称为自由主义时代，但到了这个世纪的末叶，这项伟大运动却大大地衰落了。无论在国内还是国外，那些代表自由主义思想的人都遭到了毁灭性的失败。……如果自由主义者是失败的，自由主义

① 哈耶克在其《自由秩序原理》一书中所捍卫的许多观点都可视为“保守主义”，但他始终把自己标榜为自由主义者，而且拒绝接受“保守主义者”这一称呼。他还在《自由秩序原理》中添加了题为《我为什么不是一个保守主义者》的后记，并在其中进行了一些解释。因此这里也把哈耶克视为“新自由主义者”。

的命运似乎更惨。它正在对自己失去信心。它的使命似乎已经完成。”①第一次世界大战既是对西方文明的严重打击，也是对自由主义的冲击。它代表了一个时代的结束，也代表了许多自由主义理想的毁灭。英国自由主义者雷纳德·沃尔夫（Leonard Woolf）指出：“一九一四年的战争摧毁了人类正在走向文明的信念，这种信念在本世纪初并不是毫无根据的。”②

然而，在19世纪末至20世纪前期，自由主义的衰落只是暂时的。它与当时的历史背景紧密相关，而不能说自由主义已经过时，更不能说是毁灭性的失败。到19世纪后期，随着殖民地的抢夺完毕，新的矛盾产生了，即各国由于利益的驱动，都想争夺世界霸权，并想通过重新瓜分世界而得利；而要达到这一目的，就必须强化国家的权力和权威。这种政治倾向显然与自由主义是不相符的。自由主义主张个人本位而不是国家本位，它反对政府的权力过于扩大。因此，在帝国主义时代自由主义的衰落是不可避免的。同时，资本主义世界频频发生的经济危机，使人们开始对经济自由主义产生不信任感，转而依靠国家对经济的干预。凯恩斯主义就是在这一特定的历史背景下体现其价值的。在凯恩斯看来，资本主义之所以会频繁地出现经济危机，主要原因是缺乏计划性，因而只有诉诸国家的力量，通过国家的干预而减少人们经济行为的盲目性。显然这种经济学理论与古典经济自由主义是不相同的。

到20世纪30年代时，西方社会出现了一句“从自由主义中前进”的口号，表达了许多不同运动组织和党派所共有的观点，即自由主义属于过时年代的产物。匈牙利政治经济学家卡尔·波兰尼认为，自由主义秩序已经在20世纪30年代宣告解体。这一变革的标志是：“……

---

① 李强：《自由主义》，中国社会科学出版社，1998，第110页。

② 李强：《自由主义》，中国社会科学出版社，1998，第111页。

英国放弃了黄金标准、苏联发动了五年发展规划、美国总统罗斯福推行新政、德国的国家社会主义革命、有利于独裁专制帝国的国际联盟宣告解体。尽管在第一次世界大战末期，19世纪时的社会理想依然至高无上，其影响在接下来的十几年里还一直占据着主导地位，但到了1940年，旧国际体制的遗迹已经荡然无存，除了少量‘飞地’之外，世界各国都生活在一种全新的国际环境中。”[①] 但波兰尼认为，自由主义秩序解体的真正原因在于，它是人类社会为了不被自我调节的市场行为所消灭而被迫采取的措施。他认为，市场秩序不是自发的自然产物，而是深思熟虑的政策结果。波兰尼已经意识到自我调节的市场让位于市场秩序本身的运转这一变化过程。奥地利经济学家、保守主义者约瑟夫·熊彼特（Joseph Schumpeter，1883—1950）基本上赞同波兰尼的观点，但他在《资本主义、社会主义与民主主义》一书中宣称，资本主义文明的时代已经到了尽头，从国家所有权和对经济的控制意义来说，未来属于集体主义和社会主义。[②]

然而，就在波兰尼和熊彼特做出这些预言的同时，哈耶克发表了完全不同的观点。他在《通往奴役之路》一书中赞成这一观点，即社会趋势正在势不可挡地朝着集体主义的方向发展，自由主义者已经孤立。但哈耶克相信集体主义的到来是可以避免的，因为它的胜利来自在社会中占优势地位的一整套学说，而这套学说则存在严重的缺陷。哈耶克坚定地认为，19世纪自由主义不仅仅是一种思想体系，它以现实为基础，为现代社会的政策导向提供了唯一一种可能的学说。他认为古典自由主义思想是真实的、恰当的，而其他所有学说只不过是文字上的乌托邦，它们和现代世界根本不相适应。他说：“自由主义的论

① 安德鲁·甘布尔：《自由的铁笼——哈耶克传》，王晓冬、朱之江译，江苏人民出版社，2002，第9页。

② 参见安德鲁·甘布尔《自由的铁笼——哈耶克传》，王晓冬、朱之江译，江苏人民出版社，2002，第10页。

点，是赞成尽可能地运用竞争力量作为协调人类各种努力的工具，而不是主张让事态放任自流。它是以这种信念为基础的：只要能创造出有效的竞争，这就是再好不过的指导个人努力的方法。它并不否认，甚至还强调，为了竞争能有益地运行，需要一种精心想出的法律框架，而现存的和以往的法律无不具有严重的缺陷。”①

二战后，自由主义开始复兴。最先举起自由主义旗帜，恢复古典自由主义理念的是哈耶克。他于1944年出版的《通往奴役之路》一书揭开了二战后自由主义复兴的序幕。1947年，哈耶克协助建立了朝圣山学社，这是一个自由主义的国际组织，由自由主义知识分子组成。他们以复兴自由主义原则为己任，致力于推翻集体主义。哈耶克认为，自由主义仅仅同集体主义势力达成妥协是远远不够的，它还必须重新夺回所有失去的阵地。他通过写文章和从事其他活动在建立独立的研究院和思想库方面发挥了重要作用，其中最有影响力的是英国经济事务研究所（Institute of Economic Affairs）。他说：“几乎毫无疑问，战后我们在管理经济事务方面所需要的智慧，甚至将比以往更为重要，而且我们文明的命运最终将取决于我们如何解决那时将会面临的一切经济问题。”② 20世纪七八十年代，英美两国的自由主义与自由保守主义思想库和组织得到迅速发展，哈耶克被看作新右派运动中自由主义和自由保守主义两股潮流的主要思想家和导师。

（二）哈耶克的新自由主义学说

哈耶克新自由主义理论形成于20世纪二三十年代，当时西方经济学界开展了一场关于社会主义计划经济的论战。1920年，奥地利经济学家米塞斯发表了题为《社会主义的经济核算》一文，引发了一场长

---

① 弗里德里希·奥古斯特·哈耶克：《通往奴役之路》，王明毅等译，中国社会科学出版社，1998，第40—41页。

② 弗里德里希·奥古斯特·哈耶克：《通往奴役之路》，王明毅等译，中国社会科学出版社，1998，第198页。

达 20 年之久、影响深远的论战。米塞斯否认了社会主义实行经济核算和合理分配资源的可能性，因而认为社会主义是不可取的。在他看来，只有建立在资本主义私有制基础上的市场机制，才是进行合理经济核算的必要条件。米塞斯的文章在西方经济学界引起了一场大辩论。以波兰经济学家奥斯卡·兰格（Oskar Lange，1904—1965）为代表的社会主义同情派不赞成米塞斯的观点。他们认为，只有把计划与市场机制结合起来，通过市场机制来实现计划经济，再加上现代技术的运用，这样社会主义计划经济才能有效地进行资源配置，从而达到经济的均衡状态。但是，以米塞斯、哈耶克和莱昂内尔·罗宾斯（Lionel Robbins，1898—1984）为代表的社会主义反对派，坚持认为计划经济根本不可能合理地配置资源，因此必定是行不通的。后来，在兰格等人的反击下，哈耶克又提出一个命题：即使社会主义计划经济在某种程度上有可能得以实现，在政治上也不值得追求。因为它最终必将导致极权主义，走向扼杀民主与自由的奴役道路。

在这场论战中，哈耶克发表了一系列论文支持米塞斯而批驳兰格。正是在这些论文中，哈耶克提出了自己有关市场机制和理想社会的基本看法，并逐渐发展成为一套自成体系的新自由主义经济理论。作为这场大论战的延续，哈耶克于 1944 年出版了《通往奴役之路》一书，更为详尽地阐述了自己的观点。后来，哈耶克在 1973 年出版的《法律、立法和自由》一书中，更进一步提出了关于“理想社会”的方案。

哈耶克新自由主义学说包括以下几个方面的内容。

1. 对凯恩斯主义的批判

哈耶克作为新自由主义者既反对计划经济，又反对凯恩斯主义。哈耶克对凯恩斯主义的批判主要集中在解释滞胀问题的滞胀理论上。早在 20 世纪 30 年代，他就提出了解释经济周期的货币投资过度理论，认为经济不稳定的根源在于货币当局人为地扩大货币量以刺激经济。20 世纪 70 年代，哈耶克仍然继承了这一理论，并从货币的角度论述了凯恩斯主义的国家干预经济政策是滞胀的根源。哈耶克认为，正是由于凯恩斯的理论控制了经济学家、决策制定人和政治学家，才导致了战后的通货膨胀。1974年，哈耶克在《每日电讯报》发文指出："对于当今世界上的通货膨胀——我很抱歉地说——应当完全归罪于经济学家，至少也应当归罪于接受了凯恩斯主义的大多数经济学家同行。我们正在体会着凯恩斯爵士的经济理论所带来的后果。正是根据他的学生的建议乃至鼓励，全世界各地的政府才会通过大规模地发行货币来提高他们的开支——而凯恩斯之前的任何知名经济学家都会预言这种货币发行规模会带来我们目前所面临的通货膨胀。他们之所以这样做，是因为他们错误地认为这是一种保持全面就业所必需的持久有效的方法。"①

哈耶克认为，市场经济实际上是一种私人经济，只要让市场机制充分发挥作用，就不会出现失业与通货膨胀。但市场经济的正常运行需要一种健全的货币制度。如果货币是由私人经济提供的，私人就会按交易的需要提供货币。这样币值是稳定的，价格能正确反映供求变化和及时传递正确信息。然而，在政府垄断货币发行权以后，货币的发行被视为增加国库收入和加强政府权力的手段。政府按照刺激经济或其他需要不断增加货币发行量，从而使货币贬值和价格不能准确反映供求变化。这种不健全的货币制度影响了市场机制的正常运行，结果导致经济不稳定。20世纪70年代的滞胀，就是在凯恩斯主义国家干预经济政策的误导下，政府滥用货币发行权的结果。凯恩斯从需求的角度分析问题，把资本主义社会产生的各种问题归因于有效需求不足，由此提出了国家干预经济的政策，企图用国家的力量来刺激有效需求。实际上，财政政策和货币政策都是滥用政府垄断的货币发行权，结果

① 安德鲁·甘布尔：《自由的铁笼——哈耶克传》，王晓冬、朱之江译，江苏人民出版社，2002，第192—193页。

破坏健全的货币制度和正常的市场机制，从而引发了各种问题。

凯恩斯主义以通货膨胀为代价实现充分就业，结果不仅没有实现充分就业，反而引起了滞胀。这是因为通货膨胀只能在一段时期内减少失业，从长远来看它破坏了市场机制的正常运转，挫伤了私人企业的积极性，产生了对劳工的误导，结果只会加剧失业。而且通货膨胀破坏了健全的货币制度，改变了各部门和各生产阶段的货币流通量，引起进一步的物价上升和名义工资提高，结果又加剧了通货膨胀。这样通货膨胀在加剧而失业却没有减少，滞胀就出现了。20世纪70年代的滞胀标志着凯恩斯主义的破产。

哈耶克认为，只有实现“货币非国有化”，取消国家对货币发行的垄断权，废除国家货币制度，由竞争性的私营银行发行货币，在恢复健全货币制度的前提下，发挥市场机制的调节作用，才能解决滞胀问题。他说：“如果我们想要使得自由企业和市场经济继续存在下去，除了用私营银行之间的自由竞争来代替政府对通货的垄断和国家货币制度之外，我们别无选择之余地。”①

2. 反对社会主义计划经济

在哈耶克的著作中，“计划”是出现频率最高的一个词。他认为，“计划”的目的在于统一管理，统一步伐，但其结果却是对自由的消除。为此，他给出一个公式般的命题，即“计划导致独裁”。哈耶克在《通往奴役之路》一书中指出，计划经济是一条“通向奴役之路”。他坚决反对计划经济，并把它看成是对自由经济制度的威胁。

哈耶克认为，社会主义资源配置的合理性从理论上说是可行的，在实践中却行不通。在他看来，社会主义计划的实质是中央集权，因此问题的根本在于社会主义的中央权力机关能否进行精确、合理、及时的价值计算，以实现资源的合理配置。真正的中央计划应包括非常

---

① 丁冰：《当代西方经济学流派》，北京经济学院出版社，1993，第246页。

具体细致的内容，它涉及一系列方程的求解，需要收集大量的信息。在确定价格和做出决策之后，还必须通知下属机构去执行。这一切实际上很难准确而及时地完成，在消费者偏好迅速变化的环境中更是如此。

哈耶克批评了兰格等人试图通过引进竞争机制，以解决社会主义计划经济的价值计算和资源配置问题的设想。他指出，第一，在社会主义计划中引进竞争机制实际上是放弃了计划比竞争优越的主张；第二，设想由中央机关确定价格，然后让企业和消费者对此做出供求反应，从而使中央计划与市场调节相结合是不现实的。因为中央计划机关不可能无所不知地准确定价，也不可能像市场机制那样迅速地调整价格。由中央计划机关调整价格，定价过程将变得烦琐而又迟缓，或者完全流于形式而忽视不同商品之间应有的差价。

哈耶克指出："可以毫不夸张地说，如果我们曾经必须凭借有意识的集中计划发展我们的工业体系的话，我们就绝不会达到它现在所达到的这样高度的多样性、复杂性和灵活性。和分权加上调节这种解决经济问题的方法相比，集中管理这种方法便显得是令人难以置信的笨拙、原始和范围狭小的方法。分工之所以能达到使现代文明成为可能的程度，是由于这样一个事实，就是它并不是被有意识地创造出来的，而是人们无意间摸索到的一种方法，它使分工能够远远超过计划所能达到的限度。"① 他认为，由于中央计划机关权力高度集中，生产管理者缺乏自主经营权尤其是定价权。对于生产者而言，既缺乏价格竞争，又缺乏冒险的物质刺激，因而很难实现经济效率。此外，中央计划涉及对现实消费和未来消费的控制，对公共消费和个人消费的控制，要求个人之间具有广泛的一致性，因而破坏了自由并导致专制。"由于在

---

① 弗里德里希·奥古斯特·哈耶克：《通往奴役之路》，王明毅等译，中国社会科学出版社，1998，第53页。

现代条件下，我们的每一件事几乎都要依赖别人提供手段，因而经济计划几乎将涉及我们全部生活的各个方面。从我们的原始的需要到我们和家庭、朋友的关系，从我们工作的性质到我们闲暇的利用，很少有生活的哪一个方面，计划者不对之施加‘有意识的控制’。”①

3. 市场机制理论

哈耶克的市场机制理论，是在 20 世纪 30 年代参加社会主义计划经济是否可行的论战中形成的。他认为，经济自由是高效率配置资源的有效保证，实现经济自由的方式是竞争的市场，市场机制能有效地配置资源。哈耶克的市场机制理论主要包括信息分散论和消费者主权论。

哈耶克用信息分散论解释了市场机制的优越性。他认为，资源配置是最基本的经济问题，资源配置决策也就是通称的经济计划。在三种可能的计划，即中央集中计划、个人分权计划和大公司计划中，市场机制下的分权决策最为有效。其原因在于：资源配置的决策依赖于有关的信息和知识，而这些信息和知识是分散的，中央计划当局不可能拥有或收集全面的信息，有效配置资源的信息只能通过个人交换而获取。因此，让个人利用他所掌握的信息去相互竞争，才是满足人们目的的最佳方式。市场机制传递信息的功能在于其价格体系。通过价格在市场中的扩散，既造就了市场秩序，也促进了资源的合理配置。

与此同时，哈耶克批判了传统的完全竞争理论。他认为，完全竞争理论只重视对结果的静态描述，却忽视了对竞争过程的动态分析。哈耶克指出，完全竞争实际上并不存在，因为它所要求的完全信息和同质产品并不存在。信息是分散的，只有在竞争过程中参与市场交换才能各取所需的信息。同时，竞争是一个动态的过程，是每个人都力图获得，别人也在力图获得的行为。竞争通过传播信息和反复试验而

---

① 弗里德里希·奥古斯特·哈耶克：《通往奴役之路》，王明毅等译，中国社会科学出版社，1998，第 91 页。

使经济系统达到统一。

哈耶克用消费者主权论解释了市场机制的作用。他认为，市场机制的作用在于把各种资源配置到各类商品中去，这种配置是按照消费者的愿望进行的。市场分权决策犹如民主政治过程，其中消费者就是选民。选民用自己的货币选票来决定生产什么产品，哪种产品获得的选票越多，获利就越多，生产也就越多。在市场经济中，消费者拥有决定生产与资源配置的主权，因此市场能更好地满足消费者的愿望。

4.“机会平等”学说

哈耶克认为，所谓“机会平等”是指每一个人在市场竞争和其他场合都享有同样大小的参加的机会、获胜的机会和被挑选的机会。就像在运动场上，每个运动员都有同等的机会在同一起跑线上开始赛跑一样。他说：“首先需要的是，人们在市场上应当能够自由地按照能找到交易对手的价格进行买卖，任何人都应该能够自由生产、出售和买进任何有可能生产或出售的东西。重要的是，从事各行各业的机会应当在平等的条件下向一切人开放，任何个人或集团企图通过公开或隐蔽的力量对此加以限制，均为法律所不许可。”① 由于有这样的机会平等，在市场自由竞争条件下就能促进效率的提高。可见，哈耶克的“机会平等”实际上是拥有自由竞争和自由经营的条件，效率也被看作是与自由或市场机制紧密联系在一起的。换句话说，在生产经营中通过自由竞争、自由经营、资源自由流动就能产生效率。

在哈耶克看来，如果不讲机会平等而讲收入平等，并企图用牺牲效率来换取平等，则不仅使效率受到损失，而且会造成新的甚至更大的不平等。因为每个人所提供的资源和效率必然有所不同，从而所获得的收入也不同。如果要把个人不同等的收入拉平，就只有依靠市场以外的力量，如累进税、社会福利设施等立法和行政手段，这就势必

① 丁冰：《当代西方经济学流派》，北京经济学院出版社，1993，第244页。

使某些人处于与其他人不平等的地位。如果用人为的方式把一部分人的收入和财产分给另一部分人，后者就是占有别人收入或财产的不平等的有权势者。

哈耶克认为，政府干预只能局限在十分有限的范围之内，若超越了这个范围，任何企图维护平等的干预，必然造成更大的不平等，并可能造成对经济活动正常运行的破坏。哈耶克指出："为了实现这一点，政府必定会控制所有的人的自然环境和人文环境，并且必定会致力于至少提供每一个人以同等的机会，政府在这些做法上越是有成就，那么以下这种合法的要求就会变得越强烈，即要求按照同一原则，必须撤除至今仍保存的障碍，或者采取对至今仍处于比较有利地位的人加上额外的负担的办法来补偿，这种做法将会持续下去，直到政府原原本本地控制了一切可能影响任何人的生活的环境。"① 他说："政府一经担负起筹划整个经济生活的任务时，不同的人们和团体要得到应有的地位这一问题，事实上就一定不可避免成为政治的中心问题。由于只有国家的强制权力可以决定'谁应得到什么'，所以唯一值得掌握的权力，就是参与这种管理权的执行。一切的经济或社会问题将都要变成政治问题，因为这些问题的解决，只凭谁操有强制之权，谁的意见在一切场合里都占优势为转移。"②

5. 论"理想社会"

哈耶克所谓的"理想社会"，是指要建立一个私有制的、自由竞争的和法治的社会。他认为，判断一个社会好坏的标准不是经济福利，而是人的自由程度。自由是由尊重个人的价值观而产生的。对于个人而言，自由远比经济福利更加重要。因此，一个理想的社会应该是尊重个人，尊重个人的自由，人人都有自由选择的机会和平等竞争的权

---

① 谭力文：《伦敦学派》，武汉出版社，1996，第158页。

② 谭力文：《伦敦学派》，武汉出版社，1996，第158—159页。

利。在这样的社会里，每个人都有尽可能多的机会，能自由地发挥自己的才能，实现自己的理想。哈耶克批评了那种把经济发达的福利国家作为理想社会的观点。他认为，追求经济福利的目标必然要导致国家干预经济，因为国家干预的目的正是通过经济增长和收入再分配政策提高经济福利，这样必然会使人的自由受到越来越多的限制。是否能真正实现经济福利并不确定，但自由肯定是减少了，以自由换取经济福利是得不偿失。

那么如何才能实现这种理想社会呢？哈耶克认为，一个美好的社会是在私有制条件下的自由市场经济、货币非国家化和机会平等的社会。他指出："正是由于生产资料掌握在许多独立行动的人的手里这个唯一的缘故，才没有人有控制我们的全权，我们才能够以个人的身份来决定我们要做的事情。如果所有的生产资料都落到一个人手里，不管它名义上是属于整个社会或者属于独裁者，谁操有这个管理权，谁就有全权管制我们。"① 哈耶克强调，私有制不仅是有产者个人自由的保证，也是无产者个人自由的保证，因为只有在私有制社会中，无产者才有选择雇主的自由，也才可以通过自己的努力实现个人的价值。

哈耶克认为，理想社会是通过法治实现的。法治就是政府在一切行动中都要受到事先规定的并且公开宣布的规章制度的约束，每一个公民都可以根据这些规章来监督政府。法治之所以重要，是因为人治社会因人而异，一旦权力落入独裁者手中就会被滥用，破坏人的自由；即使权力掌握在理想者手中，他们也可能出于某种理想的目标而限制人的自由。哈耶克还强调了合法与法治的区别。合法是指一切行为符合法律规定，但它并不等于法治。合法与法治的区别，关键在于"治"是根据什么原则制定的。法治与自由密切相关，只有以维护自由的法律为准则才是实现了法治。"只有在自由主义时代，法治才被有意识地

① 梁小民：《西方当代经济思想》，人民出版社，1994，第98—99页。

加以发展，并且是自由主义时代最伟大的成就之一，它不仅是自由的保障，也是自由在法律上的体现。”① 通过法治实现理想社会，就要把人的思想从崇尚国家的蒙昧主义中解放出来，自觉地为实现这种理想社会而奋斗。

哈耶克以亚当·斯密的经济自由主义为思想基础，继承了为垄断资本辩护的奥地利学派和剑桥学派的理论观点，形成了以自由市场经济为特色的新自由主义理论。哈耶克的新自由主义是最彻底的经济自由主义，它从伦理学角度探讨了自由与平等的含义，反对一切形式的国家干预，倡导实行竞争性私人货币制度下的自由市场经济。哈耶克既是当代新自由主义思潮的鼻祖，也是当代新经济自由主义最具代表性的理论家，其理论对于新经济自由主义各流派，乃至整个西方经济思潮都有相当大的影响。我国学者林毓生先生认为，哈耶克还是一位伟大的思想家，他在西方自由主义思想史上的地位自 1944 年《通往奴役之路》出版后就奠定了基础，到了 1960 年《自由秩序原理》(即《自由的宪章》) 出版，就大有超越古人之势。从其思想之深度、理论之前后一贯、讨论问题之广泛来看，哈耶克的自由哲学已超过 19 世纪的主要自由主义思想家。②

第二节　撒切尔夫人的革命与撒切尔主义

哈耶克自由主义新思想提出了关于国家供给服务的有效性和适宜性两个根本议题，这些理念逐渐强化了 20 世纪 80 年代许多政策的制定，在教育方面尤其意义重大。英国学者杰夫·惠迪等人认为，英国保守党政府领导下的教育政策，“被圈在若干个政策框架之中，这些框

---

① 弗里德里希·奥古斯特·哈耶克：《通往奴役之路》，王明毅等译，中国社会科学出版社，1998，第 82 页。

② 参见谭力文《伦敦学派》，武汉出版社，1996，第 173 页。

架都是撒切尔政府一般战略的主要部分……不同的领域明确服务于共同政策的事实减弱了教育决策的自主性，更加清楚地展示了教育改革与其他改革之间的关系……这样，为更清晰地探讨……政策的起源和矛盾，有必要认识到教育政策与撒切尔政府所主张的更大背景下的经济、政治和文化改革之间的关系”①。

一、撒切尔夫人的革命

自二战结束到 20 世纪 70 年代，英国主要是奉行凯恩斯主义的经济政策。战后工党政府实施的国有化方针、福利国家、收入政策，以及政府与工会之间的所谓“社会契约”等，也为保守党政府所接受，于是英国出现了两党一致的政策，即“共识政治”。但是到了 20 世纪 70 年代末，凯恩斯的经济政策已失去生命力。1975 年 2 月，英国的通货膨胀率达 25%，失业人数近百万人，公共开支和信贷也失去控制，经济的疲软导致 1976 年英镑再次贬值，经济危机日趋恶化。1976 年，卡拉汉上台后为遏止通货膨胀，大力削减公共开支，并开始转向货币主义②政策。同年 9 月，卡拉汉在工党年会上发表著名演说，为自己的反通货膨胀计划辩护。他说：“我们习惯于通过增加就业、降低税收和增加政府开支的思路来摆脱经济萧条的困境，现在我可以坦率地告诉大

---

① 莱文：《教育改革——从启动到成果》，项贤明、洪成文译，教育科学出版社，2004，第 73 页。

② 20 世纪五六十年代在美国出现的一种经济学流派，芝加哥大学教授米尔顿·弗里德曼是该流派的创始人。他认为，市场价格机制的自发调节作用能使国家经济自然地趋向均衡；经济动荡大多是由于政府采取了干预市场经济的错误的财政金融政策；为保证经济的稳定增长而又避免通货膨胀，国家应尽量减少对经济的干预，而只需实行一种所谓的货币主义政策。也就是说，把货币供应量作为唯一的政策工具，由政府宣布每年的货币增长率在较长时期内维持一个固定不变的水平，并应与经济发展速度保持大体一致。货币主义自 20 世纪 60 年代以后在美、英等国十分流行。

家，这种选择已不复存在，因为其后果是诱发了通货膨胀。”[①] 卡拉汉认为，凯恩斯以膨胀政策发展经济的方法是导致通货膨胀的主要原因。这次演说标志着英国与凯恩斯主义的彻底决裂。

工党政府转向货币主义政策后，英国的经济形势有了明显好转。然而，1977 年 7 月失业人口仍上升到 56 万人，工党内部反对派对卡拉汉的反通货膨胀政策提出非难，工会代表大会也攻击政府破坏了社会契约。1978 年底至 1979 年初，工人罢工迭起，劳资冲突加剧，全国陷入一片混乱。这种情况可以说是战后英国经济问题的总爆发，1979 年冬天被称为“愤懑的冬天”（winter of discontent），它表明英国经济已到了非整治不可的地步。保守党乘机发难，猛烈抨击工党政府。1979 年 3 月 28 日，议会以一票的多数通过对卡拉汉政府的不信任案，卡拉汉只好宣布立即举行大选。在这次大选中，以撒切尔夫人为首的保守党获得多数选票而上台执政。

撒切尔夫人上台后，大力贯彻右翼强硬派的一系列主张，改变以往的经济政策，以货币主义取代凯恩斯主义，主张以市场力量来调节经济活动，以自由市场、个人主义、自尊自立的价值观取代国家干预、国家补贴、社会福利、平均主义和集体主义；以控制通货膨胀、坚挺货币、促进竞争和效率来取代制订国家经济发展目标、追求充分就业和稳定需求的做法。撒切尔夫人认为，二战结束后英国政府职能的不断扩大和政府对经济生活各个领域的干预，扼杀和窒息了企业的活力和个人的首创精神，因此她极力主张缩小政府干预的范围，强烈反对工党所主张的那种社会主义。撒切尔夫人公开宣称，她的使命就是要埋葬工党的社会主义，建立一个个人和企业能够自由抉择和自由活动的社会。总之，她反对“大政府”，主张“小政府”，强调发挥私有制经济和市场经济的作用。

---

① 陈炳才、许江萍：《从凯恩斯主义到货币主义》，武汉出版社，1995，第 47 页。

撒切尔政府采取了一系列政策，以货币主义抑制通货膨胀，推行私有化政策，改革福利和税制，限制工会的权力。人们通常把这些政策称为“撒切尔夫人的革命”。具体说来，撒切尔夫人的革命主要表现在以下几个方面。

（一）控制通货膨胀

从20世纪60年代后期到20世纪80年代，高通货膨胀率大大削弱了英国的竞争能力。20世纪70年代，英国的通货膨胀率平均高达15%，一直高于欧洲经济共同体的大多数伙伴国。1973—1974年和1979年的石油价格上涨，以及货币供应量与公共开支的大量增加，导致严重的通货膨胀。1975年，英国的零售价格上涨了24%。1979年保守党开始执政时，着手解决的首要问题便是抑制通货膨胀。撒切尔夫人认为，只有抑制通货膨胀，才能为持续和稳定的经济增长创造良好环境。为此，她制订了一个“中期财政战略”。该战略的主要目标有两个方面，即控制货币发行量的增长和削减公共开支，使财政政策从属于货币政策。货币主义的反通货膨胀战略是撒切尔政府的基石。这种战略宏观上是紧缩财政和货币，以最终实现价格的稳定。英国政府反通货膨胀的武器是汇率政策，通过英镑汇率上浮起到直接与间接抑制通货膨胀的作用。撒切尔夫人最有影响的经济顾问艾伦·沃尔特斯（Alan Walters）后来解释说：“这个建立在合理期待值概念基础上的想法，就是宣布货币供应量等方面的增长指标，可以促使企业家、投资者和工人按照新政策调整他们的行为，就像对待一种新现实那样。大量的或许所有的调整过程的痛苦，可以被期待值的重大变化所消除。”①

1979年保守党上台时，通货膨胀率为10%左右；但撒切尔夫人执政一年后的1980年5月，通货膨胀率却猛升至21.9%。② 然而，由于

① 彼得·詹金斯：《撒切尔夫人的革命》，李云飞等译，新华出版社，1990，第73页。

② 参见王振华主编《撒切尔主义——80年代英国内外政策》，中国社会科学出版社，1992，第60页。

保守党政府坚持实行紧缩银根的政策和合理使用资金的原则，抑制通货膨胀的政策终于见效。到1985年3月，通货膨胀率下降至3.9%，次年再降至3.4%，降到1967年以来的最低水平。[①] 通货膨胀率的下降，被认为是撒切尔夫人在经济上取得的最大成就。与此同时，撒切尔夫人撤销了前工党政府制订的3000多个计划，取缔了一些咨询监督机构，使公共部门的借款由最初占国民生产总值5.4%降至1983—1984年的1.5%；银行利率则由1979年8.5%提高到1980—1983年的平均12%左右。[②]

（二）推行私有化

第二次世界大战后，英国一直是西欧国有化程度较高的国家之一，国有化企业在英国国民经济中占有相当重要的地位，在国有化达到高峰时期的1979年，国有化企业的产值占国内生产总值的11.5%，投资占全国投资总额的20%，国有化企业的职工人数达150万人。[③] 但大多数国有企业管理不善，经济效益差，给政府造成沉重负担。撒切尔夫人认为，工党的国有化政策违反了英国几个世纪以来的传统，是经济衰退的根本原因。因此她反其道而行之，把实行非国有化和私有化作为经济政策的核心。这是保守党政府减少国家干预，改善英国经济长期运行环境的关键措施，其指导思想是把企业推向市场去竞争，促使企业提高经济效益。

1979年撒切尔夫人上台后，开始了英国历史上规模最大、范围最广的私有化运动，被英国官方称为“1945年以来英国经济和工业结构最激进的改革之一”[④]。到1987年，40%的国有企业已实行私有化，总

---

① 参见王章辉《英国文化与现代化》，辽海出版社，1999，第329页。

② 参见阎照祥《英国政党政治史》，中国社会科学出版社，1993，第407页。

③ 参见阎照祥《英国史》，人民出版社，2004，第392页。

④ 王振华主编《撒切尔主义——80年代英国内外政策》，中国社会科学出版社，1992，第68页。

资产达200亿英镑，涉及职工60万人，其中包括英国电讯公司、英国航空公司和英国钢铁公司等巨型企业。国有企业私有化的方式是把国有企业的股票上市出售给私人。到1989年，持股人从300万人增加到1100万人，占全国人口的20%，而企业的生产也因此提高5%左右。①

撒切尔夫人执政期间，还实行住房私有化，共出售100多万套公共住宅，房价总计20多亿英镑；私人住房率由1979年的52%上升至1988年的65%。截止到1988年底，政府出售国有企业和住房的收入总额超过200亿英镑，财政收入明显增加。② 同时，撒切尔夫人又大力削减中央政府资助兴建公房的费用，并认为前几届政府开支太大，财政赤字严重，是导致通货膨胀的主要原因。

这种私有化政策的政治作用不容忽视。其一，由于大批工人从国有企业转入私有企业，以及因收缩政策所造成的高失业率，选民中加入工会的比例由1981年的30%下降到1987年的22%。工会势力的削弱有利于政府控制社会。其二，私有化政策使全国持有股票的人数大幅度增加，由1979年的7%上升到20世纪80年代末的20%，许多新生的私有者都乐意把选票投给保守党人。③ 由此可见，私有化政策可以被看作撒切尔夫人在新的历史时期贯彻保守主义传统思想的一种战略。这种传统主义思想可以概括为维护私有财产和减少国家干预，它恪守保守的自由竞争学说，认为只有自由企业经济才是英国社会道德观念的基础。

（三）削减社会福利

20世纪70年代，在政治上有关福利国家的共识开始瓦解。普遍的经济衰退、越来越多的失业及大批福利官僚的出现，意味着福利支出

---

① 参见钱乘旦等《日落斜阳——20世纪英国》，华东师范大学出版社，1999，第85页。

② 参见阎照祥《英国政党政治史》，中国社会科学出版社，1993，第407页。

③ 参见阎照祥《英国政党政治史》，中国社会科学出版社，1993，第408页。

在持续不断地增长，并且高于总体经济增长的速度。有关福利开支的辩论，引发了关于削减由福利制度造成的经济压力的倡议。福利制度也是撒切尔夫人改革的重要内容之一。撒切尔政府力图减少社会福利开支，对养老金、家庭补贴、产假补贴、失业补贴等做出严格的限制，并企图对医疗保险制度进行改革。

出于政治上的考虑，撒切尔政府的福利制度改革始终带有试探性质，最初五六年只进行工作调整，如提高处方费、削减部分福利机构和福利津贴等。从1985年开始，政府计划实行全面改革，内容包括养老金、失业金、儿童和青年津贴的发放，以及住房、医疗补助等许多方面。同年6月，政府公布《社会保障之改革》绿皮书，认为英国的社会福利制度正变得日益复杂，它未能向最需要得到帮助的人提供援助，它未能如人们所希望的那样提供良好的社会服务。绿皮书指出，改革最迫切需要的是一种新理念，即社会福利不仅是国家的职责，也是个人、企业和国家的一种合作。绿皮书还提出了改革社会福利的三项原则：（1）社会福利必须能满足真正的需要；（2）社会福利必须与政府“一切为了经济”的目标相一致；（3）社会福利必须简单明了，易于管理。但由于福利制度涉及许多人的切身利益，它是保守党政府总体改革计划中最敏感的部分，极容易被反对党寻找进攻的缺口，因而实行起来最为困难。1987年的民意测验显示，88%的英国人反对这项改革。工党发言人也多次攻击撒切尔政府想毁掉福利国家。①

（四）改革税制

撒切尔夫人上台前，英国的所得税率是西欧最高的。撒切尔夫人认为，高税率严重妨碍了个人财富的积累，影响了投资积极性，只能起到压制企业家个人主动精神的作用，对经济发展有害无益。因此，降低个人所得税，刺激个人投资，发挥个人和企业积极性，是撒切尔

---

① 参见阎照祥《英国政党政治史》，中国社会科学出版社，1993，第408页。

夫人应对经济衰退、复兴经济的整个战略中的重要步骤。她的第一个预算就是把个人所得税的基础税率从33%降到30%，1985—1986财政年度和1986—1987财政年度的预算又先后降到29%和27%。[①] 税制改革还把个人收入税变为消费税，即不是按照“你赚钱的多少来交税”，而是按照“你付出多少来交税”，实行税收与收入脱钩。撒切尔夫人认为，削减直接税可以使个人的努力得到较好的回报，有利于调动个人的积极性和创造性；而征收间接税则可以发挥中小企业的积极性，刺激投资，促进生产的发展。撒切尔政府还下令取消物价管制委员会，缩小国家企业局的权力，废除180多项限制经济活动的规定。

（五）打击工会

在打击工会力量方面，撒切尔政府取得了较大的成功。长期以来，保守党理论家就把“英国病”的病根归结为工会力量太大。他们认为工会也是一种“垄断力量”，它垄断了劳动力市场，使之不能按市场规律运行。工会以罢工为武器，人为抬高工资，结果引发物价的全面上涨。因此，要控制通货膨胀，就必须削弱工会的力量。

基于以上考虑，1980—1984年撒切尔政府先后制定了两个《就业法》和一个《工会法》，对工会的权利和责任做出严格限制，特别是对罢工及其有关的活动做出严格规定，例如，1984年的《工会法》规定：罢工必须和工资、工作条件有关，它仅限于工人与本企业雇主之间的纠纷，而且不能到同行业其他工厂设立第二纠察线；罢工必须在四周前以无记名方式征得大多数工会会员同意，否则以非法论处，并赔偿因此造成的经济损失。撒切尔政府的工会立法，决定性地改变了工会及工会会员的法律地位，严重地打击了工会，极大地削弱了工会在全国范围内的力量。1984年，撒切尔政府与力量最强大的工会之一——煤矿工会摊牌，从而引起一场大罢工。这次罢工一直延续362天，到

① 参见王章辉《英国文化与现代化》，辽海出版社，1999，第330页。

1985年3月3日才宣告结束。其间政府出动大批警察，工会最后坚持不住，终于无条件复工。政府还查封该工会价值800万英镑的财产，直至1986年工会向法庭认错才归还。这次摊牌以政府的全胜而告终，英国工会的力量由此受到极大削弱。

1986年3月，撒切尔政府又推行工资制度改革，用固定工资和利润分享相结合的原则代替固定工资制。其做法是：企业固定工资只占工资总数的三分之二，其余三分之一随企业利润的增减而浮动。这种变更将职工个人利益与企业经营结合起来，有利于改善劳资关系和企业经营状况，降低工会对工人的吸引力。

（六）整顿文官系统

为了确保经济改革的顺利进行，撒切尔夫人还大刀阔斧地整顿文官系统。各类行政人员的数量由1979年的73.2万人减少到1986年的59.4万人。[①] 行政人员减少后，监督考核制度相应加强，工作效率大大提高，并节省了一些开支。但总的说来，撒切尔夫人的行政改革形式上是激进的，实质上却是保守的。对于工党左翼提出的关于变革王室、取消上院的建议，撒切尔夫人一直反对；至于自由党和其他小党派要求改革议员选举制的呼吁，她则嗤之以鼻。撒切尔夫人毫不含糊地打起了保守主义传统的旗帜，在英国甚至整个西方世界兴起了一场向右转的运动。

撒切尔夫人的革命是对英国生产制度的又一次大调整，它使英国社会经济发生了深刻变化。“可以说，这是资本主义的又一次重大调整，一次强调自由、效率的调整。……调整的目的和结果是一致的——让经济恢复自然的活力。它是对福利国家建立以来集体主义社会思潮和社会改革的一种反动。”[②] 到1988年，英国经济已全面好转，

① 参见阎照祥《英国政党政治史》，中国社会科学出版社，1993，第409页。

② 陈晓律、于文杰、陈日华：《英国发展的历史轨迹》，南京大学出版社，2009，第310页。

连续六年经济持续增长，其速度超过美国和欧洲共同体的平均增长水平。同时，通货膨胀率下降，失业人数减少，财政收支出现盈余，劳动生产率逐年提高，人均年收入稳步增长。按撒切尔夫人的说法，英国经济出现了奇迹。

二、撒切尔主义

在整个 20 世纪 80 年代，“撒切尔主义”（Thatcherism）是英国使用频率最高的一个政治术语。“它含义宽泛，既是撒切尔夫人上台后一股占统治地位的保守党人的意识形态又是当代西方‘新自由主义’与‘保守主义’的混血儿，既有传统守旧的成分，又有政治思想的新的内容。”[①] 作为战后英国政治史上的一个特殊现象，撒切尔主义的产生与发展有其深刻的政治和思想背景。

1974 年 2 月，希思在大选中失败后，保守党所面临的是一场类似战后初期革新政策的任务。在保守党内部，积极主张变革的人物是基思·约瑟夫爵士（Sir Keith Joseph)。1974 年 9 月，约瑟夫在兰开夏郡的普雷斯顿（Preston）发表了一篇重要演说，率先向传统的两党一致政策提出挑战。约瑟夫演讲的主题是反通货膨胀。他说：“通货膨胀威胁着我们整个社会，它不仅威胁我们现在相对的繁荣，对这一点大家已习以为常，而且还威胁着我们每个家庭的存款、计划和每个人、每个家庭、每个工商企业的资本。除非这种发展趋势被制止，否则随之而来的贫困和失业将带来灭顶之灾。不仅如此，在这种全面受挫的局势面前，政党心有余而力不足的指挥将为那些愿以牺牲自由为代价来解决问题的人们铺平了道路。这种情况在别的国家曾经发生，在英国

① 阎照祥：《英国政治思想史》，人民出版社，2010，第 467 页。

也同样可能。”①

约瑟夫认为，战后英国历届政府因为害怕出现20世纪30年代高失业的现象，于是实行赤字预算，扩大公共开支，通过增加货币供应来维持充分就业，这种对暂时性衰退的过分反应造成日益上升的通货膨胀，结果不仅无助于失业减少，反而使失业人数增加。通货膨胀正在使我们的社会毁于一旦。约瑟夫指出，政府不能再为了维持人们的工作而一味地印刷纸币，这并不意味着我们不采取措施帮助失业者，为他们创造其他就业机会；更不意味着非要保持一定的失业人数来维持物价稳定。恰恰相反，政府应尽最大努力使那些失业者重新找到工作。“我们应该创造真正的就业机会，而不是靠制造通货膨胀来支撑全体就业。在此基础上，政府就可以同时腾出手来处理个别问题：采取措施减轻短期失业的潜在威胁，不断调整贷款的发放，重新安置失业人员以及解决具体部门的具体问题。”② 约瑟夫的演讲为撒切尔夫人所赞赏，并成为之后撒切尔主义的主要内容。

约瑟夫爵士在撒切尔夫人的政治生涯中发挥了极其重要的作用。第一，他是第一个公开向希思政府挑战的有威望的保守党成员，在某种意义上他为撒切尔夫人后来同希思竞选保守党领袖铺平了道路；第二，他为撒切尔夫人战胜希思装备了部队；第三，他为撒切尔夫人提供了政治哲学和政治语言，使她能通过简朴的经验和直觉向老练成熟的保守党听众宣讲，并把她的直觉升华到理性高度。1979年，撒切尔夫人接受采访时说：“我们已成功地复活了自由社会的哲学和原则，并使之为人们所接受。这也就是我一生的生活目标。基思·约瑟夫对这

---

① 肯尼斯·哈里斯：《撒切尔首相传》，冯义华等译，职工教育出版社，1989，第24页。

② 肯尼斯·哈里斯：《撒切尔首相传》，冯义华等译，职工教育出版社，1989，第25页。

一成就所做出的贡献，将在历史上占据一个光辉的、重要的位置。”①1974 年，在约瑟夫的建议下，保守党成立了一个“政策研究中心”。该中心由约瑟夫本人任主席，撒切尔夫人任总干事，他们都直接受哈耶克思想的影响。

哈耶克对撒切尔夫人的政治生涯也产生了重大影响。他的著作《通往奴役之路》1944 年出版时曾被认为不符合英国的实情。但在 20 世纪 70 年代，哈耶克的思想被用于批评英国的福利国家、高税率、高政府开支和高通货膨胀等问题。1975 年撒切尔夫人当选为保守党领袖后，使哈耶克在英国的地位得到了进一步提高，哈耶克很快被视为指导改革方向的幕后思想权威。时任伦敦大学教育学院院长的丹尼斯·劳顿教授指出：“哈耶克的思想与撒切尔主义的某些经济政策直接相关，并间接地影响到新右派的教育观。我们很容易发现撒切尔夫人的演讲与哈耶克观点之间的联系……”②

根据保守党财政大臣杰弗里·豪（Geoffrey Howe）的建议，撒切尔夫人下令成立了一个“经济建设小组”来制定保守党的政策。1977 年，这个小组发表了一份题为《对经济的正确态度》的文件。这份文件的基本精神就是放弃凯恩斯主义政策而推行货币主义。后来，该小组又起草了一份文件，认为整治英国工会，并对工会采取强硬态度的时机到了。这份文件详细分析了种种因素，认为宣传对工会采取强硬态度不仅不会丢失选票，反而会赢得选民。撒切尔夫人历来认为桀骜不驯的工会是导致英国经济情况恶化，特别是通货膨胀加剧的重要根源之一。哈耶克也宣称：“自由社会的整个基础受到了工会所强占的权

---

① 肯尼斯·哈里斯：《撒切尔首相传》，冯义华等译，职工教育出版社，1989，第 21 页。

② Denis Lawton, *Education and Politics in the 1990s: Conflict or Consensus?* (London: The Falmer Press, 1992), p. 6.

力的严重威胁。”[①] 1980年，他写信给《泰晤士报》，呼吁撒切尔政府取消《1906年劳资纠纷和解条例》（*Trade Dispute Act of 1906*）。哈耶克认为，那是英国从最民主的社会转变为最不民主社会的关键因素。因为它赋予了“工会一种免除民事责任的自由，即使它或其成员实施了最为严重的侵权行为，亦可以不用承担此种行为的民事责任；总之，它赋予了工会一种任何其他人或群体（而不论它是企业抑或是社团）并不享有的特权和保护”[②]。哈耶克的建议正合撒切尔夫人之意。

撒切尔夫人和约瑟夫等人成立了“保守党智囊团”，宣传企业自由化和市场化政策的好处，并以此抵制他们所称的自由主义和集体主义思想的抬头。这些政策研究所或中心开始在教育领域和其他领域，为保守党能够达成的目标进行策划，以改变公共政策的方向和国家的作用。研究机构里的核心人物，如斯图亚特·塞克斯顿（Stuart Sexton）、罗德斯·博伊森（Rhodes Boyson）、西里尔·泰勒（Cyril Tailor）、布莱恩·格里菲斯（Brian Griffiths）等，都在1979年后的保守党政府担任了重要职务。他们将理想变成现实，推行了各种形式的私有化改革，这些都是保守党计划的一部分。

1979年撒切尔夫人上台后，英国经济政策发生根本性转变，她按照保守党的既定方针，进行了一系列经济和社会改革。在宏观政策上，撒切尔夫人以货币主义理论为指导，以治理通货膨胀为主要目标，以控制货币发行量、减少公共部门需求为主要手段；在微观政策上，以供应学派的理论为指南，从强调经济需求转向经济供应，从强调市场转向减少产品成本，从强调平等转向效率，从而促进了经济的恢复。同时，撒切尔夫人还颁布了几项限制工会罢工权的法令，削弱了工会

---

① 安德鲁·甘布尔：《自由的铁笼——哈耶克传》，王晓冬、朱之江译，江苏人民出版社，2002，第212页。

② 弗里德利希·冯·哈耶克：《自由秩序原理》（下），邓正来译，生活·读书·新知三联书店，1997，第22页。

权力；她果断地关闭许多亏损的国营钢铁企业和矿井，大力推行国营企业私有化方针；她积极推行所谓的“民众资本主义”，把原属市政当局的住房以优惠价格卖给住户，把国营企业的股票卖给民众；她实行强硬而务实的外交政策，在国际事务和外交政策中极力提高英国的地位和影响。人们把撒切尔夫人这套主张和做法称为“撒切尔主义”。事实上，撒切尔夫人早在1968年10月保守党大会的演说中就已包含了后来撒切尔主义的主要内容：反对大政府、官僚主义、依赖文化，强调市场、竞争、个人责任，控制货币数量和公共开支。这些主张在20年后几乎没有什么改变。

撒切尔主义延续了保守主义的基本原则，从根本上维持现有制度，反对触动现有制度的变革，反对社会主义包括科学社会主义和工党的“民主社会主义”，也从根本上反对工人运动和工会组织。撒切尔夫人还把私有化政策看作新时期贯彻保守主义传统思想的一种战略，主张彻底地实行国有企业私有化。至于宗教，撒切尔夫人从小就是一位受到宗教精神熏陶的基督教徒，并经常把《圣经》作为其政策的理论根据。因此，我们可以说撒切尔主义是脱胎于古典保守主义的当代新保守主义。

对于撒切尔主义的分析，一些政治学家、政治评论家和历史学家也提出了五花八门甚至截然相反的观点。伦敦大学教育学院国际与比较教育系高级研究员M.麦克莱恩（M. Mclean）指出，关于英国新保守主义或撒切尔主义的分析，在政治学家与政治评论家之间似乎已经成为英国的一种“产业”。① 劳顿认为，所谓“撒切尔主义”是指撒切尔夫人上台后在保守党内部出现的一股占统治地位的“新右派”（New Right）势力的意识形态，它是当代西方新保守主义与新自由主义的

① 参见瞿葆奎主编，金含芬选编《教育学文集·英国教育改革》，人民教育出版社，1993，第753—754页。

"混血儿"。撒切尔夫人执政期间，几乎给每一个公共部门都带来了变化。劳顿指出："她非常强烈地信奉新自由主义关于私有化的观点，重视市场力量，同样也信奉新保守主义关于回到质量和排他性的老标准的观点。她决定离开在她看来是过度集体主义的政府理念，走向小政府大市场的强调市场服务的执政思想。她一获得保守党领袖的职位，就立刻和她的支持者一起建立了多个智囊团和其他组织来传播这些理念，因此这些理念成了保守党的思想和政策基础。"①

伦敦政治经济学院高级研究员马丁·雅克（Martin Jacques）在《撒切尔主义的政治》一文中分析说："撒切尔主义代表一种新的全球性右派观点。它的攻势冲击着社会的绝大多数领域。"② 英国学者安德鲁·甘布尔分析过新右派的性质和兴起，指出新右派的意识形态乃是"撒切尔主义成长的温床"。他认为撒切尔主义由两个部分组成：一是市场经济概念，包括在决定经济发展时放弃政府干涉主义和依靠原始市场势力；二是"新民粹主义"，它集中体现为诸如移民、犯罪、惩罚、罢工、社会安全弊病和宽容等问题。③ 用撒切尔夫人自己的话来解释，撒切尔主义可以概括为"法治管制下的自由"。所谓法治，也就是说，"政府必须善于干那些只有政府才能干的事情，必须坚决地维护我们的防御能力，坚定不移地维持法律与秩序，坚决维护国家的币值和财政收入"④。所谓自由，是指自由经营和自由自在地生活，这种自由必须依靠法治来保障。可见撒切尔夫人的论述侧重其目的、手段和原

---

① 莱文：《教育改革——从启动到成果》，项贤明、洪成文译，教育科学出版社，2004，第38页。

② 瞿葆奎主编，金含芬选编《教育学文集·英国教育改革》，人民教育出版社，1993，第531页。

③ 参见瞿葆奎主编，金含芬选编《教育学文集·英国教育改革》，人民教育出版社，1993，第531页。

④ 王振华主编《撒切尔主义——80年代英国内外政策》，中国社会科学出版社，1992，第3—4页。

则性方面。

尽管人们对撒切尔主义的解释各种各样，但有一点认识比较一致，即撒切尔夫人不是一位理论家，而是一位实干家。人们之所以把她的主张称为一种“主义”，并不是因为它有系统的理论和学说，而是基于它是从实践中产生的一整套融会撒切尔夫人的思想与个性特点的方针政策。“简言之，撒切尔主义并不是一套完整的思想理论体系，而是撒切尔夫人执政时期所实施的、以整治经济为核心的一系列方针政策的总称。它以提倡自由竞争、减少政府干预、控制货币发行量和回归家庭美德为特征，可以概括为‘法律管制下的自由’。”① 从这个意义上说，撒切尔主义在性质上与凯恩斯主义那种“主义”不同，而与戴高乐主义那种“主义”相近。左翼学者大卫·马昆德（David Marquand）在全面分析撒切尔主义的四重内涵时，认为第一重含义便是一种英国式的戴高乐主义，即试图改变英国在世界上日益衰落的命运。综上所述，我们可以把撒切尔主义定义为：它是 20 世纪 80 年代的一种新保守主义，具体是指撒切尔夫人在任期间为解决英国所面临的国内外难题而实施的一系列方针政策。

英国教育史学家奥尔德里奇指出：“尽管在 20 世纪八九十年代，英国的历史进程不像中欧、东欧以及世界其他地区发生的变化那么急剧，然而，自从 1979 年玛格丽特·撒切尔和 1990 年约翰·梅杰的保守党政府执政期间还是进行了一场从右派来的革命。这场革命的特征是：减少工会和行业的权限，拍卖公用事业设备和地方当局建造的房屋，并且灌输了一种竞争的、面向消费者的私有化道德观念。这场革命通过《1988 年教育改革法》波及教育领域。”② 在《1988 年教育改革法》中

---

① 陈晓律、于文杰、陈日华：《英国发展的历史轨迹》，南京大学出版社，2009，第 304 页。

② 卡特林娅·萨里莫娃、欧文·V. 约翰宁迈耶主编《当代教育史研究与教学的主要趋势》，方晓东等译，教育科学出版社，2001，第 127 页。

贯穿着两个指导思想：一方面在教育中推行新保守主义的文化右翼纲领，即强调教育中的标准、传统、秩序、权威和等级制度，如实行全国统一课程和国家统一考试等教育国家化；另一方面增强了教育中的市场经济成分，如实行学校自治、多样化与选择以及教育私有化等教育自由化。英国学者斯蒂芬·鲍尔（Stephen Ball）认为，20 世纪 80 年代的教育已成为撒切尔主义政治意识形态主流的一部分；教育不再是“一片政策死水”，而是新右派主导计划不可缺少的一部分。他说：“教育领域的撒切尔主义，就像在政策形成的其他领域一样，是一种融合，是各种紧张关系的融合，是对新生矛盾的一种处理方式。但重要的是，……它现在是撒切尔主义政治理想和政策的主流。”① 的确，教育改革是新右派社会政策的一个具体表现，也是撒切尔政府一揽子观念、方针、计划和目标的反映，它丝毫摆脱不了撒切尔主义的影响。

第三节 《1988 年教育改革法》

一、法案出台的背景

进入 20 世纪 80 年代以后，许多国家开始反思自己的教育政策，试图通过改革寻求教育发展的出路和应付挑战的对策。例如，美国教育质量委员会于 1983 年 4 月发表了题为《国家处在危险之中：教育改革势在必行》的报告，以此为标志掀起了美国历史上新一轮教育改革；日本为推行教育改革，于 1984 年 8 月成立了“临时教育审议会”，作为首相直接领导的教育改革咨询与审议机构；苏联于 1984 年 1 月公布了

---

① 斯蒂芬·鲍尔：《政治与教育政策制定——政策社会学探索》，王玉秋、孙益译，华东师范大学出版社，2003，第 41 页。

由苏共中央教育改革委员会起草的《普通学校和职业学校改革的基本方针》，强调必须使国民经济各部门都达到科学技术最先进的水平，普遍实现生产自动化，从根本上提高劳动生产率，使生产出来的产品达到世界最优水平，为此教育改革的指导思想是提高教育质量。随后，英国、法国、德国等也相继卷入这场教育改革浪潮。

1981年，基思·约瑟夫爵士出任英国教育和科学部国务大臣。1984年，他在英格兰谢菲尔德教育大会上发表了一次重要演讲。这次演讲被认为是保守党政府新时期教育政策的总结。其内容是要求有效地利用教育资源，制订长期目标来提高各种能力水平学生的学习成绩，以使80%—90%的16岁青少年至少达到当时中等水平。约瑟夫的演讲很快就转变成保守党政府的教育政策。1985年3月，英国教育和科学部、威尔士事务部向议会提交了一份题为《把学校办得更好》的白皮书，对英国普通教育质量深感担忧。

白皮书指出："在过去的三十多年里，我们建立并发展了学校体制，使初等教育和中等教育都有明显改进。对于越来越多的艰难任务，很多学校完成得不错，有些完成得很好。但是，有些学校还存在一系列弱点，有些还很严重。政府认为，现在我国的学生取得的平均成绩，既没有达到应当达到的标准，也不能适应面对21世纪世界的需要。"①为此，白皮书对教育质量进行了多方面的检讨。第一，在课程计划的制订与实施方面，只有极少数学校的教师能完全按照课程要求去做，约三分之二的学校没有很好地计划课程设置，或者没有有效地加以执行。第二，在教学内容上，大多数中小学过分重视语文和数学基本技能的训练，却没有把这些训练与实践联系起来；不少学生很少有机会涉足科学、实践和美学领域。第三，在教学方法上，有二分之一左右

① 国家教育发展研究中心编《发达国家教育改革的动向和趋势》（第六集），人民教育出版社，1999，第295页。

的教师指导太细，学生很少有机会进行口头讨论，提出和解决实际问题；另有很多教师对学生要求不高，致使优秀生得不到充分发展，差生又得不到恰当的帮助。第四，在几乎所有的中学，教师管得过多，学生自学机会太少；约五分之一的中学还存在教师不能胜任教学的严重问题。[①] 针对普通教育存在的以上问题，白皮书提出教育改革的重点应包括四个方面：课程设置，考试制度和成绩评定，教师管理的专业效能，学校体制和家长、雇主及教育部门以外的单位为了办好学校教育所能做出的贡献。英国政府和有关各界围绕着这些论题展开了持续多年的调查与讨论。

1987 年 11 月，教育和科学部国务大臣肯尼斯·贝克（Kenneth Baker）向下议院提交了《教育改革议案》，并发表演讲指出："提高学校教育标准是本届议会最重要的任务。"他说："在已往的 40 年里，我们的教育制度是建立在 1944 年《巴特勒教育法》规定的框架之内的，……我们需要为这个制度注入新的活力，因为它已经成了一种生产者主导（producer-dominated）的制度，无法对已往 10 年里日益迫切的改革要求做出敏锐反应。"[②] 因此，教育改革应着眼于建立一种消费者主导的体制。贝克指出："我将长达 169 页的法案概括为三个词，即标准、自由和选择……不能提高自由和选择，我们就不能提高标准。"[③]

贝克在 20 世纪 60 年代的教育经历，凸显了他对综合学校的敌意和对教育机构的不信任。当三轨制学校被综合学校所取代时，贝克在 1993 年出版的《自传》中写道："令我惊讶的是，英国人决定以这种方

---

① 参见瞿葆奎主编，金含芬选编《教育学文集·英国教育改革》，人民教育出版社，1993，第 550—551 页。

② Martin Rogers, *Opting Out : Choice and the Future of Schools* (London: Lawrence and Wishart Ltd., 1992), p. 57.

③ 莱文：《教育改革——从启动到成果》，项贤明、洪成文译，教育科学出版社，2004，第 90 页。

式放弃其教育体系的结构；而且随着时间的推移，人们对于综合教育所寄予的厚望显然没有实现。”① 贝克还援引自己的家庭背景以阐释其与教师相关的政策。他说：“我一直清醒地认识到教师在我们社会中的地位，因为我家的三代人都抓住了机会，这种机会只有教育才能提供。而且，我的祖母曾是一位教师，我的一位姨妈20世纪初在南威尔士创办了天主教学校，其他几位亲戚也是教师，我的妻子已经当了7年多的教师。”② 贝克从一系列经验中得出的结论是，在公众心目中教师的地位应该得到提高。

二、关于《教育改革议案》的讨论

在《教育改革议案》提交议会之前，贝克曾把议案的征求意见稿散发给人们讨论。从那时起，英国的一些报纸、杂志及电台等宣传媒介，都把人们关于该议案的讨论意见作为报道的热门话题。“所有与教育直接相关的组织，都对政府追求教育目标的不合时宜和匆忙表达了最深切的关注。涵盖主要建议措施的一系列‘咨询’文件已于7月底发布（虽然之前答应过），到9月底的两个月内这些答复返回到教育和科学部。带着孩子在家度假的父母（正在以他们的名义制定法律）却很难得到咨询；他们的组织一致抗议——为什么要如此匆忙？教会（国教会、天主教、卫理公会）、地方当局（对地方制度负责）、教师组织、工会组织和劳工运动组织都表达了他们的抗议。”③

---

① Gary McCulloch,“Privatising the Past? History and Education Policy in the 1990s,” *British Journal of Educational Studies* 45,no. 1(1997):77.

② Gary McCulloch,“Privatising the Past? History and Education Policy in the 1990s,” *British Journal of Educational Studies* 45,no. 1(1997):77.

③ Brian Simon,*Bending the Rules: The Baker “Reform” of Education*(London:Lawrence & Wishart,1988),pp. 12-13.

在短短的几个月里，一些学者还陆续出版了几部关于教育改革的长篇著述，其中莱特斯大学教授布莱恩·西蒙所著的《变形的规则：贝克的教育“改革”》，以及一位知名记者J. 海威兰德（J. Haviland）编辑的文集《谨慎些，贝克先生》一时成了教育界的畅销书。据统计，从贝克议案到最后变成法案这段时间，许多人都寄希望于议会，全英有5000多份修正案投向议会，人们的讨论大多是对议案的否定。但所有的抗议都无济于事，撒切尔夫人在1987年9月一次关于教育的采访中告诉《独立报》（*Independent*）记者彼得·詹金斯（Peter Jenkins）：“我们是一个非常强大的政府。”①

综合起来看，人们关于《教育改革议案》的争论主要包括以下几个方面。

第一，人们对选择脱离政策（the policy of opting out）非常反感。1987年10月2日，《泰晤士报教育副刊》报道：“政府允许学校申请退出地方当局的控制这一提议，遭到了教育官员、教师、地方政府和所有大型家长组织的强烈谴责。”② 报道指出：“如果肯尼斯·贝克先生没有对选择脱离这一立法进行重大修改就继续推行，很显然他将面临来自教育专业人士的极力抵制。”③ 同时，埃克塞特大学教育学院教授威格在一次全英学术会议上指出，政府推行选择脱离政策将会扼杀地方教育当局。政府发明的是一种新的双重体制：一方面使学校独立于地方教育当局，自己决定校规和课程；另一方面又使学校具有依赖性，使之直接受控于中央政府。伦敦大学教授伯莱克斯托也指责说，如果

① Brian Simon, *Bending the Rules: The Baker "Reform" of Education* (London: Lawrence & Wishart, 1988), p. 13.

② Brian Simon, *Bending the Rules: The Baker "Reform" of Education* (London: Lawrence & Wishart, 1988), p. 56.

③ Brian Simon, *Bending the Rules: The Baker "Reform" of Education* (London: Lawrence & Wishart, 1988), p. 57.

一部分家长同意选择脱离，另一部分则同意继续接受地方教育当局的管理，那么完整的学校不将被分割了吗？这会使学校陷于混乱。对于人们的各种批评意见，国务大臣贝克曾解释说，学校脱离地方教育当局控制后，经费不减，特征不变，也不会对教职工提出新的要求等。西蒙指出，选择脱离是执政的保守党与工党争夺权力的一种表现，通过这种方式，学校与地方教育当局以往建立的一切正式关系都将被打破，学校将成为由国家直接资助的“半独立”机构；与此同时，作为一种“制度”的地方制度也将遭到破坏。①

第二，人们对全国统一课程意见很大。1987年7月31日，当《教育改革议案》第一次出现时，《泰晤士报教育副刊》警告说：“国家课程及其相关测试旨在将公众的不满集中在个别学校和教师身上，整个‘改革’的负担就是一种‘对教师不信任的表现’。”② 牛津大学教育系主任J. 贾德（J. Judd）尖锐地指出，统一课程如同用镣铐把教师锁在中央集权统治之下，贝克的议案会使教师变成受压迫的官僚。威格教授也认为课程过于集中会使全国形成一种压抑气氛，他告诫师生不要因为过于严格限制的教育体制而变成懦夫和遵奉者。一些从事多年教学工作的教师发表意见说，统一课程会扼杀学生的个性，忽视特殊学生的特殊需要，在统一课程束缚下培养不出爱迪生式的发明家。在课时分配上，人们的分歧也很大。英国《论坛》杂志主编指出，中学核心课程和基础课程约占总课时的75%—85%，此外宗教教育还必须有一定的时间保障，那么所有附加课程就不足10%的时间了。以文法中学为例，每周5天上课、每天7个课时，这样每周只剩下3个课时开设众多的附加课程，这怎么能保证学生的学习呢？还有人指出，80%—

① See Brian Simon, *Bending the Rules: The Baker "Reform" of Education* (London: Lawrence & Wishart, 1988), p. 51.

② Brian Simon, *Bending the Rules: The Baker "Reform" of Education* (London: Lawrence & Wishart, 1988), p. 116.

90%的课时被必修科目占去，这等于窒息了学生的创造精神。也有一些教师指出，过去几年政府推行的“职业技术教育初始”计划，力图促使先进的科技知识和技能渗入课程，但这一改革议案把信息技术应用列入没有时间保障的附加课程，这岂不是最大的讽刺。

第三，与课程相联系的考试制度令人担忧。一些儿童心理学家指出，儿童在没有很多“纸与笔”经验的时候，就把他们引入很正规的语言和数学技能的考试并不适宜。在儿童小学时需要更多的探索性和实践性课程，以便为他们日后学习打下基础。全国统一课程要求7岁儿童就开始接受全国性考试，只能导致学习内容狭窄，死记硬背而不加理解，忙于应付考试。人们普遍担心，如果用考试结果来衡量学生、教师和学校的好坏，将会造成教师为考试而教，不扩展与考试无关的内容；学生为分数而学，不关注学习过程中的理解和学习结果的运用。1987年7月31日，《泰晤士报教育副刊》写道：“在7岁、11岁和14岁进行评估与测试的细节还有待研究，它们肯定会对许多学校的教学产生不良影响。”① 尤其是那些讲授国家课程核心科目的教师，对于考试方案表示“严重担忧”；他们认为这将会降低而不是提高学校的标准，因为考试很可能会控制和限制课程。②

第四，人们对开放招生（open enrolment）以保证家长为子女选择理想的学校这一规定提出了许多不同的见解。英国一份销量很大的《初等教育》杂志1988年第7期刊载了一篇综合报道，其中罗列的人们对开放招生和家长择校规定的意见多达11条：（1）妨碍学校的有效管理；（2）使师生的比例失调；（3）对中小学之间晋升与衔接造成不利影响；（4）破坏了对学生进行的社区精神教育；（5）导致贫民区学校

---

① Brian Simon, *Bending the Rules: The Baker "Reform" of Education* (London: Lawrence & Wishart, 1988), p. 123.

② See Brian Simon, *Bending the Rules: The Baker "Reform" of Education* (London: Lawrence & Wishart, 1988), p. 131.

的出现；(6) 对种族和谐有损害；(7) 由于扩大招生规模，使不同宗教信仰的儿童在同一学校就读，将改变教会学校的自愿办学原则；(8) 这意味着失去已确定的与学额相符的空间、设施和环境；(9) 一旦“热门”学校被挤满，赋予家长的“广泛自由选择”权只是一句空话；(10) 较小的边远学校将蒙受损失；(11) 交通补助不增加，家长即使省出一些钱用于交通费，孩子也只能就近入学。[①] 牛津郡首席教育官(The Chief Education Officer) 蒂姆·布里格豪斯 (Tim Brighouse) 指出：“通过鼓励开放招生，政府最终将减少家长的选择。”[②]《泰晤士报教育副刊》的一位编辑则评论说：“开放招生意味着对招生计划的否定。”[③] 教育咨询中心 (The Advisory Centre for Education, ACE) 是一个专门为父母提供咨询服务的组织，它认为开放招生“将会减少而不是增强大多数家长和孩子的选择权”，因为自从“选择”成为一个时髦词以后，该中心接到了越来越多“失望的家长”打来的电话。[④] 拥有27 000名会员的全国校长协会 (The National Association of Head Teachers, NAHT)，把大多数小学校长团结在一起，但它同样受到这一条款的影响，并且持强烈的反对意见，即“政府关于确保父母拥有更广泛的选择权这一建议，将造成一个效率低下的教育制度，它虽然提高了家长们的期望，但是无法满足他们的要求”[⑤]。

此外，工党对于保守党教育议案的主要改革，诸如择校、全国统

---

① 参见袁桂林《英国1988年教育改革法案述评》，《外国教育研究》1989年第1期。

② Brian Simon, *Bending the Rules: The Baker "Reform" of Education* (London: Lawrence & Wishart, 1988), p. 61.

③ Brian Simon, *Bending the Rules: The Baker "Reform" of Education* (London: Lawrence & Wishart, 1988), p. 61.

④ See Brian Simon, *Bending the Rules: The Baker "Reform" of Education* (London: Lawrence & Wishart, 1988), p. 64.

⑤ Brian Simon, *Bending the Rules: The Baker "Reform" of Education* (London: Lawrence & Wishart, 1988), p. 65.

一测验和中央直接拨款学校等也提出了强烈的反对意见。他们批评这项议案以牺牲地方教育当局为代价来扩大教育和科学部的权力，其后果是选择了选拔性制度而抛弃了综合性制度。工党代表杰克·斯托（Jack Straw）指出："（综合性教育）的成功从来未适合保守党右翼（人士）的偏见和幻想。因此，自首相向下，他们一直在开展运动来表达对国家教育的不信任感……最终带来了一个歧视的法案，将儿童与儿童分开，将阶级与阶级分开，将家长与家长分开，将学校与学校分开，将种族与种族分开，这真是教育大臣永恒的耻辱。"① 杰克·斯托还十分关注中央集权的程度和担心以市场为导向（market-led）的危险性。他说："没有什么问题比孩子的教育更重要，但这个议案将严重损害我们的教育，因为它自始至终建立在欺骗基础上。它的标题《教育改革议案》是一个欺诈，它应称为《教育（国家控制）法案》。在一些动听的词语如'家长选择'和'分权'等的掩饰下，议案将否认选择并代之以中央集权和对学校的控制……"② 但工党的反对并未对教育改革产生影响，因为保守党在议会中居多数，而且对工党的批评早已有所准备。自由党虽然支持择校和改善标准等原则，却担心《教育改革议案》不一定能实现这些目标。同时，他们也强烈反对增加教育大臣的权力。

三、法案的颁布及主要内容

在关于《教育改革议案》的辩论中，保守党政府自身也对议案进行了多处修改，但并没有采纳反对派的任何建议。经过大约 9 个月的反

---

① 莱文：《教育改革——从启动到成果》，项贤明、洪成文译，教育科学出版社，2004，第 130 页。

② Martin Rogers, *Opting Out: Choice and the Future of Schools* (London: Lawrence and Wishart Ltd., 1992), p. 57.

复讨论和修改，1988 年 7 月 29 日英国议会通过了《教育改革议案》，使之正式成为立法，即《1988 年教育改革法》（*The Education Reform Act of 1988*）。“这一法案的颁布，可以被看作近 10 年来在政府的教育体系中加强家长权利运动的高潮。”[①] 在对消费者更负责任的学校市场，家长的力量有助于提高教育水平。因此，在建立教育市场的过程中家长发挥了重要作用，他们被赋予选择权，对管理机构施加影响，并控制新的中央直接拨款学校。

那么，为什么英国保守党在一片反对声中通过了这项教育法案呢？我们认为主要有两个方面的原因。

从国际来看，1988 年的改革是英国为了在 20 世纪重振雄风、重居资本主义竞争领先地位的关键步骤。撒切尔夫人 1987 年 10 月 9 日在保守党大会上指出，为了在明日世界上战胜竞争对手——日本、西德和美国，我们需要大批受到良好教育、良好训练和富有发明创造精神的青年，今天教育落后意味着明天民族就要落后。因为当时英国公布的一些统计数据（见表 13）表明，英国教育与某些西方国家相比已处于落后地位。[②]

表 13　1981—1983 年欧共体国家 18 岁青年接受全日制教育和训练占同龄人口的比例　（单位：%）

国别	年份	男	女
丹麦	1982—1983 年	65.7	61.9
荷兰	1982—1983 年	56.3	48.6
意大利	1982—1983 年	49.6	51.1

① Michael Flude and Merril Hammer, *The Education Reform Act, 1988: Its Origins and Implications* (London: The Falmer Press, 1990), p. 10.

② See Brian Simon, *Bending the Rules: The Baker "Reform" of Education* (London: Lawrence & Wishart, 1988), p. 175.

续表

国别	年份	男	女
比利时	1982—1983年	44.7	47.1
法国	1982—1983年	38.8	50.1
德国	1981—1982年	28.1	33.7
爱尔兰	1982—1983年	27.2	37.1
英国	1982—1983年	17.8	16.8

从国内来看，执政的保守党推行这次改革客观上是想取得提高教育质量的效果，他们试图对义务教育阶段的儿童进行严格训练和考试，使之具有扎实的知识技能，将来成为一个有用的公民。但许多英国学者分析保守党的这次改革主观上是为他们下届继续执政做好准备。西蒙指出："'为什么这么匆忙？'原因已经很清楚。教育法案被看作是一种公开的政治措施。它的首要目标是在4年后的下届选举中充当托利党继续执政的跳板——玛格丽特·撒切尔渴望的第四个任期。"① 在改革中实行选择脱离政策、撤销内伦敦教育局等措施，旨在与工党等在野党争夺教育领导权；推行全国统一课程和考试制度也是为了强化执政党的控制。"它的目的是取得超过其他党派的绝对性的政治优势。……也就是说，解决教育问题不是这项立法的主要目的。其首要目的是政治。"②

《1988年教育改革法》的内容共238条，包括中小学教育、高等教

① Brian Simon, *Bending the Rules : The Baker "Reform" of Education* (London: Lawrence & Wishart, 1988), p. 13.

② Brian Simon, *Bending the Rules : The Baker "Reform" of Education* (London: Lawrence & Wishart, 1988), p. 13.

育与继续教育、内伦敦地区教育和其他一般性规定四大部分。[①] 有关中小学方面的条款共119条，它仅适用于英格兰和威尔士。具体说来，有以下几个方面。

（1）法案规定，凡在英格兰和威尔士的公立中小学都要开设三类课程，即核心课程、基础课程和附加课程。核心课程包括英语、数学和科学；这类课程在小学应占绝大多数课时，在中学应占总课时的30%—40%。基础课程包括现代外语、技术、历史、地理、美术、音乐和体育；这类课程在中学应占45%左右的课时。附加课程包括古典文学、家政、经济学、保健知识、信息技术应用、生物、第二外语、生涯指导等，约占中学总课时的10%；其中有些附加课程并不是独立的教学科目，而是通过其他科目的教学来进行。此外，宗教教育仍占有特殊地位，它是中小学法定的必修课，要有一定的时间保障。

（2）法案规定，在整个义务教育阶段（5—16岁），学生要参加四次全国性考试，这四次考试分别在7岁、11岁、14岁和16岁时举行。这些考试是对学生进行甄别和评估的主要途径，同时还要辅之以教师的平时考查。法案还规定成立不同的学科组，分别为几门主要课程制订考试大纲，以使学校教学有章可循。全国则由学校考试委员会负责具体考试工作。"至此，在教育市场上有一个标准'产品'，并且有一个引导家长-消费者（parent-consumer）选择那些提供优质产品的学校控制系统。"[②]

（3）法案规定，由地方教育当局管理的所有中学和招生在300人以上的小学，在大多数家长要求下可以摆脱地方教育当局的控制，直接接受中央教育机构的指导，其财政开支由全国统一的"公立学校基金

---

① 参见吕达、周满生主编，刘立德、邹海燕副主编《当代外国教育改革著名文献（英国卷）》（第二册），人民教育出版社，2004，第136—317页。

② David Bridges and Terence H. McLaughlin, *Education and the Market Place* (London: The Falmer Press, 1994), p. 23.

会”负责。父母的选择具有决定性作用，它要通过多数人的投票同意，然后经过一个协商程序，国务大臣有最后的决定权。这一政策被称为“选择脱离”，被认为是英国打破过去中央、地方两级分权管理教育的传统，从而走向中央集权的重要步骤。贝克希望到 20 世纪 90 年代中期有更多的学校“选择脱离”，他将发起一项运动以说服家长选择脱离地方教育当局。法案还决定 1990 年 4 月撤销内伦敦教育局。除了学校的“选择脱离”主要取决于家长外，法案还赋予家长为子女自由选择学校的权利，它要求所有学校都实行开放招生，不受地域限制，直到满额为止。

（4）法案规定，在英国各地设立两种新型的中等教育机构，即城市技术学院（City Technology College）和城市工艺技术学院（City College for the Technology of the Arts）。这两种学校必须位于都市区，为全部或主要来自学校所在地 11—18 岁年龄段的不同能力的学生提供教育。城市技术学院的课程侧重科学和技术，而城市工艺技术学院则把课程重点放在将技术应用于表现和创造性艺术方面。这两种学校的办学经费由中央直接提供，不受地方教育当局的管辖；它们也可以取得工商企业的赞助，所有学生免费入学。

（5）法案规定，废除实施了 20 余年的高等教育“双重制”，多科技术学院和其他属于“公共”部分的高等院校将脱离地方教育当局的管辖，取得与大学同等的独立法人地位。同时，成立“多科技术学院和学院基金委员会”（The Polytechnic and Colleges Funding Council），对这部分高校进行管理和拨款。至于大学部分，原先的“大学拨款委员会”（The University Grants Committee）已由 1989 年新成立的“大学基金委员会”（The University Funding Council）所取代。新委员会的任务是向国务大臣提供咨询，并为各大学分配经费。

此外，该法案的最后部分还就高校教师的聘任、大学生资助方式和内伦敦地区教育行政机构的调整等方面进行了说明。

四、评价与影响

《1988年教育改革法》是自《1944年教育法》通过以来在英格兰和威尔士最重要和最具影响的一项教育立法。麦克莱恩指出，《1988年教育改革法》被普遍认为是20世纪英国最激进的一次教育改革。推行全国统一课程，对学生实行全国统一考试，让家长选择子女的就读学校，把资源的控制权下放到学校一级，给各学校以摆脱地方教育当局控制的机会，这些都是带有革命性的变革。[①] 麦克莱恩认为，《1988年教育改革法》本身就是撒切尔政府有关教育政策倾向的一种反映，它使得中央政府由公立教育的提供者和管理者，变成了消费者利益的"合法公断人"；以全国统一课程为一种标准的陈述，教育消费者（家长）可以用一种共同的标准来判断每所学校所提供的教育如何；全国统一考试使家长得以评价一所学校所提供的教育的有效性；部分学校自治则使教育消费者可以直接向教育的实际提供者施加压力；而当第二级教育提供者——地方教育当局未能满足家长的要求时，"选择脱离"就成了消费者的基本武器。[②] 布莱恩·西蒙指出："由大多数保守党人推动议会通过的《1988年教育改革法》，很显然打开了一个新的局面。它改变了未来斗争的背景，并通过教育建立了一个新的社会控制体系。"[③]

彼特·戈登等学者则认为，《1988年教育改革法》象征着英格兰教

---

① 参见麦克莱恩、石伟平《"民粹主义的"中央集权主义——评英国1988年教育改革法案》，《外国教育资料》1990年第4期。

② See Martin Mclean, "The Conservative Education Policy in Comparative Perspective: Return to an English Golden Age or Harbinger of International Policy Change?," *British Journal of Education Studies* 36, no. 3(1988): 201.

③ Brian Simon, *Education and the Social Order 1940-1990* (London: Lawrence & Wishart, 1991), p. 557.

育政策的一个分水岭，它本身代表着一种终结和一个新的开端。它的实施甚至重大修改都将决定 20 世纪及以后教育政策的形态。实际上，有两种解释可以证明它是英国历史上最重要的一项教育立法：一是该法案的广度，它几乎触及教育领域的每一部分。从幼儿学校的孩子为在 7 岁时参加第一次国家考试的国家课程，到剥夺大学教师的升迁权。二是该法案标志着对 20 世纪教育政策中许多方面的反动。例如，地方教育当局的权力一下子被削弱，最大的“内伦敦教育局”的权力被取消，原因在于内伦敦教育局为批评者提供了一些重要的例证——成绩差、教学岗位不合适、政治化的学科、平均主义计划。一些媒体报道说，内伦敦教育局成了非理性主义、极端主义、疯狂及邪恶的象征；它成了反对进步主义和人文主义的一个联结点；它成了英国教育所有失误的集中表现；它是所有学校、所有教师错误的缩影。① 贝克在下议院发言时指出，《1988 年教育改革法》将“创造出一个能够提高水准、扩充选择，造就一个更有教养的英国的新框架”②。

《1988 年教育改革法》是朝着市场方向迈进的一个重要步骤。“《1988 年教育改革法》将保守党的教育理念转化成一个立法框架，在这个框架内市场机制可以在公共教育服务中尽可能地自由运行。”③ 在新的教育体制下，教育消费者即学生、家长以及当地社区成员的选择权大大增加，社会对学校事务的影响也更加明显。无论是中小学还是高等院校，只有通过提高办学水平，吸引足够数量的学生，才有可能在竞争中生存下去。因此，许多人认为《1988 年教育改革法》的最大特点是巧妙地将加强中央政府的控制与市场竞争机制融为一体。西蒙

① 参见斯蒂芬·鲍尔《政治与教育政策制定——政策社会学探索》，王玉秋、孙益译，华东师范大学出版社，2003，第 54 页。

② 滕大春主编《外国教育通史》（第六卷），山东教育出版社，1995，第 184 页。

③ David Bridges and Terence H. McLaughlin, *Education and the Market Place* (London: The Falmer Press, 1994), p. 23.

指出，《1988年教育改革法》的目标“首先是为了打破地方当局长期以来直接控制本地教育‘制度’的权力（顺便说一句，这是它们目前最大的职责）；其次是建立（或加强）一个既受市场力量支配，又直接受中央政府控制的等级教育体系”①。由此可见，英国的教育政策已由20世纪五六十年代的强调机会均等和社会协调，向注重市场竞争和提高效益的方向转变。

然而，《1988年教育改革法》中的某些条款存在明显的矛盾之处：一方面，通过鼓励家长选择学校和允许学校脱离地方教育当局的控制，对自由市场的消费者做出让步；另一方面，国务大臣又拥有415项新权力来加强对教育系统的控制，包括制订严格和高度集中的全国统一课程。有鉴于此，不少学者认为，自1979年以来保守党政府还未曾拥有前后一致的政治哲学，其教育政策都是以试图解决内部的张力甚至意识形态的矛盾为特征。至少有两大阵营常常通过有组织或半组织的利益集团发表言论：一大阵营是新自由主义者鼓吹自由市场、家长选择和废除国家控制，哈耶克是他们最喜爱的哲学家，私有化是他们最喜欢的政策；另一大阵营是新保守主义者鼓吹某种形式的国家教育，这种教育就是局限于核心科目和基础学科的全国统一课程；还有一些人赞成建立一套评定制度，以保证这项课程付诸实施。② 正是这些不同意识形态之间的对峙，导致了《1988年教育改革法》中某些条款的明显矛盾，因此该法案是撒切尔主义内部矛盾与妥协的产物。后来，也有一些学者开始尝试对撒切尔主义这两个原理进行综合分析。斯蒂芬·鲍尔指出，教育中的市场并非纯粹的市场，而是政府为了达到特定的社会、经济目的而想出的政治市场，也就是以哈耶克的“有节制的竞

---

① Brian Simon, *Bending the Rules: The Baker "Reform" of Education* (London: Lawrence & Wishart, 1988), p. 15.

② 参见瞿葆奎主编，金含芬选编《教育学文集·英国教育改革》，人民教育出版社，1993，第784页。

争”（controlled competition）为基础的特别市场，即“政治市场”（political market）。在此，国家课程的控制与市场机制的竞争这两个原理是并行不悖的。

《1988年教育改革法》无疑对英国中等教育的发展产生了重大影响。至于这种影响的长远结果是什么，现在评价还为时尚早，即使是英国的教育政策分析家也很难说清楚。正如麦克莱恩所说：“《1988年教育改革法》的通过，对英国教育政策分析家来说既感到兴奋，又觉得有些丢脸。兴奋的是这些教育实践的变革方案具有根本性的特征，尤其是60年代以来经过一段静态平衡的时期之后。丢脸的是当被问及有关这个法将产生的结果时，多少次这些分析家不得不回答‘不知道’。这个法是在‘黑暗’中‘跃进’的——是对提高教育效率和促进教育选择所进行的一场赌博。该法对诸如教育机会均等或‘渐进’地探索课程这样的问题所含的意义，同样难以确定。”① 麦克莱恩还指出：“1988年法是对英国20世纪中大多数趋势的一次反动（逆转）。尽管该法中有一部分是公开吸收了其他国家的经验，如法国的全国统一课程，西德对学生测试的方法和美国‘有吸引力的’学校。但作为一个整体，该法与大多数其他工业国家的变革方向几乎毫无共同之处。然而，仔细地比较研究（尤其是其他国家）在学校自治、家长选择学校方面的革新，也许就可以对‘撒切尔教育革命’的可能结果做出某些较有质量的最初估计。”②

当然，《1988年教育改革法》也遭到不少批评。劳顿认为主要有以下三方面：首先，它削弱了地方教育当局的权力和影响；其次，它使20世纪教育制度建立起来的合作理念受到威胁；最后，它用市场力量

---

① 瞿葆奎主编，金含芬选编《教育学文集·英国教育改革》，人民教育出版社，1993，第761页。

② 瞿葆奎主编，金含芬选编《教育学文集·英国教育改革》，人民教育出版社，1993，第761—762页。

和消费者选择来取代计划等。[①] 也有学者指出，《1988年教育改革法》实施的第一个直接后果是使教师职业开始承受极大的压力，尽管这些压力通过不同的方式体现出来，却对学校教学产生了巨大影响；第二个后果是教育体系的官僚化，这将间接地影响到教室中所发生的事情；第三个后果是国家课程的引入影响了学校的财政制度，使学校财政陷入巨大的困境。[②]

第四节 国家课程

"国家课程"（National Curriculum）又称"全国统一课程"，是英国《1988年教育改革法》提出的一项重大举措，也是英国教育改革中的一项主要内容。肯尼斯·贝克称之为"历史性"改革。[③] 国家课程被看作是长期以来英国对中小学课程进行的最大改革，它在英国教育发展史上具有十分重要的意义。

一、国家课程产生的背景

从598年创办的坎特伯雷学校（被认为是第一所文法学校）一直到20世纪初，英国的中等学校都不是由国家举办，而是由一些有影响的社会力量如宗教团体、贵族、统治阶级中的某些人物等创办或资助。因此学校课程也不是由国家规定，而是由学校或办学者来确定。这样

---

① See Denis Lawton, *Education and Politics in the 1990s: Conflict or Consensus?* (London: The Falmer Press, 1992), p. 60.

② 参见罗伊·洛《进步教育的式微——英国教师是如何丧失课堂自主权的》，苗曼译，华中科技大学出版社，2020，第120—127页。

③ See Brian Simon, *Bending the Rules: The Baker "Reform" of Education* (London: Lawrence & Wishart, 1988), p. 107.

就形成了英国教育的一大传统，即长期以来英国中小学没有全国统一的课程要求，课程设置是办学者和学校自己的事情，政府不应干预。除了宗教是法律规定必须开设的课程外，其他课程设置基本上由校长和教师自主决定。因此，英国的课程设置一向以复杂性和多样性而著称。

英国实施统一课程的历史可以追溯到19世纪。1862年，枢密院教育委员会副主席罗伯特·洛厄（Robert Lowe）主持颁布了一项《修正法案》（*The Revised Code*），宣布实行“按成绩拨款”（payment by results）制度，即按照学生读、写、算方面的考试成绩确定拨款数额。这项政策的实施实际上是对公立小学的教学科目及其内容做出限定。《修正法案》规定的读、写、算教学成了课程的核心，再加上为女生开设的缝纫课，构成了基础学校的必修课。但是该《修正法案》遭到各方的强烈反对，在1863年8月1日实施之前曾两次被推迟。洛厄告诉下议院：“我不能保证这个制度是合算的，也不能保证它是有效的，但我可以保证它将会是这样：如果它不便宜，就应有效率；如果效率不高，就应该便宜。”①

19世纪70年代，英国政府进一步拨款鼓励教授读、写、算以外的科目。一些个人感兴趣的特殊学科，如英国文学、数学、法语、德语、拉丁语、力学、植物学和其他比较深奥的学科，也得到了专门拨款。“按成绩拨款”制度加强了国家对小学课程的控制，使小学课程始终维持在一种狭窄的、低水平的状态，反映了国家培养服从资产阶级统治的工人的要求。这种课程的狭窄性和机械性不利于儿童的发展，“按成绩拨款”也削弱了教师在课程上的自主地位，因而遭到工人阶级、广大教师、教育界人士及皇家督学团的一致反对。他们认为教育行政部

① J. Stuart Maclure, *Educational Documents: England and Wales 1816-1963* (London: Chapman & Hall, 1965), p. 79.

门的官员不懂教学，也无权插手课程设置问题。有鉴于此，英国政府于 1897 年取消了“按成绩拨款”制度，1900 年取消了对其他科目的补助费。

就中学而言，1902 年之前英国并不存在国民中等教育制度，英国的中等学校主要是公学和文法学校，这两种学校的课程是自行决定的。19 世纪后半叶，有人试图在公学和文法学校设立一种共同课程，但未能成功。例如，1864 年克拉伦敦委员会调查了 9 所著名公学后，建议它们开设数学、现代外语和自然科学等，但这一建议遭到公学校长们的断然拒绝。查特豪斯公学校长埃尔温（Elwyn）表示，对该建议从原则到细节都不能接受。伊顿公学校长巴沙姆（Balsham）甚至认为，对公学课程进行限定的做法是对校长权威的干涉，而这将导致邪恶的产生。1868 年，汤顿委员会考查了 800 所文法学校后，也建议为三种不同的学校设置不同的课程。在公学和文法学校建立共同课程的企图失败后，20 世纪初英国教育委员会又在公立中等教育系统进行共同课程的尝试，并取得了成功。

对中学课程设置首次做出明确规定的是 1904 年颁布的《中等学校管理条例》，它包括完整的教学大纲及对各门学科及其教学时数的具体规定。按照这一条例，中学应开设英语、英国文学、外语、地理、历史、数学、科学、绘画、劳动和体育等 10 门课程，女子学校没有劳动和体育，但应开设家政。① 1926 年的《哈多报告》指出：“人文教育并不是只通过书本来传授的教育，而是要使儿童与人类的广泛兴趣相联系。学校的教育目标应该通过开设包含大量的实际工作机会以及与生活兴趣相关的课程来实现。”②《哈多报告》的重要性在于承认中小学阶

① See J. Stuart Maclure, *Educational Documents: England and Wales 1816-1963* (London: Chapman & Hall, 1965), p. 159.

② Peter Gordon, Richard Aldrich and Dennis Dean, *Education and Policy in England in the Twentieth Century* (London: The Woburn Press, 1991), p. 285.

段儿童的不同需要，特别是在课程领域应根据活动和经验，而不是根据所获得的知识与事实来安排课程。但20世纪30年代英国中学课程设置的模式仍然是以学术性课程为主，如1935年的《中等学校条例》规定，中学课程应包括英语、数学、科学、历史、地理、绘画、体育、唱歌、手工劳动（男生）和戏剧（女生）等科目。其课时分配大体如下：英语5课时、数学5课时、理科4课时、历史3课时、地理3课时、宗教2课时、体育2课时、外语4课时、艺术1课时、音乐1课时，每周共30课时。

1938年的《斯宾斯报告》接受《哈多报告》的原则，认为中等教育的目的在于满足学生进入和度过青少年阶段的需要，它坚决反对把文法学校的课程设计作为第六学级和为了上大学做准备的基础科目；它同时谴责忽视创造性、实践性和职业性课程的做法。《斯宾斯报告》建议为11—13岁的学生设立范围广泛的、共同的核心课程，并根据学生的兴趣和能力开设不同的选修课。它还要求改变学校证书考试的形式并与新生的录取分开。这份报告促使中学考试委员会开始对整个课程领域进行更深入的调查。[①] 1943年的《诺武德报告》基本上赞成《斯宾斯报告》的观点，即同意实行中等教育的三分法，但必须为不同类型的中学提供多样化的课程。

根据《1944年教育法》的规定，英国设立了由文法中学、技术中学和现代中学组成的多轨中学体制，以适应不同能力、天性的孩子们的需要。在二战后一段时间内，由于决策者的注意力主要集中在中等学校的组织方面，因而该法案除了对中小学宗教教育有明确规定外，没有涉及其他课程问题。《1944年教育法》对课程问题的争论保持了沉默，正如一些历史学家所指出的，教室内的事情普遍被认为是教育行

---

① See Keith Evans, *The Development and Structure of the English School System* (London: Hodder and Stoughton, 1985), p. 155.

业内部讨论的范畴。大多数学校规定由董事会负责管理学校和课程，而实际上有关课程设置、课程内容、教学方法、课时分配、教材选择等都由校长和教师决定。

三类中学因教育对象不同，其培养目标和课程设置也有差异。文法中学的学生多为智商高、接受能力强的学生，他们的前途是升入大学或找到一份好工作。学术性是文法中学课程的主要特征。文法中学的课程设置与20世纪30年代的课程模式相似，仍以学术性和分科教学为主。技术中学则采用技术性的课程设置，除了英语、数学、宗教和体育以外，还开设许多技术课，并有一些设备和实验室供学生进行实践活动。例如，肯特郡克里韦利（Cray Valley）男子技术中学的技术科目包括工业制图、木工、金工和工业技术等，每周7—9课时。与文法中学和技术中学相比，现代中学的学生一般说来学习成绩较差，其学习目标基本上是为生活做准备。因此，现代中学的课程设置具有普遍性、职业性和实践性的特征。现代中学没有或很少开设现代外语，理科的课时少而且大多不分科开设。除了英语、数学、历史、地理、宗教和体育等学科外，现代中学还开设一些与职业有关的实用性课程，如手工、制图、裁缝（女子）和园艺（男子）等。以上正是战后初期课程改革所奠定的学校课程自主和三类中学的课程体制。

在《1944年教育法》颁布后很长一段时期内，学校课程一直未能成为教育问题的中心而受到关注。但英格兰人对此并未保持沉默，或许是被《1944年教育法》的模棱两可所引发，或许是被即将到来的普及中等教育政策所鼓舞，越来越多的人开始自发地写信给教育部，提出他们关于学校课程的建议。例如，在所有学校进行急救知识教育；面向全体学生开展手工业和性教育；重视现代外国语的学习，并把它作为维护和平的关键；为所有学校提供打字机，并将打字作为必修课等。

进入20世纪50年代后，由于战后世界经济与科技的迅速发展，英国在《1944年教育法》的基础上对课程政策进行了局部调整与修订。

1959 年的《克劳瑟报告》为了使英国在激烈的科技竞争时代不落伍，提出应加强技术教育课程。该报告还对中等学校的课程设置提出两点建议：（1）现代中学的毕业生不必参加升学考试，除了少数人参加普通水平的普通教育证书考试外，为大多数 15 岁以上的现代中学学生开设的实用性课程与升学无关；（2）文法中学与技术中学的文理科课程壁垒森严，互相脱节，不符合时代要求，应采取切实有效的措施使之相互渗透和补充。《克劳瑟报告》强调技术课程的发展，是对《1944 年教育法》的进一步补充与完善，但学校课程自主的基本政策并未改变。

随着教育民主化运动的发展，人们不仅追求教育机会均等，也要求教育过程和教育质量的平等。当时的工党政府和不少学者提出中等学校应开设“共同课程”（Common Curriculum），这一主张受到学术界的普遍支持。于是，在 20 世纪 60 年代英国兴起了综合学校运动，试图通过设立综合中学来实现“共同课程”的理想。综合中学招受本地区的所有青少年，并为具备各种能力的青少年提供多样化的课程，其快速发展对英国中学的课程结构产生了深刻影响：（1）由于综合中学招收了多种能力的学生，其课程设置必然要适应学生的多种需要。因此综合中学开设的课程相当广泛，既有适应普通教育证书考试的课程，又有适应中等教育证书考试的课程，还有适应其他多种校外或职业考试的课程。（2）在综合中学内实行广泛的能力分组，不同能力组的学生在课程深度和进度方面均不相同。（3）综合中学的教学大致分为两个阶段：前三年课程相似，所有学生学习共同的科目，如英语、德语或法语、社会、数学、一般理科、音乐、宗教、美术、体育等；从第四年起，依据各自的能力和天性，学生可选修从 A 等级至 I 等级的 8 个科目（见表 14）。

表14 威尔士南部新港（Newport）市达夫林综合中学课程种类表①

（单位：种）

<table>
<tr><th rowspan="3">科目</th><th colspan="2">第一学年</th><th colspan="7">第四学年</th></tr>
<tr><th rowspan="2">优秀班</th><th rowspan="2">普通班</th><th colspan="4">优秀班</th><th colspan="3">普通班</th></tr>
<tr><th>A·B</th><th>C</th><th>D</th><th>E</th><th>G</th><th>H</th><th>I</th></tr>
<tr><td>英语</td><td>4</td><td>6</td><td>5</td><td>5</td><td>5</td><td>5</td><td>6</td><td>6</td><td>6</td></tr>
<tr><td>图书馆学</td><td>2</td><td>2</td><td>—</td><td>—</td><td>—</td><td>5</td><td>—</td><td>—</td><td>—</td></tr>
<tr><td>拉丁语</td><td>—</td><td>—</td><td>5</td><td>—</td><td>—</td><td>—</td><td>—</td><td>—</td><td>—</td></tr>
<tr><td>俄语</td><td>—</td><td>—</td><td>5</td><td>5</td><td>—</td><td>—</td><td>—</td><td>—</td><td>—</td></tr>
<tr><td>德语</td><td rowspan="2">7</td><td rowspan="2">2</td><td>5</td><td>5</td><td>5</td><td>5</td><td>2</td><td>2</td><td>—</td></tr>
<tr><td>法语</td><td>5</td><td>5</td><td>5</td><td>5</td><td>—</td><td>—</td><td>—</td></tr>
<tr><td>社会</td><td>4</td><td>4</td><td>—</td><td>—</td><td>—</td><td>—</td><td>—</td><td>7</td><td>7</td></tr>
<tr><td>公民</td><td>—</td><td>—</td><td>—</td><td>—</td><td>—</td><td>3</td><td>3</td><td>3</td><td>3</td></tr>
<tr><td>历史</td><td>—</td><td>—</td><td>4</td><td>4</td><td>4</td><td>4</td><td>4</td><td>—</td><td>—</td></tr>
<tr><td>地理</td><td>—</td><td>—</td><td>4</td><td>4</td><td>4</td><td>4</td><td>3</td><td>—</td><td>—</td></tr>
<tr><td>经济</td><td>—</td><td>—</td><td>4</td><td>4</td><td>4</td><td>4</td><td>—</td><td>—</td><td>—</td></tr>
<tr><td>数学</td><td>5</td><td>5</td><td>6</td><td>6</td><td>6</td><td>6</td><td>5</td><td>5</td><td>5</td></tr>
<tr><td>一般理科</td><td>5</td><td>5</td><td>—</td><td>4</td><td>4</td><td>4</td><td>5</td><td>5</td><td>5</td></tr>
<tr><td>物理</td><td>—</td><td>—</td><td>5</td><td>4</td><td>4</td><td>4</td><td>—</td><td>—</td><td>—</td></tr>
<tr><td>化学</td><td>—</td><td>—</td><td>4</td><td>4</td><td>4</td><td>4</td><td>3</td><td>3</td><td>—</td></tr>
<tr><td>生物</td><td>—</td><td>—</td><td>4</td><td>3</td><td>3</td><td>3</td><td>3</td><td>3</td><td>3</td></tr>
<tr><td>音乐</td><td>2</td><td>2</td><td>—</td><td>4</td><td>4</td><td>4</td><td>2</td><td>2</td><td>3</td></tr>
<tr><td>宗教知识</td><td>2</td><td>2</td><td>2</td><td>3</td><td>3</td><td>3</td><td>2</td><td>2</td><td>2</td></tr>
<tr><td>美术</td><td>2</td><td>2</td><td>—</td><td>3</td><td>3</td><td>3</td><td>4</td><td>4</td><td>2</td></tr>
</table>

① 奥田真丈：《各国学校制度与课程》，吴盛木等译，台湾商务印书馆，1980，第301—302页。

续表

科目	第一学年		第四学年						
	优秀班	普通班	优秀班				普通班		
			A·B	C	D	E	G	H	I
体育	4	5	3	3	3	3	—	—	4
技术（木工、金工）	2	3	—	—	—	—	—	—	—
家政	—	—	—	—	—	—	4	—	4
烹调	—	—	—	4	4	4	2	2	—
裁缝	—	—	—	—	—	4	4	4	2
木工或金工	—	—	—	4	4	4	4	—	4
工业制图	—	—	4	4	4	4	—	—	—

由表14可以看出，在课程设置上，综合中学既改变了公学和文法中学只注重学术性课程而忽视实用性、职业性课程的传统，又没有像现代中学那样过于强调实用性和职业性而忽视所谓的学术性课程。它既有学术性的文化科学知识课程，又有实用性和职业性的课程，这样就适应了普及中等教育的需要。然而，从课程角度来看，这次改革并不成功。中等教育的综合化并没有改变1944年后确定的课程体制，原来在三类学校开设的三种不同性质的课程，在综合中学里没有得到"综合"，它们在综合中学仍然继续存在。在这种课程体制下，没有全国统一的课程标准和教学科目，课程由学校自主决定；学生按能力分组，不同能力组的学生学习科目和内容都不一样。因此，从这个意义上说，"共同课程"的理想并未通过综合学校运动而得以实现。

进入20世纪70年代以后，严峻的经济形势及人们对学校教育质量的日益关注，使教师在课程方面的自主权受到前所未有的挑战。在技术变革日新月异、国际竞争日趋激烈的时代，学校教育不应是教师独断专行的天堂，课程也不应是独立于社会之外的“秘密花园”（secret garden）[①]，学校和教师必须对纳税人、工业界和整个社会承担更多的责任。课程决策应该体现社会各团体的共同利益，这样才能保证学校教育的社会适应性和提高教育质量。

1976年工党重新上台执政，在卡拉汉首相的指示下，教育和科学部发表了名为《英格兰的学校教育：问题和倡议》的黄皮书，对当时的教育提出批评并建议设立全国统一课程。同年10月，卡拉汉首相在牛津大学拉斯金学院发表演讲，提出要在全国建立“统一标准”的基础课程。由于英国学校课程历来是由地方和学校各自为政，没有全国的统一规定，故这次演讲引起了很大反响和一场长时期的教育大辩论。这场教育大辩论有四个焦点问题：制订国家课程标准、考试制度和视导制度、教师、学校与产业的关系。其中课程和教师问题是黄皮书和大辩论中最为突出的。

1977年7月，英国政府发表了题为《学校教育——一份协商的文件》（*Education in School—A Consultative Document*）的绿皮书，对教育大辩论进行了总结。绿皮书认为，有些学校确实没有提供足够的符合现代标准的课程，学生负担过重，读、写、算等基本技能得不到保证；教育界和产业界存在巨大的鸿沟，学校课程与现代工业社会并不协调。绿皮书提出设立全国性的“核心课程”或“受保护课程”的建议。“……我们需要研究所有学校共有的可能作为‘受保护的’或‘核心的’那部分课程。可以对此做出解释的方法有很多。如果设计得当，它可以使雇主、家长和教师自己都放心，同时又为所有学生提供真正的机会均等。”[②] 绿皮书要求对课程采取行动，以促进课程的制订

---

① 1960年，英国前贸易大臣大卫·埃克利斯在下议院演说时的一个比喻，意指旁人不能随便进入的“禁区”。

② 瞿葆奎主编，金含芬选编《教育学文集·英国教育改革》，人民教育出版社，1993，第419页。

和发展。“就地方教育当局而言，它们必须考虑当地的情况，顾及当地的利益并依据学校委员会以及其他课程研究和开发机构的工作，从而协调它们地区内的课程开发。这样，每所学校及其教师的恰当的职业自由就可以得到最有利的发挥。”① 此后，教育和科学部又发表了一系列有关学校课程的文件，代表官方要求实施由一些有限的学科组成强迫性核心课程的观点。

1979 年，教育和科学部发表了《地方当局关于学校课程的安排》白皮书，对中央、地方和学校董事会在课程方面的职责进行了讨论。1980 年，教育和科学部发表《学校课程结构》（“A Framework for the School Curriculum”）的咨询文件，并于 1981 年发表了该文件的修改本《学校课程》（“The School Curriculum”），比较全面地阐述了政府有关学校课程的政策。该文件指出，各地方教育当局和学校在制订课程计划时，必须以教育界内外都能接受的教育目的为基础。这些教育目的是：（1）培养学生活跃、探索的头脑，合理地质疑、辩论和完成任务的能力，以及各种身体技能；（2）帮助学生掌握在快速变化的世界中与成人生活和就业有关的知识和技能；（3）帮助学生学会有效地使用语言和数学；（4）逐步培养学生对宗教和道德价值观念的尊重和对其他种族、宗教及生活方式的容忍；（5）帮助学生认识他们所生活的世界，认识国家、群体、个人之间的相互依赖关系；（6）帮助学生理解人类的成就和抱负。②

此外，课程设置还应满足以下几个基本要求：（1）学校教育的内容和方式必须适当地反映社会的基本价值观念。其中有三个方面值得特别注意：第一，我们的社会已经成为一个多元化的社会，学生和家

---

① 瞿葆奎主编，金含芬选编《教育学文集·英国教育改革》，人民教育出版社，1993，第 420—421 页。

② 参见瞿葆奎主编，金含芬选编《教育学文集·英国教育改革》，人民教育出版社，1993，第 440 页。

长的个人价值观念更趋多样化；第二，技术对就业方式的影响使人们更加强调适应性、自力更生和其他个人素质；第三，法律规定的男女平等需要得到课程的支持，即保证男女生在选修课程方面具有真正均等的机会。（2）课程设置的第二个要求是广度。它通过各种学科反映出来，所有科目只要有适当的深度和合理的内容组合都能丰富学生的教育，并为一部分学生以后的专业化学习做好准备。但每门课程都以自己的方式发挥这种作用，如历史、地理、经济学有助于学生增长有关社会性和人在自然环境中的位置方面的知识；古典语言不仅给学生以语言和文学的训练，同时还向学生介绍历史和文化知识等。[①]（3）学校应从整体上规划课程。一所学校提供的课程和一个学生所接受的课程，都不应是各种学科的简单组合；同样仅仅把原来选择性学校和非选择性学校的课程计划稍作修改，转移到目前的综合中学也是不够的。（4）我们有充足的理由为 11—16 岁的学生提供具有广泛共同性的课程。这种课程设计必须是为了保证这一阶段教育的平衡和避免对以后选择不必要的限制。大部分中学生前三年的课程计划基本上是相似的，它们一般包括英语、数学、自然科学、历史、地理、宗教、艺术、音乐、家政、工艺设计与技术、体育和游戏，几乎所有学生同时还选修一门外语（一般是法语）。在第三年末学生必须做出选择，但每位学生直至 16 岁都应该学习广泛的课程。[②]《学校课程》是英国政府首次明确提出课程目标和中小学课程设置的官方文件。虽然这只是一种指导性文件，并不具有法令性质，但它却是向统一课程迈出的第一步。

与此同时，皇家督学团为履行其向国务大臣提供学校课程的情况及评估，并向教师和其他有关人员提出建议的职责，也先后发表了

---

① 参见瞿葆奎主编，金含芬选编《教育学文集·英国教育改革》，人民教育出版社，1993，第 444 页。

② 参见瞿葆奎主编，金含芬选编《教育学文集·英国教育改革》，人民教育出版社，1993，第 451—453 页。

《11—16岁课程》(1977)、《中等教育的某些方面》(1979)、《对课程的看法》(1980)和《5—16岁课程》(1985)等文件。在1977年的文件中，他们提出要实施共同课程，并建议学校设立一套包括审美与创造、伦理、语言、数学、体育、自然科学、社会与政治以及宗教等8个"经验领域"(areas of experience)的共同课程。① 不久，他们重新强调建立国家课程框架的必要性，并描绘了所有学生应学习的共同核心科目。在1985年的文件中，他们主张在整个义务教育阶段所有学生应学习9个领域的科目，即除了上面列举的8个外，增加"技术"课程，并用"人类和社会"取代了"社会与政治"。在每一个领域，学生应掌握适当的知识、概念、技能和判断力，这样所有学生才能获得同样丰富的教育经验。

1983年，"学校课程与考试委员会"(Schools Council for Curriculum and Examinations，1964年10月成立)为"中等教育考试委员会"(Secondary Examinations Council)与"学校课程发展委员会"(School Curriculum Development Committee)所取代。1984年，国务大臣约瑟夫在演讲中提出要制订基本一致的课程目标和不同能力的学生在各个阶段要达到的成绩目标。同年，教育和科学部又在课程管理上向前迈进了一步，提出了对数学、英语和科学等课程的指导方针。

1985年3月，为进一步解决学校课程的统一问题，教育和科学部与威尔士事务部向议会提交了《把学校办得更好》的白皮书，提出了有关课程设置的广博性、平衡性、适切性和差别性四项原则。白皮书认为，建立在上述原则基础上的课程设置，将有助于发挥每一个学生的潜力，使他们具有负起公民责任的条件，为迎接未来社会的挑战做好准备。白皮书指出，在初等教育和中等教育的前三年，课程设置对

① See Robert Moore and Jenny Ozga, *Curriculum Policy* (London: Pergamon Press, 1991), p. 23.

于全体学生来说在很大程度上应当是相同的；而对于能力和年龄不同的学生而言，课程的进度和深度也应有所不同。中等教育第四年和第五年的课程安排应当有所选择，但不能允许学生放弃那些对今后学习、培训或工作有重要意义的科目。在这两年中，所有学生都需继续学习英语、数学和广博的科学课程，以及体育或运动；需要学习一部分人文和艺术课程；需要巩固他们对英国社会基础和价值观的理解，增长经济知识；需要参加一系列科目的实践和技术活动，而不仅仅是学习最起码的科学。白皮书还要求学生继续学习一门外语。按照这些方针为 5—16 岁学生确定的课程设置，将有助于提高学生的素质、能力、知识水平、理解力和才干，这对于学生做好进入成人生活的准备都是必要的。[①] 为了提高各级学校教育的能力标准，保证教育投资取得尽可能好的效益，白皮书还宣称将促进全国对课程目标和课程内容认识的一致，并对于推行新的普通中等教育证书考试制度做出了具体安排。

随着要求设立全国统一课程的呼声日趋高涨，1987 年 7 月教育和科学部发表了一份题为《国家课程：5—16 岁》（“The National Curriculum: 5-16”）的咨询文件。该文件指出，自从卡拉汉首相在拉斯金学院发表演讲以来，继任国务大臣都努力寻求与教育决策部门就设立 5—16 岁的学校课程达成一致意见，许多地方教育当局和学校已在设立良好课程方面取得了重要进展，这种课程能体现出各阶段之间的渐进性、连续性和一致性。但是这些进展是飘忽不定的，而且常常是缓慢的。政府希望以更快的速度推进国家课程的实施，因为国家课程具有如下一些积极意义：（1）确保所有学生在整个义务教育阶段学习广博而平衡的课程，使他们不会过早地承受学业上的失败，这样也许会有助于发展他们对变化中世界的灵活适应能力和反应能力。（2）制订明确的目标。

① 参见吕达、周满生主编，刘立德、邹海燕副主编《当代外国教育改革著名文献（英国卷）》（第一册），人民教育出版社，2004，第 7 页。

对于这些目标，各种能力水平的学生及教师本人在家长和其他人士的配合下都可以满怀信心地达到。皇家督学团的调查报告多次指出，当前英国教育制度中的一个明显缺陷，就是教师对学生的学业成就期望过低。国家课程的设立正是为了帮助教师根据每个学生的能力，制订一个既有现实性又具挑战性的学业期望，使学生的潜能得到充分发挥。(3) 确保所有学生不论性别、种族和地理位置都有机会学习共同的课程。这种课程和学习计划包括学生需要学习的基本内容、基本技能和基本过程，并能确保国家课程的内容和教学与学生的自身经验和实践相关，从而为学生以后的成人生活和职业生活做准备。(4) 有助于检查所制订目标的进展情况，以及学生在各阶段所取得的成绩，使学生在学习良好的情况下能进一步发展，在有困难的情况下能得到帮助。(5) 国家课程有助于保证在所有公立学校提供的课程具有充分的共性，使学生在转学时不受影响。这种课程还将帮助学生在初等与中等教育之间循序渐进，以及同继续教育和高等教育进行合理衔接，而这一点正是目前课程中所缺乏的。(6) 使学校能对学生的教育负有更多责任。学校管理机构、校长和教师能更好地对学校工作进行评估；家长能根据已制订的全国成绩目标来评判其子女的进步，同时还能评定子女所在学校的教学质量；地方教育当局能通过比较各学校的办学成绩来评定它们所管理学校的优缺点；企业也将通过一个毕业生在学校所学习的内容对他有更好的了解。①

这份咨询文件发表后，在全国引起了广泛的讨论。当时一份重要的教育杂志发表文章指出，1987 年议案“所介绍的不是全国统一的课程（national curriculum），而是一种国有化的课程（nationalized curriculum）。从现在起，每一个政党都将制定自己的课程‘政策’。其

① 参见瞿葆奎主编，金含芬选编《教育学文集·英国教育改革》，人民教育出版社，1993，第 659—660 页。

宣言必须告诉人们增加了什么或者舍弃了什么。……简而言之，国有化的课程将成为政治化的课程（politicized curriculum）。新的国家课程委员会应尽量避免犯这种错误”①。尽管人们对国家课程的具体内容和实施方案持有不同见解，但大多数家长、学校、教师和企业均对这项旨在提高英国中小学教育质量的改革表示支持。

1984年1月，当时的国务大臣肯尼斯·贝克在北英格兰的一次教育大会上指出，现在英国学校的教育水准不高，对14—16岁年龄组的课程缺乏统一认识，学校在课程的平衡方面也很混乱，未能制订出令人满意的目标。贝克认为，这些缺点之所以没有在德、法等西欧国家出现，是因为这些国家有统一的学校制度和全国统一的教学大纲。因此，他主张英国的学校课程应向这些国家学习。贝克认为，设立国家课程有以下好处：（1）激励较差的学校赶上较好的学校，使较好的学校做得更好；（2）为教师提供详细、准确的目标；（3）为家长提供准确、明了的信息；（4）保证学年之间、学校之间学习的连续性和渐进性；（5）帮助教师把工作重点放在使每个儿童获得最好成绩上。② 1987年11月，英国政府向议会提交了《教育改革议案》，进一步阐述了国家课程的内容、目标和评价措施等。1988年7月，该议案被批准为具有法律效力的教育立法，即《1988年教育改革法》。其中有关国家课程的规定构成该法案最为重要的内容。《1988年教育改革法》是英国课程发展史上具有划时代意义的一项重大改革。法案规定，从1989年起，在英格兰和威尔士地区的所有公立中小学推广实施国家课程。

---

① Peter Gordon, Richard Aldrich and Dennis Dean, *Education and Policy in England in the Twentieth Century* (London: The Woburn Press, 1991), p. 291.

② 参见江山野主编《英国学校课程》，河北教育出版社，2000，第28页。

二、国家课程产生的动因

国家课程的产生不是偶然的，从英国社会和教育实际来看，促进实施国家课程的主要动因有以下几个方面。

第一，现代科学技术发展的需要。二战后，英国的整个教育改革（包括课程改革）都是在现代科学技术革命的大背景下进行的。从20世纪60年代开始，世界各国都进行了教育现代化改革，特别是课程内容的改革，这反映了科学技术发展对课程的影响。

第二，综合学校的建立对统一课程的要求。20世纪60年代，工党政府提出了“教育是改变社会的力量”（education as the agent of social change）的口号，要求打破原来的三类学校体制，建立一种能消除社会的两极分化，使教育水平趋向一致的新型学校——综合学校。综合学校的建立需要与之配套的统一课程，因此综合学校为实行国家课程创造了条件。

第三，多元化的地方性课程使英国教育质量明显下降。尽管《1944年教育法》规定学生必须年满16周岁才能离校，但由于没有规定最低的学业标准，并不能保证学生在校期间掌握足够的知识和技能，许多中小学生的数学、科学、语言等基础知识和技能十分薄弱。根据美国教育进步评估中心的研究，当时英国13岁儿童的数学成绩在12个国家中排名倒数第四；中学生的科学成绩也落后于芬兰、匈牙利、日本和瑞典，英国属于需要扫除科盲的国家之列。自20世纪60年代以来，国际上多次开展的关于各国学生学业成绩及对学业的态度等调查，都反映出英国中小学教学质量仍存在不少问题。

第四，皇家督学团的作用。英国学校课程设置虽然是由地方教育当局或学校管理，但在全国范围内皇家督学团也发挥了重要的指导作用。皇家督学团是独立于英国政府之外的团体，其成员由女王亲自任命，它的使命是在教育方面给各地方教育当局和学校以指导，充当政府教育部门的顾问。皇家督学团的意见虽不是指令性的，但仍然具有很大的影响。它在 1977 年题为《11—16 岁课程》的文件中提倡设立共同课程，这无疑是促使建立国家课程的一种不可忽视的因素。①

第五，课程专家对政府的影响。英国一些有影响的教育家对政府制订统一课程有很大的促进作用，如课程论专家、文化课程论的主要代表劳顿就主张设立国家课程。他认为，统一课程应来自共同的文化，因此设计课程应以共同文化为基础，课程就是对文化的选择。这是建立统一课程的理论依据。劳顿从文化分析的角度提出社会是由社会结构、经济制度、信息系统、理性系统、技术系统、伦理制度、信仰及美学等系统组成，课程相应地从这八个系统中进行适当的选择，使学生掌握有关的技能，以理解整个社会生活及其关系。劳顿认为共同课程的设计可以分为五个步骤：（1）针对文化的普遍性，从哲学的角度提出教育目的、有价值的知识等问题；（2）针对文化的多样性，从社会的角度提出对课程的要求；（3）文化的选择；（4）针对学习、教学及学生的发展，从心理学的角度提出课程设计的问题；（5）按照一定的步骤和顺序组织课程。② 同时，他认为“理想”的国家课程应体现以下七项原则：（1）所有学生应有权学习有价值的课程；（2）在义务教育总目的和总目标上，全国应尽可能地达成共识；（3）应强调全国学生的教育机会均等，减少各地在教育质量上的差别；（4）共同的学校应通过共同的课程来传播共同的文化；（5）所有的学校应有共同的标准，以确保教师的期望合理；（6）国家课程应使学生的转学更加便利；（7）国家课程应增强学校及其教师的责任心。③

---

① 参见徐岩《英国 1988 年教育改革法及国家课程》，《课程・教材・教法》1989 年第 6 期。

② 参见廖哲勋《英国课程理论略览》，《课程・教材・教法》1989 年第 7—8 期。

③ 参见石伟平《劳顿论当前英国课程改革》，《外国教育资料》1995 年第 3 期。

第六，英国首相卡拉汉的推动。1976年，卡拉汉在牛津大学拉斯金学院发表了具有历史意义的演讲。他指出了教育中存在的问题，提出建立“统一标准的基础课程”的想法，并强调要深入研究核心课程。卡拉汉提出要平衡地选择课程以适应社会需要等方面的意见，这与《1988年教育改革法》关于国家课程的一些提法极为相似。自那时起，教育和科学部发表的一系列文件把建立国家课程的想法逐步具体化，最终形成了《1988年教育改革法》中的国家课程。

此外，国家课程的设立还受到平等主义、效率及英才主义观念的影响。根据英国社会学家哈尔西等学者的研究，英国教育平等经历过不同的发展阶段，从最初的根据阶级、特权决定的教育，到依据考试成绩、智力测验决定的教育，再到综合中学实现了形式上的平等。平等的最高发展是结果平等，而这只有通过传授共同的文化、开设共同的课程才能实现。① 国家课程主张是平等主义观念在中等教育综合化以后的继续发展。

三、国家课程的主要内容

在《1988年教育改革法》中，国家课程占有十分重要的地位。该法案第一部分第一章就是专门关于国家课程的立法。一般说来，国家课程是由基础学科、成绩目标、学习计划和国家评定与考试四个方面组成。

（一）所有公立学校的课程必须包含基础学科和宗教教育

基础学科称为“国家课程”，包括数学、英语、科学三门核心科目和现代外语、技术、历史、地理、美术、音乐和体育七门基础科目。

---

① See Department of Education and Science, *Aspects of Secondary Education in England* (London: Her Majesty's Stationery Office, 1979), p. 51.

在中等教育阶段，所有学生应学习全部基础学科，其中三门核心科目要占用30%—40%的课时；在那些比较好的学校，基础学科通常要占总课时的80%—90%。然而，在每门学科的具体时数上，教育和科学部并未做出明确规定，国务大臣将依据上述比例颁布有关课时分配的指导方针。中学四年级和五年级的学生还应在综合科学与可以获得普通中等教育证书文凭的科学之间任选一门，并能选修一门包括美术、音乐、戏剧和设计方面的综合课程。表15、表16是教育和科学部关于中学阶段各门学科的时间分配比例。

表15　中学阶段1—3年级每周各学科教学时数百分比①（单位:%）

科目	一年级	二年级	三年级
英语	15.6	14.6	13.2
数学	13.9	13.4	13.0
综合理科	11.7	12.3	14.8
人文科学	18.4	17.1	16.3
外语	11.2	15.1	18.1
美术、音乐及实用学科	18.0	17.9	15.8
体育	10.0	9.2	8.0

① 江山野主编《英国学校课程》，河北教育出版社，2000，第50页。

表 16　中学阶段 4—5 年级的课时安排①　　（单位：%）

基础学科	课时分配	其他学科（如获得中等教育普通证书可能需要的学科）课时分配
英语	10	科学 第二外语 古典文学 家政 历史 地理 商业学习 美术 音乐 戏剧 宗教 （共）10
数学	10	
综合科学	10—20	
技术	10	
现代外语	10	
历史/地理	10	
美术/音乐/戏剧/设计	10	
体育	5	

除了基础学科所需时间之外，其余 10%—20%的时间用于宗教和其他学科，如家政、职业指导、健康教育和信息技术的应用等实用性科目。

（二）国家课程为每一门基础学科设立了成绩目标

所谓成绩目标（The Attainment Targets，AT），是指学生在 7 岁、11 岁、14 岁和 16 岁时应该掌握的知识、技能和具备的理解力，使每个学生所达到的成绩水平能根据确定的全国统一标准而得到评定。成绩目标应满足各种能力学生的期望水平而且必须非常明确，这样才能使学生、教师、家长及其他人士清楚地了解什么是所期望的，从而为成绩评定提供良好的基础。不同学科的成绩目标数量不同，就科学课程而言，成绩目标共有 17 个。

AT1　科学探索

AT2　生命种类

① 石伟平：《全国性课程（5—16 岁）——英国教育和科学部咨询文件》（上），《外国教育资料》1989 年第 2 期。

AT3　生命进程

AT4　遗传与演化

AT5　人类对地球的影响

AT6　物质的种类与利用

AT7　新物质的形成

AT8　物质的变化

AT9　陆地与大气层

AT10　力

AT11　电与磁

AT12　信息技术（包括微电子）

AT13　能量

AT14　声音与音乐

AT15　光与电磁辐射的利用

AT16　宇宙中的地球

AT17　科学的性质

国家课程还将每一项成绩目标分解成 10 个不同水平（层次）的目标。例如，科学课程的 AT14“声音与音乐”又分成如下 10 级水平。

水平 1：（学生）应了解声音可以用不同的方法发出。

水平 2：了解声音可以被听到；能够解释音乐是怎样从简单的乐器中产生的。

水平 3：了解声音是由振动的物体发出并能穿过不同的物质；能够简单解释声音产生的方法，以及声音穿过不同物质的方法。

水平 4：了解声速。

水平 5：理解振源的频率影响音高；理解音量与振幅间的关系；理解控制环境中噪音的重要意义。

水平 6：了解声音在运动过程中通过中介传递能量；能够解释人耳的工作机制及其不足；能够描述声音装置的工作机制，如麦克风、扩音器和电话。

水平 7：了解声波可以被转换为电振荡，它像电、视觉和无线电等信号一样能够被发射很远再转换为声波。

水平 8：了解振动的物体有一个基本特征即振动频率，了解某些系统可以产生共振，共振既是有利又是不利的。

水平 9：理解电子声学技术在工业、医疗和社会方面的应用。

水平 10：能够应用声波知识解释普通的声学现象。

（三）国家课程为每门学科的教学制订了学习计划

学习计划将反映成绩目标和为了达到这些目标而应该传授的全部知识、技能和活动等；学习计划应详细说明所有学生学习的最低限度的共同内容及全部学习范围。在学习计划内，教师可自行确定教学内容，以确保学生达到适当的成绩目标；教学组织形式和使用什么样的教学手段同样由各学校决定，但学校应制订每个阶段的教学计划，以利于工作的协调一致。在立法的同时，应充分发挥教师的专业评判力，使学校在组织课程教学方面能尽量适合每个班级学生的年龄、环境、需要和能力。此外，在教学内容的选择上必须给教师充分的灵活性，以使教学内容适合学生个体的需要，并发展那些不能写进学习计划或成绩目标的个人品质。

（四）根据规定的成绩目标对学生进行评估

这种评估一般在学生 7 岁、11 岁、14 岁和 16 岁时进行，其主要目的是了解一个学生所学习和掌握的内容，使教师和家长能确信学生的学业正在不断取得进步。如果没有取得进步，学校将负责做出适当的安排以帮助这个学生。评估工作的中心是使所有学生都参加全国统一测验，以此作为教师个人评定的补充。每门学科都有不同等级的成绩水平。成绩水平与年龄的关系是：7 岁相当于水平 2，11 岁相当于水平 4，14 岁相当于水平 5—6，16 岁相当于水平 6—7。这种对应关系如表 17 所示。

表17　7—16岁学生所要达到的成绩水平①

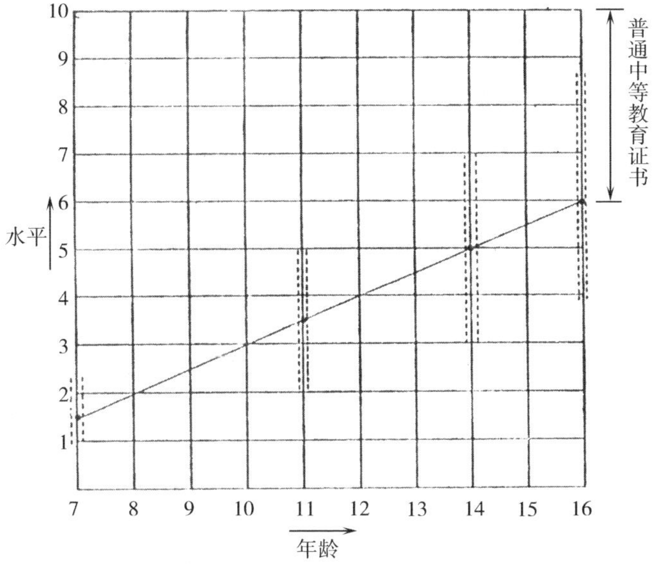

为做好国家课程的规划和管理工作，英国设立了专门的“国家课程委员会”（National Curriculum Council）和“学校考试与评价委员会”（School Examination and Assessment Council，SEAC）。国家课程委员会由12—15名具有教育方面知识或经验的专家组成，具体成员由国务大臣任命，其职责是：（1）对公立学校的课程设置进行全面审查；（2）就课程设置问题向国务大臣提供咨询；（3）就课程改革计划向国务大臣提供咨询，并协助执行这些改革计划；（4）出版和散发有关学校课程设置方面的资料等。学校考试与评价委员会的成立，主要是为了协助国务大臣行使有关学校考试和评价方面的法定权力。其职能是：（1）从总体上对学校的考试和评定工作进行监督；（2）就学校考试和评定问题向国务大臣提供咨询；（3）就有关学校考试和评定工作及其

① 瞿葆奎主编，金含芬选编《教育学文集·英国教育改革》，人民教育出版社，1993，第786页。

研究计划向国务大臣提供咨询；（4）出版和散发有关考试和评定方面的资料；（5）协助国务大臣审查学校课程，决定哪些学科的考试可以获得证书等。[①] 此外，国务大臣还任命了一个“考试和评定工作小组”（Task Group on Assessment and Testing），就各门基础学科的考试和评估中所忽视的一些问题向国务大臣提供咨询，并为每门基础学科设计全国统一的标准考试和其他评估办法，以确保各学科工作小组（subject working group）所采用的考试和评估方法的统一性。

国家课程允许学生、家长、教师、学校管理机构、地方教育当局等获得与其相关的信息。家长可以根据成绩目标了解各学生的学习状况，并通过比较班级中其他学生成绩的高低了解各学生的学习情况；家长还可以了解各校的课程设置和学校工作计划，以便他们在熟知详情的条件下进行择校。教师可以通过与本校和其他学校同类班级的比较，以及通过与全国平均水平的比较来了解全体学生的学习情况。学校管理机构、雇主和当地社区可以了解学校的评定与考试结果所反映的办学情况。地方教育当局可以通过与其他地方教育当局、本地的“直接拨款学校”，以及全国平均水平的比较来了解其所管理学校的办学成就。中央政府、议会及公众应对国家课程标准的实施及其完善进行监督。

需要说明的是，国家课程的立法仅适用于英格兰和威尔士地方教育当局开办的学校，以及中央“直接拨款学校”处于义务教育阶段的学生，它不适用于苏格兰和北爱尔兰。国务大臣希望大多数独立学校和非公立特殊学校能考虑国家课程的原则，并使国家课程的原则成为新建独立学校注册时所依据的重要内容；皇家督学团也将根据国家课程对独立学校进行督察。对于城市技术学院，国务大臣计划使拨款条件与国家课程的内容相联系。

---

① 参见江山野主编《英国学校课程》，河北教育出版社，2000，第 30—31 页。

四、关于国家课程的争论

国家课程颁布之后，实施工作并不顺利，在教育界反对的呼声很高。那么，为什么公众普遍支持国家课程的设想，却对它的实施不满呢？为什么许多教育工作者和课程理论家为之倡导了 20 余年，现在也感到不满呢？究其原因，是国家课程本身不足造成的。

劳顿认为，国家课程至少存在以下几种缺陷：（1）国家课程像一份官僚文件，它似乎更关心对学校课时安排的控制而非如何改善教学质量；（2）国家课程的结构过于陈旧，它忽视了一些重要的学习领域，如政治意识、经济理解力、健康教育和道德发展等；（3）国家课程似乎更注重市场力量（家长的选择）而非课程规划；（4）在这种课程体制下，教师的作用被降至传达中央教学大纲的“日常操作工”，他们失去了对课程的支配权；（5）国家课程没有在英国独立学校推行，这使人感到国家课程的地位低于独立学校所提供的课程，而且更让人怀疑政府把国家课程作为核定效能和控制公立学校教师的工具；（6）政府似乎没有考虑到推行新课程所需的足够的专业教师，以致新课程实施后，数学、科学、外语、技术等学科的专业教师严重不足。[①] 劳顿指出，尽管政府想搞一种“平衡”的国家课程，但我们从政府那里得到的却是一张营养不均衡的“食谱”。政府开出的这张“食谱”尽管列出了众多对我们有好处的“成分”，但这份“食谱”既不是“营养学家”根据科学原理“配制”的，也没有经过实践的验证，倒像“江湖医生”吹嘘的那种“能治百病”的“偏方”。因此，劳顿认为，这个课程方案既缺乏充分的科学论证，也缺乏充分的实践检验，它只是 1904 年《中

① 参见石伟平《劳顿论当前英国课程改革》，《外国教育资料》1995 年第 3 期。

等学校管理条例》的翻版。[1] 在他看来，如果没有一定的课程理论做基础，我们便无法确定将什么样的知识传授给学生。学科作为一种手段，也许对课程目的有用，但学科本身并不是目的。这是基于学科的国家课程所犯的一个根本性错误。

国家课程的推行不仅使课程专家大失所望，而且在教师情绪上引起了更大的反弹。大多数教师认为，这次课程改革不仅没有得到作为国家课程倡导者的专家支持，还引起了教师与政府的公开对抗。例如，1991 年 9 月开始实施国家历史课程，但它只适用于七年级。当详细的文件送达学校时，是放在白色的大文件夹里，上面印着紫色的字。文件的第一页写明了该课程需要教给学生的知识、技能和课程实施过程。"从实施国家课程起，教师就被认为是一个顺从的实践者，他们被期望教授新课程所'要求'的内容。"[2] 一些研究者通过访谈发现，国家课程是被容忍的而不是受欢迎的。当问及所在的学校如何回应第一版国家课程时，帕特里克（Patrick）回答说："我们都不喜欢，我们对它的主要批评之一是，我们认为这是强加的。我们觉得所有的学校都不一样，因此相同的课程不一定适合所有的学校。"[3] 帕特里克尤其对国家课程的千篇一律感到不安。当国家课程的文件发布时，他已经为单性别学校的女生设立了自己的历史课程，他并不承认学生会受益于学习与国内其他学校相同的历史教材。很显然，帕特里克对 1991 年实施的国家课程感到不满，这可能是因为他对自己学校所开发的创新课程感到自豪。

对于国家课程的实施，有些教师的反对情绪虽然没有那么强烈，

---

① 参见石伟平《劳顿论当前英国课程改革》，《外国教育资料》1995 年第 3 期。

② Mary Catherine Woolley, "Experiencing the History National Curriculum 1991-2011: Voices of Veteran Teachers," *History of Education* 48, no. 2(2019): 216-217.

③ Mary Catherine Woolley, "Experiencing the History National Curriculum 1991-2011: Voices of Veteran Teachers," *History of Education* 48, no. 2(2019): 217.

但他们仍然感到很震惊。一位名叫尼古拉斯（Nicholas）的教师指出："在国家课程实施之前，你基本上可以做任何你想做的事情。突然之间你要接受规定的教师评估，而且你必须这么做……这是一种文化冲击。"① 对于一些教师而言，他们不喜欢国家课程的原因是国家课程的规定过于详细。正如尼古拉斯指出："总有一些知识是国家课程行不通的。"② 帕特里克回忆说："当国家课程第一次出现时，它规定了你必须讲授什么主题，而且规定了课程必须包含的内容，它真的不适合。……我觉得实施国家课程后，我们实际上失去了很多好的教学，因为我们已有非常有效的主题和工作计划，我们的学生也非常投入，这可能是一个长期的事情。有了国家课程后，我们别无选择，只能认真遵守，但我们尽量把它变成（bend）我们想要的样子。"③

最极端的行为是，20 世纪 90 年代以来已有两次国家考试受到教师们的联合抵制。他们抵制国家考试的理由是认为这些课程改革措施是针对教师的，因为国家课程与评定大大增加了教师的工作量。全国校长协会与女教师协会警告说，将会有范围极广的针对国家考试而发起的教师联合抵制行动，除非出现政府妥协的信号。全国校长协会的会长大卫·哈特（David Hart）警告说："国家课程可能有强迫学校在儿童仅仅 9 岁的时候就对他们进行'分流'这样的危险意图。"④ 全国教师联合会的成员麦克沃伊公开表示："教师们很生气，政府对他们专业

---

① Mary Catherine Woolley, "Experiencing the History National Curriculum 1991-2011: Voices of Veteran Teachers," *History of Education* 48, no. 2(2019): 217.

② Mary Catherine Woolley, "Experiencing the History National Curriculum 1991-2011: Voices of Veteran Teachers," *History of Education* 48, no. 2(2019): 217.

③ Mary Catherine Woolley, "Experiencing the History National Curriculum 1991-2011: Voices of Veteran Teachers," *History of Education* 48, no. 2(2019): 220.

④ 罗伊·洛：《进步教育的式微——英国教师是如何丧失课堂自主权的》，苗曼译，华中科技大学出版社，2020，第 133 页。

性和判断力的攻击使他们感觉受到侮辱。”① 许多学生家长对于国家课程和国家考试也持强烈的反对态度。调查表明，有 60%的家长要求裁减课程内容，增加选择性；70%的家长要求改革或停止举行国家考试。②

到了 1993 年春季，这种对于新考试制度的不满进一步发酵，酿成了教师工会、家长和教师联合会等组织的“罢考”风潮。学校考试与评价委员会主席辞职后，教育大臣不得不宣布要对国家课程进行修订，降低教学目标，精简教学内容，并对考试工作进行调整；同时改组课程和考试的管理机构，任命了新的“学校课程与考试委员会”主席，要求他考虑和解决以下四个基本问题：第一，精简国家课程的范围。第二，原来将国家课程的各科教学目标分为 10 个水平是否合理？今后如何处理？第三，怎样简化考试工作？第四，如何改进国家课程和考试工作的管理？③

与此同时，国家课程委员会也遭到抨击。北伦敦联合学校的校长简·克兰奇（Jane Crangi）从国家课程委员会辞职后，在《时代教育评论》上发文抗议国家课程委员会的运作方式，认为它的主要工作目标已变成“为考试而设计课程”。她说：“众所周知，国家课程委员会的一些成员属于右翼智囊团。我从没有反感过这个……因为这样的组织将有助于产生一些可以贡献思想观点的积极分子。但是，作为一名委员会成员，我确实很反感——委员们就像做功课一样，仅仅根据政策研究中心的小册子就直接去设计课程。”④ 1992 年夏天，国家课程委员

① 罗伊·洛：《进步教育的式微——英国教师是如何丧失课堂自主权的》，苗曼译，华中科技大学出版社，2020，第 144 页。

② 参见钟启泉、张华主编《世界课程改革趋势研究——课程改革国别研究》，北京师范大学出版社，2001，第 364 页。

③ 参见江山野主编《英国学校课程》，河北教育出版社，2000，第 224 页。

④ 罗伊·洛：《进步教育的式微——英国教师是如何丧失课堂自主权的》，苗曼译，华中科技大学出版社，2020，第 145 页。

会、学校考试与评价委员会宣布解散，它们的职能合并为单一的“学校课程与评估局”（The School Curriculum and Assessment Authority），这是一个被认为对教育和科学部的号召更具响应力的组织。到 1993 年夏天，反抗“标准化成绩测试”的全民运动已持续了两年，许多家长通过让孩子远离学校来抵制这种测试。在这种情况下，新成立的“学校课程与评估局”开始致力于提供解决这一困局的方案。曾经担任国家课程委员会首席执行官的克里斯·伍德赫德指出：“教师的联合抵制使国家课程遭受重创，现在面临的任务就是去重建关于国家课程的公众承诺与行业承诺。”①

针对以上各种争论，英国经济事务研究所指出：“最有效的国家课程是依据市场和教育消费者的需要设立的，它与任何中央强加的课程相比，更能充分反映孩子们的需要和社会要求。政府和议会试图强加的课程，不管他们的意见是多么‘一致’，在质量、灵活性与反映需求方面比根据市场来决定要差得多。政府必须在很大程度上相信市场力量而不是一些委员会的建议。”②

总的说来，关于国家课程的争论可归纳为以下几个方面：（1）课程现代化和适应经济发展的需要；（2）允许大多数消费者选择的需要（这里的消费者包括家长、社区，特别是商业区的代表）；（3）提高办学质量和教育水准的需要；（4）维护民族文化的需要；（5）重新确立适当的基督教传统和工商业价值的需要；（6）复兴传统学术课程的需要。③

---

① 罗伊·洛：《进步教育的式微——英国教师是如何丧失课堂自主权的》，苗曼译，华中科技大学出版社，2020，第 146 页。

② Denis Lawton, *Education and Politics in the 1990s: Conflict or Consensus?* (London: The Falmer Press, 1992), p. 51.

③ See Robert Moore and Jenny Ozga, *Curriculum Policy* (London: Pergamon Press, 1991), p. 4.

然而，国家课程得到许多机构、团体和教育界内外人士的赞成。归纳起来，他们关于国家课程的积极论述包括以下八个方面：第一，所有儿童都应该有权接受一种有价值的课程，必须重视一个国家内所有儿童获得平等的受教育机会，国家课程正是要朝着这个方向努力；第二，应该有一个与义务教育目的和目标尽可能一致的5—16岁儿童课程体系；第三，公立学校应该通过共同课程传递共有的文化；第四，应该通过共同课程缩小地区间教育质量的差异，使所有学校享有共同的课程标准，以保证教师期望在一个合理的水平上；第五，国家课程增强了学校和教师的责任；第六，国家课程使学生在地理上的迁移变得更加容易；第七，设立国家课程是为了避免学生过早专业化，使他们能够接受一种广博的、平衡的和相关的课程；第八，设立国家课程将使家长加深对学校的了解，以减轻他们对学校的忧虑。

五、实施国家课程遇到的困难

在实施过程中，国家课程也确实遇到了不少困难，1991年即国家课程在付诸实施刚刚两年就陷入了困境。

第一，教师供给出现危机。这表现在两个方面：一是教师数量的严重不足，尤其是科学、技术、现代外语和数学等科目。教师不足妨碍了部分学校执行国家课程的进度。根据1993年3月的一项调查，教育和科学部在过去四年内对数学、技术、物理和化学四门课程的师资招聘指标都未能完成，有些校长认为聘任这方面的教师非常困难。1995年教育和科学部更名为“教育与就业部”（The Department for Education and Employment）。据它1998年的统计分析，近50％的中学教师和约33.3％的小学教师在取得教师资格后没有继续从事教师职业，尤其是男性教师和少数民族地区的师资非常紧缺。二是一些教师不能胜任国家课程的教学。为此，英国政府要求教师职前培训机构应使教师为国家课程的实施做好准备；地方教育当局和学校应对教师的在职进修进行规划，以使教师为应对各种变化做好必要的准备。地方教育当局的咨询服务也将在规划课程变革、使用评定和测试，以及保障教师得到他们所需的支持和训练方面发挥重要作用。

第二，国家课程的教学目标缺乏规范性。例如，由伦敦数学学会、数学研究会和皇家统计学会联合发表的一份报告指出，国家课程没有为学生奠定必要的数学基础，而且曲解了这门学科的性质。报告认为，目前所教授的数学不利于向广大学生提供智力训练，许多学生由于教材缺乏新意而失去对这门学科的兴趣。专家们建议重新编写国家课程的教材，并重视那些被忽略的内容。

第三，国家课程的评估难以操作。国家课程的评估与以往的考试不同，考试注重的是分数，而国家课程的评估要达到以下四个目的：（1）肯定学生已取得的成绩，并帮助他们计划下一阶段的学习；（2）找出学生学习的弱点和存在的困难，并帮助他们克服这些困难；（3）为教师、学生及家长提供有关教学效果的阶段性总结；（4）使教师、校长及学校董事会了解学校的教学工作。这些目的决定了国家课程的评估内容必须十分详细，结果使操作变得非常复杂。据统计，成绩评估的项目高达966项，这使评估变成一个沉重的负担。国家课程评估的最初目的是在每一门学科为7岁、11岁和14岁的学生举行全国统一考试，但一些研究者发现“担忧、厌恶和恐惧”是教师们对这一计划的普遍反映。[①] 到1993年，国家考试只局限于英语、数学和科学三门核心科目。

第四，教育资源严重不足。据皇家督学团的调查，大多数实行国家课程的学校教学设备不足。在被调查的中学中，设备很差的占半数

① See Mary Catherine Woolley, "Experiencing the History National Curriculum 1991-2011: Voices of Veteran Teachers," *History of Education* 48, no. 2(2019): 228.

以上，仅有约33.3%的学校有足够设备。据英国大学入学服务中心对1145所中学的调查表明，有70.2%的调查对象认为现有的教育资源对他们实施国家课程会产生不同程度的负面影响，而在综合中学这一数据高达78.8%。①

第五，教师和学生负担过重。国家课程的实施要求教师负责各门学科的教学和评价工作，而教师评价所依赖的成绩目标体系比较复杂，涉及的评价指标较多，并要求将学生的成绩记录在等级表上，由此造成教师负担过重。1994年，《泰晤士报教育副刊》发表评论指出，国家课程的实施对教师的工作热情和健康造成了损害；如果全面执行国家课程的标准，教师的工作量必须增加到每周50小时以上，其中10%的教师每周要达到60小时。尽管政府承诺每年都要减少一些工作量，但并未兑现。教师们声称，国家课程降低了他们的职业感，他们的工作正处在一种重压之下。国家课程委员会主席大卫·帕斯卡（David Pascall）也承认国家课程给中小学教师带来了相当大的压力。多年来，英国教师的辞职率一直呈上升趋势，而工作负荷成为教师离开公立学校的主要原因之一。据调查，在离开中小学的教师里，分别有58%和74%的教师声称工作负担过重是其辞职的主要因素。② 对于学生而言，既要应付内容艰深的课程学习，又要参加统一的国家考试，致使他们常常感到不堪重负。1996年，“教育标准办公室”（The Office for Standards in Education）的年度报告宣称，国家课程正在驱使小学生聚焦于基础知识的课程，新的考试规定导致英语、科学和数学这三门核心课程受到过度关注。有位教师谴责国家课程对幼小年龄的学生造成了更大的伤害，他在写给《时代教育评论》的信中抱怨说：“在很多幼儿学校，

---

① See Qualification and Curriculum Authority, "'QCA' Review of Curriculum 2000-Report on Phase Two," January 15, 2002, http://www.qca.org.uk/curriculum.

② See Alan Smithers and Pamela Robinson, *Teachers Leaving* (Center for Education & Employment Research, University of Liverpool, September, 2001).

国家课程的实施意味着，幼儿在一天中在用比迄今为止任何时候都更多的时间去坐下来做正规的作业……结果……极大地侵占了进行游戏活动的时间。”①

此外，英国政府虽然反复强调国家课程的10门学科并不是5—16岁学生所学课程的全部内容，各地学校还可根据实际情况和条件以及学生的需要开设其他课程。但实际上，由于学校和教师忙于应付10门规定学科的教学及评价工作，在这些方面花费了大量时间和精力，使他们无法再为学生开设更多的课程。当各种争议持续发酵时，撒切尔夫人也开始对国家课程的实施变得胆怯，她认为国家课程强加的规则太僵硬了。她说：“一旦你放弃一个已经得到核准的课程，如果你把它搞错了，情况将比以前更糟……我认为我不曾设想他们会如此事无巨细地规定课程。”② 1990年4月16日和17日，《泰晤士报》连续转述了对撒切尔夫人的长篇采访，并且发表评论说：“明显地，她现在认识到，教师们自己就能发现教室里什么行得通，什么行不通。一个规定过于严格的课程会消磨掉教师们的热情与奉献精神。这是教师们发出的声音：凸显职业独立性；反对华而不实的学术性的‘专家评价’；倚重一线实践，反对空谈理论……政府把国家课程作为一次加固传统教学方式的保守性改革，创造性地兜售给了家长。这种改革将会使教师们（当然是那些被指责为受到左翼引诱的教师们）产生极大的思想困扰。”③

总之，国家课程的顺利实施还要看它能否得到学校教师、校长、

---

① 罗伊·洛：《进步教育的式微——英国教师是如何丧失课堂自主权的》，苗曼译，华中科技大学出版社，2020，第135页。

② 罗伊·洛：《进步教育的式微——英国教师是如何丧失课堂自主权的》，苗曼译，华中科技大学出版社，2020，第137页。

③ 罗伊·洛：《进步教育的式微——英国教师是如何丧失课堂自主权的》，苗曼译，华中科技大学出版社，2020，第137页。

家长及社会各界的支持。要取得广泛的舆论支持，国家课程必须根据实施过程中的情况不断地进行调整，并通过合理的、科学的评估方法来证明它在提高英国教育质量方面的作用，否则人们对它的指责和批评不会停息。

六、英国政府采取的改革措施

自国家课程实施以来，英国政府也在不断地采取措施予以调整。1993 年 4 月，政府任命了一个以罗恩·迪林爵士（Sir Ron Dearing）为主席的委员会，负责对全国统一课程和评价制度中出现的问题进行调查，并提出改进的具体建议。这是英国国家课程和评价制度实施 5 年以来由政府组织的首次认真检查。同年 8 月，在广泛听取各方面意见的基础上，该委员会发表了《国家课程及其评价：中期报告》。该报告指出了国家课程及评价中所存在的主要问题：（1）学科课程总体分量重，内容过多；（2）具体内容解释过细，不利于教学；（3）成绩评定的要求过于复杂；（4）不能满足特殊教育儿童的需要；（5）在教学实验中存在的一些缺点应予以纠正。后来，委员会又向政府提交了长达 80 页的最终报告，提出了具体的修改意见。英国政府据此对国家课程进行修订，并从 1994 年 9 月起实施新的国家课程改革方案。

这次课程改革的主要内容包括以下几个方面：（1）裁减国家课程内容，使每一关键阶段或每周能腾出一两天时间供学校自由支配。课程设置围绕学术、职业和就业三个领域展开，职业技术课程占一定的比重。（2）简化考试科目和评价方法。7 岁和 14 岁考试科目仅限于三门核心课程。在成绩评定中，现有的 966 项“成绩记录”将被 200 项更为概括的“水平表述”所代替。针对教师评定工作的不明确及教师工作负担过重的状况，迪林的中期报告提出教师评价是学习过程的核心这一主张。（3）取消 7 岁和 14 岁学生的考试成绩排行表，改进其他考试成绩排行表的公布方式，设立增值指标（value-added indicator）。[①]委员们认为，只根据学生的平均成绩对学校和学区进行名次排列是毫无意义的，要真正评价一所学校或一个学区的表现，应同时考虑学校和学区的社会经济环境，以及在一年时间内所取得的进步。（4）建立统一的课程管理和协调机构。根据《1993年教育法》的规定，原来的"国家课程委员会"和"学校考试与评价委员会"合并为"学校课程与评估局"，目的在于汲取以往课程与考试相互脱离的教训，将课程与评价两者相互协调和统一。

为了保证国家课程的有效实施，根据1994年颁布的教育法案，英国还成立了专门的"师资培训署"（Teacher Training Agency），负责教师培训的具体事宜，如新教师的入门训练、就业和在职进修等。在师资培训署成立之前，英国教育界纷纷要求在新教师培训领域制订一个更加注重能力的新任教师资格认定的评估方案。为此，一些学校在职前师资培训中推行就业简历制度。1992年，教育和科学部制订了全国范围内中学教师培训的课程表，并列出了接受培训的学生成为中学教师应具备的能力。1993年，师资教育评定委员会出版了有关简历式能力鉴定的草案。1994年，师资培训署对草案进行了审议，并同意在1995—1996年推行就业简历制度。这种以就业简历代替单项能力测验的方法，有利于地方教育当局合理安排教师的就业并充分发挥他们的专长。此外，作为国家课程实施的一部分，英国学校一年中有五天用于教师的进修。1995年夏，国务大臣与师资培训署讨论了如何制订目标明确和更有成效的教师进修计划，以确保教师进修活动能使课堂教学和学生学习得到改善。同时，师资培训署对教师进修工作进行了一次全面检查，希望能从更有战略性的观点出发，建立一个目标更明确

---

① See Ron Dearing, *The National Curriculum and its Assessment: Interim Report* (London: School Curriculum and Assessment Authority, 1993), p. 13.

的教师职业发展体系。

1997年新工党上台后，继续推行并实施国家课程和国家考试，还根据自己的教育理念对国家课程和考试进行了调整。1999年，“课程与资格当局”（Qualifications and Curriculum Authority，QCA）向教育大臣递交了改革国家课程的建议，并于同年颁布了《新国家课程》，规定从2000年9月起英国中小学开始实施新的国家课程标准。与以往的国家课程标准相比，新标准详细阐明了学校课程的价值、目的，以及国家课程的地位和目标；新标准更加强调包容性，即为所有学生提供有效的学习机会；新标准对学习科目的规定较少，使学校和教师拥有更多的课程自主权；新标准在学习计划中更加突出技能的培养；新标准的学科内部、学科之间、学科与其他改革策略如“国家基础学力战略”之间具有广泛的一致性。总之，新课程标准与更广泛的学校课程相结合，旨在保证学生从小就能发展其所需要的基础学力，培养他们的创造性，赋予教师自由教学的权利，让他们运用最佳的方式激发学生的求知欲。

为了解决国家课程评估难以操作和缺乏信度等问题，2002年课程与资格当局公布了2003年四个关键阶段的评价与报告安排，具体内容包括以下几个方面：（1）在各关键阶段末举行测验，目的在于检测学生在各阶段学习的成绩状况。各关键阶段的测验内容、形式，以及评分与管理等各不相同。（2）教师评价是国家课程评价体系中的重要组成部分，它涵盖了学习计划的各个方面，并与各关键阶段末的测验具有同等地位。（3）要求学校记录每个学生的情况，包括学业成绩、其他技能与能力，以及学生在校取得的进步等。这些记录每学年至少更新一次，学校每学年至少要向家长汇报一次学生的成绩，而且要把教师评价结果报告给数据收集中心，并在小范围内公布。

2003年，英国政府颁布了《14—19岁教育：卓越与机遇》（“14-19：Excellence and Opportunity”）的文件，进一步探讨了增加课程的一致性、广度和灵活性的问题，确立了采用多层次评价系统的改革方向。为了推动改革进程，2003年3月教育与技能部（The Department for Education and Skills）[①] 成立了由迈克·汤姆林森爵士（Sir Mike Tomlinson）领导的14—19岁学习方案与资格证书制度改革工作组。经过广泛的讨论，工作组在以下几个方面达成了共识：（1）制订14—19岁教育的长期发展战略，这一战略必须建立在明确的、全纳的、一致性的课程和资格系统基础之上，资格证书的鉴定应易于操作并有透明度；（2）新的14—19岁教育的课程和资格证书系统必须是全纳的，包括从入门到高级水平的各个阶段；（3）为所有14—19岁学生提供整体性学习方案和确立共同的核心学习内容；（4）改革评价制度，根据评价手段的有效性和适切性来使用各种策略；（5）加强普通教育与职业教育之间的联系。

新工党执政后，对新教师提出了更高的职业发展要求，并不断加大教师培训的力度。其中包括对教师掌握国家课程标准，有效地促进和提高学生学业成绩的要求等。为了建立更有成效的教师培训制度，英国师资培训署确立了教师培训与管理的三个基本原则：（1）对具体标准进行严格评估，以保证教师受过合格的训练；（2）对参与培训的教师进行严格管理与记录，使教师培训质量得到更有效的保障；（3）制定评估、管理的政策和标准，帮助教师和学生提高教学效果。[②] 与此同时，英国教育与就业部还把“全面质量管理”理论引入教师管理，并按照全面质量管理的理念对职前教师教育进行改革，以加强职前教师教育质量的全面管理。据《国家统计年鉴》表明，2002年英国的教师数量已创20年以来的历史新高，其中英格兰公立学校拥有419 600名全职教师，自2001年以来增加了9400名；教师空缺率从2001年的

---

① 2001年，“教育与就业部”更名为“教育与技能部”。

② See Melissa Coulthard,“Solving the Teacher Recruitment Crisis,”*Education Today* 2(2001):50.

1.4%下降到1.2%。[①] 至此，英国教师供给危机的状况已基本得到缓和。

为了减轻教师的工作负荷，2002年4月英国学校质量司司长斯蒂芬·迪姆斯（Stephen Dims）宣布了32所试点学校的名单。这些学校从9月份开始实施为期一年的“教师减负”工程，以使教师们能更好地专注于教学工作和提高课堂质量。这些学校包括来自全国各地的初等学校、中等学校和特殊学校。减负内容包括为教师配备额外的教学助理；给每位教师配备一台便携式电脑，用于上网和使用信息交流技术；减少教师一星期的工作时间；增加教师用于备课、进修和规划学校活动的时间等。在试点学校进行“教师减负”工程成功后，其经验将推广到全国所有学校。

此外，为了解决教育资源严重不足的问题，英国政府加大了教育投入的力度。2002年7月，教育与技能部进一步阐述了今后教育投入的目标：英格兰的教育投资在以后3年中将以6%的速度递增，从2002—2003年度的450亿英镑增加到2005—2006年度的578亿英镑，使教育投资由目前占国民生产总值的5.0%上升到5.6%。[②] 其中大部分资金将用于改善中小学教育的办学条件。

七、评价与影响

学校课程自主历来是英国课程设置的传统，而国家课程的实施则使这种传统发生了重大变化。战后初期，英国的课程政策是谋求机会均等和社会协调，减少社会各阶层之间的隔阂。国家课程的实施，从

---

① See Department for Education and Science, "News Center, Teacher Numbers Hit 20 Year High," October 5, 2002, http://www.dfes.gov.uk/pns.

② See Department for Education and Employment, "Record Spending Will Deliver World Class Education System: Morris Pledges Every Penny Will Be Spent on Reform," June 15, 2002, http://www.defs.newscentre.

根本上改变了以往课程中传统的中央、地方和学校之间的伙伴关系，把许多课程决策权给了中央政府，同时削弱了地方教育当局的权限和取消了教师的课程自主权。此外，统一的课程标准、学习大纲和考试则为教师提供了明确、详细的目标，为他们更好地教学和科学地检测学生的学习结果提供了手段。

从总体上看，英国国家课程体现了两个方面的主要特色。

一是统一性与灵活性相结合。这表现在四个方面：（1）国家课程没有把职业课程列为基础学科，但在教育和科学部 1989 年出版的《国家课程——从政策到实践》一书中明确指出，10 门基础学科并不是整个课程的全部，国家课程还应包括职业教育和职业指导、健康教育，以及其他方面的个人和社会教育等。这些方面的教育除了适当贯彻在基础学科的教学之外，地方和学校也要进行安排。英国还有一项专门在普通学校推行的“技术和职业教育计划”，旨在通过设置具有职业技术教育倾向的专门课程，为 14—18 岁年龄组的学生更好地进入社会做准备，并使他们习惯于运用自己的技能和知识解决现实问题。（2）在国家课程中没有关于选修课的规定，但只规定 10 门基础学科并不说明这是全部课程，这样就为地方和学校开设选修课留下了余地。英国中等教育一般分为两个阶段：第一阶段是 1—3 年级（相当于我国的初中阶段），学生年龄为 11—14 岁；第二阶段是 4—5 年级（相当于我国的高一和高二），学生年龄为 14—16 岁。两个阶段的教育实行不同的课程设置：第一阶段以共同基础课（必修课）为主，有些学校在三年级开设少量的选修课；第二阶段必修课的数量减少，而增设大量选修课。各学校用于共同基础课与选修课的课时百分比有所不同（见表 18、表 19）。（3）国家课程对 10 门基础学科的教学时间没有具体规定，每周教学总时数、每节课的时间长短，以及每门学科每周的教学时数等由学校自行安排。（4）国家课程的规定并不是要求全国所有学校一律执行，从范围来说它只适用于英格兰和威尔士，苏格兰和北爱尔兰可自行安排课程；在英格兰和威尔士的独立学校也可自行安排课程，而不受国家课程制约。此外，为残疾儿童设立的特殊学校也不受此限。

表18 德文郡费希庞德综合学校共同基础课与选修课每周课时百分比①

（单位：%）

科目	共同基础课	科目	选修课
英语	12	选科一	12
数学	12	选科二	8
综合理科	12	选科三	8
宗教教育	8	选科四	8
体育	4	选科五	8
美术	4		
教师指导课	4		
总计	56		44

表19 德文郡莱尔希综合学校共同基础课与选修课每周课时百分比②

（单位：%）

科目	共同基础课	科目	选修课
英语	15	选科一	20
数学	10	选科二	20
体育	5	选科三	10
社会、个人与职业教育	5	选科四	10
		选科五	5
总计	35		65

① 江山野主编《英国学校课程》，河北教育出版社，2000，第52—53页。

② 江山野主编《英国学校课程》，河北教育出版社，2000，第52—53页。

二是教学与评价并重。根据各门核心学科和基础学科 10 个水平的成绩目标，对学生在 7 岁、11 岁、14 岁和 16 岁时的学习成绩进行评定，是国家课程的一项重要内容。1987 年，英国政府设立了由伦敦大学国王学院保罗·布莱克（Paul Black）教授为主席的“评定和测试工作小组”（Task Group on Assessment and Testing，TGAT）。该工作小组于 1987 年圣诞节前夕发表了一份研究报告，指出评价是教育系统的内在组成部分，它在学生的学习中占有重要地位；对于每个儿童的评定工作必须成为教师的职责，教师评定应成为评定的基础；好的课程和评定策略必须携手并进，两者必须共同提供一种清晰的语言，以便把目标传达给学生、家长和教师。“工作小组的建议旨在充分利用现有的专门知识和许多学校已有的良好实践。构思这些建议是为了帮助教师进一步加强学生的学习和做好儿童良好成绩的记录工作。”[①] 报告提出，对于学生的成绩评定将采取教师评定和全国统一考试相结合的方式。教师评定贯穿于学生学习的各个阶段，包括测验、平时的档案和成绩记录等，这是一种连续性的评价；全国统一考试是标准化考试，分别在四个基本学段进行。新的成绩评定制度按目的分成形成性评价、诊断性评价、终结性评价和评价性评价四种类型。低年级将侧重形成性评价和诊断性评价，高年级将突出终结性评价和评价性评价。这种与教学紧密结合的评价体系，改变了原来以评价作为资格选拔唯一手段的做法，通过形成性、诊断性、终结性和评价性多种目的来促进教学质量的提高。有的学者指出：“与其他方面的一些改革，如教育管理体制改革不大相同的是，关于课程和考试的改革较少触及党派政治等较为敏感的神经，只是纯粹的提供教育质量的尝试，所以，英国国内

① 瞿葆奎主编，金含芬选编《教育学文集·英国教育改革》，人民教育出版社，1993，第 708 页。

的几个主要党派基本上都持肯定的态度。”①

劳顿教授指出，“评定和测试工作小组”的教育评价模式具有许多价值：（1）它允许年年进步，不强调学生失败。（2）它满足了个别差异的需求；在每一学年结束时没有划一的“及格”与“不及格”标准；虽然所有的学生都在进步，但它把各种不同的进步速度视为正常。（3）“评定和测试工作小组”的评估模式提供了形成性评价的数据，这些数据可以帮助教师诊断各个学生的需求和困难。（4）评价不是以传统的标准化测试为主，它所构想的“标准评价工作”是将标准评价导入教学过程的典型例子。（5）通过教师组织的“集体调整”取得标准的统一。② 总之，通过评价保证国家课程的教学达到期望水平，是英国课程改革的一大特色。

国家课程对于学生应该知道什么、做什么和理解什么提出了明确的目标和基本的标准框架，这是为小学、中学和特殊学校各个年龄和不同能力的学生设置的。设立国家课程是英国课程发展史上划时代的大事。英国政府在 1992 年教育白皮书《选择与多样化——学校的新框架》中指出，国家课程在历史上首次对课程的全部核心科目提出了挑战性的全国性目标。这些目标反映了广泛的磋商和国家课程委员会的指导，这已在国家课程的所有科目中得到体现。这些目标是所有学校在教育学生时的共同目标，它给所有学生一个共同的权利，要求学校在教学中达到这些目标，家长有权坚持这些目标。③

劳顿教授指出：“设立国家课程的动机是调和官僚集权与私人

① 许明：《英国中小学课程和评价制度改革的新进展》，《课程·教材·教法》1997 年第 4 期。

② 参见劳顿、石伟平《1988 年以来的英国“国家课程”》，《华东师范大学学报（教科版）》1996 年第 4 期。

③ 参见国家教育发展研究中心编《发达国家教育改革的动向和趋势》（第六集），人民教育出版社，1999，第 379 页。

(privatizer) 希望在公立学校引入市场机制之间的矛盾。自 1977 年以来，出现了一种权力（包括课程控制）向中央转移的趋势，开设共同必修的核心课程即是这种合乎逻辑的推理。但 1988 年法案的主旨在于通过家长选择扩大市场力量。为了选择学校，家长需要凭据，即通过国家课程评估公布的学校'排行榜'(league tables) 来提供信息。成绩好的学校深受欢迎，而成绩差的学校将面临关闭。"[①] 但他认为，任何想着手规划和重新规划"国家课程"的国家都应充分注意以下几点：(1) 应允许有充分的时间用于规划和咨询讨论。(2) 应确保教师参与课程规划的过程（不能对此垄断）；课程规划应以教师的现状为基础，而非以行政管理人员所设想的现实为基础，这一点尤为重要。(3) 应把课程和评定视为同一过程中的两个方面，这在"评定和测试工作小组"的模式中得到了很好的说明（这是一种两维接近法——"课程与评定"，或"教与学"和"学习计划与成绩目标"）。(4) 应避免政治性的"改革时间表"，需要有时间来协调课程与评定的规划，以及协调各分支小组的工作；在英国，某些"国家课程"的科目被重写了三次；评定方案应在实施全国性计划之前，允许有时间进行评定设计的试行。(5) 不应把规划"国家课程"当作把"家长选择""竞争"和"市场力量"引入教育事业的一种方法。[②]

目前，国家课程正在英国全面实施，舆论界和教育界对它的争议仍在继续。反对意见认为，国家课程给予国务大臣过多的权力，剥夺了地方教育当局和学校的权力；关于 10 门必修课的规定太死板，留给其他选修课的余地太小，阻碍了各地方教育当局和学校进行课程方面的改革和创新；国家课程以学科为基础采用分科形式，而不是以领域

---

① Denis Lawton, *Education and Politics in the 1990s: Conflict or Consensus?* (London: The Falmer Press, 1992), p. 50.

② 参见劳顿、石伟平《1988 年以来的英国"国家课程"》，《华东师范大学学报（教科版）》1996 年第 4 期。

为基础采用综合形式，实践证明这种以学科为基础的课程是失败的；新的成绩评价制度要求教师详细地记录评价结果，并涉及极其复杂的累积法，这使得教师耗时过多，加重了教师的负担。也有人认为，宗教课以基督教为主不符合信仰自由原则；把外国语作为中学的基础学科很不实际，因为缺乏合格的教师等。另外，根据独立的学术科目对新的国家课程提出的具体要求，在许多情况下会导致学校课程范围更加狭窄。对核心科目的强调，以及学校公布考试成绩作为其教育成功的指标，给那些非核心科目造成了压力。例如，尽管国家课程委员会建议学校开设非强制性的健康教育、公民教育、生计教育和指导、经济意识教育及环境教育等，但研究表明深受困扰的教师们并不重视它们，因为这些科目不受法律的强制规定。

基思·约瑟夫的政治顾问斯图亚特·塞克斯顿则反对在简单的自由市场基础上设置详细的全国统一课程。他在访谈中清楚表明了哈耶克派在国家课程中的立场。他说："全国统一课程是极其错误的。如果你在教育和学校中有真正的自由市场，我指的是客户、父母和儿童可以从各种类型的学校中进行选择，当然那样做的必然结果是学校必须有能力对不同的市场需求做出反应，转变管理方式，所有那些都是整套计划的部分。实际上，如果你研究一下私立学校，你就会发现在各类私立学校课程之间有明显的相似性，因为那正是客户所需要的。……所以，如果政府有力量和信心努力迫使移交管理权，那么他们将欣然同意根据家长和学生的需要来设计课程，这是一种观点。恰恰相反的做法是集权化，我们所说的集权化是指由15人组成的委员会，他们很了不起、很优秀，正如人们所说的一样，他们将详细规定本应由市场决定的事情。……所以有几个论点表明，全国统一课程不会设计出好的课程，实际上会使他们所选择的内容变得陈旧僵化而缺乏灵活性。它试图推出适合所有儿童的课程，当然儿童存在很大的个体差异，那就是为什么人们会选择不同的学校，因为这些学校适合一部分人而不适合另一部分人。当然由法律来决定儿童应该学什么，并暗示不能学别的，这是蒙骗人的集权化，是难以令人信服的。”① 这种用自发秩序、不断适应、效率及市场自由选择来反对不公正的、无效的、不可靠的国家集权化做法，是一种典型的哈耶克主义观点。

但总的说来，20世纪80年代中期争论非常激烈的问题现在被广泛接受了。现在争论的不再是有关国家课程的原则而是有关国家课程的细节，即关于在国家课程内各科目应如何开发，以及各科目相互联系的评价；不是有关这些科目应否构成国家课程的一部分问题。1992年教育白皮书指出：“这是健康的争论，这种争论将继续下去。政府将保持对课程进行考察，当实施国家统一课程的效果明显时，政府将视需要对进一步改善的问题广泛进行磋商。”②

就全部科目而言，国家课程的实施工作尚未完成。到2005年，学习国家课程全部科目的第一批学生才能毕业。国家课程能否顺利实施还有待时间证明，但无论如何国家课程改革都对英国中等教育的发展产生了广泛而深远的影响。

第五节　国家考试

英国中等教育考试制度历史悠久。19世纪以前，英国学校考试大多采用口试和演示。19世纪中叶，笔试方法传入后，一些大学为明确入学标准和建立比较公正的选拔制度，相继成立了专门的考试机构。例如，牛津大学和剑桥大学分别于1857年和1858年成立了地方考试委员会，1880年伦敦大学成立了中学考试委员会，1900年左右由巴斯、

① 斯蒂芬·鲍尔：《政治与教育政策制定——政策社会学探索》，王玉秋、孙益译，华东师范大学出版社，2003，第56—57页。

② 国家教育发展研究中心编《发达国家教育改革的动向和趋势》（第六集），人民教育出版社，1999，第360页。

布里斯托、埃克塞特、雷丁、南安普敦、萨里等六所南方大学组成了联合考试委员会等。1868 年，汤顿委员会曾建议由国家组织中等学校的考试，但由于各大学都乐于自己组织考试而未获通过。同时，一些地区也成立了自己的考试机构，负责向大学推荐优秀毕业生，如 1892 年成立的牛津和剑桥地区私立中学联合考试委员会，1900 年左右成立的威尔士联合考试委员会等。1902 年，大学评议委员会批准采用毕业证书制，即用毕业考试的成绩作为各大学录取新生的标准。但当时能获得这一证书的人数相当少，因为大多数学生未到毕业就被迫辍学了。

1911 年，中央教育咨询委员会发表的《关于中等学校考试的报告》（“Report of the Consultative Committee of the Board of Education on Examinations in Secondary School”）指出，中学毕业生离校后要参加各种各样的考试，而且考试要求不同，有必要建立一种统一的中等教育考试制度。1917 年，当时的教育委员会将中学毕业考试的控制权交给了各大学，于是各大学纷纷设立联合委员会（委员中的中学教师占很大比例）负责考试事宜，并规定一些可供选择的教学大纲及学科范围。联合委员会享有很大的自主权，它们所规定的教学大纲，不仅允许各中学根据自己的兴趣做出各种选择，而且这些大纲本身也处在断断续续的变化之中。教师和学校还可以不拘形式地自由“发明”新的教学大纲，或在以往教学大纲中寻找新的教学重点。因此，课程改革通常是根据各联合委员会关于考试科目的新规定进行。英格兰和威尔士并未将课程与考试正式分开，但这两者之间的关系始终处于一种较为灵活的共生状态。

为了使中学考试和大学考试制度更加完善，1917 年英国政府成立了中学考试委员会。该委员会设主席 1 名，另有大学考试机构、地方教育当局和教师代表参加。委员会负责向政府教育部门提出建议和批准那些有威信且独立的考试部门的工作。同年，英国为中学毕业生设立了“学校证书”（School Certificate）考试，规定学生必须通过 5 门基础学科的考试才能获得这一证书。在参加学校证书考试时，如果考试成绩达到中上水平，就可以参加大学入学考试。这种将学校证书考试和大学入学考试结合起来的考虑，对 16 岁左右的学生具有很大的吸引力，因为它们被认为是完成中学学业、求职、进入第六学级学习，以及整个中学课程设置的标准。1951 年以前，只有少数文法学校的学生才能真正通过学校证书考试，当时这些学生的数量不到同龄组人数的 1%，但这种在 16 岁左右进行的考试，对于考试前后的课程选择起着决定性作用；而其他许多国家无论过去还是现在，在这一年龄阶段举行的毕业考试都是无足轻重的。

自 1917 年成立中学考试委员会一直到 1950 年，英国普遍实行了两级证书制，即为 16 岁学生举行的学校证书考试和为 18 岁学生举行的"高级水平学校证书"（Higher School Certificate）考试。这两种考试同时进行，而且被普遍采用。据统计，1918 年参加学校证书考试、高级水平学校证书考试的人数分别为 14 108 人和 550 人，到 1938 年则分别上升为 77 010 人和 13 201 人。① 但这一时期仍然存在考试种类繁多、证书名称混乱的现象。

从 1951 年起，英格兰和威尔士实施的国家中等教育考试制度主要有以下几种。

一、普通教育证书考试

"普通教育证书"（The General Certificate of Education，GCE）考试始于 1951 年，它分为普通水平（Ordinary Level，O-Level）和高级水平（Advanced Level，A-Level）两种。

---

① See Peter Gordon, Richard Aldrich and Dennis Dean, *Education and Policy in England in the Twentieth Century* (London: The Woburn Press, 1991), p. 301.

GCE普通水平考试的对象是那些完成了5—16岁义务教育、成绩优秀且能力较强的学生。这种考试一般在学生16岁时进行，所以也叫“16岁考试”。所有文法中学都要为学生参加GCE考试做准备，而且大多数学生都要参加这种考试。GCE考试都是单科考试，按单科及格分别授予证书，即学生通过一门学科的普通水平考试后就可以获得该科的证书，而不像1951年以前那样学生必须同时通过5门基础学科考试才能获得证书。在1974年之前，GCE普通水平考试成绩只有及格与不及格之分，此后分为A、B、C、D、E五个等级，并把所获等级记入单科证书。前三个等级相当于优、良、及格水平，对继续升入中学阶段“第六学级”学习具有重要意义，而获D、E等级只对就业有用。

GCE高级水平考试的对象是那些完成了5—16岁义务教育之后又经过第六学级学习的学生。这种考试一般在学生18岁时进行，成人和海外学生也可以参加。这种考试主要为高校招生服务，它基本上采用笔试形式，命题、阅卷、评定等级的程序与普通水平考试相同。考试成绩也分为A、B、C、D、E五个等级。为了使成绩优异的考生脱颖而出，高级水平考试还设置了特殊试卷（Special Papers，也称S卷）。S卷的考试对象是通过高级水平考试且成绩在C等级以上的学生。一般说来，每个学生加试S卷不能超过2门。S卷的考试大纲与高级水平考试大体相同，但难度更大。获得S卷等级的考生将被编入大学优等班学习。

未满16岁的学生不能参加普通教育证书考试，但下列情况可以例外。“由校长证明：从教育方面考虑，让该生提前参加证书考试是可取的；他已经修毕各门课程，成绩优异，很可能会通过该几科的考试。”[①] 据此，一批年龄不到16岁的学生也参加了GCE考试。但这类学生参加的几乎是普通水平考试，他们通过规定科目的GCE考试，并达到所要

① 邓特：《英国教育》，杭州大学教育系译，浙江教育出版社，1987，第101页。

求的水平后便可免去大学入学考试。大学入学标准因院系不同而有别，但一般要求通过 4—5 门科目的 GCE 考试，其中至少有 2 门必须达到高级水平。

GCE 考试由 8 个考试委员会具体实施。这 8 个考试委员会分别是南方大学（巴斯、布里斯托、埃克塞特、雷丁、南安普顿、萨里等）学校考试联合委员会，剑桥大学地方考试特别委员会，伦敦大学招生和考试委员会，曼彻斯特、利物浦、利兹、谢菲尔德、伯明翰等大学入学考试联合委员会，牛津大学地方考试机构，牛津大学和剑桥大学学校考试委员会，威尔士联合考试委员会和普通教育证书联合考试委员会。各考试委员会均以大学为挂靠单位，政府不给予资助。它们的职责是：（1）根据“学校课程与考试委员会”统一的国家标准开设考试科目，制订考试大纲。1964 年之前 GCE 各级考试都须呈报考试委员会审批，1964 年后该委员会只审批高级水平考试大纲，并对普通水平考试大纲给予评价。（2）公布各级考试大纲并接受各地学校和个人参加考试的申请。（3）组织命题、考试、阅卷、评定等级，发放考试证书等。在 GCE 考试中，学校可根据情况选择任何一个考试委员会的考试大纲，也可按不同学科选择不同考试委员会的大纲，并申请参加由考试委员会组织的考试；教师可以按照有关考试委员会的考试大纲组织教学，并决定学生是否参加考试及参加何种考试。

GCE 考试有以下几个特点：第一，考试对象不是全部学生，而是少数成绩较好的学生，约占同龄学生的 20%。20 世纪 60 年代前，参加 GCE 考试的学生大多来自文法中学，而占人数最多的现代中学学生报考者甚少，他们绝大多数在完成 5—16 岁义务教育后参加各种地方性考试，获得某种证书后直接就业。[①] 第二，考试不是由各学校组织，也不是全国统一组织，而是由校外考试机构进行。例如，英格兰和威尔士

① 参见江山野主编《英国学校课程》，河北教育出版社，2000，第 184—185 页。

共有8个GCE考试委员会组织考试，每个考试委员会都面向全国，并各有自己的考试大纲和规定的考试科目。第三，考试既是中学毕业考试，也是大学入学考试，它主要为高校招生服务。对于16岁学生而言，由于GCE考试只有少数人能参加并通过，因此引起了包括学生家长在内的社会各界强烈不满。在这种情况下，为了使广大学习成绩一般的学生能获得参加国家考试的机会，英国政府决定在保留GCE考试制度的同时，增设“中等教育证书”（The Certificate of Secondary Education，CSE）考试。

二、中等教育证书考试

1963年，中学考试委员会下属的一个分支委员会发表了一份题为《关于普通教育证书以外的中等学校考试》的报告。该报告公布后，国务大臣宣布采用一种新的“中等教育证书”的校外考试。这种考试一方面与GCE的普通水平相重叠，另一方面也适应能力略低于普通水平学生的需要。任何学校的学生在受完5年中等教育后都可以参加这种考试，但它主要是为现代中学而设。与GCE考试一样，这种考试是单科结业，考试科目由学生自愿选择。CSE考试的对象是结束了5—16岁义务教育且具有中等水平的学生，约占同龄学生的40%。①

1963—1964年，英国共成立了14个地区考试委员会来负责CSE考试，其中9个委员会于1965年夏天举行了首次考试。与GCE考试相比，CSE考试更侧重实用性和职业性的知识与技能。CSE的一个最大特点是对学生不使用淘汰方法，考试成绩划分为1、2、3、4、5五个等级，第1级水平最高，第4级为及格。考生必须至少在一门学科考试中达到第4级水平，才能拿到一张合格证书。CSE考试采取三种形式：

① 参见江山野主编《英国学校课程》，河北教育出版社，2000，第185页。

第一，由各考试委员会制订教学大纲并组织考试；第二，学校制订教学大纲并经考试委员会审核批准，由考试委员会组织考试；第三，由学校命题、阅卷和评定等级，考试委员会实施监督。① 绝大多数 CSE 考试采用前两种形式。凡通过上述三种考试者都由考试委员会发放证书。CSE 考试以笔试为主，但为了适应学生的实际情况，全面考核学生的水平和能力，并了解学生的平时学习情况，在 GCE 考试的基础上进行了改革，即在绝大多数学科中设置“学科作业”（course work）。获得中等教育证书既可作为就业依据，也可作为进入职业教育机构学习的正式资格。

CSE 考试在 1965 年开始实施后收到了很好的效果，在 1965—1977 年，参加 CSE 考试的人数从 65 000 人增加到 625 000 人，而且采取第三种考试形式的学校由 8%上升到 25%。② 许多现代中学的学生参加了 CSE 考试（详见表 20）。

表 20　1971—1972 年各类中学生获得普通教育证书和中等教育证书的百分比③

（单位：%）

证书类型	文法中学	现代中学	综合中学
中等教育证书	2.2	16.0	15.1
普通水平证书	42.3	21.0	26.4
高级水平证书	48.7	0.9	11.6
未获毕业证书	6.8	62.1	46.9

① See Keith Evans, *The Development and Structure of the English School System* (London: Hodder and Stoughton, 1985), pp. 157-158.

② See Keith Evans, *The Development and Structure of the English School System* (London: Hodder and Stoughton, 1985), p. 158.

③ 《外国教育丛书》编辑组编《中等教育结构改革》，人民教育出版社，1980，第 171 页。

从上表可以看出，文法中学毕业生没有获得毕业证书的人数最少，而获得普通水平和高级水平证书者所占百分比最高。现代中学学生的情况正好相反，没有获得毕业证书的学生占 62.1%，获得普通水平证书的占 21.0%，获得高级水平证书的仅占 0.9%。综合中学毕业生获得证书的人数介于文法中学和现代中学之间，没有获得毕业证书的毕业生占 46.9%，获普通水平证书的占 26.4%，获高级水平证书的占 11.6%。另外，文法中学只有 2.2%、现代中学有 16.0%、综合中学有 15.1%的学生获得中等教育证书。

1964 年，英国政府将“中学考试委员会”改组为“学校课程与考试委员会”，负责指导 GCE 和 CSE 考试。在英国，GCE 和 CSE 两种考试并存的局面维持了 20 多年。对于在中学学习了 5 年且年龄约 16 岁的学生而言，他们要在两种考试之间做出选择。只有少数水平高的学生参加 GCE 普通水平考试，而大多数水平一般的学生则参加 CSE 考试，在此程度以下的学生不参加任何国家考试。每年由各校教师分别确定参加两种考试的学生名单，经学生和家长同意后递交各有关考试委员会，考试费用由学校负担。如果家长或学生不同意教师的决定，可申请自费参加自己认为合适的考试。那些学习水平居于 GCE 普通水平考试和 CSE 考试之间的考生，他们可以分别参加这两种考试，考试时间相隔一个月左右。

然而，GCE 和 CSE 两种考试并存在实践中不断暴露出一些难以解决的问题，因此受到了人们的批评。这两种考试的弊端主要表现在以下几个方面：第一，两种考试并行和重叠，造成混乱，难以掌握。例如，两种考试的等级难以参照对比，教师的选择往往与学生的实际不符；参加两种考试的学生负担过重；各考试委员会的考试科目与考试大纲各不相同且逐年增加。到 1984 年为止，据统计已有不同学科的考试大纲 2 万多个，致使学校教学无所适从，高校及用人单位难以区分，并给学生转学带来诸多不便。第二，两种考试（尤其是 GCE）主要是笔试形式，对于学生的实践能力考核不多，因而限制了学生的知识范围和学习方法；由于考试的指挥棒作用，学校教学往往只突出课堂教学而忽视能力培养，这不利于教育质量的提高。[①] 第三，能够参加两种考试的学生只占 60%，这意味着很大一部分学生被剥夺了参加国家证书考试的资格。第四，与 GCE 普通水平考试相比，CSE 考试的资格在一般人心目中是低层次的。20 世纪 60 年代后期，英国中等教育质量有所下降，不少有识之士认为这不仅与长期混乱的课程设置有关，也与推行双轨制的考试制度相关。

1972—1973 年，受中学离校年龄提高到 16 岁的影响，16 足岁考试制度也进行了一些改革。1973 年学校委员会（The School Council）和 GCE、CSE 考试委员会联合进行的试验表明，对于 16 岁学生而言，普通考试制度（a common system）比单一的考试制度（a single common system）更加可行。1976 年，尽管工党教育和科学国务大臣雪莉·威廉姆斯（Shirley Williams）接受了用普通考试制度取代 GCE 高级水平和 CSE 考试的建议，但她强调这件事情必须慎重考虑。同年，英国中学生参加 GCE 普通水平、CSE 和 16 足岁联合考试的情况如表 21 所示。另外，与 1947 年相比，1977 年参加公共考试的学生人数急剧增长（详见表 22）。

---

① 参见江山野主编《英国学校课程》，河北教育出版社，2000，第 185—186 页。

表 21　1976 年中学生参加 GCE 普通水平、CSE 和 16＋联合考试的人数①

科目	GCE 普通水平考试人数	CSE 考试人数	16＋联合考试人数
英语	452179	471525	28077
英国文学	248485		5178
数学	270297	377731	16101
物理	137929	98276	6927
化学	112221	63427	4374
生物	209559	153583	6666
历史	149242	144486	5731
地理	188765	166332	6814
法语	152459	115999	7386
德语	44246	20790	1299
拉丁语	32035	4203	1814
拉丁文和古典作品			
商业	29472	39828	2275
社会学和其他社会科学	42398	109888	602
宗教	63717	47536	563
手工设计和技术	20534	58482	892
技术绘图	49858	83266	3175
家政	5030	102474	2324
针织	21385	38825	698
艺术	112422	148820	12120
音乐	18034	13304	243

① Peter Gordon, Richard Aldrich and Dennis Dean, *Education and Policy in England in the Twentieth Century* (London: The Woburn Press, 1991), p. 307.

表22　1947年和1977年参加公共考试的学生人数①

年份	证书类型	学生人数
1947年	学校证书	107356
	高级学校证书	26322
1977年	CSE	258500
	CSE和O-Level	360700
	O-Level	614400
	O-Level和A-Level	49300
	A-Level	252700

随后，英国政府成立了以詹姆斯·瓦德尔爵士（Sir James Waddell）为主席，由教育和科学部官员与皇家督学团组成的调查委员会。1978年10月，该委员会发表了一份题为《中学考试：单一的16+考试制度》（"Secondary School Examinations: A Single System at 16 Plus"）的报告，在很大程度上肯定了学校委员会的试验结果。该报告十分注重考试技术的改进和从CSE考试、一些重要考试机构及教师方面获得的经验。但它指出："另一方面，我们也应拥有两种考试制度，这两种制度与任何由于能力、天性、繁多的教学大纲和22个独立委员会颁发的证书而引起的学生分化无关，因为这对于许多人和雇主而言是造成混乱的根源。"② 委员会建议，为所有完成5年中等教育的学生设立统一的证书而非单科结业证书，并且由少数（最多5个）权威机构来管理考试，但这种普通考试制度的设想在后来的10年内并未实施。

---

① Peter Gosden, *The Education System since 1944* (Oxford: Martin Robertson & Company Ltd., 1983), p. 75.

② Peter Gordon, Richard Aldrich and Dennis Dean, *Education and Policy in England in the Twentieth Century* (London: The Woburn Press, 1991), p. 307.

三、中等教育普通证书考试

20 世纪 80 年代，由于综合中学成为英国主流中学，原先的课程设置和考试制度已无法适应教育发展的需要。1980 年，英国教育和科学部发表了《学校课程结构》的咨询文件。1983 年，英国政府改组“学校课程与考试委员会”，成立新的中学考试委员会。中学考试委员会由 15 名委员组成，他们分别代表中学、大学、继续教育学院、地方教育当局及有关行业，所有委员均由国务大臣任命。中学考试委员会直接对国务大臣负责，但不隶属于教育和科学部。中学考试委员会的职责是：负责组织制定国家标准，并呈报国务大臣批准；审核、批准各考试委员会拟订的考试大纲和考试计划；每年审查各级考试委员会一部分学科的考试结果，监督各考试委员会执行国家考试标准。[①] 中学考试委员会下属 19 个学科委员会，每个学科委员会由大约 15 名委员组成，他们分别代表各考试组合、中学教师培训机构、高等院校和相关行业。

1984 年 7 月，国务大臣基思·约瑟夫在下议院宣布，将建立一种新的考试制度——“中等教育普通证书”（The General Certificate of Secondary Education，GCSE）考试，取代以前的 GCE 普通水平和 CSE 考试。以前的 GCE 高级水平考试仍然保留，但在考试科目和内容等方面提出了一些改革意见。

为了推行 GCSE 考试，1985 年 3 月教育和科学部发布了《GCSE 考试国家标准》，其内容包括“总的标准”（General Criteria）和“学科特殊标准”（Subject Specific Criteria）两部分。1986 年 1 月，开始对广大教师进行 GCSE 考试的在职培训工作，以使他们适应新的考试制度。各种培训材料通过印发“学科指导”和电视广播等媒介深入各学校，

---

① 参见江山野主编《英国学校课程》，河北教育出版社，2000，第 192 页。

政府还定期出版各学科新的考试大纲供师生使用。1986年9月，第一批GCSE考试科目开始列为学校课程，并实施新的教学计划。1987年夏季和冬季，分别举行最后一次CSE考试和GCE普通水平考试。1988年夏，英国举行了首次GCSE考试。为了使这种考试制度能顺利推行，政府出资8700万英镑用于有关资料的编写与出版、设备更新、教师和考试人员的培训等。

实行统一的GCSE考试，是为了消除原双轨制考试的弊端，其主要目的有以下几个方面：（1）希望大幅度提高参加并通过考试的16岁学生的比例，使其达到80%—90%；（2）为全体16岁学生提供一种比较公平的考试标准，从而恰当地评定他们的成绩等第，提高考试成绩的信度；（3）遵循全国统一的考试标准，使师生在教学中有明确的目标，以便更有效地进行教学；（4）实行统一的考试标准有利于对学校工作进行评价，便于各学校之间比较和竞争，以改进学校管理和教学工作；（5）两种考试制度合为一种，有利于学校合理地安排师资、设备和经费，从而提高办学效益。[①] 总之，GCSE考试是对结束义务教育的学生所具有的知识和技能水平的全面鉴定，并为各高校、用人单位、师生及家长提供有关教学效果的全面信息。

（一）GCSE考试的组织管理

1. 组织机构

GCSE考试的中央机构是学校考试与评价委员会。学校考试与评价委员会负责审查所有中小学的考试与评价工作，并协助国务大臣审查学校课程；负责制定和解释《GCSE考试国家标准》；审核、批准地方考试机构制订的各学科考试大纲和考试计划；审查部分学科的考试结果；监督考试的实施。学校考试与评价委员会的前身是存在于1917—1963年的“中学考试委员会”、1964—1982年的“学校课程与考试委

① 参见江山野主编《英国学校课程》，河北教育出版社，2000，第204—205页。

员会”、1983—1987 年新的“中学考试委员会”。学校考试与评价委员会是根据《1988 年教育改革法》的规定而设立，它与“国家课程委员会”并立，是英国中小学考试管理与课程管理的最高机构，直接对国务大臣负责。

GCSE 考试的具体工作由各考试机构组织。目前共有 6 个 GCSE 考试机构，其中英格兰 4 个、威尔士和北爱尔兰各 1 个。它们分别是伦敦和东安吉利亚（East Anglia）考试委员会、中部考试委员会、北部考试委员会、南部考试委员会、威尔士联合考试委员会、北爱尔兰中学考试委员会。这些考试机构由以前的若干 GCE 和 CSE 考试委员会自愿组合而成，因此也称为“考试组合”（examination groups）。

GCSE 考试组合同 GCE 和 CSE 考试委员会一样，属于非官方机构，它自筹经费、自负盈亏，经费来源主要依靠学校和考生交纳的考试费。GCSE 考试组合的职责如下：（1）按国家标准开设考试科目，并报“学校考试与评价委员会”审核批准；（2）成立学科工作小组，根据国家标准制订本考试委员会所设科目的考试大纲和考试计划，并报“学校考试与评价委员会”审核批准；（3）印发考试大纲和考试计划给中学，接受各地学校和考生报考；（4）组织命题、阅卷、评定等级，颁发 GCSE 证书，并研究和评价考试结果。① 为了互相交流信息，讨论共同关心的事务，制定统一的考试政策，各考试组合还派代表组成“GCSE 考试联合委员会”（The Joint Council for GCSE），负责协调各考试机构的工作。这个机构的具体职责是：根据国家课程方案设计考试程序，确定考试时间和公布考试成绩的日期，制定统一政策处理考生和考试组织过程中的违纪行为，制定“障碍考生”（指那些因特殊情况未能如期参加考试的考生）的考试办法，制定统一的证书格式，确立关于社会舆论及其要求的共同原则。

---

① 参见江山野主编《英国学校课程》，河北教育出版社，2000，第 193 页。

学校在 GCSE 考试中的地位和作用是：（1）自由选择任何一个考试委员会的考试大纲，并申请参加该考试委员会的考试，也可同时向不同考试委员会申请不同学科的考试，政府及地方教育当局不能对此加以限制。但各考试委员会在接受其他地区学校的考试申请时要慎重，如果与其他考试委员会发生矛盾，将由“中学考试委员会”协调解决。（2）按照选定的考试大纲组织教学，并按照大纲要求布置学科作业且对此做出初步评定；学科作业成绩最后由考试委员会审核与平衡。（3）确定考生名单，考生参加何种考卷（普通卷或附加卷）考试也可由学校决定，并支付考试费用。①

2. 国家标准

GCSE 考试是对英国义务教育的检查与评价。为确保考试结果准确、科学，推动国家课程的实施，改变过去课程设置混乱、教学目标和教学水平参差不齐的状况，1985 年 3 月“中学考试委员会”公布了 GCSE 考试《国家标准》（“National Criteria”）。它是 GCSE 考试联合委员会在“中学考试委员会”的指导下，花费 4 年多时间编写而成的。《国家标准》汇集了中学教师协会、大学教师协会、学科委员会、地方教育当局及企业组织的意见，并达成共识，这在英国教育史上尚属首次。《国家标准》公布后被散发到英格兰和威尔士的每一所中学，与 GCSE 考试有关的教师人手一册。

《国家标准》既是 GCSE 考试的最高准则，也是英国政府控制和管理 GCSE 考试的主要方法。它阐述了 GCSE 考试的基本原则，各考试委员会在起草考试大纲、设计学业评定步骤、举行考试、评分和颁发证书时必须遵守这些原则。

《国家标准》分为总的标准和学科特殊标准两个部分。

总的标准有五个方面：（1）GCSE 考试的基本原则和要求，包括

① 参见江山野主编《英国学校课程》，河北教育出版社，2000，第 194 页。

GCSE考试的组织原则、中学考试委员会的作用和GCSE考试成绩等级的评定体系；（2）设置考试科目和制订各科教学大纲所应遵循的总标准，包括授予证书的标准和考生报考的资格、考试科目的认可标准，教学大纲的形式、内容和阐述，以及某些特殊学科（如跨学科课程、综合课程、单元课程等）所应遵循的标准；（3）校内平时的“学科作业”成绩如何进行审核、平衡和评定的标准；（4）依据国家课程进行考试的要求；（5）各考试委员会相互协作的范围和要求。①

学科特殊标准是对各学科考试提出的具体要求和指导意见。到目前为止，英国政府已颁发了20门考试科目的“学科标准”，它们分别是英语、数学、物理、化学、生物、综合理科、历史、地理、设计与技术、计算机、法语、威尔士语、古典文学、音乐、艺术与设计、经济学、家政、社会科学、宗教学、企业研究。这20门学科基本上覆盖了绝大多数考生报考的科目。“学科标准”除了对上述学科提出具体的标准和要求外，还对某些学科规定了必须纳入的内容。例如，《历史学科标准》要求所有教学大纲必须详尽地阐述该学科的广度和深度，列出该学科的主要问题，保持历史的连贯性；《地理学科标准》规定，其学科作业应选择和运用适合于进行地理调查的各种方法（包括野外考察），特别是运用最基本的方法观察、记录、描述、分析、分类和说明各种资料，使用的各种原始资料包括各种比例尺的地图、照片和简单的统计资料等。许多人认为，学科标准的制订和颁布在GCSE考试与国家课程之间架起了互相沟通的桥梁。

除了上述20门考试科目已经制订统一的学科标准外，各考试委员会还可以根据总标准的原则开设其他考试科目，并制订相应的考试大纲。但为了配合国家课程的推行，从1989年秋季起，所有考试科目都必须上报“学校考试与评价委员会”批准后，才能列入学校课程并有

---

① 参见江山野主编《英国学校课程》，河北教育出版社，2000，第194—195页。

权授予 GCSE 证书。

（二）GCSE 考试的具体实施

1. 考试科目

国家课程中的核心学科，即英语、数学和科学（物理、化学、生物的综合）为必考科目。此外，学校也可以为学生选择其他考试科目，一般是在国家课程规定的另外 7 门基础学科中选择，必考加选考科目最少为 5 门。

2. 考试模式

GCSE 考试有三种模式：第一种模式是由考试委员会制订各科考试大纲，学校再按照大纲实施教学，并由考试委员会命题、组织考试、阅卷、评定等级。绝大多数学科采用这种模式。第二种模式是由学校自己制订考试大纲，报批获准后据此进行教学，但考生仍需参加考试委员会组织实施的考试。第三种模式是由学校制订考试大纲并报批获准，随后由学校组织实施考试，但由考试委员会进行监督。①

3. 考试方案

英国“学校考试与评价委员会”的有关文件规定，制订 GCSE 考试方案的基本原则是：所有 GCSE 考试内容及测试过程应反映并符合各学科性质、教育目的与评价目标，应确保考试的有效和可信度，能鼓励学校为实现各学科教育目的而设立相应课程。其具体要求是：（1）要体现校外统考和由教师实施的校内“学科作业”测试的结合，即笔试、口试、实验操作和其他学科作业（如设计、论文等）相结合，并说明每种形式与评价目标的关系，以及在全部测试总分中各种测试形式的占分比例。（2）测试方法应考虑到不同能力水平考生的差别，使考生有机会显示出他们知道什么、理解什么和能够解决什么问题。各学科都应设立不同水平的试卷，或在同一试卷上设立不同难度的试题。

---

① 参见江山野主编《英国学校课程》，河北教育出版社，2000，第 209 页。

根据学科标准规定，数学、物理、化学、生物、综合理科和法语都应设立能力区分卷，一般分为普通和扩充两套试卷，考生可以根据自己学习过的知识和水平决定选择何种试卷。其他学科在征得“中学考试委员会”同意后，也可以设立能力区分卷，或在同一试卷上设立普通题和附加题。（3）试卷中应有不同功能的试题，如选择题、填空题、简答题、作文等，以考查考生知识覆盖面和各种层次的能力。对于涉及实验技能的评价（如物理、化学、生物、地理等），一般要占考试总成绩的 20%。（4）试题设计不应超出学科教学内容，使用语言应适合考生的接受能力，而且要科学、简洁和明确。

4. 考试时间

GCSE 考试在每年的夏季举行，各考试委员会设定的考试时间大致相同。各考试委员会还可以自行决定是否举行冬季考试，以照顾下列考生：一是夏季考试未能通过，经过半年努力再考的考生；二是 16 岁以下知识与能力水平较高，经校长批准可提前参加考试的考生；三是因病或其他原因未能如期参加考试的考生。各考试委员会为海外考生和“障碍考生”另外设计了考试大纲和考试内容，并须经“中学考试委员会”批准。

5. 成绩评定

GCSE 考试由考试委员会综合考生的笔试和学科作业成绩来评定等级，它分为 A、B、C、D、E、F、G 七个等级。GCSE 考试联合委员会中原 GCE 地方考试机构负责 GCSE 考试 A、B、C 等级的评定，原 CSE 地方考试机构负责 D、E、F、G 等级的评定。GCSE 考试等级与 GCE 普通水平和 CSE 考试等级的对比情况参见表 23。从表中可以看出，GCSE 考试 A、B、C 等级相当于原 GCE 普通水平考试 A、B、C 等级，其 D、E、F、G 等级相当于原 CSE 考试 2、3、4、5 等级。

表 23　GCSE 考试等级与 GCE 普通水平和 CSE 考试等级的对比①

<table>
<tr><th>CSE</th><th>GCSE</th><th>GCE 普通水平</th></tr>
<tr><td rowspan="3">1</td><td>A</td><td>A</td></tr>
<tr><td>B</td><td>B</td></tr>
<tr><td>C</td><td>C</td></tr>
<tr><td>2</td><td>D</td><td>D</td></tr>
<tr><td>3</td><td>E</td><td>E</td></tr>
<tr><td>4</td><td>F</td><td rowspan="2"></td></tr>
<tr><td>5</td><td>G</td></tr>
</table>

根据《国家标准》的规定，学科作业成绩在 GCSE 考试各科总成绩中应占有一定比例，一般不低于 20%。由于学科作业的形式多种多样（如实验报告、论文、调查报告、录音、小测验、实际操作等），为保证学科作业成绩的可信度，一般在 GCSE 考试前两个月，学校将各考生的学科作业成绩上报考试委员会；考试委员会再对各校考生的学科作业进行抽查、审核，并根据审核结果对该校所有考生的学科作业加以平衡，最后合理地进行评价。各科考试成绩等级评定后，按考试科目分别颁发等级证书，未达到 G 等级的得不到该科的证书。GCSE 证书由各考试委员会代表国务大臣以统一格式发放，它是考生就业或继续升学的重要依据。

（三）影响与评价

1988 年夏天开始实施的 GCSE 考试已经使大部分 16 岁学生，特别是那些中等能力的学生显示他们的成绩水平。结果表明，中学毕业生在 GCSE 或类似证书考试中有 5 门或 5 门以上科目达到 A—C 级学生的比例，从 1980 年的 24% 上升到 1988 年的 30% 和 1991 年的 38%。

① 江山野主编《英国学校课程》，河北教育出版社，2000，第 210 页。

GCSE 考试成绩的提高和与此相联系的学习动机的加强，已经使大批学生在达到离校年龄后继续接受全日制教育。在第六学级学习或接受全日制继续教育的 16 岁学生的比例，从 1987—1988 年度的不足 50%，增加到 1991—1992 年度的近 70%；同时，17 岁学生的比例也从 33% 上升到近 50%。①

国务大臣基思·约瑟夫认为，GCSE 考试有四个显著的特点：减少考试小组，统一全国标准，有区别的试卷，明确的分数等级。他认为，企业界人士能从学生所得到的分数等级中了解他们所掌握的基本知识和技能，学校则根据考生个人的成绩决定分数等级，学生也有显示其水平的机会。1988 年，皇家督学团发表的一份报告对 GCSE 考试持肯定态度。报告指出，自从新的考试制度实施以来，中学第四、五年级的教学质量有了明显提高。GCSE 考试实施之前，只有三分之二的课程被认为是满意或良好，现在达到了五分之四。报告认为，有相当多的学生比上年提高了成绩水平，没有提高的只是较少一部分；学生的口头表达能力、写作能力、实践机会和研究能力等方面都有了显著的提高。

总的说来，GCSE 考试具有以下方面的优越性：（1）它将 GCE 普通水平考试和 CSE 考试合二为一，改变了过去混乱、失控的局面，为实行统一的国家课程奠定了基础，有利于提高普通中学的教育质量；（2）它统一了考试的标准、内容和形式，便于学校教学与考生报考，使长期存在的转学难问题得以解决；（3）虽然政府加强了对于考试的管理，但学校仍能自由选择考试科目和考试大纲，在教学上仍有很大的灵活性，从而做到了灵活与集中的统一；（4）实施能力区分考试，使更多的考生能充分发挥自己的水平和能力，提高了国家考试的报考

① 参见国家教育发展研究中心编《发达国家教育改革的动向和趋势》（第六集），人民教育出版社，1999，第 379—380 页。

率和合格率；（5）实施学科作业评价，能全面考核学生的知识、能力和技巧，使考试与平时教学密切结合，促进了教学工作，加强了对学生实践能力的培养；（6）提高了考试的可信度，为高校招生、专业人员聘任、企事业招工提供了统一、可信的参考标准。①

然而，GCSE 考试也存在一些问题，主要有以下几个方面：（1）GCSE 考试和教学大纲是否适合各种能力的学生，皇家督学团对此尚有疑虑。有迹象表明，新的考试制度在提高中等能力学生成绩的同时，对能力较差学生要求过多而对能力较强学生的要求又明显不够。（2）GCSE 考试的辅助工作及管理工作不配套。例如，一些学校图书馆不能提供足够的 GCSE 考试参考书；数学、技术、手工制作、音乐、家政课的教学缺乏必要的设备；试卷常常有误，准考证和考场规则不标准；评判试卷有误或结果不能及时送到等。（3）课堂小测验过多，加重了师生负担。（4）新的考试制度能否为第六学级学习提供合适的基础还有待观察。②

从课程和教育学的角度考虑，许多教师认为 GCSE 考试存在以下更为严重的问题：（1）GCSE 考试是否会导致教师花费更多的精力应付考试而忽视教学目的；（2）当具体的等级标准实施后，是否会把教学内容规定得过细、过死；（3）GCSE 考试的目标是否能全部实现。③ 另外，教师们还抱怨进入第六学级或学院的学生并没有为 GCSE 高级水平考试做好准备，而 16 岁以后才开始学习一些关键的技能更是荒谬。为什么非要等到 16 岁才开始教授那些非常重要的技能呢？这些技能对于 16 岁就离开学校的少数学生而言更加珍贵。

有些学者认为，GCSE 考试存在的实质性问题是，它允许通过持续

---

① 参见江山野主编《英国学校课程》，河北教育出版社，2000，第 199 页。

② 参见王义高《当代世界教育思潮与各国教改趋》，北京师范大学出版社，2000，第 229—230 页。

③ 参见江山野主编《英国学校课程》，河北教育出版社，2000，第 200 页。

的评估对教师的考察施加过多的控制；而且许多教学大纲的指导“受到了政治化的态度、对价值观和差异的敌视以及平等主义倾向的影响，这些东西曾经把国家的教育体制带到了现在的拙劣境地”①。斯图亚特·塞克斯顿把这种由国家制定的单一考试制度看作是对父母自由和自由市场选择的限制。他曾指出：“我将法案的第五条和第十二条配合起来，这些规定使国务大臣有权力让你参加这些公共考试而不参加其他的考试。因此如果我想在一个公立学校获得‘国际毕业证书’，这是不允许的。对于许多像‘中等教育普通证书’是否可靠的疑虑，我会说不可靠。但根据这个新法案，不管我们是否同意让孩子选择苏格兰O标准或不选择，贝克都会竭力让我们的孩子拿到‘中等教育普通证书’。”②

尽管如此，英国政府倡导的GCSE考试克服了以往GCE普通水平考试和CSE考试中的一些弊端，适应了教育改革的需要，因而得到大多数人的拥护。1998年12月，英国教育与就业部公布了1998年度中学的考试情况。结果表明，英格兰普通中学GCSE考试的成绩比1997年有所提高。在GCSE考试中，取得5门C或C以上成绩的学生比例，从1997年的45.1%提高到1998年的46.3%。所有科目都不及格的学生从1997年的7.7%降至1998年的6.6%，总人数减少了7000人。为了使中等教育变得更加连贯，新工党在2001年竞选中对14岁以上学生的教育和考试制度提出了一些改革措施，并在同年2月份发表的绿皮书中声明，“16岁结束义务教育的传统”将告一段落，GCSE考试将成为14—19岁阶段的一个“进步检验”（progress check），而不再是结束学校教育的测试。另外，新工党政府还将出台一项新的教育法案，授权

① 斯蒂芬·鲍尔：《政治与教育政策制定——政策社会学探索》，王玉秋、孙益译，华东师范大学出版社，2003，第52页。

② 斯蒂芬·鲍尔：《政治与教育政策制定——政策社会学探索》，王玉秋、孙益译，华东师范大学出版社，2003，第53页。

校长们允许对职业中等教育普通证书考试和实践课程（work-place courses）感兴趣的 14 岁学生放弃一些国家课程。这意味着对于很多 14—16 岁的学生来说，学校将为他们提供更多的职业课程，学校教育只占用他们一部分时间，他们将有更多的时间在实际工作场所度过。

四、普通教育证书高级水平补充考试

GCSE 考试取代 GCE 普通水平考试和 CSE 考试后，GCE 高级水平考试仍然保留。因为 GCE 高级水平考试的对象是在第六学级继续学习 2 年且年龄在 18 岁左右的学生，而 GCE 普通水平考试和 CSE 考试的对象是在中学学习 5 年且年龄在 16 岁左右的学生，两者层次不同。进入第六学级的学生主要学习 GCE 高级水平考试的课程。由于这一阶段的学习主要为升大学做准备，因此课程少而精，每个学生一般只选 3 门课程。学校委员会在 1978 年第 60 号工作文件中，报告了有关 1975 年学校情况的一些数字：在第六学级学生中，约 55%的人为了参加高级水平考试而学习 3 门或 3 门以上课程；16%的人集中学习 2 门；5%的人只学习 1 门；约 24%的人 1 门也不学。[①] 考生通常在第六学级第一年学习 3 门或 4 门考试科目；在最后一年他们将约 80%的时间用于学习高级水平考试科目，其余时间则用于学习一般科目。

埃德蒙·金指出："学生过早专门化（13 岁左右就开始）的现象，英国（尤其是英格兰）在西欧是独一无二的。这种过早专门化，使得许多学生在参加普通水平普通教育证书考试之前两三年，就根据自己的选择，'舍弃'一些极其重要的科目，以便主攻文科或主攻理科（甚至专攻文科或理科的某一个领域），尽管许多考生届时参加普通水平考

① 参见埃德蒙·金《别国的学校和我们的学校——今日比较教育》，王承绪等译，人民教育出版社，2001，第 252 页。

试的科目达八九门。普通水平普通教育证书考试之后，学生的专门化进一步加剧，为了达到通过考试的目的，参加高级水平普通教育证书考试的大批考生甚至不去考数学、英语、外语、理科或技术学。”①

然而，多年以来这种狭窄的、过分专业化的课程，也常常受到教育家和雇主们的批评。正如1988年发表的《希金森报告》（“The Higginson Report”）指出：“传统的普通教育证书高级水平考试制度中最根本的错误在于每个阶段都是为了适应将要进入下一阶段的那些人。学得不够好而不能升学的学童们被当作牺牲品。另一种观点似乎是其他每一个先进国家所持的，它认为每一教育阶段都应该为接受本阶段教育的大多数学生服务，下一阶段要从前一阶段结束的地方开始。”② 1987年，英国政府成立了一个由戈登·希金森（Gordon Higginson）任主席的委员会，为改进高级水平考试制度提供指导。1988年，该委员会推荐了一项较为广域的课程计划。这项计划由5门高级水平考试科目组成，虽然这些科目包含的内容有所减少，但它们和现存高级水平考试科目一样严格。这5门“少而精”的高级水平课程的想法没有被政府采纳。相反，政府鼓励设立和高级水平同样难度的高级补充课程，以实现既广域又均衡的目标，但它所包含的内容只有上述5门科目的一半左右。

《1988年教育改革法》提出对后期中等教育考试进行改革，增加普通教育证书高级水平补充（The Advanced Supplementary Level，AS-Level）考试，以改变过去GCE高级水平考试对学生要求过高，考试科目偏少的状况，促使英国后期中等教育阶段拓宽课程设置范围。这种考试为18岁考生提供更高层次的单一学科考试，它并不关注考生数量

① 埃德蒙·金：《别国的学校和我们的学校——今日比较教育》，王承绪等译，人民教育出版社，2001，第252页。

② 瞿葆奎主编，金含芬选编《教育学文集·英国教育改革》，人民教育出版社，1993，第787—788页。

的多少，而关注考试内容的质量与深度。1988年，已有三分之二的第六学级学院和近二分之一的综合中学，以及30%的第三级学院开设了GCE高级水平补充考试课程。[①] 1989年夏，举行了首次GCE高级水平补充考试。实践证明，这种考试的效果很好，并深受学校和社会欢迎。

GCE高级水平补充考试在时间上与GCE高级水平考试大致相同，一般在每年的6—8月。考试科目主要由各高校根据本校专业要求确定，一般而言每个专业至少指定3门学科作为必考科目，当然也有多于3门学科的专业。大多数学科的考试以笔试为主，试卷形式包括两三种难度、内容或题型各不相同的试卷，以适应不同考生的实际水平，并有利于评定不同成绩的等级。根据"学校考试与评价委员会"的规定，一门GCE高级水平补充考试科目的教学内容大约是GCE高级水平考试科目的二分之一。它比较注重学习过程，鼓励学生独立研究，进行课堂测验并对学生的学习进行连续评定。以升学为目标的学生，一般可以学习2门高级水平补充考试科目和2门高级水平证书考试科目，或者3门高级水平证书考试科目和1门高级水平补充考试科目，或者3门高级水平证书考试科目和2门高级水平补充考试科目的综合课程，并有意识地选择与高级水平证书考试不同的高级水平补充考试科目。虽然GCE高级水平补充考试的范围不如GCE高级水平考试广，其程度在深浅上也低于GCE高级水平考试，但它也要求学生具有较强的学习能力，课程内容也要具有较强的系统性，以确保该考试成绩得到高校和社会认可。

与GCE考试一样，在英格兰和威尔士负责GCE高级水平补充考试的是8个相互独立的考试委员会，它们通常以一所或数所大学为挂靠单位，面向全国考生。这8个考试委员会都是非盈利的，其成员主要由大

① 参见中央教科所比较教育研究室编《世界普通教育的改革趋势》，贵州人民出版社，1990，第92页。

学和部分中学的教师代表及企业界人士等组成。

GCE高级水平补充考试同CSE考试一样，也是分学科评定成绩等级，并分别颁发相关的证书。它分为A、B、C、D、E、O、F七个等级，有的考试机构将这七个等级分为A、B、C、D、E、N、U，但含义基本相同。F或U表示失败，不授予证书。O或N表示其成绩仅相当于GCSE考试的C等级，但可以获得证书。E等级以上表示通过即及格，A为最高等级。此外，难度较大的特殊试卷成绩在证书上单列，它分为优秀、良好两个等级。评定等级的方法各考试委员会大致相同，一般由学科委员会负责，以统计方式及利用“参照组”学校考生的成绩资料，对照各科考试大纲的等级评价标准来决定。据统计，在GCE高级水平补充考试中得C等级的最多，约为33.3%；而得A等级者很少，一般只占9%左右。

GCE高级水平补充考试，为第六学级的课程设置增加了各种学科组合的机会，学生可以学到比以前更广泛的内容。例如，过去第六学级侧重文科的学生由于选修科目和学习时间的限制，他们一般只选修3门文科方面的课程，而很少有机会选修数学、自然科学、企业研究或经济与技术方面的课程。现在他们除了可以选修2门文科方面的GCE高级水平考试课程外，还可以选修数学、自然科学、企业研究或经济与技术方面的2门GCE高级水平补充考试课程。这样有利于进一步拓宽学生的知识面，使学生更好地适应今后的成人生活和就业需要。政府提出的目标是，到1990年在95%开设高级水平证书考试课程的学校，至少开设2门高级水平补充考试科目，以拓宽学生的学科范围和增强实用性。政府极力主张发展高级水平考试，并开始组织GCE高级水平补充考试。据统计，18岁学生获得1门或1门以上A等级，或2门及2门以上通过GCE高级水平补充考试的学生比例，已从1980年的

18%上升到1988年的21%和1991年的27%。[①]

然而，GCE高级水平补充考试在实施中也出现了一些难以解决的问题。由于GCE考试是由8个相互独立的大学考试委员会组织实施，GCE高级水平考试和GCE高级水平补充考试的标准、内容、方法及等级评定等各不相同，使得中学教师对GCE考试特别是GCE高级水平补充考试的要求不明确，因而使教学无所适从。为了改变这种混乱局面，1991年“学校考试与评价委员会”发布了《GCE高级水平考试和GCE高级水平补充考试原则》的文件，对这两种考试的标准、内容、方式、成绩评定，以及考试大纲的编写等做出一系列规定。该文件规定，GCE高级水平补充考试必须有70%的核心内容，它是各GCE考试机构制订考试大纲时必须包含的部分，其余30%的考试内容可以自定。以统一的核心内容为基础编写英语、数学、化学、物理、生物学科的GCE高级水平补充考试大纲经国务大臣批准后，1994年开始用于第六学级相关学科的教学。1996年依此考试大纲举行考试，其他学科将陆续制订考试大纲，经批准后用于第六学级教学和考试。可见，加强中央对各大学考试委员会的指导，逐步统一GCE考试标准和要求，是英国中等教育考试改革的主要趋势。

英国还有一种被称为“国际学士学位”（International Bachelor's Degree）的证书，它是为英国与世界各国的著名中学而设立。它的设立在很大程度上归功于考试委员会主席彼得森的倡导，以及长期以来人们对于拓宽第六学级课程的支持。国际学士学位考试是一种要求极高的考试。一般说来，在以下6门科目的考试中成绩优秀者才可获得国际学士学位：英语、外语、人类研究、实验科学、数学、艺术。或者加试上述某一科目的内容；或者由考生所在中学提供1门特殊的课程，但

① 参见国家教育发展研究中心编《发达国家教育改革的动向和趋势》（第六集），人民教育出版社，1999，第380页。

必须获得国际学士学位考试办公室的认可。在以上6门科目中，要求3门必须达到较高水平，另外3门达到一般水平。同时，考生还必须学习1门跨学科的课程，内容包括上述学科领域概述及其他知识。那些享有很多特权并对学生实行严格选拔的学校设立了这种证书。该证书所规定的这组学科，也为学校委员会和一些地方教育当局为16岁以上中等水平或中下水平学生的课程改革提供了一种新模式。这在1972年学校委员会关于16—19岁青少年的第45号工作文件中得到了证明。①

五、职前教育证书考试

职前教育证书（The Certificate of Pre-Vocational Education，CPVE）是专门为结束义务教育的16—19岁离校青少年而设立的一种新的资格证书。这一资格证书考试的设立，表明英国政府在课程与考试改革中强调职业教育的倾向。

20世纪五六十年代，随着5—16岁义务教育的结束，16岁离校青少年的教育设施不足问题十分突出。一部分青少年想继续接受全日制教育，却得不到学习GCE高级水平考试课程的资格；而另一部分想就业的青年，也受不到相关的职业教育。如何满足这些青少年的需要成为当时英国政府亟待解决的问题。1972年，“学校课程与考试委员会”发表了《关于16—19岁青少年教育问题》的工作报告，提出要为那些不适合学习GCE高级水平课程的第六学级学生设立一种考试制度。1973年，该委员会又发表了一份报告，建议为17岁学生设立“扩充教育证书”（Certificate of Extended Education）。这一证书解决了那些介于普通水平和高级水平之间的学生的求学需要和资格认证问题，但由

---

① 参见埃德蒙·金《别国的学校和我们的学校——今日比较教育》，王承绪等译，人民教育出版社，2001，第253—254页。

于该证书课程缺乏职业教育的成分而未获政府批准。1974 年，负责技术教育的地区考试机构提出推行“继续教育证书计划”，其目标与扩充教育证书考试大致相同，但它提供更多的职业指导课程。此外，商业和技术教育委员会（The Business and Technician Education Council）和皇家艺术协会（The Royal Society of Arts）也为那些已进入工商界就业的青少年提供职前教育课程。为了使上述机构实施的职前教育课程协调一致，1982 年 5 月英国政府宣布设立职前教育证书。1983 年 3 月，政府邀请商业和技术教育委员会与伦敦技术学院组成职前教育联合考试委员会，负责在全国范围内建立职前教育证书制度。

职前教育证书考试课程的特征是：把课程重新组合为更易操作的学习单元；较少地强调传统科目的作用；更多地强调技能和概念的发展；拓宽学生运用其知识和技能的范围；更多地强调合作学习；强调以明确的成绩标准作为评估学生的基础；强调发展更为综合的记分制度，以记录所有学生实际取得的成绩。这种制度允许从头到尾的学分累积，并为转校提供便利。①

职前教育证书考试课程为期 1 年，涉及普通教育和职业教育等方面的内容，具体科目由各学校和学院根据职前教育考试联合委员会的指南自定，注重活动和实习。这种课程还包含适合所有学生的共同科目，如英语、数学、科学技术与应用、公民责任与义务教育、国家生存与社会制度等。由于该考试是在学习 1 年课程后即 17 岁时进行，因而也被称为“17 岁考试”。该考试课程将取代伦敦技术学院、商业和技术教育委员会及皇家艺术协会所开设的职前教育课程；它所颁发的证书也将取代原来由中等教育证书考试和普通教育证书考试机构颁发的扩充教育证书。

---

① 参见瞿葆奎主编，金含芬选编《教育学文集·英国教育改革》，人民教育出版社，1993，第 572 页。

1984—1985 年，职前教育联合考试委员会批准了两项职前教育证书考试的试验计划，其中一项涉及 15 个地方教育当局（其中英格兰 12 个、威尔士 2 个、北爱尔兰 1 个）。继续教育局（Further Education Unit）对这项计划进行了评价，并于 1985 年 11 月出版了《实施中的职前教育证书》一书，总结了这次评价结果。在这次试验中，英格兰有来自 28 所学校（包括 6 所第六学级学院）和 12 所继续教育学院的 728 名学生；威尔士有来自 8 所学校和 1 所继续教育学院的 99 名学生；北爱尔兰有来自 1 所学校和 1 所学院的 12 名学生。英格兰最大的试验计划在贝德福德郡，涉及 156 名学生；最小的计划在威尔特郡，只涉及 23 名学生。① 在参加试验的学生中，英格兰是男生占多数，而威尔士是女生占多数。参加者的考试资格也各不相同，有的没有拿到普通水平的普通教育证书或中等教育证书，有的持有 3 门 1 级中等教育证书或 C 级普通水平的普通教育证书或更高一级的资格证书。联合考试委员会勉强批准的第二项试验计划涉及实施“补习教育证书”（Certificate of Remedial Education）的 20 所学校，其中 10 所由普通教育证书委员会挑选，10 所由中等教育证书委员会挑选，这些学校都是综合中学或第六学级学院。但由于财政和行政方面的原因，这项试验计划实际上只包括英格兰南部的 6 所中学和 6 所第六学级学院。这项试验由苏塞克斯大学负责评价，1985 年 6 月其评价结果发表在题为《1984—1985 年参加职前教育证书和补习教育证书试验计划的 6 所学校的个案研究》的报告之中。

联合考试委员会在向国务大臣提交的《关于 1984 年 12 月—1985 年 11 月计划实施情况》的第二份报告中指出，已将 631 项计划提交审批，以作为 1985—1986 年度职前教育证书的实施计划。参加这些计划

---

① 参见瞿葆奎主编，金含芬选编《教育学文集·英国教育改革》，人民教育出版社，1993，第 575 页。

的有 259 所学校、198 所学院及 174 所学校和学院的联合机构。如果提交的大部分计划能得到批准和实施，并且那些开始学习职前教育证书课程的学生能获得资格证书，那么参加 1985—1986 年度计划的机构将有 1245 个，学生将有 1.2 万名。① 这些数字尽管有了大幅增长，但参加职前教育证书计划的青少年仍然是少数。

职前教育证书的实施要求在课程内容、教学方法和评价方式方面进行重大改革。这些变革所带来的影响不仅体现在 16 岁后一年的课程中，而且会渗透到 16 岁以前和以后的教育。伦敦大学国王学院教育研究中心的斯蒂芬·鲍尔教授从课程内容、教学法和评价三个方面，对职前教育证书的效果进行了比较详细的分析。

就课程内容而言，职前教育证书的变化在于综合化趋势。它包括两方面：第一，打破至今仍构成大部分中学课程基础的极其严格而人为的学科界线；第二，在职前教育证书课程结构内部，有意识地使学校生活更直接地与工作相联系，强调技能的掌握，而不是强调为知识而求知识。但目前只有少数学校在这双重含义上成功地实现了课程的综合化，其原因在于频繁的校外考试使学校不可能为所有 14—19 岁学生提供平衡的课程。②

就教学法而言，职前教育证书的变化在于“协商式的学习”和“小队教学”。“协商式的学习”有两种含义：一是经验学习；二是主动学习，即通过让学生直接参与教学过程，打破目前中学在课程研制、陈述和评价方面的平衡。这就不可避免地要求改变教师在课堂教学中的传统作用，同时更多地强调某些组织能力、出色的个别教学和指导等。在中学，“小队教学”比“协商式的学习”有更长的历史，但它并未取得成功，因为 20 世纪 60 年代末和 70 年代许多“学科综合化”计

① 参见王承绪、徐辉主编《战后英国教育研究》，江西教育出版社，1992，第 241 页。

② 参见瞿葆奎主编，金含芬选编《教育学文集·英国教育改革》，人民教育出版社，1993，第 578 页。

划的失败证明了这一点。霍顿·雷吉斯（Houghton Regis）中学第六学级部主任兼职前教育证书协调员P. 霍金森（P. Hodkinson）指出："作为职前教育证书的工作人员，我们发现小队的统一编制是困难的。我们都来自不同的教研组，有不同的思想和方法。我们中许多人以前只是单枪匹马地进行教学。小队的统一编制问题就是在小队之间进行交流，以便使一个小队知道其他小队在干什么。"①

就评价而言，职前教育证书的变化在于记录和报告成绩的态度与方法，而不是评价的技巧。它需要在评价方面进行相应的改革：一是从规范性评价转变为标准性评价，二是从重视终结性评价转向重视形成性评价，三是使用着重记录实际成绩的个人能力登记表。"在以学校为基础的职前课程范围内，相当强调评估形式，其目的在于激发学生的动机，同时提供他们素质和能力的主要曲线图（profiles）——包括认知的、情感的、社会的和心理动力的。"②

在关于考试改革的所有建议中，职前教育证书引起的争论最为激烈。一些教育界人士在教育报刊或有关会议上大力称赞它的优点或对其大加鞭挞。有人认为，职前教育证书对满足于在单一科目内进行教学，并通过校外考试进行评价的人构成了一种威胁；也有许多人认为，它是教育上的新功利主义，与以往的课程既没有联系，又缺乏进展的可能性。③ H. 麦金托什（H. Macintosh）在1984年11月写给《泰晤士报教育副刊》的一篇题为《向改革前进但并不协调》（"Heading for Reform but Not in Tandem"）的文章中，指出了职前教育证书考试中

---

① 瞿葆奎主编，金含芬选编《教育学文集·英国教育改革》，人民教育出版社，1993，第579页。

② 斯蒂芬·鲍尔：《政治与教育政策制定——政策社会学探索》，王玉秋、孙益译，华东师范大学出版社，2003，第94页。

③ 参见瞿葆奎主编，金含芬选编《教育学文集·英国教育改革》，人民教育出版社，1993，第571—572页。

存在的几个问题：首先，它似乎过分强调为了进入工商业界做准备，而对于为了最广义的生活做准备强调太少；其次，它缺少或者没有证据表明有一个完整系统的评价方法；再次，它要求政府实施控制的愿望，似乎使联合考试委员会对鉴定的性质持非常狭隘的观点，其结果很可能使联合考试委员会忽略地方协调制度的潜力；最后，它对于推动职前教育证书内外的进展缺乏认识。①

然而，职前教育证书考试也有一些新的发展。例如，由国务大臣任命的一个工作小组设计了16岁前的职前教育标准，这将导致一系列与职前教育证书更为一致的普通中等教育证书考试；由人力训练和就业委员会（Manpower Service Commission）资助的职业技术教育试点，将开发一系列更为灵活的普通中等教育证书课程，而且它有可能以类似方式引起普通教育证书高级水平考试的变化，因为职业技术教育试点跨越14—18岁年龄范围，包括各种能力水平的学生。总之，职前教育证书考试的设立意义重大，它不仅在理论上承认“低水平”的学术教育应受到更多尊重，在资源分配方面享有优先权，而且使过去被忽视的职业准备与职业指导开始受到普遍关注。20世纪80年代以后，英国职业技术教育的发展呈现出两大趋势：一是教育部门与工业部门的伙伴关系日益加强，二是职业教育与普通教育趋于一体化。

第六节　市场导向的教育改革

二战后，英国公立教育作为福利国家政策的一个重要组成部分带有强烈的计划性。教育消费者和提供者之间并没有直接的联系，前者通过纳税方式将教育费上缴国家财政，并无条件地接受公立学校提供

---

①　参见瞿葆奎主编，金含芬选编《教育学文集·英国教育改革》，人民教育出版社，1993，第573页。

的教育服务；家长和学生对于学校课程与教学内容只能被动地接受，而没有任何选择权利。同时，由于招生计划有保证，公立学校之间也不存在竞争。撒切尔夫人上台后，由于信奉哈耶克新自由主义的自由市场观，英国政府逐渐重视在教育领域引入市场竞争机制。“在英国，保守党首相玛格丽特·撒切尔和约翰·梅杰有一个共同的信念，即如果在尽可能接近市场的条件下履行，几乎所有的社会职能（包括从经济到医疗，从电话到罪犯的羁押等）都可能得到加强。”①

一般说来，公共市场包含五个基本要素，即选择、多样性、竞争、需求量决定资金（demand—driven funding）和自主经营。像所有的市场一样，教育市场并不是一个纯粹的自然现象，也不是单独运行的。首先，它受到社会条件的制约和影响，市场行为是根据社会发展规律而不是自身规律产生的。有人把教育市场称为“被压缩的市场”（encapsulated market），它是包含在社会发展中的一个子系统，体现了市场行为的各种特征。其次，教育市场受政治影响的支配，并在由政治决定的合理框架内运行。即使是市场倡导者哈耶克也承认这一框架的重要性，尽管他认为国家作用的原则是“尽可能地开展有效的和有利的竞争”，但有关国家在创造和形成某种特殊市场的范围与原则方面争论颇多。最后，教育市场强调消费者（家长）的选择和生产者（学校）的自主，但这种市场显然不能像私人、自由企业、新古典主义的市场竞争模式一样（我们称之为自由市场）。因此，在学校教育的性质、范围和结果方面，仍然存在巨大的政治和公共利益。②

从哈耶克的观点来看，学校之间的竞争不仅能很好地服务于消费者和家长，而且能确保因“不断适应”进行的调整也有益于国家。哈

---

① David Bridges and Terence H. McLaughlin, *Education and the Market Place* (London: The Falmer Press, 1994), p. 1.

② See Philip A. Woods, Carl Bagley and Ron Glatter, *School Choice and Competition: Markets in the Public Interest?* (London: Routledge, 1998), p. 135.

耶克理论中的市场规则是建立在多样性的基础之上。他认为如果有多种产品供选择，自由选择才是真实的；如果所有学校都是综合学校，而且它们都提供同样的服务，那么就不存在选择。任何想使学校教育向所有人提供平等的、同样的教育的企图都会破坏教育市场。因此，对学校供应的控制和裁决权，必须从政府手中夺回来交给市场。“占主导地位的自由民主的机构模式，其中同类的、有代表性的机构制定规则指挥和引导政府，这必定导致将一个自由社会、自发秩序逐渐转变为由一些有组织的利益团体联盟引导的极权主义体制。”①

国务大臣基思·约瑟夫公开承认自己是哈耶克学派的追随者。他说：“盲目的、非计划性的和没有协调的市场智慧，完全优越于精心研究的、理性的、系统的、善意的、合作的、有科学依据的和尊重数据事实的政府计划……市场体制是国民财富的最佳发生器：它能够以人类思维不能理解的方式，在没有强制、指导和官僚干预的情况下，协调和满足无数个体的不同需要。”② 这也许最能代表“新右翼”（New Right）的市场主义理念。英国全国校长协会的会长大卫·哈特指出：“用玛格丽特·撒切尔的话说，‘我把保护消费者利益带到学校’。我不是指她将学校看成像超级市场一样，然而从效果上看，她所说的如同购物，父母有权利去他们认为合适的商店购物，因此谈到孩子的教育他们有权利把孩子送到他们认为合适的学校去上学。这是他们能够做到的。”③

安德鲁·甘布尔认为，在许多国家新右翼是支持市场力量的新自

---

① 斯蒂芬·鲍尔：《政治与教育政策制定——政策社会学探索》，王玉秋、孙益译，华东师范大学出版社，2003，第60页。

② Denis Lawton, *Education and Politics in the 1990s: Conflict or Consensus?* (London: The Falmer Press, 1992), p. 6.

③ 斯蒂芬·鲍尔：《政治与教育政策制定——政策社会学探索》，王玉秋、孙益译，华东师范大学出版社，2003，第61—62页。

由主义者和提倡回归“传统”价值观念的新保守主义者的联盟。也有人认为，新右翼是建立在道德、经济及哲学基础之上的混合体，它们有时是互补的，有时是矛盾的，尤其是在政治调解时十分明显。[①] 1987 年，一批由右翼教师和学者组成的“希尔盖特集团”（The Hillgate Group）在题为《谁的学校?》的宣言中指出，家长们对于英国公立教育制度已经失去信任，原因在于地方教育当局和教师们把公立教育看作自己的垄断领域，他们滥用权力而不对教育消费者——家长和学生的要求做出反应。公立学校官僚、僵化，缺乏灵活性。他们主张把“市场经济”理论引入教育，像国营企业私有化那样，实行公立教育的私有化，从而增强公立教育的自主性、灵活性、竞争性和有效性。这股倾向的代表被称为“新右派”或“新右翼”。他们把学校教育的种种不足归因于长期以来由国家为公民提供教育，而家长缺少选择的权利。因此，改革学校教育就必须把选择权和受教育责任都交给个人，从而摆脱对国家的依赖，在教育提供者与消费者之间建立起直接的经济关系，迫使教育提供者之间展开竞争，最终将由教育提供者引导的教育制度转变为由教育消费者引导的制度。新右翼的教育观对于英国政府的中等教育政策产生了重要影响。

一、劳顿论教育中的“市场选择”

劳顿教授从“市场选择”（market choice）问题产生的背景、教育选择的种类、市场选择的理论与实践等方面，比较全面地论述了教育中的市场选择问题。

劳顿认为，关于教育、选择和市场力量的讨论是有关福利国家大

① See Michael Flude and Merril Hammer, *The Education Reform Act, 1988: Its Origins and Implications* (London: The Falmer Press, 1990), p. 23.

辩论中的重要组成部分。自从20世纪70年代以来，西方福利社会受到了前所未有的挑战，人们对于作为福利社会特征的医疗、住房和教育公共开支的增加持批评态度。20世纪70年代中期后，许多国家由于经济原因减少了公共开支。自撒切尔夫人执政以来，英国政府紧缩福利事业开支已成为官方政策。公共开支的减少是通过降低成本、提高经济效益，以及通过各种手段减少地方对资源分配的控制实现的。为了减少公共开支，20世纪80年代英国政府还采用了其他战略，其中最重要的是用市场力量取代国家垄断。这样被视为“无底洞”的教育和医疗保健事业，也就成了市场力量干预的最好领域。

对于新右派而言，“选择”是一个很时髦的口号，有人宣称更多的选择意味着更好的质量。这种主张基于两种因素：一是学校和质量之间的联系建立在自由市场观基础上，即家长将选择好的学校，从而导致差学校的关闭；二是学生选择他们想上的学校意味着能增强学习动机。劳顿认为，教育中的选择多种多样，但概括起来基本上可以分成两大类，即学校内的选择与学校间的选择。①

（一）学校内的选择

这是一种公立学校内部的选择。多年来，学校组织的主要形式适合学生以相同的速度学习相同的课程。如今这种状况有所改变，人们已普遍认识到学生具有不同的兴趣、爱好和能力，因此他们应以不同的速度学习，而这种不同的选择要求应在某种程度上反映在学习结构中。劳顿认为，这种认识与国家课程并不矛盾，实行国家课程是因为我们应拥有某些共同的知识和经验，但并不排除在国家课程框架内外提供某种选择的可能性。相反，实施国家课程可以使学校中的选修课得到更加健康的发展。劳顿指出，在一所学校内要满足所有学生的需求并非易事。英国综合中学曾试图通过能力分班、学科能力分组、混

① 参见石伟平《劳顿论教育中的“市场选择”》，《外国教育资料》1995年第4期。

合能力分组等形式来解决这个问题，但结果似乎并不理想；教师也对这些形式的有效性争议很大。尽管如此，任何一所好学校都应满足学生个体的不同需求，都应在国家课程的框架内外提供某些选择机会，这在今天似乎成了大家的共识。

（二）学校间的选择

劳顿认为，家长为其子女选择学校至少有以下四种理由：（1）现实中的学校教育质量有优劣之分，家长要为子女选择优质的学校；（2）家长需要一种非主流学校来传播自己的文化（如少数民族的宗教、语言、文学和音乐等），而这些在主流学校中是找不到的；（3）家长对教育质量的要素有异议，他们也许更喜欢另一种质量；（4）在实行11岁考试分流时，许多家长对于这种筛选方式表示不满，因而他们到私立学校去"购买"那种文法中学式的学校教育。[①] 劳顿认为，上述四种选择要求都给教育管理者提出了难题。

关于国家和教育"市场"之间的关系，劳顿认为有以下六种基本观点[②]：（1）完全的自由市场（free market）体制。这是一种极端的"自由市场"观，它倡导完全的自由市场，不要国家的任何干预，主张通过全面废止国有事业来让市场发挥无限的影响。同样，教育也完全私有化，学校将作为慈善事业以托管、私营企业或其他方式来办理。只要有足够的支付能力，家长就有充分的选择自由。国家不参与学校教育质量的控制，也不直接或间接地资助学校。（2）有限的自由市场体制，即国家控制下的自由市场。它允许完全私有的学校教育体制，但国家拥有对私立学校体制的监督权。这种监督可以采用各种形式，如国家规定最低水准要求（包括国家课程），要求所有学校教师必须合格；国家可以成立督学团，对于不满意的学校有权提议关闭。国家的

① 参见石伟平《劳顿论教育中的"市场选择"》，《外国教育资料》1995年第4期。

② 参见石伟平《劳顿论教育中的"市场选择"》，《外国教育资料》1995年第4期。

这种干预程度既可以是轻度的，也可以是极其严格的。（3）公助私立学校体制，即学校由私人创办，但得到国家资助，这可以通过教育凭证制度（Voucher System）[①] 来实施。在国家财政资助情况下，国家很可能要参与学校规程的制订和学校质量的督导。（4）公私立学校相得益彰，即公立学校和私立学校并存，两者之间既竞争又合作。这种体制要求充分发挥地方教育当局的作用，协调各学校之间的关系，并为家长提供建议。（5）唯一的公立学校体制，取消所有独立学校。许多人认为，如果没有独立学校，社会将变得更好。但由于私立教育在英国历史悠久，要废除它们将会遇到不少实际困难和政治阻力。今后可能会寻求在国家教育体制内用一种融合的方式去改变它们，并尽量减少其负面影响。（6）公立与私立学校混合体制。这是一种私立学校与各类公立学校相混合的体制。这种教育制度由国家组织并由国家负担，但不是国家垄断，它允许各类学校之间的竞争。[②] 多年来英国一直采用这种混合体制，以促使公立学校与私立学校之间的竞争。但这种体制也遭到了批评，有人认为在混合体制内，选择的机会只向那些有钱人开放。为什么不扩大市场的影响，让所有家长都有机会选择私立学校呢?

是否把市场选择导入教育领域，这在当时引起了学术界的激烈争论。劳顿接受了一些社会学家的观点，他基于对社会福利的不同看法，把支持或反对教育中市场选择的人从意识形态上分成四大派别，即反集体主义者、勉强集体主义者、费边主义者与马克思主义者。劳顿认为，这四种人对“自由市场”的态度各不相同。反集体主义者把市场看作社会事务中自生和自发秩序的基础、政治自由的重要保障及经济

---

① 即政府将补贴的学费以教育凭证的形式发放给家长，家长可以用教育凭证来支付所选择学校的学费，或者支付学生所选修的课程和参加的教育项目等。

② See Denis Lawton, *Education and Politics in the 1990s: Conflict or Consensus?* (London: The Falmer Press, 1992), pp. 88-89.

组织最有效的体制；他们主张政府应放任市场自由发展。勉强集体主义者承认资本主义机制的有效性，尤其是它的市场机制，但批判不受控制的、无序的资本主义；他们不接受反集体主义者关于市场自我调节的观点，认为如果缺乏有效的监督，市场就会出现浪费和低效率；而且资源的错误分配不能解决不公正和贫困问题，没有政府行为会威胁社会的政治稳定。费边主义者把主要企业私有化与继承大宗资本视为不道德的，他们尽管承认政治制度在没有资金市场的条件下无法运行，但他们比勉强集体主义者更强烈地要求对市场进行规范和控制。传统马克思主义者批判自由的市场体制，他们主张全面国有化，废止对于财富的继承，并把资金市场的存在限于最低程度。劳顿认为，英国保守党内部有关市场选择的意识形态争论，主要在反集体主义者与勉强集体主义者之间展开；而在工党内部，主要在费边主义者与马克思主义者之间展开。①

劳顿还从实践的角度探讨了把市场选择引入教育的可能性，以及面向大多数人的选择问题。他认为，在国有体制下我们首先应考虑以下两种选择：第一，为不同的需求设立不同的学校；第二，在任何一所好学校内都应有选择的机会。② 劳顿指出，一个好的教育体制应提供寄宿学校，因为一些在外工作的家长或单亲家庭子女需要这类学校，但目前这类学校正在减少。一个好的体制还应提供各种特色学校（如音乐、美术学校）以满足一些公众的需求，因为社会上确实存在着一批具有特殊兴趣和天赋的孩子。在公立学校内部，一所好学校应能满足学生个体的不同需求。劳顿强调，国家课程不是一种单一的课程，许多国家的“好”学校已开发了一些能满足学生不同能力、不同学习风格、不同兴趣和爱好的课程。学生的这些不同需求比家长的要求更

① 参见石伟平《劳顿论教育中的“市场选择”》，《外国教育资料》1995 年第 4 期。
② 参见石伟平《劳顿论教育中的“市场选择”》，《外国教育资料》1995 年第 4 期。

加重要，也更值得我们关注，因此应通过提供更多的选择来予以满足。

总之，在劳顿看来，市场选择对于教育来说是需要的，但它并非教育健康发展的唯一条件。他说："我敢肯定市场机制是制造和出售汉堡包、汽车以及多种商品的有效方式，我同样敢肯定不能用市场来提供一种有效的和合理的教育制度。"① 当我们在"改善教育质量""提高办学效率"的口号下试图满足"少数"家长的不同选择要求时，不应忘记在公立学校体系内"绝大多数"学生个体发展的不同需求。劳顿认为，校内学生的需求永远比校外家长的要求更重要，这也许是他所期望的教育改革出发点。

二、以市场为导向的教育改革

1979年保守党竞选获胜后，撒切尔和梅杰政府在20世纪80年代与90年代初颁布了一系列教育法，开始尝试打破地方教育当局对于公立学校教育的垄断，进行了以市场为导向的教育改革。

（一）增强家长择校的权力

"家长择校"（Parental Choice）观念既是消费者至上、消费者主权等市场主义价值观在教育领域的直接体现，也是20世纪80年代以来保守党推行教育市场化的主要政策之一。

撒切尔夫人把工党政府推行的综合学校运动和倡导的教育机会均等看作是一种平均主义做法，她认为正是这种平均主义导致了英国教育质量下降，造成国民严重的依赖性。根据经济自由主义的思想，撒切尔夫人主张在教育中引入市场机制，把学校视为教育市场中特殊商品的提供者，在众多的消费者中竞争顾客（学生和家长）。因此，学校

① 瞿葆奎主编，金含芬选编《教育学文集·英国教育改革》，人民教育出版社，1993，第791页。

必须努力提高自身水准以吸引更多消费者，这样家长择校就成为学校提高自身水准的一种动力。

《1980 年教育法》首先赋予了家长在公立学校体系内进行选择的权力，并规定家长有权获得关于被选学校情况的资料。该法案规定，除非这些学校已人满为患或有其他充分理由拒绝，否则家长的选择一般都应得到满足，而且家长对于地方教育当局的决定有权上诉。法案要求设立地方上诉委员会，听取受委屈的家长为他们的子女申诉。根据该法案，英国还任命了调查舞弊行为的政府官员，他们有权对那些被指控在工作中有舞弊行为的择校机构进行调查。此外，家长代表有权进入学校董事会，从而直接对学校事务施加影响。这一基本原则充分体现在《1986 年教育法》之中，该法案使家长通过直接参加新的学校董事会而更深入地参与学校管理。

《1980 年教育法》还通过实施“辅助学额计划”（The Assisted Place Scheme）把家长择校的范围延伸到私立学校。该法案规定，从公款中拨给来自“家庭贫困但天资聪慧的儿童”所需的全部或部分学费，使他们能够进入独立学校，并用这一计划取代以前的“直接资助计划”(Directive Grant Scheme)。在私立学校中，大约有 3 万名学生（占学生总数的 5%）受到这种资助，英国政府还计划大大增加资助的名额。

虽然进行了一些改革，但《1980 年教育法》中的一些限制性规定，使许多家长仍然不能如愿以偿，因为法案仍然留给了地方教育当局许多权力。这些权力一方面可以使地方教育当局能够应付适龄学生数量不断减少的情况，并就其提供的服务进行全面规划。例如，每所学校都根据 1979—1980 年度的招生人数制订了一个标准，但最低容纳人数可在 20%以内下调，这将使地方教育当局对家长的选择进行限制，为那些不太受欢迎的学校继续维持下去提供了可能性。另一方面，法案还使得地方教育当局有权以家长选择降低教育效率，或以教育资源使用率不高为由拒绝家长选择，但地方教育当局必须为其拒绝家长选择提供充足的理由。

《1988年教育改革法》的颁布，继续扩大了家长择校的权力。该法案通过实行“开放入学”（Open Enrolment）政策，把招生权力由地方教育当局转移到了学校。劳顿指出：“开放招生是来自私人巨大压力的结果，其目标是通过要求所有学校最大限度地接受学生，而不仅是完成地方教育当局制订的招生计划，来更多地提升家长的权力。”① 该法案规定了学生的“标准数量”，即每所中小学每一年级招生人数的最高限额，在没有达到限额时学校不能拒绝家长的要求；而且这个限额要比20世纪80年代末的平均入学率高得多，任何地方和任何学校招生人数的减少，必须事先征得国务大臣的同意。法案规定，对于那些有一个兄弟或姐妹在本地区就近上学而进入被指定学校的孩子可以接收；而对于那些由于其父母在种族、特殊需要、行为或宗教信仰（教会学校除外）等方面有偏见的孩子则不能接纳。另外，实行按人头计算教育经费意味着“更多的学生就是更多的经费”，导致学校之间为生源而展开激烈的竞争。这样家长作为主顾对于学校经费发挥了重要影响，并使开放招生制度名副其实。

开放入学政策使各校招生计划不再得到地方教育当局的保护，而更多地依赖标准招生数之内家长的选择。作为按人头补助（per capital funding）的必然结果，开放入学是保守党政府尝试创建准市场的重要举措；各学校则被期望在准市场中对它们的客户做出更为快速的反应，否则就要面临被挤垮的危险。这无疑强化了各学校之间的竞争，从而促使它们更加注意倾听消费者的呼声，不断提高自己的办学水平。但开放入学政策也遭到许多人的批评，总体看来有以下几点：（1）它会使好学校人满为患，差学校门庭冷落，甚至难逃关闭的厄运，结果使

① Denis Lawton, *Education and Politics in the 1990s: Conflict or Consensus?* (London: The Falmer Press, 1992), p. 51.

总的学额减少，反而限制了家长的选择范围；（2）更好的政策应该是确保所有学校都达到令人满意的水平，而不是以牺牲一些学校的质量为代价，去提高另外一些学校的质量；（3）不考虑学校的生源差异，仅仅根据原始成绩对学校进行排名，不利于家长做出理性的选择；（4）在许多情况下，家长择校更多的是基于地理位置和环境等非教育因素的考虑，这对于环境不利地区的学校有失公允。[①]

进入20世纪90年代后，家长的选择权又得到进一步扩大。1992年的教育白皮书《选择与多样化学校的新框架》允许家长在公立教育和私立教育之间自由选择，在公立教育部门可以在郡立学校与教会和其他民间团体创办的具有传统特色学校之间进行选择。白皮书指出："政府坚定地信守家长的选择和参与，并且在国家统一课程所提供的框架内帮助所有学生争取优异成绩。这是支撑我国教育制度的主要支柱。"[②] 家长可以选择他们认为最适合其子女兴趣和能力倾向的学校；政府保证在公立学校系统内部不分学校等级，不同学校受到同样的尊重，以便为家长提供大量选择机会。《1993年教育法》（*The 1993 Education Act*）使家长获得了更多的选择权。该法案要求地方教育当局向公众发布更多关于学校的信息，并且要为家长提供区内学校考试的结果及其他行为指标。它还规定建立一个教育标准办公室对学校进行监督和检查，并要求把检查结果公之于众，为家长择校提供更多的帮助。1994年英国政府颁布了《家长宪章》，规定家长有权查阅关于孩子进步的成绩报告单，并有权对学校进行经常性的独立视察。

许多证据表明，家长获取信息的来源与所在的社会阶层有关。例如，中产阶级家长更多地利用学校排行榜、考试成绩、参观学校和访

① See Denis Lawton, *Education and Politics in the 1990s: Conflict or Consensus?* (London: The Falmer Press, 1992), p. 52.

② 国家教育发展研究中心编《发达国家教育改革的动向和趋势》（第六集），人民教育出版社，1999，第358页。

问学校工作人员获取相关信息；而工人阶级家长往往通过孩子的兄弟姐妹来获取相关信息。另外，还有超过 20%的家长认为学术水平、离家近或交通便利、孩子在校感到愉快是影响他们择校的三个重要因素（参见表 24）。

表 24　1995 年马沙姆普顿（Marshampton）地区影响不同社会阶层择校的主要因素①　（单位：%）

中产阶级家长	工人阶级家长
学术水平（45）	离家近或交通便利（35）
学校声望（29）	学术水平（29）
考试成绩（29）	孩子在校感到愉快（25）
孩子在校感到愉快（25）	孩子的自愿选择（24）
离家近或交通便利（25）	学校声望（24）

家长择校是英国政府中等教育政策的重要组成部分，其主要动机在于以下两方面：第一，通过扭转 20 世纪 80 年代普遍支持由地方控制的综合教育政策来扩大教育机会的多样性；第二，通过强迫学校对家长的要求做出反应来打破教育上的垄断，进而提高教育效率和恢复正规的教育目标。英国经济事务研究所的专家们指出："如果增加家长选择的第一个理由是道德权利，那么第二个理由是很实际的，这就是市场。'市场'的真正含义是供给与需求之间、商品提供者与商品消费者之间的相互作用。……如果教育制度本身能成为一个自我管理、自我控制和自我经营的中心，为了谋求生存，它必须对市场做出反应，然

① Philip A. Woods, Carl Bagley and Ron Glatter, *School Choice and Competition: Markets in the Public Interest?* (London: Routledge, 1998), p. 126.

后才会成为一个提高水准、改变现状和符合市场需要的完善的教育机制。"[①] 这种教育市场和教育机构的发展，不仅影响了学校和地方教育当局的关系，也影响了市镇和郡县内部的关系。

然而，尽管"家长择校"政策在近20年的实施过程中一直得到保守党的鼎力支持，但它仍然受到社会各界的广泛批评和质疑。例如，人们怀疑实行"家长择校"政策并没有实现保守党所鼓吹的"民主"与"自由"；"家长择校"的鼓吹者则把消费者的选择和责任看成是任何民主系统的先决条件，认为教育中的市场机制和家长选择代表了"真正的民主"。因为家长每次都以投票方式进行选择，而学校为了竞争顾客必须把消费者的需要放在首位，为家长提供必要的信息，以不断提高学校的教育水准，而不是只考虑满足自身发展的职业标准。此外，一些家长择校的目的并非从孩子的利益出发，而往往处于一种盲目状态或抱有某种偏见，或是出于自身而不是孩子的兴趣，或是在达到目的时损害了其他孩子的利益。"那些反对市场主导和消费主义倾向的人认为，国家教育制度的管理者应致力于提高所有人的成就，应该把社会看作是相互依存的关系，应该把教育看作是传播人类文化的途径，而不是企业家的生产线。"[②] 有些人甚至认为，自我管理学校的整个运动是一个"残酷的闹剧"（cruel hoax），它只不过是"基于竞争和个人主义文化的教育私有化"[③]。

虽然择校在一定程度上把权力从地方教育当局转移到家长手中，从而打破了教育中的垄断，实现了教育权力的分散，确保了教育的多

---

① Martin Rogers, *Opting Out: Choice and the Future of Schools* (London: Lawrence and Wishart Ltd., 1992), p. 52.

② David Bridges and Terence H. McLaughlin, *Education and the Market Place* (London: The Falmer Press, 1994), p. 55.

③ David Bridges and Terence H. McLaughlin, *Education and the Market Place* (London: The Falmer Press, 1994), p. 55.

样性，但一些教育家指出，择校并没有给所有孩子的发展带来真正的自由，除了党派之争的政治目的外，这一措施的真正受益者是中产阶级家庭而非工人阶级，实际上工人阶级并没有得到多少真正的选择自由。学校只挑选那些“有能力”“聪明”“有较强动机和责任心”，以及具有中产阶级或南亚背景的学生，他们由于具备提高考试成绩的潜能而被学校视为特殊的资本。然而，学校最不欢迎的是那些“缺乏能力”或有特殊教育需要的学生，特别是有情绪和行为障碍的人；学校也不欢迎工人阶级的子女。这种“选拔优等生”（creaming-skimming）的现象，给撒切尔和梅杰政府创建准市场的公正性造成了很大的威胁。巴特利特（Bartlett）和雷·格兰德（Ray Graner）等人指出，“选拔优等生”意味着供方会偏爱那些用最少的投入带来最大收益的当事人，因而导致他们对需要较多付出的主顾产生歧视。这可能意味着学校会偏爱中等生，因为对天才儿童和有特殊需要的儿童进行教育将付出更大的成本。不少评论家预测，只要人们倾向于按照学术优异的单一尺度来评价学校，择校就不可能像其倡导者所言会产生更加灵活多样的办学形式；相反，择校会加强基于考试成绩和社会阶级的现存学校分层机制。沃尔福德和H.米勒（H. Miller）认为，这种分层机制将会从精英型私立学校扩展到城市技术学院、直接拨款公立学校、教会学校和那些主要为有特殊教育需要儿童开办的地方教育当局学校。①

也有一些政治家认为，择校加深了种族和社会隔离。一些受欢迎的学校往往能招到大量中产阶级子女，因为他（她）们互相选择。其他不太受欢迎的学校，只能招收大量有特殊教育需求，或被其他学校排挤，或其母语不是英语的学生。这样受欢迎的学校就可以吸收更多的资金和资源，就能在督导人员的报道中受到赞扬，并在学校排行榜

---

① 参见杰夫·惠迪、萨莉·鲍尔、大卫·哈尔平《教育中的放权与择校：学校、政府和市场》，马忠虎译，教育科学出版社，2003，第148—150页。

上获得好的名次，进而吸引更多出身好的学生和大量资金。而不太受欢迎的学校和工人阶级子女的遭遇则大相径庭，久而久之就会形成一种恶性循环。沃尔福德认为，虽然择校可以为一些儿童带来高质量的教育，但目前的证据表明，它也会“特别歧视工人阶级的子女和非洲加勒比地区的后裔”。尽管学校一直存在着社会和种族隔离现象，但就现有的按居住区隔离情况而言，择校很可能加剧了这种隔离，因为原来为混居地区设立的混合学校也渗透了这一原则。工人阶级的子女尤其是那些有特殊教育需求的学生，可能会被逐渐“隔离”到缺乏资助的学校。[①] 因此，择校实际上是造成社会和阶级隔离的一种重要因素。

阿德勒（Adler）对于英国的择校政策提出了修改意见，他慎重地对待择校问题，并试图避免现行立法造成一些让人无法接受的后果。阿德勒的具体建议包括以下几个方面：保留地方教育当局，并让它拥有为所有地方学校制定招生政策的权利；鼓励学校发展自己的特色；制定积极的择校政策，以体现所有学生而不仅是“积极的择校者”的利益；吸引教师和高年级学生参与那些并不一定与家长喜好相关的决策；赋予那些最需要支持的申请者进入超额注册学校就读的优先权等。[②]

（二）建立中央“直接拨款学校”

从二战后到《1980年教育法》颁布之前的30多年时间，英国公立学校基本上由地方教育当局开办、管理和提供经费。30多年来，地方教育当局为战后英国国民教育的发展，特别是为加快战后教育民主化的进程做出了重大贡献。地方教育当局必须履行自己的法定职责，保证学校的规模和效率。“一般地说，它是教职员的雇主，主管教职员的

---

① 参见杰夫·惠迪、萨莉·鲍尔、大卫·哈尔平《教育中的放权与择校：学校、政府和市场》，马忠虎译，教育科学出版社，2003，第152页。

② 参见杰夫·惠迪、萨莉·鲍尔、大卫·哈尔平《教育中的放权与择校：学校、政府和市场》，马忠虎译，教育科学出版社，2003，第159页。

任用、辞退和管理；是教育经费的筹集者，并负责有效地使用经费；是大部分校产的所有者，并负责维护；在有关课程设置的政策方面，它也要发挥其作用。”① 1988年，在英国学校教育体系中大约有2.2万所学校，它们大多数直接由120个左右的地方教育当局管理。② 但近年来，人们较多地把英国基础教育质量在整体上低于其他欧洲发达国家的原因，归罪于地方教育当局对学校的严格控制，以至于学校自主权太少而缺乏办学热情。

20世纪80年代，学校董事会作为一个独立单位开始出现，并开展了有损地方教育当局的扩大学校自主权运动。1985年3月，教育和科学部向议会提交的白皮书《把学校办得更好》规定了学校董事会的作用和职责。“董事会必须能够同校长一起有权决定学校发展的主要方针政策。……它在决定学校教职员的任用和辞退、课程设置的目标和目的、维持纪律的原则等问题上都将有发言权。学校经费使用情况要向董事会通报，它还可以对某些开支项目进行控制。”③《1986年教育法》首次为家长和教师作为代表参加董事会界定了明确的职责。

《1988年教育改革法》通过授权学校自主管理推进了这一过程，最终发展为家长有机会投票使学校脱离地方教育当局，而取得直接拨款公立学校的地位。这一过程正在改变英国教育的前景。该法案规定，任何由地方教育当局管理的郡立学校或民办学校，经家长投票同意和提出申请，并经国务大臣批准，即可脱离地方教育当局的控制，成为中央“直接拨款学校” （The Grant-maintained School，也称直拨学

---

① 吕达、周满生主编，刘立德、邹海燕副主编《当代外国教育改革著名文献（英国卷）》（第一册），人民教育出版社，2004，第16页。

② 参见莱文《教育改革——从启动到成果》，项贤明、洪成文译，教育科学出版社，2004，第39页。

③ 吕达、周满生主编，刘立德、邹海燕副主编《当代外国教育改革著名文献（英国卷）》（第一册），人民教育出版社，2004，第16页。

校）。设立直接拨款学校的目的在于：通过减少学校在财政上对于地方教育当局的依赖，以削弱（进而摆脱）地方教育当局对于学校的控制，使学校拥有更多的自主权，使家长和社区得以通过校董会形式更直接地参与学校管理。这样既能充分调动学校与家长的办学积极性，又能加强中央在宏观上对于基础教育的控制。劳顿认为，设立直接拨款学校的真正目的是“在意识形态上削弱长期以来大多数由工党把持着的地方政府对英国学校教育的实际控制权”①。

国务大臣肯尼斯·贝克在解释政府的意图时指出：“……我们允许学校选择脱离地方当局的控制而申请中央直接补助，这将扩大家长在公立教育系统内的选择，而在此之前这种选择却是唯一的。选择权的扩大有利于提高所有学校而不仅是选择脱离学校的办学水平。如果地方教育当局希望继续控制它们的学校，就必须尽最大努力去满足家长的愿望。在20世纪80年代，地方教育当局将首次面临提供免费教育（free education）的竞争。当我们将竞争精神引入教育中后，所有学校将提高办学水平，并尽力满足消费者的需要。”②

直接拨款学校与郡立学校的不同之处在于以下几个方面：首先，直接拨款学校属于自治机构，这是政府推行直接拨款学校政策的核心；其次，直接拨款学校在学校董事会的组成上，必须有5名家长董事，至少1—2名教师董事，现任校长为当然董事，这无疑加强了家长在学校董事会中的权力和影响；最后，在经费方面，直接拨款学校的开支不再由地方教育当局负责，而改由国务大臣根据拨款条例从中央教育经费里下拨。直接拨款学校的共同经验是，它们的地位有助于提高学校的工作效率，它们享受的真正主人翁意识已经证明很有激励作用；它

① Denis Lawton, *Education and Politics in the 1990s: Conflict or Consensus?* (London: The Falmer Press, 1992), p. 54.

② Martin Rogers, *Opting Out: Choice and the Future of Schools* (London: Lawrence and Wishart Ltd., 1992), p. 57.

们能使用过去地方教育当局集中使用的经费并收到很好的效果。在很多直接拨款学校，申请入学的学生人数显著增加。[①] 政府坚信，对于国家主办的学校而言，自治是最好的方法，学校愿意承担义务以推进这一目标。政府希望，经过一段时间所有学校都将成为直接拨款学校。国务大臣将继续使用其权力，停办那些仍属地方教育当局的不受欢迎或效率不高的公立学校，以保证更好地使用现有资源。

英国政府之所以在《1988年教育改革法》中确立直接拨款学校政策，并在20世纪90年代极力推行，主要有以下几个方面的原因：（1）直接拨款学校政策与20世纪80年代以来英国加强对教育控制的趋势密切相关。通过直接拨款方式将部分中小学置于政府的直接控制之下，有利于政府推行自身的教育政策。（2）直接拨款学校政策有利于政府实现一直追求提高中小学办学自主权的目标。在《1980年教育法》颁布之前，英国中小学大多是地方教育当局的行政单位，教育委员会通常是一个地区所有郡立学校的联合董事会。尽管当时也存在一些经过选举产生的董事会，但它们并不独立于地方教育当局而拥有很大权力。20世纪80年代以来，学校董事会逐渐成为独立的机构，使学校自主权得到了加强，地方教育当局的影响受到削弱。《1986年教育法》首次对通常由家长和教师代表组成的学校董事会职责做出了明确规定，直接拨款学校政策更多地赋予家长决定一所学校改制的权力。（3）直接拨款学校政策有利于扩大家长的选择权。根据法案规定，凡符合取得直接拨款资格的学校均须进行家长投票，如多数赞成，学校董事会必须在投票结束后的6个月内向国务大臣提出正式申请，从而使家长在学校的办学方式方面拥有决定权。

学校董事会是直接拨款学校的管理机构，但董事会内不再包含任

---

① 参见吕达、周满生主编，刘立德、邹海燕副主编《当代外国教育改革著名文献（英国卷）》（第二册），人民教育出版社，2004，第188页。

何由地方政府指派的成员。学校董事会将决定师资配备、津贴分配、教师评价、学校资源的分配、有关入学政策等，将与校长通力协作管理好学校，以保障国家课程计划在学校得到认真实施。学校董事会成员包括家长代表、教师代表、基金会代表及社区工商界的代表。家长代表由在学校注册的学生家长选出，任期 4 年。法律鼓励以上核心成员吸纳来自地方社区的、可能对学校做出贡献的，特别是那些具有“商业”兴趣的人进入董事会。英国政府提出，应该让更多的家长和当地居民参与学校管理。直接拨款学校董事会与地方教育当局管理的学校董事会在许多方面具有相同的职责和特点，不同之处在于前者必须对学校财政全面负责。其用拨款支付教师和其他职工的工资，购买图书设备，支付校舍的维修费用并为学生提供必要的服务如校餐，以及为教师提供咨询服务等。

在英格兰和威尔士的地方公立学校中，目前担任董事的家长约有 7.5 万人，其中约 20％的家长董事具有商业背景。在直接拨款学校董事会中，任职的实业家比例可能远远高于地方公立学校。但也有一些研究表明，在某种程度上，自治学校的董事会或多或少会受校长和其他高级管理人员发布的指令支配。即使当外行董事希望表达意见时，他们似乎也难以让人们听到自己的“声音”，自然他们的观点也不会被认真考虑。其原因在于大部分外行董事在商讨问题时所运用的知识往往是“不完备的、零碎的，而且有时还是不准确的”。结果，校长和教师董事发表的更为内行、有学识的观点，占据了核心地位并更具影响力。

为了推动选择脱离政策的实施，1988 年 8 月英国政府成立了“直接拨款学校联盟”（The Grant-maintained Schools Trust），其成员主要是一批保守党活动家。该组织宣称：“作为一个注册的慈善机构，它是独立的，但必须得到教育和科学部的支持，它将为那些准备成为直接拨款地位的学校提供建议和免费帮助。"① 类似机构还有"教育选择"(Choice in Education)、"直接拨款学校基建会"(The Grant-maintained Schools Foundation)、"地方学校信息"(Local Schools Information)等。到 1989 年 5 月中旬，有 38 所学校投票赞成退出地方教育当局的管理，同时也有 13 所学校拒绝了这种可能性。② 第一所直接拨款学校于 1989 年 9 月开学。从那时起，不少学校都选择了脱离之路。第一批成为直接拨款学校的学校，是为了摆脱被关闭或合并的威胁。

自 20 世纪 90 年代以来，英国政府在推行直接拨款学校政策方面取得了一定的进展。据 1992 年教育白皮书《选择与多样化——学校的新框架》提供的数据，已有近 300 所学校被批准为直接拨款学校，它们分布于一半以上的地方教育当局。其中有些地方教育当局已有超过半数的中学成为直接拨款学校，另有一些地方教育当局的直接拨款学校的比例超过了三分之一。白皮书提出，政府将采取措施放宽郡立学校向直接拨款学校过渡的条件；直接拨款学校将有权提供部分时间制和全日制幼儿教育；申请成为直接拨款学校的郡立学校，必要时可以对学校的性质或规模提出重大变更。郡立学校被批准成为直接拨款学校后，其资产、权利和债务一并转移到新成立的直接拨款学校董事会；直接拨款学校和受助民办学校一样应对它们的招生工作负责，所有学校应该有明确的政策和计划，并有义务按照国务大臣批准的招生人数接纳学生。白皮书预测，到 1994 年 4 月直接拨款学校将超过 1500 所，至 1996 年大部分公立中小学将成为直接拨款学校。③ 但劳顿指出，除非国

---

① Martin Rogers, *Opting Out: Choice and the Future of Schools* (London: Lawrence and Wishart Ltd., 1992), p. 61.

② See Michael Flude and Merril Hammer, *The Education Reform Act, 1988: Its Origins and Implications* (London: The Falmer Press, 1990), p. 59.

③ See Department for Eduation and Science, *Choice and Diversity: A New Framework for Schools* (London: Her Majesty's Stationery Office, 1992), p. 19.

务大臣想破坏现行的教育体制，否则他在批准中央直接拨款学校的申请时必须十分小心，这样才能避免给地方教育当局的行政管理工作造成严重混乱。劳顿认为，尽管目前英国地方教育当局仍负有规划本地教育的职责，但从现在起它们会觉得这个职责愈加难以履行，因为资源和数量上的变化很难预测。①

随着直接拨款学校数量的不断增长，英国政府对中小学教育体制进行了新的改革。1992 年教育白皮书规定，设立一个名为“学校基金委员会”（The Funding Agency for Schools）的法定机构，以取代原来的地方教育当局负责对直接拨款学校的经常性拨款和基建拨款。学校基金委员会由国务大臣任命的 10—15 名成员组成，其中大部分成员来自工商界。学校基金委员会有一位由国务大臣任命的主任和首席执行官，它的预算和编制人数每年由国务大臣批准，目的在于保证委员会的高效率运行。除了根据国务大臣制定的章程对公立学校进行直接拨款外，学校基金委员会还要负责对直接拨款学校的开支进行监督。它要统筹规划直接拨款学校的学额，并有条件地确保提供足够的学额。当一个地方教育当局有超过 10%的中小学生就读于直接拨款学校时，学校基金委员会将与地方教育当局共同履行义务，以确保该地区有足够的中小学学额。但当这个比例达到 75%时，学校基金委员会将自行履行这项义务。② 学校基金委员会与有关直接拨款学校磋商后，可以对现有的直接拨款学校提出停办、扩充和重大改变学校性质的建议，但在任何情况下它不能改变学校的宗教性质。学校基金委员会和地方教育当局有义务检查学额供应情况，并每年向国务大臣报告；它也有权对学校的合理化建设提出建议。学校基金委员会于 1994 年 4 月开始工作。

---

① 参见石伟平《劳顿论教育中的“市场选择”》，《外国教育资料》1995 年第 4 期。

② 参见吕达、周满生主编，刘立德、邹海燕副主编《当代外国教育改革著名文献（英国卷）》（第二册），人民教育出版社，2004，第 188—189 页。

1993年7月，英国议会经过长时间的辩论通过了《1993年教育法》。该法案以《1988年教育改革法》为依据，集战后英国各种教育法案之大成，涉及英格兰和威尔士中小学教育的各个方面，被视为未来25年英国教育发展的蓝图。这一法案包含了308个条款，条款数量几乎是《1944年教育法》的3倍。[①] 法案提出了推进"直接拨款学校"的具体方案，如地方教育当局不得为学校申请转为直接拨款学校设置障碍；简化直接拨款学校审批手续，缩短审批时间；放宽对民办学校、初等学校转为直接拨款学校的资格限制等。为了理顺直接拨款学校与各方面的关系，法案做出了以下规定：（1）与中央政府的关系。直接拨款学校要接受国务大臣的指导和执行他的指令，国务大臣指定专门小组为学校划拨经费和协助学校董事会的工作，他有权要求撤换不称职的董事。（2）与地方教育当局的关系。地方教育当局有义务保证那些就读于直接拨款学校的学生正常到校上课。直接拨款学校有权要求地方教育当局提供某些服务，诸如使用社区教育设施，分享教育信息和了解民意测验结果等。对于地方教育当局所提供的各种服务，直接拨款学校有义务付给合理的费用。同时，在向所有儿童提供教育机会及为少数儿童提供特殊教育服务方面，直接拨款学校与地方教育当局应加强联系和合作。如果发生分歧，通过协商不能妥善解决的，由国务大臣做出最终裁决，地方教育当局或直接拨款学校要无条件地服从并积极付诸实施。（3）与家长的关系。直接拨款学校向所有儿童开放，学校无正当理由，不能拒绝学生和家长的选择。直接拨款学校应向家长和学生提供有关高一级学校的信息，但也有权以合理方式吸引学生和家长选择自己的学校。[②]

---

① See Gary McCulloch, *Educational Reconstruction: The 1944 Education Act and the Twenty-First Century* (London and New York: Routledge, 2011), p. 38.

② 参见程凤春、洪成文《英国中小学教育改革新动向——〈1993年教育法案〉及其影响》，《外国中小学教育》1995年第6期。

公立学校脱离地方教育当局的控制成为中央直接拨款学校后，将使地方教育当局失去一大笔“财富”。由于这类学校的所有权和经营权下放，这将使整个教育规划发生根本性的变化。尽管地方教育当局仍然负有相当的责任，如学校基建费、交通运输费、咨询费、视察费、福利费等开支仍由地方教育当局承担，但在许多方面它将不再是主宰和决定一切的“家长”，而只是作为一个热心相助的“伙伴”“配角”发挥作用。以教师任命为例，尽管新的法案仍承认地方教育当局是公立学校的雇主，它将继续监督教师的鉴定、试用和在职进修，但在直接拨款学校中董事会将负责有关教师选拔和晋升的问题。因此，直接拨款学校政策的实施，充分体现了英国政府削弱地方教育当局权力，以及加强中央控制的趋势，使英国公立中小学教育体制逐渐由原来地方教育当局的单一管理模式，向中央和地方两级管理模式转变。

自 1989 年 9 月第一所直接拨款学校开学后，已有 1000 多所学校选择了脱离之路。撒切尔夫人曾预言大部分学校会选择脱离，但如果没有进一步的立法措施是不可能实现的。到 1993 年 8 月，仍有 26 个地方教育当局没有 1 所学校投票选择脱离；另外 51 个地方教育当局有 3 所以上的学校没有选择脱离，占总数的 93%。[①] 尽管直接拨款学校在所有公立学校中只占一小部分（稍多于 4%），但其意义不可低估。据统计，已有大约 2%的小学获得了直接拨款学校的地位；在中等教育领域，直接拨款学校所占的份额相当可观，已取得相应身份的中学超过了 16%。目前，在直接拨款学校接受教育的学生将近 70 万人，约占英格兰学龄人口的 10%。[②] 这一数据足以说明此类学校的重要性。“拨款公立”的身份通常给学校带来大量社会和教育的信誉资本，有的更愿意强调它

① See David Bridges and Terence H. McLaughlin, *Education and the Market Place* (London: The Falmer Press, 1994), p. 29.

② 参见杰夫·惠迪、萨莉·鲍尔、大卫·哈尔平《教育中的放权与择校：学校、政府和市场》，马忠虎译，教育科学出版社，2003，第 23 页。

们的“独立”身份。

直接拨款学校政策自实施以来在英国国内争议颇多。1989年2月23日，《独立报》发表评论说：“选择退出的学校越多，问题就会越严重。假如每一所学校都脱离地方教育当局，单位成本就会上升并最终达到一个临界点，到时不再有财政意义上的地方权威机构。”① 1992年教育白皮书指出：“直拨学校地位是学校自主管理的逻辑的延伸。在有些地区，家长已经能发起投票，并且已经享有一个公平和开放的环境，进行辩论和决定问题。但在某些地方，设置各种障碍，阻挠直拨学校地位投票，在举行投票时，家长被拒绝提出他们有斟酌的论据。在一些情况下，使用的方式是威吓性的。”②

肯特郡的教育局长R.普莱克（R. Pryke）曾在《泰晤士报教育副刊》发表长篇文章，谴责政府的直接拨款学校政策，认为它破坏了英国的公立教育制度。全国家长和教师协会联盟也指出：“我们的推论是，设立直接拨款学校的建议将破坏而不是改善公立教育。这个建议必将遭到那些关注公立教育系统内大多数学生的人士的反对。”③ 当时在野的工党更是对保守党政府的这项政策持强烈反对态度。1994年7月，工党发表的教育白皮书明确提出要废除学校基金委员会，重新将直接拨款学校置于地方教育当局的控制之下。许多教育评论家也认为，大批学校脱离地方教育当局带来了不少问题。例如，2万所独立学校在自由市场中将如何运作？对于那些家长不愿投票赞成脱离地方教育当局，而愿意继续留在地方教育当局的学校将会怎么样？独立出去的直

---

① Michael Flude and Merril Hammer, *The Education Reform Act, 1988: Its Origins and Implications* (London: The Falmer Press, 1990), p. 60.

② 国家教育发展研究中心编《发达国家教育改革的动向和趋势》（第六集），人民教育出版社，1999，第377页。

③ Martin Rogers, *Opting Out: Choice and the Future of Schools* (London: Lawrence and Wishart Ltd., 1992), p. 55.

接拨款学校是否在招生方面会变得更加挑剔，进而拒绝接受那些具有特殊教育需要的学生？或拒绝那些他们认为会玷污学校名声的调皮学生？要回答这些问题目前还为时尚早，但至少反映了一些教育家的忧虑。

伯明翰研究小组认为，从广义上说学校自治是一项成功的改革，但在得出较为明确的结论之前还需要更多的证据，特别是在资助水平和学习成绩之间的关系方面，因为资助与学校效率的关系取决于许多变量。美国学者B.库伯（B. Cooper）的研究表明，如果投入学校的资金不能到达教学领域（即教师和课堂），那么其效用就值得怀疑。虽然有些学校在支付工资和日常开支后拥有更强的购买力，但改革的其他因素会造成到达课堂的资源减少。[①] 他认为，当前英国的资助方式是不合理的，因为这种资助方式通过学校注册人数的变化来调整年度资助额度，从而对一所学校起到奖惩作用。总之，几乎没有证据表明学校自治能更加有效地利用资源来提高学生的成绩，虽然自治学校拥有更大的财政控制权，但这并不意味着会有更多的资金流入课堂。此外，按人数平均的资助方式会造成财政上的不确定性，并使那些最需要资源的学校处于不利地位。

（三）鼓励学校的多样化与专门化

不断增加的多样化和专门化，是20世纪90年代英国中等教育的主要特征之一。“政府在保证为全体学生开设全部国家统一课程的同时，希望在学校促进更多的多样化和专门化，特别是在技术方面。”[②] 政府希望建立不同类型的学校和若干特定学科专门化的学校；同时考虑与工商界合作办学，以达到更大的多样化。“政府要优先考虑的将是继续

① 参见杰夫·惠迪、萨莉·鲍尔、大卫·哈尔平《教育中的放权与择校：学校、政府和市场》，马忠虎译，教育科学出版社，2003，第108—109页。

② 吕达、周满生主编，刘立德、邹海燕副主编《当代外国教育改革著名文献（英国卷）》（第二册），人民教育出版社，2004，第212页。

鼓励工艺学教学的专门化，特别强调职业教育，因为政府相信，国家的经济兴旺要求有力地促进了学校的工艺学和私营部门赞助者积极参与这个过程。为此，政府倾全力于工艺学专门化。”① 1990 年，政府把工艺学规定为全体 5—16 岁学生国家课程的基础学科，并授权皇家督学团对工艺学指令进行一次检查，旨在明确规定学生在每一阶段应该掌握的技能和知识，以及取得其他方面的进步。作为这种改革的先锋，政府正在建立一个包括城市技术学院、技术学校和技术学院在内的专门学校网。

“城市技术学院”最初是在 1986 年保守党会议上宣布设立的，它标志着学校资助和管理方面的重大变化。“建立城市技术学院的倡议，是一项逐步发展的战略的一部分，它主张在更多样化的学校范围内增加家长的选择权，并以此作为提供教育水准的一种途径。”② 城市技术学院主要为城区 11—18 岁的学生提供偏重于技术等应用性学科的教育，它与直接拨款学校一样独立于地方教育当局。城市技术学院并非一种名副其实的高等院校，它实际上是一种中等学校。但它既不同于文法中学，因为城市技术学院向各种能力的学生开放，而非把大门仅向一部分学术尖子敞开；也有别于综合中学，因为它将由独立于地方教育当局的校董会管理。“这种新的学校类型的出现，进一步模糊了公立和私立学校的界限，并扩大了教育私有化的范围。”③ 由于城市技术学院所开设的课程偏重于科学和技术教育，而且学校与工商界保持密切合作，所以准确地说，它是“技术中学”的另一个名称而已。

---

① 吕达、周满生主编，刘立德、邹海燕副主编《当代外国教育改革著名文献（英国卷）》（第二册），人民教育出版社，2004，第 214 页。

② Michael Flude and Merril Hammer, *The Education Reform Act ,1988: Its Origins and Implications* (London: The Falmer Press, 1990), p. 54.

③ Michael Flude and Merril Hammer, *The Education Reform Act ,1988: Its Origins and Implications* (London: The Falmer Press, 1990), p. 51.

城市技术学院的办学经费约80%来自中央，另外20%则由当地企业赞助。政府希望产业界能加强和支持对学校的赞助，并相信赞助者在帮助学校实现专门化方面能发挥积极作用。为支持城市技术学院的试验，国务大臣肯尼斯·贝克还亲自访问了纽约市和美国其他地方的特色学校，并发表了相关的报告。从教育和科学部的本意来看，产业界的捐助应是这类学校所需经费的主要来源。然而，工业界对此类学校的反应并不积极。一些大公司宁愿为那些已经存在的学校捐款，也不与城市技术学院产生联系，唯恐将来会出现让它们承担中等教育费用的可能。1987年6月27日，《泰晤士报教育副刊》在头版头条刊登了英国化学工业公司拒绝参加城市技术学院开办会的消息。"……教育大臣肯尼斯·贝克先生、在教科部工作的高级公务员大卫·汉科克爵士一直在劝说企业的总经理，如果得不到它的支持，将会感到非常失望。1800多家公司前来赞助城市技术学院，但只有7家资助者被提名。几个商业巨头，包括马克思和斯宾塞超市集团、英国BP石油公司和森斯伯格超市连锁店，都拒绝帮助。"① 企业不愿意资助这项试验，这意味着政府必须承担大部分的投资性成本。杰克·斯托抱怨说："政府的原意是用私人的钱建私立学校，而现在却变成了用公款来建私立学校。"② 商业投资的缺乏虽然限制了城市技术学院的数量，但这种学校在英格兰仍有15所。

英国政府声称，开设城市技术学院的目的是以侧重技术学科的普通中等教育来增加家长选择学校的机会，以便为其子女进入成人世界和劳动生活做好充分准备。因此，这类学校的开办也被视为重新将选拔引入中等教育的另一种尝试。城市技术学院引起了很大的争议。劳

① 斯蒂芬·鲍尔：《政治与教育政策制定——政策社会学探索》，王玉秋、孙益译，华东师范大学出版社，2003，第114页。

② L. Bash and D. Coulby(eds.), *The Education Reform Act: Competition and Control* (London: Cassell, 1989), p. 42.

顿认为，这类中等学校在很大程度上是“装饰性的”，它对少数学生来说是多了一种选择，但对绝大多数学生来说不存在真正的“选择”意义，而且这类学校不可避免地会采用筛选制，因此他担心这将破坏现有的综合学校体制。[①] 城市技术学院比直接拨款学校更接近于完全独立学校，但事实上却缺乏真正的自主性。虽然法案没有要求它们严格地遵循国家课程，但它们仍不得不尊重国家课程的原则。地方教育当局也反对设立城市技术学院，因为它们吸走了大量资金而仅用于少数有名望的学校。[②] 还有以下几点目前仍在争论之中：首先，城市技术学院没有从整体上认识到学校/工业运动在教育系统中的成功所在。它是一个明显的政治策略，而没有与基层变革联系起来。其次，城市技术学院威胁到教育的供给、基金及系统的其他方面。最后，城市技术学院的目标是从工业界弄到钱，在国家教育制度中引入更多的种类和选择性，这与强调完善和发展大众教育，而不是鼓励专门化和精英教育的许多工业者的观点相反。[③]

政府以城市技术学院为依托，通过技术学校试验（technology schools initiative）建立了一个具有良好技术设备的公立中学网，并承担着提供重点职业课程的义务。组成技术学校网的首批中学有100所，其中包括地方教育当局负责的学校和直接拨款学校。这些学校在承担全部国家课程教学的同时，将成为工艺学教学的中心，并将通过皇家督学团的监督完成教学计划。这一试验得到政府的支持，1992—1993年度政府拨款2500万英镑用于校舍建设、添置设备和支持学校的课程

---

① 参见石伟平《劳顿论教育中的“市场选择”》，《外国教育资料》1995年第4期。

② See Denis Lawton, *Education and Politics in the 1990s: Conflict or Consensus?* (London: The Falmer Press, 1992), p. 56.

③ 参见斯蒂芬·鲍尔《政治与教育政策制定——政策社会学探索》，王玉秋、孙益译，华东师范大学出版社，2003，第114—115页。

计划，并将进一步扩大对该计划的投资。①

此外，政府还建议通过创办技术学院（Technology Colleges）以拓展城市技术学院和技术学校的网络。与城市技术学院一样，技术学院将得到企业界的赞助，开设较为集中的工艺学课程。企业赞助者在技术学院董事会中有代表席位，并将在技术学院的管理方面发挥重要作用。赞助者在董事会中占有1—4个席位，以期待他们对开办技术学院所需的基建费用提供支持，并为技术学院继续提供经费，为丰富技术学院的课程贡献其专门知识和技能；或以其他方式做出贡献，如提供工作经验和其他职业机会。技术学院的课程以科学、数学和技术为重点，或者在其他课程领域，如现代语言或商业研究方面加强工艺学。但与城市技术学院不同，技术学院并不限于大城市。至1998年9月，英格兰共有227所技术学院。政府期待成为技术学院的大多数学校能成为直接拨款学校，同样现有的直接拨款学校也可以成为直接拨款技术学院，并向国务大臣和私人赞助者寻求支持。但学校董事会必须向国务大臣提交建议，包括学校的课程发展计划、财务和赞助计划及董事会的组成；所提交的建议必须说明赞助者支持的程度和学院投入的程度，并表明与家长和有关方面进行了充分磋商。②

（四）推动学校教育的私有化

以出售固定资产和国有工业为主的私有化，是撒切尔政府经济政策的主要特征。与之相应的教育私有化政策，也对教育系统内部或整个教育系统产生了一定的影响。英国审查委员会（The Audit Commission）指出，英格兰和威尔士目前的教育体制既不是高度计划性的，又不是充分市场化的；前者不允许有效的干预，后者不能带来

---

① 参见国家教育发展研究中心编《发达国家教育改革的动向和趋势》（第六集），人民教育出版社，1999，第423页。

② 参见吕达、周满生主编，刘立德、邹海燕副主编《当代外国教育改革著名文献（英国卷）》（第二册），人民教育出版社，2004，第216页。

市场支持者所宣称的利益，因此它可能招致两方面的指责。一些激进的右翼评论家认为，解决这个问题的出路在于进一步推动教育的市场化，甚至实行教育的私有化。[①] 可见，学校教育私有化是英国教育走向自由市场改革的一个重要方面。

但这种私有化并不是办学主体的转移，而是体现为对私立学校的资助。保守党政府在《1980 年教育法》中规定实施“辅助学额计划”。根据这项计划，政府将为那些来自低收入家庭的优秀学生进入私立学校提供全额或部分学费资助。每所参与该计划的私立学校都要与中央政府签订一份合同，其中规定，校方每年将提供一定数量的学额，根据家庭收入对学生学费进行一定程度的减免，余额部分则由政府提供补偿。参与该计划的私立学校仍然保持独立地位，它们负责对入选学生的学业水平进行甄别，但每年享受公助学额的学生必须有 60％来自公立学校。

辅助学额计划于 1981 年开始实施。至 1985—1986 年度政府已向 226 所私立学校支付了 3380 万英镑，用于公助学额学费的减免。受惠于该计划的学生达 21 412 人，其中 40％享受完全免费资格。1985 年，新录取学生的家长平均负担额为 360 英镑，而政府的生均花费为 1603 英镑。[②] 事实上，只有在 11 岁入学者中来自公立学校的学生达到了 60％，而在其他年龄层来自私立学校的学生均超过了 40％，在 13 岁和 16 岁年龄层甚至超过 50％。[③] 这说明政府及教育和科学部对公立中学的教育质量信心不足。

---

① 参见杰夫·惠迪、萨莉·鲍尔、大卫·哈尔平《教育中的放权与择校：学校、政府和市场》，马忠虎译，教育科学出版社，2003，第 161 页。

② See Denis Lawton, *Education and Politics in the 1990s: Conflict or Consensus?* (London: The Falmer Press, 1992), p. 52.

③ See Geoffrey Walford, “How Dependent is the Independent Sector?,” *Oxford Review of Education* 13, no. 3 (1987): 276-277.

辅助学额计划一方面利用公款支持私立学校，另一方面又保留和强化了教育中的选择过程。它通过每年投入7000万英镑公款在私立学校建立一个选择性制度，而这笔资金是来自公共教育经费。这说明在教育总经费固定或下降的情况下，支出的平衡转向私立学校。同时，由于更多有才能的学生进入私立学校，公立教育系统被削弱了。有一项评估发现，大部分公款资助学额给了“没落的名门世家”，而非在政府立法中占有重要位置的工人阶级和城市中心地区的孩子。这项计划所带有的“私立学校必优于公立学校”的倾向，以及从国家教育经费中拨款给私立学校的做法，从思想和资金两方面扶持了私立学校的发展，但它反过来却构成了对公立中学发展的潜在威胁。因此，辅助学额计划被一些教育家视为撒切尔政府的财政政策，以及撒切尔政府的政治经济观对教育政策产生影响的结果。

然而，辅助学额计划的实施，使低收入家庭拥有与富裕家庭同样的选择权，既有效地促进了社会流动，也体现了重点资助作为消费者的学生（家长），而不是资助作为教育服务提供者的学校这一市场化改革方向。有的学者指出：“基于学生的成绩测试，直接向家长而不是机构本身提供资助，辅助学额计划为私立学校增加了一批有能力的学生，同时也稍微扩大了家长的学校选择权。”① 但对辅助学额计划持反对意见的人认为，资助公立学校优秀学生去私立学校学习，反映了政府对公立学校教学质量的不信任；与其将有限的公共教育经费通过该计划投入私立学校，还不如将之用于公立学校教学质量的提高；该计划仅仅使少数优秀学生受益，而政府的教育政策应面向大多数学生。另外，从对该计划的评估得出的结论表明，早期受益者大部分并非来自内城区综合学校工人阶级家庭的子女，而是来自中产阶级家庭的子女；受

---

① Michael Flude and Merril Hammer, *The Education Reform Act, 1988: Its Origins and Implications* (London: The Falmer Press, 1990), p. 53.

益于该计划的少数民族学生较少，而有非洲和加勒比背景家庭的学生最少。私立教育的批评者还认为，私立教育造成社会分裂，并为那些处于特权阶层的少数人提供不公平的接受精英式大学教育，以及毕业后从事较高社会地位职业的机会。因此，随着工党 1997 年上台执政，辅助学额计划被工党政府废除。

私立教育在英国被看作学校教育的“理想”形式。许多人认为，私立学校所提供的教育在社会和学术上都“优”于公立学校。然而，与其他许多工业化国家相比，英国的私立教育只代表很小一部分儿童的教育。例如，1983 年在英格兰和威尔士约 2400 所私立学校中有学生 515 000 名，仅占学生总数的 6%。[①] 公学学生所占的比例更小，因为它只是私立教育的一个组成部分。这种相对较低的比例（美国和澳大利亚远远高于这个比例）掩饰了私立教育与其比例极不相称的重要性。自 20 世纪 60 年代“公学革命”以来，私立学校一直在自觉地强化其传统的学术地位和优异的精英形象。因此，对于私立学校的资助也符合新保守主义者的文化右翼纲领政策。[②] 1985 年，英国政府在《把学校办得更好》的白皮书中宣称：“办得最好的私立学校有着高水平和进行教育革新的长期传统。它们对我国学校制度多样化和有选择性的特点做出了重大贡献。政府承诺保护并发展私立学校的这种丰富的贡献。”[③] 此外，新右翼政府还想通过对私立教育的支持来增强教育中的多样化，但事实上私立教育作为英国“好”学校的榜样，进一步巩固了追求优异的单一模式。

---

① See Geoffrey Walford, *Life in Public Schools* (London: Methuen and Co. Ltd., 1986), p. 5.

② 参见马忠虎《撒切尔主义对当代英国教育改革的影响》，《比较教育研究》2001 年第 10 期。

③ 瞿葆奎主编，金含芬选编《教育学文集·英国教育改革》，人民教育出版社，1993，第 568 页。

综上所述，市场理论已成为当前英国教育改革的一种动力。市场理论不仅对英国的经济政策，而且对社会政策和教育政策均产生了重要影响。自由市场理论向那种认为国家有责任构建社会结构，并实现更多平均的思想提出了挑战。自由竞争的市场理论引入教育领域后，政府更趋向于从市场的角度看学校，使消费者（如学生家长和社区成员）在学校事务中发挥更大的作用。为了增强学校之间的竞争和对教育消费者的要求做出灵活反应，政府一方面给家长和学生提供更多的选择机会，设立了中央直接拨款学校和城市技术学院；另一方面，又把学校的财政预算权下放到校长一级，使校长拥有更多的行政和财政控制权。受这种教育政策的影响，校长的工作性质也在发生转变，其中最为突出的是，与以前相比他们被更多地赋予主管的角色。他们必须具有强烈的责任心，对所在的地方学校董事会直接负责。校长要更多地考虑财政预算问题，因而与以前相比他们投入教学领导岗位的精力将会减少。新的预算责任及中央政府的评估要求，无疑增加了校长们的工作负担。尽管如此，校长们似乎普遍欢迎这项改革，1995年有人曾就这一新的管理政策对英国11所中小学校的影响进行研究，结果表明校长们正在认真履行新的管理职责。

尽管一些政治家认为，市场比任何政治机关都能更好地“维护”教育公平，但他们承认在一个民主社会里择校权不能是无限制和完全不受约束的。因此，虽然有关宣传暗示人们分权和择校将使教育决策摆脱政治的控制，但关于教育目标和体制方面的关键性决策，仍然需要在比较广泛的政治领域内做出。伯明翰高级教育官员布里格豪斯认为，分散的市场将会产生混乱，并进一步拉大教育和社会强势群体与弱势群体之间的距离。他说：“地方机构是必需的，这一机构应清楚学校之间的差别，能够灵活地与每一所学校工作，维护公平，并能创设向更高的标准努力的支持氛围。”① 英国审查委员会也呼吁在地方教育市场的管理中，必须赋予地方机关更大的权利，让它们扮演更重要的角色。

英国政府还把加强中央控制与自由竞争的市场理论结合起来。《1988年教育改革法》推行国家课程和国家考试便是强化中央集权的表现。国家课程的控制似乎与市场竞争的理论相矛盾，但事实上在教育消费者选择过程中它们是一致的。英国学者C. 戚蒂（C. Chitty）指出，教育中的市场只有为消费者最大限度地提供信息才能有效地发挥作用，如果没有国家考试及其结果的公布，家长就不可能获得选择学校的基本信息。因此，以上两条原理并行不悖。英国政府要求学校公开学生的成绩，以增强市场的绩效责任。这些成绩往往被编制成排名表，将学校在当地甚至全国范围内按成绩排名，以便政府能监控学校的成败动态，家长能做出理智的选择。

1990年11月，撒切尔夫人辞职。继任首相约翰·梅杰仍是撒切尔夫人的忠实继承人。正如在其他方面一样，梅杰政府在教育领域也秉承了撒切尔政府的政策，致力于实施《1988年教育改革法》，因此英国的教育改革继续沿着撒切尔主义指引的方向推进。1992年7月，英国政府发表了题为《选择与多样化——学校的新框架》的教育白皮书。梅杰在白皮书的前言中指出：“我们的许多改革建立在众所周知原则的基础上，这就是：给家长更多的选择机会；对学校的水平进行严格的测试和外界的检查；把责任转交给一所所学校和它们的董事；特别重要的是，坚持使全国每一个学生都有相同的机会，为核心课程奠定一个良好的共同基础。现在很少有人对这些原则存有争论。他们都在帮助建立一个更加开放、更具适应性和要求更高的教育制度。”②

---

① 杰夫·惠迪、萨莉·鲍尔、大卫·哈尔平：《教育中的放权与择校：学校、政府和市场》，马忠虎译，教育科学出版社，2003，第164页。

② 国家教育发展研究中心编《发达国家教育改革的动向和趋势》（第六集），人民教育出版社，1999，第354页。

白皮书认为，自1979年以来英格兰和威尔士的教育改革贯穿着五大主题，即质量、多样化、家长选择、学校享有更多自主权和担负更多的责任，这些主题同样贯穿于1992年教育白皮书。梅杰说："它们是实现我认为必须做到的两件大事的唯一途径。这就是要求为每一个儿童提供最好的教育和要求使每一个儿童取得最好的成绩。优秀必须成为我们所有学校的关键词；那正是我们的儿童应该得到的东西，也正是我们想要做到的事情。"① 政府相信，学校自治、家长选择和国家课程是一切学校取得更高水平的关键。"政府政策压倒一切的任务，是不断提高具有各种能力的全体学生在学校所应达到的水平。教育制度的结构必须按照它在多大程度上有助于达到这个目的或偏离这个目的来组建。《1988年教育改革法》以后所制订的改革计划已有新的提高。但是，改革计划的全部实施要求进一步进行组织上的改革，以达到选择、多样化和更高的水平。"②

劳顿在研究了撒切尔政府和梅杰政府的教育政策后，得出了如下结论："很显然，展现在本项研究中的保守党思想的主要特征是对传统和过去的教育与社会模式的极其迷恋。但在阅读过很多演讲稿和自传后，真正令人吃惊的却是保守党对未来和非传统的恐惧，这一恐惧的形式几乎是'教育领域'内的一种妄想症者秘而不宣的妄想……撒切尔的'市场方案'是向保守主义方向的明显转变。与此相似的还有信仰的转变，即可以依赖市场机制来建立一种能够满足21世纪社会包括教育的社会制度。"③

① 国家教育发展研究中心编《发达国家教育改革的动向和趋势》（第六集），人民教育出版社，1999，第355页。

② 国家教育发展研究中心编《发达国家教育改革的动向和趋势》（第六集），人民教育出版社，1999，第378-379页。

③ 莱文：《教育改革——从启动到成果》，项贤明、洪成文译，教育科学出版社，2004，第89页。

总之，市场导向的教育改革是一把“双刃剑”。一方面，它可以增强教育制度的灵活性、多样性和自主性，扩大消费者的选择权，满足不同消费者的各种需求，提高学校办学的绩效、责任意识和效率，培养一种崇尚竞争、不断进取的企业精神，并大大减轻国家投资教育的沉重负担；另一方面，它带来了更多的负面效应。处于市场机制中的学校只追求那些可被测量的教育目标如学术成绩，而忽视了教育中极其重要的其他方面如合作精神。强调竞争拉大了重点学校与薄弱学校之间的差距，并很有可能使学校将有限的教育资源投入市场运作。市场导向的教育改革，并不像其支持者所宣扬的那样更为公平；相反，它在许多方面导致了社会不公正现象，扩大了强势群体与弱势群体之间的差距。它甚至会导致某种程度的社会分裂，将那些因社会和地理位置而被边缘化的群体排除在竞争和择校的机制之外。有的学者认为，把教育当作一种可销售的商品本身就是有害的，因为顾客无法判断教育的价值和质量。[①] 伦敦大学教育学院院长杰夫·惠迪教授指出，这场由撒切尔政府发起的教育改革只强调了消费者个人的选择权，而作为整体的社群利益则被忽视了。因为市场并没有赋予每个人同等的权利，消费者在选择过程中得到的信息、资源，以及受所选择学校欢迎的程度各不相同，这样很容易产生两极分化的现象。具有相似背景和能力的学生倾向于聚集到同一学校，因此这类学校不能很好地代表社群整体的利益；而就一个社群或社会的公民而言，他们所需要的是一个能充分代表社会整体利益的教育制度。[②]

---

① See David Bridges and Terence H. McLaughlin, *Education and the Market Place* (London: The Falmer Press, 1994), pp. 110-113.

② 参见杰夫·惠迪、萨莉·鲍尔、大卫·哈尔平《教育中的放权与择校：学校、政府和市场》，马忠虎译，教育科学出版社，2003，译者前言，第3页。

第七节　“第三条道路”与英国教育政策

进入20世纪90年代以来，西方社会出现的一个重要政治现象就是“第三条道路”的兴起。在英国，以布莱尔为首的新工党在1997年5月的大选中获胜，结束了英国保守党连续18年执政的历史。布莱尔一上任就先后在经济模式、福利制度、教育体制等领域进行了大刀阔斧的改革。“布莱尔主义”就是人们对布莱尔为更新工党、治理英国所提出的一套方针、政策和设想的概括性称谓。布莱尔及其领导的英国工党政府试图在新右翼的撒切尔主义和老工党的社会民主主义之间，寻找一条中间性的治国方略，并冠名为“第三条道路”。“第三条道路”被认为是布莱尔主义的核心和理论基础。

1998年9月，布莱尔正式发表了《第三条道路：新世纪的新政治》一文，详细阐述了工党的执政思想。他说：“我一直认为，政治的首要问题是思想问题。如果没有自己强烈追求的目标和价值观念，一个政府无论占有多大程度的多数，都只会是无舵之舟，难以发挥作用。而且，思想需要有相应的称号才能流行并得到广泛的理解。我认为，‘第三条道路’就是目前进步的中左力量在英国和其他地方正在形成的新政治的最好的称号。”①

所谓“第三条道路”，是指在知识经济时代一套适应当代科技、经济、社会、阶级、环境等全球性变化的“中间偏左”的社会民主主义政治哲学。它超越了传统右翼政党信守的自由竞争思想和传统左翼政党主张的国家干预主义，倡导建立一种既强调市场功能又强调政府作用的混合型经济模式；它试图在国家与市场、个人与政府、竞争与合

---

① 陈林、林德山主编《第三条道路：世纪之交的西方政治变革》，当代世界出版社，2000，第5页。

作、权利与义务、公平与效率、人类与自然之间寻求新的平衡点，以实现再现代化、再民主化和经济全球化，适应现代社会的挑战，建设一个强大和充满活力的新英国，建立符合西方国家利益的新的国际秩序。“第三条道路”的主张在西方国家引起了强烈反响。

1998年初，伦敦政治经济学院的朱利安·格兰德（Julian Grand）教授在《新政治家》杂志上撰文指出，“第三条道路”有四个方面的内容区别于新自由主义和社会民主主义，即社区、义务、责任和机遇。他认为，这四根支柱真正地体现了“第三条道路”是一条完全不同于新自由主义和社会民主主义的道路。与新自由主义不同，它不是自由意志论者或个人主义者，个人权利不是第一位的，个人对社区的义务在许多领域中处于优先地位。与社会民主主义不同，“第三条道路”主张的社会主义是依靠确保最低标准和机会平等，而不是财富的重新分配和均等，政府的责任就是尽可能地确保每个人都有机会做出选择。

一、“第三条道路”产生的社会背景

工党新政府所推行的“第三条道路”既是英国社会历史发展的产物，也是战后资本主义发展过程中一次新的调整和改革尝试。

战后初期，艾德礼工党政府实施了包括国有化、充分就业和福利国家为主要内容的一系列改革，从而奠定了战后30多年两党“共识政治”的基础。1951年上台执政的保守党政府，尽管对工党的价值观念及其方针政策存有反感和表示怀疑，但也不得不面对现实，把工党政府推行的方略继承过来，稍加修饰后变成自己的东西。人们把这套两党共同推行的基本一致的方针政策，称为“巴茨克尔主义”（Butskellism）。然而，到了20世纪70年代“巴茨克尔主义”似乎已走进死胡同。当时，英国经济已陷入严重的滞胀状态，福利国家所造成的庞大开支和“福利依赖文化”，成为制约英国经济发展的重要因素。与此同时，世界石油危机的冲击也给英国经济提出了更加严峻的挑战。面对这种情况，保守党与工党都呼吁改变政策的方向。

1979 年 5 月，以撒切尔夫人为首的保守党新右翼上台执政，率先放弃了“共识政治”，开始推行新自由主义的改革政策。在经济上，强调发挥市场机制的作用，减少国家干预，推行私有化和货币主义的经济政策；在政治上，反对工党的“社会主义”，镇压工会和劳工运动，试图废除福利制度。撒切尔主义的推行，结束了战后英国工党和保守党之间所谓“集体主义”的政治共识局面，为在新自由主义原则下重建新的共识政治奠定了基础。

与此相伴的却是工党的急剧衰落，其衰落的根本原因是左派掌权，坚持传统的路线。1983 年通过的题为《英国的新希望》竞选宣言是工党有史以来最左的纲领，它不管英国社会现实和阶级关系的变化，机械地坚持工党原来的目标和基本政策。在这次大选中，工党险些被自由党-社会民主党联盟所取代，以至于有人惊呼：“工党怎么了？”“工党是否会像 20 世纪初的自由党那样被第三党取代？”

撒切尔主义的自由化改革也促进了工党的革新。工党自 20 世纪 80 年代起就开始逐步调整其政策，人们把这一调整过程称为工党的“现代化”。1983—1994 年，在尼尔·基诺克（Neil Kinnock）和约翰·史密斯（John Smith）两任领袖的领导下，工党虽然进行了一些改革，但都不可能从根本上挽回在与保守党竞争中处于劣势的境地。1994 年布莱尔出任工党领袖后，开始对工党进行大刀阔斧的改革，从而大大加快了工党现代化的进程。特别是自从他 1997 年上台执政以来，提出并实施了一系列革新工党、重整英国的政策措施，力图在福利资本主义与撒切尔主义所倡导的自由放任资本主义之间寻求一条中间道路和新的发展模式。

实践证明，传统的社会民主主义所奉行的国家干预和无所不包的福利制度已难以为继；权力过大、不时掀起工潮的工会组织和名声欠佳的国有化政策，也使英国社会生活陷入严重的混乱状态。这些不仅妨碍了英国经济的发展，而且危及工党获得上台执政的机会。此外，撒切尔主义的自由化改革尽管在激活市场、提高经济活力和竞争力等方面取得了一定的成效，但同时也带来了一些不可忽视的负面效应，如贫富差距增大造成严重的失业和社会排斥现象，加剧了工薪阶层的无保障感，危及社会的安全与稳定。这说明过多的国家干预和对市场的自由放任都行不通，客观上要求人们对国家和市场的作用重新评价。

从国际背景来看，整个20世纪90年代初的世界政治趋势是右倾。这个过程始于20世纪80年代，英美等国的保守主义政党率先向右转，这一转变给欧美经济社会带来了一定的繁荣，也为它们自己创造了辉煌。英、美、德等国的保守主义政党都在大选中连续获胜，并长期执政。然而，保守主义政党所奉行的“新自由主义”从本质上排斥其他公共部门，这无疑损害了主要的国民服务，特别是教育和卫生部门。到了20世纪90年代中期，“新自由主义”的弊端越来越凸显，保守主义政党的威信也随之下降。布莱尔在《第三条道路：新世纪的新政治》一文中指出：“新自由主义右派的教条主义已成为民族团结的严重威胁。太多的人在失落，太多的公司表现不佳，太多的公共服务由于被忽视而在衰落，太多的社区由于犯罪率上升、失业和社会排斥而受到危害。……正如经济和社会的变化是右翼得以迅速执掌权力的关键一样，它们也正是右翼下台的关键。”[①] 在1992年美国大选中，奉行威尔逊·里根（Wilson Reagan，1911—2004）经济学的共和党下台，而被称为“左翼”的民主党上台，这预示着在世界政坛上盛行了十几年的保守主义已开始走下坡路。

同时，进入20世纪90年代以来，给世界政治带来更大影响的是全

---

① 陈林、林德山主编《第三条道路：世纪之交的西方政治变革》，当代世界出版社，2000，第12页。

球化进程加速，科技革命更加迅猛，知识经济兴起，和平与发展主题的深化等。布莱尔和工党认识到了这一问题。布莱尔认为，“第三条道路”面临的挑战就是要认真对待世界经济和社会所发生的变化，如“全球市场和全球文化的发展”“技术革新和信息增长产生了新行业和就业机会”等。布莱尔的政治顾问、伦敦政治经济学院院长安东尼·吉登斯（Anthony Giddens）也将全球化看成是“第三条道路”产生的重要背景。他认为，“第三条道路”应该以积极的态度面对全球化及其所带来的个人生活和人与自然关系的变化。

“第三条道路”正是在以上背景下提出的。它的主要目的有三个方面：一是标明自己的新左派身份和创新思路，使自己与老左翼和右翼明确地区别开来。二是重构左翼政党的选民基础，以实现政治力量的重新组合。由于社会结构的变化，拘泥于传统的阶级或阶层划分和突出不同政治力量之间的对立，难以保证左翼政党获得足够选民及政治势力的支持。左翼政党必须突破原来的选民基础，扩大支持者的范围，争取其他政治力量特别是中间派的广泛支持，才能确立自己在政治生活中的中心地位。三是寻求解决国内社会经济问题的全面方案。倡导国家干预、福利制度的社会民主主义和推崇市场与个人本位的新自由主义都过于片面狭隘，无法解决当今世界的诸多问题，因此必须突破这两种思想和模式的限制，进而寻找新的思路。“第三条道路”就是要从政治、经济、社会、文化价值等方面入手，找到一个全面解决问题的新方案。

1994 年，安东尼·吉登斯出版了《超越左和右》一书，标志着英国工党理论的整体转型。从 1995 年开始，布莱尔在公共场合使用“第三条道路”描述自己的政治哲学，表明工党要超越新自由主义和社会民主主义，建构新的思路。1997 年 5 月，布莱尔领导的工党重新执政，“第三条道路”成为新政府的口号。布莱尔指出：“第三条道路是现代社会民主重新得到恢复并取得成功的道路，它决不仅仅是左派和右派之间的一条妥协之路。它寻找采纳的是中间和中左道路的基本价值观念，并使其适用于全世界根本的社会和经济变革，而且不受过时的意识形态的束缚。”① 其中的“中间和中左道路”是指团结、社会公正、责任和机会等传统的基本价值观念；“过时的意识形态”是指“专注于国家控制、高税收和维护生产者利益的左的思想观念，主张狭隘的个人主义，以及自由市场经济能够解决任何问题的、新的右翼自由放任主义的理论”②。

为了阐述“第三条道路”的内涵，安东尼·吉登斯在 1998 年出版了《第三条道路：社会民主主义的复兴》一书，从理论上进一步完善和阐明了工党的新思路。由于吉登斯和布莱尔之间关系密切，特别是在关于“第三条道路”的政治理念方面十分相似，因而吉登斯被称为“布莱尔的导师”（Blair's Guru）。吉登斯在伦敦政治经济学院的同事，又称他为“托尼的托尼”（Tony's Tony）。吉登斯认为，“第三条道路”是指一种思维框架或政策制定框架，其意义在于试图超越社会民主主义和新自由主义。按照他的理解，工党需要新的理论来适应变化了的世界并与之同步发展，世界变化使得传统的分析模式过时，只有超越左右对立，兼顾发展与正义，均衡权利与义务的“第三条道路”，才能适应新的时代要求。“第三条道路”的总目标是帮助公民在这个时代的重大变革中找到自己的方向。这些变革包括全球化、个人生活的转变及人与自然的关系。“第三条道路”正在寻找个人与社会之间的关系，以及对权利和义务进行重新定义；它是一个深化并拓展民主的过程，政府可以与市民社会中的机构结成合作伙伴关系，采取共同行动以推动社会的复兴和发展。

---

① Tony Blair, “The Third Way is the Best Way,” *Washington Post*, September 27, 1998.

② Tony Blair, “The Third Way is the Best Way,” *Washington Post*, September 27, 1998.

二、“第三条道路”产生的思想渊源

“第三条道路”吸纳了英国各传统思潮的不同意识形态，并受到欧美一些国家思想流派的影响。融合社会民主主义和自由主义的思想是“第三条道路”价值观念的基本特征。布莱尔指出：“第三条道路并不是在右派和左派之间的一种折中。它是传统价值观念在一个变化了的世界中发挥作用。它是从中左思想的两种潮流——民主社会主义和自由主义——的联合中汲取活力，这两种思想潮流在本世纪的分离极大地削弱了整个西方的进步政治。”① “第三条道路”不主张放任政策或国家干预，而致力于促进宏观经济稳定。很显然，新工党一方面继承了传统社会民主主义的基本价值观念，即民主、自由、公正、相互责任和国际主义；另一方面，它又把这些价值观念与一些自由主义的思想特征融合起来，以此摈弃旧的“过时的意识形态”，以及以高税收、大政府、社团主义为基本特征的国家干预主义政治模式。有的学者认为，新工党的意识形态处于当代西方三大思潮——社会民主主义、新自由主义、新保守主义之间，而且与它们保持不同的距离。

（一）“第三条道路”继承了英国社会民主主义的传统

布莱尔声称，“第三条道路”最好地代表了英国和国外左派进步人士的新政治主张，代表了一种现代形式的社会民主，是现代社会民主复兴与成功的道路。吉登斯更是把它作为社会民主主义复兴的同义语，他于 1998 年出版的《第三条道路》一书即以“社会民主主义的复兴”为副标题。

20 世纪 70 年代以前，欧洲社会民主主义政党（包括社会民主党、

---

① 陈林、林德山主编《第三条道路：世纪之交的西方政治变革》，当代世界出版社，2000，第 6 页。

工党、社会党等，简称“社民党”）普遍奉行具有如下特点的社会民主主义，并取得了较为辉煌的成绩：第一，以人权和民主价值观为基础的政治体制；第二，混合型经济体制；第三，让人们过上人道、尊严的生活；第四，采用凯恩斯主义的经济政策应对经济危机；第五，推行平等基础上的社会价值观。这五个特点也是社会民主主义的理论支柱，它们决定了“社民党”的纲领与政策。在这五个理论支柱的指导下，“社民党”普遍实行了国有化、福利制度、国家干预等社会经济政策，对西欧社会的稳定发展起了相当大的作用，同时也提高了自己的政治地位。

二战后，英国工党第一次有机会将社会民主主义纲领付诸实施。艾德礼政府不仅成功地对主要经济部门实施了国有化，还实现了充分就业，并在世界上第一个建成了福利国家。按照工党的解释，福利国家的内容是混合经济、充分就业、全面福利和公平分配。艾德礼认为，工党已找到了一种新的社会主义模式，“一种把个人自由与计划经济，把民主与社会主义结合起来的制度”①。但随着时间的推移，工党自身及其政策纲领也暴露出一些矛盾和问题，如工党内外围绕国有化、工会权力，以及工党与工会的关系等问题分歧很大。

从 20 世纪 50 年代中期开始，许多工党领导人都十分关注工党的现代化问题，以便为工党在大选中获胜奠定稳固的基础。然而，工党的革新直到 1994 年布莱尔出任工党领袖以后才收到明显的成效。布莱尔认为，为了响应国家对改革的呼唤和顺应民族振兴的愿望，工党应重塑其意识形态。在他看来，1918 年工党制定的党章中关于公有制的条款是一种过时的意识形态，工党现代化的一个重要目标就是要突破关于公有制条款的意识形态束缚。为此，布莱尔亲自主持修改党章，正

---

① 王振华、陈志瑞主编《挑战与选择——中外学者论“第三条道路”》，中国社会科学出版社，2001，第 114 页。

式放弃了国有化目标，强调公有制只是获得自由和平等的一种手段。布莱尔主张推行一种充满活力的新型“混合经济”，他认为这样做并未背弃社会民主主义和工党的政治传统，社会民主主义并非限定在某一时期的某种固定的经济理论，而是一套适用于任何时期的价值观和原则。由此可见，社会民主主义对布莱尔主义的影响之深。

（二）“第三条道路”从自由主义传统中汲取了营养

英国是一个自由主义传统根深蒂固的国家。19 世纪，随着产业革命的推进和自由资本主义时代的到来，自由主义逐渐成为英国政治思想的主流。但到了 19 世纪末 20 世纪初，随着资本主义发展进入垄断阶段，以维护个人自由、限制政府干预权力为理论核心的传统自由主义学说，已无法适应社会经济发展的需要。

此外，工人运动的蓬勃发展与社会阶级结构的变化，也对英国传统的自由党政治冲击较大，由此使得传统自由主义面临危机与分裂。当时，以霍布豪斯为代表的一批激进思想家认为，传统自由主义概念太狭隘，难以满足社会和经济变革的需要，主张国家采取“积极的自由”。于是，以倡导国家积极干预社会经济生活为标志的新自由主义（也称“社会自由主义”或“激进自由主义”），适应了工人阶级要求变革、实现社会平等的需要，得到了社会变革力量的广泛理解和积极响应。当时新生的工党作为自由党的同盟，积极支持并参与劳合·乔治所推行的社会变革。后来自由党瓦解，工党取代自由党而成为英国两大主要政党之一，一部分新自由主义者加入了工党阵营。

布莱尔试图继承这种新自由主义的激进传统，他希望 21 世纪能够成为激进派的世纪。布莱尔还主张建立更广泛的激进联盟，以取得对工党长期执政的广泛支持。因此，“第三条道路”实际上是由传统的社会民主主义向新自由主义的靠拢和开放。

（三）“第三条道路”深受英国新保守主义的影响

英国新保守主义是指以“新自由主义”面目出现的撒切尔主义，

它无论在具体政策还是意识形态方面都对“第三条道路”产生了深远的影响。第一，撒切尔主义在保守党执政期间所占有的支配性地位，对工党励精图治、进行反思和变革具有重要的意义。工党所推行的种种变革和政策调整，正是在撒切尔主义这种主导意识形态氛围中进行的；而撒切尔政府对国有化企业的大规模砍杀及对工会组织的进攻，则直接为工党实现其“现代化”的主要目标铺平了道路。第二，在伦理道德方面，布莱尔关于法律与秩序、个人对社会的责任和义务，以及家庭价值、青少年犯罪等问题的看法，与撒切尔主义的观点有许多相似之处。因此，有人称“布莱尔主义”为“社会保守主义”。

此外，“第三条道路”借用了经济学中的“风险承担人”（stakeholder）概念，以反对自由主义市场原则的自利哲学，突出社会风险共担和人的社会责任。其社会目标在于寻找一条改革福利国家的新途径，以此创造一种新型的企业文化，消除资本与劳工之间的冲突。作为“第三条道路”的“社会投资国家”的内涵之一，它体现了“第三条道路”试图将自由市场与一种社会道德结合起来的意图。英国的“第三条道路”还广泛借鉴、吸收了国外其他社会民主主义模式的经验教训，尤其是美国“新民主党人”的理论和实践。美国总统威廉·克林顿（William Clinton）关于“社区”“工作福利”的观点，以及发展信息技术产业和严惩犯罪等方面的政策主张，在英国工党中也引起了不同程度的反响。工党政府实施从救济到工作的“新政”，就是从美国的“工作福利”计划移植过来的。

三、“第三条道路”的主要内容

“第三条道路”是民主社会主义在知识经济时代的发展，也是知识经济时代西方发达国家一套中间偏左的政治哲学和宏观经济理论。“第三条道路”的主要内容涉及以下几个方面。

（一）经济体制

“第三条道路”提倡混合型经济模式。美国经济学家保罗·萨缪尔森（Paul Samuelson）认为“混合经济”主要包含两层意思：一是在所有制方面既有占主体地位的生产资料私人占有，也有政府的生产资料作为补充；二是在经济运行机制上由市场和政府共同对经济发挥作用。1992年约翰·史密斯成为工党领袖，他指出混合经济具有很多优越性，国有和私有部门之间必须进行积极和创造性的合作。他认为，工党应抛弃传统的“国有”“私有”两极化的思维定式，寻求一种介于二者之间的解决方法，即“混合经济”。安东尼·吉登斯认为，与旧的混合经济不同的是，新的混合经济主要不是指在国有企业和私有企业之间达成平衡的关系，而是指实现管制与解除管制、社会生活的经济方面与非经济方面之间的平衡。[①] 新工党既强调市场机制的作用，又加强政府对经济的宏观调控能力。布莱尔认为，以建立公有制为目标的大规模国有化政策不利于提高经济效益，而自由放任的市场主义又忽视了社会公平。因此，既要承认市场在经济运作中的主导作用，又要重视政府调节经济的功能。政府的作用主要是促进宏观经济的稳定，通过规范市场活动来加强市场作用，并利用再分配实现相对的社会公平。总之，政府对市场不是起控制、支配的作用，而是起到一种补充、调剂和润滑的作用，以建立“有活力的社会市场经济”，从而实现经济的可持续发展。

（二）福利国家

吉登斯指出：“没有哪个问题会比福利国家更能泾渭分明地把社会民主党人和新自由主义者区别开来了。对前者来说，一套发展完善的福利体制是一个公正体面而且人道的社会的基石；而对后者来说，福

---

① 参见杨雪冬、薛晓源主编《“第三条道路”与新的理论》，社会科学文献出版社，2000，第63—64页。

利制度则是企业的敌人，市民秩序衰败的原因。”① 按照吉登斯的观点，福利制度需要进行巨大的改革，但不是为削减而削减，而是使它适应我们生活的新环境。要把从贝弗里奇时代建立的“消极福利观”转变为“积极福利观”，把改革的重点放在培养个人对自己负责的精神和独立意识，发挥社会各种组织和机构的作用，使它们对于福利制度有更积极的贡献。

“第三条道路”扬弃传统左派“从摇篮到坟墓”的社会福利政策，主张实行“不承担责任就没有权利”的积极福利政策；主张福利既是每个人的权利，也要求每个人尽义务，以此鼓励形成自立而不是依赖性的福利政策。总之，这是一种促进工作而不是依靠救济的现代福利体系，它积极推行工作福利的模式，使人们成为独立、负责的个体，从依赖福利转而走向工作。与此同时，新工党政府在福利政策上将投资重点由公益事业转为“人力资本投资”，积极增加教育职业培训的投入，将高质量的学校教育和终身教育作为解决失业问题、社会福利负担过重问题和维护社会公正的根本手段。

（三）教育问题

“第三条道路”赋予教育优先发展的权利，认为高质量的学校教育和终身教育是解决失业问题、提高民众素质和维护社会公正的根本手段，并把增加教育投入、改革教育体制、提高教育质量作为政府立法的首要目标。新工党政府明确提出，教育追求的目标是把所有人而不是少数人培养成才，它要求改变精英教育的模式；它认为，在 21 世纪财富的积累和生活水平的提高，应建立在知识及知识应用的基础上，其真正的关键在于教育。因此，较高的教育水平对于未来的国际竞争和未来的包容性社会至关重要。“除非改进我们的教育制度，否则经济

---

①　安东尼·吉登斯：《第三条道路：社会民主主义的复兴》，郑戈译，北京大学出版社，2000，第 67 页。

和社会的衰退将不可扭转。”① 在《第三条道路》一文中，布莱尔强调指出：“教育是急需优先考虑的重点。……有效的新投资推动着学校的根本改革，对那些衰落的学校预定目标加强干预，从而使未来所有的公民都具备工作需要的基本技能，并使大多数人获得更高的水平。”②这无疑说明了工党新政府对于教育的重视。

（四）社会和社区

“第三条道路”声明要通过共同的努力来建立一个理想的社会。在这个社会里，权力、财富和机会是掌握在多数人而不是少数人手里，权利与义务要相辅而行，人们在团结、容忍与尊重的氛围中自由地生活在一起。同时，新工党所采取的许多行动也无不体现出对社区价值的坚定信仰。布莱尔用“社区”概念代替“阶级”概念，用“社区主义”代替“自由主义”和“国家主义”。他认为，社区不只是地理概念，而是一种社会关系；它体现了新型的公民关系，以及个人与社会的关系。他说：“强大的社区依赖于那些共享的价值观念和对公民权利与义务的一种认识。这里的义务不只是纳税和遵守法律的义务，还包括把子女抚养成有能力的、负责任的公民的义务，以及支持那些受政府雇佣而从事这一工作的人——如教师——的义务。”③ 在社区中，既可以发挥个人的自由，又可以因集体行动而增加个人的机会；同时，既可避免在自由主义传统中个人的基本权利得不到保障，又可避免在国家主义统治下个人的选择和发展受到抑制。因此，增加社区功能成了建立“参与制社会”的最佳途径。

---

① 托尼·布莱尔：《新英国——我对一个年轻国家的展望》，曹振寰等译，世界知识出版社，1998，第 202 页。

② 杨雪冬、薛晓源主编《“第三条道路”与新的理论》，社会科学文献出版社，2000，第 26 页。

③ 陈林、林德山主编《第三条道路：世纪之交的西方政治变革》，当代世界出版社，2000，第 19 页。

（五）国际关系

工党政府推行“新干涉主义”。布莱尔政府要振兴英国，对外就必须结束英国此前的保守和孤立处境，而采取更为积极、主动的姿态，使英国重新处于国际事务的中心，并成为主导力量。布莱尔明确指出，英国的外交目标应是谋求大国地位，并提出了指导英国外交关系的四项原则，即谋求恢复英国在欧洲的领导地位，同美国建立强有力的关系，建立强大的防务能力，强调道德、人权、环境和自由贸易等准则。他说：“在国际上，有组织的犯罪、恐怖主义、吸毒和环境破坏，这些更为隐蔽和危险的威胁取代了过去冷战的确定性，对付所有这些威胁需要形式灵活的国际合作。”①

“第三条道路”基本价值观的核心，是布莱尔所说的在进步与公正之间建立新的联盟，其基本原则就是权利与责任的平衡。这一思想贯穿在“第三条道路”的基本信条和政策主张之中，尤其成为以社会投资改革福利国家各项政策的思想基础。新工党执政后的政策基本上是围绕布莱尔所说的四个基本价值观念（即个人价值平等、机会均等、责任和社会意识）进行的。在经济方面，重新认识政府的角色，摆脱过去老工党的社团主义和过分的干预主义，突出政府在促进教育、技能、技术进步、企业家精神等方面的作用。在社会政策方面，强调权利与责任的平衡以建立有效的社会机制，强调企业创业精神与正义的共存以避免社会的分裂；建立一个积极的社会，重新界定和塑造政府，在私有和公共事业之间建立一种伙伴关系；确立一种既适用于国家，也适用于国际社会的共同信念。

总之，“第三条道路”是在左倾和右倾出现政治危机的情况下应运而生的，也是对全球化力量做出的一种创造性反应，它试图通过政治

① 杨雪冬、薛晓源主编《“第三条道路”与新的理论》，社会科学文献出版社，2000，第 27 页。

变革给政府与民主制的运转注入新的活力。然而，在政治上寻求“第三条道路”的思想也受到了广泛的批评。许多保守党成员认为其政治内容相当空洞，它只是一种政治态度而非一个有着真正内涵的政治方案。传统的左倾观点支持者认为，“第三条道路”对于解决不平等和缺乏保障机制等问题几乎没有作用。此外，“第三条道路”提出的理论看起来无所不包，但缺乏衔接系统和有序，这样既削弱了理论的解释力，又限制了从该理论中衍生出的措施的可行性。尽管“第三条道路”无论在理论还是政策操作上都存在这样或那样的缺点，但作为 20 世纪 90 年代在西方主要国家出现的政治思潮，它在一定程度上代表了西方社会变革的趋势。

四、“第三条道路”对教育政策的影响

由上可知，“第三条道路”的基本内涵是社会公正、义务、责任、协调和社区。布莱尔首相也把这几个方面作为指导包括教育在内的整个社会改革的基本理念。1997 年 5 月，新工党上台之后就将教育列为新政府最优先考虑的工作。布莱尔声称，较高的教育水平是今后开展国际竞争和进入一个广阔社会的关键，因此教育被列入国家发展“战略计划”。

（一）教育政策的制定

1997 年 7 月，新工党政府发表了第一份教育白皮书——《追求卓越的学校教育》（*Excellence in Schools*）。这份白皮书成为工党政府制定教育政策的主要依据。白皮书指出，英国教育的主要问题在于两极分化现象比较突出，虽然英国一流的学校和学生完全可以与任何西方国家相媲美，但一般学生的学业成绩却不尽如人意。白皮书为工党政府所设定的目标是，为所有人提供均等的教育机会并提高教育标准。因此，教育政策的制定将着眼于大多数学生而不是少数学生，学生学

业表现不良的教育不利地区和薄弱学校将成为教育改革的突破口。白皮书规定，在2002年到来之前新工党政府要致力于提高学生的学习成就标准，尤其是初等教育阶段的读、写、算能力；为了克服经济与社会的不利因素，实现教育机会均等，政府要负责尽力消除处于不利地位学生的学习成就偏低的状况；为了提高在全球经济中的竞争能力，政府应注重开发每个人的潜能，以及知识经济时代的人力投资。① 1998年12月，新工党政府在《我们竞争的未来：建设知识经济》的白皮书中分析了当前英国教育发展所面临的新形势，认为只有通过建立知识经济才能增强英国经济的国际竞争力，而加强科学基础、提高劳动力大军的教育程度和技术水平，是建设知识经济的关键问题。

2001年6月，新工党再次在大选中获胜。在这次竞选中，新工党同样把教育置于极其重要的地位。布莱尔在竞选演说中阐明，在第二届任期内将继续把教育作为第一位的宏观经济政策，使英国的教育和终生学习达到国际最高水平。布莱尔首相概括了新工党政府教育改革方案的三个要点：（1）制定国家教育标准并建立相关机制予以保证；（2）鼓励中小学和大学有更大的自由培养学生的创新能力，并建立各自的优才中心；（3）解决教师严重短缺问题，对教师实行奖优政策。其具体计划是：加大中学的分化力度，加快建设更多的“特色中学”和推进中学的多样化；鼓励更多的城市中学提高学术水平；鼓励中学根据学生的需要设计各自的发展模式；鼓励国家对课程的管理更具灵活性，以反映学生的需要和愿望；加快改革“普通职业技能考试证书”制度，以鼓励有能力的学生；鼓励学校实行更为严格的纪律；为14岁以上的学生学习职业技能开辟新的渠道；减少中间环节，增加校长直接获得和管理学校经费的比例；增加教师和校长工薪制度的灵活性等。

---

① See Department for Education and Employment, *Excellence in Schools* (London: Her Majesty's Stationery Office, July, 1997).

2001年6月，英国新工党政府将原“教育与就业部”更名为“教育与技能部”，并将“为全民创造良机、释放潜力和达成卓越”作为新教育部的基本目标。国务大臣艾斯特莉·莫里斯（Estelle Morris）在上任后的多次讲话中都对这些目标加以强调。2002年6月24日，英国政府颁布了进入21世纪后的第一个教育法案，即《2002年教育法》（*Education Act 2002*）。该法案对于财政补助、公立学校、学校组织、独立学校、课程、教师等做出了新的规定。法案要求英格兰的国务大臣和威尔士的国民议会有权为促进教育或儿童保健事业发展提供财政补助，其形式有拨款、贷款、担保、提供设备或其他服务；接受补助的人必须遵守相关协议，并由国务大臣强制执行。法案规定，每所公立学校必须设立一个董事会，它是符合法律规定的法人团体；董事会的成员包括家长代表、教师代表、地方教育当局的管理人员、社区管理人员、基金会管理人员等；公立学校的管理必须置于董事会的领导之下。①

经过一段时间的酝酿之后，英国教育与技能部于2002年12月发表了《传递结果：到2006年的战略》（“Delivering Results：A Strategy to 2006”）白皮书，全面勾勒了2002—2006年的英国国家教育政策框架。这份文件从战略目标、具体目标和指标性目标三个层面，对今后四年内英国教育政策进行了详尽的描述与阐释。

战略目标旨在构建一种竞争性的经济和全纳社会，为每个人的学习创造良机，释放人的潜力以发挥其最大作用，在教育标准和技能水平上达成卓越。具体目标又分为三种：目标一是给予儿童一个卓越的教育开端，以使他们对未来学习拥有一个更好的基础；目标二是使所有年轻人能够提高生活与工作所需要的技能、知识水平和个人素养；

① 参见吕达、周满生主编，刘立德、邹海燕副主编《当代外国教育改革著名文献（英国卷）》（第二册），人民教育出版社，2004，第248—251页。

目标三是鼓励成人能够学习，改善其技能并丰富其生活。其中目标一是针对学前教育和小学教育，目标二和目标三则分别覆盖了中等教育和高等教育（包括成人教育）阶段。指标性目标很多，试举例如下，针对初级中学的学生，英国教育与技能部要完成以下工作：（1）为所有初级中学学生提供技能标准的教育，尤其要为那些在环境复杂地区成就较低的学生提供支持，以此提高学生的成绩水平，缩小成就差距；（2）制订《在城镇中扩大完美教育》的方案，以此支持那些教育资源相当贫乏地区的初级中学的发展；（3）对于薄弱学校和失败学校实施更早和更有效的干预，鼓励校外机构为学校改良做出贡献；（4）增加初级中学系统的多样性，鼓励每所学校办出特色；（5）建立“有才华的年轻人协会”，为天才学生提供进一步发展的机会；（6）支持学校控制学生的不良行为，给予学校领导开除暴力的、有持续破坏性学生的权力；（7）支持并鼓励所有学校为提高教学标准进行改革，让最成功的初级中学自由改革，进而成为示范校。

以上三项战略目标，也可用“平等”和“卓越”加以概括。国务大臣艾斯特莉·莫里斯在《传递结果：到2006年的战略》前言中对“平等”与“卓越”做了进一步的阐述。她说：“构建一种能使我们在全球市场中持续成功的经济，我们需要一支比以往受过更好教育并有更高技能的劳动大军；同样重要的是，构建一个公正而全纳的社会，每个人必须具有实现其一切潜能的机会。现在这已是一种广泛的共识。而新组建的教育与技能部的中心工作，就是同时达成这两个目标。”①

（二）教育改革的推行

在“第三条道路”指导下的教育改革范围极其广泛，归纳起来主要有以下几个方面。

---

① Department for Education and Skills,“Delivering Results: A Strategy to 2006,”2002, http://www.dfes.uk/publications/re brief.

1. 提高基础教育的标准

基础教育改革是布莱尔政府教育改革的重点。多年来，英国基础教育投资不足，教师收入偏低，师资短缺，教育质量下降。据英国教育部门统计，1998年在参加水平测试的11岁小学生中，主干课程英语、数学和科学的达标率分别只有57%、62%和60%；14岁年龄组学生的考试成绩虽然有所提高，但也只有60%的达标率。[①] 为了提高基础教育的标准，新工党政府制定了一系列涉及基础教育改革的政策。

第一，增加教育投入。“第三条道路”提倡将福利国家发展成为社会投资国家，即以提高工作能力取代失业救济，用工作和发展的机会平等取代收入的平等。政府把用于福利支出的资金转向人力资本投资，加大了对教育的投资力度。新工党指出：“教育投资是政府的一项势在必行的任务，它是‘可能性’（或机会）再分配的一个重要基础。”[②] 早在1997年大选中，新工党就承诺增加国家在教育方面的投资。布莱尔刚执政时教育预算一年还不到70亿英镑，1997—1998年度英国的教育投资只占GDP的4.6%。为改变现状，新工党政府信守大选时的承诺，表示“2000—2001年度，工党的教育投资将增加到GDP的4.9%，2001—2002年度增加到5.0%”[③]。1998年7月，新工党政府公布了1999—2001年的开支计划，教育部门将得到190亿英镑的额外投资，其中1999年为30亿英镑，2000年为60亿英镑，2001年则达到100亿英镑。[④] 2001年，新工党在第二次竞选宣言中承诺继续增加国家在教育

---

① 参见王振华、陈志瑞主编《挑战与选择——中外学者论“第三条道路”》，中国社会科学出版社，2001，第141页。

② 安东尼·吉登斯：《第三条道路：社会民主主义的复兴》，郑戈译，北京大学出版社，2000，第113页。

③ Steve Ludlam and Martin J. Smith (eds.), *New Labour in Government* (London: Macmillan Press Ltd., 2001), p. 196.

④ 参见王振华、刘绯、陈志瑞主编《重塑英国——布莱尔主义与第三条道路》，中国社会科学出版社，2000，第127页。

方面投入的比重，在未来的三年中将投资80亿英镑用于建设新校舍和购置教学设备，以及建立650所新学校等。到2004年，英国政府的教育预算达到了400亿英镑。预计到2005—2006年度，教育投资将增加到GDP的5.6%，教育预算将超过500亿英镑，这个数目是新工党政府执政初期的7倍。[①]

第二，加强基础学科教学。具体内容包括以下几个方面：（1）加强对于教育质量的监测和评估。英国教育与就业部规定，文法学校必须使90%的毕业生在GCSE考试中，至少有5门课程得到最高等级。否则，地方教育当局有权通过学生家长表决的形式，决定该校的前途和命运。英国设有专门的教育标准局，负责学前教育及义务教育质量标准的制定和督导评估。中小学每5年接受一次评估，教育标准局根据评估结果对学校提出相应的指导意见，评估结果较差的学校将受到质询或其他处罚。（2）改革课程设置。提高主干课程的要求，放宽历史、地理、艺术和音乐等基础课程的尺度。开展“回到基本技能”的活动，规定学生每天至少要有2个小时用于读、写、算的训练。（3）改革教学方法。推行“大课”教学以确保课堂时间得到有效利用，提高教学的整体水平。（4）加强中小学德育。在低年级学生中培养基本的公民意识和爱护大自然的意识，高年级学生将获得关于人际关系、性、毒品及民主理论等方面的常识。（5）加强校外辅导。1998年4月，工党政府首次向学校和家长颁布了有关家庭作业的指导原则，规定学生每天晚上用于作业的时间视年龄大小在20分钟至2.5小时不等。政府还决定拨款建立学习辅导中心，以帮助学习有困难的儿童完成家庭作业。通过以上措施，政府希望到2002年时，英语和数学达标的比例分别提高到80%和75%。

---

① See Tony Blair, "Building Schools for the Future," December 2, 2004, http://www.number-10.gov.uk/output/Page5801.asp.

第三，创办特色学校。目前英国共有569所具有专业教育性质的特色学校。这类学校根据学生的具体情况和特点，侧重某一学科领域知识的学习和技能训练，如技术、语言、体育、艺术等。1997年10月，英国政府宣布实施“特色学校行动计划”，到2004年9月底使全英国的特色学校达到1000所。根据规定，特色学校有权通过选拔录取其在校生的10%，选拔的依据是学生的素质和潜能。任何中学都可以申办特色学校，政府将给每所学校10万英镑的办学经费，但前提是学校要首先拿到10万英镑的商业赞助。为了促进这一计划的实施，政府为现有的每所特色学校拨款2万英镑，以帮助它们和周围的中小学建立联系。英国教育主管部门认为，特色教育可以促进传统综合教育的现代化，它有利于学校发挥自身的优势，以课程中的某一领域为重点，使学校得到生机勃勃的发展，从而使全体学生受益。这对于提高全英中学的教育质量、促进中等教育的长足发展具有关键性作用。但由于特色学校的招生具有一定的选拔性，该计划遭到一些人士和组织的反对。他们认为，举办特色学校是变相的选拔和择优，是一种教育隔离行为。

第四，提高学生信息和交流技术能力。1997年10月，布莱尔首相发表了题为《连接学习化社会——国家学习信息系统建设》的政府咨询报告，宣布“英国国家学习信息系统建设计划”正式启动。这一系统事实上是一种国家信息网络体系，它旨在通过开发与应用在线学习，为教学和公众服务。政府鼓励在公立学校的教学中广泛运用信息技术，并要求中小学生掌握必要的信息和交流技术技能，接受一定的信息技术教育，以适应信息化时代的需要。1998年，信息技术被纳入国家课程。在2000年开始实施的新国家课程中，以前的“信息技术”改为“信息和交流技术”（Information and Communication Technology，ICT），并成为国家课程中的一门基础学科。为了使ICT教育落到实处，政府制订了“信息高速公路计划”，提出了“人人上网，校校上网”的口号。2000年9月，英国技术和学习部长M. 威尔斯（M. Wills）在接受记者采访时说："到目前为止，已有86%的小学上网，即18 158所小学中已有15 610所上网，而1999年时只有62%，1998年仅为17%；目前上网的中学已达98%，即在3550所中学里已有3470所上网，而去年是93%，前年是83%……越来越多的学生可以从网上获取令其兴奋不已的教学资料。信息和交流技术的提高正在促进学生的交流、探究等技能的发展，正在促进教育质量的提高。"① 为了发展信息技术教育，新工党政府设立了"英国教育通讯和技术署"。政府与英国电讯公司商定，作为后者市场准入的回报，公司应同意在建设自己的网络目标时，为英国的每一所学校、每一家医院、每一个图书馆免费联网。政府还要求英国计算机公司向每个孩子免费提供一台手提电脑，使孩子们更多地获得信息和创造性地利用信息。

此外，政府还致力于提高教师素质和改善教学条件。新工党政府认为，对于英国的未来而言，教师也许是唯一的最重要的职业。政府试图通过建立一个新型的"教育总会"促进教师能力及其专业化发展，造就一支高素质的教师队伍。1998年12月，英国教育与就业部发表了《教师：变迁中迎接挑战》的绿皮书，提出了一些具体的改善教师待遇、提升教师形象和地位的计划及措施。例如，教师的工资待遇与教学质量挂钩，不称职的教师要被解雇，选拔校长必须经过严格的考核与检查等。1999—2002年，政府预计从彩票收入中拿出2亿—3亿英镑用于教师在职培训。

2. 推行"教育行动区"计划

"教育行动区"（Education Action Zone）计划是新工党政府自1997年执政后在教育上采取的一项重要改革措施，旨在通过管理权的招标，吸引教育以外的社会力量，参与教育薄弱地区学校的管理和运作，从

① 钟启泉、张华主编《世界课程改革趋势研究——课程改革国别研究》，北京师范大学出版社，2001，第404页。

而为薄弱学校带来新的管理思路、经验和资金，以迅速提高这类学校的办学质量。教育与就业部在《教育行动区手册》中指出，教育行动区的目标是“联合企业、学校、地方教育当局和家长中新型改革运动的标兵，使社会不利地区的教育向现代化迈进”①。在1999年教育行动区申请指南中也进行了说明：“行动区可以利用企业和其他合作伙伴的专业管理知识；行动区可以与它们签订服务合同，并通过合作伙伴关系获得有价值的教育资源。”② 虽然教育行动区在某些方面与保守党的政策如企业区（Enterprise Zones）、城市开发公司（Urban Development Corporation）和城市技术学院也有相似之处，但教育行动区并不像新工党其他教育政策那样，通过折中的方式将新右派和老左派的要素混合在一起，而是代表一种新型的、更具包容性的教育政治和在更广范围内的新型社区。

教育行动区一般设立在因学生学业成绩低下而需要特别支持的城镇和乡村地区。在这些地区，原先以地方教育当局为主导的管理体制已无法改变学校的不良状况。为了提高这些地区学校的教育质量，政府允许社会各界特别是私营工商企业提出申请，在学生学业表现欠佳的教育薄弱地区成立教育行动区，接管所属的公立学校。每个教育行动区所属学校总数不超过20所，通常包括2—3所中学，以及为它们输送生源的小学。

教育行动区将享受政府制定的一系列优惠政策：（1）在课程方面，教育行动区加盟学校可以和私立学校一样不受国家课程的束缚，其可以自主设计课程以适应当地的需要。在课程实施方面也可进行更为灵活自由的改革，以提高学生的读、写、算水平，降低逃学率，激发学

① DfEE, *Handbook for Education Action Zones* (London: Department for Education and Employment, 1998).

② DfEE, *Meet the Challenge: Education Action Zones* (London: Department for Education and Employment, 1999).

生的学习兴趣等。(2) 在人事方面，教育行动区可以不受现行的全国性教师聘任条例的约束，通过提供更加优厚的待遇，吸引优秀的管理人员担任行动区学校的校长，并招聘更多的优秀教师充实教学第一线，以增强加盟学校的师资力量。(3) 在资源方面，政府鼓励各教育行动区采取措施，以实现结盟学校在校舍、图书和设备等方面的资源共享。(4) 在经费方面，政府将在日常预算之外每年向每个教育行动区提供25万英镑的追加拨款，并希望行动区每年也能从工商界筹集数目相等的配套资金。1999—2000年，教育与就业部共向行动区拨款2520万英镑，其中包括2410万英镑的核心拨款，以及110万英镑拨给与工作相关的学习项目；另有8.3万英镑用于天才儿童的教育。在2520万英镑的拨款中，有2180万英镑用于第一轮教育行动区，另外340万英镑用于1999—2000年创建的40个教育行动区。①

1998年6月和1999年11月，英国政府先后公布了两批教育行动区名单，总数达66个，地域遍布英格兰全境。② 到2001年已经成立了73个教育行动区，其中大多数行动区位于英格兰最贫困的城乡地区。教育行动区的成立，使英国地方教育行政组织及其运作方式发生了根本变化，地方教育当局、学校、家长团体、企业组织、宗教团体和社区等共同组成合作伙伴关系，并且通过“行动论坛”(Action Forum)来监督和管理行动区的日常事务及各种活动。论坛成员代表着当地各方教育利害关系者的兴趣和利益，地方商业者常常在论坛中占有重要地位。一般说来，论坛成员往往要经过筛选，并由一些有代表性的教师、家长或社区人员担任。此外，每个教育行动区必须有一个行动计划。该计划需要得到教育与技能部的认可，它包括该行动区的教育目

---

① See National Audit Office, *Education Action Zones : Meet the Challenge-the Lessons Identified from Auditing the First 25 Zones* (London: The Stationery Office, 2001).

② 参见汪利兵《公立学校私营化：英国“教育行动区”案例研究》，《比较教育研究》2001年第1期。

标及为实现教育目标而设立的一些项目。

对于私营部门而言，它们参与教育行动区的目的在于通过“实物”捐助影响行动区的教育内容，而且可以使学校对工商界的需求做出更灵敏的反应。对于那些想出售产品和服务的公司而言，教育行动区是最理想的场所；对于那些想直接管理教育的公司而言，教育行动区可以为其提供实践的机会。但总的说来，私营部门倾向于从财政上支持教育改革。据统计，到2001年7月，各种私营机构共向各教育行动区捐款700万英镑，并有850多个企业、商业单位参与行动区的管理与运作。工商界人士的参与和支持无疑给教育机构带来了新的管理技能、经验、资金和工作方法，从而使行动区内薄弱学校的教育质量得到改善和提高。

为了客观地评价教育行动区在提高教育水平方面做出的贡献，教育与技能部发表了《教育行动区2001年度报告》。该报告分析了第一轮和第二轮教育行动区的成绩，并与同期全国水平进行了比较。实践证明，1998年初至2001年短短的三年时间，第一轮教育行动区已经显示了对教育的促进作用。例如，格里姆斯比（Grimsby）教育行动区第一关键期学生阅读、写作、数学三门课程考试分数的增长率分别是18%、15%和23%，而同期全国增长率分别是4%、5%和7%。诺丁汉（Nottingham）教育行动区第二关键期学生英语、数学和科学三门课程考试分数的增长率分别是16%、32%和42%，而同期全国增长率分别是10%、12%和18%。1999—2001年第二轮教育行动区中也得出了同样的结论。例如，格林尼治（Greenwich）教育行动区是第二轮行动区第一关键期成绩提高最快的，其学生的阅读、写作和数学三门课程考试分数增长率分别是11%、11%和12%，而同期全国增长率分别是2%、3%和4%。哈克尼（Hackney）教育行动区是第二轮行动区第二关键期成绩提高最快的，其学生英语、数学和科学三门课程考试分数增长率分别是15%、9%和22%，而同期全国增长率分别是4%、2%

和9%。[①] 在第三关键期，第一轮和第二轮教育行动区的成绩增长率与全国平均水平基本一致。

教育行动区的改革标志着英格兰公共教育在突破政府垄断，加强公共部门、私营部门和志愿部门的合作关系，以及从整体上提高薄弱地区和薄弱学校的教育质量方面迈出了关键的一步。

然而，英国有关各方对于教育行动区计划的评价褒贬不一。地方政府指责它将损害教育的未来和稳定，导致教育制度的私有化；自由民主党教育事务发言人也对由私营企业经营学校深感不安，他们认为如果没有地方教育当局的有效参与，教育行动区计划是不会成功的；教师们对于教育行动区的反应比较谨慎；也有人担心一些公司急功近利，不能实现事先的承诺。[②] 2001年教育与技能部对全国部分教育行动区进行抽查的结果表明，未赋予家长教育决策者的权力，即家长所处的弱势地位是目前行动区的最大失误。尽管教育行动区法令规定行动论坛必须设置家长代表，但实际上许多行动论坛并没有这么做。此外，教育行动区的划分一方面明确了某些学校、机构和人员的职责；但另一方面也人为地隔离了原有联系的学校社区，使它们由互通有无变成各自为政。

另外，从私营部门参与教育行动区的实际情况来看，它们给行动区投资的金额也没有期望的那样多。2000年6月，国务大臣艾斯特莉·莫里斯要求企业捐助教育行动区的资金达到4300万英镑，而事实证明这个估计值过于乐观，并且企业资助行动区的承诺也模棱两可。2001年，国家审计局对于第一轮25个行动区中的15个在1998—1999年度获得企业赞助的情况进行了审计，发现最成功的一个行动区在6个月内共获得私营部门40万英镑的资助，而其余14个行动区在运作6个

---

① See Department for Education and Skills, "Education Action Zones: Annual Report 2001," 2002, http://www.standards.dfes.gov.uk/eaz.

② 参见汪利兵《当代英国教育的市场化改革研究》，《比较教育研究》2001年第6期。

月后只获得私营部门55万英镑的资助，仅占它们总收入的8.5%。在这部分资助中只有10.93万英镑是现金，其余则是实物捐助的折算值。

面对来自各方对于教育行动区的指责，英国政府对行动区的远景规划提出了以下方针：（1）了解行动区内学校的具体需求并对它们做出应有的反应，与学校及学生家长共同制订教育发展目标；（2）促进教师及其他机构代表之间的交流与协商，使之在教育政策制定及实施过程中扮演积极参与者的角色；（3）行动区应与其他一些促进教育发展的计划或工程，尤其是地方教育当局发起的教育服务性项目紧密联系；（4）各种计划必须有明确的目的，由具体的实践性强的活动组成；（5）利用好行动区内的专家型教师，以及对学生、家长进行辅导的教育人员；（6）最大限度地减小行动区内各学校的额外负担（如抽派骨干教师担任行动区管理者将影响学校的正常教学）；（7）管理好行动区内的教育资源，使之得到合理的应用；（8）做好行动区的监督和评价工作，使行动区对于教育需求适时地做出反应等。①

2001年6月，新工党在第二届任期教育宣言中表示，在固定的一段时间内将允许商业部门以营利为目的，根据合同接管办学失败的学校（failing schools）。新工党把接管后的学校称为“合同学校”（contract schools），其建立和运行方式将模仿美国的特许学校（charter schools）。根据新工党在竞选中提出的教育政策，商业部门可以签订5年或7年的合同，接管办学失败的学校或薄弱学校（weak schools）。例如，国王采邑学校（King' Manor School）是一所办学失败的学校，目前正由非营利的3Es事业公司进行管理。该公司主管斯坦利·古德切奥德（Stanley Goodchild）指出：“私营——公立合作模式是将来的发展趋势。如果一所学校办学失败了，那么私有公司就可以参与进来，

① 参见王凯《教育行动区：英国提高教育质量的新动向》，《比较教育研究》2003年第11期。

集中解决该校存在的问题，满足其特定的需要。而地方教育管理部门就很难如此，因为他们必须平等地对待当地所有的学校。”[①] 新工党的这一政策得到了很多公司的支持。但英国教师联合会反对商业部门介入学校管理，他们认为并没有证据表明公司比地方教育部门能够更好地提高教育质量。

3. 重视教育培训和倡导终生学习

新工党政府把教育培训和终生学习作为首要的工作重点。1998年2月，英国教育与就业部发表了《学习的时代》（“The Learning Age”）绿皮书，认为未来是一个“学习时代”，在这样一个时代学习机会应面向所有人，使他们在人生的任何阶段都能以多种方式学习，而不仅仅意味着在学校学习。绿皮书描述了提供终生学习机会的途径，如广播媒体、国际互联网、公共图书馆和公司内的自学中心等。绿皮书宣布建立学习指导机构、全英培训信息热线、国家技术专题研究小组等。同时，它还宣布实施两项计划，即个人学习账号（The Individual Learning Accounts）和产业大学（The Industrial University）。

个人学习账号是为成人培训提供资金保障的一种方式。实施个人学习账号有两条原则：一是学习内容和学习方式更加满足个人需要，二是投资学习的责任由个人、雇主和政府共同承担。个人学习账号资金主要包括公共学习投资、个人投资和雇主投资三部分。首先，政府提供个人学习账号的前期投资，并最先启动100万个账号。政府还宣布了一项个人学习账号的激励措施，鼓励个人和雇主投资学习。第一年每个人可以获得150英镑；从第二年起，当每年的课程费用达到500英镑时，一部分课程费用可享受20%的优惠，其他课程如计算机语言等可享受80%的优惠。其次，个人对自己的学习进行投资。由个人对自己的学习进行计划和管理，在学习账号中心注册，把钱存入自己的账

① 阎保华：《英国工党第二届任期教育宣言》，《比较教育研究》2001年第8期。

号。最后，雇主为雇员的个人学习账号提供资助。政府鼓励雇主对员工进行投资，通过提高员工的素质和基本技能来加快企业的技术革新，以实现企业的跨越性发展。2000年9月，个人学习账号在全国范围内推行，政府的目标是到2001年3月有40万个人学习账号开户。个人学习账号向每一位19岁以上的成人开放，尤其是面向在职和参加部分时间制学习的成人。据统计，至2001年10月已有250万成人在学习账号中心注册，大约有9000个组织成为提供学习机会的机构。①

产业大学是英国政府终身教育理念的核心，也是政府“学习的时代”战略的一个重要组成部分。1996年，英国政府发表了题为《产业大学：创建全国学习网》的报告，提出应该创建学习时代教育组织的新方式。1997年，英国财政大臣戈登·布朗（Gordon Brown）在一次演讲中明确指出，正如20世纪60年代开放大学通过人们家中的电视机，为人们提供了无数接受高等教育的第二次机会一样，我们的产业大学也能在20世纪90年代通过卫星光缆和互动技术，将终生学习的指导带到每一个家庭和每一处场所。产业大学是一所通过网络向人们提供职业和专业学习机会的“虚拟大学”，它主要面向成人和职业群体。产业大学提供的学习范围十分广泛，从基本的读、写、算技能到各种类型的专业技能和商业管理一应俱全。② 产业大学的目的在于通过它所提供的高质量、高效能、个性化的学习，提高英国企业（特别是中小企业）的竞争力和劳动力的就业能力，使英国在日趋激烈的国际竞争中立于不败之地，在新的学习化时代重现英国昔日“日不落帝国”的辉煌。产业大学还将通过委托方式制作最先进的多媒体产品来填补教学空白，以刺激新的教育市场。为了实施产业大学计划，英国政府在1998—1999年度投资了1500万英镑。政府希望，到2002年每年有250

---

① 参见金岳祥《英国发展终身学习的政策、举措与问题》，《外国中小学教育》2004年第2期。

② 参见洪明《英国产业大学与学习化社会》，《开放教育研究》2001年第1期。

万人或多家企业能利用产业大学的各项信息服务，有超过 60 万人或多家企业参加产业大学组织实施的学习课程。

在绿皮书的基础上，新工党政府又于 1999 年发表了《16 岁后的教育：学会成功》（*Post 16：Learning to Succeed*）白皮书，旨在建设一种新的学习文化，以加强国家竞争和个人发展的基础，鼓励创新，造就一个具有凝聚力的社会。白皮书建议成立英格兰“学习与技能委员会”（The Learning and Skills Council），负责提供和资助所有 16 岁后的教育培训（高等教育除外）；与地方教育当局建立伙伴关系，共同开发成人和社区学习计划；向成人提供学习信息、建议和指导；与 16 岁前的教育部门进行合作，以确保整个 14—19 岁教育的连续性。学习与技能委员会将取代现有的继续教育资助委员会、全国教育培训目标咨询委员会和培训与企业委员会的职能，取消不必要的官僚机构，简化新体制的办事程序，使资金更易于运用到学习者身上。新体制将坚持机会均等的原则，以满足那些在劳动力市场处境不利的人们的需要。此外，白皮书还强调要加强对 13—19 岁青少年的职业指导和咨询，以及给成人提供各种终身教育机会。同时，它鼓励企业积极参与职工的终身教育，以增强他们在全球市场中的竞争力。

2002 年 11 月，英国教育与技能部、学习与技能委员会联合颁布了《为了每个人的成功——继续教育与培训改革》（*Success for All—Reforming Further Education and Training*）新法案，旨在提高现有的技能标准，建立更加有效、负责的学习和技能板块。教育与技能部国务大臣查尔斯·克拉克（Charles Clake）指出：“必须逾越社会公平和经济发展之间千丝万缕的联系，把继续教育和培训看作是教育体系的主流部分，明确把终身教育融入公民的日常生活和民族文化中。”①学习和技能委员会在 2002—2003 年度投资了 70 多亿英镑，为 600 多万

---

① 匡瑛：《英国“为了每个人的成功”述评》，《外国教育研究》2003 年第 10 期。

学习者提供继续教育和培训。这种继续教育和培训由4000多个学习提供者共同实施，包括继续教育学院、第六学级学院、高等教育机构、专科学院、地方当局的成人教育机构、社区网络学习中心等。2003年，英国教育与技能部还推出了14—19岁青年教育改革政策和高等教育发展战略，以及提高成人文化和数字技能的计划。《为了每个人的成功——继续教育与培训改革》这一法案的出台，为这些政策和战略奠定了良好的基础，尤其是建立了良好的学习和技能板块。

为了使“劣势”地区家庭贫困的16岁以上青少年能继续接受教育，英国政府实施了“配套服务及学额巩固率奖学金工程”。在英格兰的56个地区，16—19岁既无业又失学的贫困人口如果继续接受全日制教育，并遵守学校规定每周完成学习任务，那么政府就向他们提供最低每周30英镑的生活费补助并免除学费。此外，年满16岁的青少年就业者如果没有适当的技能证书，那么他们有权利获得由雇主支付工资的每周一天的学习或培训。从2002年开始，英国政府还将实行新的职业教育考试证书计划，即“普通技能教育证书”。14—16岁的青少年可以在义务教育阶段后选择半工半读的职业课程，通过考试后获得高标准的、为社会理解和认可的“普通技能教育证书”。

4. 重视高等教育在发展知识经济中的作用

1998年12月，英国政府发表《我们竞争的未来：建设知识经济》的白皮书，提出了今后10年英国产业发展的总体思路与要求，明确提出建设知识经济的任务与目标，并对教育尤其是高等教育赋予重任。白皮书指出，从20世纪初起英国经济便相对衰退，经济增长率低于美国和欧洲主要国家，生产力低于其他西方发达国家20%—40%。今后10年英国的任务就是提高竞争力，缩小同美国和其他西方发达国家的差距，促进英国经济的繁荣。达到这一目标的策略和方法是走知识经济的道路，以知识的创新、转化来推动经济发展。

白皮书强调，在当今世界经济日益全球化的新形势下，我们不能用老办法去竞争。资金在流动，技术快速传播，产品可以在低成本的国家制造后销往发达国家市场。英国商业必须具备其竞争对手无法匹敌或模仿的能力。这些独特的能力不在于原材料、土地和对廉价劳动力的拥有，而是知识、技能和创造力等，我们只有创造一个完全由知识推动的经济，才能在未来的竞争中取得成功。白皮书指出，加强科学基础、提高劳动力大军的教育程度和技术水平，是建设知识经济的关键问题。它强调要在知识经济中取得成功，就必须转变观念和形成新的思维模式，即对学习和求知的急切，对知识更大程度的接受和吸收能力；洞察新的消费需求，预见商机，提高创造商机的能力。

白皮书把教育尤其是高等教育在知识经济中的作用放在了显著的地位。英国贸易与工业部原大臣彼得·曼德森（Peter Mandelson）认为，大学不能再是“象牙塔”，而必须成为“经济增长的发动机”；英国的科学基地、大学和实验室中有许许多多的资源和动力被禁锢了，它们都有待解放。白皮书指出，实现科研和产业的融通和互动共进，大学要发挥不可替代的作用。为了鼓励和支持大学同产业界的结合，白皮书公布了英国政府将实施的若干措施：（1）设立“高等教育延伸基金”，由英国贸易与工业部、教育与就业部和英格兰高等教育拨款委员会共同管理，主要目的是鼓励和支持大学同产业界合作，促进知识转化，使其和教学、科研一起成为大学的三大任务。同时，该基金也将用于加强大学生的就业教育，如支持大学生取得就业所需的劳动技能、工作经验，开设相关的职业课程等。1999—2000年，“高等教育延伸基金”为大学拨款1000万英镑，以后每年将达到2000万英镑。（2）扩大“教学公司计划”的规模。教学公司计划的主要任务是让学者们到公司从事实际工作，进行创意开发，时间可长达2年。规模扩大后，增加的资金将使大约200个子项目得以实施。（3）建立全国性的“法拉第伙伴”联络网，其主旨也是促进大学与产业界的联系。（4）建立“知识交流中心”。政府将提供资金，在高校建立约20个知识交流中心，为校企双方开辟增进了解的渠道，并形成一个知识交流网络，每个知识交流中心将在5年中获得50万英镑的资助。

此外，为了减轻政府的财政负担，新工党政府在高等教育中引入学费制度，这是新工党强调“不承担责任就没有权利”原则的体现。2003年12月，布莱尔提出了增加大学学费的新草案，决定从2006年9月起英国大学学费可提高至现在的近3倍，最高学费每年可达3000英镑。这一新议案在英国国内掀起轩然大波，不仅保守党强烈反对，工党内部也有150名议员联名签署反对协议。英国民众对此反响更加强烈，英国“全国学生联合会”（National Union of Students）组织了大规模的游行以示抗议，由于该联合会代表520万年轻人的利益，他们的示威对布莱尔的议案是一个沉重打击。另据当时对1000名英国人进行电话投票调查的结果表明，78%的英国人反对这一政策。尽管如此，2004年1月英国下议院还是通过了新工党政府提出的《高等教育法案》。它规定，到2006年英格兰和威尔士的大学可以根据专业要求，将本科生目前平均每年1125英镑的学费上调，其最高限度为每年3000英镑，学生可以在工作后年薪达到1.5万英镑时向大学偿还所欠学费。目前英国青年的大学入学比例是43%，布莱尔认为高等教育的学费制度可以让更多的年轻人接受高等教育，使英国年轻人的大学入学比例达到50%。因为新法案废除了现行的“先行缴费制度”，使得大部分学生可以不付学费就能进入大学学习。这些学生的学费先由政府垫付，毕业后不需要立即偿还所欠的学费，只有当大学毕业生找到一份年薪不低于1.5万英镑的工作后才开始偿还债务，每年偿还的金额为超过1.5万英镑的那部分薪水的9%。①

2004年《高等教育法案》中的“欠费制度”和“让更多的年轻人

① 参见孟兵丽、肖甦《当前英国高等教育收费改革之研究》，《比较教育研究》2007年第4期。

上大学”等提法具有一定的吸引力。但从实际情况来看，对于这一法案的反对者要远远多于支持者。支持者认为，英国大学的福利制度使政府不堪重负，如果按目前每人每年收取1125英镑的学费计算，这只够一所学校年开支的25%，远不能满足学校的进一步发展需要，而且会使政府补贴的负担越来越重。反对者则主要担心两个方面：一方面是使一流大学成为“富人俱乐部”。因为根据新法案，各学校可以按自身情况确定学费的涨幅，那么英国的名校如牛津、剑桥等就可以依靠高质量的教学把学费涨到最高限额，而一些二三流大学的学费则会相对便宜。这样贫困学生选择名牌大学的可能性较小，长久下去会使英国失去大量家境贫寒但素质很高的“精英学生”。另一方面，新法案将使大学生背上沉重的债务负担。据统计，自1998年英国开始实行大学收费制度以来，大学生的债务负担不断增加，2003年英国大学生的平均欠费额是1998年的3.5倍，达到了近9000英镑。新法案的实施无疑使大学生的负担雪上加霜。

从以上分析可知，“第三条道路”是两党执政理念融合与发展的结果，是新工党在前保守党政府执政的基础上，对新的历史条件下英国治理模式的探索。新工党政府在教育政策上同样体现了一种融合的特色。首先，新工党所推行的诸多政治和教育改革方针，是前保守党政府政策方向的延续。例如，新工党继续实施国家课程、国家测试和能力分组，追求教育中的优异、质量和多样性，同样在教育改革中引入市场机制，提倡政府和私营部门的合作。其次，新工党也继承了老工党一贯坚持的“平等与社会公正”原则。例如，新工党坚持教育机会的均等，强调所有学校所有学生的成功，为有特殊教育需求和处于不利地位的学生提供特别帮助，倡导教育中的包容以消除社会排斥现象等。可以说，这种融合也是在寻求英国教育上的“第三条道路”，即一种在传统左派和新右派教育改革之间的“平衡”，如追求优异与教育平等之间、国家标准与个人需要之间、学术教育与职业教育之间、竞争与合作之间的平衡等。新工党政府的教育政策目前还处于实施过程，各项改革措施的成效还有待时间和实践的检验。尽管我们还无法预言新工党教育政策的结果，特别是对教育行动区的意义下结论更为时尚早，但总的说来，在“第三条道路”指导下，新工党政府的教育政策无疑会对 21 世纪英国的教育发展产生深远的影响。

结　语

综观20世纪英国中等教育政策的演进历程，我们可以看出，英国中等教育的发展经历了一条十分曲折的道路：20世纪以前教会和中上阶层对中等教育的垄断—1902年国民中等教育制度的形成—1924年工党政府提出"人人受中等教育"的口号—《哈多报告》（1926）、《斯宾斯报告》（1938）和《诺武德报告》（1943）的发表—《1944年教育法》规定设立三种不同类型的学校—二战后三轨制中学的发展—20世纪六七十年代的综合制改组运动—20世纪80年代综合中学成为主流中学—《1988年教育改革法》规定实施国家课程和国家考试—20世纪90年代新工党"追求卓越的学校教育"—21世纪初新工党把教育作为第一优先事项。至此，无论从形式还是内容来看，"教育民主化"的主张基本上得以实现，同时英国中等教育也得到了长足的发展。英国学者麦卡洛克指出："20世纪英国教育有三大改革周期引人注目：20世纪40年代的改革、20世纪60年代的改革、20世纪八九十年代的改革。20世纪40年代的改革在《1944年教育法》中达到高潮。20世纪60年代的改革主要与综合学校有关，同时也有'进步'教育和课程改革。20世纪80年代和90年代的改革兼有'保守'和'现代化'特征，强调'选择和多样性'，重建中央政府对教育的权力体系。"①

---

① Gary McCulloch, *Educational Reconstruction: The 1944 Education Act and the Twenty-First Century* (London and New York: Routledge, 2011), p. 24.

教育与政治密切相关。正如有的学者指出："教育也许是最复杂和负担最重的服务。作为战后公共政策制定和社会改革的基石，教育被看作是为经济增长提供动力、促进机会平等和社会公正的重要手段。"① 自20世纪初以来，英国政府通过颁布一些重大的教育法案（如《1902年教育法》《1944年教育法》《1988年教育改革法》等），提出一系列政府报告（如1926年《哈多报告》、1959年《克劳瑟报告》、1978年《沃诺克报告》等），发布通告（如1965年《综合的改组》、1970年《中等教育结构》等）和发表教育绿皮书或白皮书（如1972年《教育：一个扩展的框架》白皮书、1977年《学校教育——一份协商的文件》绿皮书、1985年《把学校办得更好》白皮书、1992年《选择与多样化——学校的新框架》白皮书等）等政策推动中等教育的发展。同时，一些政府官员发表的重要演讲也对教育政策的形成起到了推波助澜的作用。例如，1902年3月4日巴尔福首相在下议院所做的演讲，促成了《1902年教育法》的通过。1976年10月，卡拉汉首相在牛津大学拉斯金学院发表的演讲，引起了一场全国性教育大辩论；随后，教育和科学部发表了《学校教育——一份协商的文件》绿皮书，提出设立共同课程和核心课程的设想，从而为实施全国统一课程奠定了基础。除了首相之外，国务大臣也是"独立法人"，他要向议会负责。他要负责促进英格兰和威尔士人民的教育，并且促进致力于该目的的机构的不断发展，还要确保地方教育当局在他的领导和指导下有效地执行国家政策。英国学者斯蒂芬·鲍尔指出，20世纪80年代国务大臣开始在课程政策领域扮演越来越重要的角色。"课程政策在20世纪80年代很显然成了政治问题，但在那时它越来越与部长个人的偏好和信念有

---

① Clyde Chitty, *Towards a New Education System: The Victory of the New Right?* (London: The Falmer Press, 1989), p. 1.

关。……基思·约瑟夫关于教育政策的观点是有强烈的价值导向的。”①

在英国教育史上，20 世纪是英国中等教育发展的重要时期。这一时期英国不仅建立了公立中等教育制度，首次使中等教育与初等教育相衔接，而且实行了中等教育的综合制改组，促进了中等教育的民主化。为了促进各中等学校之间的竞争和提高办学效益，英国还在教育中引入了市场竞争机制。20 世纪英国中等教育的发展与其教育政策的制定息息相关，但在英国中等教育发展政策的制定和实施过程中，我们可以清楚地看到政党之争、经费分担、阶层划分及文化传统等诸多因素的影响。通过对这些因素的考察和分析，我们可以更清楚地了解英国中等教育发展政策形成的原因，并为我国当前中等教育政策的制定提供有益的参考与借鉴。

一、政党之争：教育政策从冲突到融合

教育自古以来一直是不同社会阶级集团之间争夺权力的重要领域，政治和经济上的阶级斗争迟早会以某种形式影响到教育领域，因而产生了作为政治斗争和经济斗争重要组成部分的教育斗争。布莱恩·西蒙指出：“对教育变革的任何一种解释，都必须考虑到不同的社会阶级和社会集团制定和阐明各自政策这样的事实。实际上，这就是反映这些阶级和集团的各自需求与愿望的总观点。当然，先进的工业社会中充满了对立的社会势力之间的矛盾和分裂。这种分裂和冲突必然会直接地反映到教育界中来。其结果是教育界成为，最好也是如此认为，它是一个经常对立的，或至少是敌对社会阶级和社会集团之间的战场，

① 斯蒂芬·鲍尔：《政治与教育政策制定——政策社会学探索》，王玉秋、孙益译，华东师范大学出版社，2003，第 172 页。

历史记载清楚地证实，这些冲突甚至会变得很激烈。"[①] 加拿大学者本杰明·莱文也指出："在每一个背景下，教育改革都有严重的分歧。政治辩论的组织方式取决于很多因素。每个政府对削弱反对派都有自己的策略，而策略方式又与每个背景下的政治文化和改革本身有关。一些情形下，比如在英格兰，所采取的策略有很强的冲突性……"[②]

同时，一定阶级的基本利益和要求也直接影响着一定时期的教育政策与教育法规。"一定时期的教育政策、教育发展战略和教育法规，总是包含着某种基本的倾向，这种倾向实际上正体现了统治阶级的基本利益和意图。一定时期教育发展的重心、教育体系内部的比例结构，本质上再现了社会阶级结构及其变化，再现了统治阶级经济政策、政治策略的基本精神和取向。"[③] 美国学者马斯格雷夫指出："政治争端中反复涉及两个主题，一个是谁有权做出重大决策，另一个是如何把资源分配到公民中间去。第一个问题与英才的性质有关，第二个问题与机会均等的程度有关。在过去的一个世纪里，这两个主题在英国的政治争端中都是突出的问题，因此也对教育政策产生过重大影响。"[④]

从政治学观点来看，政治体系的任何一次重大变更，都必然直接产生一种新的、与变革的政治体系相适应的政治文化观念和信仰，都必然导致现行教育体系与教育管理体制的解体、改造和重组，从而产生一种新的与改变的政治基础相一致的教育结构、教育秩序，这样也就使教育得到了重大改观和更新。"教育政策的制定是一种政治行为，

---

① 卡特林娅·萨里莫娃、欧文·V.约翰宁迈耶主编《当代教育史研究与教学的主要趋势》，方晓东等译，教育科学出版社，2001，第16页。

② 莱文：《教育改革——从启动到成果》，项贤明、洪成文译，教育科学出版社，2004，第136页。

③ 成有信等：《教育政治学》，江苏教育出版社，1995，第95页。

④ 瞿葆奎主编，陈桂生等选编《教育学文集·教育与社会发展》，人民教育出版社，1989，第394页。

在政策制定的整个过程中，政治环境的影响无时不在，无处不在。”①在英国，由于两个执政党更替频繁，反映其基本利益和价值观念的教育政策也随之发生了重大转变。例如，二战后英国工党和保守党都致力于扩充教育系统，使之能实现更大的机会均等和社会协调，减少各社会阶层之间的隔阂。然而，两党都以不同的方式解释“均等”，保守党认为所有人都应有均等的机会去获得日后生活上的不均等；而工党认为在教育均等成为可能之前，必须对不均等的背景提供补偿。这种解释上的分歧导致两党对于中等教育综合制改组的态度大相径庭，工党主张加快向综合中学发展的步伐；而保守党却坚持英才教育的理念，竭力维护传统的学术性文法中学。

两党政治意识形态的不同，对英国教育政策和教育立法的方式也产生了深刻影响。英国是一个保守与变革并存的国家。保守主义是一种稳重守成的力量，它并不是一味地反对进步，而是对变革的进程和方式持慎重态度。20 世纪初，保守党政治家休·塞西尔（Hugh Cecil）指出：“天然的守旧思想是人们心灵的一种倾向。那是一种厌恶变化的心情；它部分地产生于对未知事物的怀疑以及相应地对经验而不是对理论论证的信赖；一部分地产生于人们所具有的适应环境的能力，因此人们熟悉的事物仅仅因为其习以为常就比不熟悉的事物容易被接受和容忍。……变化不但是可怕的，它也使人疲劳。……为什么抛弃安全的已知事物而去追求可能有危险的未知事物呢?”② 然而，这种心理并不会成为英国社会进步的阻力。塞西尔进一步分析说：“希望进步和害怕前进中的危险这两种心情在表面上是矛盾的，而在实际上却是互相补充、互为条件的……人们在整个进步过程中的一个首要的、尽管确实不是唯一的问题就是，如何以正确的比例来调和这两种倾向，既

① 袁振国主编《教育政策学》，江苏教育出版社，2000，第 35 页。

② 休·塞西尔：《保守主义》，杜汝楫译，商务印书馆，2021，第 5—6 页。

不至于过分大胆或轻率，也不至于过分慎重或迟延。”① 这就是说，英国保守主义并不抗拒变革，而是要求把变革的幅度限制在尽可能小的范围之内。埃德蒙·柏克指出：“这些相反和冲突的利益被你们视作是你们古老宪法和我们现行宪法中一个巨大的缺陷，但是正是这些相反和冲突的利益有效地阻止了所有仓促草率的决定。它们使审慎成为一种必然，而不是一种选择；它们使所有的改变都成为妥协的结果，而这自然会带来中庸和节制；它们培养出的品格可以阻止残酷的、不成熟的、恣意妄为的改革所带来的巨大灾难，可以或多或少地使对专断权力的轻率行驶变得完全不可行。”②

相反，激进主义则要激进得多，如激进主义的代表人物托马斯·潘恩认为，后人不必拘泥于传统，有权改变先人之定制。他否定英国的整个制度，要求建立一个充分民主的政治体制。潘恩在《人权论》中指出，根据共同的人性，人生来就享有一些任何人和政府都不能剥夺的权利，包括生存权、自由权、财产权和追求幸福权，为了保证这些原则的实施，应建立起“人民最高主权”的原则，并制定一项最高法律来宣布人民主权。工党是英国政治中一支激进的力量，其目标是实现社会主义，但它不主张以暴力革命推翻资本主义制度，而主张以“迂回”、渐进的方式改造资本主义社会，强调变革的渐进性和合法性。由此可见，保守主义立足于现实，而激进主义立足于未来，两者在政治上势必引起冲突。在冲突中，“保守主义因冲突而意识到变革的必要性，激进主义因冲突而接受现实的局限性，当这种冲突在经历了许多次激烈的碰撞之后终于摸索到一个融合点时，英国式的渐进变革就发生一次。接下来，新的冲突再起，新的碰撞再生，直至摸索到新的融

---

① 休·塞西尔：《保守主义》，杜汝楫译，商务印书馆，2021，第8—11页。

② 埃德蒙·柏克：《法国大革命反思录》，冯丽译，江西人民出版社，2019年，第64页。

合点”①。这既是一种奇妙的融合，也是一种独特的变革方式。在这种方式中，变革似乎可以看作是传统自身的演进，传统并非以不变为荣，相反它把自己看作是对新的历史条件的不断适应。这种变革方式有一个明显的特点，就是在变革中谁也不能吃掉谁。乍看之下，既没有绝对的赢者，也没有绝对的输者，激进与保守各得其所，各自显示了它们的特性。

到 20 世纪，英国的一切社会冲突包括教育中的冲突，都是用这种“在冲突中融合”的方式加以解决的。例如，《1944 年教育法》的通过比较顺利，它几乎没有引起教派之间和党派之间的严重分歧。邓特指出：“部分原因在于联合政府要求得到所有政党的支持，部分原因在于提交议案前的广泛咨询，部分原因在于支持改革的强大的群众呼声。”②可见，《1944 年教育法》是将原先相互冲突的各种教育观念和宗教观念融合到了一起，它是两党政治在冲突中融合的结果。同样，《1988 年教育改革法》也体现了两党政治冲突的结果：它一方面推行国家课程和国家考试以提高英国基础教育的质量，另一方面又把市场机制引入各级各类学校以强化学校之间的竞争。这既体现了工党追求“教育机会均等”的精神，也反映了保守党强调“选择”和“多样性”的教育理念。这种教育政策中的冲突与融合，还表现在贵族教育传统与教育民主化之间、教育的集权与分权之间等方面。“不同的教育政策方案往往决定着教育资源在社会中不同的分布情况，决定着社会中教育机会和权利的不同分配。从根本上说，一个社会教育资源的数量由其经济所决定，经济落后，社会能提供的教育资源就有限。但是，教育资源的分配方式则由政治决定，政治规定了不同阶级、社会集团及其成员在

---

① 钱乘旦、陈晓律：《在传统与变革之间——英国文化模式溯源》，浙江人民出版社，1999，第 278 页。

② H. C. Dent, *Education in England and Wales* (London: Hodder and Stoughton Ltd., 1982), p. 20.

占有教育资源中的机会、权利的差异。”[①]

二、经费分担：中央与地方合作的伙伴关系

经济是人类社会存在和发展的基础，社会经济是引起社会生活发生变化的决定性因素，教育发展归根到底是由社会经济和物质生产力发展水平决定的。一定的经济发展水平既对教育发展提供一定的经济条件，也对教育提出一定的客观需求，从而促使教育不断发展。“经济亦是影响教育政策制定的环境因素。……国家的经济实力是教育政策制定和实施的基本物质条件，经济实力影响教育政策问题的提出和方案的选择。”[②]

经济发展水平对教育政策的影响主要体现在教育经费方面。第一次世界大战爆发后，英国当时的教育委员会主席费舍就认为，如果没有充裕的教育经费，一切教育都将很难有所进展。他说：“经费是一切的中心问题，以往本国教育之所以受约束，就是因为缺乏经费。”[③] 费舍把 1914 年的《坎普报告》（“The Kempe Report”）视为教育经费的基本政策。《坎普报告》的主要原则有两点：一是中央与地方经费分担的比例要尽量相等，二是政府补助要配合地方经费开支的增加而随时增加。该报告为补助预算额设立了一个公式，即按照每个地区的比值与该地方政府经费的实际开支而定。英国学者 W. O. L. 斯密斯（W. O. L. Smith）指出，《坎普报告》在英国教育经费的历史中成了一个路标，它产生了“教育补助”的新概念，并加强了中央与地方政府之间的关系。[④] 按照该报告的原则，费舍有效地改善了地方教育经费的补助制

---

① 袁振国主编《教育政策学》，江苏教育出版社，2000，第 36—37 页。

② 袁振国主编《教育政策学》，江苏教育出版社，2000，第 37 页。

③ W. O. L. 斯密斯：《英国的教育》，夏邦俊译，台湾开明书店，1968，第 65 页。

④ 参见 W. O. L. 斯密斯《英国的教育》，夏邦俊译，台湾开明书店，1968，第 65 页。

度。《1944年教育法》进一步规定国务大臣应向地方教育当局支付年度补助费，其补助原则一律按照该地区的学生数与地方经费的能力而定。“为了使得学生本人或学生家长能够方便地利用供他们使用的教育设施，教育和科学部国务大臣为收费学校的在校儿童支付全部或部分费用。”[①] 此外，国务大臣还应向受助民办学校和特别协议学校支付五分之四的维持费。自此以后，英国公立学校的经费基本上是由中央与地方教育机构共同分担。

地方教育当局的年度预算包括基本建设费和经常费，前者一般以长期贷款的方式提供，而在经常费中教师薪金是最大的开支项目。1954—1955年，英格兰和威尔士的地方教育经费（除了学费、租金和其他收入外）为3.8亿英镑，而中央政府的补助则达2.35亿英镑，地方政府仅按比例负担了1.45亿英镑。[②] 这种由中央和地方共同分担教育经费的管理体制，既能发挥中央的宏观调控作用，又能充分发挥地方的积极性和创造性，从而提高教育的效率并推动英国中等教育的改革与发展。

然而，地方教育当局面临的财政困难却在不断增加，究其原因：一方面，经济形势不稳定使建造校舍和添置设备的费用，以及一般维修费用和教师的薪水上涨；另一方面，根据财产估价征收地方税的办法尚需修改。教育部在1950年报告中对这种形势进行了简单的说明：“国民教育事业的发展不可避免地加重了中央和地方的资金负担。……征不到作为收入来源的税收，可能会提出把财政部优惠拨款作为解决地方问题的应急方法。然而，这种解决办法会受到那些一心要保持和发展由地方政府负责原则的人们的批评。这个由地方政府负责原则是这个国家在过去一百年的时间里发展起来的，而且已经构成了公共教

① 瞿葆奎主编，金含芬选编《教育学文集·英国教育改革》，人民教育出版社，1993，第214页。

② 参见W. O. L. 斯密斯《英国的教育》，夏邦俊译，台湾开明书店，1968，第66页。

育体制管理方面目前这种伙伴关系的基础。伙伴关系的实质就是每个合作者应该为促进共同目标在财政和其他方面做出合理的和适当的贡献；否则，这种关系就会变成委托人和代理人、出纳员和受款人之间的一种关系的危险。”①

这种由中央政府提供60%的经费和地方教育当局提供40%的经费的情况，一直持续到1958—1959财政年度。从1959—1960年度起，教育经费的投入方式发生了变化，中央政府只向地方政府提供一笔包括各方面开支的补助金，至于公共教育经费应该在地方教育当局所得经费中占多少则由它们自己决定。根据1966年的《地方政府法》，中央政府向地方政府提供的这笔补助金被称为“地方税补助金”。在随后的12年，每年的地方税补助金一直维持在60%—65%，如1980—1981年度为61%，1981—1982年度为60%。② 地方政府支出越多，它从中央得到的补助金就越多。中央政府鼓励公共开支的财政政策，无疑为英国中等教育发展提供了良好的经济条件和政策基础。

20世纪70年代末，英国的经济很不景气，政府的财政支出不堪重负，庞大的福利政策使政府对包括教育费用在内的公共开支力不从心。进入20世纪80年代后，面对日益严峻的经济形势，撒切尔政府竭力削减公共开支，使教育经费占GDP比例从1978—1979年度的5.3%下降到1985—1986年度的4.8%，它占总公共开支的比例也从12.3%降到10.9%。③ 教育经费的减少对于英国中等教育发展政策产生了重要影响。为了减轻中央的经济负担，政府开始寻求对策，希望能在不增加公共开支的情况下维持和发展教育。1987年，一批新右翼学者主张将

---

① 艾萨克·康德尔：《教育的新时代——比较研究》，王承绪等译，人民教育出版社，2001，第127页。

② 参见邓特《英国教育》，杭州大学教育系译，浙江教育出版社，1987，第33页。

③ See Brian Simon, *Education and the Social Order 1940-1990* (London: St. Martin's Press, 1991), p. 601.

市场经济理论引入教育领域，像国营企业私有化那样实行公立教育的私有化。新右翼的这一观点在保守党制定的教育政策中得到了明显反映，如实行“辅助学额计划”、建立“直接拨款学校”和创办城市技术学院等都可以看作是教育市场化的倾向。1997 年上台执政的新工党政府，承袭了前保守党政府的教育市场化政策。

在教育经费中，除了立法规定的那些由学校负责的项目外，基本建设费、地方教育行政管理费、培训和学生费用等由地方教育当局支配与控制。地方教育当局有权根据当地情况对所辖学校的经费进行评估，以确定学校经费的分配。地方教育当局的标准经费总额由中央政府确定，如 2001—2002 年度为 498 亿英镑，其中由地方教育当局支配与控制的标准经费为 225 亿英镑。英国政府的政策是绝大部分教育经费应当提供给学校。在地方教育预算中，这一部分经费所占比例已从 1997—1998 年度的 79%上升到 2000—2001 年度的 84.2%。[①] 此外，英国政府还会提供额外拨款以支持某一特定政策，如提供大量额外资金补助那些脱离地方教育当局而成为中央直接拨款的学校。

三、阶层划分：受教育权利的不平等

在英国，表示社会人群划分的用语很多，最常用的是“等级”“阶层”和“阶级”。总的说来，这三个用语基本上是指对社会成员所属的经济、文化、职业乃至政治等各种状况的统称。阶层或阶级分析对于我们理解英国教育具有重要意义。彼特·戈登等人指出：“社会阶层是英国现代史上的一个重要因素……社会阶层和学校教育之间的关系是英国教育制度中最为显著的特点之一。”[②] 本杰明·莱文也指出：“社会

---

① 参见祝怀新《英国基础教育》，广东教育出版社，2003，第 51—52 页。

② Peter Gordon, Richard Aldrich and Dennis Dean, *Education and Policy in England in the Twentieth Century* (London: The Woburn Press, 1991), p. 111.

阶层长期以来是英国社会体制中的主要组织者。英国学校教育体系的各级教育在历史上都一直是精英主义的，学校数量很少，其中很多是私立的（虽然也被英国人称作‘公立学校’），关注金字塔的顶层，教育那些可堪造就的孩子以促进其向上层升迁。”①

在英国，长期以来儿童基本上是按照他们的社会地位接受教育，贵族阶层、中产阶级和工人阶级子女所受的教育截然不同。20世纪时，这种不同阶层接受不同教育的状况仍未改变。奥尔德里奇指出：“二十世纪校内外实施的教育，与其说决定了社会阶级，倒不如说依然反映了社会阶级。改变这一状况的一些尝试，都集中在中等教育阶段——进入公立学校的同等权利和实行免费公立学校的原则。然而，有些人能为子女花钱进私立学校接受初等和中等教育，另一些人则不能。只要它作为英国教育的特色之一而继续保存，那么学校教育不论怎样抉择都是难以收效的。”②

影响社会阶层形成的因素很多，社会学家们从不同的角度对此进行了分析。根据美国社会学家彼得·布劳（Peter Blau）的理论，影响社会分化的各种因素可以分为两大类：一是影响社会类别结构分化的因素，包括个人的性别、职业、种族和宗教等，这些因素能直接引起人们在类别上的差异；二是影响社会层次结构分化的因素，包括人们的经济收入、受教育程度、权力等，这些因素能引起人们在等级上的差异。德国社会学家马克斯·韦伯（Max Weber）在分析人们社会地位的高低时，引用了经济收入、社会声望和权力等分析参数。法国社会学家皮埃尔·布迪厄（Pierre Bourdieu）则以对各种资本占有的状况作为影响人们社会地位的主要因素，他提出了经济资本、社会资本、文化资本和符号资本四种概念。日本学者天野郁夫也指出，在现代产

① 莱文：《教育改革——从启动到成果》，项贤明、洪成文译，教育科学出版社，2004，第38页。

② 奥尔德里奇：《简明英国教育史》，诸惠芳等译，人民教育出版社，1987，第9页。

业社会里，人们社会地位的高低取决于他拥有多少社会资源（包括财富、权力、威望、知识和技能四个方面），人们对这些资源的拥有量越大，其社会地位就越高。[1]

英国是一个阶级划分比较鲜明的国家，在 20 世纪人们的阶级意识仍然很强。那么人们是如何看待他们自己所属的阶级呢？20 世纪 60 年代进行的一项调查表明，90％的人认为社会上是存在阶级的。在调查中，有 67.1％的人认为自己是工人阶级，29.2％的人认为自己是中产阶级，1.1％的人认为自己是下层中产阶级，1.3％的人认为自己是上层阶级，最后有 1.3％的人不能把自己划分到某一个阶级中。[2] 调查还发现，大多数人都非常清楚地认识到了传统社会阶级之间的分界线。1976 年，英国小说家莱恩·班克斯（Lain Banks）在致《观察家》的一封信中指出："阶级十分深刻地印在我们民族的下意识中，正在毒害我们生活的每个方面。不仅毒害劳资关系和政治关系，而且在我们选择居住区、工作、学校、朋友（甚至到我们地方的哪一个酒吧间去喝饮料）等问题上，都起着毒害作用。这是我们永远进行的一场内战，消耗着我们的精力和感情，浪费着我们的时间和金钱。它妨碍进步，破坏繁荣，阻碍社会和工作关系。"[3]

长期以来，英国贵族一直是占优势的阶级，他们不仅在政治上垄断权力、经济上最有实力，而且在教育上享有特权，这种情况到 20 世纪初才发生根本转变。1909 年的"人民预算"（规定对增值的地产征收 20％转让税，并对收入最高者征收高额所得税）和第一次世界大战对传统的上层社会打击很大，导致乡绅贵族衰落，同时使购买土地的社

---

① 参见谢维和《教育活动的社会学分析——一种教育社会学的研究》，教育科学出版社，2000，第 310 页。

② 参见吴浩《自由与传统：二十世纪英国文化》，东方出版社，1999，第 231 页。

③ 阿瑟·马威克：《一九四五年以来的英国社会》，马传禧等译，商务印书馆，1992，第 203—204 页。

会中层人数增多。在两次世界大战期间，工党明确提出了继续削弱贵族地主的口号，认为土地应该归国家控制和国家所有。二战刚结束，工党政府操纵议会通过法案，对于家产在100万英镑以上者征收80%的遗产税。到1976年，贵族地主在英格兰和威尔士的地产减少了76%，在苏格兰的地产减少了69%。① 大地产制的衰落标志着英国世袭贵族的解体。有的学者指出："如果说1880年是英国贵族历史发展的重要转折点，那么，20世纪20年代和1945年则是前一变化的继续和深入，是英国贵族社会阶级成分变化的新的转捩点，客观上展露了英国政治制度和社会的不可阻挡的民主化和平民化发展趋势。大处观之，它同英国政党政治的发展相吻合和政府其他机构中工作人员阶级属性的变化大致相吻合，同战后英国社会经济和阶级结构的变化相吻合，所以，它还有着历史的必然性和进步性。"②

在19世纪下半叶，英国中等教育的发展与中产阶级紧密相连。中产阶级被认为是范围较广泛的、无组织和差异化的社会阶层。马修·阿诺德认为，中产阶级需要重新整合，并得到国家强有力的支持，以改变没有国家教育体制的局面。他认为英国中产阶级分为两个部分，一是职业阶层（professional class），二是商业阶层（business class）。为了团结这些社会群体，建立一个公共教育体系是必要的。马修·阿诺德在《法国的伊顿、中产阶级教育和国家》（"A French Eton, or Middle-Class Education and the State"）一文中论述了"为中产阶级建立更多中学"的合理性，并提出不同社会阶级应接受不同类型的教育。他说："社会中每个阶层的教育都有或应该有自己的理想，这是由该阶层的需要及其目的决定的。……我们可以把社会想象成一个统一体，以至于一种教育就能适合所有社会成员。但我们没有这种社会，欧洲

① 参见阎照祥《20世纪英国世袭贵族的衰落》，《世界历史》2001年第3期。
② 阎照祥：《20世纪英国世袭贵族的衰落》，《世界历史》2001年第3期。

任何国家都没有。在处理教育问题时，我们必须考虑阶级状况。正确的做法是，不仅要考虑他们眼前的状况，还要考虑他们的需要，他们的目的，更重要的是他们的迫切需要和他们最近的目的。纵观目前的英国社会，每个人通过努力去达到的教育目的是不同的。”[①] 马修·阿诺德认为，中产阶级教育应该满足中产阶级社会的特定需要，中产阶级学校应该收费合理，教育质量有保障，并且接受国家的定期检查。在他看来，只有中产阶级才有真正的理智、激情和好奇心，新的中等教育制度应该用“丰富的文化”使中产阶级获得自由，让他们进入“更广阔的思想领域”，帮助他们接受更多的思想，以消除他们的排外主义和狭隘之心。[②]

1869 年马修·阿诺德出版了《文化与无政府状态》（*Culture and Anarchy*）一书，他用三个独特的词语指称英国社会中的三个等级，即野蛮人（贵族阶级）、非利士人（中产阶级）和群氓（工人阶级）。其中贵族是显赫阶级，中产阶级是商贸和不同宗教见解的代言人，工人阶级则是“那种认为能够随心所欲就是理想的权利和幸福的国民”。但他同时指出：“在社会阶级的区分之下，仍存在着人性的共同基础，因此，无论我们在严格意义上属于野蛮人、非利士人还是群氓，其实每个人身上都具有那些将我们的同胞塑造成其他阶级的倾向和激情；有时这些共同的倾向和激情处于萌芽状态，只是一种潜质，而有时则多少有所显露。”[③] 马修·阿诺德的观点让我们认识到社会阶层在教育史上的重要作用，他的“全民教育”（education for all）理念意味着要为

---

① Gary McCulloch, “Education and the Middle Classes: The Case of the English Grammar Schools, 1868-1944,” *History of Education* 35, no. 6(2006): 689-690.

② See Gary McCulloch, “Education and the Middle Classes: The Case of the English Grammar Schools, 1868-1944,” *History of Education* 35, no. 6(2006): 690.

③ 马修·阿诺德：《文化与无政府状态》，韩敏中译，生活·读书·新知三联书店，2008，第 73 页。

不同的社会阶层提供不同类型的教育。

在20世纪，英国阶级结构变化的总趋势是：工人阶级逐渐缩小，中产阶级正在扩大，上等阶级有所增加但幅度很小。英国历史学家阿瑟·马威克（Arthur Marwick）认为，在20世纪80年代，英国大约有58%的人属于工人阶级，39%的人属于中产阶级，3%的人属于上等阶级；而在1945年前工人阶级占60%多，中产阶级占30%多，上等阶级大约是2%。[①] 随着时间的推移，中产阶级和上等阶级之间的界线正日趋模糊。20世纪六七十年代，英国教育史学家布莱恩·西蒙的著作为我们理解社会阶级冲突提供了不同的视角。他指出，阶级冲突理论能够较为清晰和全面地阐释英国教育体制的形成，现代英国教育的历史可以追溯到18世纪末激进主义教育家的思想与活动，英国教育体制主要是在不同阶级之间利益冲突的推动下形成的。[②] 西蒙以工人阶级和资产阶级的利益冲突为视角，阐释教育改革的原因及内容，并把它与相关的教育事件、教育史实贯穿起来，勾勒了1780—1870年英国教育发展的整体画面。根据西蒙的观点，文法学校的设计旨在与工人阶级的初等教育分开发展，从而维护社会秩序。[③]

英国中等教育政策的阶级倾向性，主要表现在学生的学业成绩方面。根据美国社会学家科尔曼的报告和有关研究证明，家庭背景是影响学业成绩的重要因素，考试及其结果必然有利于社会地位较高、经济状况良好家庭的学生，而不利于家境贫困的学生。克劳瑟委员会（Crowther Committee）曾对5940名中学生的学习成绩进行研究，结果

---

① 参见钱乘旦等《日落斜阳——20世纪英国》，华东师范大学出版社，1999，第183页。

② 参见武翠红《英国教育史学：创立与变革》，中国社会科学出版社，2015，第95—96页。

③ See Gary McCulloch, "Education and the Middle Classes: The Case of the English Grammar Schools, 1868-1944," *History of Education* 35, no. 6(2006): 693.

表明：在获得两个或两个以上“A”成绩的学生中，68％来自管理阶层，52％来自牧师职业，45％来自熟练工人家庭，只有31％来自半熟练或不熟练工人家庭。[1] 表25是1951—1961年参加普通教育证书考试人数的分析。[2]

表25　不同社会阶层的学生通过普通教育证书考试的情况（单位：％）

父亲的职业	1951年		1961年	
	男孩	女孩	男孩	女孩
从事专业和经理工作	69	69	77	70
职员	53	55	63	63
熟练工人	48	43	56	51
半熟练或不熟练工人	31	28	41	34

由上表可以看出，尽管参加考试的人数社会分布趋势比较平等，但由于社会经济背景不同所产生的差别依然存在。此外，英国在很长时间内一直实行11＋考试制度，学生根据考试成绩分别进入文法中学、现代中学和技术中学。由于各类中学在升入大学的机会上有明显差异，因而中学阶段的分流实际上决定了不同教育轨道上学生的未来发展。

为了改变这种由于选拔考试所带来的受教育权不平等的现状，二战后英国进行了中等教育的综合制改组，试图通过增加工人阶级子女受教育的机会来消除社会阶级差别。1975年英国学者尼夫（Neave）对1968年进入大学的综合中学毕业生进行了研究，他收集的样本中有969位具有代表性的毕业生。研究表明，综合中学在改变筛选效应的性质

① 参见成有信等《教育政治学》，江苏教育出版社，1995，第122页。

② 参见卡扎米亚斯、马西亚拉斯《教育的传统与变革》，福建师范大学教育系等译，文化教育出版社，1981，第212页。

方面确实取得了一些成功。在 969 位大学新生中，约有 12.5%最初被归入了 11＋考试失败者之列，在三轨制中学体制下他们应被分配到技术中学或现代中学学习，而这两类中学升入第三级教育的机会甚少。但正是因为他们在综合中学就读，能顺利地进入第六学级并升入大学。因此，样本中上大学的人数比例与就读于文法中学的学生比例几乎相同，这一事实表明综合学校的确能减少社会阶级的差异。正因如此，综合学校教育政策受到了英国工党的支持。工党宣称："综合中学将会消灭不同社会阶层之间的社会差别和经济差别，克服传统教育制度的弱点——其中最突出的一点，即忽略学生的潜在能力。因此，为发展综合中学而进行的这场斗争同时是一场反对维护旧教育制度的学生选拔制度的斗争。"① 可见，一定的社会阶级结构和阶级关系直接影响到一定时期的教育机会和教育权利，也直接影响到一定时期的教育政策和教育法规（参见表 26）。

表 26　英格兰和威尔士不同类型学校毕业生（男生）的去向

（1974—1975 年度）②　　（单位：%）

学校类型	大学	教育学院	多科技术学院	其他全日制继续教育	就业
被认可的独立学校	30.4	0.6	3.0	21.8	44.2
直接拨款学校	41.5	0.3	3.6	14.2	39.3
文法中学	24.5	2.8	4.0	13.1	55.7
综合中学	4.3	0.8	0.9	7.5	86.6
其他公立中学	2.8	0.8	0.9	8.3	87.2
现代中学	0.2	0.1	0.1	9.3	90.4

① 《外国教育丛书》编辑组编《中等教育结构改革》，人民教育出版社，1980，第 173—174 页。

② 瞿葆奎主编，陈桂生等选编《教育学文集·教育与社会发展》，人民教育出版社，1989，第 292 页。

此外，英国中等教育的类型也充分体现了阶级色彩。“19 世纪出现的英国教育模式具有明显的社会阶级区别，这是其主要特色之一。……这种社会差别是 19 世纪教育制度十分明确和不可分割的部分。”① 19 世纪后期，老公学及部分文法中学主要面向上层阶级子弟，部分文法中学、新公学②及各类私立学校是为了满足新兴中产阶级子弟的需要，高年级学校、高等小学、初等学校高级班等主要为工人阶级子弟服务。同样 19 世纪 60 年代发表的三个教育委员会调查报告也体现了阶级色彩，如纽卡斯尔委员会关注大众教育、汤顿委员会关注中等教育、克拉伦敦委员会关注九大公学。20 世纪以来，虽然工党主张中等教育大众化，但并未要求所有的人都应接受相同形式、相同年限的中等教育；而且表面上说是依据学生的需要、能力、智力等因素决定其升学，但实际上所谓的“三轨制”却反映了学生的家庭背景与社会阶级。公学与文法中学是为上层阶级而设，现代中学主要招收中产阶级子弟，至于技术中学则是招收工人阶级子弟。可见，受教育的权利明显不平等，这也为日后埋下了争论的种子。“自由学术教育与实践、技术和职业教育之间的巨大鸿沟，也是英国教育制度的一大特色。这一根本区别与教育中的社会阶级差异密切相关，并进一步加以强化。”③

四、文化传统：教育现代化的重要基石

任何一种教育都是特定政治、经济背景和文化传统中的教育。教

① Gary McCulloch, *Educational Reconstruction : The 1944 Education Act and the Twenty-First Century* (London and New York: Routledge, 2011), p. 21.

② 1840 年代，除了九大公学等老公学外，也产生了一些新公学，其中一部分是由老文法学校转型而来，一部分是控股公司（合资企业）创办的寄宿学校，一部分则是新设立的公学。

③ Gary McCulloch, *Educational Reconstruction : The 1944 Education Act and the Twenty-First Century* (London and New York: Routledge, 2011), p. 22.

育价值观不是凭空产生的，它首先要受到社会文化价值观的支配，并通过教育把文化价值观渗透到社会成员的思想中。美国比较教育学家艾萨克·康德尔指出："教育的问题和宗旨各国有不少类似之处，惟其解决方法各因其特有的文化和传习而互异。"① 可见，一个国家教育发展政策的制定与其文化传统分不开。文化的形式多姿多彩，充满活力。"它通过多种表层教育价值观的碰撞乃至冲突，重新融合、组织，形成既有民族特色又有时代特色的新型教育体系。"②

每一个民族都有自己独特的民族文化，在其群体内部具有共同的语言、信仰等；如果一个民族失去了独立的民族文化，那么它就失去了自身的独立。不同的民族文化孕育了不同的民族心理和精神气质。在英国社会中，占主导地位的文化价值观有个人主义、自由主义、保守主义、经验主义和贵族精神等。这些不同的文化要素并不是相互协调的，各要素之间的不一致势必带来文化的对立与冲突。"在同一文化之中，由于文化具有阶级性，一切文化都或多或少地代表着阶级利益，阶级之间的斗争必然会反映在文化上；此外，由于文化还具有一定的集团性，不同社会群体、社会集团的文化，也会发生矛盾和冲突。"③ 教育反映了文化冲突，如新旧价值观之间的冲突、观念与现实之间的冲突、主流文化与亚文化之间的冲突（主要表现为阶级之间的冲突）等，这种文化冲突同样体现在英国中等教育政策之中。在英国教育现代化过程中，不同的文化形态为教育现代化奠定了重要基石，同时它们之间的相互冲突也构成了教育现代化的动力资源。

个人主义思想萌芽于古希腊文明和基督教传统，但作为一种完备的社会政治哲学最早出现在英国，霍布斯、洛克、亚当·斯密和边沁等都以不同形式对个人主义进行了论证。个人主义包括以下三个基本

① 顾明远主编《民族文化传统与教育现代化》，北京师范大学出版社，1998，第193页。
② 刁培萼：《教育文化学》，江苏教育出版社，2003，第279页。
③ 郑金洲：《教育文化学》，人民教育出版社，2017，第140页。

观点：（1）一切价值以人为中心，即主张把好与坏、对与错、应该与不应该之类的价值判断建立在个人需要的基础上。在英国人的心目中，无论是经济发展还是社会变革都是服务于人的。（2）个人价值至高无上，即主张个人的价值高于一切，个人本身就是目的，社会和国家都是达到这一目的的手段。英国社会中流行的所谓“自我价值”“自我完善”“自我实现”等观念都是从这个前提下引申出来的。（3）个人自治，即每个人的思想和行为都是他自己的，而不是由外在的因素和力量决定的。在英国，个人自治的观念集中体现于人们为人处世时奉行“个人私事不可干预”的原则。英国历史学家大卫·马昆德认为，个人主义和对于国家的排斥不仅仅是一种政治哲学，而且几乎形成了一种生活方式。在19世纪早期，英国比其他任何国家都更彻底地弥漫着英国知识分子为之立法和辩护的个人主义思想，其结果是英国没有建立起一个能指导英国社会进行现代化的、对社会生活进行积极干预的“发展的”或“进取的”国家机构。

英国是崇尚自由的国家，中上层阶级在谈论意识形态时总喜欢标榜自己是自由主义者；而知识分子在论证自己的观点时，也倾向于从自由主义思想体系中寻找理论依据。至于许多政治家和理论家更是把自由主义作为一面旗帜，在其演讲和论著中经常提及。法国历史学家埃利·哈列维指出，不管从哪方面去研究英国的制度，我们都可看到英国拥有一个真正自由创造、自我认同的政体。[①] 18世纪法国启蒙思想家伏尔泰（Voltaire）访问英国时，也曾盛赞英国是“理性畅行无阻的国家”，是酷爱自由之乡。英国自由主义思想包括以下几点：（1）经济自由。亚当·斯密和边沁曾系统地论证了经济自由的思想。按照他们的观点，每个人都有平等的权利自由进行经济活动和追求个人利益，

---

① 参见W. O. L. 斯密斯《英国的教育》，夏邦俊译，台湾开明书店，1968，第132—133页。

政府不应限制个人的这种自由而应加以保护。经济自由的思想在英国资本主义发展初期曾经支配了政府的经济政策，但由于它导致了贫富分化和一系列严重的社会问题，自20世纪以来它开始受到批判。然而，经济自由的思想在英国中上层阶级中仍然影响深远。（2）个性自由。19世纪英国思想家约翰·密尔认为，强有力的个性是首创性和进取精神的源泉，否认个性就是用“平庸性”代替首创性，就是扼杀天才。因为天才就是个性的充分发展和发挥，天才通常比其他人有较多的个性。因此，他主张营造一种自由氛围，以便人们能够充分发挥个性，使社会能够有更多的天才。密尔的这种思想在英国人中十分普遍。（3）心灵自由。在自由主义者看来，只有心灵获得自由的人才能真正自由地驾驭自己的生活，也才谈得上是真正的人。但他们认为，在现实中人的心灵要受到各种偏见、习俗的束缚。因此，他们提出要将人心从各种形式的束缚中解放出来，使其获得自由。①

保守主义同自由主义一样，既是一种政治思潮，也是一种文化传统，它包含一系列的政治主张和文化价值观念。埃德蒙·柏克在《法国大革命反思录》中阐明了保守主义的基本观点。柏克认为，一个国家的政治制度是由该国特定的自然条件、历史传统、民族性格、宗教信仰、伦理道德和社会习俗等因素决定的，是经过若干世纪、若干代人慎重选择的结果，是约定俗成的产物。因此它是不能轻易变更的，即使更改也须保持它的稳定性和延续性，因为社会是一个有机体，秩序和稳定是社会发展的基本条件。② 柏克还认为，宗教是市民社会的基础，是国家的神圣事业，这个基础决不允许动摇。人按其本性来说应该笃信宗教，要成为一个好公民首先应做一个虔诚的基督徒。大卫·马昆德指出：“……老式的公司、老式的案例法系、老式的议会，所有

---

① 参见约翰·密尔《论自由》，程崇华译，商务印书馆，1982，第163页。

② 参见埃德蒙·柏克《法国大革命反思录》，冯丽译，江西人民出版社，2019，第119—223页。

这些都保留了下来；并且，正是这些旧有的传统和制度，而不是一个改良的君主的意志，引导了英国的现代化。这样，现代化最终造就了一种充斥着辉格党的价值观和设想的政治文化，其中最主要的便是洛克关于私有财产的权力凌驾于社会之上的假说。在这样的文化氛围里，公共权利的所有观念，因其摆脱了个人利益的立场，注定是不受欢迎的。”[①] 埃德蒙·金则指出：“在另一方面，接近不可知论的英国人，对任何通行已久的事物，不管是物质的还是精神的，一概怀有深挚的敬畏之情。因此，他们保留了君主政体、政府和法律中古代的标志，等等。但是，这些东西并没有什么害处，因为它们在人们感情上的需要，不妨碍共和政体的各种假设或影响他们承担现代公民的权利和义务。”[②]

经验主义思维方式是英国文化的独特之处。英吉利民族不像德意志民族那样爱好思辨，即采取一种形而上学的理性主义；也不像法兰西民族那样注重理想，并富于逻辑条理的思维方式；英国人重视实践经验，讲求实际效用，理智行事，即表现出经验主义的思维方式。“英国人对任何未被经验证明的事物，都习惯于用一种冷淡的、漠然的态度对待，决不像有些民族那样轻易地热烈拥抱一种新理论或扑向一种新事物。”[③] 英国曾相继涌现了培根、霍布斯、洛克、休谟、密尔、斯宾塞、赫胥黎等一批经验主义哲学大师。斯宾塞提出要摈弃一切虚妄、揣测、不确定、不精确和绝对的概念，而将实证性的、科学的理性思维放在至高无上的地位。赫胥黎在斯宾塞的基础上又向前迈进了一大步，他将人类社会看作是能够主动向自然提出挑战的人类理性的产物，

---

① 安迪·格林：《教育与国家形成：英、法、美教育体系起源之比较》，王春华等译，教育科学出版社，2004，第 255 页。

② 埃德蒙·金：《别国的学校和我们的学校——今日比较教育》，王承绪等译，人民教育出版社，2001，第 176 页。

③ 钱乘旦、陈晓律：《在传统与变革之间——英国文化模式溯源》，浙江人民出版社，1999，第 345 页。

并使自然科学与社会科学的理性思维在同一高度上逐渐统一起来。到 19 世纪末，英国人已习惯于用理性和科学的经验主义思维方式看待世界。埃德蒙·金指出："从历史上讲，英国的经验主义是一次进步的运动。经验主义强调的是以变应变，鼓励人们自愿开展实验，也能够容忍其他人的实验。因此，英国人的政治观点和教育观点并不像一些宣言那样，今天由这次革命强行公布，明天则由反革命强行撕毁。但这些观点往往是一些有待实证的短期的和实际的试验，如果行不通，则注定要被抛弃。"① 这种经验主义思维方式具有以下特点：（1）崇尚经验，注重实证；（2）富于怀疑精神，即不轻易接受新异的理论或方法，因为它们未经实践验证；（3）讲求效用，即凡事注重实际效果，反对空洞的观念；（4）注重审慎的试验，反对剧烈变革。② 可见，英国人注重的是一种讲求实效的审慎变革。

此外，贵族精神也已成为英国的主流文化之一。所谓贵族精神，是指英国上流社会的精神，它是勇敢尚武、崇尚正直的人生态度，优越的主人意识，强烈的社会责任感，矜持待人、保守、故步自封等诸多品质的一种奇妙混合体。③ 贵族精神主要表现在以下三个方面：（1）英国贵族有一种强烈的社会责任感。无论是远古抗击外敌，近代反对专制王权，还是在工业革命中"同情"穷人，贵族都是带头人或参与者。（2）英国贵族不仅讲究血统和地产，也比较注重品行，力求使自己的言谈举止和生活方式成为民众的表率。（3）英国贵族崇尚勇敢、

---

① 埃德蒙·金：《别国的学校和我们的学校——今日比较教育》，王承绪等译，人民教育出版社，2001，第 176 页。

② 参见顾明远主编《民族文化传统与教育现代化》，北京师范大学出版社，1998，第 197 页。

③ 参见钱乘旦、陈晓律《在传统与变革之间——英国文化模式溯源》，浙江人民出版社，1999，第 391 页。

公正、理智、自制、喜爱乡居等品性，正是英吉利民族崇尚的传统性格。① 由于英国人崇尚传统，加上贵族精神的感召力，因此“向上流社会看齐”成为英国各阶层的价值取向，贵族精神最终成为一种具有强大感召力的优势文化。

以上几种占支配地位的文化价值观念对英国中等教育政策产生了重大影响。可以说，在工党和保守党不同教育政策下形成的现代英国中等教育制度，基本上反映了英国社会中占支配地位的文化价值观，而正是这些文化价值观构成了英国教育现代化的重要基石。

二战前，英国中等教育制度具有明显的双轨性质，这种制度的最大弊端是巩固并加深了社会阶级的不平等，使原已十分尖锐的阶级差别更加突出，因而在 20 世纪初就受到了人们的猛烈批判。二战后，在教育民主化思潮的影响下，英国对中等教育制度进行了改革。1965 年，工党政府颁布第 10 号通告，责成所有地方教育当局向教育和科学部提交一项关于中等教育综合化改组的计划，并规定在 1980 年底完成这项改革。工党正是基于个人主义的原则推行综合教育政策的。他们认为，人是生而平等的，所有人在一切方面都应享有平等的权利。虽然每个人的天赋与潜能不同，由此决定了适合他们个人教育的种类和程度也不同，但社会是否为每个人提供自由选择适合自己需要的教育，却体现了这个社会是否公正。因此，教育机会均等既是社会平等的一部分，也是实现社会平等的前提条件。

然而，工党政府的改革计划一开始就受到保守党人的抵制。1970 年保守党执政后立即颁布通告，废除了工党关于中等教育综合制改组的政策。保守党制定教育政策的理论基础是自由主义，他们强调个人自由发展的重要性。在他们看来，虽然所有人的地位都是平等的，但

---

① 参见顾明远主编《民族文化传统与教育现代化》，北京师范大学出版社，1998，第 202 页。

由于每个人的潜能和天赋不同，因而所受的教育也应不同。他们主张恢复传统的选拔制和中等教育的多轨制。保守党还从经济自由思想出发，论证了家长择校的必要性。他们认为，办学如同从事其他经济活动一样要受市场规律的支配，人们有权利自由购买他们所需要的商品，也应该有权利自由地为子女选择学校。自 20 世纪 80 年代末以来，保守党政府鼓励家长择校和学校自治、推动教育私有化、实施辅助学额计划等政策都与经济自由思想有关。英国教育一向以它的“自由”、多样和独立而骄傲。正如国务大臣雪莉·威廉姆斯所说：“英国教育系统的突出点在于它的灵活性、想象力以及教师在课堂上的自由。”[①]

保守主义文化价值观对于英国中等教育发展政策的影响主要表现在以下两个方面。

第一，中等教育改革进程具有明显的渐进性特点。埃德蒙·金称这种变革为“勉强的革命”[②]。《1870 年教育法》只是确立了国民初等教育制度，并未涉及中等教育问题和义务教育；直到 1902 年英国才建立国民中等教育制度，然而初等教育和中等教育两个阶段仍未衔接；《1944 年教育法》才从法律上确立初等和中等教育为两个相互衔接的教育阶段，并规定儿童从 5 岁开始接受义务教育，义务教育年限从 14 岁提高到 15 岁；而实行全国统一的国家课程和国家考试，直至《1988 年教育改革法》颁布后才实施。这个过程在其他国家通过立法一步就可到位，而英国却经历了长达 100 多年的时间。这就是英国式的发展道路——渐进改革之路，这种发展方式是英国文化传统的一大特色。它表明，“渐进改革已不仅是英国民族取得变革与进步的一种方式，而且成了人们头脑中根深蒂固的价值取向。它是英国文化模式的一个组成

---

① 安迪·格林：《教育与国家形成：英、法、美教育体系起源之比较》，王春华等译，教育科学出版社，2004，第 341 页。

② 埃德蒙·金：《别国的学校和我们的学校——今日比较教育》，王承绪等译，人民教育出版社，2001，第 174 页。

部分。无论外人对这种方式评价如何，其优劣得失如何，它却是道道地地的英国的”①。

第二，中等教育政策里宗教色彩比较浓厚。英国教育最初源于宗教性教育，从1833年国家干预初等教育开始，英国教育逐渐走向世俗化。然而，英国保守的文化特性使宗教教育在学校教育中一直占有一席之地，成为英国中小学教育的一大传统。奥尔德里奇指出：“基督教的那个最高神明的概念，即上帝圣父，上帝圣子和上帝圣灵，以及来世进天堂和下地狱的观念，在整个有文字记载的英格兰和威尔士历史的绝大部分时期，都居于支配地位。”② 这种宗教意识同样体现在中等教育政策领域，如《1944年教育法》建立了较为进步的现代教育制度，却规定所有郡立学校和民办学校都必须进行宗教教育，并组织学生参加集体礼拜。伊德在有关《1944年教育法》的辩论中表示：“大多数父母都希望他们的孩子有基督的信仰……”③ 英国一位中学校长曾经说：“在我做校长以前，我感觉我们教师的工作大部分被浪费了，除非我们能使基督的生活成为我们的目的，基督的教义成为学校生活的模范。”④ 同样《1988年教育改革法》也规定宗教是中小学的必修课，并设立了相应的学业成就标准。学校既可以设立专门的宗教学科，也可以在国家课程中渗透宗教教育。1992年教育白皮书提出，为了促进学生精神和道德的发展，学校提供的宗教教育和集体礼拜，应继续关注英国的基督教传统。在2000年9月起实行的新国家课程标准中，宗教教育仍然保持了其合法地位。

---

① 钱乘旦、陈晓律：《在传统与变革之间——英国文化模式溯源》，浙江人民出版社，1999，第281页。

② 奥尔德里奇：《简明英国教育史》，诸惠芳等译，人民教育出版社，1987，第17页。

③ W. O. L. 斯密斯：《英国的教育》，夏邦俊译，台湾开明书店，1968，第55页。

④ W. O. L. 斯密斯：《英国的教育》，夏邦俊译，台湾开明书店，1968，第55—56页。

经验主义的思维方式，使英国在教育政策制定过程中形成了一个颇具章法的步骤：问题—委员会—报告—白皮书—议案—法案，即从问题出发，成立专门的调查委员会；委员会发表调研报告，提出改革建议；政府以白皮书形式公布其改革方案供公众讨论，广泛征求意见；经过多次修改后，以议案形式提交议会审议；议会通过后最终形成法律，在实践中予以推行。英国大多数教育政策的出台都经历了这个过程，它充分体现了英国人崇尚实证的文化价值观。有的学者指出："教育改革法案最好不要自上而下，由国家层面的政治家和决策者制定，而要考虑到不断变化的社会中广泛的教育问题。法律本身就是社会结构的组成部分，它深深地嵌入其中，而不是国家自上而下设立的一套法典。"①

英国具有精英教育的传统，即注重政治领袖和学术人才的培养。英国贵族不仅被认为具有高贵的血统和门第，而且具备高贵的品质和杰出的领导才能，因而他们理所当然应成为社会的统治者。英国的政治英才大多数是在公学接受教育。"公学最重要的主张之一便是它们能把男孩子们训练成领导人。它们旨在培养我们未来领导人的职责感和对国家的责任心，这种职责感和责任心将保证学生离校后运用他们的才干当领导人，并且这些学校还相信它们能向学生灌输领导人所需的社会技能。"② 在英国内阁大臣、主教、法官、高级文职人员及将军等人物中大部分都读过公学，这表明"这种排他的、永不衰朽的公学的那套办法是成功的"。据统计，1951 年保守党新政府有 82％的内阁大臣曾就读于公学，10 年后的比例为 76％；在工党内阁成员中，曾就读于公学的比例与保守党大致相似。到 1964 年工党领袖哈罗德·威尔逊组

① Gary McCulloch and James Arthur Obe, "Introduction: Educational Reform Legislation in a Changing Society," *British Journal of Educational Studies* 68, no. 5(2020): 520-521.

② 瞿葆奎主编，陈桂生等选编《教育学文集·教育与社会发展》，人民教育出版社，1989，第 402 页。

阁时，工党内阁中有43%的成员曾就读于公学，61%的成员毕业于牛津或剑桥大学。[1] 另据1962年的统计数字表明，在外交官中有95%，大使中有88%，将军中有87%，法官中有85%，大主教中有83%，殖民地总督中有82%，政府高级官员中有67%，曾出身于公学。试以伊顿公学为例，12.5%的议会成员、约33.3%的内阁大臣、伦敦大公司约33.3%的董事都是该校校友。此外，在《英国名人辞典》所列出的18世纪名人中，约22%的学者与文化名人毕业于九大公学。在1950年出版的《作家介绍》中，属于文化天才者有2500人，其中490人出身于九大公学，843人出身于其他51所公学。也就是说，在当时的英国学术领域，出自公学者约占49%，如果不把苏格兰和爱尔兰计算在内，比例就上升为66%。[2]

在英国教育政策中，公学仍然占有独特的地位。《1944年教育法》虽然建立了前后连贯的公共教育体制，却丝毫没有损害公学的利益，从而形成了新的双轨制。二战后，英国公学不断受到人们的猛烈抨击，工党也在历次竞选宣言中信誓旦旦地宣称要取缔公学，但早已深深根植于英国历史土壤之中的公学却仍顽强地生存着。《1988年教育改革法》对于公立学校的课程做出了法律上的规定，但包括公学在内的独立学校却不受法律的任何影响。美国学者亚伯拉罕·弗莱克斯纳（Abraham Flexner）评论说："公学主要为一个阶级服务，它只生产一种类型——一种精神类型、一种风度类型；它百折不挠、专心致志地以一种确定的方式塑造学生。在其领域内，它是一所有效的教育机构，但其领域不能与现代生活共存，因为现代生活是一种参与世界各地的智力竞争和工业竞争的民主社会的生活。只要英国社会仍是贵族的等

① 参见瞿葆奎主编，陈桂生等选编《教育学文集·教育与社会发展》，人民教育出版社，1989，第399页。

② 参见滕大春《外国教育史和外国教育》，河北大学出版社，1998，第293页。

级分层的社会，公学就能够按自己的方式存在下去。”①

通过以上分析，我们可以看出，20 世纪英国中等教育政策的演变有不少经验值得我们借鉴。

第一，重视教育立法工作。20 世纪英国中等教育政策主要是通过立法体现，英国政府重视通过立法解决具体问题。例如，《1902 年教育法》确立了公立中等教育制度；《1944 年教育法》确立了中央与地方政府合作的“伙伴关系”和三个相互衔接的教育阶段，并废除了传统的双轨制；《1988 年教育改革法》制定了全国统一的国家课程标准和全国统一的测试方案，并在教育中引入市场机制，鼓励各学校之间竞争和家长自由择校等。“其他补充、加强和进一步提供立法指导的方式包括向地方教育当局发出‘通告’，关于重要议题的官方报告，定期视察学校和考试制度。尤其是个人在诠释、调解学校和地方的法律条文方面发挥了重要作用。”②

第二，加强国家宏观控制。《1902 年教育法》标志着国家控制中等教育的开始。《1944 年教育法》规定设立教育部负责监督地方教育当局提供的各类中等教育。二战后，由于世界经济、科技和军事竞争的异常激烈，这种趋势日益明显。到《1988 年教育改革法》颁布时，这种趋势达到了顶峰。《1988 年教育改革法》给教育大臣增加了 175—200 项权力，这样教育大臣拥有 415 项权力来加强对教育系统的控制。中央政府还控制了新成立的负责全国统一课程与测试的“国家课程委员会”和“学校考试与评价委员会”。与此同时，地方教育当局也发生了一系列角色转换，它失去了对原有教育机构的直接控制。国家课程的实施、全国统一测试的采用，以及直接拨款学校的设立等，大大削弱了地方

---

① 亚伯拉罕·弗莱克斯纳：《现代大学论——美英德大学研究》，徐辉、陈晓菲译，浙江教育出版社，2001，第 200 页。

② Gary McCulloch and James Arthur Obe, “Introduction: Educational Reform Legislation in a Changing Society,” *British Journal of Educational Studies* 68, no. 5(2020): 520.

教育当局的权力。与前保守党政府相比，新工党政府对于学校的监督范围有所扩展，从教育体制、管理机制到课程设置、教学方法、质量及考核等，政府都有明确的规定，这样更加有利于从整体上提高英国的教育质量。

第三，注重实证调查。教育政策制定要受到政策环境的影响，而环境中存在的大量信息是实际政策制定不可忽视的。“在某种程度上，政策制定过程就是广泛收集与之有关的全面而系统的信息资料，然后进行归纳、整理、分析、加工，经过去伪存真、去粗取精、由此及彼地分析和验证加工，使信息符合真实性、时效性、系统性、可靠性要求的过程。政策问题的确认，政策方案的设计与选择都依赖于对相关信息的收集、跟踪、反馈、处理。”① 英国政府在制定教育政策或进行教育立法之前，一般都要成立一个专门的教育调查委员会，以便对教育现状进行深入考察，在收集相关信息的基础上提出建议并反复商讨，最后形成法律。这种注重实际的决策机制，极大地提高了教育立法的有效性。

第四，追求教育民主。翻阅英国工党的发展历史，我们发现它几乎是一部推进教育民主化的发展史。1924 年工党上台执政时，就提出“人人受中等教育”的口号。二战后，工党以“平等”与“质量”为主题在 20 世纪六七十年代推广综合学校运动，使学校教育制度更加民主化，并将义务教育年龄提高到 16 岁，使工人阶级子弟的受教育权利大为改善。20 世纪 90 年代，新工党执政后更是不遗余力地推动教育民主，把“教育民主化”不仅作为建设平等、公正社会和福利国家的象征，而且把它作为向精英教育挑战的突破口。然而，由于历史、政党政治、文化传统等诸多因素的影响，精英主义教育始终阻碍着英国教育向大众化教育迈进。因此，从最终结果来看，这场运动并未达到预

---

① 袁振国主编《教育政策学》，江苏教育出版社，2000，第 60 页。

期目标。1990 年成立的一个教育调查委员会在一份报告中指出："1944 年的教育法、20 世纪 70 年代的综合改革和 1988 年的教育改革法，在为英国提供适应科技时代的有效的教育制度方面都失败了。似是而非的变化并未带来真正的变化，因为教育的关注点仍然是小部分学术型学生的需要。这种教育制度在 1900 年时就很适合，今天依然如此。"①

第五，重视政策评价。英国是世界上最早开展教育政策评价的国家之一，1865 年英国成立了纽卡斯尔委员会，通过评定执行教育政策的绩效来决定下一年的拨款，这就是所谓的"按成绩拨款"政策。进入 20 世纪以后，英国政府为了大力发展中等教育和鼓励地方教育当局兴办公立教育，先后制定了一系列教育政策。为了使这些政策在执行过程中不断完善，英国成立了由高级官员、教育家、经济学家、社会学家、统计学家等组成的"中央政府审查司"，定期评价教育及其他部门的政策规划，审查考核各部门的政策，确保它们符合政府的整体政策。到 20 世纪 70 年代末，各种评价报告相继出台，引发了一场全国性的教育大辩论，政府高度重视并利用这些结论，对原有政策进行了修正和完善。

除了以上几个方面之外，在如何处理普及教育与精英教育、教育的统一性与多样性，以及如何协调中央政府与地方教育当局的关系等方面，英国也有许多经验教训值得我们反思。正如英国学者麦卡洛克指出，尽管历史可能会误导人们，但它仍然是教育研究不可或缺的指南。历史对当前具有潜在的意义，它是"可用的过去"。在处理教育问题时，过去和现在之间的相互作用有一种特殊的共鸣。②

然而，需要指出的是，英国政党对于中等教育政策影响很大。执

---

① Martin Rogers, *Opting Out : Choice and the Future of Schools* (London: Lawrence and Wishart Ltd., 1992), p. 187.

② 参见加里·麦卡洛克《教育史学——教育史研究的斗争历程》，武翠红译，华中科技大学出版社，2019，第 79—80 页。

政党和政府所代表的阶级利益、他们所确定的政治路线与方针、政府对于教育事业在社会生活中的地位和作用的认识，以及政局和社会秩序的稳定等，都对教育政策的制定产生了重大影响。一般说来，教育发展往往受到政治因素的制约，如政治直接决定着教育资源在不同社会阶级之间的分配，决定一定社会中的教育机会和教育权利。但教育有其自身的发展规律，教育改革必须遵循教育基本规律，任何政治化或经济化目的都无助于教育问题的解决。在 20 世纪英国中等教育的发展历程中，工党和保守党在教育政策上的冲突一直没有终止过。两党政权的频繁更替而引起的这种教育政策上的变动，往往使教育执行部门无所适从，因而在很大程度上也阻碍了教育的发展。

参考文献

一、译著

[1] 阿诺德. 文化与无政府状态 [M]. 韩敏中，译. 北京：生活·读书·新知三联书店，2008.

[2] 奥尔德里奇. 简明英国教育史 [M]. 诸惠芳，李洪绪，尹斌苗，译. 北京：人民教育出版社，1987.

[3] 巴特斯. 欧美近代教育史 [M]. 刘伯骥，译. 台北：台湾中华书局，1978.

[4] 鲍尔. 政治与教育政策制定——政策社会学探索 [M]. 王玉秋，孙益，译. 上海：华东师范大学出版社，2003.

[5] 比德. 英吉利教会史 [M]. 陈维振，周清民，译. 北京：商务印书馆，1996.

[6] 彼得斯. 伦理学与教育 [M]. 朱镜人，译. 北京：商务印书馆，2019.

[7] 比尔. 英国社会主义史：下卷 [M]. 何新舜，译. 北京：商务印书馆，1959.

[8] 柏克. 法国大革命反思录 [M]. 冯丽，译. 南昌：江西人民出版社，2019.

[9] 勃里格斯. 英国社会史 [M]. 陈叔平，刘城，刘幼勤，等译.

北京：中国人民大学出版社，1991.

[10] 博伊德，金. 西方教育史 [M]. 任宝祥，吴元训，主译. 北京：人民教育出版社，1986.

[11] 布莱尔. 新英国——我对一个年轻国家的展望 [M]. 曹振寰，等译. 北京：世界知识出版社，1998.

[12] 布里格斯. 英国社会史 [M]. 陈叔平，陈小惠，刘幼勤，等译. 北京：商务印书馆，2015.

[13] 邓特. 英国教育 [M]. 王承绪，译. 上海：商务印书馆，1949.

[14] 邓特. 英国教育 [M]. 杭州大学教育系，译. 杭州：浙江教育出版社，1987.

[15] 佛罗斯特. 西方教育的历史和哲学基础 [M]. 吴元训，张俊洪，宋富钢，等译. 北京：华夏出版社，1987.

[16] 甘布尔. 自由的铁笼——哈耶克传 [M]. 王晓冬，朱之江，译. 南京：江苏人民出版社，2002.

[17] 格林. 教育与国家形成：英、法、美教育体系起源之比较 [M]. 王春华，王爱义，刘翠航，译. 北京：教育科学出版社，2004.

[18] 格伦内斯特. 英国社会政策论文集 [M]. 苗正民，译. 北京：商务印书馆，2003.

[19] 哈里斯. 撒切尔首相传 [M]. 冯义华，郑芮，译. 北京：职工教育出版社，1989.

[20] 哈耶克. 自由秩序原理 [M]. 邓正来，译. 北京：生活·读书·新知三联书店，1997.

[21] 哈耶克. 通往奴役之路 [M]. 王明毅，冯兴元，等译. 北京：中国社会科学出版社，1998.

[22] 赫胥黎. 科学与教育 [M]. 单中惠，平波，译. 北京：人民教育出版社，1990.

[23] 惠迪，鲍尔，哈尔平. 教育中的放权与择校：学校、政府和市场 [M]. 马忠虎，译. 北京：教育科学出版社，2003.

[24] 霍布豪斯. 自由主义 [M]. 朱曾汶，译. 北京：商务印书馆，2002.

[25] 吉登斯. 第三条道路：社会民主主义的复兴 [M]. 郑戈，译. 北京：北京大学出版社，2000.

[26] 吉登斯. 社会学 [M]. 赵旭东，齐心，王兵，等译. 北京：北京大学出版社，2004.

[27] 金. 别国的学校和我们的学校——今日比较教育 [M]. 王承绪，邵珊，李克兴，等译. 北京：人民教育出版社，2001.

[28] 卡扎米亚斯，马西亚拉斯. 教育的传统与变革 [M]. 福建师范大学教育系，等译. 北京：文化教育出版社，1981.

[29] 凯恩斯. 就业、利息和货币通论 [M]. 徐毓枬，译. 南京：译林出版社，2014.

[30] 康德尔. 教育的新时代——比较研究 [M]. 王承绪，等译. 北京：人民教育出版社，2001.

[31] 康内尔. 二十世纪世界教育史 [M]. 张法琨，方能达，李乐天，等译，北京：人民教育出版社，1990.

[32] 克伯雷. 外国教育史料 [M]. 华中师范大学教育系，西南师范大学教育系，西北师范大学教育系，等译. 武汉：华中师范大学出版社，1991.

[33] 柯尔. 费边社史 [M]. 杜安夏，杜小敬，译. 北京：商务印书馆，1984.

[34] 拉普钦斯卡娅. 现代英国普通中学 [M]. 朱立人，段为，译. 北京：人民教育出版社，1980.

[35] 赖斯纳. 近代西洋教育发达史 [M]. 陈明志，等译. 上海：商务印书馆，1933.

[36] 莱文. 教育改革——从启动到成果 [M]. 项贤明，洪成文，译. 北京：教育科学出版社，2004.

[37] 劳伦斯. 现代教育的起源和发展 [M]. 纪晓林，译. 北京：北京语言学院出版社，1992.

[38] 林赛，哈林顿. 英国保守党 [M]. 复旦大学世界经济研究所，译. 上海：上海译文出版社，1979.

[39] 洛. 进步教育的式微——英国教师是如何丧失课堂自主权的 [M]. 苗曼，译. 武汉：华中科技大学出版社，2020.

[40] 罗伯兹. 英国史：1688 年至今 [M]. 鲁光桓，译. 广州：中山大学出版社，1990.

[41] 洛克. 教育漫话 [M]. 傅任敢，译. 北京：人民教育出版社，1979.

[42] 马里欧特. 现代英国：中卷 [M]. 姚曾廙，译. 北京：商务印书馆，1973.

[43] 马威克. 一九四五年以来的英国社会 [M]. 马传禧，韩高安，尹鸿鹏，译. 北京：商务印书馆，1992.

[44] 麦卡洛克. 教育史学——教育史研究的斗争历程 [M]. 武翠红，译. 武汉：华中科技大学出版社，2019.

[45] 麦卡洛克. 西里尔·诺伍德与中等教育理念 [M]. 武翠红，赵丹，译. 武汉：华中科技大学出版社，2019.

[46] 密尔. 论自由 [M]. 程崇华，译. 北京：商务印书馆，1982.

[47] 密尔. 论自由 [M]. 许宝骙，译. 北京：商务印书馆，2005.

[48] 米亚拉雷，维亚尔. 世界教育史：1945 年至今 [M]. 张人杰，等译. 上海：上海译文出版社，1991.

[49] 密利本德. 英国资本主义民主制 [M]. 博铨，向东，译. 北京：商务印书馆，1988.

[50] 摩根. 牛津英国通史 [M]. 王觉非，等译. 北京：商务印书

馆，1993.

［51］诺伍德．英国教育制度［M］．李鼎声，译．上海：商务印书馆，1934.

［52］佩林．英国工党简史［M］．上海：上海人民出版社，1977.

［53］丘吉尔．英语国家史略：上［M］．薛力敏，林林，译．北京：新华出版社，1985.

［54］萨里莫娃，约翰宁迈耶．当代教育史研究与教学的主要趋势［M］．方晓东，等译．北京：教育科学出版社，2001.

［55］塞西尔．保守主义［M］．杜汝楫，译．北京：商务印书馆，2021.

［56］市川昭午．教育的效果［M］．李守福，译．南昌：江西教育出版社，1993.

［57］斯宾塞．斯宾塞教育论著选［M］．胡毅，王承绪，译．北京：人民教育出版社，1997.

［58］斯克德，库克．战后英国政治史［M］．王子珍，秦新民，译．北京：世界知识出版社，1985.

［59］斯密．国富论［M］．谢祖钧，译．北京：新世界出版社，2007.

［60］斯密斯．英国的教育［M］．夏邦俊，译．台北：台湾开明书店，1968.

［61］斯通．英国的家庭、性与婚姻1500-1800［M］．刁筱华，译．北京：商务印书馆，2011.

［62］汤普森．英国工人阶级的形成：上、下［M］．钱乘旦，杨豫，潘兴明，等译．南京：译林出版社，2001.

［63］特鲁汉诺夫斯基．英国现代史［M］．秦衡允，秦士醒，译．北京：生活·读书·新知三联书店，1979.

［64］沃纳姆．新编剑桥世界近代史：第3卷［M］．中国社会科学院世界历史研究所，组译．北京：中国社会科学出版社，1999.

[65] 伍德沃德. 英国简史 [M]. 王世训，译. 上海：上海外语教育出版社，1990.

[66] 英博，等. 教育政策基础 [M]. 史明洁，等译. 北京：教育科学出版社，2003.

[67] 詹金斯. 撒切尔夫人的革命 [M]. 李云飞，陈封雄，于承智，等译. 北京：新华出版社，1990.

二、中文著作

[1] 褚宏启. 教育现代化的路径 [M]. 北京：教育科学出版社，2000.

[2] 褚宏启. 走出中世纪——文艺复兴时代的教育情怀 [M]. 北京：北京师范大学出版社，2000.

[3] 迟恩莲，曲恒昌. 中外教育改革的指导思想与对策 [M]. 北京：北京师范大学出版社，1996.

[4] 成有信，等. 教育政治学 [M]. 南京：江苏教育出版社，1995.

[5] 陈晓律，于文杰，陈日华. 英国发展的历史轨迹 [M]. 南京：南京大学出版社，2009.

[6] 陈炳才，许江萍. 从凯恩斯主义到货币主义 [M]. 武汉：武汉出版社，1995.

[7] 陈林，林德山. 第三条道路：世纪之交的西方政治变革 [M]. 北京：当代世界出版社，2000.

[8] 丁建定. 从济贫到社会保险——英国现代社会保障制度的建立（1870-1914）[M]. 北京：中国社会科学出版社，2000.

[9] 丁冰. 当代西方经济学流派 [M]. 北京：北京经济学院出版社，1993.

[10] 国家教育发展与政策研究中心. 发达国家教育改革的动向和

趋势［M］. 北京：人民教育出版社，1987.

［11］国家教育发展与政策研究中心. 发达国家教育改革的动向和趋势：第三集［M］. 北京：人民教育出版社，1990.

［12］国家教育发展研究中心. 发达国家教育改革的动向和趋势：第六集［M］. 北京：人民教育出版社，1999.

［13］国家教育发展研究中心. 发达国家教育改革的动向和趋势：第七集［M］. 北京：人民教育出版社，2004.

［14］王承绪. 世界教育大系——英国教育［M］. 长春：吉林教育出版社，1998.

［15］顾明远. 民族文化传统与教育现代化［M］. 北京：北京师范大学出版社，1998.

［16］韩家勋，孙玲. 中等教育考试制度比较研究［M］. 北京：人民教育出版社，2002.

［17］胡康大. 英国的政治制度［M］. 北京：社会科学文献出版社，1993.

［18］江山野. 英国学校课程［M］. 石家庄：河北教育出版社，2000.

［19］金世柏. 发达国家中小学教育改革的现状与趋势［M］. 石家庄：河北教育出版社，1990.

［20］李家永. 当今英国教育概览［M］. 郑州：河南教育出版社，1994.

［21］李成智. 公共政策［M］. 北京：团结出版社，2000.

［22］李强. 自由主义［M］. 北京：中国社会科学出版社，1998.

［23］林本. 世界各国中学教育制度［M］. 台北：台湾开明书店，1976.

［24］刘军宁. 保守主义［M］. 北京：中国社会科学出版社，1998.

［25］梁小民. 西方当代经济思想［M］. 北京：人民出版社，1994.

［26］吕达，周满生．当代外国教育改革著名文献：英国卷·第一册［M］．北京：人民教育出版社，2004．

［27］吕达，周满生．当代外国教育改革著名文献：英国卷·第二册［M］．北京：人民教育出版社，2004．

［28］钱乘旦，陈晓律，陈祖洲，等．日落斜阳——20 世纪英国［M］．上海：华东师范大学出版社，1999．

［29］钱乘旦，陈晓律．在传统与变革之间——英国文化模式溯源［M］．杭州：浙江人民出版社，1999．

［30］钱乘旦．第一个工业化社会［M］．成都：四川人民出版社，1988．

［31］启良．西方自由主义传统——西方反自由至新自由主义学说追索［M］．广州：广东人民出版社，2003．

［32］瞿葆奎，金含芬．教育学文集·英国教育改革［M］．北京：人民教育出版社，1993．

［33］瞿葆奎，陈桂生，丁证霖，等．教育学文集·教育与社会发展［M］．北京：人民教育出版社，1989．

［34］冉隆勃，王振华，等．当代英国——政治、外交、社会、文化面面观［M］．北京：中国社会科学文献出版社，1990．

［35］单丁．课程流派研究［M］．济南：山东教育出版社，1998．

［36］滕大春．外国教育通史：第一卷［M］．济南：山东教育出版社，1995．

［37］滕大春．外国教育通史：第二卷［M］．济南：山东教育出版社，1995．

［38］滕大春．外国教育通史：第三卷［M］．济南：山东教育出版社，1995．

［39］滕大春．外国教育通史：第四卷［M］．济南：山东教育出版社，1995．

［40］滕大春．外国教育通史：第五卷［M］．济南：山东教育出版社，1995．

［41］滕大春．外国教育通史：第六卷［M］．济南：山东教育出版社，1995．

［42］滕大春．外国教育史和外国教育［M］．保定：河北大学出版社，1998．

［43］滕大春．外国近代教育史［M］．北京：人民教育出版社，1989．

［44］谭力文．伦敦学派［M］．武汉：武汉出版社，1996．

［45］外国教育丛书编辑组．中等教育结构改革［M］．北京：人民教育出版社，1980．

［46］外国教育丛书编写组．六国教育概况［M］．北京：人民教育出版社，1979．

［47］王振华，刘绯．变革中的英国［M］．北京：社会科学文献出版社，1996．

［48］王振华，刘绯，陈志瑞．重塑英国——布莱尔主义与第三条道路［M］．北京：中国社会科学出版社，2000．

［49］王振华．撒切尔主义——80年代英国内外政策［M］．北京：中国社会科学出版社，1992．

［50］王振华，陈志瑞．挑战与选择——中外学者论“第三条道路”［M］．北京：中国社会科学出版社，2001．

［51］王承绪，徐辉．战后英国教育研究［M］．南昌：江西教育出版社，1992．

［52］王觉非．近代英国史［M］．南京：南京大学出版社，1997．

［53］王桂．当代外国教育——教育改革的浪潮与趋势［M］．北京：人民教育出版社，1995．

［54］王义高．当今世界教育思潮与各国教改趋势［M］．北京：北

京师范大学出版社，2000.

[55] 王一兵. 八十年代发达国家教育改革的动向和趋势述评 [M]. 北京：人民教育出版社，1994.

[56] 王章辉. 英国文化与现代化 [M]. 沈阳：辽海出版社，1999.

[57] 汪霞. 国外中小学课程演进 [M]. 济南：山东教育出版社，1998.

[58] 吴浩. 自由与传统：二十世纪英国文化 [M]. 北京：东方出版社，1999.

[59] 吴易风，王健. 凯恩斯学派 [M]. 武汉：武汉出版社，1996.

[60] 武翠红. 英国教育史学：创立与变革 [M]. 北京：中国社会科学出版社，2015.

[61] 谢维和. 教育活动的社会学分析——一种教育社会学的研究 [M]. 北京：教育科学出版社，2000.

[62] 夏之莲. 外国教育发展史料选粹 [M]. 北京：北京师范大学出版社，1999.

[63] 徐辉，郑继伟. 英国教育史 [M]. 长春：吉林人民出版社，1993.

[64] 徐育苗. 当代西方政治思潮评析 [M]. 武汉：武汉出版社，1992.

[65] 徐大同. 20 世纪西方政治思潮 [M]. 天津：天津人民出版社，1991.

[66] 杨雪冬，薛晓源. “第三条道路”与新的理论 [M]. 北京：社会科学文献出版社，2000.

[67] 袁振国. 对峙与融合——20 世纪的教育改革 [M]. 济南：山东教育出版社，1995.

[68] 袁振国. 教育政策学 [M]. 南京：江苏教育出版社，2000.

[69] 袁振国. 中国教育政策评论 [M]. 北京：教育科学出版社，

2001.

［70］阎照祥．英国政治制度史［M］．北京：人民出版社，1999.

［71］阎照祥．英国政治思想史［M］．北京：人民出版社，2010.

［72］阎照祥．英国政党政治史［M］．北京：中国社会科学出版社，1993.

［73］阎照祥．英国贵族史［M］．北京：人民出版社，2000.

［74］阎照祥．英国贵族史［M］．北京：人民出版社，2015.

［75］阎照祥．英国史［M］．北京：人民出版社，2004.

［76］应克复，等．西方民主史［M］．北京：中国社会科学出版社，1997.

［77］余家菊．英国教育要览［M］．上海：中华书局，1925.

［78］郑金洲．教育文化学［M］．北京：人民教育出版社，2017.

［79］中共中央马克思恩格斯列宁斯大林著作编译局．马克思恩格斯选集：第一卷［M］．北京：人民出版社，1972.

［80］中共中央马克思恩格斯列宁斯大林著作编译局．马克思恩格斯选集：第二卷［M］．北京：人民出版社，1972.

［81］中共中央马克思恩格斯列宁斯大林著作编译局．马克思恩格斯选集：第三卷［M］．北京：人民出版社，1972.

［82］中共中央马克思恩格斯列宁斯大林著作编译局．马克思恩格斯选集：第四卷［M］．北京：人民出版社，1972.

［83］中央教科所比较教育研究室．世界普通教育的改革趋势［M］．贵阳：贵州人民出版社，1990.

［84］张维平．平衡与制约——20 世纪的教育法［M］．济南：山东教育出版社，1995.

［85］张金马．政策科学导论［M］．北京：中国人民大学出版社，1992.

［86］朱勃，王孟宪．比较教育——名著与评论［M］．长春：吉林

教育出版社，1988.

［87］赵祥麟．外国现代教育史［M］．上海：华东师范大学出版社，1987.

［88］钟启泉，张华．世界课程改革趋势研究——课程改革国别研究［M］．北京：北京师范大学出版社，2001.

［89］祝怀新．英国基础教育［M］．广州：广东教育出版社，2003.

［90］周愚文．英国教育史：近代篇（1780-1944）［M］．台北：学富文化事业有限公司，2008.

三、中文论文

［1］程凤春，洪成文．英国中小学教育改革新动向——《1993 年教育法案》及其影响［J］．外国中小学教育，1995（6）：1-3.

［2］劳顿，石伟平．1988 年以来的英国“国家课程”［J］．华东师范大学学报（教科版），1996（4）：47-54.

［3］廖哲勋．英国课程理论略览［J］．课程·教材·教法，1989（7-8）：56-60.

［4］李玢．英国的文化价值观念与教育［J］．华东师范大学学报（教科版），1994（3）：43-52.

［5］马忠虎．撒切尔主义对当代英国教育改革的影响［J］．比较教育研究，2001（10）：1-6.

［6］马忠虎．“第三条道路”对当前英国教育改革的影响［J］．比较教育研究，2001（7）：50-54.

［7］孙绵涛．关于教育政策分析若干理论问题的探讨［J］．教育研究与实验，2002（2）：1-6.

［8］石伟平．劳顿论当前英国课程改革［J］．外国教育资料，1995（3）：27-31.

[9] 石伟平. 劳顿论教育中的“市场选择”[J]. 外国教育资料，1995（4）：10-17.

[10] 石伟平. 全国性课程（5-16 岁）——英国教育和科学部咨询文件（上）[J]. 外国教育资料，1989（2）：2-10.

[11] 石伟平. 全国性课程（5-16 岁）——英国教育和科学部咨询文件（下）[J]. 外国教育资料，1989（3）：61-66.

[12] 汪利兵. 90 年代以来英国教育改革的新进展 [J]. 外国教育资料，1995（6）：8-13.

[13] 汪利兵. 当代英国教育的市场化改革研究 [J]. 比较教育研究，2001（6）：42-46.

[14] 汪利兵. 公立学校私营化：英国“教育行动区”案例研究 [J]. 比较教育研究，2001（1）：48-51.

[15] 许明. 英国中小学课程和评价制度改革的新进展 [J]. 课程·教材·教法，1997（4）：56-59.

[16] 徐岩. 英国 1988 年教育改革法及国家课程 [J]. 课程·教材·教法，1989（6）：10-15.

[17] 阎照祥. 20 世纪英国世袭贵族的衰落 [J]. 世界历史，2001（3）：14-24.

四、英文著作

[1] ARMYTAGE W H G. Four hundred years of English education [M]. Cambridge: Cambridge University Press, 1964.

[2] ARNOT M. Race and gender: equal opportunities policies in education[M]. London: Pergamon Press, 1985.

[3] BERNBAUM G. Social change and the schools 1918-1944[M]. London: Routledge and Kegan Paul, 1971.

[4] BRIDGES D, MCLAUGHLIN T H. Education and the market place[M]. London: The Falmer Press, 1994.

[5] BROOKS R. Contemporary debates ineducation: a historical perspective[M]. New York: Longman, 1991.

[6] CHITTY C, DUNFORD J. State schools, new labour and the conservative legacy[M]. London: The Woburn Press, 1999.

[7] CHITTY C. Towards a new education system: the victory of the New Right? [M]. London: The Falmer Press, 1989.

[8] DAWTREY L, HOLLAND J. Equality and inequality in education policy[M]. Bristol: Multilingual Matters Ltd., 1995.

[9] DENT H C. Education in England and Wales[M]. London: Hodder and Stoughton Ltd., 1982.

[10] DENT H C. 1870-1970 century of growth in English education [M]. London: Longman Group Ltd., 1970.

[11] DOCKING J. New Labours policies for schools, raising the standard? [M]. London: David Fulton Publishers, 2000.

[12] DOUGLAS J W B, ROSS J M, SIMPSON H R. All our future: a longitudinal study of secondary education[M]. London: Peter Davies, 1968.

[13] EVANS K. The development and structure of the English school system[M]. London: Hodder and Stoughton, 1985.

[14] FLUDE M, HAMMER M. The education reform act, 1988: its origins and implications[M]. London: The Falmer Press, 1990.

[15] FORDE M. Conservatism and collectivism, 1886-1914[M]. Edinburgh: Edinburgh University Press, 1990.

[16] FRANKLIN B M, McCulloch G. The death of the comprehensive high school? [M]. New York: Palgrave Macmillan, 2007.

[17] GLATTER R, WOODS P A, BAGLEY C. Choice and diversity in schooling: perspectives and prospects[M]. London and New York: Routledge, 1997.

[18] GORDON P, ALDRICH R, DEAN D. Education and policy in England in the twentieth century[M]. London: The Woburn Press, 1991.

[19] GOSDEN P. The education system since 1944 [M]. Oxford: Martin Robertson & Company Ltd., 1983.

[20] GRIGGS C. Private education in Britain[M]. London and Philadelphia: The Falmer Press, 1985.

[21] HOPKINS E. A social history of the English working class 1815-1945[M]. London: Edward Arnold Ltd., 1984.

[22] LAWTON D. Education and politics in the 1990s: conflict or consensus? [M]. London: The Falmer Press, 1992.

[23] LOWE R. Education in the post-war years: a social history [M]. London: Routledge, 1988.

[24] MACLURE J S. Educational documents: England and Wales 1816-1963[M]. London: Chapman & Hall, 1965.

[25] MACLURE J S. Educational documents: England and Wales 1816 to the present day[M]. London: Methuen and Co. Ltd., 1986.

[26] MCCULLOCH G. Educational reconstruction: the 1944 Education Act and the twenty-first century[M]. London and New York: Routledge, 2011.

[27] MCCONELL J. English Public Schools[M]. London: W. W. Norton & Company, Inc., 1985.

[28] MCNAY I, OZGA J. Policy—making in education: the breakdown of consensus[M]. London: Pergamon Press, 1985.

[29] MOON B. New curriculum—national curriculum[M]. London:

Hodder and Stoughton,1990.

[30] MOORE R, OZGA J. Curriculum policy [M]. London: Pergamon Press,1991.

[31] MUSGRAVE P W. Society and education in England since 1800[M]. London:Methuen and Co. Ltd. ,1968.

[32] O' DAY R. Education and society 1500-1800:the social foundations of education in early modern Britain[M]. New York: Longman Group Ltd. ,1982.

[33] PETERSON A D C. A hundred years of education[M]. London: Gerald Duckworth & Co. Ltd. ,1952.

[34] RAE J. The Public School revolution: Britain's independent schools,1964-1979[M]. London & Boston:Faber and Faber Ltd. ,1981.

[35] RAGGATT P,WEINER G. Curriculum and assessment:some policy issues[M]. London:Pergamon Press,1985.

[36] ROGERS M. Opting out:choice and the future of schools[M]. London:Lawrence and Wishart Ltd. ,1992.

[37] ROGERS R. Education and social class [M]. London and Philadelphia:The Falmer Press,1986.

[38] RUBINSTEIN D, SIMON B. The evolution of the comprehensive school,1926-1966[M]. London:Routledge and Kegan Paul,1969.

[39] SANDERSON M. Educational opportunity and social change in England[M]. London:Faber and Faber Limited,1987.

[40] SANDERSON M. Education, economic change and society in England 1780-1870[M]. London:Macmillan Press Ltd. ,1985.

[41]SIMON B. The two nations & the educational structure 1780-1870[M]. London:Lawrence and Wishart,1960.

[42] SIMON B. Education and the labour movement 1870-1920[M].

London：Lawrence and Wishart，1965.

[43] SIMON B. The politics of educational reform 1920-1940[M]. London：Lawrence and Wishart，1974.

[44] SIMON B. Education and the social order 1940-1990 [M]. London：Lawrence & Wishart，1991.

[45]SIMON B. Bending the rules：the Baker "Reform" of education [M]. London：Lawrence & Wishart，1988.

[46] SIMON J. Education and society in Tudor England [M]. Cambridge：Cambridge University Press，1966.

[47] STATHAM J，MACKINNON D. The education fact file：a handbook of education information in the UK[M]. London：Hodder and Stoughton，1989.

[48] STEPHENS W B. Education in Britain，1750-1914 [M]. London：Macmillan Press Ltd. ，1998.

[49] WALFORD G. Life in Public Schools[M]. London：Methuen and Co. Ltd. ，1986.

[50] WALFORD G. Choice and equity in education[M]. London：Cassell，1994.

[51]WALFORD G. British Public Schools：policy and practice[M]. London and Philadelphia：The Falmer Press，1984.

[52] WEEKS A. Comprehensive schools：past，present and future [M]. London：Methuen and Co. Ltd. ，1986.

[53] WOODS P，BAGLEY C，GLATTER R. School choice and competition：markets in the public interest? [M]. London：Routledge，1998.

五、英文论文

[1] BEAUVAIS C. Ages and ages: the multiplication of children's "ages" in early twentieth-century child psychology [J]. History of Education, 2016, 45(3): 304-318.

[2] CALLAGHAN D. "The believers": politics and personalities in the making of the 1988 Education Act[J]. History of Education, 1995, 24(4): 369-386.

[3] COOK L. The 1944 Education Act and outdoor education: from policy to practice[J]. History of Education, 1999, 28(2): 157-172.

[4] CROOK D. Politics, politicians and English comprehensive schools[J]. History of Education, 2013, 42(3): 365-380.

[5] DALE P. A new approach to vocational guidance for school-leavers in the 1920s? Exploring key themes from an influential 1926 report[J]. History of Education, 2012, 41(5): 595-615.

[6] EDWARDS T, WHITTY G. Specialization and selection in secondary education[J]. Oxford Review of Education, 1997, 23(1): 5-15.

[7] FIRMAGER J. The Consultative Committee under the Chairmanship of Sir Henry Hadow: the education of the adolescent [J]. History of Education, 1981, 10(4): 273-281.

[8] FRANCIS M. A socialist policy for education? Labour and the secondary school, 1945-51[J]. History of Education, 1995, 24(4): 319-335.

[9] GULLIFER N R. Opposition to the 1902 Education Act[J]. Oxford Review of Education, 1982, 8(1): 83-98.

[10] JONES G. 1944 and all that[J]. History of Education, 1990, 19

(3):235-250.

[11] KU H. In pursuit of social democracy: Shena Simon and the reform of secondary education in England, 1938-1948[J]. History of Education, 2018, 47(1):54-72.

[12] LIMOND D. Miss Joyce Lang, Kidbrooke and "The Great Comprehensives Debate": 1965-2005[J]. History of Education, 2007, 36(3):339-352.

[13] MCCULLOCH G. Britain Labour Party education policy and comprehensive education: from Learning to Live to Circular 10/65[J]. History of Education, 2016, 45(2):225-245.

[14] MCCULLOCH G. Education and the Middle Classes: the case of the English grammar schools, 1868-1944[J]. History of Education, 2006, 35(6):689-704.

[15] MCCULLOCH G, COWAN S, WOODIN T. The British Conservative Government and the raising of the school leaving age, 1959-1964[J]. History of Education, 2012, 27(4):509-527.

[16] MCCULLOCH G. Sensing the realities of English middle-class education: James Bryce and the Schools Inquiry Commission, 1865-1868[J]. History of Education, 2011, 40(5):599-613.

[17] MCCULLOCH G. Representing the "Ordinary Child": the case of the Newsom Committee, 1961-1963[J]. Journal of Educational Administration and History, 2000, 32(1):51-65.

[18] MCCULLOCH G. Privatising the past? history and education policy in the 1990s[J]. British Journal of Educational Studies, 1997, 45(1):69-82.

[19] MCCULLOCH G. Reinventing the past: the case of the English tradition of education[J]. British Journal of Educational Studies, 2002, 50

(2):238-253.

[20] MCCULLOCH G, OBE J A. Introduction: educational reform legislation in a changing society [J]. British Journal of Educational Studies, 2020, 68(5): 519-522.

[21] PIERSON C. The new government of education: the conservatives and education 1988-1997[J]. Oxford Review of Education, 1998, 24(1): 131-142.

[22] SIMON B. The 1944 Education Act: a conservative measure? [J]. History of Education, 1986, 15(1): 31-43.

[23] SIMON B. The Tory government and education, 1951-60: background to breakout[J]. History of Education, 1985, 14(4): 283-297.

[24] SIMON B. The politics of comprehensive reorganization: a retrospective analysis[J]. History of Education, 1992, 21(4): 355-362.

[25] THOM D. Politics and the people: Brian Simon and the campaign against intelligence tests in British schools[J]. History of Education, 2004, 33(5): 515-529.

[26] WALlFORD G. Diversity and choice in schools education: an alternative view[J]. Oxford Review of Education, 1996, 22(2): 143-154.

[27] WALLACE R G. The origins and authorship of the 1944 Education Act[J]. History of Education, 1981, 10(4): 283-290.

[28] WOOLLEY M C. Experiencing the history National Curriculum 1991-2011: voices of veteran teachers[J]. History of Education, 2019, 48(2): 212-232.

人 名 索 引

A

Abbot	艾伯特
Aitken, James	詹姆斯·艾特肯
Alcuin	阿尔琴
Aldhelm	奥尔德赫姆
Aldrich, Richard	理查德·奥尔德里奇
Alfred	阿尔弗雷德
Allen, Arthur	阿瑟·爱伦
Althorpe	阿尔索普
Anderson, James	詹姆斯·安德森
Aphthonius	阿夫桑尼
Aquinas, Thomas	托马斯·阿奎那
Archer, Margart	玛格丽特·阿切尔
Arkwright, Richard	理查德·阿克莱特
Aristotle	亚里士多德
Arnold, Matthew	马修·阿诺德
Arnold, Thomas	托马斯·阿诺德
Arnold, Whitridge	阿诺德·惠特里奇
Arnot, Madeleine	马德林·阿诺特
Aron, Raymond	雷蒙·阿隆

Ashley	阿什莱
Asquith, Herbert	赫伯特·阿斯奎斯
Asser	阿瑟
Astell, Mary	玛丽·阿斯特尔
Attlee, Clement	克莱门特·艾德礼
Augustin, St.	圣·奥古斯丁
Austen, Jane	简·奥斯汀

B

Bacon, Alice	艾丽丝·培根
Bacon, Francis	弗兰西斯·培根
Baker, A.	A. 贝克
Baker, Kenneth	肯尼斯·贝克
Baines, Edward	爱德华·巴恩斯
Baldwin, Stanley	斯坦利·鲍德温
Balfour, Arthur James	阿瑟·詹姆斯·巴尔福
Ball, Stephen	斯蒂芬·鲍尔
Balsham	巴沙姆
Banks, James A.	詹姆斯·A. 班克斯
Banks, Lain	莱恩·班克斯
Bannerman, Campbell	坎贝尔·班纳曼
Bantock, H. G.	H. G. 班托克
Barker, Ernest	欧内斯特·巴克
Beale, D.	D. 比奥
Bede	比德
Bellaby, P.	P. 贝拉比
Benn, C.	C. 贝恩

Bentham, Jeremy	杰里米・边沁
Bentinck, William	威廉・本廷克
Bernbaum, Gerald	杰拉尔德・伯恩鲍姆
Bernstein, Basil	巴西尔・伯恩斯坦
Beveridge, William	威廉・贝弗里奇
Bilski, R.	R. 比尔斯基
Binet, Alfred	阿尔弗雷德・比奈
Binns, A. L.	A. L. 宾斯
Birley, Robert	罗伯特・伯利
Black, Paul	保罗・布莱克
Blair, Anthony	安东尼・布莱尔
Blau, Peter	彼得・布劳
Boethius	波伊提乌斯
Booth, Charles	查尔斯・布思
Booth, Henry	亨利・布思
Bourdieu, Pierre	皮埃尔・布迪厄
Boyle, Edward	爱德华・波伊
Boyson, Rhodes	罗德斯・博伊森
Briggs, Asa	阿萨・勃里格斯
Bright, John	约翰・布莱特
Brighouse, Tim	蒂姆・布里格豪斯
Brittan	布里坦
Brooks, Ron	罗恩・布鲁克斯
Brougham, Henry	亨利・布鲁厄姆
Brown, Gordon	戈登・布朗
Bryce, James	詹姆斯・布莱斯
Buchanan, James M.	詹姆斯・M. 布坎南

Buckle, Henry Thomas	亨利·托马斯·巴克尔
Burke, Edmund	埃德蒙·柏克
Buss, F. M.	F. M. 巴斯
Burt, Cyril	西里尔·伯特
Butler, Samuel	塞缪尔·巴特勒
Butler, R. A.	R. A. 巴特勒

C

Callaghan, D.	D. 卡拉汉
Callaghan, Leonard James	伦纳德·詹姆斯·卡拉汉
Camden	坎顿
Canning, George	乔治·坎宁
Cartwright, Edmund	埃德蒙·卡特莱特
Cato, Marcus	马尔库斯·加图
Cavendish, William	威廉·卡文迪什
Cecil, Hugh	休·塞西尔
Ceolfrid	切奥尔弗里德
Chamberlain, Austen	奥斯汀·张伯伦
Chamberlain, Joseph	约瑟夫·张伯伦
Charlemagne	查理曼
Charles Ⅰ	查理一世
Charles Ⅱ	查理二世
Chauliac, Guy de.	居伊·德·肖利阿克
Chitty, C.	C. 戚蒂
Churchill, Winston	温斯顿·丘吉尔
Churchill, Randolph	伦道夫·丘吉尔
Cibulka	齐布卡

Cicero, Marcus	马尔库斯·西塞罗
Cipolla, Carlo M.	卡洛·M. 奇波拉
Clake, Charles	查尔斯·克拉克
Clare, Martin	马丁·克莱尔
Clarke, Fred	弗雷德·克拉克
Clement Ⅵ	克莱门特六世
Clifford	克里福德
Coke, Edward	爱德华·考克
Cole, George	乔治·科尔
Coleman, James S.	詹姆斯·S. 科尔曼
Colet, John	约翰·科利特
Columba, St.	圣·科拉姆巴
Connell, W. F.	W. F. 康内尔
Compton, Henry	亨利·康普顿
Cook, Lynn	林恩·库克
Cooper, B.	B. 库伯
Copernics, Nicolaus	尼古拉·哥白尼
Corbett, Freda	弗雷达·科贝特
Cordrius	考德流斯
Cort, Henry	亨利·科特
Cottle, Thomas	托马斯·科特尔
Cotton	科顿
Cove, W. G.	W. G. 考弗
Cowen, R.	R. 考恩
Crangi, Jane	简·克兰奇
Cressy, David	大卫·克勒西
Crocker, J. B.	J. B. 克洛克

Crompton, Samuel 塞缪尔·克朗普顿
Cromwell, Thomas 托马斯·克伦威尔
Crosland, Anthony 安东尼·克罗斯兰
Crowther, Geoffrey 杰弗里·克劳瑟
Cubberley, E. P. E. P. 克伯雷
Cunctator, Fabius 费边·昆克塔托
Curtius 库尔提乌斯

D

Dancy, John 约翰·但西
Daniels, Michael 迈克尔·丹尼尔斯
Darwin, Charles Robert 查尔斯·罗伯特·达尔文
Davis, Gerry 格瑞·戴维斯
Davis, R. R. 戴维斯
Defoe, Daniel 丹尼·笛福
Demsky, Terri 德姆斯基·特里
Dent, Harold C. 哈罗德·C. 邓特
Dicey 迪西
Dims, Stephen 斯蒂芬·迪姆斯
Disraeli, Benjamin 本杰明·狄斯累利
Donat 多纳特
Donnison, David 大卫·唐尼森
Donoghue, Bernard 伯纳德·多诺霍
Douglas, James 詹姆斯·道格拉斯
Downey 道尼
Dunn, William N. 威廉·N. 邓恩

E

Easton, David	大卫·伊斯顿
Eccles, David	大卫·埃克利斯
Ede, Chuter	丘特尔·伊德
Edwards, Tony	托尼·爱德华兹
Edward Ⅰ	爱德华一世
Edward Ⅵ	爱德华六世
Edward Ⅶ	爱德华七世
Edwin	埃德温
Egfrid	埃格弗里德
Eggleston, J.	J. 艾格尔斯通
Einstein, Albert	艾伯特·爱因斯坦
Elizabeth Ⅰ	伊丽莎白一世
Elwyn	埃尔温
Engels, Friedrich	弗里德里希·恩格斯
Ethelbert	埃塞尔伯特
Erasmus	伊拉斯谟
Eugenius Ⅱ	尤金尼乌斯二世
Evans, Keith	基思·伊文斯

F

Faulkner, Harold	哈罗德·福克纳
Felix	费利克斯
Findlay, G.	G. 芬德莱
Firmager, Jennifer	詹尼弗·弗马格
Fisher, Geoffrey	杰弗里·费舍
Fisher, H. A. L.	H. A. L. 费舍

Fleming, Charlotte	夏洛特·弗莱明
Fleming, David	大卫·弗莱明
Flexner, Abraham	亚伯拉罕·弗莱克斯纳
Florian, J. B.	J. B. 弗罗兰
Floud	弗罗德
Flugel, Jack	杰克·弗卢格尔
Ford, J.	J. 福特
Forster, William Edward	威廉·爱德华·福斯特
Franklin, Benjamin	本杰明·富兰克林
Fraser, Derek	德里克·弗雷泽
Frederick, George	乔治·弗雷德里克
Friedman, Milton	米尔顿·弗里德曼
Friedrich, Carl J.	卡尔·J. 弗里德里奇

G

Gaitskell, Hugh	休·盖茨克尔
Galton, Francis	弗兰西斯·高尔顿
Gamble, Andrew	安德鲁·甘布尔
Gardner	加德纳
Garnett, Maxwell	麦克斯韦·加内特
Gaw, Frances	弗朗西斯·高
George, Henry	亨利·乔治
George, Lloyd	劳合·乔治
Giddens, Anthony	安东尼·吉登斯
Gillborn, David	大卫·吉尔伯恩
Gladstone, William	威廉·格拉斯顿
Gladstone, Herbert	赫伯特·格拉斯顿

Glennerster, Howard	霍华德·格伦内斯特
Godwin, William	威廉·葛德文
Goodchild, Stanley	斯坦利·古德切奥德
Gordon, Peter	彼得·戈登
Gore, Canon	卡农·戈尔
Gorst, John	约翰·格斯特
Grand, Julian	朱利安·格兰德
Gray, John	约翰·格雷
Green, Andy	安迪·格林
Green, Thomas	托马斯·格林
Green, T. H.	T. H. 格林
Greenwood, Arthur	阿瑟·格林伍德
Gregory Ⅰ	格列高利一世
Grey, Edward	爱德华·格雷
Grier, Lynda	琳达·格里尔
Griffiths, Brian	布莱恩·格里菲斯
Griggs, Clive	克里弗·格里格斯
Grindal, Edmund	埃德蒙·格陵道尔
Gullifer, N. R.	N. R. 格利弗

H

Haddad, Wadi D.	瓦迪·D. 哈达德
Hadow, William Henry	威廉·亨利·哈多
Hadrian	哈德良
Hailsham	海尔沙姆
Halevy, Elie	埃利·哈列维
Halsey	哈尔西

Hampdon, John	约翰·汉普顿
Hardie, James Keir	詹姆斯·凯尔·哈迪
Hardman, D. R.	D. R. 哈德曼
Hargreaves, James	詹姆斯·哈格里夫斯
Hart, David	大卫·哈特
Hartlib, Samuel	塞缪尔·哈特利布
Hattersley, R.	R. 哈特斯利
Haviland, J.	J. 海威兰德
Hawkin	霍金
Hawtrey	霍特里
Hayek, Friedrich August von	弗里德利希·奥古斯特·冯·哈耶克
Heath, Edward	爱德华·希思
Heiderman, Henry	亨利·海德曼
Hengest	亨吉斯特
Henry	亨利
Henry Ⅷ	亨利八世
Henry Ⅵ	亨利六世
Hibbert, Henry	亨利·希伯特
Higden, Raiph	拉尔夫·希格顿
Higginson, Gordon	戈登·希金森
Hobbes, Thomas	托马斯·霍布斯
Hobhouse, Leonard	伦纳德·霍布豪斯
Hobsbawm, Eric	艾瑞克·霍布斯鲍姆
Hobson, John	约翰·霍布森
Hodkinson, P.	P. 霍金森
Horatius	贺拉斯
Horsa	霍萨

Horsburgh, F.	F. 霍斯巴格
Howe, Geoffrey	杰弗里・豪
Hughes, Thomas	托马斯・休斯
Hume, David	大卫・休谟
Huxley, Thomas Henry	托马斯・亨利・赫胥黎

I

Ikin, A. E.	A. E. 艾金

J

Jacks, M. L.	M. L. 杰克斯
Jacques, Martin	马丁・雅克
James, E.	E. 詹姆斯
James Ⅰ	詹姆斯一世
Jenkins, Peter	彼得・詹金斯
Jenkins, Roy	罗伊・詹金斯
Jerome, St.	圣・哲罗姆
Johnson, Christopher	克里斯托弗・约翰逊
Johnson, James	詹姆斯・约翰逊
Jordan, W. K.	W. K. 约旦
Joseph, Keith	基思・约瑟夫
Judd, J.	J. 贾德
Justinus	查士丁尼

K

Kandel, Issac	艾萨克・康德尔
Kaplan, Abraham	亚伯拉罕・卡普兰

Kazamias, A. M. A. M. 卡扎米亚斯
Keate, John 约翰·基特
Kennedy, Benjamin 本杰明·肯尼迪
Keynes, John Maynard 约翰·梅纳德·凯恩斯
King, Edmund J. 埃德蒙·J. 金
King, Raymond 雷蒙德·金
Kinnock, Neil 尼尔·基诺克
Kopsch, Hartmut 哈特穆特·科普斯

L

Labouchere, Henry 亨利·拉布切尔
Landes, David 大卫·兰兹
Landry, Tour 图尔·兰德里
Lange, Oskar 奥斯卡·兰格
Lasky, Harold 哈罗德·拉斯基
Lasswell, Harold 哈罗德·拉斯韦尔
Lauwerys, J. A. J. A. 劳韦里斯
Law, Andrew Bonar 安德鲁·博纳·劳
Lawton, Denis 丹尼斯·劳顿
Leach, Arthur 亚瑟·李奇
Lecky, William 威廉·莱基
Lenin 列宁
Levin, Benjamin 本杰明·莱文
Lewis, Herbert 赫伯特·刘易斯
Lily, William 威廉·利里
Linacre, Thomas 托马斯·林纳克
Lindsay, Kenneth 肯尼斯·林赛

Livius, Titus	提图斯·李维
Locke, John	约翰·洛克
Lowe, Robert	罗伯特·洛厄
Lowe, Roy	罗伊·洛
Lowndes, G. A. N.	G. A. N. 罗恩德斯

M

MacDonald, James Ramsay	詹姆斯·拉姆齐·麦克唐纳
Machiavelli, Niccolo	尼可罗·马基雅维利
Macmillan, Harold	哈罗德·麦克米伦
Major, John	约翰·梅杰
Mandelson, Peter	彼得·曼德森
Mann, Horace	霍拉斯·曼
Mannheim, Karl	卡尔·曼海姆
Marx, Karl	卡尔·马克思
Marquand, David	大卫·马昆德
Marriott, John	约翰·马里欧特
Marshall, Alfred	阿尔弗雷德·马歇尔
Marvin	马温
Marwick, Arthur	阿瑟·马威克
McClelland, J. S.	J. S. 麦克兰德
McCulloch, Gary	加里·麦卡洛克
McCulloch, John Ramsay	约翰·拉姆齐·麦克洛奇
Mckenna, Reginald	雷吉纳德·麦肯纳
Mclean, M.	M. 麦克莱恩
McNair, Arnold	阿诺德·麦克奈尔
McNay, Ian	伊恩·迈克尼

Mialaret, Gaston	加斯东·米亚拉雷
Miliband, Ralph	拉尔夫·密利本德
Mill, John Stuart	约翰·斯图亚特·密尔
Miller, H.	H. 米勒
Milton, John	约翰·弥尔顿
Mises, Ludwig	路德维希·米塞斯
Moore, Robert	罗伯特·莫瑞
Morant, Robert	罗伯特·莫兰特
More, Thomas	托马斯·莫尔
Morgan, Kenneth O.	肯尼思·O. 摩根
Morris, Estelle	艾斯特莉·莫里斯
Mulcaster, Richard	理查德·马尔卡斯特
Musgrave, Richard	理查德·马斯格雷夫

N

Neave	尼夫
Newsom, John	约翰·纽瑟姆
Nicholas	尼古拉斯
Norwood, Cyril	西里尔·诺伍德
Nowell, Alexander	亚历山大·诺威尔

O

O'Brien, Bronterre	布朗特尔·奥勃莱恩
O'Connell	奥康纳
Offa	奥法
Ogilvie, V.	V. 欧基伟
Orosius	奥罗修斯

Orwell, George	乔治・奥威尔
Osborne, Thomas	托马斯・奥斯本
Oswy	奥斯维
Ozga, Jenny	杰尼・阿兹加

P

Paine, Thomas	托马斯・潘恩
Patrick	帕特里克
Pascall, David	大卫・帕斯卡
Pedley, Robin	罗宾・佩德利
Peel, Robert	罗伯特・皮尔
Penda	彭达
Percy, Eustace	尤斯塔斯・帕西
Peters, Richard	理查德・彼得斯
Peterson, A. D. C.	A. D. C. 彼得森
Pierson, Chris	克里斯・皮尔森
Pitt, William	威廉・皮特
Plato	柏拉图
Polanyi, Karl	卡尔・波兰尼
Powell, Enoch	伊诺克・鲍威尔
Prentice, Reginald	雷金纳德・普伦蒂斯
Priestley, Joseph	约瑟夫・普里斯特利
Priscian	普里西安
Pryke, R.	R. 普莱克

Q

Quintilianus, Marcus	马尔库斯・昆体良

R

Randall, Joseph	约瑟夫·兰德尔
Ranson, Stewart	斯图亚特·兰森
Reagan, Wilson	威尔逊·里根
Reynolds, D.	D. 雷诺兹
Ricardo, David	大卫·李嘉图
Richard Ⅱ	理查德二世
Ringer, F. K.	F. K. 利吉尔
Ritchie, David	大卫·里奇
Roach, John	约翰·罗奇
Robbins, Lionel	莱昂内尔·罗宾斯
Roby, H. J.	H. J. 罗比
Roebuck, Arthur	阿瑟·罗布克
Rogers, Rick	里克·罗杰斯
Rogers, Martin	马丁·罗格斯
Roosevelt, Franklin	富兰克林·罗斯福
Ron, Dearing	罗恩·迪林
Rosebery	罗斯伯里
Rousseau, Jean-Jacques	让-雅克·卢梭
Rowley	罗利
Rowntree, Derek	德·朗特里
Rowntree, Seebohm	西伯姆·朗特里
Rubinstein, David	大卫·鲁宾斯坦
Russell, Edward	爱德华·罗素
Russell, John	约翰·罗素

S

Salisbury	索尔兹伯里
Sallustius	萨卢斯特
Samuelson, Bernhard	伯恩哈德·萨缪尔森
Samuelson, Paul	保罗·萨缪尔森
Samson	桑姆逊
Sanderson, Michael	迈克尔·桑德森
Schumpeter, Joseph	约瑟夫·熊彼特
Sexton, Stuart	斯图亚特·塞克斯顿
Shaftesbury, Anthony	安东尼·沙夫茨伯里
Shinwell, Emanuel	伊曼纽尔·辛威尔
Sidney, Henry	亨利·西德尼
Sigebert	西格伯特
Silver, Harold	哈罗德·西尔弗
Simon, Brian	布莱恩·西蒙
Simon, Ernest	欧内斯特·西蒙
Simon, Shena	谢娜·西蒙
Simon, Theodore	西奥多·西蒙
Smith, Adam	亚当·斯密
Smith, John	约翰·史密斯
Smith, Sidney	西尼·史密斯
Spencer, Herbert	赫伯特·斯宾塞
Spens, Will	威尔·斯宾斯
Stanley, Edward	爱德华·斯坦利
Stewart, Michael	迈克尔·斯图亚特
Straw, Jack	杰克·斯托
Swift, Jonathan	乔纳森·斯威夫特

T

Tailor, Cyril	西里尔·泰勒
Tanner, E. M.	E. M. 塔纳
Tawney, Richard	理查德·托尼
Temple, William	威廉·坦普尔
Terman, Lewis	刘易斯·推孟
Terrence	特仁斯
Thatcher, Margaret	玛格丽特·撒切尔
Theodore	西奥多
Theodulph	西奥达夫
Thompson, Edward	爱德华·汤普森
Thring, Edward	爱德华·斯林
Todd, Roy	罗伊·托德
Tomlinson, George	乔治·汤姆林森
Tomlinson, Mike	迈克·汤姆林森
Tompson, R. S.	R. S. 汤普逊
Townsend	汤森德
Trevelyan, Charles Philips	查尔斯·菲利普·特里威廉
Trevisa, John	约翰·特雷维萨

V

Vaughan	沃恩
Vernon, P. E.	P. E. 弗农
Vial, Jean	让·维亚尔
Victoria, Alexandrina	亚历山德丽娜·维多利亚
Virgil	维吉尔
Voltaire	伏尔泰

W

Waddell, James	詹姆斯·瓦德尔
Walford, Geoffrey	杰弗里·沃尔福德
Wallace, R. G.	R. G. 华莱士
Walters, Alan	艾伦·沃尔特斯
Watt, James	詹姆斯·瓦特
Warnock, H. M.	H. M. 沃诺克
Waugh, Alec	亚历克·沃夫
Weber, Max	马克斯·韦伯
Webb, Beatrice	比特里斯·韦布
Webb, Sidney	悉尼·韦伯
Wellington	威灵顿
West, E. G.	E. G. 威斯特
Whitbread, Samuel	塞缪尔·惠特布雷德
Whitgift, John	约翰·惠特吉夫特
Whitty, Geoff	杰夫·惠迪
Wilkinson, Ellen	艾伦·威尔金森
Williams, Shirley	雪莉·威廉姆斯
Wills, M.	M. 威尔斯
Wilson, Harold	哈罗德·威尔逊
Wilson, Thomas	托马斯·威尔逊
Wilson, Woodrow	伍德罗·威尔逊
Wiseman, Stephen	斯蒂芬·威斯曼
Wolf, Charles	查尔斯·沃尔夫
Wood, Robert	罗伯特·伍德
Woods, Philip A.	菲利普·A. 伍兹
Woolf, Leonard	雷纳德·沃尔夫

Woolley, Hannah	汉娜·伍利
Worsley, T. C.	T. C. 沃斯利
Wright, R. H.	R. H. 怀特
Wykeham, William	威廉·威克姆

后　　记

《从冲突到融合：20 世纪英国中等教育政策研究》是在我的博士论文基础上修改和扩充而成的。

英国中等教育历史悠久，最早可追溯到 7 世纪时创办的坎特伯雷主教学校。但在 20 世纪以前，英国中等教育主要为教会和中上阶层所垄断，以培养神职人员和英才为主。英国是一个崇尚自由的国家，人们把国家尽量少干预个人事情看作是个人获得自由的无价之宝，这在教育方面更为明显。因此，20 世纪之前英国并不存在真正由国家控制和管理的中等教育制度。《1902 年教育法》的颁布在英国教育史上是一个重要的里程碑，它标志着英国公立中等教育制度的正式形成。从此以后，英国公立中等教育得到了迅速发展。

在整个 20 世纪，英国中等教育的改革和发展经历了一个渐进式演变过程。英国是工党和保守党轮流执政（自由党曾短期执政），由于政治主张和价值取向不同，各政党制定的教育政策也往往不一样，但中等教育政策始终是政党争论的一个焦点。一般说来，自由党和工党倡导教育机会均等，而保守党则强调教育中的等级制度。工党和保守党在教育政策上的冲突，尤其体现在中等教育综合化改组问题上，为此两党曾进行了反复的较量。但由于英国是一个保守与变革并存的国家，这种政党之间教育政策上的冲突最终走向了融合。这也是 20 世纪英国中等教育政策演变的重要特色。

本书试图将教育史研究和政策分析相结合，从教育政策的角度详尽系统地研究 20 世纪英国中等教育的历史变迁，并从多学科视角分析 20 世纪不同时期英国中等教育政策，总结英国中等教育发展的经验，以期为我国中等教育政策的制定提供历史参考。

2015 年 1 月，本书曾由湖南教育出版社首次出版。这次纳入《英国教育史研究丛书》重新出版时，进行了比较大的修改，补充了不少中英文文献，并增加了人名索引。在这部著作重新出版之际，再次感谢我的导师史静寰教授，正是她的谆谆教导和鼓励才有这一成果的问世。我还要感谢吴式颖先生、张斌贤教授、朱旭东教授、杨汉麟教授、贺国庆教授等，他们的指导让我受益匪浅。在写作和修改书稿过程中，我参考和引用了诸多学者的研究成果，在此一并深表感谢！

易红郡

2021 年 10 月 3 日